北京地铁6号线一期工程修建技术

罗富荣　汪玉华　刘天正　张成满　等 著

中国铁道出版社

2015年·北京

内 容 简 介

本书以北京地铁 6 号线一期工程为依托,介绍了在地铁建设中的选线,客流分析,车型选择,通风、通信、信号、供电、FAS、BAS 以及其他系统的设计原则,土建结构设计原则、施工方法以及技术创新等,能够为以后的新线建设提供必要的借鉴。

本书对北京地铁 6 号线一期工程的设计和施工进行了全面、系统和深入的技术总结,突出体现了北京地铁 6 号线一期工程设计的技术创新与发展,内容涵盖面广,技术细节具体,应用性突出,可参考性强。冀望本书对北京地铁建设设计、施工能起到很好的借鉴作用,供从事轨道交通工程建设、设计、施工、工程管理、教学和科研等相关人员使用。

图书在版编目(CIP)数据

北京地铁 6 号线一期工程修建技术/罗富荣等著 . —北京:
中国铁道出版社,2015.9
ISBN 978-7-113-20657-4

Ⅰ.①北… Ⅱ.①罗… Ⅲ.①地下铁道车站—工程施工
北京市 Ⅳ.①U231

中国版本图书馆 CIP 数据核字(2015)第 149381 号

书　　名:北京地铁 6 号线一期工程修建技术
作　　者:罗富荣　汪玉华　刘天正　张成满　等　著

策　　划:徐　艳
责任编辑:徐　艳　　　　　编辑部电话:010-51873065
编辑助理:黎　琳
封面设计:崔　欣
责任校对:王　杰
责任印制:郭向伟

出版发行:中国铁道出版社(100054,北京市西城区右安门西街 8 号)
网　　址:http://www.tdpress.com
印　　刷:中煤涿州制图印刷厂北京分厂
版　　次:2015 年 9 月第 1 版　2015 年 9 月第 1 次印刷
开　　本:880 mm×1 230 mm　1/16　印张:33　字数:996 千
书　　号:ISBN 978-7-113-20657-4
定　　价:120.00 元

撰写委员会

主　任：罗富荣

副主任：汪玉华　刘天正　张成满　童利红　徐　凌　曹伍富　虞　蕹

　　　　张艳英　高亚彬　王　刚　曹宗豪

委　员（按姓氏笔画排序）：

马　松　亢超刚　牛广斌　王文胜　王玉龙　王余良　王利民

王　涛　白纪军　代永双　代军峰　代昱昊　付春青　许景昭

乐　蓉　由亚政　刘少雨　刘　丽　刘艳伟　刘晓波　刘遍红

吕高峰　齐　航　阮兔苗　任克强　孙洪霞　孙俊利　孙　健

孙　静　许兆交　朱发雨　朱臣昌　陈广亮　陈　恺　陈树禹

陈　楠　杜宏民　李全才　李名淦　李　刚　李晓光　李　峰

李　彪　李铁生　李　靖　陆云飞　邵翔宇　沈绍江　宋云财

宋　宇　苏洪波　吴晓玲　吴　彬　杨开忠　杨壮志　杨定明

杨爱超　杨景涛　张　飞　张冬义　张立海　张兆军　张顶峰

张　昊　张　岩　张登科　张　瑜　张鹏雄　张金亮　房爱民

郎一兵　林纯鹏　罗春如　郑会桓　郑瑞武　周　彤　郝志宏

胡玉镜　胡　利　赵元根　赵海军　赵智强　赵　群　莫　骏

倪　飞　徐玉明　徐　磊　曹建堂　袁　松　黄文龙　黄齐武

黄启斌　黄建柳　黄　涛　黄艳梅　康　凯　梁海英　董玲玲

葛　良　韩西安　韩玉琨　韩建坤　韩玲玲　黑勇进　温向东

曾　湧　曾　龙　潘学英　薛　菁

前　言

在世界城市和宜居城市的建设进程中,北京面临着交通拥堵的严峻挑战。因此,在奥运轨道交通计划成功实施之后,北京市提出了加强版的轨道交通建设规划方案。根据规划,至2015年北京市将完善"三环、四横、五纵、八放射"的城市轨道交通路网,线路建设总里程将近600 km。北京地铁6号线一期工程的建设正是北京加强版轨道交通建设方案实施的重要"一横"。

本书所依托的北京地铁6号线一期工程,是一条贯穿北京中心城区东西向的轨道交通干线,线路西起五路居站,东至草房站,主要沿玲珑路、车公庄西路、车公庄大街、平安里西大街、地安门西大街、地安门东大街、北河沿大街、东四西大街、朝阳门内大街、朝阳门外大街、朝阳北路敷设,全线总长30.69 km,全部为地下线,跨越海淀、西城、东城、朝阳四个行政区。沿线历史文化保护区较多,周边高楼林立;线路穿越多条既有轨道交通线路、众多建(构)筑物和管线;沿线地层工程地质与水文地质条件复杂;工程设计要求高,环保、人文理念强,科技理念新,多种新设备新技术首次采用;工程施工技术复杂,多种工法交叉使用,暗挖车站多,埋深大,施工难度大,施工风险大。

本书对北京地铁6号线一期工程设计和施工技术进行了全面、系统和深入的总结,突出体现了北京地铁6号线一期工程建设技术的创新与发展,内容涵盖面广,技术细节具体,应用性突出,可参考性较强,可供从事轨道交通工程建设的设计、施工、工程管理、教学和科研等工作的相关人员使用。

本书主体内容分为六篇,主要包括以下内容:

第一篇:工程概论篇,主要介绍了6号线一期的工程概况、工程地质条件以及方案变更情况。

第二篇:线路综合篇,主要介绍了6号线一期的线路走向及线网定位、客流预测及运营组织,车辆与限界、轨道及减震等情况。

第三篇:设备系统篇,主要介绍了6号线一期工程的通风空调、给排水及消防、动力与照明、供电、通信、信号、火灾自动报警、环境与设备监控、行车自动化、自动售检票、安检、门禁、导向等设备系统的技术指标、功能设置及系统构成。

第四篇:土建设计篇,重点介绍车站建筑装修、结构建造、地面亭、交通衔接、人防、车辆段及综合基地等土建设计中的难点、重点、亮点及特点。

第五篇:土建施工篇,结合重点工程,对涉及到的明挖法、暗挖法和盾构法的施工技术、现场出现的问题及经验、教训进行总结。

第六篇:技术提升篇,介绍了工程建设中的设计与施工配合情况、各专业设计者的经验教训总结、各专业的创新性分析等。

本书由北京市轨道交通建设管理有限公司牵头,联合中铁隧道集团有限公司、北京城建设计发展集团股份有限公司撰写,在此过程中,北京建工集团有限责任公司、中铁十六局集团有限公司、中铁十四局集团有限公司、中铁十九局集团有限公司、中铁第五勘察设计院集团有限公司、中铁隧道勘测设计院有限公司、北京市市政工程设计研究总院有限公司、中铁第一勘察设计院集团有限公司、上海市城市建设设计研究总院、中铁第四勘察设计院集团有限公司、中铁电气化勘测设计研究院有限公司、北京全路通信信号研究设计院有限公司、总参工程兵第四设计研究院、第二炮兵工程设计研究院、都市建筑设计咨询(北京)有限公司等北京地铁 6 号线一期工程参建单位积极参与并提供了大力支持,在此表示感谢!

本书在撰写过程中,还参考了大量的相关文献和专业书籍,谨向相关作者深表谢意!

本书篇幅大,参与撰写人员多,涉及专业广,书中难免存在不妥之处,恳请读者批评指正。

作　者

2015 年 2 月

目　录

第 4 篇　土建设计篇

第5篇　土建施工篇

第6篇　技术提升篇

第1篇 工程概论篇

第1章 工程概述

1.1 6号线一期工程简介

北京地铁6号线分一期、二期、西延三期建设,全长53 km。北京地铁6号线一期是一条贯穿中心城东西向轨道交通干线,线路西起五路居站,东至草房站,主要沿玲珑路、车公庄西路、车公庄大街、平安里西大街、地安门西大街、地安门东大街、北河沿大街、东四西大街、朝阳门内大街、朝阳门外大街、朝阳北路敷设,全线总长30.69 km,线路全为地下线,跨越海淀、西城、东城、朝阳四个行政区。6号线一期工程共设车站20座,其中换乘站10座,设停车场1座,车辆段1座,运营控制中心1处。如图1-1-1所示。

图1-1-1 6号线一期工程线位、站位示意图

沿线有许多旧城保护区,主要有西四北三条至八条历史文化保护区、皇城历史文化保护区、什刹海历史文化保护区、东四三条至八条历史文化保护区等,主要景点和历史遗迹有北海、景山、什刹海、北大红楼等;线路上方管线繁多,分布有大量雨水、污水、上水、中水、燃气、热力及电力等各种管线;沿线周边高楼林立,二环路以西是城市办公居住区,主要以政府办公、教育、居住为主,二环路以东至东四环是北京繁华的商贸中心区,有中央商务区(CBD)、朝外大街商圈等大型社区,东四环至东五环外为金台路、青年路高强度居住区,在东五环外,线路经过了定福庄、常营经济适用房集中区等。

1.2 设计秉承理念

北京地铁6号线一期工程,自始至终秉承的设计理念为:

(1)绿色轨道建设

绿色轨道建设,主要突出体现在建设"环境友好型"、"经济节约型"的轨道交通系统。所谓"绿色"就是环境可持续发展,即在建筑工程中最大限度地"节水、节能、节地、节材",减少污染排放并做好环境保护,在设计过程中应以《绿色建筑评价标准》衡量轨道交通系统的车站、车辆段、设备系统,并在满足功能的前提下以节约的理念指导相关专业的设计工作。

（2）科技轨道建设

科技轨道建设，主要突出体现在建设"快捷高效型、国产化、网络化、标准化"的轨道交通系统。鼓励科技创新成果在北京轨道交通建设领域的应用，使科技创新成为推动公共交通发展的主要驱动力。紧密结合国内外科技最新进展，集成全国科技创新成果，使北京的轨道交通建设始终处在全国的领先水平。同时，北京科技创新能力的提高，高新技术成果的产业化推进和在人民生活中的广泛应用，使北京的轨道交通系统成为展示新技术成果和创新实力的窗口。

（3）人文轨道建设

人文轨道建设，主要突出体现在建设"服务型、安全型"的轨道交通系统。人文轨道建设应突出"以人为本"的思想，以乘客为中心，以运营者为对象，提供人性化的设施，注重细节体现人文关怀。

1.3　工程技术特点及亮点

（1）功能定位：北京第一条 100 km/h 地铁快线

6 号线一期为北京第一条 100 km/h 的全地下市区地铁快线。北京地铁线网中，地铁 6 号线是线网中第一条高速运营的市区地铁干线，全线平均站间距达 1.57 km，最大站间距 4.00 km，可实现列车最高行驶速度 100 km/h。

（2）运营组织：北京第一条快慢线共轨运行地铁线路

6 号线一期为北京第一条地铁快慢线共轨运行的线路。结合地铁 6 号线全线线路较长的实际情况，为减少远途乘客乘坐地铁的旅行时间，同时实现对不同需求乘客的差别化服务，吸取了日美轨道交通快车线路的设计经验，在国内地铁设计中第一次提出快慢车混行的概念，并提出利用两条区间线路实现快慢车运营的越行概念。根据设计计算，常营、新华大街站设为越行快车停靠站，在信号、安全门结构、空调通风模式、行车组织方面都进行了专项设计。

（3）运力运能：北京第一条 8 节 B 型车编组的地铁线

为解决地铁建成即造成列车运力不足的现状，地铁 6 号线列车编组由规划初期的 6 节调整为 8 节，使 6 号线成为北京地铁第一条实现 8 节编组的大容量地铁线路。每列车由可搭载 1 440 人增加到 1 960 人，在行车间隔不变的情况下直接提高了线路运输能力，实现了"多拉快跑"的目标。如图 1—1—2 所示。

图 1—1—2　北京地铁第一条 8 节编组的 B 型车系统

（4）供电方式：北京第一条采用接触网的地铁线

为适应 B 型车 8 节编组的特点，北京地铁 6 号线首次 DC 1 500 V 架空接触网供电制式。这种制式的特点是牵引变电所数量少、受流质量好、牵引网电能损耗小、一次性投资低、人身安全性高，可适应地铁快线 100 km/h 的设计，为今后北京地铁新建线路采用接触网供电方式开创了先例。如图 1—1—3 所示。

（5）多样站型：北京地铁第一座上下叠落同站台换乘车站——南锣鼓巷站

6 号线一期南锣鼓巷站是北京地铁第一座上下叠落同站台换乘车站。该站处线路为避开车站西端平安大街南侧教堂和北侧东不压桥遗址，采用 6 号线和 8 号线的上下行线自身重叠穿越宽仅 40 m 的文物间隙的设计，压缩了线路走廊宽度，同时在车站形成了垂直重叠站台的同站台换乘的条件。由于平安大街较大的交通量和市政管线条件复杂，将 6、8 号线两座站台分别布置在道路南北两侧，以 10 m 宽的双层通道连接两侧站台，形成了同站台通道平行换乘这一独特站型。此类车站在北京地铁线网中首次出现，是结合环境条

图1-1-3　北京地铁第一条接触网线路

件尽量改善换乘设计的典范。如图1-1-4所示。

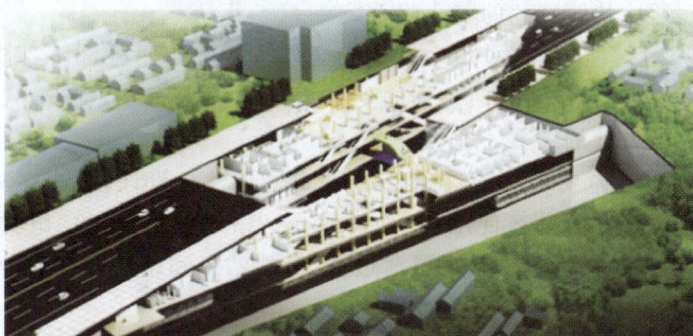

图1-1-4　6号线一期南锣鼓巷站剖透图

（6）建设难度：北京开挖深度最大的地铁车站——东四站

6号线一期东四站位于隆福寺地区，是北京地铁第一座四线换乘车站。受既有5号线线路上方市政管线密集、线路无法穿越的条件限制，6号线穿行5号线下方，车站埋深达到34 m，为北京地铁车站埋深之最，同时车站底板进入承压水5 m以上，日降水量达4万立方米，工程施工难度和风险极大。如图1-1-5所示。

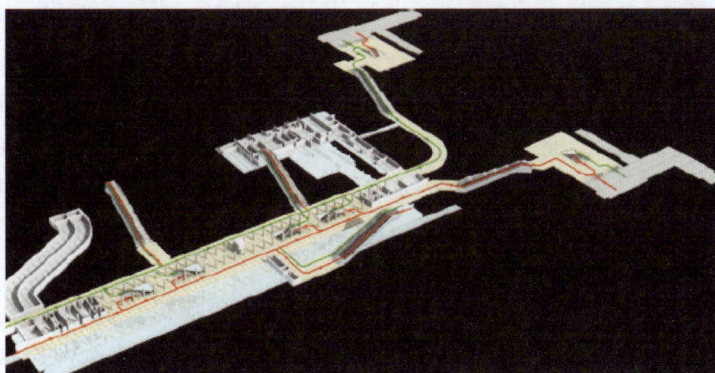

图1-1-5　6号线一期地铁东四站

（7）控制系统深度集成：北京地铁第一次设计深度集成的综合监控系统和信号系统

6号线一期为北京地铁第一次尝试设计深度集成综合监控系统和信号系统。6号线综合监控系统采用的以行车调度指挥为核心，深度集成ATS系统的方案在国内轨道交通领域尚属首次，技术和工程实施方面在国内没有可借鉴的经验，在工程设计中存在较大技术难度。

该方案系统接口简便、人机界面统一、集成度较高，在统一信息平台上实现了ATS、PSCADA、BAS等系统信息的整合、共享，为各个设备系统间的自动联动提供了基础条件。在统一技术平台之上，系统间的联动定制的自由度将相对提高，联动执行时，人工干预程度可大为降低，系统联动的自动化和安全性大为提高。

（8）节能环保：北京地铁中第一次尝试采用消除隧道内余热技术

6号线一期采用8节编组列车后发热量增加,车站冷水机组的容量增加和空调风量增加,以致主风机及大型表冷器的容量均需后增加。为了妥善消除由于6节编组改为8节编组后所增加的隧道余热,经过技术、经济分析比较,提出并采用了一种全新的在各区间隧道内设置空气处理装置处理隧道余热的技术方案,一方面使得车站主体结构截面积不变,风道尺寸不变,节省了大量的土建投资,另一方面该方案的采用使得车站空调大表冷器尺寸不变,车站大系统空调通风设备基本不变,节省了大量的设备及材料投资。该方案具有节省投资、运行节能及设备操作维护简单等优点。6号线采用的这种消除隧道内余热技术在国内外轨道交通领域尚属首次。

(9)一体化开发:商业开发和交通工程深度一体化典范——常营站

6号线一期贯彻了商业开发与地铁建设结合的一体化设计、一体化开发理念。常营站位于常营组团核心地位,既是越行站又是开发重点车站,在规划和设计中充分考虑与周边商业的一体化,深入研究并解决了周边商业与车站结合而产生的通风、人防、消防等一系列技术难题,同时也为今后国内地铁商业一体化建设积累了很多经验。

(10)新型安全门系统:适应快线特色的安全门系统

6号线一期车辆采用8节编组,大站快线运行的安全门采用上部吊柱和下部支撑相结合的安装方案。上部吊柱与支撑立柱贯通设计改善了安全门整体的受力,减少立柱截面积,利于外形的美观。

(11)人性化设计:人性化设计的细节处理

6号线一期除满足正常的规范要求外,还在细节中注重了人性化设计:该线在车站站厅层设有1.6 t无机房电梯,满足行动不便人士和部分乘客使用,车站的站台—站厅层的无机房电梯井道采用钢结构　玻璃井道,改善乘客在站台候车空间视觉效果,提高了通透性;车站站台到站厅及大部分出入口均采用上下双行自动扶梯,提高了乘车舒适度。

(12)装修装饰:连接时尚靓丽与文化古韵的"时空连廊"

6号线一期在装修设计时,注重了时尚靓丽和首都文化底蕴的结合,打造了"时空连廊"全线设计理念。全线车站划分为普通车站、线重点站、网重点站三个等级。普通站主要体现标准化和统一化设计,重点车站则采用了个性化的车站设计方案,如北海北站在车站顶部装饰的传统风格梁椽构件,呼应了北海太液池畔旧时皇城风景;南锣鼓巷站通过采用具有浓郁四合院建筑风格的灰砖、檩条、砖雕等装饰构件,体现了南锣鼓巷站浓郁的北城王府建筑风格;东四站通过梁柱体系的集中体现,使人联想起老北京风格浓郁的东四牌楼;朝阳门站则体现了北京城门的观感。

(13)标准化设计:8节B型车编制的标准站设计

6号线一期工程是北京第一条B型车大编组运行的线路,仅有20世纪90年代建设的复八线车站形式可以参考,且设计规范、理念变化无法类比。本工程针对大编组车站消防疏散、公共区布置、标准站长度、站内外建筑布局组织了标准车站研究,成果已经成为7、14、16号线等其他大编组线路车站设计的重要参考。

(14)环控通风:国内首次采用空调冷机过渡季节运行技术

6号线一期车辆采用了8辆后,隧道和车站通风量持续增加,给通风空调专业带来较大难题。针对上述特点,除采用隧道余热消除技术外,还采用了国内首例的空调冷机过渡季节运行技术,合理解决了北京地区过渡季节室外温度较低,地铁车站内的一些设备用房还要求排除余热,以及北京地区空调季节的初期,早午温差较大,常出现早间空调冷水机组无法运行的情况等问题。

(15)建造技术:北京地铁洞桩法暗挖技术的推广与提升

6号线一期工程中采用洞桩法暗挖技术的车站约占车站总数的1/2,是北京地铁线路目前暗挖比例最大的车站,也是洞桩法综合技术空前大发展的平台。在本线中,适应不同外部环境的各种形式洞桩法车站大量出现,使得这一代表北京地铁暗挖技术的独特工法得到了空前发展。

1.4　重要节点日期

6号线一期重要节点日期如表1—1—1所示。

表1-1-1　6号线一期重要节点日期

重要节点	日　期
正式启动	2007年5月
设计招投标完成	2007年11月
施工招投标完成	2009年4月
实质性开工	2009年7月1日
全线实现洞通	2012年4月15日
试运营	2012年9月20日
按图试运行	2012年11月7日
竣工验收完成	2012年12月25日
通车试运营	2012年12月30日

1.5　标段划分和参建单位

1.5.1　勘察标段划分与参建单位

6号线一期勘察任务共划分为2个标段,建设单位为北京轨道交通建设管理有限公司,勘察范围及其他参建单位具体如表1-1-2所示。

表1-1-2　6号线一期勘察标段划分与参建单位

标段	范　围	勘察单位
01标	五路居站站前区间、五路居站、五路居站~慈寿寺站、慈寿寺站~花园桥站、花园桥站、花园桥站~白石桥南站、白石桥南站~车公庄西站、车公庄西站、车公庄西站~车公庄站、车公庄站~平安里站、平安里站、平安里站~北海北站、北海北站、北海北站~南锣鼓巷站、南锣鼓巷站~东四站、东四站、东四站~朝阳门站	北京市地质工程勘察院
02标	朝阳门站、朝阳门站~东大桥站、东大桥站、东大桥站~呼家楼站、呼家楼站、呼家楼站~金台路站、金台路站、金台路站~十里堡站、十里堡站、十里堡站~青年路站、青年路站、青年路站~褡裢坡站、褡裢坡站、褡裢坡站~黄渠站、黄渠站~常营站、常营站、常营站~草房站、草房站、草房站站后区间、五里桥车辆段	北京城建勘测设计研究院有限责任公司

1.5.2　设计标段划分与参建单位

6号线一期设计标段划分及参建单位如表1-1-3所示。

表1-1-3　6号线一期设计标段划分与参建单位

标段	内容	范　围	设计单位
01标	总体总包	线路、行车、限界、车辆、概算	北京城建设计研究总院有限责任公司
02标	土建	五路居站、花园桥站、车公庄西站、车公庄站;4站4区间	中铁隧道勘测设计院有限公司
03标	土建	平安里站、北海北站、南锣鼓巷站、东四站;4站5区间	北京城建设计研究总院有限责任公司
04标	土建	朝阳门站、东大桥站、呼家楼站、金台路站;4站4区间	北京市市政工程设计研究总院
05标	土建	十里堡站、青年路站、草房站;3站4区间	中铁第一勘察设计院集团有限公司
06标	土建	褡裢坡站、黄渠站、常营站;3站3区间	上海市城市建设设计研究总院
07标	土建	五里桥车辆段	中铁第四勘察设计院集团有限公司
08标	轨道系统	轨道系统	北京城建设计研究总院有限责任公司
09标	供电系统	供电系统	中铁电气化勘测设计研究院

标段	内容	范 围	设计单位
10标	通信、信号	通信、信号、PIS	北京全路通信信号研究设计院
11标	机电设备	动照、给排水、暖通、管线综合、安全门、电扶梯	中铁第四勘察设计院集团有限公司
12标	综合监控	FAS、BAS、ISCS、OA、ACS	北京全路通信信号研究设计院
13标	AFC	AFC	
	一期区间人防		第二炮兵工程设计研究院
	一期车站人防		总参工程兵第四设计研究院
	一期公共区装修		中外建工程设计与顾问有限公司

1.5.3 施工标段划分与参建单位

6号线一期的土建施工共划分为10个标段进行,具体如表1-1-4所示。

表1-1-4 6号线一期土建施工标段划分与参建单位

标段	参建单位	车站/区间	标段	参建单位	车站/区间
01标	中铁三局集团有限公司	十里堡站	06标	北京住总集团有限责任公司	褡裢坡站~黄渠站区间
		金台路站~十里堡站区间			黄渠站
		青年路站			黄渠站~常营站区间
		青年路站~褡裢坡站区间			常营站
02标	中铁十九局集团有限公司	金台路站	07标	北京城乡建设集团有限责任公司	草房站
		呼家楼站~金台路站区间			草房站~终点区间
		呼家楼站	08标	中铁十六局集团有限公司	白石桥南站~车公庄西站区间
		东大桥站~呼家楼站区间			车公庄西站
03标	中铁隧道集团有限公司	东四站			车公庄西站~车公庄站区间
		东四站~朝阳门站区间			车公庄站
		朝阳门站			车公庄站~平安里站区间
		朝阳门站~东大桥站区间	09标	中铁十四局集团有限公司	平安里站
		东大桥站			平安里站~北海北站区间
04标	北京建工集团有限责任公司	起点~五路居站区间			北海北站
		五路居站			北海北站~南锣鼓巷站区间
		五路居站~慈寿寺站区间			南锣鼓巷站
		慈寿寺站~花园桥站区间			南锣鼓巷站~东四站区间
		花园桥站	10标	中铁十三局集团有限公司	五里桥车辆段
		花园桥站~白石桥南站区间			
05标	中铁五局集团有限公司	褡裢坡站			

6号线一期的设备采购安装项目具体参建单位,如表1-1-5所示。

表1-1-5 6号线一期设备采购安装项目参建单位

序 号	参建单位	设备采购安装项目
1	太通建设有限公司	火灾自动报警系统(FAS)及气体灭火系统设备安装
2	松下电工(中国)有限公司	安全门采购项目
3	中铁电气化局集团有限公司	供电系统及综合监控系统设备安装工程
4	中铁十一局集团有限公司	轨道专业I标段安装工程
5	中铁三局集团有限公司	轨道专业II标段安装工程
6	中铁建电气化集团有限公司	通信系统设备安装工程
7	中铁四局集团电气化工程有限公司	信号系统安装工程

序 号	参建单位	设备采购安装项目
8	星玛电梯有限公司	无机房电梯设备供货及安装
9	北京奥的斯电梯有限公司	自动扶梯Ⅰ标段设备供货及安装
10	通力电梯有限公司	自动扶梯Ⅱ标段设备供货及安装
11	中铁电气化局集团第一工程有限公司	机电专业设备安装Ⅰ标
12	中铁一局集团建筑安装工程有限公司	机电专业设备安装Ⅱ标

1.5.4 监理标段划分与参建单位

6号线一期土建监理任务共划分6个标段,具体如表1—1—6所示。

表1—1—6　6号线一期土建监理标段划分与参建单位

标段	参建单位	车站/区间	标段	参建单位	车站/区间
01标	铁科院(北京)工程咨询有限公司	十里堡站	04标	华铁工程咨询有限公司	白石桥南站～车公庄西站区间
		金台路站～十里堡站区间			车公庄西站
		青年路站			车公庄西站～车公庄站区间
		青年路站～褡裢坡站区间			车公庄站
02标	中咨工程建设监理公司	金台路站			车公庄站～平安里站区间
		呼家楼站～金台路站区间			平安里站
		呼家楼站			平安里站～北海北站区间
		东大桥站～呼家楼站区间			北海北站
		东四站			北海北站～南锣鼓巷站区间
		东四站～朝阳门站区间			南锣鼓巷站
		朝阳门站			南锣鼓巷站～东四站区间
		朝阳门站～东大桥站区间	05标	北京市工程咨询公司	褡裢坡站
		东大桥站			褡裢坡站～黄渠站区间
03标	北京致远工程建设监理有限公司	起点～五路居站区间			黄渠站
		五路居站			黄渠站～常营站区间
		五路居站～慈寿寺站区间			常营站
		慈寿寺站～花园桥站区间			草房站
		花园桥站			草房站～终点区间
		花园桥站～白石桥南站区间	06标	中铁诚业咨询有限公司	五里桥车辆段

6号线一期的设备采购安装项目监理任务具体参建单位,如表1—1—7所示。

表1—1—7　6号线一期设备采购安装项目监理任务参建单位

序 号	参建单位	设备采购安装项目监理任务
1	北京赛瑞斯国际工程咨询有限公司	机电设备安装工程监理项目
2	华铁工程咨询有限责任公司	运营专业设备安装监理项目
3	上海三维工程监理建设咨询有限公司	人防工程装修及设备安装监理项目
4	北京地铁监理公司	轨道施工工程监理项目
5	铁科院(北京)咨询有限公司	供电系统及综合监控系统设备安装工程监理项目
6	铁科院(北京)工程咨询有限公司	通信、信号设备安装工程监理项目
7	华铁工程咨询有限公司	运营专业设备安装监理项目

1.5.5 第三方监测标段划分与参建单位

6号线一期第三方监测设1个标段,监测单位为中铁第五勘察设计院集团有限公司。

第2章　工程地质与水文地质

2.1　区域地层与岩性

　　北京平原区第三纪末期的古地形,为第四纪沉积创造基底条件。第四纪以来由于受新构造运动的影响,山区不断抬升,平原区强烈下降,并接受了巨厚的河流沉积物。第四系沉积厚度受古地理及永定河冲洪积扇的控制,古永定河、古潮河、古金沟河对其也有一定影响,由西向东逐渐增大,市区中心范围内厚度一般为50~120 m。第四纪地层的岩相自西部山麓向东部平原逐渐变化:在西部的各大河流冲洪积扇顶部及上部以厚层砂土和卵、砾石地层为主;向东于城市中心区大部分范围内,地层过渡为黏性土、粉土与砂土、卵砾石土互层;再向东、北的东郊及北郊地区,则以厚层黏性土、粉土为主。如图1-2-1所示。

　　根据6号线一期工程全线地质详勘报告,6号线沿线工程地质概况可分为三段:

　　(1)起点(五路居站)~车公庄站段,此段地层以砂土和卵、砾石地层为主;

　　(2)车公庄站~金台路站段,此段以黏性土、粉土与砂土、卵砾石土互层为主;

　　(3)金台路站~终点(草房站)段,此段以厚层黏性土、粉土为主。

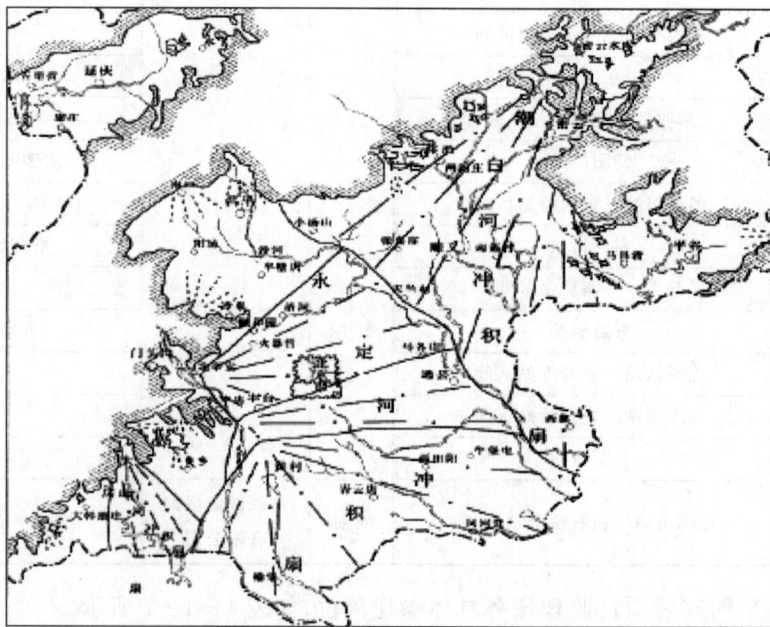

图1-2-1　北京平原区冲积扇分布略图

2.2　区域水文地质条件

　　北京平原地区地下水类型按地下水的赋存条件主要分为基岩裂隙水和第四纪松散岩类孔隙水。平原区地下水主要由永定河、潮白河、温榆河及拒马河、大石河、沟崿河等河流冲洪积作用形成的。各河流搬运的物质及作用的强弱,控制着含水层的富水性、分布范围等,形成各自的水文地质特征。如图1-2-2所示。

2.2.1　地下水类型、分布特征及补给排泄条件

　　对工程建设有直接影响的主要是第四纪松散岩类孔隙水,又分为上层滞水、潜水和承压水,主要赋存于第四系砂卵石及砂层孔隙中。

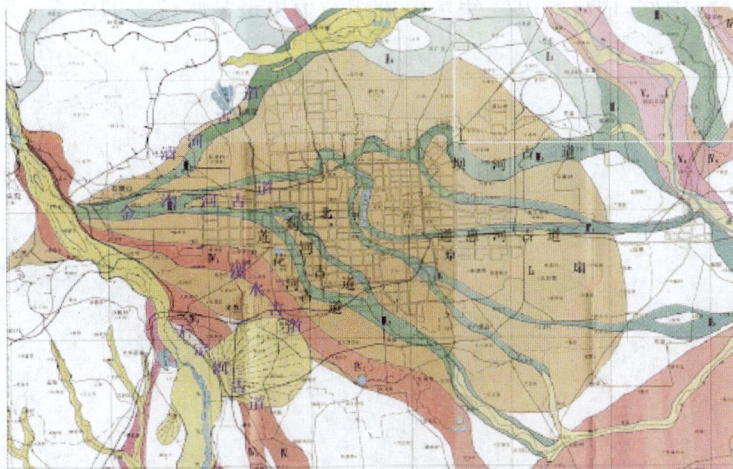

图 1—2—2　北京市平原区古河道分布图

（1）上层滞水含水层岩性为浅部的粉土填土、粉土，局部为粉细砂，主要接受大气降水、绿地灌溉和自来水、雨水、污水等地下管线的垂直渗漏补给。在不同地段，含水层的渗透系数相差很大，补给方式和补给量悬殊较大，形成上层滞水分布不均匀，水位高低变化很大的特点。

（2）潜水含水层岩性为粉土、圆砾、卵石、中粗砂、粉细砂。含水层岩性的分布主要受北京平原区埋藏古河道的控制。根据古河道和古河间地块可划分若干水文地质单元，如图 1—2—2 所示。古河道水文地质单元的特点是含水层岩性以圆砾、卵石为主，渗透性强，地下水位较低。地下水的形成以沿古河道方向的侧向补给、径流、排泄为主，总体径流方向为自永定河出山口呈辐射状分别向东北、东、东南等下游方向运动，在古河道范围内具有区域性统一的潜水面，局部受地下水开采或工程降水的影响，地下水位略有起伏变化。在河间地块水文地质单元，含水层的岩性以粉细砂和粉土为主，渗透性较差。隔水层岩性为粉质黏土、黏土，含水层与隔水层基本呈互层状分布。除了地下水的侧向补给、径流和排泄以外，垂直方向运动较明显。接收大气降水、灌溉水和上层滞水的垂直渗透补给，以向下越流补给承压水的方式排泄，各层含水层都有本层的水位，形成本水文地质单元具有多个含水层、多层潜水水位的特点。

（3）承压水含水层为卵石、圆砾层、中粗砂层、粉细砂层，其中夹有若干层粉质黏土隔水层。

本层地下水是北京市地下水开采的主要含水层之一。在北京市西郊，永定河冲洪积扇的顶部地带，由于地面以下至基岩的土层岩性几乎全部为粗颗粒的漂石、卵石、圆砾和砂类土，地下水的性质为潜水，向东至东三环路附近出现粉质黏土层隔水层，其下的地下水具有承压性，称为承压水。因此，冲洪积扇顶部的潜水是冲洪积扇中下游承压水的主要补给源。排泄方式主要为人工开采，受地下水开采的控制，承压水的径流方向指向区域性地下水位降落漏斗中心方向。由于地下水的开采导致承压水水头的降低，当低于含水层顶板时成为层间水。

2.2.2　地下水动态变化规律

地下水的动态是地下水补给量和排泄量随时间动态均衡的反映。当地下水的补给量大于排泄量时，地下水位上升；反之，当地下水的补给量小于排泄量时，地下水位就下降。各层地下水的动态各有其特点。

（1）上层滞水的动态随季节大气降水及管道渗漏的变化而变化，在古河道水文地质单元，上层滞水呈几乎被疏干的状态，不具有明显的多年连续升降趋势。在河间地块水文地质单元，随着地面环境的变化，农田变为住宅小区，地面硬化，大气降水垂直渗入，补给量迅速减少，上层滞水的水位逐年下降。在仍为农田的地区，地下水位仍然很高，不具有明显的多年连续升降趋势。

（2）北京地区潜水的动态与大气降水关系密切。每年 7～9 月份为大气降水的丰水期，地下水位自 7 月份开始上升，9～10 月份达到当年最高水位，随后逐渐下降，至次年的 6 月份达到当年的最低水位，平均年变幅约为 2～3 m。一般情况下，潜水的动态受农田供水开采的影响，不直接受城市供水开采的影响，但由于潜水与承压水具有密切的水力联系，当承压水头降低时，越流补给量增大，潜水水位也随之下降。1970 年以前，北京市的城市规模和工农业生产规模发展速度较慢，地下水位下降速度缓慢。70 年代以来，北京市开始大规模打井开采地下水,潜水水位逐年下降,因此,1971~1973 年水位可作为历史最高水位。如图 1－2－3 所示。

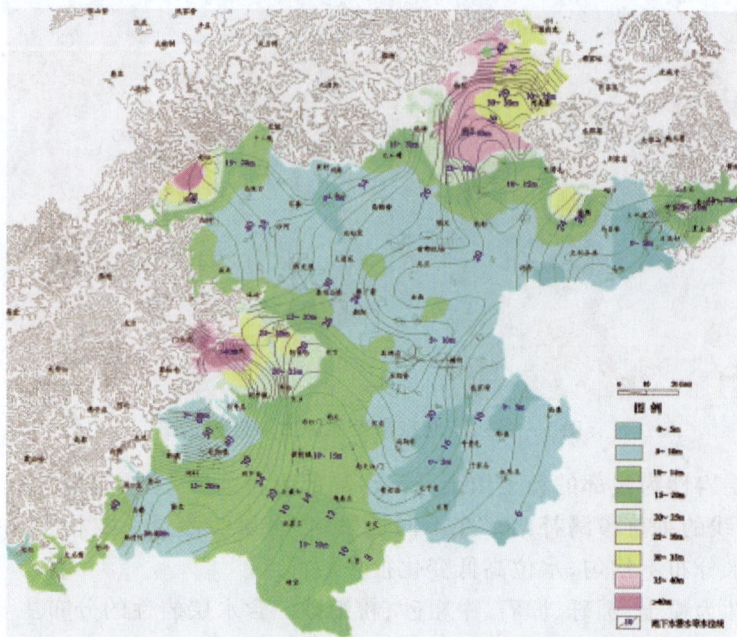

图 1－2－3　北京市平原区 2006 年地下潜水等值线图

(3)承压水的动态比潜水稍有滞后,当年最高水位出现在 9~11 月,最低水位出现在 6~7 月,年变幅约为 1~2 m。自 70 年代以来,随着工农业生产的迅速发展和城市的扩大,地下水开采量逐年增加,地下水位不断下降,已经形成分布面积达数千平方公里的区域性地下水位降落漏斗,漏斗中心位于城区东北部的天竺一带,水位埋深大于 30 m。近 3~5 年以来,由于北京市政府采取了一系列保护地下水环境、限制地下水的开采、增大地下水补给量等有效措施,地下水位的下降速度变缓。

2.3　场地与地基地震效应评价

根据《中国地震动参数区划图》(GB 18306—2001)、《建筑抗震设计规范》(GB 50011—2010)及《铁路工程抗震设计规范》(GB 50111—2006),6 号线一期工程拟建场区的抗震设防烈度为 8 度,设计地震分组为第一组。

根据《铁路工程抗震设计规范》(GBJ 111—1987)及《建筑抗震设计规范》(GB 50011—2010)判别,当地震烈度为 8 度时,全线场地范围内自地面下 20 m 深度范围内的饱和粉土及砂类土不液化。

2.4　不良地质作用和特殊地质现象

6 号线一期施工场地位于永定河冲洪积扇平原,地貌属于平原区,地形起伏变化不大,无滑坡、泥石流、岩溶等不良地质作用。沿线主要可能发生的地质灾害为:

(1)地面沉降,包括区域地面沉降及土建施工导致地层损失引起的地面沉降;

(2)砂土层在地下水作用下易发生涌水流土现象。

6 号线一期施工场地第四纪冲洪积覆盖层厚度约为 200~300 m,场地内除有填土层分布外无湿陷性黄土、膨胀土、风化岩及残积土等特殊性岩土分布。场地内填土层普遍分布,地层互层现象比较明显,土层力学性质差异较大,稳定性较差,在设计施工中宜予以重视。

第3章 方案变更溯源

3.1 线位的变迁和选择

3.1.1 内城段线位的变化

由于6号线一期线路中段位于故宫、景山、北海文物保护区内,从线路施工对文物遗产的影响等方面曾进行大量论证工作。为保证文物和文化遗产的安全,经慎重权衡,将地铁3、6号线换位位置东移到东四和南锣鼓巷之间,在将来3号线实施时对下穿文物的设计方案进行更加充分的论证,自此,地铁6号线现行线位方案最终确定。如图1-3-1~图1-3-3所示。

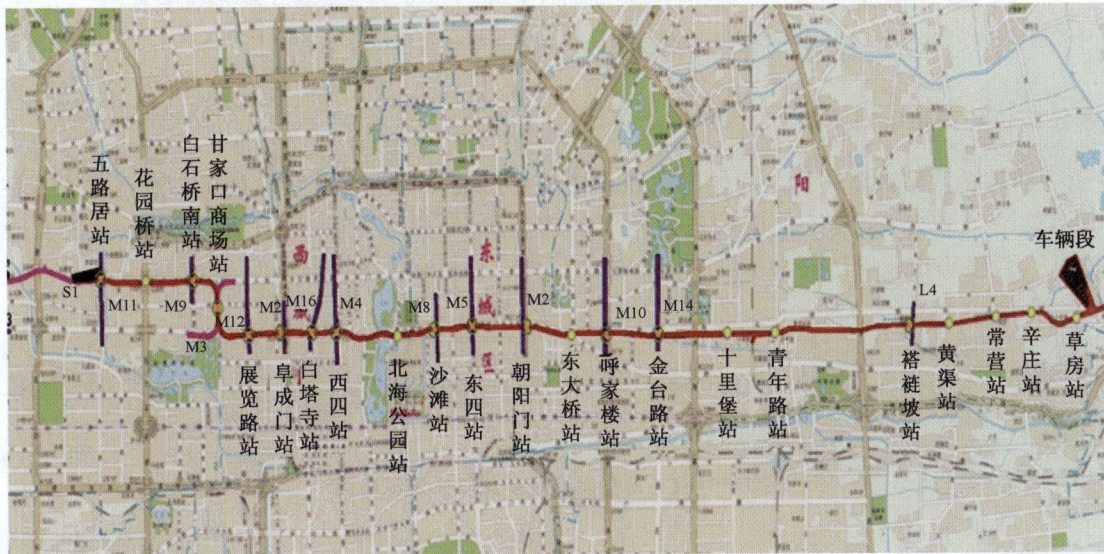

图1-3-1 地铁6号线一期早期线路图

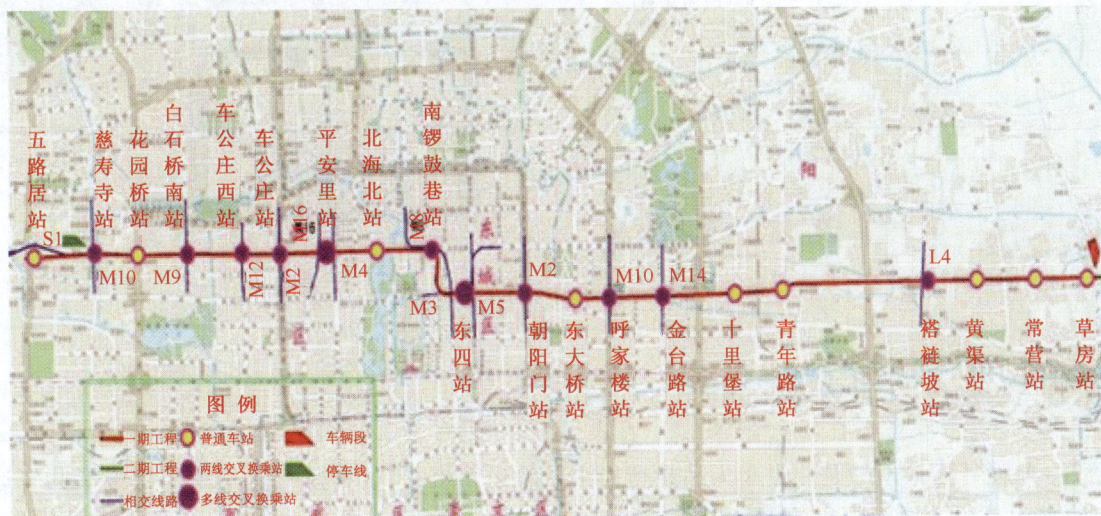

图1-3-2 地铁6号线一期实施线路图

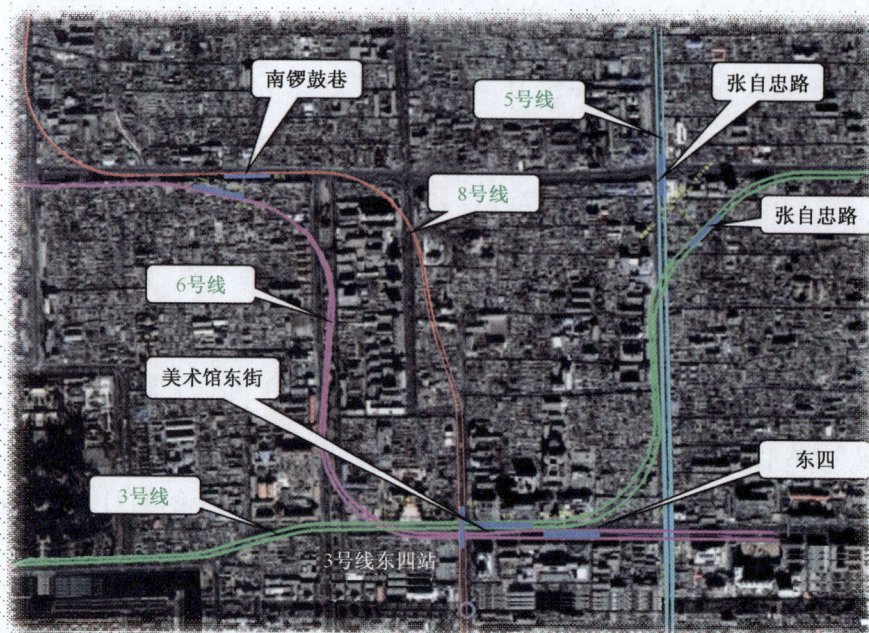

图 1-3-3　最终实施的 3、5、6、8 号线大换位换乘方案

3.1.2　东段站位和高架改地下

6 号线一期褡裢坡站到草房站之间的区间和车站在最初城市规划中采用的是高架敷设方式。在初步设计阶段,常营站～黄渠站区间曾有高架和地下两个备选方案,经规划主管部门、建设部门、政府及设计单位充分研究讨论,最终确定该段区间和车站为地下方式。如图 1-3-4 和图 1-3-5 所示。

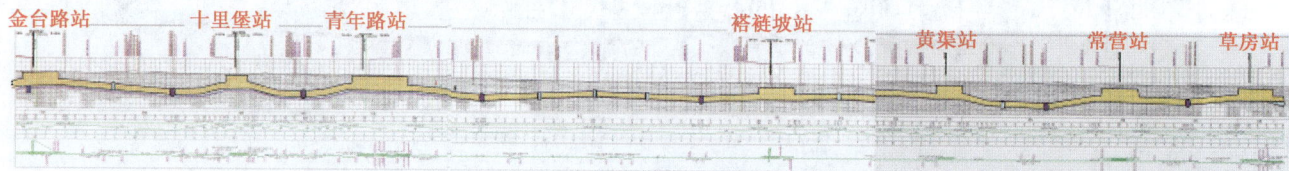

图 1-3-4　初步设计阶段此段线路纵断面

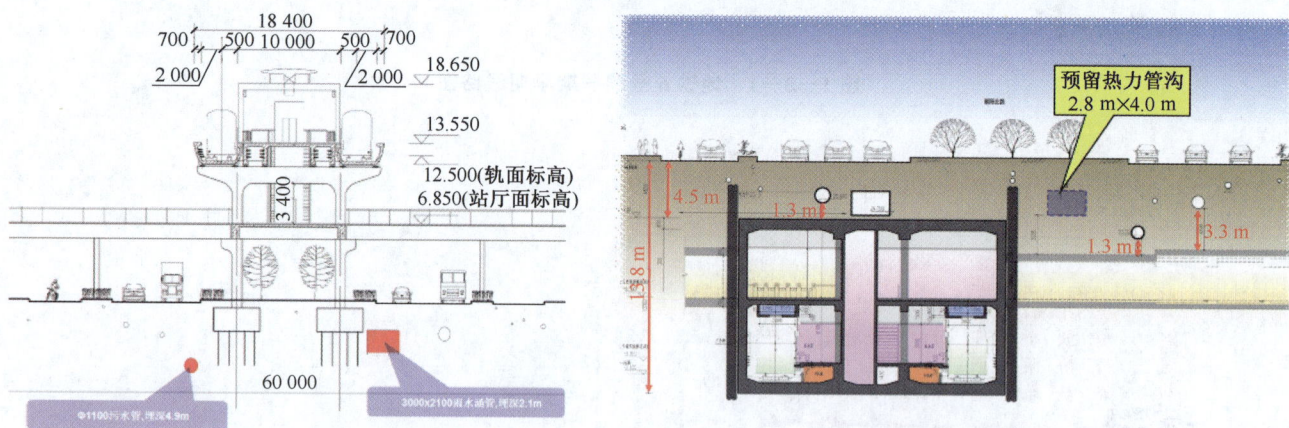

图 1-3-5　黄渠站高架方案和地下方案(标高单位为 m,其余为 mm)

3.2　快慢线模式的引入和选择

6 号线一期设计时采用的是快慢车大站越行换乘共轨运营模式,这种模式也是采用快慢车共轨运行,但快慢车越行站设在人流客流密集的中心车站,如一期的常营站、二期的新华大街站,慢车先进站后进入慢车待避线,快车后进站进入快车站台,两车分别位于同一座岛式站台两侧,乘客可自由选择乘坐快慢车,完成

客流交换后,快车先行发车,慢车后发实现在本站快车超越慢车运行。如图1-3-6所示。

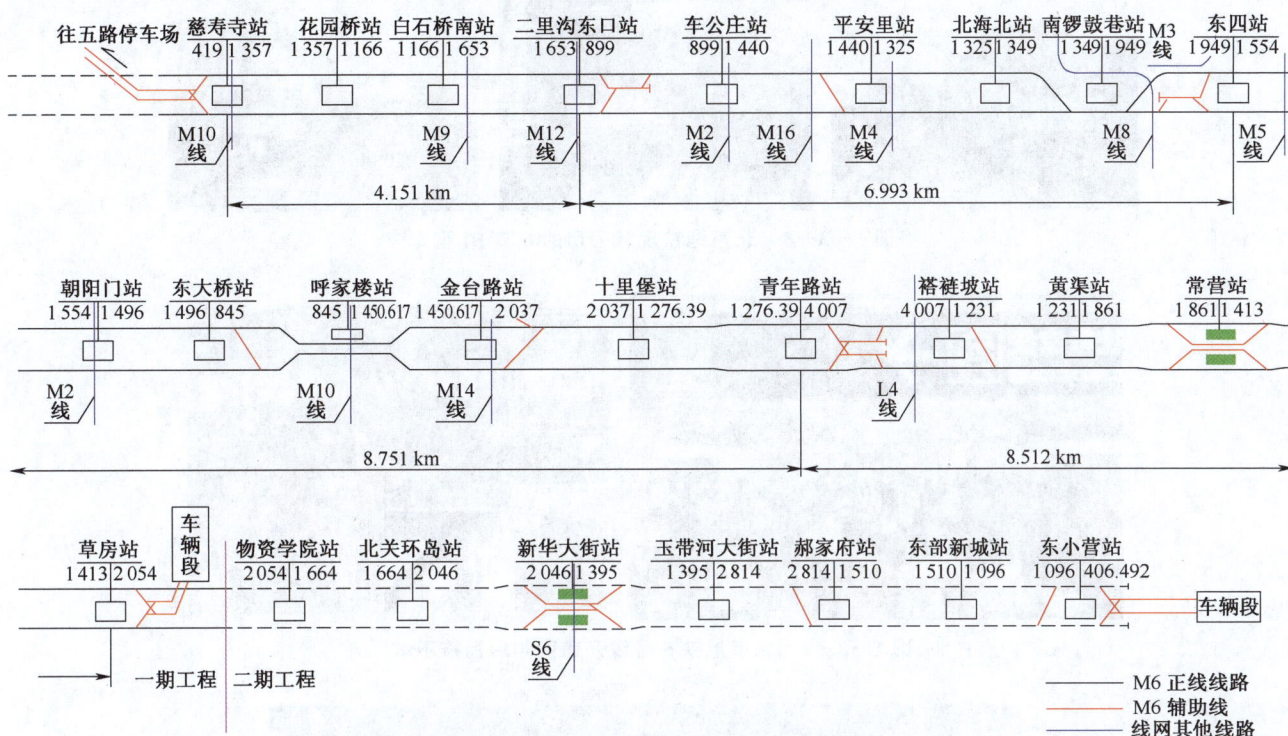

图 1-3-6　地铁 6 号线运行模式示意图

通过这种运营模式的变化,实现了乘客在快慢车会让站的快慢车换乘,避免了香港、东京快慢车越行模式中乘客在会让站长时间等待快车通过而毫无办法的弊端,节省了乘客的换乘时间。如图1-3-7所示。

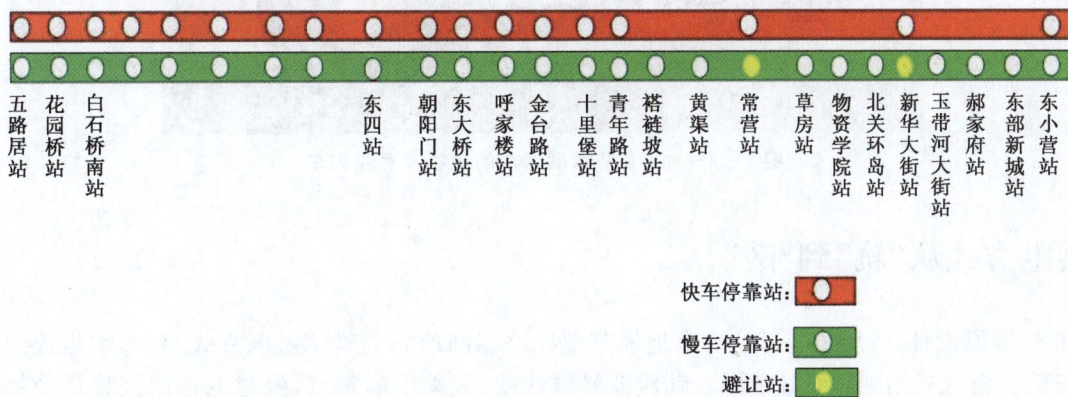

图 1-3-7　6 号线快慢车停靠站示意图

3.3　车辆编组从 6 节到 8 节

　　地铁 6 号线设计之初,采用的是 6 节 B_1 型车,这种车辆是北京地铁从 5 号线开始各条新建线路采用的通用车型,一列车由 6 节车厢组成,可运送 1 440 名乘客。如图1-3-8所示。

　　在地铁 6 号线设计过程中,地铁 5 号线等线路陆续发生客流拥堵,北京地铁客流增长迅速,对 6 号线设计预测客流量重新分析,发现考虑 6 号线向西延伸后,6 号线近期最大断面通过客流量由 2.72 万人次猛增到 4.51 万人次,远期(2040 年)将达到 5.48 万人次,而 6 节 B_1 型列车在满载状态下,断面运输能力是 4.32 万人次/小时,运输能力已经无法满足需要。如图1-3-9所示。

　　在上述判断的基础上,6 号线全线列车改为由 8 节 B_2 型车组成,单列车最大载客能力提升到 1 960 人,列车载客能力增加了 30%,由此产生了北京地铁线网中第一列大编组列车——完成了从"6"到"8"的升级。如图1-3-10所示。

图1—3—8　北京地铁现状采用的6节B1型车

图1—3—9　北京地铁5号线开通两年后拥挤不堪

图1—3—10　8节车厢组成的地铁6号线列车

3.4　供电方式从"轨"到"网"

地铁6号线原设计,采用了与以往北京地铁其他线路相同的"第三轨"供电方式,列车编组改为8节后,750 V第三轨供电方式达到了它的极限。针对6号线快线、大编组的特点,经过专题研究论证,在北京地区引入了1 500 V架空接触网供电的制式。1 500 V架空接触网电压升高,牵引变电所数量减少、受流质量好、牵引网电能损耗小、一次性投资低、人身安全性高,符合地铁快线100 km/h的设计。如图1—3—11和图1—3—12所示。

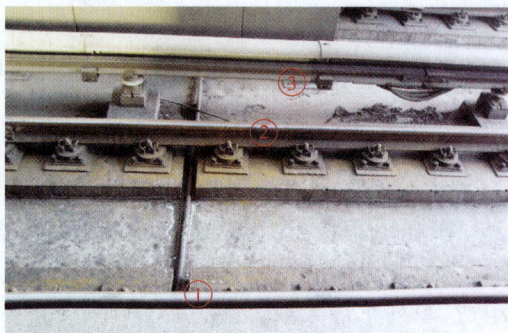

图1—3—11　北京地铁典型的第三轨

图1—3—12　地铁6号线采用的刚性接触网

第2篇　线路综合篇

第4章　线路走向及线网定位

北京地铁6号线为北京轨道交通线网中继1号线之后建成的第二条东西向、穿越中心城区的骨干线路。6号线的建成完善了轨道交通网络布局,有效缓解了中心城交通压力,为中心城西部的中央办公区、东部的中央商务区和定福庄居住区提供了大运量的交通供给,可极大地缓解沿线交通拥堵状况。

本线在设计阶段基于研究分析1号线运营状况的基础上,采取了8节编组的B型车,接触网供电方式,考虑到本线东西跨度大的特点,采用了100 km/h的最高行车速度。同时,结合客流特点,在朝阳区及通州区采取快慢车越行的运营模式,在常营站、新华大街站采用双岛四线的快慢车换乘站,有效缩短中心城外围的旅客的在途旅行时间,提高服务效率。

在线路设计方面,考虑到6号线、8号线在南锣鼓巷站换乘,且周边文物古迹众多、地下管线复杂、道路狭窄,因此,在该换乘点6号线、8号线均采用自身叠摞方式,两线通过通道实现两线同方向、同站台换乘。其他线位的主要控制因素是道路两侧的建(构)筑物、换乘预留节点、道路下方及交叉路口管线、道路上方的立交桥及人行过街天桥桥桩等。根据规范要求,线路平面尽可能与城市道路规划红线平行,并应尽量躲避建(构)筑物、地下管线、桥桩等,保证建(构)筑物的施工安全。在交叉换乘节点,线位尽量结合节点预留情况使之形成较佳换乘。综合以上各种因素,结合施工方法,合理确定线位。

4.1　地铁6号线在轨道交通网中的地位

6号线一期全长43.2 km,车站27座,最大站间距为3 999 m,最小站间距为844 m,平均站间距为1 645 m。6号线分两期施工,一期工程为五路居站~草房站段,于2012年底建成。该段线路长30.69 km。设20座车站,最大站间距为3 999 m,最小站间距为844 m,平均站间距1 573 m。二期工程为草房站~东小营站段,于2017年建成。该段线路长12.51 km,设7个车站。至此全线开通运营。6号线与线网中多条线路有交叉换乘,全线共有换乘车站13座,其中一期工程换乘车站11座,分别与既有2号线、4号线、5号线、10号线、9号线、8号线、14号线等形成换乘,另外与远期规划的S1线、3号线、12号线、16号线、L4线等形成换乘。

6号线不仅是北京市东西向的轨道交通线,也是北京市轨道交通网中骨干线路,是北京市轨道交通大动脉,是城市东西向主要客运走廊,它与东西向的1号线、南北向的4号线、5号线和内环2号线、外环10号线共同构成北京近期"两纵、两横加两环"的轨道交通骨架网路结构。

4.2　线路主要技术标准

(1)线路平面

1)行车制式:右侧行车制,自五路居站至东小营站方向为线路右线,东小营站至五路居站方向为线路左线。

2)正线数目:双线。

3)最高行车速度:100 km/h。

4)线路平面最小平面曲线半径:

①区间正线:一般不小于650 m,在北河沿大街两个转弯处采用了300 m曲线。

②车站正线:最小半径为1 200 m。

③辅助线:一般为 200 m,困难地段为 150 m。

5)正线及辅助线上两相邻曲线间的夹直线长度(不含超高顺坡及轨距递减段长度)一般不小于 40 m,困难情况下不得小于 20 m。

(2)线路纵断面

1)线路纵向坡度

①区间正线最大坡度为 28.7‰,最小坡度为 3‰;

②辅助线最大坡度为 35‰,困难情况下为 40‰;

③地下线区间线路最小纵向坡度一般为 3‰;

④普通地下车站及带配线车站均采用 2‰的纵坡。

2)坡度代数差、最小坡段长度

相邻坡段坡度代数差等于或大于 2‰时,应设置圆曲线型的竖曲线连接;最小坡段长度一般不小于 200 m,且两竖曲线间的夹直线长度一般为 80 m,困难情况下不小于 50 m。

3)最小竖曲线半径

①区间正线:一般不小于 5 000 m。

②车站站端:一般不小于 3 000 m。

③辅助线:不小于 2 000 m。

4)竖曲线不得进入车站站台有效范围内,竖曲线头距离道岔端不小于 5.0 m。

(3)道岔

1)除起点五路居站采用 12 号交叉渡线外,正线及辅助线均采用 9 号道岔。

2)道岔均设在了不大于 5‰的坡道上。

4.3　线路平面

根据线路所经城市功能区,本工程分 4 个区段进行描述:五路居站～车公庄站段;车公庄站～朝阳门站段;朝阳门站～青年路站段;青年路站～草房站段。

(1)五路居站～车公庄站段

本段线路全长 6.936 km,车站 6 座,其中换乘站 4 座,沿线为建成区,两侧用地以居住、科教以及医疗为主。如图 2－4－1 所示。

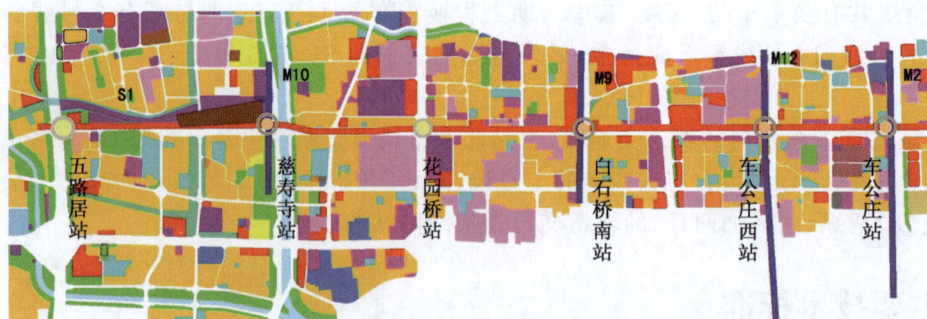

图 2－4－1　五路居站～车公庄站段线路平面图

五路居站位于西四环与玲珑路交叉路口东侧,车站主要受控于西四环下的南水北调管涵和玲珑路下的热力。慈寿寺站东临京密引水渠,南邻玲珑路,玲珑桥东西向跨越京密引水渠。线路主要受控于玲珑桥桥桩和桥东北角的颐安家园。为降低工程风险,线路采用绕行通过玲珑桥,出站后偏至玲珑桥北侧下穿京密引水渠,并以“S”曲线回到玲珑路中。为使线路盾构通过时减小对玲珑桥桥桩和颐安家园西南郊住宅楼的扰动,两线线间距采用 10 m,左线中心距住宅楼约 9 m,右线中心距桥桩约 7.3 m。线路下穿京密引水渠时隧道上方覆土厚约 10 m,在住宅楼附近线路覆土厚度约 21 m。

在花园桥路口,车站主要受控于路口大型热力管沟和西三环立交桥桥桩,线路布置于路口南侧双层热力管沟和北侧桥桩之间,跨路口设置花园桥站,车站受两侧管线及桥桩限制,车站台宽度为 10.8 m。

线路出花园桥站向东,区间避让 K2+252 处过街天桥桥桩,沿车公庄西路路中敷设,在首体南路前,线路偏至道路北侧,在首体南路与车公庄西路交叉路口西北角设白石桥南站(四道口站),本线车站为换乘车站,花园桥至首体南路设置在路口西北角与 9 号线形成"L"形换乘。

出白石桥南站后,线路沿车公庄大街南半幅路敷设,区间隧道避开 K3+178 处天桥桥桩。在展览路与车公庄大街交叉路口设车公庄西站,车站受路中热力管线制约,沿南半幅路跨路口设置,与规划的 12 号线十字换乘。

线路至党校东侧路后,左右线分离,沿道路两侧布置,在西二环路的官园桥西侧设车公庄站,与地铁 2 号线采取"T"形+节点换乘。

(2)车公庄站~朝阳门站段

此段线路位于旧城区,长度为 7.452 km,车站 5 座,其中换乘站 4 座,沿线为建成区,属旧城保护范围,以居住、办公、文教用地为主,沿线两侧文物古迹以及特殊用地较多。如图 2-4-2 所示。

图 2-4-2　车公庄站~朝阳门站段线路平面图

由车公庄站向东进入旧城区,受官园桥东侧地下人防通道制约,线路沿道路两侧敷设,在赵登禹路前两线并拢,敷设于道路北侧,在赵登禹路和西四北大街之间设平安里站。

线路过西四北大街后沿道路路中敷设,在东官房胡同和龙头井街之间设北海北站(后海西站)。之后线路沿地安门西大街敷设,地安门路口以东左右线逐渐自身重叠,过东不压桥后线路偏至道路南侧地块内设南锣鼓巷站(南锣鼓巷站),之后右偏之北河沿大街敷设,线路也由自身重叠变为平行布置,线路沿北河沿大街向南,在沙滩路口前左偏至东西大街,与规划 3 号线交叉后下穿在建地铁 8 号线,在 5 号线西侧设东四站(隆福寺站),3 号线预留站位、线位位于东四西大街北半幅,6 号线沿东四北大街半幅路敷设。之后线路沿朝阳门内大街路中敷设至东二环的地铁 2 号线朝阳门站,车站位于东二环西侧,与既有 2 号线采取"T"形通道换乘。

(3)朝阳门站~青年路站段

本段线路长度为 7.284 km,车站 5 座,其中换乘站 2 座,位于 CBD 及其辐射区,主要以商业、办公及居住用地为主。如图 2-4-3 所示。

图 2-4-3　朝阳门站~青年路站段线路平面图

朝阳门站位于既有 2 号线朝阳门站西侧,朝阳门内大街路下,6 号线区间下穿 2 号线朝阳门站。线路向东至东大桥路口,线路主要受控于周边高层建筑物及工体南路南北向地下电力管线。线路至呼家楼主要受控于 10 号线呼家楼站预留节点,10 号线呼家楼站上侧下岛,6 号线在上。由呼家楼向东,区间线路主要受控于东四环的红领巾桥及桥桩影响,线路由路中绕至立交桥南侧通过,通过桥桩地段左线中心线距桥桩中心线最近距离为 7.8 m,左右线间距为 11.5 m。由红领巾桥向东,由于受区间过街天桥及十里堡站站位制约,线路沿道路南侧敷设,在东北环铁路,线路偏南侧下穿铁路框架桥,之后到达青年路站。

(4)青年路站~草房站段

本段线路长度为 9.018 km,车站 4 座,其中换乘站 1 座,沿线为在建区,主要有定福家园、柏林爱乐等,两侧用地以居住、绿隔为主,兼有部分商业。如图 2—4—4 所示。

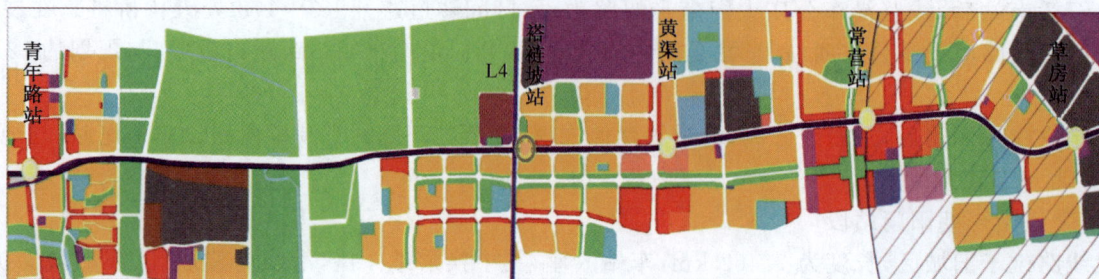

图 2—4—4　青年路站~草房站段线路平面图

由青年路站向东,线路主要受控于东五环的白家楼桥,白家楼桥东西向上跨五环路,线路为避开桥桩偏至立交桥南侧通过,之后沿线路沿朝阳北路南半幅路向东至常营站,常营站为双岛四线车站,正线进站前两线间距逐渐加大,布置在车站最外股道,出站后沿朝阳北路至其终点草房站,草房站设双折返线,并与五里桥车辆段连接,正线预留东延至通州新城的条件。

(5)平面设计小结

全线线路基本位于道路红线以内,仅在局部地区穿越地块,主要位于北河沿大街北口西南角、沙滩路口东北角。

线路最小曲线半径 2 处,半径为 300 m,分别位于南锣鼓巷出站端、东四站进站端。

4.4　线路纵断面

本阶段线路纵断面设计方案的重点是根据全线地质和水文条件,以及沿线的地形、管线、沿线建筑、桥桩等因素控制。

与平面方案相同,纵断面设计共划分为 4 个区段进行描述:五路居站~车公庄站段;车公庄站~朝阳门站段;朝阳门站~青年路站段;青年路站~草房站段。

(1)五路居站~车公庄站段

本段线路沿线地势较变化缓慢,西高东低,标高在 48~56 m 之间。该段线路纵断面主要受车站埋深、地质条件、管线等因素控制,区间范围内的管线基本不控制线路纵断面设计。本段线路区间除配线区明挖、车公庄西站至车公庄矿山工法外,其余均采用盾构法施工。

本段线路纵坡设计较为平缓,受卵石层影响,区间多采用"人"字、"V"字形坡,地段内坡度均不大于 10‰。

(2)车公庄站~朝阳门站段

本段线路经过旧城保护区,地面较为平缓,西高东低,地面标高在 42~48 m 之间。沿线除北河沿大街、朝阳门内大街实现规划红线宽度外,其余地段均未实现规划红线宽度,控制性因素主要有保护文物、地下人防工程、穿越地块的建筑、地下管线。本段线路除南锣鼓巷站~东四站区间采用盾构施工外,其余区间均采用矿山法施工。

本段线路埋深较大,承压水水位较高,除南锣鼓巷站两端、区间下穿在建 8 号线采用了较大坡度外,其余地段均为不大于 5‰ 的坡度。

(3)朝阳门站~青年路站段

本段线路经过 CBD 和成熟居住区,地面较为平缓,西高东低,地面标高在 34~43 m 之间。沿线道路已按规划红线宽度 60 m 实施,控制性因素主要有道路立交桥、地下管线、东北环铁路,除东大桥至金台路两个区间采用矿山法施工外,其余区间均采用盾构施工。

本段线路金台路至青年路段两个区间采用了节能坡设计,坡度在 26‰～27‰ 之间,其余地段均为不大于 10‰。

(4)青年路站～草房站段

本段线路经过定福庄居住区,地面较为平缓,西高东低,地面标高在 26～34 m 之间。沿线道路已按规划红线宽度 60 m 实施,朝阳北路的五环路以东的道路路中有 17 m 的隔离带。控制性因素主要有道路立交桥、地下管线,区间全部采用盾构施工。

本段线路除黄渠站至常营站外,其余均未考虑节能坡设计。

(5)纵断面设计小结

在坡度设计时,在有条件地段均考虑了节能坡设计。

区间 600 m 左右考虑设置联络通道,区间最低点结合排水泵站与联络通道一并考虑。

全线大部分穿越建成区,为有效控制地铁实施对周边建(构)筑物的沉降影响,尽可能加大埋深并考虑盾构施工,在穿越地层时尽量减少穿越大粒径卵石区域。

4.5　辅助线及配线设计

辅助线是为了保证正常运营及非正常运营时,合理调度列车而设置的线路。辅助线按其使用性质可分为车站配线(折返线、存车线、渡线)、联络线、车辆段(停车场)出入线等。根据全线运营行车要求,本线在慈寿寺站、车公庄西站、平安里站、东四站、东大桥站、金台路站、青年路站、褡裢坡站、常营站、草房站及二期的新华大街站、郝家府站和东小营站设有辅助线。

(1)车站配线

五路居站:车站站前设 12 号交叉渡线,用于车辆折返之用。

慈寿寺站:车站西端设存车线一条,在与 S1 线贯通前用于存放故障车辆,贯通后作为小交路折返线。

车公庄西站:车站东端设有存车线一条。

平安里站:车站东端设有单渡线一条。

东四站:车站设有存车线一条。

东大桥站:车站东端设有单渡线一条。

金台路站:车站东端设有单渡线一条。

青年路站:车站东端设有双存车线。

褡裢坡站:车站东端设有单渡线一条。

常营站:车站为双岛四线,在日常运营时,内侧正线用于快车停车线,外侧两条线用于慢车停车线。

草房站:在车站东端,设有折返线两条,同时其折返线端部接出入段线。

新华大街站(二期):车站为双岛四线,在日常运营时,内侧正线用于快车停车线,外侧两条线用于慢车停车线,并利用车站两条正线在车站南端设一条单渡线,以加强车辆调度的灵活性。

郝家府站(二期):为加强车辆调度的灵活性,在本站西端设一条单渡线。

东小营站(二期):东小营站为全线终点站,车站正线与车辆段出入段线相连,在车站东侧、两正线间设两条折返线。

(2)联络线

在金台路站东北象限设条联络线与规划地铁 14 号线相连,作为车辆过轨之用。

(3)车辆出入线

五路居站:在车站西侧站前设两条出入段线,站前设交叉渡线用于车辆折返。

草房站:车站是一期工程终点站,也是五里桥停车场的接轨站。在站后设两条折返线,折返线延伸与五里桥车辆段连接。

东小营站(二期):车站是 6 号线二期终点站、车辆段出入线的接轨站,站后折返线与出入段线连接进入东小营车辆段。

辅助线分布图详见运营组织章节的车站配线图。

第5章 客流预测和运营组织

5.1 客流预测

5.1.1 地铁6号线客流特征

（1）客流汇总

根据最新提供的6号线客流预测资料,6号线各设计年限客流预测结果如表2-5-1所示。

表2-5-1 6号线各设计年限客流预测结果汇总表

项 目		初期（2016年）	近期（2023年）	远期（2038年）
全天	线路长度（km）	30.96	43.2	43.2
	总客运量（万人次）	72.58	110.48	139.1
	客流强度（万人/km）	1.77	2.70	3.40
	平均运距（km）	10.01	13.27	13.05
	换入客流量（万人次）	20.95	39.93	50.92
	换出客流量（万人次）	21.32	40.16	51.14
早高峰小时	客运量（万人次）	11.07	16.31	20.02
	单向最大断面客流量（万人次）	2.36	3.37	4.51
晚高峰小时	客运量（万人次）	10.08	14.34	17.98
	单向最大断面客流量（万人次）	2.45	3.26	3.72

6号线初期全日客运量为72.58万人次,平均线路负荷强度为1.77万人次/km;近期线路延长后全日客运量增加到110.48万人次,平均线路负荷强度为2.70万人次/km;远期全日客运量为139.1万人次,平均线路负荷强度为3.40万人次/km。6号线初、近、远期早高峰最大断面的客运量分别为2.36万人、3.37万人和4.51万人,属于大运量级线路。说明6号线是一条重要的东西向地铁线,体现了其在线网中的骨干地位。

6号线初、近、远期的全日平均运距为10.01 km、13.27 km、13.05 km,平均运距较长,集中度相对较高。

（2）高峰断面

高峰断面如图2-5-1～图2-5-3所示。

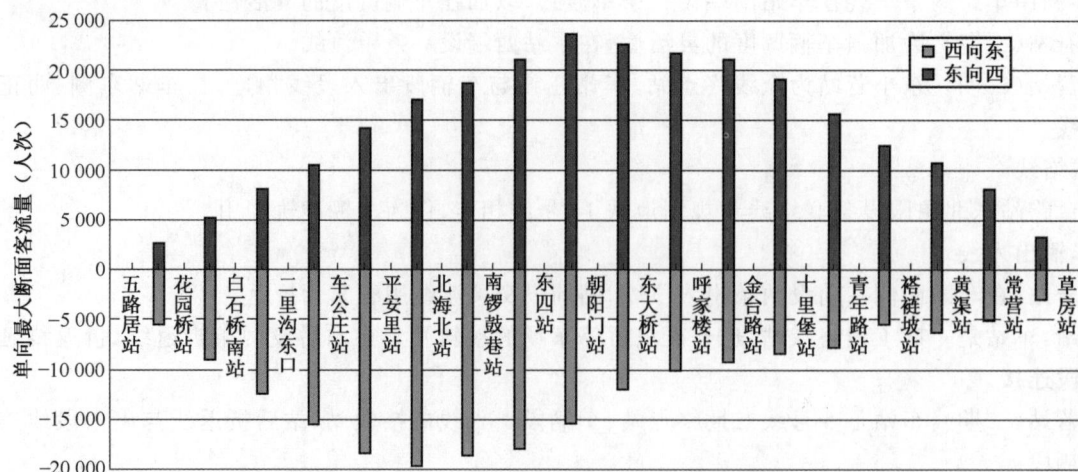

图2-5-1 6号线初期早高峰小时客流断面图

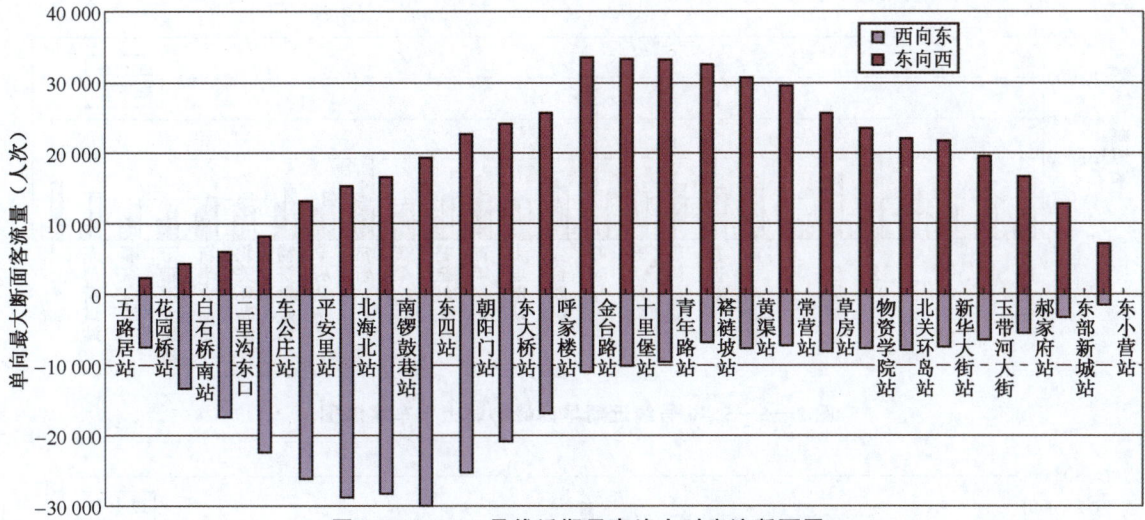

图 2－5－2　6 号线近期早高峰小时客流断面图

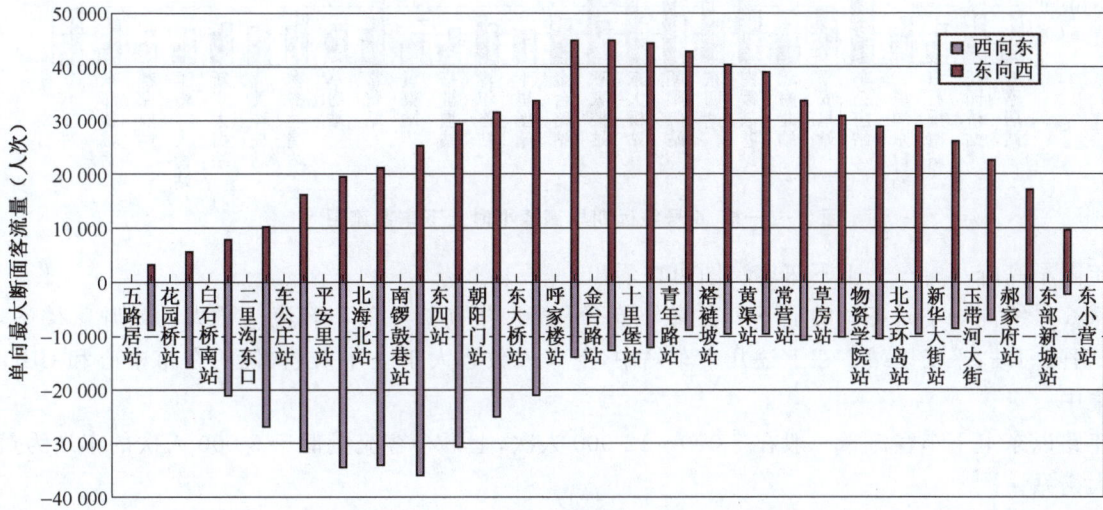

图 2－5－3　6 号线远期早高峰小时客流断面图

1）高峰客流断面呈梭形，中间大、两头小。客流从线路两端向线路中心汇集，符合通勤客流出行特点。

2）客流出行的潮汐性特点。早高峰客流以进城客流为主，出城客流较少。晚高峰客流以出城客流为主，进城客流较少。

3）早高峰小时东向西方向最大断面出现在呼家楼站～金台路站，说明多数乘客的目的地在 CBD 附近，西向东方向最大断面出现在南锣鼓巷站～东四站，说明西部来的乘客目的地多在中心城范围。晚高峰小时西向东方向最大断面出现在呼家楼～金台路区段，而东向西方向出现双峰，即南锣鼓巷站～东四站区段和呼家楼～金台路区段都出现了大断面客流，其他区段客流分布较均衡，说明客流向线路两端疏散。

（3）车站乘降客流

车站乘降客流如图 2－5－4～图 2－5－6 所示。

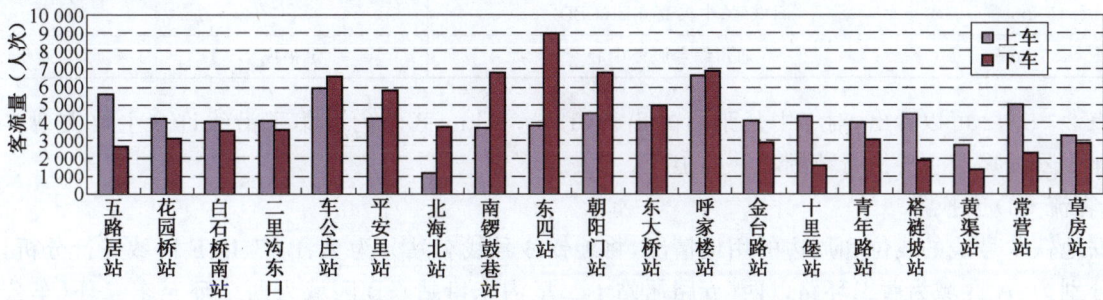

图 2－5－4　6 号线初期早高峰小时上下车客流图

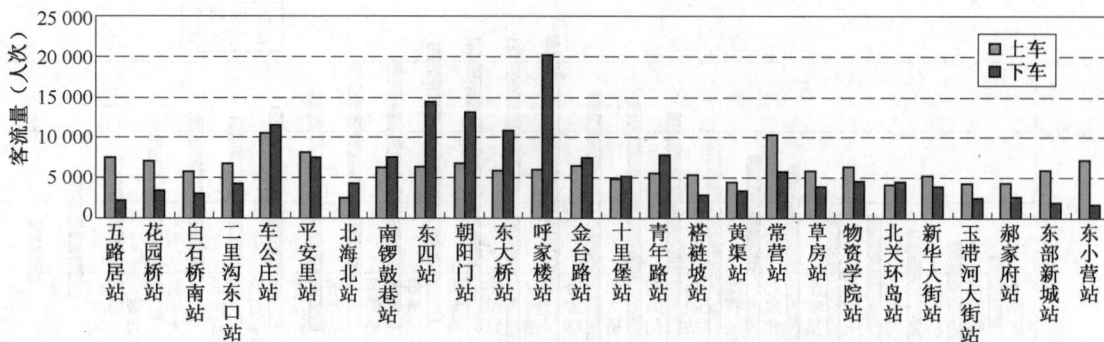

图 2-5-5　6号线近期早高峰小时上下车客流图

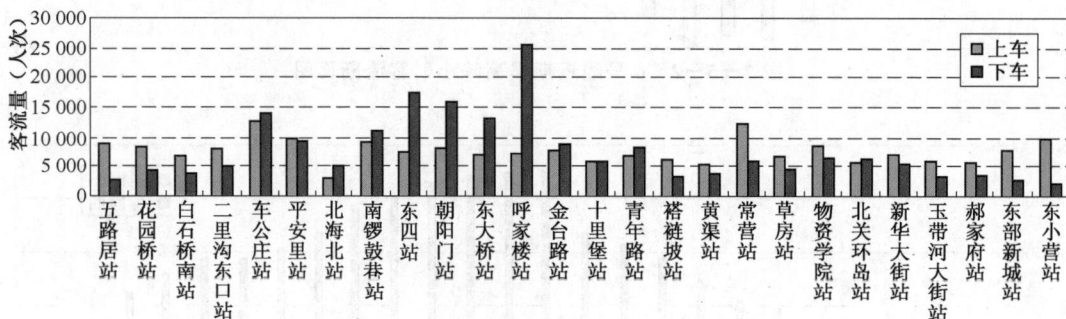

图 2-5-6　6号线远期早高峰小时上下车客流图

从各年限早高峰小时车站上下车客流图可以看出：

1)地铁6号线高峰小时各站的上下车客流分布不平衡。早高峰上下车客流量最大的是呼家楼站,其次是东四站、朝阳门站、平安里站。在上述几个车站中,下车人数远大于上车人数,说明在市中心和CBD下车的乘客较集中。

2)青年路以东上下车客流量一般在7 000～12 000人次,上下车客流量低于5 000人次的车站为黄渠站和玉带河大街站。

3)在市区内(阜成门站～青年路站)下车人数大于上车人数,在线路两端的郊区上车人数大于下车人数。这与客流的潮汐性特点一致。

（4）沿线换乘客流

地铁6号线沿线有13个换乘车站,由西部石景山方向和东部通州新城来的换乘客流主要在一期工程车站进行换乘:五路居站(与S1和M10换乘)、白石桥南站(与M9换乘)、二里沟东口站(与M12换乘)、车公庄站(与M2换乘)、平安里站(与M1和M4换乘)、南锣鼓巷站(与M8换乘)、东四站(与M3、M5和M8换乘)、朝阳门站(与M2换乘)、呼家楼站(与M10换乘)、金台路站(与M14换乘)、褡裢坡站(与L4换乘)。

（5）中长距离乘客的需求分析

表 2-5-2　主要集散点位置表

区段	功能中心	边缘集团	新城
0～15 km	旧城区、中央商务区(CBD)	—	—
15～35 km	通州综合服务中心	定福庄	通州

由表2-5-2可以看出,对于中长距离的出行,15～35 km区段内聚集了沿线许多主要大型客流集散点。因此6号线客流主要出行范围在一期工程。

（6）客流OD交换量

根据地铁6号线的线位和周边的用地情况,将地铁6号线车站分为A、B、C、D、E区域进行分析,各个区域范围分别为:A区域为西二环路以西(五路居站～二里沟东口站);B区域为西二环至东二环(车公庄站～朝阳门站);C区域为东二环至东四环(东大桥站～金台路站);D区域为十里堡站至草房站;E区域为物资学院站以东。A、B 区域位于线路 0～15 km 区段,C、D、E 位于线路 15～35 km 区段。地铁 6 号线远期全日各区域间交换量计算如表 2－5－3 所示。

表 2－5－3 北京地铁 6 号线远期全日区域交换量分析表

区域	A		B		C		D		E		合计	
	人次	比例(%)	人次	比例(%)	人次	比例(%)	人次	比例(%)	人次	比例(%)	人次	比例(%)
A	12 292	3.48	212 203	60.01	99 578	28.16	26 586	7.52	2 950	0.83	353 609	100
B	212 203	29.75	92 521	12.97	198 974	27.9	169 743	23.8	39 798	5.58	713 239	100
C	99 578	21.32	198 974	42.6	3 661	0.78	107 909	23.1	56 981	12.2	467 103	100
D	26 586	5.36	169 743	34.22	107 909	21.75	30 019	6.05	161 838	32.62	496 095	100
E	2 950	0.8	39 798	10.75	56 981	15.39	161 838	43.71	108 713	29.36	370 280	100

1)区域间交换量最大的是 A 和 B 区域,日交换量约为 21.22 万人次。其次为 B 和 C 区域,日交换量为 19.89 万人次,第三为 B 和 D 区域,日交换量为 16.97 万人次。可见,6 号线中长途的客流较多。B 区域的客流交换量是全线各区域中最大的,全日总客流交换量为 71.32 万人次。C 区域客流交换量也较大,全日总客流交换量为 46.71 万人次。可见,B 区域(中心城)和 C 区域(CBD)是全线客流主要的出行目的地,充分说明了其强大的客流吸引力。

2)区域内部客流交换量最大的是 E 区域,属于通州区,全日客流交换量为 10.87 万人次。通州是北京的综合服务中心,引导发展行政办公、商务金融、文化、会展等功能,是中心城行政办公、金融贸易等职能的补充配套区。通州的主要出行方向为旧城、CBD 和邻近的定福庄,出行主要目的为通勤。6 号线充分发挥了连接通州新城和现有通州城区的交通主干线作用。定福庄主要的出行方向为旧城或 CBD,出行目的多为通勤。因此,在 15～35 km 区段内有大量的中长距离出行的客流需求,其出行特征呈现出明显的向心性。

从以上对 6 号线客流的分析来看,由于 6 号线线路较长,尤其对中长途乘客的出行,更要满足其快速的要求。因此,6 号线客流的独特的性质,决定了该线路功能应兼具解决中长距离出行的快速到达功能以及普通客流沿线各站可达性要求,奠定了 6 号线快慢结合运营方式的基础。

5.1.2 车辆选型及列车编组

(1)车辆选型

北京地铁 6 号线是北京城市轨道交通线网中重要的东西向骨干线路,其车辆的选择既要考虑运量的需要,又要考虑与其他线路资源共享。结合车辆选型的结果和本线的客流规模,6 号线选择 B 型车。

(2)列车编组

根据预测初、近、远期高峰小时最大断面客流量、列车载客标准和系统最大通过能力,来确定列车编组方案。远期列车编组方案是确定工程规模的主要原则。6 号线初、近、远期高峰小时最大断面客流量分别 2.36 万人次、3.37 万人次和 4.51 万人次。车辆定员＝座席＋站立,站立人数按照车厢空余面积每平方米站立 6 人乘以有效站立面积计算。根据方案分析,推荐 6 号线列车初期、近期编组为 6 节车编组,远期为 8 节车编组。两动一拖为一个单元车组。国家发改委对 6 号线可研报告的批复,同意 6 号线初期采用 B 型车 6 节编组(4 动 2 拖),近期和远期采用 B 型车 8 节编组(6 动 2 拖)。由于初期到近期只有 7 年时间,也就是说 6 节编组列车运营不到 10 年就要扩编,最后经过综合比较,确定 6 号线列车编组初、近、远期都采用 8 节编组。

5.2 运营组织

5.2.1 交通出行要求

目前北京新城与中心城之间的轨道交通数量少,直达性差,以八通线运营情况为例,八通线旅行速度一般在 30 km/h 左右,再考虑到两端的出行和中间换乘,从新城至市区的出行时间超过 1 h,如此长的出行时间不仅使轨道交通缺乏吸引力,也造成高峰期间地面交通的压力巨大,交通拥堵现象严重。因此,提供轨道快线系统以缩短中长途乘客的出行时间对于新城的发展有着至关重要的作用,巴黎和东京的经验都已经表明良好的交通系统将带动卫星城的良性发展。

在许多大城市在制定及实施其轨道交通发展战略中,提出了1小时交通圈并被广泛使用,这主要是基于人出行过程中一个可以接受的时间度而确定的。比如巴黎,在其市中心内,地铁线路平均旅行速度较慢,1小时圈在15 km范围左右,而扩展至都市圈,RER线则将1小时圈扩大至30 km的范围。

北京市轨道交通系统需要服务于三个不同层次的区域。第一个层次为市中心15 km半径的范围,即中心大团和多数边缘集团;第二个层次即近郊圈层,即市中心15~35 km半径的范围,主要包含通州、亦庄、大兴、门头沟、昌平、顺义和房山新城,此圈层为北京下一步实施重要战略转移的关键区域;第三个层次为远郊圈层,即市中心周围35 km以外的范围,包含远郊新城(延庆、怀柔、密云、平谷)。第一个层次范围内,轨道交通网具有良好的覆盖性和直达性,交通服务已经比较完善。而对于第二个层次和第三个层次,若按照普通的轨道交通系统来服务,则很难具有吸引力。根据北京空间发展战略和交通发展政策,为构建中心城和新城之间高速、高效、大运量的客运交通走廊,引导中心城的有机疏散,支持新城的发展,以下交通目标的实现是非常有必要的:

1)近效新城到城市中心的轨道交通出行时间控制在45 min以内。

2)远郊新城到城市中心的轨道交通出行时间控制在1 h以内。

为实现以上目标,对于第二层次和第三层次区域的轨道交通系统,应以快线服务为主。

总之,无论是从北京市的城市发展结构分析,还是从北京市的轨道交通发展需求分析,快线层次线路的建设是必要的,需要从网络规划层次进行定位,切实体现以人为本的思想,并从规划上进行控制,因为轨道交通复杂的系统性往往决定了其改造所具有的高难度。

为了实现以上的交通目标,6号线的功能定位为:大运量、快线运营系统,即全线出行时间控制在1 h以内,通州至隆福寺、隆福寺至通州出行时间控制在0.5 h以内。

5.2.2　快线模式研究

目前世界城市中,纽约、巴黎、东京、香港、上海、深圳等城市有正在运营的快线模式线路,详细分析研究如下:

(1)纽约地铁快线特点

纽约作为美国最大的城市,早拥有自己的快线系统。纽约地铁快线系统的运营模式曾经做过4轨和3轨的详细比较研究:

1)方式一:四线共轨运行方式,快线位于中间两条线路,慢线位于两侧的两条线路。如图2-5-7所示。

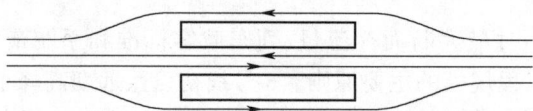

图2-5-7　纽约地铁快慢线车站运行模式示意图(一)

2)方式二:三线单向快线运行模式,快线分早晚高峰分时间段占用中间第三条线路单向发快车。如图2-5-8所示。

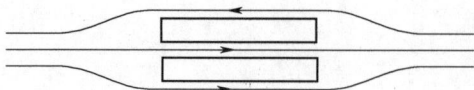

图2-5-8　纽约地铁快慢线车站运行模式示意图(二)

但从第一条地铁快线开始,4轨(快线与慢线同站台换乘)就成为纽约地铁的主要模式。如表2-5-4和图2-5-9所示。目前纽约地铁快线系统主要有如下特点:

①快慢线之间换乘非常方便;

②该系统适合于客流高密度地区,满足各种不同层次乘客的需求;

③因快慢线结合一体化实施,故纽约的快线系统整体造价较高,主要是土建造价和管线拆迁的费用。

表 2-5-4　纽约第七大街、纽约弗拉欣线的速度及站间距比较表

研究线路	旅行速度(km/h)		平均站间距(km)	
	慢线	快线	慢线	快线
纽约第七大街	22	33	0.6	1.9
纽约弗拉欣线	28	41	0.7	2.5

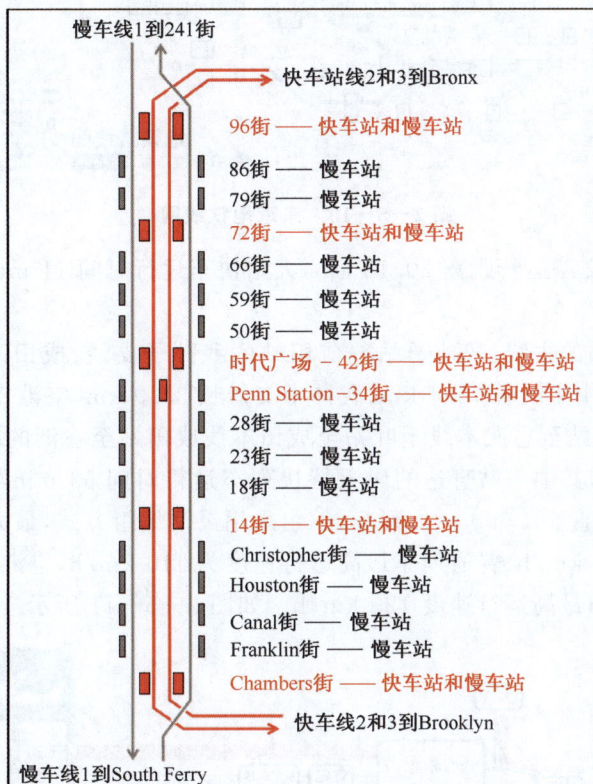

图 2-5-9　纽约快(慢)线系统示意图

(2)东京地铁快线特点

东京市域轨道交通快线具有代表性的主要包括中央快速线、筑波快速线、成田线等。

1)中央快速线

中央快速线是东日本旅客铁道(JR 东日本)拥有和营运的一条客运路线。路线的正式名称是"中央急行线",是指御茶之水站和三鹰站之间的多线区间中优等列车使用的中央本线线路。一般来说,中央线快速是指利用上述线路运作,连接东京站和高尾站的快速列车路线。该本线线路长度 53.1 km,设站 24 座。采用 E233 系、E257 系、E351 系列车,最大列车编组为 10 节编组,可拆分为 4 节编组、6 节编组列车。该线开行站站停、快速、通勤快速、中央特快、青梅特快、通勤特快、专线列车等多种类本线列车和跨线列车。在东京—新宿段本线列车最高运行速度 95 km/h,在新宿—八王子段 100 km/h,在八王子—高尾段快车运行速度 130 km/h,普通列车运行速度 100 km/h。

2)筑波快线

筑波快线简称 TX,是一条连接日本东京千代田区秋叶原站与茨城县筑波市筑波站之间的近郊通勤交通线。本线全长 58.3 km,设站 20 座,平均站间距 2.9 km,开行快速、区间快速与普通三类列车。设计最高速度 160 km/h,实际运营最高速度 130 km/h,秋叶原站～筑波站交路运行距离 58.3 km,大站快车运行时间 45 min,旅行速度 77.7 km/h;北千住站～筑波站交路运行距离 50.8 km,大站快车运行时间 33 min,旅行速度 92.3 km/h;流山大鹰之森站～筑波站交路运行距离 31.88 km,大站快车运行时间 20 min,旅行速度

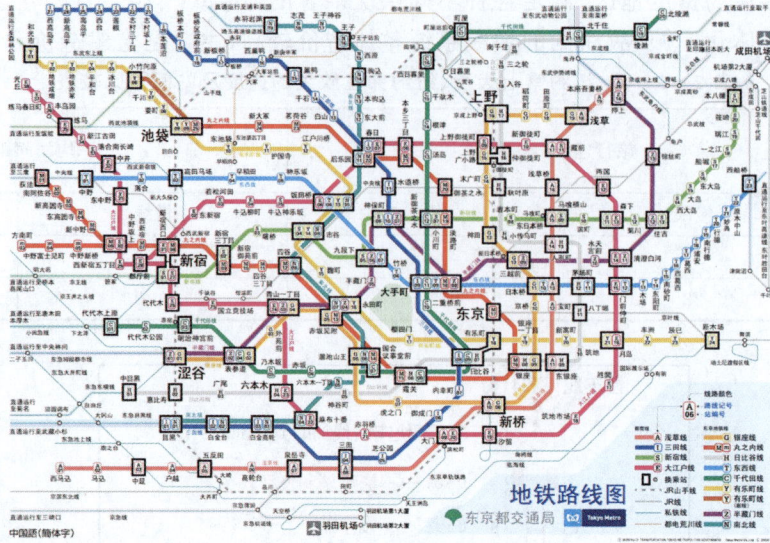

图 2—5—10　东京地铁线网

95.4 km/h;守谷站～筑波站交路运行距离 20.16 km,大站快车运行时间 11 min,旅行速度 112.4 km/h。

3)成田线

成田线由佐仓站～松岸站的主线、我孙子站～成田站的我孙子支线、成田站～成田空港站的空港支线组成,线路全长 119.1 km,其中主线长 75.4 km,我孙子支线长 32.9 km,空港支线长 2.1 km。全线共设站 27 座,本线开行横须贺线东京站至总武本线千叶站至成田本线成田站至空港的一站直达、大站直达、站站停多种列车,运行全长 79.2 km,其中一站直达的成天特快列车运行时间 53 min,高峰小时行车间隔 30 min,平峰行车间隔 1 h。本线采用直流 1 500 V 的列车,编组采用灵活编组方式,最大编组数为 12 节。成田线高等级列车最高运行速度为 120 km/h、普通列车最高运行速度为 110 km/h,空港支线列车高等级列车最高运行速度为 130 km/h、普通列车最高运行速度 120 km/h。如图 2—5—11 所示。

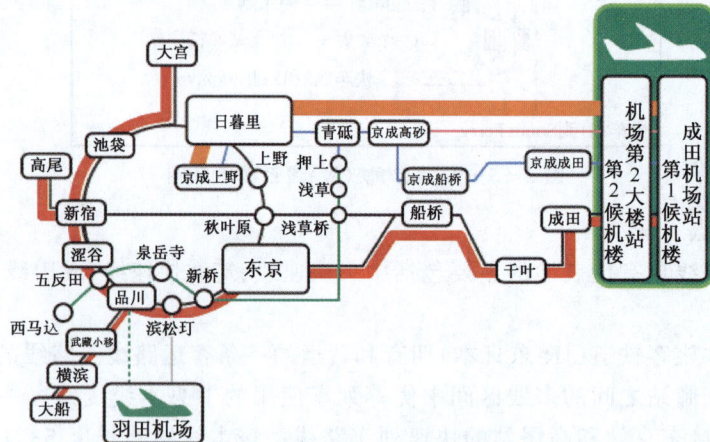

图 2—5—11　东京地铁成田线

4)运输指标统计

运输指标统计如表 2—5—5 所示。

表 2—5—5　运输指标统计表

市域线名称	东京中央快速线	东京筑波快速线	东京成田线
线路长度(km)	53.1	58.3	23.9
车站数量(个)	24	20	6
站间距(km)	2.3	2.9	4.78
运营模式	站站停、大站快车	站站停、大站快车	一站直达、大站快车、站站停

续上表

市域线名称	东京中央快速线	东京筑波快速线	东京成田线
最高运行速度(km/h)	市内 95，外部 130	130	130
行车间隔(min)	2	2	—
车型	E233 系、E257 系、E351 系	—	E259
车辆最高构造速度(km/h)	130	—	130
编组(辆)	4/6/10	—	12
是否存在支线	否	否	否
是否与其他线路共线	是	是	是
所在城市	东京		
城市面积(km²)	2 188		
城市人口(万人)	1 310		

另外，东京京成电铁快慢车采用了快慢车共轨运行模式，正线区间采用了双线区间线路，而在一些小站设置越行线，慢车在这些小站会让待避，快车在这些小站通过不停车而超越慢车实现快慢车越行。

(3)巴黎地铁快线特点

巴黎 RER 线是市域轨道交通建设运营成功案例，其采用修建大站专门线路的方式实现快线功能。

巴黎是典型的多中心城市结构，经济现代化带来城市人口的急剧增长，特别是郊区人口增长很快，市区与郊区之间大量的人流集散，给城市交通造成了沉重的压力。为缓解这样的紧张状况，实现每天早、晚高峰快速运送在远郊居住而在巴黎工作的人进出城，巴黎建设了 RER 线路，现共有 5 条 RER 线，总长 580 多公里，每线平均长度 100 多公里，服务于整个大巴黎地区；RER 线在中心城区段存在与之平行的地铁线路，因此能让 RER 线更好地承担贯通两端郊区客流的作用。如图 2—5—12 所示。

在郊区，大区快铁的车站多为地面或架空车站；在巴黎市内，车站多为地底车站，其中 A、B(南部除外)、D 和 E 的车站深度较深，多位于地铁线路下层。而 B 的市区南部三个车站和 C 车站均为地面车站或浅层地底车站。如表 2—5—6 所示。

RER 线普通车站都至少设有两个侧式站台，在终点站、支线交汇点、区间车节点及转车站，则会采用岛式站台或混合式站台提供跨站台换乘。在 SNCF 管理的快铁路段，由于常和 TGV、省际列车以及远郊车混跑，很多车站都有多个站台供使用。

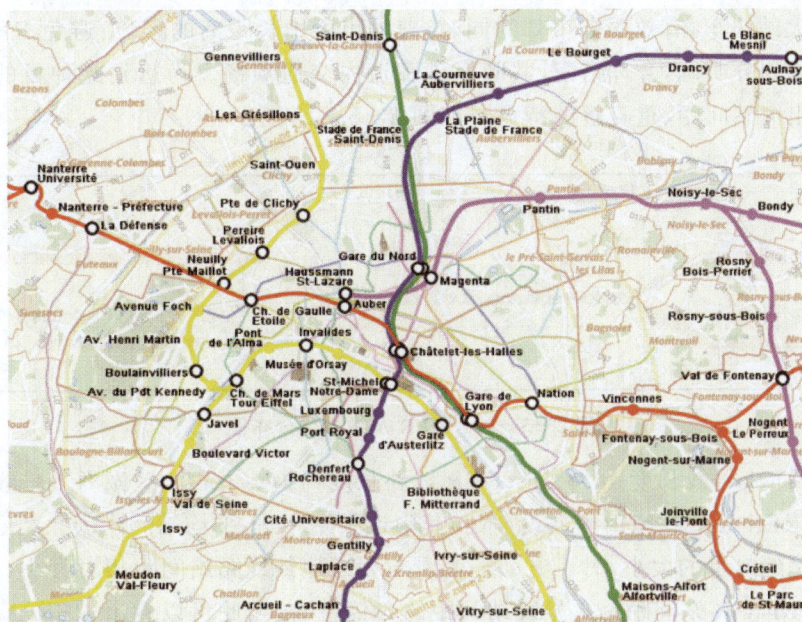

图 2—5—12　RER 线路示意图

注：红色为 RER A 线，蓝色为 RER B 线，金黄色为 RER C 线，绿色为 RER D 线，紫色为 RER E 线。

表 2－5－6　运输指标统计表

市域线名称	RER A 线	RER B 线	RER C 线	RER D 线	RER E 线
线路长度(km)	108	80	187	197	52.3
车站数量(个)	46	47	84	59	21
站间距(km)	2.63	1.7	2.16	3.3	2.62
运营模式	交错停站	交错停站	交错停站	交错停站	交错停站
最高运行速度(km/h)	市内 100，外部 120	120	市内较低，外部 140	市内 90，外部 140	市内较低，外部 140
行车间隔(min)	2	2	2	2	—
车型	MS61、MI84、MI2N	MI79、MI84	Z5600、Z8800、Z20500、Z20900	Z5300、Z5600、Z20500	Z22500
车辆最高构造速度(km/h)	140	140	140	140	140
编组(节)	3/9	4/8	—	3/4/5/6	5
是否存在支线	是	是	是	是	是
是否与其他线路共线	否	否	否	否	否
所在城市	巴黎				
城市面积(km²)	小巴黎 105，大巴黎 12000				
城市人口(万人)	小巴黎 200，大巴黎 1000				

　　巴黎地铁 1 号线(Ligne 1 du métro de Paris)是巴黎地铁最早通车、最繁忙的东西向路线,于 1900 年世界博览会时启用。本线自拉德芳斯起,往东与道路共构跨越塞纳河后转入地下进入巴黎市区,沿途经过巴黎市区中轴线上的戴高乐广场、凯旋门、香榭丽舍大道、卢浮宫、巴士底狱等著名景点,讫于文森城堡。线路长度 16.5 km,设站 25 座,平均站间距 688 m,采用 6 节编组。巴黎 1 号线自 1900 年开通以来,客流量就一直居高不下,特别是二战以后,客流持续增加,拥挤率大幅上升,被戏称为塞纳河沙丁鱼容器,成为巴黎地铁系统的一大心病。巴黎大众运输公司(RATP)采取了多种方法来缓解客流压力,包括更新列车、增大载客量,增加发车频率,但这些都不能从根本上缓解客流压力。在这种情况下,为了有效降低 1 号线客流压力,提高通道内交通服务水平,巴黎市政府经多方论证,决定开通与之平行基本共路由的 RER A 线。巴黎市政府对 RER 线的定位为大站快车,有效服务市郊的同时,兼顾市区中长距离的客流;避免 RER A 线成为 1 号线复线,力求两条线功能划分明确,合理搭配,共同促进廊道内交通顺畅。为达到此种目的,RER A 线在市区内的站点设置,呈现出大站间距、重疏解的特点。如图 2－5－13 所示。

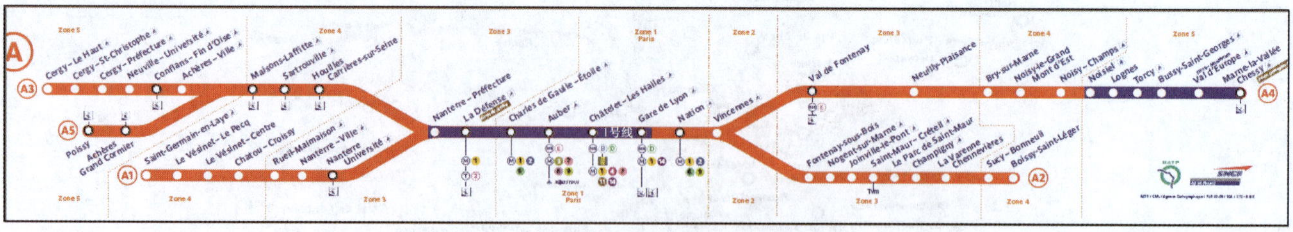

图 2－5－13　RER A 线站位分布图

　　以 1 号线通道分析,1 号线长度 16.6 km,RER 线路长度约为 17 km。区域内 1 号线设站约为 25 站,平均站间距为 0.7 km;RER A 线在路由内共设 7 站,其中换乘站 6 站,平均站间距为 2.8 km。需要说明的,站间距的大小,一方面是绝对量的大小,另一方面还需看与普通地铁线路站间距相对大小,就 1 号线来说,其平均站间距为 0.7 km,RER A 站间距是 1 号线站间距的 4 倍左右,因此可以看出 RER A 线相对于 1 号线具有十分明显的优势,体现了快速的理念。就换乘站来说,平均每个换乘站衔接线路条数为 5 系(包括 RER A 线自身),体现了疏散的理念。如表 2－5－7 所示。

表 2－5－7　RER A 线与 1 号线站位分布对比表

类别	长度（km）	设站个数	全线站间距	市区站间距	换乘站个数	换乘站平均衔接线路条数	市区站间距比
1 号线	16.6	26	0.7	0.7	13	—	5
RER A 线	17	7	2.8	3.4	6	5	

（4）首尔地铁快线

首尔地铁 9 号线一期工程从首尔特别市江西区开花站到新论岘站，是首尔第一条全线都有安全门及自动扶手电梯的地铁，并以 BOT 的形式运作，为期 30 年，但所有权仍归市政府。全线 27 km，共 25 个车站，首尔地铁 9 号线全程均为三线区间——上、下行线及越行线。首尔地铁 9 号线采用 9000 系动车，有四节车厢，分别由 2M、2T 编成；当全区间开通后，预计会扩编至 6 节。该线运营时间为 5∶30～24∶00，开行站站停及大站快车两种列车，其中大站快车仅停金浦机场、加阳、盐仓、堂山、汝矣岛、鹭梁津、铜雀、高速巴士客运站、新论岘 9 站，站站停列车全线运行时间为 49 min，最小行车间隔 5 min，大站快车运行时间为 30 min，大站快车行车间隔 20 min。如表 2－5－8 所示。

表 2－5－8　运输指标统计表

市域线名称	首尔地铁 9 号线
线路长度（km）	27
车站数量（个）	25
站间距（km）	1.13
运营模式	大站快车/站站停
最高运行速度（km/h）	100
车辆最高构造速度（km/h）	100
编组（节）	4
是否存在支线	否
是否与其他线路共线	否
所在城市	首尔
城市面积（km²）	606
城市人口（万人）	1 058

（5）上海市域轨道交通

上海市远景规划的轨道交通网络由 17 条线路构成，包括 4 条 R 线（快速轨道交通市域线）、8 条 M 线（市区地铁线）和 5 条 L 线（市区轻轨线），规划线路总长度约 780 km。目前，已经投入运营的轨道交通线总长约 65 km，在建轨道交通约 52 km。根据上海市城市总体规划和交通规划，"十五"期间，上海市将加速轨道交通建设，扩大轨道交通覆盖区域，缓冲中心区周边的交通矛盾，形成总长度达 250 km 的"十字加环，多向辐射"的轨道交通网络，在城市客运中发挥骨干作用。

市域快速线（R 线）——是城市轨道交通网络中的基础骨干线，是轨道交通网络的骨架结构。它通过大型换乘枢纽，对整个网络具有锚固作用，同时连接市郊新城、中心镇与市中心，具有线路长、站间距大、速度快等特点。

1）上海轨道交通 9 号线（R4 线）

9 号线是上海市轨道交通路网规划 4 条市域线之一，为西南～东北方向直径线，西南起自枫泾，东北到环东二大道，远期规划全长约 87 km；是上海市第一条以市域快速线理念规划设计的城市轨道交通线。一期工程自松江新城站至宜山路站，连通松江新城和上海中心城区，线路长度为 30.470 km，设站 14 座。二期工程全长 26.760 km，设站 14 座。如图 2－5－14 所示。

一期工程已开通运营，最高运行速度 80 km/h，外环以外预留 120 km/h 运行的条件。

二期工程正在建设中与一期工程采用相同的 A 型车 6 节编组，最高运行速度 80 km/h，设计交路个数为 3 个,最小行车间隔为 2 min。

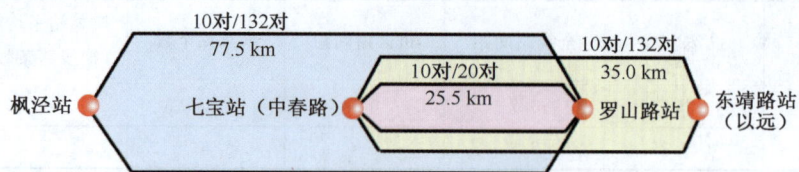

图 2—5—14　9 号线远期设计行车交路及对数

2)上海轨道交通 11 号线(R3 线)

上海市轨道交通 11 号线(R3 线)是上海市轨道网络中构成线网主要骨架的 4 条市域线之一,在网络中具有重要的地位。如图 2—5—15 所示。11 号线主线从嘉定经中心城至临港新城,是贯通上海市西北地区~东南区域临港新城的一条主干线,同时线路在西北设一条支线连接上海国际赛车场和安亭汽车城。

北段一期工程(嘉定新城站~安亭汽车城站~三林站)线路全长 59.41 km,包括主线 46.6 km,支线 12.81 km,设 27 座车站,平均站间距 2.285 km,A 型车 6 节编组,最高运行速度 100 km/h。二期工程江苏路站至罗山路站全长约 21 km,设 13 座地下车站,将于 2013 年完成兴建,与一期工程贯通运营。

南段工程浦东龙阳路站~临港新城站总长度为 58.962 km,其中高架段约 45.268 km,地下段约 13.694 km。

图 2—5—15　上海地铁 11 号线

全线车站数量调整为 12 座,其中地下站 3 座、高架站 9 座。目前,设计考虑南段工程与北段分段运营,两线在罗山路站进行换乘。设计列车采用 A 型车,初期 3 节编组,近期 3/6 节编组混跑,远期 6 节编组,最高运行速度 120 km/h。

3)上海磁浮示范运营线

上海磁浮示范运营线是世界上首条投入商业化运营的磁悬浮列车示范线,属上海交通发展的重大项目,具有交通、展示、旅游观光等多重功能,属于上海轨道交通的一个部分,同时也是世界上运营最快的列车线路。

磁浮示范运营线西起上海轨道交通 2 号线龙阳路站,东到上海浦东国际机场站。线路正线全长约 30 km,双线上下折返运行,设计最高运行速度为 431 km/h,单线运行时间约 8 min。

4)运输指标统计

运输指标统计如表 2—5—9 所示。

表 2—5—9　运输指标统计表

市域线名称	上海地铁 9 号线一、二期(部分在建)	上海地铁 11 号线北段一、二期(部分在建)	上海地铁 11 号线南段(设计中)	上海磁浮示范运营线
线路长度(km)	57.2	80.4	59	30
车站数量(个)	28	40	12	2
站间距(km)	2.042	2.062	5.364	30

续上表

市域线名称	上海地铁 9 号线一、二期(部分在建)	上海地铁 11 号线北段一、二期(部分在建)	上海地铁 11 号线南段(设计中)	上海磁浮示范运营线
运营模式	站站停	站站停	站站停	站站停
最高运行速度(km/h)	80(预留 120)	100	120	450
行车间隔(min)	2	2	2	15
车型	A	A	A	—
车辆最高构造速度(km/h)	80	·100	120	450
编组(节)	6	6	3/6	5
是否存在支线	否	是	是	否
是否与其他线路共线	否	否	否	否
所在城市	上海			
城市面积(km²)	6 340			
城市人口(万人)	2 380			

(6)香港快线

1)香港机场快线

该线于 1998 年 7 月开通(博览馆站于 2005 年 12 月开通),始于香港站,经过九龙半岛西部的油尖旺区、深水埗区及新界南面的葵青区、荃湾区,连接到位于离岛区大屿山的赤鱲角人工岛,最后到达博览馆站。机场快线共设博览馆站、机场站、九龙站、青衣站、香港站 5 站,其中三个市区车站(九龙站、青衣站、香港站)均可转乘其他香港地铁线,全线长约 35.3 km,部分线路与东涌线共线但不共站台。与港铁其他营运线路不同,该线不是一条通勤地铁线,主要作用是运送乘客往来市区、机场及亚洲国际博览馆,主要服务对象为航空旅客和游客。如图 2—5—16 所示。

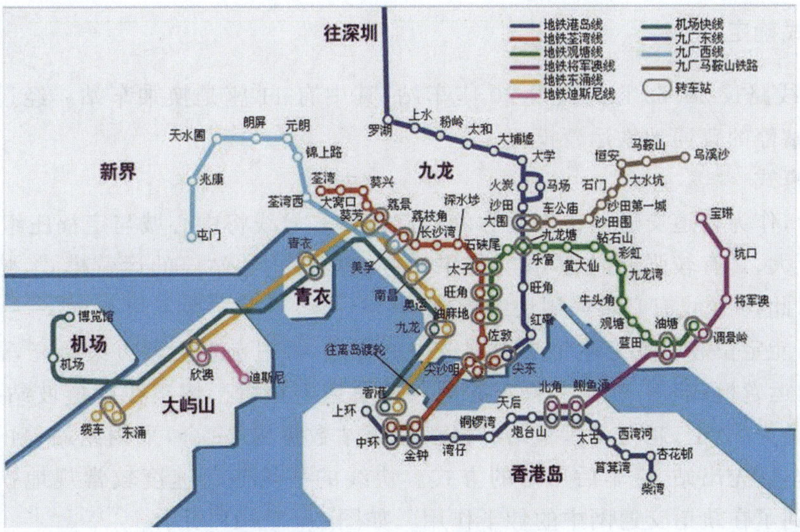

图 2—5—16　香港地铁线网

目前香港机场线列车由西班牙 CAF 及德国 ADTRANZ(已被庞巴迪公司收购)共同制造,8 节编组(7 节载客车、1 节行李车),载客车每节车定员 62~64 人(不设站席),行李车能够装载 13 个手推车或行李架,列车最高运行速度为 140 km/h。机场站~博览馆站、机场站~青衣站、机场站~九龙站、机场站~香港站的运行时间分别为 4 min、12 min、19 min、23 min,成年人票价分别为 5 港币、60 港币、90 港币、100 港币;运营时间为每日 5:50~0:48,行车间隔为 10 min。

列车运行交路为单一交路,运营模式为站站停模式。

2)将军澳线

将军澳线是港铁营运的铁路线,连接香港岛东区北角的北角站,与新界东西贡区将军澳的宝琳站和康城站之间,即在将军澳存在支线,该线全长 12.3 km,设站 8 座,平均站间距 1.76 km。

将军澳线于繁忙时间以"3+1"形式开行两个交路:北角站～宝琳站及北角站～康城站,即每 3 班往宝琳站的列车就有一班往康城站的列车提供服务,该线设计最小行车间隔 2 min,实际运营最小行车间隔 2.5 min,采用 Rotem 电车,8 节编组,最高运行速度 80 km/h。

3)运输指标统计

运输指标统计如表 2-5-10 所示。

表 2-5-10 运输指标统计表

市域线名称	香港机场快线	将军澳线
线路长度(km)	35.3	12.3
车站数量(个)	5	8
站间距(km)	8.83	1.76
运营模式	站站停	站站停
最高运行速度(km/h)	130	80
行车间隔(min)	4	2
车型	—	Rotem 电车
车辆最高构造速度(km/h)	130	80
编组(节)	7+1	8
是否存在支线	否	是
是否与其他线路共线	是	否
所在城市	香港	
城市面积(km²)	1 104	
城市人口(万人)	713	

5.2.3 本线运营模式确定

6 号线一期工程线路长 30.69 km,共设 20 座车站,其中有 11 座是换乘车站。经过可研阶段的方案研究,一期工程采用站站停的普通地铁运营模式。

(1)快慢车运营模式

从功能定位分析,作为轨道交通网中大动脉的北京地铁 6 号线将中心城与定福庄组团、通州组团连接起来,线路长、平均运距大,具有较强的向心功能,如果 6 号线也采用站站停的运营模式,将难以满足中长距离乘客出行的需求。因此,6 号线有必要采用快线模式。

根据 6 号线的功能定位和在北京轨道交通网络中的作用,经过前期运营方案研究,确定 6 号线近期和远期采用快慢车共轨的运营模式——快车和慢车在同一条轨道上运行。快车在褡裢坡站以西站站停,在以东区段越行,停车站数量为 22 个,越行 5 座车站。慢线停车站数量为 27 个,采用站站停的运营模式。在快慢车避让车站,采用快车优先出站,慢车后出站的方式。快线的平均旅行速度较常规地铁平均旅行速度有较大提高,使其真正起到了在轨道交通网中的骨干作用。如图 2-5-17 所示。

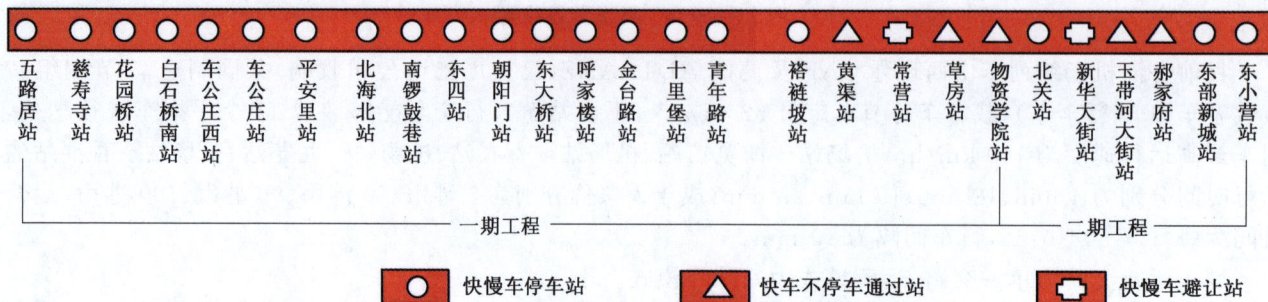

五路居站 慈寿寺站 花园桥站 白石桥南站 车公庄西站 车公庄站 平安里站 北海北站 南锣鼓巷站 东四站 朝阳门站 东大桥站 呼家楼站 金台路站 十里堡站 青年路站 褡裢坡站 黄渠站 常营站 草房站 物资学院站 北关站 新华大街站 玉带河大街站 郝家府站 东部新城站 东小营站

一期工程 　　　　　二期工程

● 快慢车停车站　　　▲ 快车不停车通过站　　　▥ 快慢车避让站

图 2-5-17 北京地铁 6 号线快线东部越行停靠站示意图

6号线二期工程即将启动,建成后线路将延长至通州东小营,线路全长达到 43.2 km。行车组织必须从全线统一考虑。经过运营组织研究,全线采用一个大交路运行,高峰小时快慢车共开行 24 对比较合理,快车和慢车开行例为 1:1。慢车需要在 2 座车站避让快车,快车和慢车同时停靠。2 座避让站分别位于常营站和新华大街站。如图 2-5-18 所示。

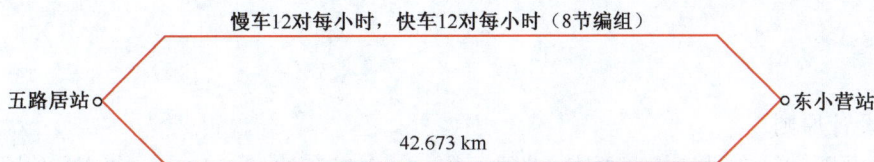

慢车12对每小时,快车12对每小时(8节编组)

五路居站　　　　　　　　42.673 km　　　　　　　　东小营站

图 2-5-18　快慢车共轨运行交路图

(2)系统运能

根据预测客流资料、列车编组和运营模式,确定了 6 号线的设计规模,其设计运输能力汇入表 5-2-11。

表 2-5-11　6 号线系统设计运输能力表

项　　目	初期(2016)	近期(2023)	远期(2038)
全日客运量(万人次)	72.58	110.48	139.1
早高峰小时断面客流量(万人次)	2.72	3.37	4.51
列车编组(节)	6(8)	6(8)	8
列车定员(人)	1 460	1 460	1 960
高峰小时开行列车对数(对)	20	24	24
高峰单向输送能力(万人次/h)	2.92	3.5	4.7

注:括号中为 2012 年 12 月 6 号线一期实际运营时编组。

根据 6 号线设计原则,6 号线系统储备运能按照 30 对/h 设计,因此车辆段规模将按照满足 30 对/h 的规模预留用地。通信信号也按照满足 30 对/h 的线路通过能力预留。

(3)列车运行交路

1)初期列车运行交路

6 号线一期工程由五路居站至草房站,运营里程长约 29.9 km。由于初期线路较短,沿线客流分布较均匀,采用一个大交路运行。以早高峰客流作为运行交路设计的基础,初期早高峰最大断面客流为 2.72 万人次,系统开行 20 对列车。如图 2-5-19 所示。

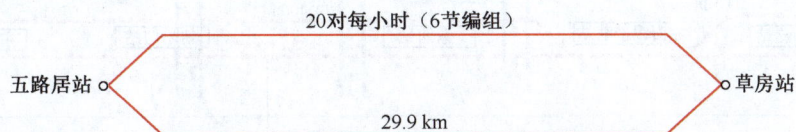

20对每小时(6节编组)

五路居站　　　　　　　　29.9 km　　　　　　　　草房站

图 2-5-19　6 号线初期列车运行交路图

2)近期列车运行交路

6 号线近期线路由草房站延伸到东小营站,线路全长 43.2 km,共设 27 座车站。近期推荐高峰小时采用一个大交路运行。大交路由五路居站至东小营站长 42.76 km。按近期高峰预测断面客流资料,高峰时段开行 24 对列车。快车和慢车开行列车对数比为 1:1。如图 2-5-20 所示。

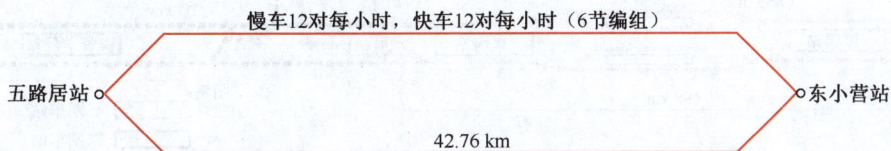

慢车12对每小时,快车12对每小时(6节编组)

五路居站　　　　　　　　42.76 km　　　　　　　　东小营站

图 2-5-20　6 号线近期列车运行交路图

3)远期列车运行交路

远期列车运行交路与近期相同,高峰小时采用一个大交路运行。如图 2-5-21 所示。

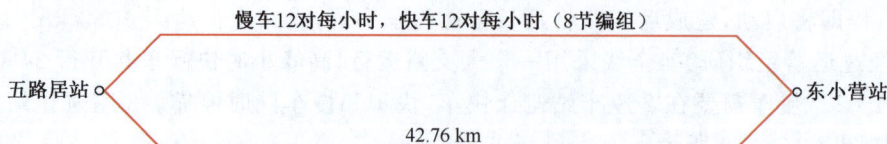

图 2—5—21　6 号线远期列车运行交路图

5.2.4　车站配线

（1）车站配线设计原则

1）车站配线的设置应符合设计规范要求,沿线每隔 3～5 座车站(8～10 km)应在站内设停车线。停车线之间、停车线与出入线之间每隔 2～3 座车站(3～5 km)应在站内设单渡线。

2）车站配线设计应满足地铁正常运营和故障情况下的运营需要。

3）折返线的数量及设置方式应满足高峰小时最大折返列车对数需要,并应有一定的余量。

4）车站配线设计应满足快慢车运营需要。

5）应根据线网统筹运行需要,在相关车站应设置联络线。

6）车辆段出入线接轨方案,应保证接、发列车进路顺畅,提高车站通过能力。

7）车站配线设置应考虑线路敷设方式、工程地质条件及施工方法等因素,以利于降低工程造价。

（2）车站配线方案

车站配线应从全线统一考虑。6 号线一期工程由五路居站至草房站,运营里程为 29.9 km,设 20 座车站,其中 9 座车站设有配线。6 号线车站配线示意图如图 2—5—22 所示。

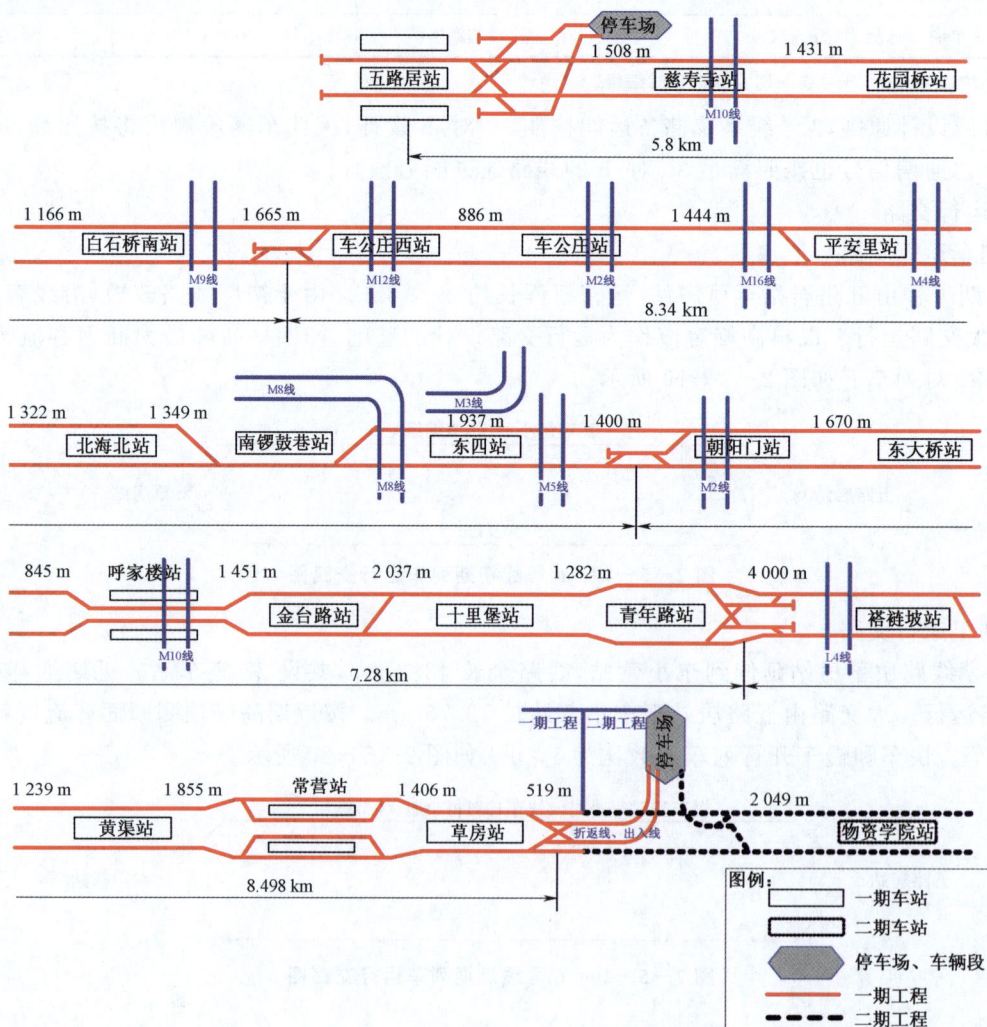

图 2—5—22　6 号线配线示意图

5.2.5　旅行速度

列车旅行速度是衡量地铁服务水平的重要指标,应根据营业线长度和列车单程旅行时间进行计算。根据 6 号线一期工程线路平纵断面资料,参考 B 型车的技术性能,按照列车最高运行速度 100 km/h 计算出一期工程的区间运行时间,以此计算出 6 号线一期工程旅行速度。6 号线一期工程上、下行方向的旅行速度均为 43.2 km/h。考虑到实际运营中,受到许多不定因素的影响,推荐 6 号线一期工程列车旅行速度采用 38 km/h。如表 2－5－12 所示。

表 2－5－12　6 号线一期工程区间运行时间及旅行速度表

区间	线路长度(km)	区间运行时间	停站时间	旅行时间	计算旅行速度(km/h)
五路居站~草房站	30.69	30′36″	10′55″	41′31″	43.2

5.2.6　系统运营指标

根据确定的 6 号线运营组织方案,计算出本线各阶段的运营指标,如表 2－5－13 所示。

表 2－5－13　6 号线系统运营指标汇总表

时期 / 项目	一期工程	近期	远期
全日总客运量(万人次)	72.58	110.48	139.1
平均运距(km)	10.01	13.27	13.05
早高峰最大断面客流量(万人次)	2.72	3.37	4.51
车辆选型	B	B	B
列车编组(节)	6(8)	6(8)	8
列车定员(人)	1 460	1 460	1 960
高峰小时开行列车对数	20	24	24
行车间隔(min)	3	2.5	2.5
系统运能(人次/h)	29 200	35 040	47 040
最高运行速度(km/h)	100	100	100
运用车数	34 列/192 辆	52 列/312 辆	52 列/416 辆
配属车数	41 列/246 辆	64 列/384 辆	64 列/512 辆
全日开行列车数	460	564	564
车辆日走行公里数(车公里)	82 524	144 699	192 933
全日列车平均满载率	36%	41%	38%

注:括号中为 2012 年 12 月 6 号线一期开通运营时编组数。

5.2.7　运营管理设计

(1)列车运行管理

1)行车组织制式

北京地铁 6 号线为复线自动闭塞线路,采用全封闭、全隔离的运营方式。列车运行采用右侧行车制。列车由五路居站向草房站运行为上行方向,反之为下行方向。与列车运行相关的标识和设备均应设置在隧道的右侧。

2)列车乘务制式

6 号线设计中的列车司机采用轮乘制,每列车在前端司机室配 1 名司机。在正常情况下列车由 ATO 设备自动驾驶,司机按一下启动按钮,列车即自动运行到前方车站停车。司机负责监视列车运行情况和开关车门。为防止司机技能衰退,值乘司机每班必须有一定时间进行人工驾驶。

列车到达终点站时司机要进行换班,休息一定时间以后,再到其他列车上值乘。采用轮乘制的优点是可以减轻司机的劳动强度,减少司机定员,提高劳动生产率。

3)列车折返方式

五路居站和草房站是 6 号线初期工程的终端折返站。五路居站采用一岛两侧站台,站前设 12 号交叉渡线,计算折返能力达到 33 对每小时。列车采用站前折返方式。列车到达终点站站台后,接班司机进入列车尾部驾驶室,车上有 2 名司机。列车停稳后头部的驾驶台锁闭,尾部的驾驶台开启,原值乘司机下车休息。

草房站采用单岛站台,站后设双折返线,采用 12 号道岔。列车采用站后折返。列车到达终点站站台后,接班司机进入列车尾部驾驶室,车上有 2 名司机。由 ATO 设备自动驾驶列车进入折返线,列车停稳后前端的驾驶台锁闭,尾部的驾驶台开启,然后列车由 ATO 设备自动驾驶离开折返线进入站台上客,原值乘司机下车休息。

(2)中央控制中心

1)中央控制中心定员

①行车调度员

负责指挥全线的列车运行,组织列车司机、车站行车值班员、车辆段派班员和信号楼值班员,严格按列车运行图进行工作,保证行车安全。在列车运行晚点或运行秩序被打乱时,行车调度员要及时进行调整,尽快恢复运行秩序。

在发生意外事故时,行车调度员要报告调度长,迅速采取处置措施,配合抢险救灾。因为行车调度员的工作较繁忙,6 号线应设行车调度员 1 人,助理调度员 1 人。

②电力调度员

负责对全线的供电设备进行监视和控制,保证安全供电。根据工作量,6 号线应设电力调度员 1 人,助理调度员 1 人。

③环控防灾调度员

负责监视全线车站的通风环控及防灾报警设备的运行状况,向车站控制室值班员下达模式控制指令。在发生灾害时负责控制区间的防灾排烟风机,指挥抢险救灾。

按此管理模式,计算出 6 号线中央控制中心的总定员为 28 人。如表 2—5—14 所示。

表 2—5—14　6 号线控制中心定员计算

岗位名称	工作班制	岗位人数	定员人数
经理、副经理	日勤	2	2
业务主管	日勤	2	2
调度长	4 班倒	1	4
行车调度员	4 班倒	2	8
环控防灾调度员	4 班倒	1	4
电力调度员	4 班倒	2	8
总计	—	10	28

2)中央控制中心调度指挥模式

中央控制中心有两种调度指挥模式:在正常情况下,由 ATS 系统自动控制全线的列车运行;在 ATS 系统发生故障时,由行车调度员人工集中控制。

在正常情况下,由 ATS 设备按照表定运行图自动控制全线的列车运行,由行车调度员和车站行车值班员进行监视。行车调度员通过模拟显示屏、运行图显示终端和闭路电视,监督列车运行状况、列车所在位置以及车站乘客上下车情况,及时进行调整,保证按运行图行车。

ATS 设备具有降级使用功能。在控制中心 ATS 设备发生故障时,系统可改为人工集中控制(即调度集中),由行车调度员人工控制全线的道岔和信号,排列列车进路指挥列车运行。在中心人工控制失灵时,就下放为车站控制,由车站行车值班员负责监控本连锁区内的列车运行。

(3)车站站务管理

1)车站管理模式

按照北京地铁运营公司的管理模式,每条地铁线设一个客运分公司。6 号线建成以后,成立 6 号线运营二分公司,隶属于北京地铁运营公司。运营二分公司负责管理 6 号线的运营工作。运营二分公司下设客运室负责管理各车站的客运服务及票务管理工作。

6 号线车站采用站区管理模式。一期工程的 19 座车站,将划分为 4 个站区,每个站区负责管理 5～6 个车站。如表 2－5－15 所示。

表 2－5－15　6 号线一期工程车站责任区划分表

站区编号	站区位置(中心站)	管辖范围
1	五路居站	五路居站、慈寿寺站、花园桥站、白石桥南站、车公庄西站、车公庄站
2	朝阳门站	平安里站、北海北站、南锣鼓巷站、东四站、朝阳门站
3	青年路站	东大桥站、呼家楼站、金台路站、十里堡站、青年路站
4	常营站	褡裢坡站、黄渠站、常营站、草房站

在中心站,站区由站区长领导,设书记、副区长、办事员等工作人员。在基层车站,每班设一名值班站长,管理本班的运输生产。站区长受 6 号线运营分公司经理领导。

2)车站岗位设置及定员

6 号线各车站设置以下工作岗位:值班站长、车站值班员、票管员、售票员、监票员和站台安全员。如表 2－5－16 所示。

表 2－5－16　6 号线一期工程车站定员及班制计算表

车站＼岗位	值班站长	车站值班员	监票员	售票员	站台安全员	票款员	合计
五路居站	1×3	3×4	2×3	2×3	2×3	2	35
※慈寿寺站	1×3	2×4	2×3	2×3	2×3	2	31
花园桥站	1×3	1×4	2×3	2×3	2×3	2	27
※白石桥南站	1×3	1×4	2×3	2×3	2×3	2	27
※车公庄西站	1×3	2×4	2×3	2×3	2×3	2	31
※车公庄站	1×3	1×4	2×3	2×3	2×3	2	27
※平安里站	1×3	2×4	2×3	2×3	2×3	2	31
北海北站	1×3	1×4	2×3	2×3	2×3	2	27
※南锣鼓巷站	1×3	1×4	2×3	2×3	2×3	2	27
※东四站	1×3	2×4	2×3	2×3	2×3	2	31
※朝阳门站	1×3	1×4	2×3	2×3	2×3	2	27
东大桥站	1×3	2×4	2×3	2×3	2×3	2	31
※呼家楼站	1×3	1×4	2×3	2×3	2×3	2	27
※金台路站	1×3	2×4	2×3	2×3	2×3	2	31
十里堡站	1×3	1×4	2×3	2×3	2×3	2	27
青年路站	1×3	2×4	2×3	2×3	2×3	2	31
※褡裢坡站	1×3	2×4	2×3	2×3	2×3	2	31
黄渠站	1×3	1×4	2×3	2×3	2×3	2	27
常营站	1×3	2×4	2×3	2×3	2×3	2	31
草房站	1×3	2×4	2×3	2×3	2×3	2	31
合计	60	128	120	120	120	40	588

注:※标记表示该站为换乘车站。

3）换乘车站管理

6 号线一期工程设有 20 座车站，其中有 11 座换乘车站。这些车站的运营管理应实行资源共享。将上下层车站按一个车站进行管理，即设一个站长、一套管理人员、一套车站客运服务管理用房。

对换乘站的机电设备，如自动扶梯、残疾人电梯、AFC 设备、公务电话、市内电话、公共区的广播设备、向导信息设备、消火栓泵、水喷淋泵、给排水系统等也应实行资源共享。

换乘站实行资源共享，可以降低工程投资，减少管理人员，提高工作效率。当换乘的两条地铁线由不同的运营公司进行管理时，换乘站的上下层车站应分别进行管理，双方划定管理分界线。

（4）票务管理

1）票务制式

6 号线采用 AFC 自动售检票系统。票制采用多级计程计时票价制，计程可分区域按里程计，实现封闭式票务管理；预留路网成网后增加其他计费方式的条件（运营中根据北京市相关要求执行）。

“一卡通”规定的非接触式 IC 卡，具备地铁、出租、公交及轮渡等其他交通运输部门联网运行条件。

AFC 系统采用单程票和储值票两种基本类型的票种，同时根据运营的需要，可设置计次票、应急票、优惠票、纪念票、员工票、出站票和测试票等其他类型的票种。车票种类和车票费率表由轨道交通清分系统统一制定，满足轨道交通路网统一运营管理的要求。

2）车站票务管理

轨道交通“一票通”车票由轨道交通清分中心负责发行和管理，公共交通“一卡通”车票由公共交通清算中心负责发行和管理。

6 号线 AFC 票务管理系统，采用中央票务中心以及车站票务两级管理。中央票务中心负责全线票务管理（负责对地铁专用车票的发卡、初始编码等，一卡通专用车票则由一卡通机构统一发行）。车站负责出售和回收车票。

每个车站设一台车站票务终端（SC），由车站控制室车站值班员进行监控。车站的票务信息上传到票务中心计算机，由该计算机进行票务统计和打印报表。

在车站较隐蔽处设立一间车票管理室，室内设有硬币清点机和车票储存柜。由 1～2 名票管员值班，负责保管车票，更换售票机的票夹钱箱，清点票款，向银行交接票款并填写统计报表。

车站的 AFC 设备由票务中心负责维修。

5.2.8　运营组织机构

（1）客运组织机构

目前北京地铁线路的运营管理由北京地铁运营公司和京港地铁负责，其中京港地铁主要负责 4 号线、大兴线、14 号线的运营管理。北京地铁运营公司下设 4 个分公司，负责管理 17 条线路，其中 6 号线归北京地铁运营分公司管理。分公司机关下设综合部、人力资源部、计划财务部、技术部、物资供应部、安保部和办公室等 8 个部门。生产单位由客运室、车辆室、设备室组成，负责管理地铁 6 号线全线的运营生产。

（2）客运定员

6 号线运营管理定员如表 2－5－17 所示。

表 2－5－17　6 号线运营管理定员表

单　　位	初期	近期	远期
公司机关	80	100	120
客运室	833	1 033	1 033
车辆室	586	966	1 106
设备室	150	230	230
合计	1 649	2 329	2 489
每双线公里定员（人每千米）	55	54	58

6号线运营分公司初、近、远期的定员分别为1 649人、2 329人、2 489人。

各个专业分公司设在维修工程部的6号线项目部职工,是因6号线而增加的人员,其编制隶属于各个专业分公司,不属于6号线运营分公司。项目部的业务根据合同的要求,由设备室负责管理。如表2—5—18所示。

表2—5—18　6号线总定员表

单　位	初期	近期	远期
6号线定员	1 649	2 329	2 489
6号线项目部	150	220	220
总计	1 799	2 549	2 709
每双线公里定员(人每千米)	60	60	64

第6章 车辆与限界

6.1 车 辆

6.1.1 主要选型原则

1)车辆应技术成熟、安全可靠、外形美观、便于使用、便于维修,并具有相应的经济性和先进性。

2)为保证建设工期及服务质量,车辆应以国内外在用或在造的成熟车型作为选型基础。

3)车辆选型应充分考虑国内外车辆现状和技术发展趋势,并立足于国产,引进部件应具备向国产化过渡的可行性。

4)车辆应满足6号线客流的特点,提供快捷的运输和舒适的乘车环境。

5)车辆应适应6号线线路条件,并应减小对地上文物古迹、地下建筑物的影响。

6)车辆运输能力应满足高峰小时的运量要求。

7)车辆应适应北京市气候和自然条件。

6.1.2 车型的选择

北京地铁6号线是国内首次8节编组的具有自主列车网络知识产权的B_2型不锈钢地铁车辆产品,其车辆限界及轮廓均符合国家地铁B_2型车标准,列车采用DC 1 500 V架空接触网受电设计,6动2拖8节编组,列车最高运行时速为100 km,正线平均旅行速度达到47 km/h。车辆主体结构采用不锈钢整体承载式设计,使用寿命可达30年。如图2-6-1所示。

图2-6-1 6号线一期地铁车辆

6.1.3 车辆总体技术标准

(1)车辆使用条件

1)自然环境

①海拔:不超过1 200 m。

②环境温度:-25 ℃~+45 ℃(年平均温度为11 ℃~12 ℃)。

③相对湿度:最湿月份平均最大湿度为90%,该月平均温度不大于25 ℃。

④使用环境:车辆在地下和高架线路运行,在地面库内检修和停放,库内温度不低于0 ℃。

⑤风向及风速:风向以北风为主;

风速,夏季平均风速为1.9 m/s,冬季平均风速为2.8 m/s,30年一遇最大风速为23.7 m/s;

瞬时最大风速:24~40 m/s。

2)线路参数

①轨距:1 435 mm;

②最小曲线半径:区间正线一般不小于 650 m,困难情况下不小于 350 m;

　　　　　　　　辅助线一般为 200 m,困难地段为 150 m。

③最小竖曲线半径:区间正线一般不小于 5 000 m;

　　　　　　　　　车站站端一般不小于 3 000 m;

　　　　　　　　　辅助线不小于 2 000 m。

④最大坡度:区间正线为 30‰,困难情况下为 35‰;

　　　　　　辅助线最大坡度为 35‰,困难情况下为 40‰。

(2)车辆形式

1)采用国家标准 B₂ 型车。

2)初、近、远期八节编组,编组形式为:+Tc—Mp—M—M—M—M—Mp—Tc+。

其中:+表示半自动车钩;—表示半永久棒式车钩;Tc 表示带司机室拖车;Mp 表示带受电弓动车;M 表示动车。

(3)车辆轮廓尺寸

1)车体长度:19 000 mm。

2)1 列车长度:8×19 520 mm+2Δmm+2×900 mm(司机室加长量 Δ 为 300～500 mm;900 mm 为满足近远期安全门要求而增加的司机室长度)。

3)车体宽度:2 800 mm(标准车)。

4)车顶距轨顶面高度:≤3 800 mm。

5)车内高度:2 100 mm(地板面到天花板中心最小净空高度)。

　　　　　　1 900 mm(客室内乘客站立区最小净空高度)。

6)车钩中心线距轨顶面高度:660±10 mm。

7)客室地板面距轨顶面高度:1 100 mm。

8)车辆定距:12 600 mm。

9)固定轴距:2 200 mm。

10)轮对内侧距:1 353±2 mm。

11)车轮直径:840 mm(新轮)、805 mm(半磨耗型)、770 mm(全磨耗型)。

(4)自重和载客量

1)自重:Tc 车约 30 t;M 车约 35 t。

2)载客量

载客能力如表 2-6-1 所示。

表 2-6-1 载 客 量

车　型		单车人(t)			列车人(t)
		座席	站席	总载员	八节编组
定员	Tc 车	36	194	230(13.8)	1 960(117.6)
	Mp、M 车	42	208	250(15)	
超员	Tc 车	36	291	327(19.62)	2 778(166.68)
	Mp、M 车	42	312	354(21.24)	

注:额定载员按站立乘客 6 人每平方米计;超员按站立乘客 9 人每平方米计;乘客人均重量按 60 kg 计。

(5)车辆主要运行性能参数

1)牵引特性

对于额定载荷(AW2)负载下,车轮处于半磨耗状态,在干燥、清洁的平直轨道和额定电压下的牵引特性如下：

　　①列车速度从 0 达到 40 km/h 的平均加速度应≥1.0 m/s²；

　　②列车速度从 0 达到 100 km/h 的平均加速度应≥0.6 m/s²；

　　③挂钩和洗车操作速度为 3～5 km/h；

　　④反向退行最大速度为 10 km/h；

　　⑤列车在车辆段内最大调车作业速度为 25 km/h；

　　⑥最高运行速度为 100 km/h；

　　⑦列车构造速度为 110 km/h；

　　⑧列车回送速度应≤100 km/h。

　　2）能量吸收

　　车体底架车钩下方加装能量吸收区，使列车在以 25 km/h 的速度与另一静止列车相互撞击时吸收撞击能量而客室无损坏。

　　车钩设缓冲装置，车钩挂钩速度不大于 5 km/h。

　　3）制动特性

　　制动系统由电制动及空气制动系统组成，电制动为再生制动。紧急制动时的制动力由摩擦制动提供；车辆停放时的制动力由弹簧力提供，压缩空气缓解。平均制动减速度是指在额定载客情况下，列车从最高运行速度到停车这一过程中速度变化量与时间的比值。

　　①最大常用制动：≥1.0 m/s²；

　　②紧急制动：≥1.2 m/s²；

　　③牵引、制动冲击极限：0.75 m/s³；

　　④平稳性指标：≤2.5。

　　4）停放制动

　　①对超员载荷（AW3）的列车，停放制动应能在 30‰ 的坡道上停车；

　　②对空载的列车，停放制动应能在 40‰ 坡道上停车。

　　（6）电气参数

　　1）接触网电压：DC 1 500 V，电压变化范围：1 000 V～1 800 V。

　　2）牵引电动机额定持续功率：约 180 kW。

　　3）辅助系统电源：AC 三相 380 V；DC 110 V。

　　（7）列车在故障情况下的运行能力

　　8 节编组列车，在额定载荷情况下，当损失 1/3 动力时，能维持运行到终点；在损失 1/2 动力时，列车具备在正线最大的坡道上起动和运行到最近车站的能力。

　　（8）列车救援能力

　　一列空载列车应具有在正线线路的最大坡道上牵引另一列额定载荷的无动力列车运行到下一车站及两列空车返回车辆基地的能力。

　　（9）总体布置

　　车体的总体布置除 Tc 车一端带有司机室外，其余基本相同。每辆车的一侧各设四个门道，座椅呈纵向布置，车辆与车辆之间采用贯通道连接。

　　1）内装饰

　　客室内部装饰整体结构应具有阻燃、无毒的特点，且不易损坏。

　　2）立柱及扶手

　　客室内立柱为三列布置，扶手布置在座椅上方两个立柱之间。

　　每列车中至少应设置一处轮椅专用位置并应有乘轮椅者适用的抓握或固定装置。

　　3）客室门

　　①车门形式：双开式电动内藏门；

　　②车门数量：每辆车每侧 4 对门扇；

③净开宽度:1 300±4 mm;

④净开高度:1 800±10 mm。

4)司机室

在司机室的每侧各设置一个司机室侧门。

司机室通往客室设置一个端门供司机出入客室。在紧急状况时打开此门能使乘客通过司机室从紧急疏散梯离开列车。

司机室前方设有逃生门、安全疏散梯,在紧急情况下,打开它能使乘客安全离开列车。

5)车体材料

采用免涂装不锈钢车体。

6)车体结构

车体的结构为底架无中梁的整体承载式。

(10)车钩

根据车辆编排及列车组成的需要,车钩采用两种不同的形式,即半自动车钩和非半永久性车钩。

(11)转向架

采用无摇枕转向架。

轨距:1 435 mm;

最高运行速度:100 km/h;

轴距:2 200 mm;

车轮直径:840 mm(新轮)/770 mm(全磨耗型);

空气弹簧有效直径:540 mm;

转向架同一轴的两轮(新轮)直径之差不得大于 1 mm,同一车辆的两轮(新轮)直径之差不得大于 2 mm。

1)构架

构架呈 H 形对称布置。

2)悬挂装置

车辆设置二系弹簧悬挂:

①一系悬挂:采用圆锥形金属橡胶弹簧。

②二系悬挂:采用橡胶空气弹簧。

3)牵引装置

每台转向架设有一套牵引装置。

4)轮对

车轮采用全加工整体辗钢车轮。

5)基础制动装置

转向架基础制动装置采用踏面单元制动,其中部分带停放制动功能。

(12)牵引系统

牵引传动系统采用 VVVF 交流传动。

采用 IGBT 或 IPM 元件、模块构成的 VVVF 主逆变器;每辆动车设置一台 VVVF 逆变器,由该逆变器给 4 台并联的牵引电机供电。

由鼠笼式三相异步交流牵引电动机驱动;绝缘等级为 200 级,自通风,采用横向全悬挂方式,额定功率约 180 kW。

(13)辅助系统

1)静止逆变器

每列车设两台静止逆变电源,在正常情况下,每列车的 2 台静止逆变器(SIV)向全列车辅助系统的负载提供电源;当其中 1 台静止逆变器(SIV)故障时,另 1 台应能承担 8 节车的基本负载并保证列车的正常运行,此时列车空调系统减载运行。

容量满足负载要求。

2）蓄电池

①形式：碱性镉—镍免维护蓄电池。

②电压：每列车配有 2 套 DC 110 V 蓄电池组。

③容量：不小于 140 AH；蓄电池容量应能够满足车辆在故障情况下的应急照明、外部照明、车载安全设备、广播、通信、应急通风等系统工作不低于 45 min。

（14）照明

1）客室照明

①照度：在距地板面高 800 mm 处，不低于 200 lx。

②故障照明：在每一个门区（相对的两个侧门为一个门区）设一故障照明装置，当车内正常照明失效时，故障照明装置应能维持车内照明，维持时间不小于 45 min。

2）司机室照明

司机室灯光照明在地板中央的照度为 3 lx～5 lx，司机控制台面的照度为 5 lx～10 lx。

3）前照灯及防护灯

照度：在视觉清晰的天气情况下（没有其他照明），选择"强光"方式时，在车辆前端紧急制动距离处照度不低于 2 lx。

（15）噪声指标

列车停止时，在车内中心离地板面高 1.5 m 处≤69 dB(A)。

列车在自由声场内，按 ISO 3095 标准规定，列车停止时，在车外距轨道中心 7.5 m 处，连续 5 s 等效连续噪声≤69 dB(A)。

列车在自由声场内，按 ISO 3095 标准规定，列车以 60 km/h 速度在平直的轨道上运行时，在车外距轨道中心 7.5 m 处等效连续噪声≤80 dB(A)。

列车以 100 km/h 速度在平直的轨道运行时，客室内噪声≤75 dB(A)；司机室内噪声≤78 dB(A)。

（16）空气制动及供气系统

制动系统采用再生制动和空气制动。

空气制动机采用模拟制动机，其性能应能独立满足列车制动要求。

空气制动机应具有空重车调整装置，能与电制动自动协调配合，满足列车自动防护设备（ATP）及列车自动驾驶设备（ATO）的要求，并具有防滑功能。

风源系统是为全列车制动系统及空气弹簧等使用压缩空气的装置提供压缩空气。每列车设有两套电动空压机组，总能力应满足 8 节编组列车各种工况的用风要求，并适当留有裕度。

采用活塞式空气压缩机。

压缩空气系统应设有滤尘、油水分离及空气干燥装置。

（17）采暖、空调及通风系统

北京夏季气温较高，车辆设置了空调装置。

司机室、客室均设采暖装置，外界温度为－9 ℃时，车内温度为 15 ℃。

司机室采用单独空调，新风量不少于人均 30 m³/h。

空调装置采用集装单元式，每辆车安装两台空调机组。

主要参数：外界温度为 33 ℃时，车内温度不高于 28 ℃±1 ℃；人均新风量应不小于 10 m³/h。

通风系统设有强排设施，在向客室内送入经过处理后空气的同时，可将客室内的一定数量的污浊空气从车顶部静压风扇排出。

（18）事故通风系统

在交流电源发生故障等紧急情况下，由蓄电池 DC 110 V 供电，通过 DC/AC 转换器变为 AC 220 V 向交流风机供电，应急通风系统工作不低于 45 min。

（19）列车的控制和诊断系统

列车的控制和诊断功能主要通过列车通信网络获取信息，并由相应的控制和诊断单元来实现。

列车通信网络是列车总线和车辆总线构成的两级网络,系统采用分布式总线控制方式。

车辆总线连接本单元中各个由计算机控制的部件和接口,负责车辆网络中的数据传输。

节点起网关的作用,负责两级网络间的协议转换。

列车控制系统应具有自诊断功能,当列车联挂时,列车总线控制系统可自动识别和连接。通过列车总线系统实现多机通信,完成列车总线控制系统的列车控制、故障诊断等全部功能。

(20)乘客信息系统和通信

车辆设有乘客信息系统和摄像系统。

列车设有首尾车司机室间的通话设备,司机室设有向客室进行人工广播和播放录音的设备,以及与客室报警开关相应的音响、灯光报警显示装置。客室设有信息系统显示设备。

列车设有与车站、调度中心及车辆段间联系的无线通信设备。

(21)列车自动控制

列车自动控制(ATC)系统由三部分组成:自动监控(ATS)、自动防护系统(ATP)、自动运行系统(ATO)。

(22)电磁兼容性要求

列车上电子产品的电磁兼容性满足 IEC 61000 和 EN 50121 的有关规定。

(23)防火要求

车辆的设计必须有良好的防火性能,以便最大限度地防止火灾发生。车辆的设计、制造及所选用的材料、部件的防火要求符合 DIN 5510 的相关标准。

所有电线、电缆均应采用阻燃、低烟、低毒型。

车辆上所用材料应采用非延燃性材料和防火材料,不允许使用可燃的材料(如木材等)。

一旦火灾发生时,车辆设计应能满足乘客迅速疏散的要求。每节车客室内备有供乘客使用的灭火器。

6.2　限　　界

限界是限定车辆运行及轨道周围构筑物超越的轮廓线。限界分为车辆限界、设备限界、建筑限界三种,是工程建设、管线和设备安装位置等必须遵守的依据。合理的限界是保障行车安全、控制土建投资的重要一环。

限界专业负责北京地铁 6 号线一期工程正线及辅助线、出入段线、车场段的各种限界制定。具体来说,限界专业承担了北京地铁 6 号线一期工程区间各种地下单洞单线马蹄形隧道断面、地下单洞双线马蹄形隧道断面、盾构圆形隧道断面及地下各种车站断面、出入段线 U 形槽、车辆段各有关限界断面的建筑限界制定。

6.2.1　设计原则、技术参数及管线布置原则

(1)主要设计原则

1)限界是确定与行车有关的构筑物的净空大小,限界断面制定时,需遵循安全、经济、合理的设计原则。

2)曲线地段矩形隧道、道岔区的限界应在直线地段限界的基础上根据曲线(或导曲线)半径、曲线超高及管线布置等要求分别进行加宽或加高。

3)双线并行线路,两线间无设备及墙、柱、广告等时,两设备限界之间距离应不小于 100 mm。

4)建筑限界与设备限界之间无管线时的距离,一般情况下应不小于 200 mm,特殊困难条件下,应不小于 100 mm。

5)圆形盾构隧道和单线马蹄形隧道的建筑限界按正线该隧道断面类型的最小平面曲线半径来确定,故单线马蹄形和圆形隧道直线段与曲线段的建筑限界相同。曲线段单线马蹄形隧道及圆形隧道建筑限界不加宽,通过隧道中心向曲线内侧移动适当的水平距离的方式来满足限界要求。

6)除有效站台边缘限界对施工误差有特别规定外,其余建筑限界不包含隧道等结构的施工误差、测量误差及变形量等。该误差由结构专业在设计时考虑,以确保竣工后的隧道断面净空满足建筑限界的要求。

7)本工程按区间设置应急疏散平台开展限界设计。疏散平台顶部应预留不小于 1 900 mm 的空间,以满足乘客在疏散平台上行走的需要。

(2)限界设计的主要技术参数

1)车辆主要设计参数

采用国家标准 B₂ 型车,车辆具体参数如下:

①计算车辆长度:19 000 mm;

②车辆最大宽度:2 800 mm;

③车辆高度:3 800 mm;

④地板面距走行轨面高度:1 100 mm;

⑤车辆定距:12 600 mm;

⑥转向架固定轴距:2 200 mm。

2)轨道结构高度

一般地段整体道床轨道结构高度参数如下:

①车站及区间矩形隧道为 560 mm;

②单线圆形隧道为 740 mm;

③单线马蹄形隧道为 650 mm。

特殊减振段轨道结构高度参数如下:

①单线圆形隧道为 800 mm;

②单线马蹄形隧道为 800 mm;

③矩形隧道为 750 mm。

轨道超高:轨道最大超高值为 120 mm。地下区间超高设置方法为半超高,即内轨降低 1/2 超高值,外轨抬高 1/2 超高值。

3)线路:正线最小曲线半径为 350 m。

4)接触网:本工程供电方式为接触网授电。

地下线采用刚性悬挂,接触线至轨顶面的高度为 4 040 mm。

(5)设备和管线布置原则

设备和管线的布置与北京地铁 6 号线一期工程一致,具体如下:

地下线需布置的管线及设备主要有:电力电缆、电源箱、通信信号 PIS 电缆、电话盒、漏泄同轴电缆、照明灯、扬声器、消防给水管、FAS、BAS、信号机。安装位置如下:

①一般情况下,以右线列车行车前进的方向为例,通信信号 PIS 电缆、电话盒、漏泄同轴电缆、扬声器、消防给水管、FAS、BAS、信号机等安装在行车方向右侧的隧道墙壁上。

②电力电缆、照明灯、电源箱安装在行车方向左侧的隧道墙壁上。

③漏泄同轴电缆安装在行车方向右侧的隧道墙壁上。

管线布置应考虑设备安装、维修的空间。

直线地段、曲线地段的设备限界与建筑限界之间的空间应能满足各种设备、管线安装的要求,在最不利的情况下,各种设备、管线均不得侵入设备限界,以确保列车安全运行。

一般情况,强、弱电分开布置,特殊情况下,如电力电缆与通信、信号电缆需在同一侧设置时,应协商确定,并考虑抗干扰距离。各种设备和管线的安装位置,一经确定,不得随意调换或侵占其他专业的安装位置。

鉴于道床面为乘客的主要疏散通道,在道床面上局部点设置信号应答器处,信号专业应做步行无障碍措施处理,以确保道床面疏散通道畅通。

6.2.2 限界设计情况

主要完成了北京地铁 6 号线一期工程正线、出入线、联络线以及车辆段库内库外轨行区的限界设计任务。主要的设计难点有:区间最高运营速度为 100 km/h 的限界设计标准、正线道岔采用 9 号和 12 号两种、北京地区第一条接触网供电制式工程。

1)本工程为北京第一条区间最高运营速度为 100 km/h 的地铁线路,对于限界专业来说是一个创新(传统地铁区间最高运营速度为 80 km/h)。受最高运营速度的影响,区间车辆的车辆限界和设备限界都相应地增大,对于现有的建筑限界标准是否适用于本工程,是限界专业设计遇到的一个主要难题。参考国内外相关地铁工程的设计经验,对于区间最高运营速度不超过 100 km/h 的工程,不用考虑空气动力学的影响(即隧道断面阻塞比),按照现有的建筑限界设计标准就可以满足行车安全要求,主要的设计方案有两种:一种为在 80 km/h 的车辆限界和设备限界的基础上,考虑一定数值的加宽值(速度值提高引起的车辆限界和设备限界加宽量),再按照相关的限界标准进行限界设计;另外一种为在 80 km/h 的车辆限界和设备限界的基础上,设备限界和设置之间的安全间隙在满足规范最小要求的前提下加大一定数值(速度值提高引起的车辆限界和设备限界加宽量)。本工程限界设计采用第二种方法。

2)本工程为了满足运营需求(折返能力要求),在五路居站站前设置了 12 号道岔交叉渡线,较传统的 9 号道岔,道岔结构长度加长了,侧股的导曲线半径变大了。有效站台的端部、盾构起点距离岔心的距离都有适当的加大,车站的规模加大,转辙机的安装位置适当调整。

3)本工程采用接触网供电制式,在北京尚属首例,建筑限界设计的控制因素增加了接触网安装以及电气绝缘间隙的要求。本工程中盾构隧道的建筑限界较为紧张,特别是特殊减振地段,由于盾构隧道的建筑限界规范中已明确,故设计时在平衡了接触网专业和轨道专业的各自要求后,基本满足了各专业的设计要求。故在结构设计中,要求结构专业设计以及施工单位对盾构隧道的施工误差进行严格把控。

4)限界专业与区间管线综合专业设计进行了有机结合,主要体现在道岔区、停车线地段、车辆段岔线咽喉区等地段。本工程限界专业和管线专业均由限界专业人员设计,故在车站建筑、结构及区间结构设计时,在考虑满足区间管线路径的前提下,尽量压缩限界控制要求,给结构专业带来了极大的方便,也减小了结构施工中的一些风险,间接地为工程减少了造价。这种专业结合的优势,在工程实施中得到了充分的体现,区间管线设备安装基本没有出现"冲突",同时在以往工程中车站轨行区临时打孔的情况基本没有出现,且在限界检查中基本没有出现由于设计不到位引起大面积的侵限情况。

工作重点还包括:最小线间距的制定、区间疏散平台限界制定、区间各种道岔区限界加宽量的确定、区间转辙机安装处建筑限界的制定;缓和曲线进入车站时,站台限界加宽量的确定以及安全门限界加宽量的制定等;车辆段内各种作业平台限界及车顶接触网防护网限界的制定。

在工程建设中,限界专业还承担了隧道断面测量数据的限界净空检查工作以及配合线路的调坡调线工作。在冷、热滑工作中,限界专业参与指导了北京地铁 6 号线一期工程的冷、热滑限界检查工作以及限界门框架的制定指导、验收工作等。

6.2.3　轨旁设施设计情况

北京地铁 6 号线一期工程中,轨旁专业主要负责以下工作:

1)制定设备管线敷设的标准:统一各专业设备管线的布置要求,确定其布置原则;确定的设备管线布置方案作为相关设备专业开展设计的依据。

2)负责在有限的空间内统筹协调各设备管线,优化特殊地段设备管线在平面、剖面上的布置,使墙、柱布置更加合理,改善结构受力,从而减少土建工程造价。

3)负责各设备专业的统筹设计,对各设备专业具体设计具有指导意义,各设备专业需在此基础上进行深化设计。

4)负责各种管线过轨的综合协调设计。

5)负责区间疏散平台系统的设计、施工配合、工程验收配合等。

本工程区间疏散模式是疏散平台为辅助疏散通道,道床面是主要疏散通道。轨旁专业围绕此疏散模式,对道床面的过轨管线、疏散通道的无障碍性,对相关专业进行了设计提资要求。同时对疏散平台上方 2 m 范围人疏散净空空间等做出了规定,从而整体上确保了疏散通道的畅通。

第7章 轨道及减振

北京地铁 6 号线一期采用国产 B₁ 型车,8 车编组,6 动 2 拖,接触网供电,最高设计速度为 100 km/h。

7.1 主要专业功能

轨道系统作为轨道交通运营的基础设备,是列车运行的基础,直接承受列车的动荷载并传递给隧道、桥梁或路基等轨下基础。轨道结构在确保地铁运营安全、舒适、快速、环保等方面起着十分重要的作用,主要功能如下:

(1)安全引导列车运行

轨道结构应具有足够的强度、稳定性、耐久性,确保列车安全、平稳和快速运行。同时,应设有车挡等保护列车安全的措施。

(2)提供乘坐舒适条件

轨道结构要有适量的弹性,以提供舒适的乘车条件。

(3)轨道结构的绝缘功能

钢轨是列车牵引用电回流电路。轨道结构应具有良好的绝缘性能,满足绝缘要求,同时减少泄漏电流对结构、设备的腐蚀。

(4)减振功能

根据沿线的环境评估报告情况,采用分级减振轨道结构,降低对周边环境的振动噪声影响,达到环境保护标准。

(5)为乘客疏散创造条件

当列车出现危险时,能使乘客通过轨道道床顺利疏散。

7.2 主要技术标准

(1)轨距及轨底坡

采用 1 435 mm 标准轨距。正线采用 1/30 轨底坡,车场线采用 1/40 轨底坡,道岔区及两道岔间长度不足 50 m 地段不设轨底坡。

(2)曲线地段轨距加宽及曲线超高

轨距加宽:正线最小曲线半径为 300 m,故所有正线曲线不设轨距加宽。辅助线及车场线轨距根据《地铁设计规范》(GB 50157—2003)的规定进行加宽。

曲线超高:曲线超高值由列车通过该曲线的平均速度计算,正线及出入线曲线最大超高值为 120 mm,当设置的超高不能满足行车速度要求时,一般可允许有不大于 61 mm 的欠超高。车站有效站台范围内最大超高值为 15 mm,辅助线及车场线曲线超高设为 5 mm。

曲线超高设置方式:地下线(整体道床曲线地段)采取外轨抬高超高值一半,内轨降低超高值一半的方法设置超高(半超高方式)。地面线采用全超高方式。

曲线超高值应在缓和曲线内递减,无缓和曲线时,在直线段递减。

超高顺坡率一般不宜大于 2‰,困难情况下不应大于 2.5‰。

(3)轨枕铺设数量

正线、辅助线及试车线轨枕铺设数量均为 1 600 根(对)每千米;

停车场库外其他线轨枕配置均为 1 440 根每千米;库内线结合工艺要求配置轨枕,除柱式检查坑及特殊地段外,其余均为1 440对每千米。

道岔区铺枕根数根据道岔设计确定。

(4)轨道结构高度

不同地段轨道结构高度如表2-7-1所示。

表2-7-1 不同地段轨道结构高度 单位:mm

地段			轨道结构高度	备注
正线	一般地段	马蹄形隧道(单洞)	650	轨顶至隧道有效内轮廓最低点
		圆形隧道	740	
		矩形隧道	560	
	浮置板地段	圆形、马蹄形隧道	820	轨顶至隧道有效内轮廓最低点
		矩形隧道	750	
停车场	整体道床		500	
	碎石道床	试车线及出入线地面段	836	
		库外线	630	

7.3 主要轨道结构及设备

结合工程特点及轨道系统功能,轨道系统的主要结构及设备设计如下:

(1)钢轨

正线、辅助线、试车线及停车场出入线段采用60 kg/m钢轨,材质为U71Mn普通钢轨及U71Mn热处理钢轨两种;道岔区按道岔设计要求采用相应材质的钢轨件;车辆段库内外线采用50 kg/m钢轨。

(2)道床

正线、辅助线及停车场出入线在一般减振地段、一般道岔区、减振器道岔区和车辆段库内线采用短枕式整体道床;中高等减振地段采用纵形轨枕(含纵向轨枕)整体道床、减振垫浮置板整体道床;特殊减振地段采用钢弹簧浮置板整体道床。车辆段库外线采用预应力长枕碎石道床。

(3)扣件

全线均采用弹性分开式扣件。其中正线、辅助线及停车场出入线整体道床地段均采用无螺栓e型弹条DTⅥ2型扣件;纵形轨枕地段采用DTⅥ2-T专用扣件;库内线采用DJK5-1型扣件;库外线采用弹条Ⅰ型扣件。

(4)轨枕

正线一般地段和车辆段库内线采用钢筋混凝土短轨枕;高等减振地段采用纵形轨枕;钢弹簧浮置板地段和减振垫道岔区采用薄型短轨枕。

(5)道岔

正线一般地段采用60 kg/m钢轨9号曲尖轨单开道岔、单渡线及5.0 m间距交叉渡线。五路居站东侧采用一组60 kg/m钢轨12号道岔14 m间距交叉渡线。车辆段库外线采用预应力岔枕60 kg/m钢轨9号单开道岔和50 kg/m钢轨7号单开道岔。

(6)无缝线路

正线铺设跨区间无缝线路,试车线铺设无缝线路,辅助线和车场线有条件地段焊接长轨条。

(7)减振降噪

较高减振地段采用了Ⅲ型轨道减振器扣件(京建线14),特殊减振地段采用了隔振器浮置板道床。

(8)车挡

正线及其辅助线、试车线宜采用液压缓冲滑移式车挡或缓冲滑动式车挡。车辆段库外线、库内线末端宜采用固定式车挡。

(9)涂油器

半径≤400 m 的曲线外轨设置钢轨涂油器。

(10)轨道其他附属设备

轨顶摩擦控制装置、线路有关标志、控制基标等。

7.4　本工程设计理念

根据本工程的特点及设计重点,在初步设计阶段,轨道系统遵循了线网化、前瞻性、针对性和精细化的设计理念。

7.4.1　线网化设计

线网化设计主要体现在设计中考虑可兼容全线网的设计技术标准、设计参数、设备类型、结构形式等,并尽量使全线轨道设备类型统一,结构简单通用,以方便安装和运营管理,提高效率,降低造价,并使"维护量最小化"。如采用了国内地铁最常用的无螺栓扣件,结构简单可靠免维修,地下高架均可使用。

7.4.2　前瞻性设计

前瞻性设计体现在总结本市及其他城市地铁建设的经验教训,把握轨道技术发展趋势,采用理论计算和分析、工程总结及类比等方法,对轨道设计中轨底坡、曲线超高、轨枕铺设数量等基本技术参数的选取,进行了合理可行的改进和补充;采用国内成熟的先进轨道设备、技术、工艺和科研成果,或在国内成熟设备或技术的基础上进行针对性的改进和优化。比如碎石道床道岔设计中研究采用了专门针对地铁工况研制的预应力混凝土长岔枕,是北京第一个采用这一技术的工程。

7.4.3　针对性设计

根据线路的调整对沿线减振地段不断进行了深入的调研和优化,根据轨道减振技术的进步,推荐采用了梯形轨枕、减振接头夹板等技术;出于对文物的保护及满足对振动及噪声的特殊要求,采用了成熟的钢弹簧浮置板道床,力求本线运营与沿线环境之间的和谐。

7.4.4　精细化设计

"抓大不放小"、"细节决定成败",精细化设计尤为重要。本线的建设过程中,尤其注意了对轨道系统的细节研究与设计,包括扣件增加调高量细节设计、特殊减振地段轨道结构高度及排水衔接细化设计、道岔区及泵房处排水衔接设计、减振地段动态追踪和确认、过轨管线协调、按施工标段拆分工程数量等等。

第3篇 设备系统篇

第8章 通风空调系统

8.1 主要技术标准和设计原则

8.1.1 主要技术原则

1)通风空调系统的设计应从线网资源共享利用的角度考虑,保证系统的完整性、合理性、先进性,并追踪轨道交通发展方向,积极采用新技术、新工艺、新产品。

2)通风空调系统平时应为乘客提供过渡性舒适的环境,为地铁工作人员提供良好的工作环境,为设备提供良好的运行环境。当列车发生阻塞事故时,隧道通风系统应能进行事故通风,控制列车周围隧道温度。当发生火灾时,通风空调系统应能迅速进行防排烟运行,满足乘客安全疏散和消防扑救的需要。车站公共区通风空调系统应满足公共场所的卫生标准,具备空气杀菌净化功能。

3)全线地下车站按站台设置全高安全门设计通风空调系统,车站公共区、各设备管理用房、长度大于60 m 的车站出入口通道及换乘通道均设置通风空调系统及排烟系统。

4)全线隧道设置隧道通风、防排烟系统,其设备用房通常布置在车站两端。隧道通风、防排烟系统按纵向通风设计,并具备双向运行能力。

5)车站通风空调系统设备用房应结合车站的具体情况灵活布置。风亭的设计、冷却塔的布置应与城市环境相协调,噪声应控制在有关标准所规定的范围内。

6)通风空调系统应按远期高峰小时条件进行设计,在不影响使用功能的前提下,设备应考虑分期实施的可能性。机房、风道、风室、配电应具备安装、运输空间及路径。

7)通风空调系统设计应在满足全部功能要求的前提下力求简洁、顺畅(如风管和水管的布置、通风空调机房的布置、通风空调工艺的控制模式等),同时系统设计时应采取合理的节能控制措施。

8)车站通风空调系统设计时,应根据各区域使用功能、环境控制参数要求、运行时间的不同、建筑布置等因素合理划分设置单元。

9)通风空调系统设计应满足运行安全、技术先进、性能可靠、节省空间、便于安装和维护、高效节能的要求,且设备本体自动控制性能高,同时通风空调设备综合国产化率应达到85%以上。

8.1.2 主要技术标准

(1)室外空气计算参数及标准

空调室外计算干球温度为 32 ℃。

空调室外计算相对湿度为 65%。

夏季通风室外计算温度为 25.8 ℃。

冬季通风室外计算温度为 −5 ℃。

(2)室内空气设计参数及标准

1)车站公共区

集散厅:干球温度为 30 ℃,相对湿度范围为 45%~65%。

站台:干球温度为 29.0 ℃,相对湿度范围为 45%~65%。

列车:干球温度为 27.0 ℃,相对湿度范围为 45%~65%。

站台、站厅(当送风为同一空调器时按站台送风温差控制):$\Delta T \approx 10\ ℃$。

2)设备管理用房

设计标准按照《地铁设计规范》(GB 50157—2003)有关条文执行。

变电所电气用房如采用冷风降温时,送风温差应保证在电气设备空载时不结露的情况下,适当提高送风温差,一般取 $\Delta T \approx 15\ ℃ \sim 19\ ℃$。

其他设备管理用房区域:$\Delta T \approx 10\ ℃$。

3)隧道

区间允许最高平均干球温度:正常运行≤35.0 ℃;阻塞运行≤40.0 ℃。

(3)人员新风量标准

空调季节每个计算人员按≥12.6 m^3/(人·h)计,且新风量不小于系统总风量的 10%。

非空调季节每个计算人员按 30 m^3/(人·h)计,且换气次数大于 5 次。

车站设备管理用房区:空调系统人员新风量按 30 m^3/(人·h)计。

(4)空气质量标准

地下车站公共区空气中可吸入颗粒物的日平均浓度应<0.25 mg/m^3,二氧化碳浓度应<1.5‰。

(5)流速设计标准

1)风管风道设计标准:

区间隧道阻塞通风风速:≥2.0 m/s;

隧道内事故排烟风速:≥2.0 m/s;

钢制风管最大排烟风速:≤20 m/s;

钢制风管主风管风速:≤10 m/s;

分支风管风速:3～6 m/s;

混凝土风道最大排烟风速:≤15 m/s;

混凝土风道风速:≤6 m/s。

2)风亭百叶迎面净风速为 3～4 m/s,百叶有效面积取 70%。

3)消声器片间最大风速(净风速):≤10 m/s。

(6)人员散热量和散湿量

1)站厅(设计干球温度为 30 ℃):

显热量:35 W。

潜热量:147 W。

散湿量:220 g/h。

2)站台(设计干球温度为 29 ℃):

显热量:40 W。

潜热量:135 W。

散湿量:203 g/h。

(7)主要设备散热量

照明:20 W/m^2;

广告牌:根据动力照明专业预留广告电量计算;

自动扶梯:按实际电机功率进行计算;

售票机:按实际设计数量每台以 300 W 计算;

检票机:按实际设计数量每台以 220 W 计算;

指示牌、导向牌:按实际设计数量每块以 100 W 计算。

设备用房内设备散热量根据实际采用的设备及设备专业提供的设备发热量计算确定。对于一般性质的办公用房,如更衣室、站长室、值班室、休息室、备用室等房间,按照 140 W/m^2 计算(包含新风负荷);对于会议室等人员密集的房间按照 160 W/m^2 计算。

(8)结构壁面散湿量

车站侧墙、顶板、底版按 1 g/(m^2·h)计算;

区间隧道壁面按 2 g/(m^2·h)计算。

(9)空调通风计算人员数量(乘客在车站停留时间)

车站公共区:上车客流车站停留时间为 4 min,其中集散厅停留 1.5 min,站台停留 2.5 min;下车客流车站停留时间为 3 min,集散厅、站台各停留 1.5 min。

车站设备管理用房:车站设备管理用房计算人员数量按房间表中"人员构成"数量(由工点设计建筑、运营和相关设备专业提供),无人值班设备房按不少于 2 人计算。

(10)噪声标准

正常运营下,噪声标准如下:

车站内站厅、站台:≤70 dB(A);

通风及空调机房:≤90 dB(A);

非通风空调设备用房:≤60 dB(A);

管理用房:≤60 dB(A);

地面风亭:通风空调设备传至地面风亭的噪声应符合《城市区域环境噪声标准》(GB 3096—1993)的要求。

(11)防排烟设计标准

全线同一时间按发生一次火灾考虑。

列车每辆车火灾发热量为 5 MW,考虑 1.5 倍的安全系数后即按 7.5 MW 设计。

列车发生火灾而停在区间隧道内时,其控制烟气流动的风速应根据隧道内烟气控制模型的临界风速计算确定,控制风速应不小于 2 m/s,隧道内最大风速不得大于 11.0 m/s。

站厅、站台公共区防烟分区面积不大于 2 000 m²,设备管理用房防烟分区不大于 750 m²。

地下车站站厅、站台火灾时的排烟量,应根据 1 个防烟分区的建筑面积按 1 m³/(m² · min)计算。当排烟设备负担 2 个防烟分区时,其设备能力应按同时排除 2 个防烟分区的烟量配置。当车站站台发生火灾时,应保证站厅到站台的楼梯和扶梯处具有不小于 1.5 m/s 的向下气流。超过 20 m 的封闭内走道及超过 60 m 的地下通道应有排烟设施,排烟口距最不利排烟点不应超过 30 m。

同一个防火分区内设备和管理用房总面积超过 200 m²,或单个房间超过 50 m² 且经常有人停留的设备和管理用房应设有排烟设施。

设备管理用房区封闭楼梯间火灾时应设机械加压送风;设备管理用房区火灾排烟时,应通过内走道补充送风,其送风量不小于排烟量的 50%。

挡烟垂帘应提供 FAS 系统监控。

区间隧道排烟风机及烟气流经的辅助设备如风阀、消声器等,应保证在 150 ℃时能连续有效工作 1 h。

地下车站公共区和设备及管理用房排烟风机及烟气流经的辅助设备如风阀及消声器等,应保证在 250 ℃时能连续有效工作 1 h。

防烟防火阀和排烟防火阀的设置标准应符合相关消防规范要求。

8.2　系统构成

全线通风空调系统包括以下子系统:车站公共区通风空调(防排烟)系统、区间隧道通风(防排烟)系统、车站设备管理用房通风空调(防排烟)系统、车站空调水系统和 VRV 多联空调系统等。

8.2.1　车站公共区通风空调(防排烟)系统

车站公共区通风空调系统设计为双风机系统,车站送排风机与隧道风机合用。车站两端的送风道内设置可自动开启式大型表冷器,并利用车站送排风道及其内部的送排风机、自动清洗式空气过滤器、消声器、组合风阀等组成空气处理系统。通过风阀的转换及表冷器的开启,该系统能满足空调季节最小新风运行、过渡季节全新风运行和非空调季节的通风运行。

车站公共区通风空调系统按站厅、站台均匀送、回/排风设计。车站设置站台板下回/排风风道,站台板下排风口均布;站台回/排风道设置在车行道上方,排风口与列车空调冷凝器对齐。

车站空调回风机兼作车站的排烟风机,回/排风道兼作车站排烟风道。

8.2.2 区间隧道通风(防排烟)系统

根据北京地区的气候特点,全年平均气温为 11.6 ℃,地下土壤恒温层温度为 15~16 ℃,利用室外空气对地铁隧道进行通风冷却是比较经济合理的手段。在正常运行时,利用设置在隧道附近的空调末端设备以及列车活塞效应携带车站气流两种方式来冷却隧道;早间运营前和晚间停运后开启隧道风机对全线隧道进行机械通风换气。

在每个车站设置 4 台隧道风机(每端各 2 台,兼车站通风空调大系统的送、回排风机),在出入地面的洞口处及隧道配线等处设置射流风机。隧道风机和射流风机均可双向运转,并配备相应的电动组合风阀,使系统具备工况切换和备用功能。在隧道内或靠近隧道的车站边设置空调末端设备,以有效消除隧道内的余热。

双洞区间车站端部设置迂回风道,以减少闭式运行活塞风对车站的影响。若车站两端的隧道为盾构法施工则迂回风道设在车站端部;为其他方法施工则迂回风道设在隧道内,迂回风道应设置在站前或站后约 30 m 处。迂回风道面积按 30 m² 设置,迂回风道内设立转门。

本线一期工程在青年路站~褡裢坡站的隧道区间设置 1 处中间风井,中间风井内并联设置 2 台可逆转轴流排风机,进口和出口设有消声器,并设置了双活塞风道。风机风量按 60 m³/s 设计,通过电动风阀的开闭转换,可以实现 2 台风机同时向一个隧道排风或送风,以及开、闭式节能运行。中间风井内还设置了冷水机房及空调末端装置,以消除该区域地下隧道区间的余热。

8.2.3 车站设备管理用房通风空调(防排烟)系统

地铁车站的站厅层和站台层虽设有集中式通风空调系统,但由于设备管理用房与车站公共区的全年通风、空调系统使用时间并不同步,采用独立于公共区的通风空调系统(风系统)。设备用房采用全空气空调系统,设置空调机组及回/排风机,根据要求进行空气过滤和除湿降温处理。

设备管理用房的排风系统兼排烟系统。在发生火灾时,回排风机兼排烟风机,根据火灾发生的具体位置组织排烟。设备管理用房一般采用上送上回方式,但对于发热量较高且有通风要求的电气设备房采用下送上回方式。

气体消防室、茶水间、厕所等用房设置独立的排风系统。

8.2.4 车站空调水系统

全线采用分站供冷的方式,各车站根据冷负荷选择 2 台制冷能力相同的水冷螺杆式冷水机组。冷冻水泵、冷却水泵及冷却塔与冷水机组台数对应。设备管理用房设置 1 台水冷冷水机组,冷冻水泵、冷却水泵及冷却塔亦对应设置,水系统与公共区冷源并联,达到互为备用目的。冷冻站集中设置在车站一端空调通风机房内,位置尽可能靠近负荷中心,力求缩短冷冻水供/回水管长度。空调冷冻水温度:供水 7 ℃,回水 12 ℃。空调冷却水温度:供水 32 ℃,回水 37 ℃。

冷冻水系统主要采用一次泵系统,大型表冷器或空调机组设置温控流量平衡阀,供回水干管或集水器和分水器间设置压差式旁通阀。

8.2.5 VRV 多联空调系统

在车站控制室、综合监控设备室、信号设备室、专用通信设备室(含 PIS,OA)、商用通信设备室、变电所控制室设置 VRV 多联空调设备,以在过渡季节排除室内余热。VRV 多联空调的室外机设在室外地面或排风道。

8.3 系统运行模式

8.3.1 区间隧道通风系统运行模式

(1)正常运行模式

早间运行:早间运营前区间隧道通风系统一定条件下进行 0.5 h 的全线纵向机械通风,此时车站隧道通风系统关闭,区间隧道设有中间风井的隧道风机也同时运行。

夜间运行：夜间收车后区间隧道通风系统在一定条件下进行 0.5 h 的全线纵向机械通风，此时车站隧道通风系统关闭，区间隧道设有中间风井的隧道风机也同时运行。

正常运行：利用设置在隧道附近的空调末端设备以及列车活塞效应携带车站气流两种方式来冷却隧道，并从车站的出入口吸入一定量的空气进行通风换气。

（2）阻塞运行模式

当列车因故障或其他原因而必须停在区间，确认阻塞超过 4 min 时，启动相应的阻塞模式，对阻塞区间进行纵向机械通风，阻塞区间的风向与列车行驶方向一致，确保阻塞区间隧道的平均温度≤40.0 ℃，列车空调冷凝器周围温度≤45.0 ℃。

（3）火灾运行模式

列车区间火灾排烟：当列车在区间发生火灾时，应尽量将列车继续行驶至下一车站，按照车站站台层列车停站区域火灾模式组织排烟，有利于乘客疏散。当列车区间火灾并失去动力而停在区间时，应根据列车火灾部位组织排烟。

隧道内列车头部或尾部着火时，列车着火端一侧的车站的 4 台事故风机均对火灾区间排烟，另一侧车站的 4 台事故风机均对火灾区间送风。乘客迎风撤离。

隧道内列车中部着火时，距列车较近的车站的 4 台事故风机均对火灾区间送风，较远的车站的 4 台事故风机均对火灾区间排烟。一部分乘客迎风向较近的车站撤离，一部分乘客顺着已被冲淡并降温的烟气方向通过最近的疏散通道向另一隧道撤离。

当火灾发生在列车停站区域且不是列车火灾时，开启事故风机对火灾部位排烟，则安全门保持关闭状态，由车站出入口自然补风。

8.3.2 车站公共区通风空调、排烟系统运行模式

1）空调季节小新风运行：当外界空气焓值大于车站空调系统回风空气焓值时，采用小新风空调运行，一部分排风排出车站外，另一部分回风循环使用。

2）空调季节全新风运行：当外界空气焓值小于或等于车站空调系统回风空气焓值时，采用全新风空调运行，室外新风经处理后送至车站公共区，排风则全部排至车站外。

3）非空调季节运行：当外界空气温度小于空调送风温度时，冷水机组停止运行，外界空气不经冷却处理直接送至车站公共区，排风则全部排出车站外界。冬季室外气温低，不需要采用机械通风，而采用活塞风从出入口自然换气的方式，保证车站有足够的新鲜空气，并可保证冬季车站温度不低于 7 ℃，但不高于 16 ℃。

4）火灾事故运行：车站公共区站厅划分为 2 个防烟分区，站台层为 1 个防烟分区。防烟分区之间设置挡烟垂壁分隔，站台与站厅之间楼扶梯周围设电动挡烟垂帘。每个分区排烟量按 1 m³/(m²·min) 计算。

公共区机械排烟系统由平时车站公共区通风空调系统兼作。车站每端设置的 2 台 60 m³/s 送、排风机兼作排烟风机，负责半个车站的防排烟。风量满足同时排除站厅、站台 2 个防烟分区的烟量。站台轨道上方结构排风道、站厅排风管道和站厅层送风管兼作排烟管道，排烟风口沿车站纵向布置。

车站各排烟管道上均设有可电控的防火阀，可根据不同的火灾部位，切换不同的管道排烟。

为了满足车站站台发生火灾时，站厅到站台的楼梯和扶梯口处具有不小于 1.5 m/s 的向下气流，车站两端的平时送风机反转排烟兼作站台排烟风机，与排风机共同对站台排烟。

车站内发生火灾时，立即停止车站空调水系统，转换车站公共区通风空调系统进入火灾模式。

当站台层发生火灾时，车站送风机反转与排风机共同进行排烟，关闭站厅层排烟管和站台下通风道，开启与送风机连通的区间风阀，形成火灾站台层排烟、出入口及楼梯口自然进风的局面。

当站厅层发生火灾，开启车站两端排风机，关闭站台层风管，形成站厅层排烟、出入口自然进风的状态。

8.4 系统设备选型原则

选用低噪声通风空调设备。

由于本线路通风空调系统中的车站风机，一机多用，既有正转又有反转，从而一台风机对应多个不同的

管路特性曲线。在以往的系统中,由于可逆风机仅作为事故风机使用,因此在设备选型时,一般要求正转风量、风压与反转风量、风压基本相等,正转效率约等于反转效率。这样,风机的效率较普通的单向轴流风机有所降低,大约降低8%左右。但是,对于本线路通风空调系统,风机的正向为正常运转状态,反向为事故运行状态,如果仍然沿用传统系统的风机选型原则,会造成风机正常运转时的效率较低,不利于节能。因此,在本线路通风空调系统中,选择风机时,应尽量保证正转的风机效率,对于反向的事故工况效率可适当较低,以保证系统节能目标的实现。

空调冷水机组采用COP值较高、部分负荷调节性能较好的水冷螺杆式冷水机组,冷冻水泵、冷却水泵及冷却塔与冷水机组台数对应。

通风空调系统的通风机、电动风阀、冷却水泵、冷却塔、空调末端的柜式空调器、风机盘管及相关的控制阀门等在国内均是技术成熟的产品,均能满足地铁的运营要求。

设备选型附加系数:风量、流量系数 $K=1.10$;风压、扬程系数 $K=1.10\sim1.15$(对于变频风机,$K=1.2$);通风、排烟风道漏风率按照相关规范规定。

第9章　给排水及消防系统

9.1　主要设计原则

1）给水排水、消防及自动灭火系统的设计应符合安全、可靠、经济、适用、卫生、节能等基本要求,并应尽量利用市政既有设施。给水系统必须满足生产、生活及消防用水对水量、水压和水质的要求,同时应坚持综合利用、节约用水的原则。

2）消防贯彻"以防为主、防消结合"的消防设计原则,并按每条线全线同一时间内仅发生一处火灾设计。对于两条线路的换乘车站,按同一车站同一时间发生一次火灾考虑。

3）轨道交通建筑物应配备完善可靠的消防系统,各车站设消火栓给水系统,地下区间设消火栓给水系统,对重要电气设备用房采用自动灭火系统,所有建筑物设建筑灭火器,地铁同时修建的地下商场、地下商业街,面积大于 500 m² 时应设自动喷水灭火系统,地面其他各建筑物的消防设计按《建筑设计防火规范》(GB 50016—2006)和《高层民用建筑设计防火规范》(GB 50045—95)(2005)等规范执行,确保能迅速有效地扑灭各种火灾。

4）排水系统的各类污、废水及雨水应分类集中,就近排放。地下车站的污水,经一般检查井和化粪池处理后,就近排入市政污水管网。地下车站的各类废水经泵站提升,经室外压力检查井消能后排入附近的市政雨水管网。雨水经泵站提升直接排入附近的市政雨水管网。地下区间废水、隧道入口处雨水由排水泵提升排入室外消能井后,直接排入市政雨水管网。排水系统应做到顺直通畅,便于清疏,维修工作量小。所有污废水均应满足环保要求,达标排放。

5）暗挖区间排水泵站的排水管为便于维修宜设排水套管和地面检修井,将排水管接入市政排水系统。如区间排水泵站的扬水出管不可能就近接入地面城市排水系统时,则应将扬水管经过区间隧道铺设到邻近车站风道,将水排至地面,再接入市政排水系统。

6）所有给排水管道不应穿过变电所、通信信号机房、控制室等电气设备用房。金属给排水管道及相关设备,应采取防止杂散电流腐蚀的措施。在主体结构内侧设防止杂散电流的绝缘接头,在主体结构外侧采用一段 3 m 的给水塑料管。排水管只在主体结构内侧设绝缘接头。所有水管穿混凝土墙要加套管,水管穿越沉降缝、变形缝应采取相应措施。所有配置的消防设施附近均不应有遮挡物。

7）室内消火栓管网的最高处宜安装自动排气阀;超过 50 m 的长直水管段宜安装波纹管伸缩节,以补偿管道的热膨胀,其补偿量应根据计算得出。

8）设计中凡与城市给排水系统衔接的问题,均应与城市相关管理部门协商解决,并达成书面协议。

9）车站采用生产、生活与消防独立的给水系统。

10）车站及区间的给排水管和市政给排水管接管位置、管径、检查井、化粪池及污水处理装置位置等,均应与市有关部门达成协议。

11）为满足人防要求,所有管道穿越人防结构时,应做人防密闭套管,在人防结构内侧应设置工作压力不小于 1.0 MPa 的防护阀门(采用满足人防要求的闸阀)。

9.2　系统构成

9.2.1　车站给水系统

（1）给水系统构成及功能

车站采用生产、生活与消火栓相对独立的给水系统。车站由城市自来水管引出一路或两路 DN150 的给水管。由给水引入管接出 DN150 的消防给水管、DN80 的生活给水管进入车站,站内卫生间、盥洗间等生活给水系统、车站冲洗、空调冷却系统等的用水均由 DN80 的生活给水管直接接出供给,并分别设表计量,生活给水系统为支状管网;消火栓给水系统由 DN150 的消防给水管进入车站消防泵房,车站不设消火栓系统储备水池。经过消防泵房加压后,形成独立的消防环状管网,并由站台层两端进入区间。消防时系统消防压力由消防泵提供。

(2)车站空调冷却循环给水系统构成及功能

车站空调冷却循环给水系统主要由冷却水泵、冷却塔、管道阀门及过滤器、水处理器等设备组成。其主要功能是通过设在地面的冷却塔使循环冷却水降温后,再通过冷水机组的冷凝器对冷凝介质进行降温冷却,从而达到车站空调系统的技术要求。冷却循环给水系统不设调节水池,所选冷却塔的集水盘必须满足循环冷却水量的要求,应选用超低噪声横流变频式冷却塔。冷却塔设在地面的位置,由北京市规划部门协商确定。

(3)车站冲洗水栓的设置

车站两端设冲洗用给水栓,给水栓由生活给水管接出,也可结合车站消火栓设置。

9.2.2　灭火器的配置

按《建筑灭火器配置设计规范》(GB 50140－2005)确定。

地下站、地下区间的泵房、联络通道手提灭火器配置场所的危险等级均按照严重危险等级计算。

在站厅、站台层公共区和设备房区适当位置应根据实际计算布置灭火器,即每具灭火器的最小配置灭火级别为 3A,最大保护面积为 50 m²/A,扑救 A、B、C 类火灾和带电火灾选用磷酸铵盐干粉灭火器,灭火器的最大保护距离为 15 m。在公共区设灭火器箱(内含 MF/ABC5 磷酸铵盐干粉灭火器 2 具),在设备区设灭火器箱(内含 MF/ABC5 磷酸铵盐干粉 2 具),每个灭火器箱配置自救面具 2 套。

1 个灭火器设置点的灭火器不应少于 2 具,不宜多于 5 具。手提灭火器其最大保护距离 A 类严重危险级为 15 m。

根据北京地铁建设管理单位及消防局的要求,各设备用房适当增设灭火器,在区间的联络通道、排水泵站等合适位置也设置灭火器。

9.2.3　排水系统

车站排水系统包括:车站污水排水系统、隧道排水系统及车站局部排水系统。

车站污水排水系统主要是将车站生活污水集中到污水泵房,排入城市污水排水系统。隧道排水系统是将结构渗漏水、冲洗水及消防废水,通过线路排水沟集中到线路坡度最低点的排水泵站,排入城市排水系统。局部排水系统是将自动扶梯下基坑、折返线车辆检修坑等低洼处的集水以及敞口风亭的雨水、风道内表冷器的排水,通过排水泵提升排入城市排水系统。

9.2.4　电保温系统

地下站风道处的消防给水管、生产及生活给水管设置电保温系统。地下站直通地面出入口通道的消防管道上如设置消火栓超过 2 个(包括 2 个),则靠近出入口最外侧的消火栓的 30 m 范围内需设置电保温。地下站直通地面出入口通道长度超过 60 m 时,该通道内如有生产、生活给水管道,则通道内距车站主体 30 m 以外生产、生活给水管道需设电保温。地下区间出入洞段处消防给水管道、生产及生活给水管道需设电保温系统,给水管道电保温设置范围为地下区间终点向地下区间方向 300 m;区间风道处消防给水管道、生产及生活给水管道需设置电保温系统,给水系统电保温系统设置范围为地下风道为起点,两侧方向各 200 m。其系统主要包括加热电缆及其相关控制系统。该保温系统的安装由厂家提供技术指导。该系统安装完毕后外加 30 mm 复合硅酸镁管壳保温,要求平整美观。

9.3　系统设备选型原则

1)给排水设备应采用技术先进、可靠性高、高效节能、结构简单、规格统一,以及便于安装调试和运营维护的产品,在满足系统功能的条件下立足于设备国产化,国产化率不低于 86%。

2)消防器材的选型应严格按照国家相关规范、规定办理。

3)设备选型附加系数:流量系数 $K=1.10$,扬程系数 $K=1.10\sim1.15$。

第10章 动力照明系统

10.1 主要技术原则

动力照明系统以长期安全可靠供电为原则,根据轨道交通工程性质按用电负荷的重要性及不同用途进行供配电系统设计,在满足规范要求的同时做到便于业主进行管理、操作及维护等工作。

10.2 主要技术标准

1)动力照明系统标称电压:动力照明为 AC 380/220 V;应急照明为 AC 380/220 V(采用 EPS 电源装置供电);安全照明为交流 36 V。

2)动力照明系统采用三相四线制配电、TN-S接地形式。

3)正常运行情况下,动力照明用电设备端子处电压偏差允许值:电动机为±5%;一般照明为±5%;区间照明为－10%～＋5%。

10.3 系统构成和功能

(1)系统构成

主要分成动力配电系统、照明配电系统、低压配电控制系统、应急电源系统、接地与安全系统等。

(2)系统功能

1)动力配电系统

环控通风设备、水泵、电梯、自动扶梯、BAS、FAS、ACS、通信、信号、AFC、安全门等系统的供电、设备和线路保护。

2)照明配电系统

公共区工作照明、节电照明、广告照明、设备及管理用房照明、区间照明的供电和线路保护。

3)低压配电控制系统

照明配电室、环控电控室等动力照明系统,实现就地、车控室、控制中心等分级控制,并为其他系统专业提供控制、信号显示接口。

4)应急电源系统

在车站两路交流电源均失电的情况下,由车站两端照明配电室设置的 EPS 装置供车站及相邻半个区间的应急照明、疏散标志照明供电,保证乘客和工作人员的可靠疏散与安全。

5)接地与安全系统

提供用电设备的外壳接地及保护金属管、桥架的安全接地。

10.4 系统技术方案

10.4.1 负荷分类及电源

(1)负荷分类

用电负荷按其不同的用途和重要性分为三级。

1)一级负荷:地下站厅站台公共区照明、应急及疏散标志照明、地下区间照明、消防系统设备、综合监控系统设备、通信系统设备、信号系统设备、火灾自动报警系统设备、环境与设备监控系统设备、自动售检票系统设备、安全门、变电所用电、废水泵、事故风机及与其相对应的风阀、兼作疏散用的自动扶梯等及其他紧急情况(包括火灾)时仍需运行的设备。

其中通信系统设备、信号系统设备、火灾自动报警系统设备、综合监控系统设备、应急照明为特别重要负荷。综合监控系统、环境与设备监控系统、自动售检票系统、乘客信息系统、通信系统、信号系统综合设置UPS备用电源,其他各系统单独设置 UPS 备用电源,应急照明由 EPS 提供备用电源。

2)二级负荷:普通风机、电梯、自动扶梯、组合空调器、设备区和管理区照明、非事故风机及其风阀、污水泵等。

3)三级负荷:公共区及管理用房空调制冷系统(包括冷水机组、冷冻水泵、冷却水泵、冷却塔及相关电动阀门)、广告照明、电开水器、清扫电源等。

(2)电源

1)一级负荷配电方式

对于一级负荷,自变电所两段母线各引一路电源至设备(组)处,两路电源在最末一级配电箱处自动切换。如出入口处自动扶梯为兼作疏散用扶梯,则排雨水泵、自动扶梯及电动卷帘门等设备共用一个电源切换箱。

事故风机及其阀门的配电方式如下:自变电所两段母线各引一路电源至环控电控室,两路电源在环控电控室自动切换,环控电控室至用电设备采取单回路供电。

公共区照明配电采用由变电所两段母线引来的两路电源交错供电的方式。

2)二级负荷配电方式

从降压变电所或环控电控室的一、二级负荷母线馈出单回电源线路至末端配电箱或设备。

3)三级负荷配电方式

从降压变电所的三级负荷母线段至末端配电箱或设备;当供电系统为非正常运行方式时,允许将其切除。

10.4.2　系统房间布置

在地下车站站厅层、站台层两侧分别设置照明配电室,用于设置本系统配电箱等设备;在站厅、站台层两侧的照明配电室内分别设置 EPS 应急电源装置;在车站两侧环控设备集中位置设置环控电控室,用于设置环控电控柜。此外,在车站两端设置上下贯通的电缆井,用于线缆的贯通敷设。

10.4.3　动力配电设计

(1)车站动力配电系统与配电方式

车站动力主要分为环控通风、空调设备、给排水设备、电梯、自动扶梯、车站系统设备及其他动力设备。根据设备的负荷类型、运行特性及分布位置综合考虑相应配电方式。

1)通风空调设备配电方式及启动方式

环控设备主要包括环控隧道风机、各类小系统风机、空调器等大、小系统的一、二级负荷,由车站两侧的环控电控室集中供电。冷水机组供电由降压变电所Ⅰ、Ⅱ段三级负荷母线直接供给。电动机容量大于或等于 75 kW 时采用软启动方式,小于 75 kW 的电动机采用直接启动方式。隧道风机采用变频启动,变频控制柜由隧道风机设备自带。环控电控室应尽量靠近通风空调负荷中心。

2)车站系统设备配电方式

通信、信号、自动售检票、乘客信息系统:由 UPS 电源室两段低压母线分别提供一路专用电源至系统自带电源屏。

综合监控系统、环境与设备监控系统:由 UPS 电源室两段低压母线分别提供一路专用电源至电源箱(或电源切换箱)。

3)其他动力设备配电方式

车站废水泵、站台至站厅自动扶梯、兼作消防疏散用的出入口自动扶梯等一级负荷用电,由降压变电所低压侧不同一、二级负荷母线馈出两个回路至设备附近的电源切换箱处。

污水泵、车站及区间维修电源、楼梯升降机、非消防用卷帘门、垂直电梯、不兼作消防疏散的出入口自动扶梯及潜水泵等二级负荷,在设备附近设配电箱,由降压变电所一、二级负荷母线引一路电源至配电箱。

4)小动力配电箱

在车站站厅、站台两端的照明配电室各设置两个一级负荷小动力配电箱和一个三级负荷小动力箱。防火卷帘门、电保温、立转门等一级负荷小动力由两个一级负荷小动力箱分别接取一路电源,经过切换后供电。电开水器、清扫电源、售卖机等三级负荷由三级负荷小动力箱接取一路电源供电。

两个一级负荷小动力配电箱的电源分别从降压变电所不同一、二级负荷母线各接取一路电源。

三级负荷小动力配电箱电源从降压变电所三级负荷母线馈出一个回路至配电箱。

动力干线电缆有吊顶处电缆一般沿吊顶内电缆桥架敷设,桥架尺寸及走向应根据电缆数量及供电路径综合考虑,无吊顶处的设备机房电缆穿钢管明敷设,在有人工作的房间穿钢管暗敷设。站台板下电缆沿托架敷设。所有在主体结构内埋设或吊顶内明敷、托架敷设的电线穿金属保护管或金属线槽敷设,金属管和线槽均应做好防腐绝缘处理。线缆穿越防火分区、楼板、墙体的洞口处要做好防火封堵。支线电缆及照明导线采用穿钢管沿墙或吊顶敷设。至公共区票务室等房间电源线缆采用穿钢管在垫层内埋地敷设。

(2)维修电源

1)各种机房维修电源

在车站机房内根据需要设置维修电源箱或电源插座,设漏电保护。

2)维修电源

区间隧道上、下行线每100 m各设一处检修插座箱。检修插座箱容量按每套20 kW考虑,内设单相、三相漏电保护开关和插座。上、下行线均按同时仅一组使用考虑。

空调机房、冷水机房内设维修电源插座箱,插座箱出线回路设漏电保护开关。

3)可移动电源插座

车站站厅和站台公共区每隔30 m设可移动电器电源插座。车站附属用房和设备用房设置可移动电器电源插座。各可移动电器电源插座容量为10 A,每个供电回路插座数量不超过10组,设漏电保护。

10.4.4 照明配电设计

车站照明设计与车站建筑、装修风格相协调,设计力求简洁、美观、方便维修。

(1)照明种类

1)车站分为工作照明、节电照明、设备管理房照明、应急照明、疏散标志照明和广告照明。疏散标志照明由出口标志灯和指向标志灯组成。广告照明可作为一部分工作照明来考虑。车站公共区的备用照明按作为公共区照明的一部分设计,约占公共区照明的5%~10%。

2)在车站出口、集散厅的出口和其他通向站外的应急出口处均设置出口标志灯。安装高度为2.2~2.5 m。

3)在站台、站厅、楼梯、通道及通道转弯处附近,设置疏散指示标志灯。安装间距不大于15 m,安装高度为0.3~0.5 m。

(2)照明标准

设计照明标准如表3-10-1所示。

表3-10-1 设计照明标准值

序号	场　所	平均照度(lx)	应急照度(lx)	参考平面
1	出入口、通道及楼梯	150	10	地面
2	车站站厅	200	20	地面
3	车站站台	150	10	地面
4	车站控制室	300	150	工作面

续上表

序号	场　　所	平均照度 (lx)	应急照度 (lx)	参考平面
5	站长室	300	150	工作面
6	管理用房	300	30	工作面
7	污水泵房、废水泵房、风机房	150	15	工作面
8	消防泵房	100	50	工作面
9	冷冻站	150	15	工作面
10	变电、机电、通号等设备用房	150	15	工作面
11	区间隧道	5	3	地面
12	风道	10	3	轨道平面或地面
13	道岔区	10	3	轨道平面

（3）照明配电

1）照明配电范围

分别在车站每层两端各设置一个照明配电室。站厅照明配电室负责站厅公共区及站厅设备管理房照明。站台照明配电室除负责站台照明外,还负责相邻半个区间照明。

2）照明配电方式

车站站厅、站台两端照明配电室各设置一个工作照明总配电箱和一个节电照明总配电箱。两个总照明配电箱电源分别接自降压变电所不同母线,由两个总照明配电箱交叉为车站公共区照明供电。每个照明配电箱各带约 45% 的照明负荷。车站站厅、站台两端照明配电室各设置一个设备区照明配电箱,电源接自降压变电所一、二级负荷母线。车站站厅、站台两端照明配电室各设置一个广告照明,电源由低压室三级负荷母线接引。

3）应急照明系统

车站站厅、站台两端照明配电室内各设置一个应急照明电源设备（EPS）。应急照明电源设备正常电源由降压变电所两段不同低压母线以双回路供电。应急照明电源设备由充电机、蓄电池组、逆变器、自动切换装置及交流配电屏组成。正常情况下,蓄电池处于浮充状态,由降压变电所提供的交流 380/220 V 电源直接供电。事故情况下,自动切换装置动作,应急照明负荷全部由逆变器供电。

车站应急照明电源按保证应急照明和疏散标志照明负荷 60 min 的用电需求考虑。

4）区间隧道内设置正常照明和应急照明。正常照明和应急照明交错布置,灯具间距为 10 m。

5）区间隧道内一般每隔 20 m 设置带可改变方向的疏散指示标志灯。

10.4.5　控制、信号、保护及测量

（1）控制和信号

1）环控设备控制方式与信号

环控设备采用两级控制方式,即远程控制和就地控制。监视信号包括设备状态信号、事故信号和控制方式。环控电控柜采用智能化低压开关柜,由电动机保护控制模块完成相关通风空调设备的监控和保护功能。

2）消防泵控制方式与信号

消防泵采用消防联动控制和就地手动控制。监视信号包括设备状态信号和故障信号。

3）污水泵、集水泵及雨水泵控制方式与信号

污水泵、集水泵及雨水泵采用液位自动控制方式和就地手动控制方式。监视信号包括设备状态信号、事故信号和控制方式。

（2）保护及测量

1）环控电控室设备保护

①0.4 kV 进线开关:短路瞬时、短路延时保护,过负荷保护,接地保护。

②0.4 kV 分段开关:短路瞬时、短路延时保护,过流闭锁失压自投、来电自复。

③0.4 kV 出线开关:短路瞬时、过负荷保护,接地保护。

④0.4 kV 出线开关(电机回路):短路瞬时、过负荷保护,接地保护,电流不平衡。

2)末端配电箱保护

设短路瞬时保护、过负荷保护、接地保护。

3)环控电控室设备测量

低压开关柜设 0.4 kV 进线电流、0.4 kV 母线电压、功率因数及 0.4 kV 出线电流测量。

4)照明配电箱保护

采用电流脱扣、过负荷保护和漏电保护,满足安全运行要求。

5)照明配电箱测量

照明配电箱不设电气测量装置。

10.4.6　系统接地

车站综合接地网、强电接地母排、弱电接地母排、接地端子箱(排)及其线缆连接设计由降压变电所专业负责,接地电阻不大于 1 Ω。

动力照明配电采用 TN-S 系统。车站内所有带电设备的金属外壳、地下金属管线均与 PE 线连接。插座回路设漏电保护。

10.5　主要设备选型

(1)低压开关柜

环控电控室 0.4 kV 开关柜选用设计紧凑、结构通用性强、组装灵活、技术性能好的抽出式成套设备开关柜。

(2)应急电源设备(EPS)

应急电源设备(EPS)选用设计紧凑、结构通用性强的应急电源柜(EPS)。

(3)配电箱

分散安装于泵房、隧道内、电缆夹层内和其他潮湿、不通风场合的配电箱,选用防潮、防霉和适合湿热环境使用的电气产品。

区间维修电源箱内设漏电保护开关,并有防尘、防潮性能。外壳防护等级为不低于 IP65。

经招标,应急照明电源装置采用的是大连国标集团的 EPS,配电箱(柜)选用的是北京突破电气的配电箱(柜)。

(4)照明灯具

设备室选用直光型敞开式或带有格栅的灯具。灯具选用寿命长、节能高效型产品,光源以三基色荧光灯为主。车站公共区照明灯具由装修设计选择。

区间照明灯具选择具有良好的遮光性能、防震性能、防尘、防潮和防溅水性能的灯具,外壳防护等级为 IP65。光源选择能适应区间环境、寿命长、节能高效、紧凑型光源。

分散安装于泵房、夹层内和其他潮湿、不通风场合的灯具选用防潮、防霉和适合湿热环境使用的电气产品。

(5)电缆桥架及保护管

电缆桥架选用钢制桥架,并刷防火漆。设备区保护管选用镀锌钢管,公共区包含管选用 JPG 管。电缆桥架、托架、保护管应做好防腐、防锈、绝缘处理。

(6)线缆选择

所有动力电缆均选用低烟、无卤、阻燃型铜芯电缆,火灾时仍需运行的动力设备、系统电源电缆选用低烟、无卤、耐火型铜芯电缆;所有绝缘电线均选用低烟、无卤、阻燃型电线,事故时仍需运行的应急照明电源电线选用低烟、无卤、耐火型电线。

第11章 供电系统

11.1 供电系统概述

11.1.1 供电系统工程规模

北京地铁6号线一期车辆采用6动2拖8节编组,1 500 V架空接触网供电。远期高峰小时列车运行密度为30对/小时。

本工程供电系统全线设置10座开闭所,16座牵引降压混合变电所,7座降压变电所,根据车站及车辆段规模及负荷分布情况,另增设5座跟随式变电所。

11.1.2 供电系统组成

6号线一期工程供电系统由外电源、开闭所、中压供电网络、变电所、牵引网、变电所综合自动化系统、电能质量管理系统、杂散电流防护系统以及车站电源整合(UPS)系统组成。

11.1.3 供电系统主要功能

(1)外部电源

外部电源是为轨道交通供电的外部城市电网电源。

(2)开闭所

开闭所的功能是接受外部电源,为轨道交通变电所转供电源。开闭所适用于分散式供电,一般与轨道交通变电所合建。

(3)中压供电网络

中压供电网络的功能是把开闭所转供的电源输送到轨道交通变电所,并将全线的开闭所与轨道交通变电所连接起来。

(4)变电所

变电所分为牵引所和降压所。牵引所的功能是将中压交流电降压整流后,变成直流电,为电动列车提供电源。降压所的功能是将中压交流电降压后,变成380/220 V低压交流电,为各种机电设备提供电源。

(5)牵引网

牵引网由接触网和回流网组成,为列车取流提供正负极回流通路。

(6)杂散电流防护系统

杂散电流防护系统的功能是通过绝缘措施减少杂散电流泄漏,对泄漏的杂散电流通过排流措施进行"回收"以防止向地铁外其他结构扩散,同时设置杂散电流监测系统,对线路杂散电流泄漏情况进行监测。

(7)变电所综合自动化系统

变电所综合自动化系统的功能是实时对变电所、牵引网等设备运行情况的控制、保护、监视及测量和数据采集,实现供电系统运行、维修、调度管理自动化。

(8)电能质量管理系统

电能质量管理系统可通过对电能进行实时在线的监测和分析,实现电能质量分析功能和电度计费管理功能,以及随时监测电网可能会发生的异常和事故,从而保证电网的安全、可靠、经济运行。

(9)电源整合系统(UPS)

车站、控制中心、车辆基地内的各弱电系统设备(如通信、信号、综合监控、环境监控、办公自动化、门禁、自动售检票设备等),属于重要或特别重要的一级负荷,需要由UPS提供电源。UPS电源整合系统就是根据这些弱电设备的电源需求,设置统一的 UPS 电源系统,实现资源的综合利用和专业化的运营维护管理,并保证其供电质量和供电连续性。

11.2　主要设计技术指标

1)供电系统按满足远期运营时各类负荷用电要求设计,并留有发展余地。

2)供电系统采用 10 kV 开闭所供电,每座开闭所应由地区变电站引入两回路相互独立的 10 kV 电源。

3)中压交流系统标称电压为 AC 10 kV;牵引直流系统标称电压为 DC 1 500 V;动力照明系统标称电压为 380 V。

4)全线采用 DC 1 500 V 架空接触网、上下行分路供电和走行轨回流的供电方式。

5)正线每座牵引变电所中设两套整流机组,构成等效 24 脉波整流方式。

6)整流机组负荷等级应满足《地铁设计规范》(GB 50157—2003)的规定,即:

100% 额定负荷:连续;

150% 额定负荷:2 h;

300% 额定负荷:1 min。

7)牵引网最高和最低电压水平应满足 GB 50157—2003 的规定,即最高电压不高于 1 800 V,最低电压不低于 1 000 V。

8)在正常运行方式下,供电系统的总功率因数不低于 0.9;牵引变电所供电效率不低于 96%。

9)变电所按无人值班设计,但应考虑开通初期有人值守的条件;开闭所考虑有人值守条件;车辆段、停车场牵引变电所考虑有人值班的条件。

10)变电所内牵引负荷为一级负荷,车站及区间动力照明按一、二、三级负荷分类,低压设照明总计量,设三级负荷总开关。

11)AC 0.4 kV 系统为 TN - S 系统。

12)全线设置高低压兼容、强弱电合一的接地系统。

13)接触网系统具备安全、可靠的性能,满足列车最高行驶速度 100 km/h 的要求。

14)接触网电分段原则:在有牵引变电所的车站的车辆惰行侧,两正线的接触网上设电分段;两正线间的渡线上、折返线与正线衔接处、联络线上、车辆段及停车场出入段线处、各供电分区之间、洗车库前后及其他各库线入口处接触网上设电分段。正线电分段及正线与车辆段、停车场的供电分界点一般采用绝缘锚段关节,其他采用分段绝缘器。

15)杂散电流防护应采取"以堵为主、以排为辅、堵排结合、回流畅通、加强监测"的综合防护措施。

16)UPS 电源整合系统只提供 AC 220/380 V 电源;UPS 电源整合系统不整合各系统就地设备侧的 DC 48/24 V 蓄电池。

11.3　供电系统运行方式

11.3.1　交流系统运行方式

(1)正常运行方式

1)每个供电分区均由两路电源供电。开闭所采用单母线分段接线,变电所 10 kV 母联开关处于分断状态,其两路 10 kV 电源分列运行,负担各自供电分区的牵引负荷和动力照明负荷。

2)牵引变电所设两套整流机组,两台整流变压器分别通过断路器接于同一段 10 kV 母线上,两套整流机组并联运行。

3)降压变电所的高压侧采用单母线分段接线,两台配电变压器分别接在两段 10 kV 母线上;低压 0.4 kV 侧采用单母线分段接线,通过低压开关向车站各动力照明负荷供电。在正常运行方式下,10 kV 侧的母联开关打开,两台配电变压器同时分列运行,共同负担供电区域内的动力照明负荷。

(2)非正常运行方式

1)当开闭所一路进线电源故障时,合上该所的 10 kV 母联开关,由另一回路进线电源负担该开闭所供电区域负荷,进线电源的容量应能满足该所供电区域内远期高峰小时牵引负荷和动力照明负荷需要。

2)当开闭所进线端设备进行检修时,在开闭所处允许短时间的合环运行。

3)当牵引降压混合变电所或降压变电所的一回路进线电缆故障时,由另一回路进线电缆负担该所供电区域内远期高峰小时牵引负荷和动力照明负荷需要。

4)当牵引降压混合变电所或降压变电所中的一台配电变压器解列时,切除三级负荷,由另一台配电变压器负担该所供电范围内全部动力照明一、二级负荷需要。

5)降压变电所一段母线故障,由另一台配电变压器给该变电所内全部的一、二级动力照明负荷提供电源。

6)当一座变电所的两路电源同时故障时,通过环网开关的倒闸作业,由相邻的另一开闭所负担故障范围内远期高峰小时牵引负荷和动力照明负荷需要。

7)当一座开闭所的两回路进线电源同时故障时,可通过下述两种运行方式:

方案一:通过环网开关的倒闸作业,由相邻两座开闭所负担故障范围内远期高峰小时牵引负荷和动力照明负荷需要。(线路末端开闭所除外)。

方案二:通过环网开关的倒闸作业,由相邻一座开闭所负担故障范围内远期高峰小时牵引负荷和动力照明负荷需要。

8)与相邻线路线路间的支援:

在正常运行时,连接相关线路的环网开关打开;在紧急情况下需要支援时,合上联络开关,对故障线路进行支援供电。

11.3.2　直流系统运行方式

(1)正常运行方式

1)牵引变电所中的两套整流机组并联工作并组成等效 24 脉波整流方式;相邻牵引变电所对正线牵引网实行双边供电。

2)五路停车场内牵引网由单独设置的五路停车场牵引变电所供电。

3)五里桥车辆段内牵引网由单独设置的五里桥车辆段牵引变电所供电。

(2)非正常运行方式

1)牵引变电所一套整流机组退出运行时,另一套整流机组继续单独运行,系统可满足远期高峰小时运营要求。

2)当牵引变电所一台馈线开关故障时,合上备用馈线开关,由备用馈线开关替代故障开关。

3)当正线一座牵引变电所解列(五路居和草房牵引变电所除外)时,合上该所对应的越区隔离开关,由相邻的两座牵引变电所越区"大双边"供电;当五路居牵引变电所解列时,由相邻的慈寿寺牵引变电所对该故障区间实行单边供电;当草房牵引变电所解列时,由常营牵引变电所对该故障区间实行单边供电,上述各种情况下系统均可满足远期高峰小时运行要求。

4)当五路停车场牵引变电所解列时,由正线上的五路居牵引变电所对车场牵引网供电,满足远期高峰小时运营要求。

5)当五里桥车辆段牵引变电所解列时,由正线上的草房牵引变电所对车场牵引网供电,满足远期高峰小时运营要求。

(3)应急运行方式:单边供电方式

当设备发生故障时,可采用单边供电方式,为应急供电方式。本工程牵引变电所设置可满足在单边供电方式下,一列车在区间末端正常启动的要求。

11.4　设计方案

11.4.1　外电源及开闭所设置

根据本线的车站分布、牵引所分布以及全线负荷分布情况,全线共设置 10 座 10 kV 开闭所,分别在五路停车场、白石桥南、车公庄、北海北、东四、东大桥、金台路、青年路、黄渠、五里桥车辆段。每座开闭所对应外电源及正常运行方式下供电分区划分如表3—11—1所示。

表 3—11—1　开闭所外电源正常运行方式下供电分区划分

序号	开闭所	外电源	正常运行方式供电范围内变电所
1	五路停车场	新建五路 110 kV 变电站	五路停车场、五路居站、慈寿寺站
2	白石桥南	甘家口 110 kV 变电站	花园桥站、白石桥南站、车公庄西站
3	车公庄	动物园 110 kV 变电站	车公庄站、平安里站
4	北海北	什刹海 110 kV 变电站	北海北站、南锣鼓巷站
5	东四	北新桥 110 kV 变电站	东四站、朝阳门站
6	东大桥	国贸 110 kV 变电站	东大桥站、呼家楼站
7	金台路	朝阳公园 110 kV 变电站	金台路站、十里堡站
8	青年路	国棉 110 kV 变电站	青年路站、青褡区间所
9	黄渠	常营 110 kV 变电站	褡裢坡站、黄渠站
10	五里桥车辆段	定福庄 220 kV 变电站	常营站、草房站、车辆段

11.4.2　变电所主接线

（1）AC 10 kV 侧主接线

变电所 AC 10 kV 侧采用单母线分段接线方式,设置母联断路器。

在具有开闭所功能的变电所中,10 kV Ⅰ段母线和Ⅱ段母线均设置一回进线和两回出线,进线电源引自邻近地区变电站,出线电源送至与其相临的地铁变电所;对于不具有开闭所功能的变电所,其 10 kV Ⅰ段母线和Ⅱ段母线均设置一回进线和一回出线,通过环网电缆与相邻变电所的进线或出线相连。变电所之间通过系统电缆联系保证变电所之间 10 kV 电源的相互支援,从而实现 10 kV 系统的双环网供电。

降压变电所的Ⅰ段和Ⅱ段母线均设置一回 AC 10 kV 馈线,向配电变压器供电,设置跟随式降压变电所的车站变电所Ⅰ段和Ⅱ段母线另各设置一回 AC 10 kV 馈线,向跟随所的配电变压器供电。牵引变电所的Ⅰ段或Ⅱ段母线上设置两回 AC 10 kV 馈线,向整流变压器供电。

（2）DC 1 500 V 侧主接线

DC 1 500 V 母线采用单母线加备用母线接线方式。

DC 1 500 V 备用断路器接入主接线,备用馈线断路器接于正母线与备用母线之间。正线牵引所正母线上设置 4 回馈线,通过直流断路器向正线牵引网提供直流电源,并经过旁路电动隔离开关与备用母线相接。停车场、车辆段牵引变电所直流正母线通过直流断路器分别向出入线、停车库、试车线及回转线等牵引网提供直流电源。

再生电能利用装置通过直流断路器与变电所 1 500 V 直流正母线相连,通过电动隔离开关与负母线相连。

（3）AC 0.4 kV 侧主接线

AC 0.4 kV 母线采用单母线分段接线方式,母联开关常开。

11.4.3　变电所设置及主要设备容量

表 3—11—2　变电所设置及主要设备容量

序号	车站（或车场）	牵引降压混合变电所	降压所	跟随所	配电变压器（kV·A）	整流机组容量（kW）	备注
1	五路停车场	√	—	—	2×500	2×2 250	开闭所
2	五路居站	√	—	—	2×1 600	2×2 250	—
3	慈寿寺站	√	—	—	2×1 600	2×2 250	—
4	花园桥站	√	—	—	2×1 250	2×2 250	—

序号	车站 （或车场）	牵引降压 混合变电所	降压所	跟随所	配电变压器 （kV·A）	整流机组容量 （kW）	备注
5	白石桥南站	—	√	—	2×800	—	开闭所
6	车公庄西站	√	—	—	2×1 250	2×2 250	—
7	车公庄站	—	√	—	2×1 250	—	开闭所
8	平安里站	√	—	—	2×1 600	2×3 000	—
9	北海北站	—	√	—	2×1 250	—	开闭所
10	南锣鼓巷站	√	—	—	2×1 600	2×3 000	—
11	东四站	√	—	—	2×1 600	2×3 000	开闭所
12	朝阳门站	—	√	—	2×1 600	—	—
13	东大桥站	—	—	—	2×1 250	2×3 000	开闭所
14	呼家楼站	—	√	√	2×500+2×800	—	—
15	金台路站	√	—	—	2×1 250	2×2 250	开闭所
16	十里堡站	—	√	—	2×1 250	—	—
17	青年路站	√	—	—	2×1 600	2×2 250	开闭所
18	青褡区间站	√	—	—	2×500	2×2 250	—
19	褡裢坡站	—	√	√	2×800+2×500	—	—
20	黄渠站	√	—	—	2×1 000	2×2 250	开闭所
21	常营站	√	—	√	2×1 000+2×630	2×2 250	—
22	草房站	√	—	—	2×1 250	2×2 250	—
23	五里桥车辆段	√	—	√	2×630+2×800+2×1 250	2×2 250	开闭所

11.4.4　无功补偿及滤波

地铁降压变电所的两段0.4 kV母线均设置一套有源滤波装置，并兼顾电容补偿，不单独设置无功补偿装置。

11.4.5　电缆敷设方式

(1)外电源：外电源进线电缆利用结构风道，沿风道侧墙或顶棚进入车站，电缆敷设在电缆支架或吊架上。

(2)地下区间：电缆都敷设在隧道壁上，当上下行隧道间设置中隔墙时电缆支架安装在中墙两侧，当上下行隧道间不设置中隔墙时电缆支架安装在两线之间的隧道顶部或者安装在隧道两侧，电缆敷设在支架上。

(3)地下车站：电缆敷设在站台板下的电缆通道或电缆夹层内，电缆敷设在电缆支架上。

(4)停车场及车辆段：电缆一般敷设在地面电缆沟内，支架安装在沟侧壁上，如果车辆段设置公共电缆隧道，则电缆敷设应尽可能利用电缆隧道。电缆过轨采用埋管方式，电缆敷设在管中。

11.4.6　继电保护配置及自动化装置

(1)继电保护配置

1)开闭所10 kV外电源进线

①低压启动过电流保护；

②零序过电流保护。

2)开闭所10 kV母联

①合环保护；

②低电压启动过电流保护；

③零序过电流保护。

3）10 kV 进出线

①线路差动保护；

②低压启动过电流保护；

③零序过电流保护。

4）10 kV 母联

①低电压启动过电流保护；

②零序过电流保护。

5）10 kV 整流机组馈线

①电流速断保护；

②过电流保护；

③零序过电流保护；

④过负荷保护；

⑤整流变压器内部保护；

⑥整流器内部保护。

6）直流 1 500 V 进线

①大电流脱扣保护（断路器本体保护）；

②逆流保护。

7）直流 1 500 V 牵引网馈线

①大电流脱扣保护（断路器本体保护）；

②电流速断保护；

③过电流保护；

④$dI/dt + \Delta I$ 保护；

⑤双边联跳保护；

⑥低电压保护（报警）；

⑦接触网热过负荷保护。

8）直流 1 500 V 再生制动馈线

①大电流脱扣保护（断路器本体保护）；

②过电流保护；

③低电压保护。

9）全所直流 1 500 V 设备

设一套框架泄漏保护。

10）10 kV 配电变压器馈线

①过电流保护；

②电流速断保护；

③零序过电流保护；

④过负荷保护；

⑤配电变压器内部保护。

11）0.4 kV 进线

①长延时电流保护；

②短延时电流保护；

③瞬动保护；

④接地保护。

12）0.4 kV 母联

①长延时电流保护；

②短延时电流保护；

③瞬动保护。

13)0.4 kV 馈线

①长延时电流保护；

②短延时电流保护；

③瞬动保护。

(2)自动化装置

1)10 kV 母联断路器设自动投入装置/功能,当一路进线退出时,母联开关投入,由另一路进线给本段母线供电。

2)牵引变电所的直流 1 500 V 馈线设置带有故障性质判断的自动重合闸装置/功能。当牵引网发生故障保护启动,断路器分闸后,延时启动线路测试,对线路进行循环测试。如故障是瞬时性的,自动重合闸将使断路器重新合闸。如故障是永久性的,一个测试周期过后,自动重合闸将闭锁直流断路器的合闸。

3)0.4 kV 母联断路器设置自动投入装置/功能,进线设置来电自复装置/功能。

4)自用电系统设置 0.4 kV 主备进线自动投切装置/功能。

11.4.7 变电所自用电

变电所设置交流自用电系统和直流自用电系统,前者采用一面交流屏,后者采用直流屏一套,含直流馈线屏、直流充电屏和直流电池屏。

11.4.8 变电所综合自动化系统

本工程采用综合监控系统,电力监控系统的控制中心及车站级由综合监控系统统一设计。

设置电能管理系统作为变电所综合自动化系统的子系统,实现电能量计量计费统计分析和电能质量监测、分析及管理。

(1)变电所综合自动化系统构成

变电所综合自动化系统分三层设置:站级管理层、网络通信层和间隔设备层。

变电所站级管理层由安装于控制信号盘上的主监控单元、液晶显示器等组成,间隔层由全所 10 kV 及以下主要设备的全套微机保护测控单元、智能监控单元、电能管理子系统智能仪表等组成。通过网络通信层相连,实现数据通信,实施变电所综合自动化系统对变电所及接触网开关设备的实时控制、监视和数据采集。

(2)变电所综合自动化系统站级管理层设备配置

1)主监控单元配置:本工程采用双机配置方案；

2)人机接口设备配置:采用液晶显示器作为变电所站级管理层的人机接口设备,用于变电所设备运行状态及各种信息的显示。

(3)变电所综合自动化系统网络模式

1)网络传输介质:光纤；

2)网络数据传输模式:现场总线通信；

3)网络拓扑结构:星形拓扑结构。

(4)变电所综合自动化系统间隔层设备安装方式及设备组态模式

变电所综合自动化系统间隔层设备安装方式采用集中与分散(层)分布相结合式。对 10 kV、1 500 V、0.4 kV 开关柜等的间隔设备层单元分别安装在各个开关柜内或一次设备附近,与一次设备接口,各间隔层单元的设备相互独立,并分别与站级管理层间通过所内通信网络实现信息交换,实现站级管理层的数据集中处理。对牵引网电动隔离开关等不易进行当地监控的设备集中在隔离开关控制柜上安装。

(5)变电所综合自动化系统时钟同步系统方案

本工程变电所综合自动化系统的时钟同步采用与综合监控系统通过软件对时方案。

11.4.9　电能管理子系统

（1）电能管理子系统构成

电能管理子系统由现场采集层、子站监控层、通信层和主站监控层组成。

1）主站监控层

主站监控层是负责收集子站监控层的数据，并且通过系统软件进行统一的处理和统计分析，对全线低压供电系统实现集中、全面、实时的远程监测，将每个子站的供电质量、事故报警、电能分配等情况及时、准确地反应到系统中并显示出来，对全线子站实行同步管理。

主站服务器、工作站、交换机等单独设置。

2）现场采集层

现场采集层由高低压系统智能仪表实现对每座变电所各条负荷线路电量数据进行实时采集，采集参数主要有：三相电压、三相电流、功率、功率因数、频率、电度等等，现场仪表采集的数据及信息都通过通信实时传送给子站主机。

3）子站监控层

子站监控主机单独设置，采集现场仪表的各种参数，经过数据处理后存储在子站系统的数据库中，所有数据经过通信层上传给主站监控层。

4）通信层

包括所内通信网络及远程通信网络。

所内通信网络采用总线通信方式，通信介质采用屏蔽双绞线。

远程通信可支持各种公用电话网、专线、高速数据网、无线公网（GPRS 和 CDMA）。本工程暂按采用地铁通信系统提供的高速数据网进行数据采集考虑。通信通道带宽应不小于 10 Mbps，误码率应小于 10^{-9}。通信介质采用光缆。

（2）电能管理子系统功能

系统可实现各种电能量数据、遥测信息及状态信息的采集、处理和存储；实现对这些数据的统计、分析、计算、查询，以及各种电力设备档案的录入、查询、管理；按区域、时域、电压等级等进行网损、线损、变损的计算以及电压合格率、供电可靠性、负载率进行计算、分析。

为实现以上功能，在变电所设置电能管理智能表计。设置如下：开闭所外电源 10 kV 进线，变电所 10 kV 变压器馈线，以及部分要求单独计量的 0.4 kV 馈线。

11.4.10　过电压保护与接地

（1）过电压保护

供电系统主要过电压保护措施如下：

1）变电所 AC 10 kV 两段母线上各设置一组避雷器；

2）在牵引变电所 DC 1 500 V 直流正负母线之间及正母线与地之间各设一台避雷器；

3）停车场及车辆段变电所地面房屋按建筑物防雷规定另外设置避雷设施。

（2）接地

各车站和车场的接地装置通过区间电缆支架上的贯通的接地体、环网电缆的金属护套、接触网架空地线连成全线综合接地系统，全线形成统一的高低压兼容、强弱电合一的接地系统。

车站及车场均设置接地网，车站接地网的接地电阻不大于 0.5 Ω，车场接地网的接地电阻不大于 1 Ω。

11.4.11　接触网

北京地铁 6 号线是北京地区第一条采用架空接触网的地铁线路，较以往的接触轨模式存在一定的差别。

（1）接触网悬挂类型

接触网悬挂类型及导线组成如表 3－11－3 所示。

表 3－11－3　接触网悬挂类型及导线组成

不同区段		悬挂类型	导 线 组 成
地下段	正线、五路停车场	架空"Π"型刚性悬挂	1根汇流排＋1根接触线＋单架空地线 1×PAC110＋1×CTA150＋1×JT120
	渡线、存车线 折返线、联络线	架空"Π"型刚性悬挂	1根汇流排＋1根接触线＋单架空地线 1×PAC110＋1×CTA150＋1×JT120
	车辆段出入段线	架空"Π"型刚性悬挂	1根汇流排＋1根接触线＋单架空地线 1×PAC110＋,1×CTA150＋1×JT120
地面段	车辆段出入段线	全补偿简单链型悬挂	2根承力索＋2根接触线＋单架空地线 2×JT150＋2×CTA150＋1×JT120
	车辆段、停车场 车场线	弹性补偿简单悬挂	单接触线＋单架空地线 1×CTA150＋1×JT120
	车辆段试车线	全补偿简单链型悬挂	2根承力索＋2根接触线＋单架空地线 2×JT150＋2×CTA150＋1×JT120

（2）线材规格和张力

接触网主要线材规格及张力如表 3－11－4 所示。

表 3－11－4　接触网主要线材规格及张力

悬挂类型	线 材 规 格	额定张力
架空刚性悬挂	1×PAC110 mm（汇流排）	无张力
	1×CTA150（接触线）	无张力
	1×JT120－1×19/2.8（架空地线）	1×12 kN（最大）
全补偿简单链型悬挂	2×CTA150＋2×JT150－1×37/2.25（接触线＋承力索）	2×12 kN＋2×12 kN
	1×JT120－1×19/2.8（架空地线）	1×12 kN（最大）
弹性补偿简单悬挂	1×CTA150（接触线）	1×12 kN
	1×JT120－1×19/2.8（架空地线）	1×12 kN（最大）

（3）技术数据

1）悬挂点处导线高度

架空刚性悬挂：悬挂点处导线距两轨面连线的高度一般为 4 040 mm，困难地段及减振区段最低点一般不小于 4 000 mm。当导线高度变化时，其坡度变化应不大于 2‰。

架空柔性悬挂：车辆段、停车场库外接触网悬挂点处导线距两轨面连线的高度一般为 5 000 mm，库内悬挂点处导线高度根据工艺要求确定。正线地面段接触网悬挂点处导线距两轨面连线的高度一般为 4 600 mm。当导线高度发生变化时，接触线的坡度应根据机车行驶速度确定，满足《地铁设计规范》（GB 50157—2003）要求。

2）结构高度

全补偿简单链型悬挂的结构高度一般为 1 100 mm，特殊地区可适当降低（隧道口过渡段可根据敞开段及暗埋段结构酌情降低）。

弹性简单悬挂吊索座至接触线的吊索高度一般为 400 mm。

3）支柱侧面限界

直线段：支柱的侧面限界一般为 2 300 mm，具体根据限界专业所提要求进行计算而定。

曲线段、个别特殊地段：根据限界专业所提要求进行计算而定。

4）跨距长度

架空柔性悬挂：全补偿简单链型悬挂最大跨距不宜大于 50 m，弹性补偿简单悬挂最大跨距不宜大于 45 m。相邻两跨距之比，不宜大于 1.5：1，隧道口、车场咽喉区等困难地段，不宜大于 2.0：1。

架空刚性悬挂:曲线跨距为 6～8 m,直线跨距为 8～10 m;相邻两跨距之比不宜大于 1.25∶1。

5)拉出值

架空柔性悬挂:直线拉出值±200 mm,曲线拉出值不大于 250 mm。

架空刚性悬挂:拉出值一般为±200 mm。

6)锚段长度

①架空柔性悬挂

锚段长度一般不大于 1 500 m,当一个锚段内有较长的小半径曲线时,锚段长度可适当缩小,每个锚段两端设补偿下锚,在锚段的中部设置中心锚结,中心锚结下锚采用"V"形拉线方式;当锚段长度小于 750 m 时,一端设硬锚,另一端设补偿下锚。

②架空刚性悬挂

锚段长度一般为 200～250 m,困难时不大于 300 m。采用滑道式膨胀元件进行机械分段,在锚段的中部设置中心锚结,中心锚结下锚采用"V"形拉线方式。

③架空地线

锚段长度一般不大于 2 000 m,两端均设硬锚。

(4)接触网带电部分和结构体、车体之间的最小净距

接触网带电部分和结构体、车体之间最小净距如表 3—11—5 所示。

表 3—11—5　接触网带电部分和结构体、车体之间的最小净距

项　目		最小净距 (mm)	备　注
最小净距	动态	100	绝对最小动态值 60 mm
	静态	150	—

(5)支柱、支柱基础、支持装置和绝缘子的应用

1)支柱

车辆段支柱推荐采用锥形钢管柱,该类型支柱已在广州地铁 3 号线车辆段、广州地铁 4 号线车辆段、上海明珠Ⅰ期工程、上海莘闵线等工程中采用,生产工艺成熟。该支柱具有以下特点:

①结构简单,外形轻盈、线条流畅、景观效果好。

②抗弯及抗扭强度和刚度较大,一般不需检验其抗扭强度,受力无方向性。

③采用压力机或卷板机加工成型,埋弧自动焊接,制造较简单,机械化程度高,质量容易控制。

④重量较轻,造价适中。

⑤锥形钢管柱锥度要合理控制,如果锥度太大,一方面支柱导线悬挂点处的挠度不易控制,另一方面不利于抱箍零件标准化。

2)支柱基础

锥形钢管柱基础预置地脚螺栓基础,支柱底部设法兰盘,法兰盘为方形,螺栓对称布置,安装方便。

3)支持装置

架空刚性悬挂支持装置采用垂直悬吊装置,该装置具有水平和垂直双向调节的功能,便于刚性悬挂拉出值和导线高度的调节。刚柔过渡处采用水平腕臂。在区间隧道内采用钻孔方式进行安装;在车站结构风管底板采用钻孔方式进行安装,但所采用的螺杆锚栓在满足支持装配受力和确保不影响结构风管的功能的情况下浅埋。

架空柔性悬挂支持装置:

①车辆段及停车场咽喉区安装形式

采用门形架及单腕臂结构形式悬挂定位接触网。

②车辆段试车线安装形式

采用单腕臂结构形式悬挂定位接触网。

③车辆段停车库安装形式

可利用停车库顶板结构梁,安装接触网吊柱,采用吊索形式悬挂定位接触网。

4)绝缘子

绝缘子最小泄漏距离不小于250 mm,材质采用表面上釉瓷质绝缘子或硅橡胶绝缘子。

(6)供电分段与电连接

1)供电分段

①在有牵引变电所的车站,接触网在牵引变电所侧的正线车辆惰行侧上设电分段。

②两正线间的渡线、折返线,正线与停车线之间设电分段。

③与其他线的联络线设电分段。

④车辆段及停车场出入段线与正线间设电分段。

⑤车辆段及停车场各供电分区之间设电分段。

⑥洗车库库前及库后各设电分段。

⑦车辆段及停车场其他各库线入口处设电分段。

⑧正线电分段采用绝缘锚段关节,其他采用分段绝缘器或绝缘锚段关节。

⑨牵引变电所馈出线与接触网连接处设置电动隔离开关,车辆段出入段线电分段处设置电动隔离开关,车辆段供电分区之间联络开关设置电动隔离开关,车辆段停车库及检修库前设手动带接地刀闸隔离开关。

2)电连接

①架空柔性悬挂:非绝缘锚段关节处、道岔处设电连接,电连接载流截面应满足最大电流的要求;承力索、接触线之间每隔60~100 m设横向电连接。电连接设置不影响受电弓的正常取流。

②架空刚性悬挂:机械分段及道岔处均设置电连接,电连接载流截面应满足最大电流的要求。电连接设置不影响受电弓的正常取流。

(7)回流与均流

本工程利用走行钢轨作为回流径路,在设有牵引变电所的车站或车辆段设置回流箱,回流电缆经回流箱将钢轨与变电所负极柜相连,构成牵引回流通路,回流线采用150 mm²的电缆。

区间原则上每隔400~600 m设一处均流线,均流线一般设在区间联络通道处。有牵引变电所的车站,在不设置回流电缆的一端设置均流电缆,将上、下行线路的牵引轨相连;在无牵引变电所的车站两端设置均流电缆,将上、下行线路钢轨相连,均流线采用3×1×150 mm²的电缆。

均、回流电缆与钢轨的焊接方式采用放热焊。

(8)防护措施

1)接地方式

全线接触网所有不带电金属部分与架空地线连接,架空地线与变电所内接地网相连,构成接触网系统的工作接地及保护接地回路。

2)防雷保护

五路居站、草房站上网馈线开关处设避雷器;

隧道洞口处接触网上设避雷器;

接触网防雷接地电阻不大于10 Ω。

3)人身安全防护

在架空刚性悬挂接触网机械分段、电分段两端,每一个车站(设备站台以外)两端、线路终端分别安装汇流排接地线夹一套,作为接触网维修时接地之用,提高接触网检修便利性和防护水平。

涉及安全、人员活动容易接触到接触网带电体的地方应设置防护栅网。

4)支柱的防碰撞保护

在车辆段内邻近公路或易发生碰撞的接触网支柱处应设置防护,以避免支柱被撞伤。在跨电化股道的平交道口两侧设限界门防止超高车辆造成的危害。

(9)刚柔过渡措施

隧道口处刚柔过渡采用贯通式刚柔过渡方式,保证受电弓过渡平稳、取流良好。

（10）人防门处刚性悬挂方案

在设有人防隔断门处，刚性悬挂对线路中心线的距离应取为固定值，以便统一人防隔断门的封堵板结构，将刚性悬挂的汇流排夹挤在封堵板内。人防隔断门处封堵板为两块板，具体配合施工设计时解决。根据其封堵形式，人防隔断门处刚性悬挂可采用独立小锚段式和贯通式两个方案，分别如图 3－11－1、图 3－11－2 所示。

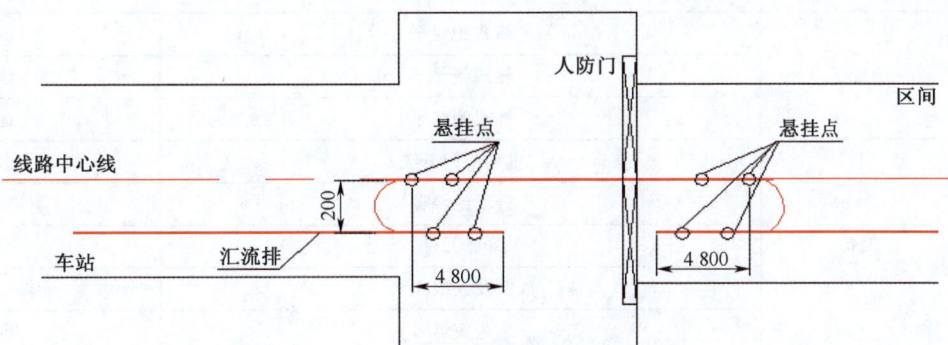

图 3－11－1　独立小锚段式（单位：mm）

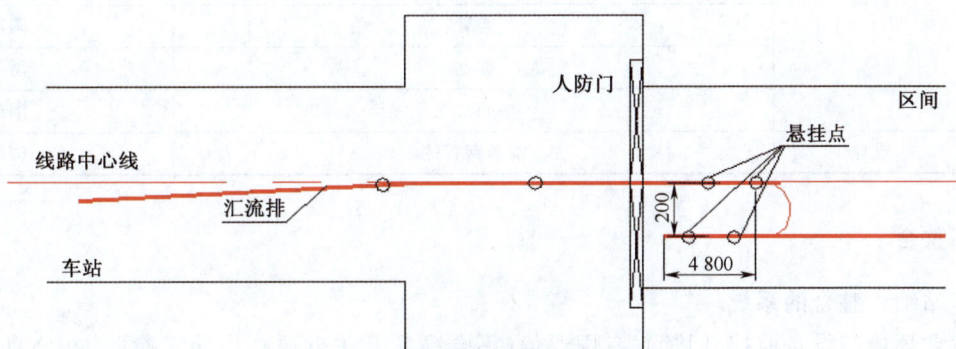

图 3－11－2　贯通式（单位：mm）

独立小锚段式是在每一个人防隔断门处，两侧汇流排断开，断开长度应满足人防隔断门整体结构宽度要求，另设置一段短汇流排通过人防隔断门或防淹门，并与两侧汇流排平行重叠，构成锚段关节。该方案的优点是关闭人防隔断门时损坏接触网，接触网受损坏范围小，修复更换快捷方便。缺点是增加了锚段关节数，锚段关节是受流质量的薄弱环节，锚段关节越多，越不利于弓网受流。

贯通式是在每一个人防隔断门处设立一个正常的锚段关节。该方案的优点是在每一个人防隔断门处锚段关节数由独立小锚段式的两个减为一个，锚段关节数少，有利于受流。但该方案的缺点是万一损坏接触网，接触网受损坏范围大，拆卸和恢复起来不方便。

本工程人防门的封堵板由两块板组成，并且封堵口相对线路中心位置可调，根据与人防专业配合结果，人防门关闭时由于不需断开接触网，故本线接触网过人防门推荐采用贯通式方案。

（11）主要设备及器材的国产化

本工程地下段采用架空刚性悬挂，车辆段及停车场采用全补偿简单链型悬挂和弹性补偿简单悬挂。目前设计采用的接触网零件、线材、设备的国内生产厂家在技术装备和生产工艺方面通过技术改造及引进国外先进技术，已具备了开发新产品的能力，且接触网零件的加工质量有了很大的提高，生产和产品开发条件也很成熟，无论刚性悬挂接触网还是柔性悬挂接触网，都已基本实现了国产化。接触网设备及器材只有隔离开关、分段绝缘器和刚性悬挂放线专用工具等因为用量少、开发难度大、国内生产工艺难以保证等原因需要引进。接触网国产化率可达到 90% 以上。

接触网主要设备及器材的国产化具体如表 3－11－6 所示。

表3-11-6 接触网主要设备及器材选用表

序号	名称	类 型	备注
1	线材	接触线 CTA 150 mm²	国产
		承力索 JT 150 mm²	国产
		架空地线 JT 120 mm²	国产
		汇流排 PAC110	国产
2	绝缘子	棒式绝缘子	国产
		悬式绝缘子	国产
		针式绝缘子	国产
3	设备	电动隔离开关	合资
		分段绝缘器	引进或国产
		膨胀元件	引进
		放线及换线工具	引进或国产
		避雷器	国产
4	零件	定位装置	国产
		中心锚结	国产
		补偿装置	国产
		腕臂	国产
		线岔	国产
		中间接头	国产
5	支柱	锥形钢管柱	国产

13.4.12 电源整合

(1)全线车站纳入整合的系统

综合监控(含环境与设备监控、门禁)、专用通信(不含高频开关电源)、自动售检票、办公自动化系统、旅客信息显示系统、信号。

(2)不纳入整合的系统

变电所直流操作电源、安全门、应急照明系统、火灾自动报警系统、公安通信、商用通信。

13.4.13 杂散电流防护

本工程杂散电流防护采取的主要措施如下:

1)保证畅通的牵引回流系统。

2)回流系统采用绝缘法安装,尽可能减少杂散电流。

3)为限制杂散电流对地铁结构钢筋及金属管线的腐蚀及向地铁外扩散,利用整体道床内结构钢筋的可靠电气连接,形成主要的杂散电流收集网。

4)设置在道床上的金属管线或设备的金属外壳应采用与道床绝缘安装的方式。

5)利用隧道(车站)内结构钢筋的可靠电气连接,形成辅助杂散电流收集网,以限制杂散电流向地铁外扩散。

6)牵引变电所设排流装置,以便将来轨道绝缘降低,杂散电流增大时,使收集网(主收集网、辅助收集网)中杂散电流有畅通的电气回路,限制杂散电流对金属构件的腐蚀和向道床外、地铁外的扩散。

7)车辆段引入线与正线间,停车库内钢轨与库外钢轨间设单向导通设备,以限制杂散电流的扩散。

8)各类管线设备应从材质或其他方面采取绝缘措施,减少杂散电流对其腐蚀及通过其向地铁外部泄漏。

9)车站、车辆段及停车场设钢轨电位限制装置。

10)设立集中式杂散电流监测系统。

13.4.14 供电车间

本线供电车间设置在五里桥车辆段综合维修中心内,是本线供电系统的基层维修和管理单位。它的主要任务是承担本线供电系统设备的运行管理、维护检修及材料供应等工作,其职能是保证供电设备安全可靠地供电。

供电车间需配备相应的管理、检修、抢修、维修、技术、值班等人员,总计约99人。

供电车间需设置:主任室、办公室、技术室、调度室、检修间、试验间、材料间等生产办公房屋,总面积约1 400 m²。车间房屋四周应适当留有场地,地面应硬化,有出入口的房间旁应设行车道路。车间其他的附属房屋、材料库(棚)、汽车库、培训教育基地、生活设施由车辆段统一考虑。

为满足轨道车辆运行、存放的需要,在车辆段及停车场内设铁路岔线各2条及配套的车辆库。根据沿线维修、抢修和设备、材料存放的需要在沿线部分车站内设置工区值班点房屋。

在车公庄西站、平安里站、草房站设供电运检工区;在平安里站设供电运检项目部。车辆段混合所综合考虑变电所值班的需要。

为提高接触网检修、检测水平,配备了接触网维修作业车、平板车及有关设备。

为提高检测水平及工作效率配备了电参数微机数据采集装置。

由于本线变电所采取无人值班运行方式,因此,对运行设备潜伏性故障的监测尤为重要,除加强人员的定期巡视外,还应配备先进、可靠的设备进行监测,一旦发现问题及时处理,为此,配备了局部放电超声自动定位系统等设备。

为使供电设备在正常的运行状态下能进行检测,配备以下在线检测设备:远距离红外测温仪、直流接地试验器、低压线路故障检测仪等仪器。

为加强变电设备的抢修检测能力及日常维修材料的运输工作,配备供电抢修指挥车、电气设备试验车等。

为巡视人员配备交通工具及相关检测、维护设备,以实现每日巡视检测及事故处理。

第 12 章　通信系统

12.1　通信系统概述

通信系统是为满足地铁正常运营、管理,满足地铁乘客通信需求,满足公安消防通信而建设的一套信息系统。北京地铁 6 号线通信系统包括专用通信系统、民用通信系统、公安通信系统及政务通信系统。

专用通信是和地铁运营直接相关的信息系统。专用通信系统主要由专用传输、公务电话、专用电话、专用无线、专用视频监控、广播、时钟、乘客信息系统、电源及集中告警系统组成。

民用通信系统是为乘客提供和地面同样通信服务的信息系统,包括民用传输系统、民用无线系统及电源系统。

公安通信系统为地铁公安执勤人员提供公务通信及上网办公的信息系统,主要由公安无线、公安计算机网络、公安视频监控(和专用视频监控合网)及电源组成。

政务通信系统是为政府相关机构、部门、公安等提供无线通信的专用通信网,主要由政务传输、政务无线组成。

12.2　主要设计原则

结合北京 6 号线工程特点及通信系统的功能需求,通信系统设计原则如下:

(1)可靠性

整个通信系统采用具有高可靠性的总体设计,对关键环节均采用备份设计,在关键的系统设备和主机设备上消除单点故障,通过设备冗余和负载分担的方式来提高系统的可靠性,设计中所选用的设备本身应具有较高的安全可靠性并应支持热插拔和软件升级。

(2)安全性

地铁通信系统是保证列车运行安全、提高旅客运输效率的必要条件,无论对内还是对外,系统安全和保密信息的安全至关重要,所以应当建立和完善系统的安全保密机制,在系统软件和应用软件方面必须注重系统的安全保密工作,采用具有较高安全级别的系统软件。

(3)成熟性

成熟的技术可以保障系统的运行,并节省用户的投资。在项目实施中所采用的设备和技术应属世界主流产品,在相应的应用领域占有较大的市场,考虑到地铁建成后将在很长一段时间内使用,所以在选择技术的时候应具有一定的超前意识,争取达到最优的性能价格比。

(4)可管理性

由于地铁通信系统中的设备种类多、分布广,为了及时发现设备的故障,方便地进行设备的配置,所采用的设备应易于管理。各子系统应有自己的监测系统,实时显示全网的网络拓扑结构、电路的连接情况及设备的运行情况,并能对其所发现的故障进行相应的处理,尽量压缩设备维护所需费用。

(5)开放性

在地铁通信系统中所采用的设备应支持符合国际标准和工业界标准的相关接口,能够与其他相关系统或业务部门实现可靠的互联;在支持标准的应用开发平台方面,系统软硬件平台应具有良好的移植能力;在网络协议的选择方面,选择广泛应用的标准协议。

(6)可扩充性和灵活性

在系统结构和设备的选择方面,应具有良好的可扩充能力,可以根据业务发展的需要对系统进行必要的调整、扩充,这包括存储容量和网络规模等方面的扩充。在全面升级的情况下,能够最大限度保护现有投资。

12.3　系统构成

12.3.1　专用通信系统

（1）传输子系统

在控制中心、备用控制中心（五里桥车辆段）、停车场及 20 个车站各设置 1 套 10 G MSTP（内嵌 RPR）设备，以控制中心及备用控制中心为切点，组建 2 个 2 纤的 10 G 传输环。

在 TCC 设置 1 套 2.5 G MSTP 设备，和小营控制中心传输设备组成一个 2.5 G 的 1＋1 线性复用段链。

在小营控制中心、五里桥车辆段（备用控制中心）各设置 1 套光传输系统网管设备。

传输系统的网络同步采用主从同步方式。自 TCC 接引同步信号，向传输设备提供标准同步定时基准信号。

（2）公务电话子系统

在 6 号线五里桥车辆段和小营控制中心分别新设公务电话交换机，两程控交换机之间通过传输系统提供局间中继通道相连。小营控制中心公务电话交换机与 TCC 指挥中心交换机、无线集群交换机中继相连；同时，两程控交换机分别就近与市话局程控交换机连接，采用两点出入市话的方式。

在 6 号线各新建车站及停车场设置了公务小交换机，小交换机分别接入车辆段公务交换机和小营控制中心公务交换机。

程控交换机之间局间中继线，由光传输系统提供的通道进行连接。局间中继线速率采用 2 Mb/s。

控制中心交换机与 TCC 交换机、本线无线集群交换机、市话局交换机连接。

车辆段交换机与附近市话局交换机连接。

在小营控制中心及五里桥车辆段设置网管终端，对一期交换设备进行维护管理。

（3）专用电话子系统

专用调度电话采用双中心、双星型组网方式。

在控制中心及五里桥车辆段设置调度主交换机，在一期 20 个车站及五路停车场设置调度小交换机。

各车站及停车场小交换机分别和控制中心及五里桥车辆段交换机采用 2 Mb/s 中继相连，组成双星型网络结构。控制中心及停车场交换机之间采用 2 Mb/s 中继相连，提供迂回路由。

在控制中心及五里桥车辆段备用控制中心各设置一套调度网管终端，对一期交换设备进行管理。

（4）专用无线子系统

北京地铁 6 号线一期无线系统在控制中心扩容 9 号线设置的集群交换机，并新设调度设备，包括行车调度台、维修调度台、防灾环控调度台；在五里桥车辆段设置远端调度台 1 套；在五路停车场设置停车场调度台 1 套；在中心设置 6 号线集群网管设备 1 套；在一期 20 个车站设置 20 个 2 载频基站。在五路停车场和五里桥车辆段各设置 2 载频数字集群基站设备 1 套。基站通过有线传输通道与控制中心集群交换机相连，在中心控制器的指挥下控制全线的运行。

在一期各车站及五里桥车辆段和五路停车场配置固定电台；为列车配置车载台；为流动人员配置手持台。

在车站站厅、办公区域采用无源小天线加射频电缆的方式进行覆盖，根据站厅和办公区域的面积、布置和结构采用 3～6 副天线进行覆盖，收发天线共用。

在区间采用漏缆方式进行覆盖，借助漏缆的线状覆盖特性，能较好的对区间进行场强均匀的覆盖。在较长隧道区间增加光纤直放站进行覆盖。

站台借助轨道线路漏缆一并覆盖：在隧道区间，漏缆架设在隧道顶部区域；在站台区域，根据建筑结构和装修的情况，确定漏缆的具体位置。在覆盖时，应考虑换乘站公共区域的覆盖。

备用控制中心设置在五里桥车辆段，在备用控制中心设置具有基本功能的无线系统设备，在小营控制中心因各种原因发生事故、造成中心无线设备全面瘫痪时，将启用五里桥车辆段备用控制中心的无线设备，临时代替小营控制中心无线中心设备,采用降级使用模式,提供基于单站集群模式的无线调度通信功能,可满足调度员和司机的通话,实现组呼、紧急呼叫、讲话方识别、新近用。

(5)专用视频监控子系统

6 号线一期的视频信号采用模拟矩阵加数字传输方式。其中本地监视是将本站所有摄像机的图像经视频分配器输出一路给本站的模拟矩阵进行切换及控制,输出视频信号在本地车控室监视器上显示;同时将另一路模拟视频信号输出给编码器,经编码器压缩后的数字视频流,一路经过以太网交换机送入作为本地防灾监视终端等调看,另一路通过专用传输系统提供的传输平台的以太网接口进行远距离传输至控制中心,供中心和 TCC 视频监控终端调看;数字视频流经中心解码后,转换成模拟视频信号,供控制中心监视器、大屏幕图像显示使用;同时解码出 16 路模拟图像供 TCC 调用,实现视频信号的远距离传输。

整个系统由主用控制中心和备用控制中心调度员行车监视、防灾监视,各车站的车站值班员防灾监视和各车站司机上下车监视两大部分构成,组成一个统一的三级监视、两级控制电视监视网络。

系统由中心控制设备、车站控制设备、图像摄取、图像显示、录制及视频信号传输等部分组成。

车辆段/停车场监视系统独立于正线闭路电视监视系统,只满足车辆段/停车场值班员对停车库、车场及列车停车位置的监视,其设备管理纳入线路闭路电视监视系统网管。

(6)广播子系统

6 号线一期广播系统由中心广播设备、车站广播设备、车辆段/停车场广播设备、网管设备和传输通道共同构成。同时,广播系统的行车广播控制台分别在车站和控制中心两级与综合监控系统界面集成。

控制中心至各车站的广播通道采用以太网通道(含音频、宽带、数据等),由传输系统提供通道。

车辆段/停车场广播独立于正线广播系统,满足车辆段/停车场行车值班员和停车库、检修库运转值班员,以及防灾值班员对车场、停车库、运用库等广播区的广播,其设备监控纳入正线广播系统网管。车辆段备用中心广播系统在控制中心设备故障时,应能实现作为中心完成对全线广播及控制的功能。

当车站或车辆段、停车场库内发生火灾等灾难时,广播系统可以兼作消防广播。

(7)时钟子系统

时钟系统为临时控制中心调度员、车站值班员、各部门工作人员及乘客提供统一的标准时间信息,为本工程其他系统提供统一的时间信号。时钟系统的设置对保证轨道交通运行计时准确、提高运营服务质量起到了重要的作用。系统采用控制中心与车站两级组网方式,由中心母钟(一级母钟)、车站母钟(二级母钟)、时间显示单元(子钟)、网管设备及传输通道组成。

(8)PIS 子系统

乘客信息系统由控制中心子系统、备用控制中心子系统、车站子系统、车载子系统和网络子系统(有线网络和车地无线子系统)五个子系统构成。

车地传输采用 WLAN 无线局域网方案。

(9)电源子系统

6 号线一期专用通信电源在控制中心和各车站由供电专业进行整合。由供电专业提供 2 路稳定、可靠、不间断的 380 V UPS 电源,停电后备时间不小于 2 h,引至交流配电柜,为通信交流用电设备供电,同时分配一路交流电源至－48 V 高频开关电源设备,由－48 V 高频开关电源设备进行整流后输出－48 V 直流电源,向专用通信系统直流用电设备供电。

车辆段(备用/临时控制中心)及停车场不进行电源整合,由动照专业提供两路三相五线制交流电源,引至电源切换配电柜。电源切换配电柜实现两路输入电源自动切换,并为 UPS 供电,预留检修及备用交流分路。UPS 设备负责输出纯净的交流电源并由电源切换配电柜分配给各系统 220 V 用电设备以及－48 V 高频开关电源,－48 V 高频开关电源设备进行整流后输出－48 V 直流电源,向专用通信系统直流用电设备供电。

(10)集中告警子系统

通信系统在临时控制中心设置集中告警设备,采集、显示、存储并打印通信各系统的故障告警信息。该告警终端利用计算机网络技术和计算机本身的高速数据处理能力,对通信各系统进行集中监测告警管理,将通信各系统的运行状态和告警信息集中反映到告警设备上,通过网络平台使有访问权的维护人员可以近、远程登录，以便维护人员快速准确处理各系统设备故障。该系统由服务器、交换机、操作终端、集中告警管理软件等组成。

12.3.2 民用通信系统

（1）民用传输系统

民用传输采用双环结构，在全线 20 个车站组成 2 个 2.5 Gb/s 传输速率的自愈环，采用 4 纤双向复用段保护方式，双环在呼家楼站相切。第一个环网节点为五路居站、慈寿寺站、花园桥站、白石桥南站、车公庄西站、车公庄站、平安里站、北海北站、南锣鼓巷站、东四站、朝阳门站、东大桥站、呼家楼站；第二个环节点为呼家楼站、金台路站、十里堡站、青年路站、褡裢坡站、黄渠站、常营站和草房站。环二预留环入二期站点的条件，同时在控制中心设置一套 GPS＋BITS 系统，为全线传输系统提供时钟同步。

（2）民用无线系统

6 号线一期无线引入系统将运营商目前 2G、3G 的信号引入地铁，为乘客提供和地面一样的无线通信能力。

1）基站信号引入方案

由各运营商负责在地铁 20 个地下站的通信机房设置信号源设备，包括中国移动的 GSM900、TD-SCDMA 基站，中国联通的 GSM900 及 WCDMA 基站，中国电信的 CDMA800 基站。

移动运营商的基站设置在各个地铁车站的通信设备室内，而每个移动运营商基站的基带信号可由某站一点或两点引入。本设计商用通信中地下区间各站运营商基站之间的基带信号传输通道由商用传输系统提供的通道进行传输。

2）车站分布系统前端设备

车站分布系统前端采用 POI，运营商基站信号分别经 POI 合成为宽频段、多系统信号，然后分成相应的路数输出到站厅、设备层、站台、隧道，再经过相应的无源器件，送至天馈辐射单元，覆盖车站的各个区域；同样，各个运营商业主的上行信号经过天馈系统耦合传送到 POI，经 POI 的滤波分路将信号分送至不同运营商的信号接收设备。

3）信号覆盖天馈分布系统方案

站厅层、站台层、设备层、办公区域、人流通道的信号分布覆盖采用无源和小天线两种方式。为了减少相互干扰，增加系统收发隔离度，馈线和小天线采用收发分开设置方式，收发天线的水平隔离距离大于 0.5 m。

由于射频信号的传播特性，其在隧道内的衰减非常迅速。为保证移动通信的质量和连续性，确保射频信号场强的覆盖，在隧道内采用贯通敷设漏泄同轴电缆方式进行信号辐射。

（3）电源子系统

民用电源系统主要为传输系统、移动电话引入系统提供正常运行的电源。

由动照专业按照一级负荷供电引进两路独立 380 V 交流电。

本工程在民用通信设备室内新设两路电源切换屏、交流配电屏、UPS 和蓄电池组（按 2 h 备用考虑）。本系统为设备室各通信设备只提供 UPS 交流供电，设备的直流供电由设备的整流单元完成。

12.3.3 公安通信系统

（1）公安无线系统

公安无线采用 350 MHz 模拟集群设备，采用有线和无线相结合的方式组建公安集群网。

在五里桥派出所设置无线集群交换机，在 20 个车站及五路地下停车场设置集群基站，交换机和基站之间信息传输通道由计算机网络提供 IP 通道。集群交换机通过公安计算机网络通道和市局无线主基站互联，满足地铁内外的通信联络。

同时在十里堡车站及五里桥派出所设置无线链路基站，提供和市局主基站通信的无线路由作为和市局通信的备用通道。

（2）计算机网络子系统

在公交总队、五路居派出所、五里桥派出所设置 3 层核心交换机，组建一个 3 节点的核心交换网络。在 20 个车站和五路停车场设置以太网交换机，各以太网交换机分别和五路居派出所、五里桥派出所核心交换机通过公安系统敷设的光缆互联，组建双星型的交换机网。

（3）公安视频监视系统

6 号线一期公安视频监视系统和专用视频监视系统合网建设，在各车站与专用通信系统共用前端摄像机，共用机房、视频系统设备及专用传输平台，各车站视频信号均采用模拟矩阵加数字传输方式传送。

（4）电源子系统

本系统是专为北京地铁 6 号线一期公安通信系统设立的。主要包括公交总队、派出所及沿线 20 个车站的电源系统。在公安通信设备室，新设电源切换配电柜、UPS 和蓄电池组（按 2 h 备用考虑）。由动照专业引进两路独立三相五线制交流电源至公安通信设备室的电源切换配电柜（公交总队由公安部门负责），可实现两路电源自动切换，并为 UPS 输入供电。

UPS 设备负责输出纯净的交流电源并由电源切换配电柜分配给公安通信系统提供 220 V 交流电源，公安设备所需的直流电源由各子系统设备的整流装置产生。

12.3.4　政务通信系统

政务通信系统主要包含政务传输及政务无线系统。政务传输共用专用传输系统，不再单独组建传输网。政务无线系统采用扩容正通无线网的方式组建北京地铁 6 号线一期的政务无线网。

12.4　系统设备选型原则

1）设备选型应满足本工程需求的同时尽量采用最新技术及产品，同时合理控制投资。

2）所选设备应满足可行性、可用性、可维护性需求。

3）设备选型时，对于关键板卡（交叉板、处理板、信令板）、电源等重要模块应采用冗余配置，以确保各系统安全可靠、不间断地正常运行。

4）在满足可用性、可靠性及技术先进的条件下，尽量选用国产设备。

5）选用节能环保型设备。

第 13 章 信号系统

13.1 信号系统概述

13.1.1 信号系统的设计范围

1)一期工程约 30.69 km 的双正线(全部为地下线),及其范围内的折返线、渡线、存车线、车辆段/停车场联络线、与其他相关线路的联络线等;

2)正线 20 座车站(全部为地下站);

3)工程一期配属 41 列 8 节编组列车;

4)位于小营的 1 座控制中心;

5)五里桥车辆段(含试车线和维修中心、培训中心);

6)五路停车场;

7)维修管理体制;

8)备用控制中心。

13.1.2 信号系统概述

北京地铁 6 号线一期工程信号系统采用的是卡斯柯信号有限公司提供的基于无线通信的移动闭塞列车自动控制系统(ATC),由列车自动监控子系统(ATS)、列车自动防护子系统(ATP)、列车自动运行子系统(ATO)及计算机联锁子系统(CI)组成。子系统间通过信息交换网络构成闭环系统,通过车载、轨旁、车站和控制中心设备完成列车运行的自动控制。

城市轨道交通以安全高效运营为目标,其核心是列车的运营,各个自动化系统都是为列车运营服务的。而综合监控系统(ISCS)为各个自动化监控系统提供了统一的计算机硬件和软件平台,它是以协同行车指挥与列车运行为总目标的集成自动化系统。作为列车运行自动控制系统(ATC)的上层环节,ATS 负责管理、监督、协调、控制列车的运行,在其基础上集成其他机电系统的功能,应该是综合监控系统的发展方向。

基于 6 号线一期工程综合监控系统"以行车调度指挥为核心的适度集成"的方案,6 号线一期由综合监控系统集成了信号系统控制中心、备用控制中心、正线车站、车辆段、停车场的 ATS 设备,实现 ATS 子系统对 6 号线一期全线列车的运行的管理、监督、协调、控制功能。

信号 ATP 子系统为 ATC 系统的安全核心,负责列车安全间隔、列车超速防护、车门和安全门的安全监控。其由车载设备和地面设备组成。该系统必须符合"故障—安全"的原则。

信号 ATO 子系统是自动控制列车运行的设备,其在 ATP 的安全防护下实现列车站间运行、车站定点停车及折返控制,其负责列车车速调整和控制列车的运行(完成牵引、巡航、惰行和制动操作)。ATO 控制的要点是列车运行的正点控制、舒适度控制和精确度的控制。

信号计算机联锁 CI 子系统是保证列车运行安全、实现轨道区段、道岔、信号之间正确联锁的安全设备,负责进路、信号机和道岔的控制,符合"故障—安全"原则。为确保正线区域内行车、折返、出入段及转线等作业的安全,北京地铁 6 号线一期全线均纳入联锁控制范围。

6 号线一期工程信号系统能够实现基于连续式通信、点式通信及联锁的三级列车控制功能。连续式通信级的控制是通过无线通信实现轨旁到列车双向通信的连续式列车控制,列车通过检测和识别应答器来确定自己的位置;点式通信级的控制是通过应答器实现轨旁到列车的点式列车控制,列车的移动授权来自信号机的显示,并通过可变数据应答器传送到列车,实现点式 ATP/ATO 控制功能;联锁级的控制是在无法建立轨旁到列车的通信时,根据轨旁信号机的显示人工驾驶,列车占用检测设备采用计轴设备。

13.2　主要设计原则

1)信号系统设计必须满足安全、可靠、技术先进实用和经济合理的要求,能与车辆相接口实现列车自动控制,还应满足与其他系统及与其他衔接地铁线路信号系统的接口要求。

2)系统应技术先进、符合国内外轨道交通信号技术发展方向,具有成熟的运营经验,工作稳定可靠,具有较高的性价比和国产化率。系统在满足系统设备功能与安全的条件下,应优先选用国内产品。

3)信号系统应采用计算机技术、网络技术、数据传输技术,设备配置设计标准化、模块化,设备结构紧凑,便于安装、维护和系统功能的扩展。

4)信号系统的设备配置应有利于北京地铁的行车组织和运营管理,实现行车指挥的自动化和列车运行的自动化、管理的科学化,实现地铁服务的现代化。

5)系统设备具有高的安全性、可靠性和可用性,能保证连续不间断地工作,凡涉及行车安全的设备必须满足"故障—安全"的原则。主要行车设备的计算机系统应采用双机热备、正线联锁、ATP 系统等安全设备的计算机系统,应采用三取二或二取二等的安全冗余计算机结构。

6)信号系统应具有完整性,采用的设备、器材应适用于北京地区运行环境的要求。

7)信号系统应满足:一期工程、初期、近期、远期 8 节编组;一期工程 3 min、初期、近期、远期 2.5 min,远景年 2 min 的行车间隔;端站折返能力及车辆段/停车场出入能力应与正线行车间隔相适应。

8)正线 ATC 系统包括 ATS 子系统、ATP 子系统、CI 子系统和 ATO 子系统,车辆段/停车场信号设备包括车辆段/停车场计算机联锁设备、微机监测设备、试车线车载信号动态试验设备、维修和培训设备。

9)系统平时采用中心自动控制,必要时中心调度员可实现人工控制,中心设备或通道故障以及运行需要时可转为车站自动控制或车站人工控制。

10)系统应具有安全、可靠的降级或后备运营控制模式,后备运行能力满足初期 3 min(暂定)的行车间隔要求。

11)正线区段的室内信号设备尽可能设于设备集中站。设备集中站的确定要综合考虑 CI、ATP、ATO 和 ATS 车站设备的控制要求,兼顾系统运营维护的便利性原则和系统接口的有利性原则。根据信号系统的选型,也可以在某些非集中站设置室内设备。

12)正线、折返线、车辆段/停车场出入线及试车线均按双方向运行设计。正常情况下,正线单方向运行。

13)正线除道岔区段及为满足固定闭塞功能所需设置信号机外,其余均不设地面信号机,正常情况下列车运行以车载信号为主体信号。

14)信号系统的供电为交流三相五线 TN-S 制,380/220 V 50 Hz,一级负荷两路独立电源,应配备 UPS 电源。

15)系统设备具有良好的电磁兼容性,在列车、牵引供电所产生的电磁干扰条件下,信号系统应安全可靠地正常工作。

16)信号轨旁设备应具有对列车、牵引供电产生的电磁干扰或谐波干扰的防护能力。车地通信应采用数据传输循环冗余校验(CRC)、传输频率远离干扰谐波频率、提高数据传输信噪比、周期性更新传输数据、接受数据进行合理性和一致性检查等措施提高信号系统的抗干扰能力。

17)用于控制中心及正线地下区段的室内外电缆,采用低烟无卤、阻燃型防腐蚀电缆;地面线路的电缆,应采取相应的防护措施,以避免光辐射造成护套老化。

18)系统应按有关规范统筹设计防雷装置。控制中心、车站、车辆段/停车场及试车线的信号系统地线接入各系统共用的综合接地系统。

19)信号系统所有室外设备的安装必须满足北京地铁 6 号线工程设备限界的要求,设置于站台区域的设备在满足运营要求的前提下应尽量与车站的装修布置相协调,设置于地面的设备应与城市景观相协调。

20)信号系统设备的使用环境条件采用《城市轨道交通信号系统通用技术条件》(GB/T 12758—2004)。

13.3　系统功能

13.3.1　列车自动防护子系统（ATP）

ATP 为 ATC 系统的安全核心,负责列车安全间隔、列车超速防护、车门和安全门的安全监控。其由车载设备和地面设备组成。该系统必须符合"故障—安全"的原则。其主要功能包括:

1)自动检测列车位置,列车位置检测应安全可靠。

2)实现列车间隔控制,确保列车之间的安全距离。

3)具有测速和超速防护功能。车载设备能根据速度—目标距离连续地计算速度曲线,保证列车在 ATP 允许速度范围内运行。如果超过 ATP 允许速度,则实施紧急制动。

4)实现对车门和站台安全门的监控。车载设备监督车门、安全门的开启和关闭,为列车车门和站台安全门的开、关提供安全保证。只有当列车停在规定的停车范围内,ATP 子系统才允许向列车和站台相应侧的安全门发送开门命令,在车门和站台安全门均已关闭后,才允许启动列车。

5)ATP 系统提供站台安全门的开、关门控制信号,安全门系统向信号系统提供全部门关闭状态信息和互锁解除信息。

6)正向运行的列车停站后,当列车未停在规定的停车范围内(大于±0.5 m)时,ATP 将实施保护,不允许打开车门和站台安全门。同时允许列车以不大于 5 km/h 的速度后退以达到停车精度位置,最大移动距离不大于 5 m。

7)对列车非正常移动(溜车)的监控。

8)根据联锁子系统提供的进路、道岔、轨道及信号机的状态,通过地面轨旁设备向车载 ATP 设备传送列车安全运行的控制信息。

9)车载 ATP 设备和车辆监控系统之间的接口应保证安全和对列车连续有效的控制。车载 ATP 设备能在下列驾驶模式下对列车实施监控:

①ATO 自动驾驶模式;

②列车有人或无人自动折返模式;

③ATP 监督下的人工驾驶模式;

④ATP 限速下(25 km/h)的人工驾驶模式。

10)任何的对车连续通信中断、信道的阻塞,列车的非预期移动(包括在非限制人工驾驶模式以外的列车退行),列车完整性电路断路,列车超速,车载设备重要故障等将产生报警及安全性制动(如紧急制动)。

11)具有人工或自动轮径磨耗补偿功能,补偿范围为 770~840 mm。

12)具有自检和自诊断的能力。

13)实现与 ATS、CI、ATO 子系统的接口及信息交换。

14)通过司机人工或自动实现列车驾驶模式转换,实现与车辆的接口及信息交换。

15)列车运行状态、设备状态、驾驶模式等信息的显示及记录。

16)列车实际运行速度、列车限速、目标速度、目标距离等信息的显示。

13.3.2　列车自动驾驶子系统（ATO）

ATO 是自动控制列车运行的设备,其在 ATP 的安全防护下,根据 ATS 的指令实现列车站间运行、车站定点停车及折返控制,其负责列车车速调整和控制列车的运行(完成牵引、巡航、惰行和制动操作)。ATO 控制的要点是列车运行的正点控制、舒适度控制和精确度控制。

ATO 有利于行车效率的提升和列车的节能,有利于提高旅客乘坐的舒适度和减轻司机的劳动强度。ATO 子系统功能主要包括:

1)ATO 系统应实现列车自动驾驶和无人自动折返的功能。

2)在 ATP 安全保护下,完成列车的牵引、巡航、惰行和制动的控制,以较高的速度实现在正线运行、折返线运行、出入段/场线运行的自动追踪功能,确保列车达到设计追踪运行间隔和旅行速度。

3)自动折返时列车两端的车载设备应能实现自动转换。

4)实现列车区间运行时分控制。按照设定的运行曲线,根据 ATS 指令选择最佳运行工况,确保列车按运行图运行,达到列车运行的自动调整和节能控制。

5)车门和站台安全门开、关的监督控制,只有车门、站台安全门均已关闭以后,才允许列车启动。

6)车站站台定点停车控制。ATO 模式下列车停车精度应小于±0.3 m。根据停车站台的位置、运行方向及停车精度,在 ATP 的保护下自动地对相应站台侧的车门、站台安全门进行开关控制。当列车停车精度误差大于±0.5 m 时,在 ATP 保护下不允许开车门。

7)实现与 ATS、ATP 的接口及信息交换,在 ATS、ATP 监控范围内能连续地进行车—地双向通信,以便 ATS 能对在线列车进行实时监控。

13.3.3 列车自动监控子系统(ATS)

ATS 为 ATC 系统的上层环节,负责管理、监督、协调、控制列车的运行。ATS 由控制中心、车站、车辆段/停车场设备组成。主要设备均采用双机热备方式,当主机出现故障时,可以自动或手动切换至备机,保障系统的可靠运行。

基于 TIAS 集成 ATS 的方案,由 TIAS 系统统一设置中央级和车站级软、硬件平台,实现 ATS 系统的全部功能。

(1)列车自动识别及自动追踪功能

ATS 系统根据当日计划运行时刻表确定的车次号,以及 ATP、CI 系统提供的列车在线运行的位置、进路状态等信息实现全线的列车自动追踪运行,并显示车次及列车进入、驶出管辖区的车次自动移位。

(2)列车运行调整功能

ATS 系统根据列车偏离当日计划(实施)运行时刻表的程度,提供两种运行调整方式:

1)偏离时间在一定范围内时,ATS 系统可通过选择 ATC 运行等级调整列车在区间的运行时分以及改变车站站停时间等措施自动调整列车运行时间,使全线列车按时刻表运行。

2)在特殊情况下或偏离时间较大时,则需要行车调度员的人工介入,通过人机对话方式进行人工在线调整。

3)ATS 控制功能

ATS 与 ATP/ATO 及 CI 结合,根据列车运行时刻表进行进路的中心自动控制,必要时中心调度员可介入进行人工控制。

当运行需要时可通过中心调度员与车站值班员办理授、受权手续后实现设备集中车站控制。当车站发现有危及行车安全的情况时,车站值班员可以采取措施,强行进入车站人工控制。控制中心设备或通道故障以及运行需要时可降级为车站自动控制或车站人工控制。

车站 ATS 设备应能根据接近列车的识别号及目的地号等信息或程序控制等方式进行列车进路的车站自动控制。

4)进路的车站自动控制

通过车站联锁设备可以办理列车自动通过和自动折返进路。

当车载设备故障或非装备列车驶入,ATS 可以设定全部或部分区段降级为后备闭塞方式。

5)时刻表的编制与管理功能

通过运行图工作站实现自动或手动编制系统运行需要的各种时刻表,并可以进行修改。编制后的时刻表在数据库服务器的磁盘机内存储。存储的时刻表一旦被调度人员确认并进入在线系统,即可成为可实施的计划运行时刻表。控制中心系统可提供多种时刻表(如平日,节、假日,特殊活动日及适应不同季节的时刻表)。

6)运行图绘制功能

ATS 控制中心计算机根据编制的时刻表及列车的实际运行情况,自动产生计划和实迹运行图,可在控制中心的绘图仪或打印机上按指定的时间间隔及不同的颜色输出;运行图也可在有关工作站上显示并再现。

7)列车运行的监视功能

控制中心 ATS 设备根据车站 ATS 设备采集的信息在控制中心大屏幕上动态显示全线线路、车站、折返线、道岔、信号机、进路,以及在线列车运行的实际位置及各种状态;可显示车辆段/停车场站场、段场内信号机、进路以及列车运行的实际位置等各种信息,可显示进/出段场的列车信号机状态信息等。

控制中心各调度台上,根据调度长或调度员的各种操作能给出所需的各种显示。包括正线各车站及车辆段/停车场的详细站场、管辖范围内的各种设备状况、详细的报警信息、操作及控制指令、时刻表及列车调整的各种参数、各种统计报告及系统的运行状况和提示、告警等。

8)系统设备监视功能

控制中心 ATS 设备对管辖范围内的信号设备进行监视,系统内的主要设备具有自检测及故障监视功能,一旦检测到故障信息,即送至控制中心主计算机,并在相关调度工作站上给出报警。

车站 ATS 设备通过接口获得各站的 ATP、ATO 及联锁 CI 设备的主要工作状况,并能及时传至控制中心。

控制中心 ATS 主要设备、车站 ATS 设备构成均应采用热备方式。当主机出现工作异常时,可自动或手动切换至备机,保证系统继续运行。

9)调度员培训和模拟演示功能

在培训/模拟工作站上,配备有各种系统编辑、装配、连接和系统构成工具,以及列车运行的仿真软件。培训/模拟工作站可以与中心调度员台一样,具有同样的显示内容和相同的控制功能,并能实际仿真列车的在线运行,但不参与实际的列车控制。

10)运行统计和报表的生成处理功能

ATS 可以根据需要记录中心调度员的每日输入信息、中心设备工作状况信息、车辆走行距离信息等,进行统计,并将统计结果存入数据库。

根据数据库有关数据,可以自动产生与列车运行有关的报表,并将报表存入数据库。存入数据库的统计结果和报表可以在有关工作站上显示,或由打印机打印输出。

11)操作员身份识别及记录管理功能,防止非法登录操作

12)各种操作信息的记录及回放功能

ATS 系统对整个 ATC 系统设备的状态、报警信息和调度员的操作信息进行记录并输出备份,并能够根据运营需要,对系统所辖区域内任何地点的记录数据进行组织回放。

13)车站发车计时功能

通过 ATS 车站分机驱动车站发车计时设备,向司机提供车站发车时机早晚点提示。正常情况下,列车在站台停车后,按系统给定站停时分倒计时,显示距计划时刻表的发车时间,为零时指示列车发车;正计时为发车晚点。

14)实现与相关系统接口的功能

与通信系统主时钟接口,用于为 ATS 中心计算机系统提供基准时间;与通信无线系统接口,ATS 向控制中心调度指挥无线通信系统传送实时变化的车次号和车组号等信息,以使无线车载台编号时刻与车次号对应,控制中心无线通信系统与 ATS 系统接口,将接收到的列车信息传至 ATS 系统处理。

与乘客信息系统接口,为其提供全线所有在线列车到达本站时间、发车时间、终到站、列车通过预告等相关信息。

与 TIAS 系统接口,当列车在区间隧道内阻塞超过一定时间时 ATS 设备通过 TIAS 系统向 BAS 系统发出报警信息;根据需要与电力监控系统接口以实现牵引供电接触网的状态显示等。通过 TIAS 系统向 FAS 等系统提供列车位置信息、时刻表信息以及可提供的其他信息等功能。

与 TCC 接口,向 TCC 上传 TCC 所需信息,包括列车行车信息、当天计划行车运营时刻表、当天实际行车运营时刻表等。

与车站广播系统接口,为其提供列车接近条件,作为列车到达预报的自动广播触发信号。

与 ATP/ATO 及联锁系统接口,接受其提供的列车运行占用信息、信号机显示、信号设备状态及故障报警等信息,ATS 向 ATP、ATO 及联锁系统提供扣车、跳停及正常进路命令,提供车次号、站停时间倒计时等行车指挥信息。

15)备用控制中心功能

为了防止不可预测因素的影响,当主用控制中心遭到破坏时,备用控制中心系统将起调度指挥的作用。平时,备用控制中心系统可作为培训调度员之用。

备用控制中心的功能包括:调度指挥和 ATS 培训/模拟演示。

13.3.4　计算机联锁子系统(CI)

计算机联锁 CI 是保证列车运行安全,实现轨道区段、道岔、信号之间正确联锁的安全设备,负责进路、信号机和道岔的控制,符合"故障—安全"原则,确保正线区域内行车、折返、出入段及转线等作业的安全。CI 系统主要功能包括:

1)实现进路上的道岔、信号机和轨道区段的联锁功能,保证联锁关系正确。

2)根据运行计划及列车位置自动设定、建立、锁闭、解锁列车进路,具有自动排列进路功能,可自动排列通过进路及自动折返进路。

3)能对正常的进路、延续进路、超限区段进行防护,并有侧翼防护功能。

4)在对正常进路防护的同时,应能建立列车进路的 ATP 保护区段并予以防护。

5)联锁设备能对其控制范围内的信号设备实行单独控制。既能对道岔实行单独操作和单独锁闭,又能对道岔、信号机等信号设备实施封锁。

6)能够实现区间临时限速的设置,区间列车运行方向的改变等 ATP 命令的操作及状态表示。

7)当车载 ATP 设备故障或非装备列车时,正线联锁设备应能办理固定闭塞。

8)能向 ATP、ATS 系统提供信号机状态、列车进路设置情况、保护区段的建立、轨道区段的临时限速、信号设备的封锁、站台紧急停车、区间运行方向以及其他相关条件和信息。

9)能与 ATS 系统结合,实现 ATS 和联锁的两级控制。

10)CI 系统应具有较完善的自诊断功能,能对包括联锁设备、列车占用检测设备(如计轴)、道岔、信号机以及电源设备等工作状况实施监督,并能根据用户需要在控制中心和维修中心实施远程故障诊断。

11)能根据运营要求完成与联络线的特殊接口功能,完成必要的逻辑判断,以对接口对象进行正确的控制和监督。

13.4　系统构成

13.4.1　ATP/ATO 子系统

ATP 是地铁 ATC 系统中保障列车运行安全的关键设备,ATO 系统是实现列车最佳运行控制的非安全系统,是系统中的高层次环节。ATP/ATO 子系统设备由车站及轨旁设备和车载设备组成。

车站及轨旁 ATP/ATO 的室内设备采用区域集中设置方式,根据正线线路和站场配线情况,有岔车站的分布及性质,初期、近期及远期列车运行交路设置状况,以及车站配线的使用特点,6 号线一期正线设备集中站的设置及管辖范围如表 3—13—1 所示。

表 3—13—1　6 号线一期工程设备集中站及管辖区分布设置表

	设备集中区	联锁区	管辖车站
6号线一期工程	五路居集中区	五路居联锁区	五路居站、慈寿寺站、花园桥站
		车公庄西联锁区	白石桥南站、车公庄西站、车公庄站
	平安里集中区	平安里联锁区	平安里站、北海北站、南锣鼓巷站
		朝阳门联锁区	东四站、朝阳门站、东大桥站
	青年路集中区	金台路联锁区	呼家楼站、金台路站、十里堡站
		青年路联锁区	青年路站、褡裢坡站
	草房集中区	草房联锁区	黄渠站、常营站、草房站

(1)ATP/ATO 车站及轨旁设备

根据本工程实际情况,全线每个设备集中站各设一套 ATP/ATO 计算机及室内外配套设备,完成管辖范围内车站及轨旁 ATP/ATO 功能,并与相邻集中站的 ATP/ATO 车站及轨旁设备交换信息。车站及轨旁设备具体构成如下:

1)车站室内设备

①全线设一套三取二的设备控制中心,设置在五路居站信号设备室内。

②每个集中站信号设备室内设置一套三取二的区域控制中心区域控制器设备。

2)轨旁设备

①轨旁应答器:在正线区间线路、车站正线、折返线、临时停车线、车辆段/停车场与正线间的出入段场线、试车线上两根轨条中间的道床上设置有源应答器和无源应答器。在车站站台区域上、下行线路轨旁停车点设置列车精确停车应答器,实现列车在车站的精确停车的定位。

②车—地通信设备:在正线区间线路、车站正线、折返线、临时停车线及车辆段/停车场与正线间的出入段场线、停车场/车辆段内停车列检库内、试车线均装设车—地连续通信设备。试车线上的车—地连续通信设备不能影响正线车—地连续通信设备。本工程车—地连续通信设备以裂缝波导管为传输媒介。

(2)ATP/ATO 车载设备

ATP/ATO 车载设备用于保障列车运行安全和实现列车运行最佳控制。车载设备包括 ATP、ATO 和车地通信设备三部分,每列列车头车、尾车各配备一套车载设备。每套车载设备包括:

1)车载 ATP/ATO 计算机单元(CC),采用二乘二取二结构;

2)操作和显示单元(HMI);

3)测速装置:用于列车的位移和速度测定;

4)应答器天线:用于接收地面应答器传输的数据;

5)车—地通信天线:用于车—地通信数据的发送和接收,冗余配置。

13.4.2　ATS 子系统

本工程行车综合自动化(TIAS)系统集成了信号系统在控制中心、备用控制中心、正线车站、五路停车场、五里桥车辆段的 ATS 设备。

(1)控制中心内 TIAS 系统及其集成的 ATS 设备

TIAS 系统统一设置 ATS 控制中心的软、硬件平台,集成以下设备:

1)控制中心设备机房中 TIAS 设备配置

①冗余的中央 TIAS 实时服务器;

②冗余的中央 ATS 实时服务器;

③冗余的数据库服务器;

④KVM 管理服务器;

⑤NMS 服务器;

⑥冗余的 ATS 专用 FEP 及配套设备;

⑦冗余的 TIAS 前端处理器(FEP)及配套设备;

⑧冗余的以太网交换机等。

2)控制中心网管室内设备配置

①KVM 工作站;

②电源监测及报警工作站;

③NMS-TIAS 操作工作站;

④信号维护工作站;

⑤微机监测终端;

⑥NMS-SDH 网管工作站;

⑦NMS-IP 网管工作站;

⑧打印机等。

3)控制中心调度大厅内设备配置

6 号线一期工程在控制中心调度大厅扇区内设：

①3 屏行车调度员及调度长工作站共 4 套，这 4 套行调工作站在硬件和软件上应具有相同的结构，控制功能互为备用，共同用于全线运行监控；

②运行图显示工作站 1 台；

③总调工作站 1 套（设于总调度台）；

④维调工作站 1 套；

⑤电调工作站 2 套；

⑥环调工作站 2 套；

⑦大屏接口网管计算机 1 台；

⑧TCC 报送终端 1 台；

⑨打印机；

⑩以太网交换机等。

4）控制中心计划运行图室配置

①时刻表/运行图编辑工作站，用于运行图计划人员编制及修改列车运行时刻表。系统通过人机对话可以实现对运行时刻表的编辑、修改及管理；

②以太网交换机；

③打印机等。

5）控制中心培训/模拟设备

培训/模拟设备含有培训服务器、培训模拟器和培训工作站（包括教员工作站和学员工作站），内配有各种系统编辑、装配、连接和系统构成工具以及列车运行仿真的软件，主要进行对 TIAS 系统的模拟/培训，主要面向调度人员和 ATS 维护人员。培训/模拟设备可与调度员工作站具有相同的显示内容和相同的控制内容，但不参与在线列车的控制。

（2）备用控制中心内 TIAS 系统及其集成的 ATS 设备

为防止不可预测因素的影响，当主用控制中心遭到破坏时，为能够实现异地的中央集中调度指挥，考虑设置备用控制中心 ATS 设备。

考虑到上述备用控制中心的功能定位，备用控制中心平时不进行控制，只在线监视。当主用控制中心遭到破坏时，为能够实现异地的中央集中调度指挥，在备用控制中心启用时能够进行运行图的编辑、修改的功能，平时启用运行图的显示功能。

在备用控制中心内 TIAS 系统及其集成的 ATS 设备配置为：

单套 ATS 实时服务器、单套 TIAS 实时服务器、历史数据服务器、NMS 服务器、冗余配置的信号专用 FEP 设备、NMS - TIAS 操作工作站、以太网交换机；2 套行调工作站、1 套总调工作站、1 套维调工作站、1 套电调工作站、1 套环调工作站、运行图编辑/显示工作站、打印机等。

（3）车站级 TIAS 系统集成车站 ATS 设备

TIAS 车站系统集成的 ATS 设备有车站发车计时器、ATS 分机（双套冗余配置）、ATS 工作站等。

1）车站 ATS 分机

在每个信号联锁站设置一台车站 ATS 分机（信号专用 FEP），为双套冗余配置。用于存储由中心下载的时刻表，根据列车识别号和目的地号，实现车站进路自动控制的功能。通过接口，TIAS 系统实现与 ATP/ATO 及联锁系统间的信息交互。ATP/ATO 及联锁系统向 ATS 系统提供列车运行占用信息、信号机显示、信号设备状态及故障报警等信息；ATS 系统向 ATP/ATO 及联锁系统提供扣车、跳停及正常进路命令、车次号、站停时间倒计时等行车指挥信息。

2）ATS 工作站及终端

在正线所有车站的车控室设置 3 屏的值班员工作站和值班长工作站共 2 台工作站，显示其监控范围内的线路布局、列车运行状态及信号设备状态等。

在运营交路折返站（五路居站、草房站）的车控室设置运行图显示终端，用于显示列车运行状态和实迹运行图。

在设有司机轮乘室的运营交路折返站（五路居站、草房站）的车站轮乘室内设置 ATS 显示工作站，用于显示正线列车位置、车次号等。

3）车站发车计时器

采用 LED 显示屏，与通信发车时钟、安全门状态灯合并设置。在每个车站正向出站方向的站台侧和转换轨进入正线方向的列车停车位置前方适当地点各设一个发车计时器，用于显示发车时机。列车进站停稳后，计时器显示预定的停车时间。

（4）TIAS 系统集成车辆段、停车场 ATS 设备

TIAS 系统在车辆段和停车场各设一台 ATS 分机，通过与车辆段/停车场信号联锁系统接口获取段场内列车运行占用信息、进/出段场的列车信号机的状态等信息，并实现段内列车车组号的跟踪。在车辆段/停车场派班室内和信号楼控制室内均各设一台 ATS 终端机，与车辆段/停车场 ATS 分机相连。

13.4.3　联锁子系统

6 号线一期工程联锁系统的室内设备采用区域集中设置方式，根据 6 号线线路和站场配线情况，有岔车站的分布及性质，初期、近期及远期列车运行交路设置状况，以及控制距离的限制等因素，6 号线一期工程全线共设置 7 个联锁站。具体正线各联锁站及控制范围如表 3-13-1 所述。联锁子系统设备由车站室内设备和轨旁设备组成。

（1）车站联锁设备

每个联锁站信号设备室内设置一套二乘二取二的计算机联锁设备，用以管辖本联锁区内的进路控制，以及 1 台 SDM 维护工作站，用以管理本联锁区内信号设备的状态和显示报警信息。

（2）站台紧急关闭按钮

在车站站台适当位置设置站台紧急关闭按钮，每侧站台设置 2 个。在车站综合控制室内 IBP 盘上应单独设置紧急关闭按钮，对应每侧站台设置 1 个。

在紧急情况下，乘客或车站值班员按压该侧站台处或车控室的紧急关闭按钮使进入或驶出该站台的列车紧急停车。紧急关闭功能的取消仅能由车站值班员在各站车控室内进行。

（3）正线地面信号机

6 号线设置地面信号机，用以指示后备模式下的列车运行。对移动闭塞信号系统而言，在 ATC 模式下，ATC 控制区域内的全线信号机采用灭灯方式，列车以车载设备显示作为行车凭证；但对于地面 ATP 设备故障情况下的列车，以及 ATP 故障车、工程车、救援列车等非装备列车，仍需以地面信号机的显示为行车凭证运行。

地面信号机采用 LED 光源小型信号机，设置灯丝报警功能。

（4）计轴设备

根据后备系统方案，在车站设备室内设置计轴室内设备，在室外轨旁设置计轴磁头，以实现 ATP/ATO 地面设备或车载设备故障时的辅助列车位置检测功能，如在道岔区段和其他关键区段设置计轴磁头等。

（5）电动转辙机

正线上五路居站站前折返的交叉渡线道岔采用 60 kg/m 的 12 号弹性可弯曲尖轨道岔，其他正线道岔采用的 60 kg/m 的 9 号弹性可弯曲尖轨道岔，两种道岔均采用双机牵引，转辙机采用 S700K-C 型。

（6）电源设备

本工程正线各车站 UPS 电源设备集中设置，由电源整合系统提供两路 AC 380 V 电源（同相位同相角的电源）至信号设备室内，信号系统在各站配备一套配电电源设备，配电范围为所有信号系统室内外设备。

13.4.4　DCS 子系统

本工程 DCS 子系统分为有线部分和无线部分。

有线部分包括安装在正线的设备集中站和非集中站、车辆段、停车场各处信号设备室内的以太网交换机设备，用于构成连接各处的有线网络和区间无线部分的有线接入网络。安装在设备集中站的以太网交换机设备用于该站左右区间内沿线上下行线路上的轨旁 TRE 设备的接入。区间无线接入点 TRE 设备和信号设备室内以太网交换机均为双套配置。

无线部分由轨旁无线设备和车载无线设备组成，均为双套配置。轨旁无线设备主要为轨旁 TRE 设备、耦合单元、裂缝波导管及相关配件；车载无线设备主要为车载裂缝波导管天线、无线调制解调器。

第14章　火灾自动报警系统(FAS)

14.1　系统概述

6号线一期工程车站全部设置于地下,为封闭空间,机电设备复杂,出入和停留车站人员繁多。为保证地铁安全运行,给地铁乘客创造一个舒适、安全可靠的乘车环境,北京地铁6号线一期工程全线设置防灾救灾设施(气体灭火、防排烟、火灾自动报警、事故照明、疏散指示等),以确保火灾救灾设施安全可靠地工作。火灾自动报警系统(以下简称FAS)作为地铁的安全保障系统,对地铁车站、区间隧道、车辆段等与地铁运营有关的建筑和设施的灾害进行可靠监视及报警,及早发现灾情并发出指令,启动或关闭相关联动设备进行救灾。同时通过广播及闭路电视监视系统组织人员疏散,以降低火灾造成的人员伤亡和财物损失。

14.2　主要设计原则

1)北京地铁6号线工程全线的FAS独立成系统,并与BAS以及ISCS等设备系统存在接口关系。

2)遵照国家对火灾"预防为主,防消结合"的方针,设置FAS系统。

3)6号线工程FAS设计能力按全线同一时间内发生一次火灾考虑。

4)地下车站及区间按一级保护对象设计FAS,车辆段按二级保护对象设计FAS。

5)车站级管辖范围包括:车站及相邻半个区间的消防设备。

6)车辆段内的车辆停放和各类检修车库的停车部位、燃油车库、可燃物品仓库、重要用房等设FAS。

7)车站及区间内的防排烟系统(除火灾专用的排烟风机外)和送排风系统共用的暖通空调系统设备,车站及区间的废水泵由BAS进行监控。火灾时,FAS向BAS发送救灾模式指令,BAS执行。FAS具有控制优先权。

8)车站及区间的排烟风机、加压送风机、消防泵除在FAS设自动控制外,还需在车站控制室的IBP盘上设置手动控制装置,进行手动紧急控制。

9)系统采取一体化网络、两级管理、三级控制的模式进行设计。一体化网络:全线各站及车辆段设置的火灾报警控制器均作为网络节点,通过通信专业提供的光纤,与设置在OCC的主备火灾报警控制器连接,构成一个对等式环形网络。

14.3　系统功能

14.3.1　中央级功能

中央级是全线FAS的调度中心,对全线报警系统信息及消防设施有监视、控制及管理权,对车站级的防灾救灾工作有指挥权。控制中心主要负责监视全线各车站和车辆段的火灾报警、消防设备故障报警、网络的故障报警等,并显示报警部位、防灾设备的运行状态及气体自动灭火系统的有关信号,系统接收和处理信息的能力和配置应满足远期预留工程纳入系统时的需要。中央级功能主要包括:

1)接收、显示并储存全线消防报警等设备主要的运行状态,接收全线各车站、车场/车辆段的报警信息并显示报警部位,协调指挥全线防灾救灾工作。

2)编制、下达全线FAS运行模式,火灾时确定全线FAS的运行模式,监视运行工况。

3)接收各车站级报送的火灾信息和防救灾设备的运行状态,并记录存档,按信息类别进行历史资料档案管理。操作人员可根据要求随时进行信息的查看和打印输出。

4)存储操作人员的各项操作记录,并可输出至打印机或磁盘。

5)中央级通过车站级接收区间报警设备信息,向火灾区间相邻车站下达模式控制指令,相关车站执行救灾模式,启动相应的防灾救灾设备。

6)火灾时,对火灾点相邻车站发布救灾运行模式的控制指令。

7)在中心接收 ATS 和列车无线电话报警,当列车在区间发生火灾事故时,中央级能够直接发布救灾模式指令给相邻车站级,车站级接收到指令后,发布实施救灾的相应工况指令,将相关救灾设施转换为按预定的灾害模式运行。

8)火灾时,中央级图形工作站能自动弹出相应报警区域的平面图,显示火灾报警归类信息框,火灾自动报警具有最高优先级。

9)中央级 FAS 应满足高可靠,扩展灵活,接口方便,能满足线路延伸需求,能与北京市轨道交通其他线路实现互联互通,信息共享,确保运营安全。

10)与市消防局 119 火警通信,负责 6 号线防灾救灾工作对外界的联络。

11)通过全线消防(专用)通信系统(闭路电视系统切换装置和显示终端、有线电话、无线调度电话等),组织、指挥、管理全线防灾救灾工作。

12)FAS 系统在中心接收 ISCS 系统提供的主时钟信息,使全线 FAS 时钟与主时钟同步。时钟误差控制在 1 s 以内。

14.3.2　车站级功能

各车站、车场/车辆段的消防控制室不设专职消防值班员,而由值班站长或值班员兼任,监视火灾报警、确认火灾灾情、报告 OCC、接收 OCC 发出的消防救灾指令、控制有关消防联动设备和组织现场救灾。车站级功能主要包括:

1)在各个车站、车辆段等处的控制室设置"分控级"系统,作为二级管理和三级控制,实现对管辖范围内的 FAS 设备的自动监视与控制,以及对重要设备的手动控制。

2)车站分控级是 FAS 系统的关键环节,也是 FAS 基本组成单元,实现火灾的预期报警功能,监视管辖范围内的火情,管理防烟排烟、消防灭火、疏散救灾等设备,实现自动化管理。

3)接受中央级指令或独立组织、管理、指挥管辖区内防灾救灾工作。

4)系统实时自动监视车站管辖范围内的火灾灾情和专用消防救灾设施的工作状态,采集、确认火警信号,并将火灾信息和专用消防救灾设施的故障信号通过通信系统提供的骨干网报送控制中心。控制车站管辖范围内防救灾设施启/停,显示运行状态。

5)火灾时,FAS 向本站 ISCS、BAS 发布火灾模式指令,由 BAS 系统联动电梯、相关通风空调、事故照明等相关设备转入灾害模式运行,由 ISCS 系统联动门禁、AFC 闸机等相关设备转入灾害模式运行。

6)车站级 FAS 应与和地铁合建的商业开发场所或换乘站的 FAS 系统设有接口,以互通灾情。

7)车站级监视功能

监视车站管辖范围(包括车站及所辖区间)内灾情,采集火灾信息;显示火灾报警点、专用防灾救灾设施运行状态及所在位置画面;监视车站专用消防救灾设备的工作状态;FAS 接收气体自动灭火系统的反馈信号,如火灾预报警、火灾确认、系统故障、气体释放、手动/自动状态信号等。

8)FAS 在各车站/车辆段利用车站/车辆段广播、闭路电视监控系统作为消防辅助通信设施。火灾时,能在车站控制室/车辆段消防值班室将广播、闭路电视监控系统转入消防状态。

9)对于消防专用设备如消防专用防烟排烟风机、消防泵等,直接由 FAS 自动监控管理,紧急情况下能够在车站控制室内的 IBP 盘上的按钮直接手动控制。

10)FAS 控制消防泵的启、停,接收消防水泵的运行状态、故障信号。消火栓箱处设置消火栓按钮,FAS 能通过输入模块监视启动按钮的动作状态。

11)防火卷帘门的监控

火灾时,FAS 接到报警信息后,根据事先编制好的程序,向卷帘门控制器发出下降指令,使卷帘门自动下降,并接收其反馈信号,及时将信息上传至控制中心。

疏散通道上的防火卷帘感烟探测器动作后,卷帘门下降至距地面1.8 m。感温探测器动作后,卷帘门下降到底。用作防火分隔的防火卷帘火灾探测器动作后,卷帘门下降到底。火灾探测器的报警信号及防火卷帘的关闭信号送至控制室。设在变电所及冷冻机房的防火卷帘门正常在关闭状态,FAS不控制。

12)发生火灾时,FAS根据火灾涉及区域,按供电配电范围,在配电室或变电所切断相关区域的非消防电源。

13)气体自动灭火系统的监控

气体自动灭火系统自成系统,气体灭火保护区内的探测器、声光报警等装置由气体灭火配套提供。一般情况下当任一探测器发出报警信号时,值班人员应立即赶至现场进行人工确认,确认后,由值班人员在现场决定是否启动气体自动灭火系统。在报警、喷射阶段,车站控制室应有相应的声、光报警信号,并能手动切除声响信号。

14.4　系统构成

14.4.1　中心级设备配置

中心调度大厅内设置一套火灾自动报警控制器(网络型)、一套互为备用的图形工作站。在中心机房内设置主备服务器、交换机等设备。

中心级设有联动控制台、防灾广播与电视监视切换装置、防灾调度电话总机,以及与市消防、防汛、地震预报中心联系的外部电话等,并设置打印机、与相关系统接口等设备。

14.4.2　车站级设备配置

车站车控室及车场/车辆段的消防控制室作为车站级的FAS监控中心,主要配备以下设备:

1)火灾报警控制器及所需各种软件。

2)值班员工作站。

3)IBP盘(由ISCS配置)。

4)系统网络及与相关系统接口。

5)车站消防专用电话总机,便携式对讲话机。

6)全线防灾调度电话分机。

7)列车无线电话分机、消防广播、闭路电视终端。为避免重复,节省投资,与行车共用通信台。

14.4.3　现场级设备布置

1)设备、办公用房(设气体自动灭火用房、水泵房、卫生间除外)、值班室、会议室、工具材料库房、附属用房走廊等处设点型智能感烟探测器。感烟探测器的保护面积不大于60 m²,保护半径不大于5.8 m。报警回路采用环形连接,并在每个回路至少设置2个短路隔离器。

2)站厅、站台长度超过60 m,且无遮挡物的空间,可设置红外光束或点型普通感烟探测器,以建筑装修要求和安装环境而定;车辆段检修库、运用库、检修车间、材料库、停车库等高大厂房内设置红外光束感烟探测器。

3)在变电所电缆夹层或站台板下电缆夹层设置缆式线型定温探测器探测火情。缆式线型定温探测器按电缆桥架分层,呈正弦曲线形走向布置,并延长到强电电缆竖井内。缆式线型定温探测器每200 m作为一个探测区域。

4)在车辆段危险品库房、易燃品库房等场所根据实际情况设置防爆型的可燃气体探测器和火焰探测器。

5)大型汽车库、厨房等有烟雾的场所设感温探测器。如果疏散通道口处设置了防火卷帘门,那么防火卷帘门两边应分别设置一组感烟、感温探测器,用于控制防火卷帘门的降落。(此类情况需根据建筑专业的要求再具体决定)。感温探测器的保护面积不大于20 m²,保护半径不大于3.6 m。

6)区间隧道设手动火灾报警按钮、消防电话插孔及消火栓按钮。

7)在站厅层、站台层、出入口通道和设备区等区域设置带地址码的手动火灾报警按钮。每个防火分区应至少设置一个手动火灾报警按钮,从一个防火分区内的任何位置到最邻近的一个按钮的距离不应大于30 m。消火栓箱处设置消火栓按钮。

8)乘客公共活动场所不设警铃,在车站设备及管理用房区走廊设置警铃。

9)在现场配置监控模块来监控与防救灾有关的设备,监控模块按照区域集中在模块箱中安装,模块箱布置在消防泵房、气瓶间、配电室、通风机房等重要的设备房间内。

10)设气体自动灭火的用房,由气体自动灭火系统配置两类火灾探测器和气体灭火控制器、放气指示灯、声光报警器等设备。

11)站长室、公安室、气瓶间、消防泵房、配电室、通风机房等重要的房间内设置消防专用电话分机;在气体灭火保护房间门外设消防专用电话分机;手动火灾报警按钮均带火灾对讲电话插孔。

12)在有换乘的车站或者与地铁相连建有商业开发场所的情况下,可以通过和换乘、相连的建筑互设置硬线接口及消防直通电话,在紧急情况下,可以及时互联互通信息。

第15章 环境与设备监控系统(BAS)

15.1 系统概述

北京地铁 6 号线一期工程的环境与设备监控系统(BAS)对全线所有地下车站、区间隧道、车辆段、停车场内设置的各种正常运营保障设施(包括通风空调设备、给排水设备、照明设备、自动电/扶梯等)和事故紧急防灾救灾设施(防烟排烟系统、应急照明系统等)进行实时的监控管理,并确保以上这些系统的安全可靠运行,特别是在地下车站发生火灾事故的情况下,使有关救灾设施按照设计工况及时有效地运行,从而保障人身安全。车站、车辆段及停车场 BAS 通过冗余通信接口与 TIAS 系统连接,将信息集中上传至 TIAS 系统,实现 BAS 在 TIAS 系统中的集成。

15.2 主要设计原则

1)所有硬件和软件应该是性能可靠、技术先进、工艺成熟的国际知名品牌的产品,且在国内已有成熟的运用实例。

2)所有硬件和软件及其附件满足国际和国家有关标准和规范要求。相关的网络设备、控制系统、现场设备、传输介质要求采用工业级产品。

3)系统的设备,包括安装中所使用的设备、材料、布线方法、安装工艺、调试开通及验收等,均应符合国家的有关规范及标准。

4)硬件设备具有防尘、防腐蚀、防潮、防霉、防震、抗电磁干扰和静电干扰的能力,保证在地铁环境中安全、可靠地运行。

5)所有光缆、通信电缆、控制电缆和相关设备满足《地铁设计规范》(GB 50157—2003)的要求。

6)对输出控制回路采用单独的中间继电器进行信号隔离和功率放大。

7)所有输入要求具有独立光电隔离功能。

15.3 系统构成

BAS 不单独组建全线网络,在车站级由 TIAS 集成,由 TIAS 组建全线监控系统。

车站 BAS 网络采用分布式网络结构,由 PLC 控制设备、维护工作站、现场传感器等组成。监控的对象包括车站隧道通风系统、公共区通风空调系统、车站设备管理用房区通风空调系统、空调水系统、车站给排水系统、电扶梯系统、低压配电及动力照明系统等设备。

BAS 控制器提供标准开放的工业以太网网络接口,接入综合监控系统车站局域网,实现信息交互。

BAS 系统配置便携式电脑作为现场维修工作站,可从任一地下车站接入 BAS 全线系统网络,完成对 BAS 全线系统或任一车站级 BAS 设备的调试、维修、维护工作。地下车站 BAS 底层系统按照车站的特点分别设置两套对等冗余的监控子系统,即车站主端(靠近车控室)BAS 监控子系统、车站从端 BAS 监控子系统。

车站两端环控电控室设置用于主要监控车站通风空调设备等的高端 PLC 控制器,为硬热备配置。

在 IBP 设置 PLC(非冗余),负责接收 FAS 接口的模式控制指令和有关 IBP 的操作与显示的逻辑显示和应急控制。

A、B 两端及 IBP 通过冗余的总线连接。

在车站的 A 端环控电控室设置维护工作站并通过网络与主控制器连接。

第 16 章　行车综合自动化系统(TIAS)

16.1　系统概述

北京地铁 6 号线一期工程设置以行车指挥为核心的综合自动化系统,简称 TIAS。TIAS 是实现地铁智能化管理的综合自动化工程,总体目标就是建立一个信息共享和监控平台,将城市轨道交通中各自动化子系统有机地结合,实现系统联动和快速反应,并将多个自动化系统的独立平台和操作界面统一在一个共用的硬件平台、操作和维护界面上,为地铁运营调度人员的监控操作和系统维护提供方便,提高运营操作和维护的自动化管理程度,减轻调度员的工作强度,提高调度管理效率,从整体上发挥更大的作用,改善环境、提高安全、提高对乘客的服务水平。

16.2　主要设计原则

1)TIAS 系统为两级管理三级控制的分层分布式结构。

2)系统设计必须满足安全、可靠、技术先进实用和经济合理的要求。

3)系统应满足 SIL2 级安全标准,可以独立开通,具备单站独立运行能力,系统设备能保证全天候不间断地运行。

4)系统设计应有利于北京地铁的运营管理和行车组织:系统面向的主要对象为控制中心的各类调度人员和车站值班调度人员,系统应满足这些岗位的功能和使用要求,操作应方便直观、易于使用。

5)系统应具有高可靠性和可用性,系统关键点采用冗余设计,关键设备采用工业级产品、成熟可靠的软硬件技术及产品。

6)系统应具有高安全性,在信息的处理上坚持实时监控信息和事务信息严格分开的原则,保证信息安全和网络安全,同时具有权限管理、操作互锁、数据备份等功能,采用防火墙、数据加密等软件安全措施等。

7)系统应采用模块化设计,易于扩展。系统容量应有一定预留,在满足一期工程本身运营和管理的要求同时,还为二期的接入和与 TCC 系统连接预留一定的条件。

8)系统应设置对各个集成或互联系统的数据信息接口,实现无缝连接,满足整体性能要求,并根据不同系统之间的控制要求,实现必要的系统间联动。

9)系统应具备多种运行模式,当出现异常情况需由正常运行模式转为灾害运行模式时,综合监控系统应能迅速转变为应急模式,为防灾、救援和事故处理指挥使用提供方便。车站的 IBP 盘可提供紧急情况下的操作,以保证系统操作的可靠性。

10)系统应具备模式控制、群组控制以及点控等功能。综合监控系统应能反映各监控对象的工作状态。相关的安全联锁功能由现场级设备实现,与火灾密切关联的的重要联动功能也由现场级实现。

11)现场级设备应保证相对独立的工作,即现场级脱离综合监控系统的中央级和车站级管理时,仍能独立运行。

16.3　系统功能

综合监控系统采用多系统集成方案,通过一个统一的软硬件平台,实现整个集成系统包括互联系统的管理和监控,具体如下:

1)通过统一的软硬件平台,实现多个分立系统的管理和监控功能。

2)实现全线设备、环境、乘客、灾害的综合监控管理,提供各系统间业务关联和触发联动,提高对事件的应急处理能力。

3）为车站值班员和控制中心调度员提供全面信息和辅助决策支持功能,提高地铁运营指挥管理的智能化水平。

4）提供统一的运行和维护平台,减少岗位和业务的重叠和交叉,降低运营成本,提高整体运营效益,避免资源浪费。

16.4　系统构成

行车综合自动化系统采用两级管理三级控制的分层分布式结构。两级管理分别是中央级和车站级,三级控制分别是中央级、车站级和现场级。

行车综合自动化系统是由设置于小营控制中心的中央级行车综合自动化系统,设置于车辆段的设备维修管理系统,以及设置于车辆段、停车场、各车站的行车综合自动化系统等组成。

中央级系统包括实时/历史数据服务器、交换机、FEP、防火墙、仿真服务器、调度员工作站、网管服务器及工作站、时刻表/运行图编辑工作站、打印机等。

车站级设备主要由实时服务器、交换机、前置处理机（FEP）、车站级值班工作站、车站紧急控制盘（IBP盘）、打印机、复示工作站构成。

第 17 章　自动售检票系统（AFC）

17.1　AFC 系统概述

根据北京市交通委相关会议决定，北京地铁 6 号线等 10 条线路 AFC 系统接入多线共用 AFC 系统线路中心（MLC）系统，由 MLC 统一管理，并通过 MLC 接入北京市轨道交通清算管理中心（ACC）系统，进行清分清算。本工程 AFC 系统包括线路数据汇聚节点、车站计算机系统、现场终端设备（包括自动售票设备、半自动售票设备、自动检票设备、自动查询设备等）、票务中心、维修中心、培训中心等。

17.2　主要设计原则

1）系统应能满足北京市轨道交通 AFC 系统的相关规范和规定。

2）系统设计能力能满足远期超高峰小时客流量的需要。系统设备按近期超高峰小时客流量进行配置，并按远期超高峰小时客流量预留安装和接入条件。

3）系统采用非接触式 IC 卡 AFC 系统，车票根据票种的不同采用 ISO 14443 TYPE A 标准的 Mifare® Ultra Light 或 Mifare® 1，封装方式采用卡片方式。

4）系统应能满足 MLC 接入要求，实现轨道交通车票的自动/半自动售票、自动检票、计费、收费、统计、结算全过程的自动化管理。

5）系统可实现轨道交通网络清算管理中心、线路中心和车站三级管理，应能接受 MLC 的统一管理和北京市轨道交通清算管理中心（ACC）的统一调度指挥。

6）系统应能实现和满足各种运营模式的要求。

7）系统应能实现与其他线路的无障碍换乘。

8）终端设备应保证乘客安全、有序地进出车站，并应满足紧急疏散要求。

9）系统应安全、可靠，符合国家相关信息系统安全管理规定。

10）系统应具有良好的可靠性、可扩展性、可维护性、可测试性；能连续 24 h 长期不间断地运行。

11）系统设备应便于使用和维修，满足北京市自然环境条件、车站环境条件抗电磁干扰的要求。

17.3　系统构成和功能

17.3.1　数据汇聚节点

本工程线路数据汇聚节点设置在小营 6 号线 OCC，主要包括线路核心交换机、入侵检测设备、防火墙、线路防病毒服务器、工作站、打印机等。

数据汇聚节点功能包括数据汇聚转发和防病毒。数据汇聚转发：MLC 下发至车站及现场终端设备的参数、黑名单、运营模式等数据，通过线路 AFC 数据汇聚节点转发至各 SC 及现场终端设备。SC 及现场终端上传至 MLC 的数据，需经过线路数据汇聚节点转发至 MLC。MLC 仅转发数据，不进行数据存储或转换。防病毒：各线路车站、票务中心、维修中心、培训中心等设置完整的病毒防护体系。本工程线路数据汇聚节点负责本线路的病毒防护。

17.3.2　车站计算机系统

车站计算机系统由车站服务器、工作站、打印机等设备组成。车站计算机系统功能如下：

1)接受 MLC 有关地铁系统参数和运营参数(包括系统运营模式、时钟、票价表、黑名单等),设置车站运行参数,并下传至车站设备;

2)监控管理本站 AFC 设备的工作状态,收集本站设备运营状态数据并上传线路中央计算机系统;

3)负责车站内票卡调配、库存管理;

4)客流、票务和财务收入管理功能:根据采集到的数据生成车站客流、票务和财务统计报表,可按种类选择打印各种统计报告,并按时上报线路中央计算机系统;

5)可下载车站 AFC 现场设备应用软件,方便维修人员对设备软件进行更换或升级换代;

6)数据备份及恢复、用户管理;当通信故障等条件下独立运行时,实现数据外部媒体导入/导出,故障恢复后数据自动上传;

7)同步车站设备时钟;

8)根据需要启动紧急模式,实现车站级紧急处理,通过操作紧急按钮,控制车站 AFC 现场设备工作状态,及时疏散乘客并登记报警记录。

17.3.3　终端设备

AFC 终端设备包括自动售票机、半自动售票机、自动检票机(进站闸机、出站闸机、双向闸机)、自动查询机、便携式验/检票机等。

终端设备的基本功能应包括:终端设备接受系统参数及指令,完成规定操作及信息提示,生成并上传全部交易数据、审核数据,生成日志数据;按要求存储数据;设备故障自诊断,设备故障提示;当通信故障等条件下独立运行时,数据可通过外部媒体导出,故障恢复后数据自动上传。

设备种类及具体功能如表 3－17－1 所示。

表 3－17－1　设备种类及具体功能

设 备 种 类	具 体 功 能
自动售票机	发售车票、充值
半自动售/补票机	发售车票、充值、补票及查询
进站闸机	进、出站自动检票、回收车票(出站闸机、双向闸机)、金额显示、操作提示
出站闸机	
双向闸机	
便携式验/检票机	车票人工验票及检票
查询机	车票、路网信息查询

17.3.4　票务中心

票务中心设置在 6 号线慈寿寺站。在票务中心设置:

1)编码分拣设备:用于车票的初始化和分拣。

2)个性化设备:用于个性化票卡的制作和发行。

3)票务管理工作站和输出打印设备:用于票卡库存管理和票卡调配。

17.3.5　培训中心

AFC 培训中心设置于综合维修基地,用于对系统管理人员、操作人员和维修人员进行业务培训,以及对系统、设备进行模拟测试。

AFC 培训中心由 1 套模拟中心计算机系统、2 套模拟车站计算机系统和部分车站终端设备等组成,模拟测试环境可与中心模拟系统测试服务器连接,构成完整的模拟试验系统。

配置 UPS 电源设备,保证在主电源故障时,不影响系统正在运行的工作。

17.3.6　小营实验室

AFC 运营实验室负责对投入试运营前的 AFC 系统进行整体检测。

6号线 AFC 系统在小营 AFC 实验室设置 2 套车站系统及终端设备,建立完整的 6 号线 2 个车站的 AFC 运营模拟环境,进行业务功能、系统之间接口准确性以及系统性能的测试。

17.3.7　系统网络

北京地铁 6 号线一期 AFC 系统的网络传输系统的架构为 MLC、数据汇聚节点和车站(含票务中心、维修中心、培训中心)三级网络。

数据汇聚节点与 MLC 之间采用通信提供的主备 100 Mbps 以太网传输通道进行互连。数据汇聚节点与车站计算机系统之间采用通信光传输系统提供的 100 Mbps 以太网通道(主备接口)进行互连。车站、维修系统、培训系统、票务中心内部的自动售检票系统网络采用 10/100 Mbps 以太网。

17.3.8　电源系统

1)数据汇聚节点:本工程数据汇聚节点设备均采用 220 V 电源供电,耗电量为 15 kW。数据汇聚节点设备由综合监控专业在 OCC 统一设置的 UPS 进行供电。本工程在数据汇聚节点设交流配电柜,UPS 供电至交流配电柜,由交流配电柜分配至服务器机柜及终端。

2)车站:本工程所有车站设备均采用 220 V 电源供电。车站设备由供电专业统一设置的 UPS 进行供电。本工程在车站设交流配电柜,满足车站设备的配电需求。

3)线路票务中心:本工程票务中心设备采用 220 V 电源供电,耗电量为 10 kW。票务中心设备由供电专业统一设置的 UPS 进行供电。本工程在票务中心设交流配电柜,满足票务中心设备的配电需求。

4)培训中心:本工程培训中心设备采用 220 V 电源供电,耗电量为 20 kW。培训中心设备由动力照明专业提供一级负荷电源。本工程在培训中心设交流配电柜,满足培训中心设备的配电需求。

5)线路维修中心:本工程维修中心设备采用 220 V 电源供电,耗电量为 10 kW。维修中心设备由动力照明专业提供一级负荷电源。本工程在维修中心设 UPS、交流配电箱,满足维修中心设备的配电需求。

第18章 安检系统

18.1 主要设计原则

1)安全检查设备主要基于《城市轨道交通安全防范系统技术要求》(GB/T 26718—2011)要求设置。

2)安防设施设计应考虑视频、音频、控制信号的远程传输,提供远程传输接口,符合公安信息网络标准。

3)安全防范系统所使用的产品,应符合国家标准、行业标准以及公安管理部门的有关规定,并且需通过国家法定检验检测机构的认证。

4)在具有易燃易爆等危险环境下运行的系统设备应有防爆措施,并应符合《人民防空工程设计防火规范》(GB 50098—2009)要求。

5)轨道交通各类安全防范系统所使用的产品,其环境适应性应符合《安全防范报警设备、环境适应性要求和试验方法》(GB/T 15211—2013)的要求。

6)安检区域尽量设置在地铁进站口附近,站厅外端,充分考虑现场客流组织需要,避免站厅内客流交叉,做到安全隐患小,应急反应时间长,不容易造成阻塞。

7)安检设备宜集中布置,方便操作和应急处置。

8)安检设备应采用成熟、可靠、技术先进的产品。

9)系统设计应满足所有有关电磁兼容性要求。

18.2 系统构成

北京地铁6号线一期工程安检设备由通道式X射线安全检查设备、便携式液体检查仪、台式液体检查仪、便携式爆炸物探测器、手持金属探测器、防爆罐(球)、防爆毯、危险物品存储罐8类器材构成。

18.3 系统接口

安检设备专业与动照、通信专业存在相关接口:

1)与动照专业的接口需求

①动力照明专业为每处安检点提供4 kW电源,并设置插座箱。

②采用TN-S接地保护系统。

2)与通信专业的接口

①通信专业需在每处安检点上方设置摄像头2台(行李包入口、出口上方分别设置)。

②通信专业需在每处安检点设置直通电话插口。

③通信专业在每处安检点处设置10/100 Mbps以太网插口。

18.4 系统设备选型原则

1)符合国家有关的设计标准、技术规范、规程。

2)系统设备应满足技术先进、成熟,功能完整。

3)设备性能应安全、可靠,具备可维护性、可用性、可扩展性。

4)技术经济合理、降低项目投资和运营维护费用。

第 19 章　门禁系统

19.1　主要设计原则

1)门禁系统按集中管理和分级管理相结合、分级控制方式设计,即中央与车站两级管理,中央、车站和现场三级控制。

2)门禁系统的系统设计和设备选型要求技术先进,性能安全可靠,易于维护,使用灵活方便,并适合北京地铁使用环境。

3)系统设计应有利于北京地铁的运营管理并不影响行车组织,紧急情况下应不会对人员疏散产生负面影响。

4)系统应具有高安全性,在信息的处理上坚持实时监控信息和事务信息严格分开的原则,保证信息安全和网络安全;具有权限管理、操作互锁、数据备份等功能;采用防火墙、数据加密等软件安全措施等。

5)系统应采用冗余设计,易于扩展,系统容量应有一定预留。

6)各个站级门禁系统都是全线门禁系统的一个组成部分,在中心与全线系统联网工作,同时具有离网独立工作能力,应保证站级门禁系统的释放不会对全线的门禁系统造成影响。

7)系统运行模式分为在线、离线、灾害三种模式,并且可根据不同情况自动进行转换。

8)门禁系统在紧急情况时通过设置在车控室的 IBP 盘上的门禁系统紧急释放按钮统一切断门禁电源释放全站门禁。

9)门禁系统使用地铁员工票作为进入授权区域的门禁卡,统一管理持卡人的访问权限,可根据地铁运营需要灵活设置门禁管理方案。

10)系统产品必须通过国际或国内权威机构认证,有 CE 或 UL 等国际国内标准的认证报告。进口产品应提供报关单和商品检验证书等合法手续。

11)系统的硬件、软件的设计充分考虑系统的安全性、可靠性、可维护性、可扩展性、通用性和先进性,并具备故障诊断、在线修改和离线编辑功能。系统软、硬件均采用模块化设计,通过硬件扩展、增加终端设备就可以实现门禁点扩展的要求。

12)采用工业级控制系统,系统设计、设备配置均应满足地铁特殊环境条件下正常使用,同时应考虑防尘、防潮,确保运行可靠。

13)门禁系统设备必须安全可靠,适应 24 h 不间断工作的要求。

ACS 的所有设备具有抗电磁干扰能力,其抗电磁干扰满足相关的标准和规范要求。

14)设备可抵抗无线电频率满足国家相关的标准和规范要求。

19.2　系统功能

19.2.1　中心级功能

1)对全线门禁的授权管理、数据库管理、设备监测与控制。

2)系统具有完备的运作模式(在线模式、离线模式、灾害模式),满足消防、安全等需要。

3)对车站级计算机下达系统参数。

4)接收门禁车站级计算机上传的现场数据信息,并实现数据的统计报表、分类存储和打印。

5)操作员使用权限管理:根据操作员的不同级别实现不同操作管理权限。

6)门禁卡授权管理功能:设门禁卡的安全级别、授权进入的区域等。

7)具有全线系统信息查询功能。

8)可接入安防管理平台,实现与相关系统联动功能。

19.2.2　车站级功能

1)接收中央级计算机下达的系统参数,将相关参数下传至门禁现场级控制设备。

2)监控现场级设备的运行状态。

3)采集现场级设备读取的门禁卡的相关数据,并将数据上传到中央级计算机。

4)对于较高安全级别的区域,通过实时显示及打印的方式进行监控。

5)通过中央级授权,车站级具有对本站门禁系统临时设置进出权限的功能。

6)车站级工作站与中央级管理工作站发生通信故障,车站门禁系统脱离全线系统独立工作。

19.2.3　现场级功能

1)接收车站级计算机下达的系统参数。

2)读取门禁卡内的授权信息,根据车站级计算机下达的相关参数对门禁卡进行权限分析,可发布现场开门控制指令。

3)向车站级计算机上传现场设备状态和读取的门禁卡的相关信息。

4)具有在线、离线、灾害三种运行模式:现场级设备与车站级设备通信完好时,系统现场在线运行模式;在与车站工作站通信中断情况下,自动转为离线模式;当发生灾害时,自动转为火害模式。

5)具有断电自动解锁的功能。

19.3　系统构成

19.3.1　中心级系统构成

中央门禁系统是整个地铁控制中心门禁系统的核心组成部分。以门禁服务器为核心的门禁管理系统,集中处理下级门禁系统的数据信息,即通过中央级门禁系统对各车站门禁系统、车辆段门禁系统进行操作管理。

中央门禁系统的设备主要由门禁中央服务器、授权管理工作站、维护管理工作站、通信设备(交换机、通信网络)、数据库软件、门禁系统管理操作软件以及打印机组成。

门禁中央服务器和维护管理工作站设在控制中心内。中央服务器一主一备共 2 台,采用双机热备方式工作。主、备服务器具有相同的功能,但同一时刻只能有一台服务器发出指令。中央级门禁服务器和维护管理工作站能实现对各车站系统内的所有门禁客户的监控,具有系统运作、设备检测与控制、网络管理、数据库管理、维修管理等功能,负责监视门禁系统设备与网络的状态,在出现故障的时候报警并通知人员进行维修。

中央授权管理工作站位于控制中心内。授权管理工作站主要负责人员信息录入,人员数据库的生成与存储,对门禁卡进行授权等及系统数据的集中采集、统计、保存、查询等功能,授权工作站软件应设置有效的密码防护及权限设置措施。

为了方便门禁系统的授权管理,一号线的门禁授权满足与其他线门禁授权合设一处的条件,并预留在车站工作站授权的功能。

19.3.2　车站级系统构成

各个站级门禁系统都是全线门禁系统的一个组成部分,在中心与全线系统联网工作。车站级门禁系统应具有离网独立工作能力。各车站门禁系统单独设置工作站,并预留与 ISCS、FAS 等专业的互联接口。

车站级门禁系统由车站管理工作站、车站门禁控制器(又称网络控制器)、车站交换机、车站门禁系统管理软件及 IBP 盘紧急释放按钮构成,对本站门禁进行数据管理、处理,监视现场设备状态、故障等。

　　车站管理工作站与车站门禁控制器设置于车站车控室内。车站管理工作站对本车站所有门禁终端进行监控,满足系统运作、授权、设备检测与控制、网络管理、数据库管理、维修管理,以及系统数据的集中采集、统计、保存、查询等功能。车站门禁控制器将控制、驱动、通信集成为一体,负责车站门禁系统与中央门禁系统的通信,负责就地级控制器的组网等。在车站与中央门禁系统传输网络发生故障时,主控器应保证本站门禁系统运行的独立性。

　　门禁本地工作站软件主要负责存储与本地相关的人员数据库信息,存储所有控制信息包括设置参数、持卡人记录、准入等级、准入时间表,存储其所辖设备的工作信息及状态信息。同时,门禁本地工作站软件为门禁控制器提供的刷卡信息进行判决并返回相关结果。

　　车站 IBP 盘上设置门禁系统紧急释放按钮,灾害情况下可通过该按钮直接切断门禁电锁电源释放除 AFC 票务室外的所有电锁。紧急释放按钮应区别于消防用的报警按钮,并有明显标识。

　　在车辆段和停车场的消防控制室内设置车辆段、停车场门禁系统紧急释放按钮,灾害和故障情况下可通过该按钮直接切断门禁电锁电源释放车辆段、停车场内门禁的所有电锁。

19.3.3　现场级系统构成

　　门禁系统现场级设备由就地控制器(读卡控制器)及与其相连的读卡器、电子锁、出门按钮、紧急破玻按钮、门禁卡以及相应软件等组成。

　　就地控制器负责直接控制锁具的工作。读卡器负责对卡的识别。控制器软件主要负责读取各种刷卡信息,并负责控制电磁锁的开闭。

第 20 章　导向系统

20.1　导向标识系统设置依据和目的

车站导向标识的设计依据车站客流流线组织,在车站内适当位置设置系统化、标准化、准确、清晰的导向标识,引导疏散不同文化层次、不同年龄段、不同地区和国家的乘客,安全、顺利和迅速地完成整个乘车和换乘过程,避免乘客滞留在车站内引起拥堵。

20.2　主要设计原则

(1)简洁性

由于车站空间环境复杂,众多通道趋向一同,流线多样化,因此应尽可能简化流线,使用最有效简洁的流线进行引导。

(2)连续性

根据上述简洁性原则,为保证流线的连续性,应适时地连贯布置相同或相似的导向元素,同时在转折、分流等易混淆的部位增强导向设置。整体把握布点数量,创造有效的空间环境。

(3)统一性

在标志的形态和构图手法上,应力求体现接近、相似及连续的原则,让相同或相似的元素反复出现,建立完整准确的认知印象,便于最终实现共通理解。与此同时,设计中应减少不同设计尺寸的出现,便于管理和维护。

(4)有效性

标识不仅仅塑造统一的视觉空间,更是将公共区域和交通设施区域进行有效连接。

20.3　设计创新点

(1)新造型

本次 6 号线导向标识设计突破以往标识造型,借鉴学习了日本地铁及国外其他优秀交通枢纽的标识方案,造型上采用四周均有深蓝色半圆边框,简洁时尚;吊杆方案打破传统不锈钢方通,采用了白色铝塑管,更好的配合不同装修风格,且整体造型协调,风格简约。如图 3－20－1 所示。

图 3－20－1　交通标识

(2)新增辅助引导标识

专业设计人员调研、采集了多条北京已运营的轨道交通内导向标识存在的问题和不足,其中根据运营及乘客建议,本次 6 号线设计中新增了一种墙面、柱面辅助引导标识,标识充分满足使用需求,提高了运营效率,即有效、快捷地引导乘客进出站及换乘。同时,此种标识满足美观等视觉需求。如图 3-20-2 所示。

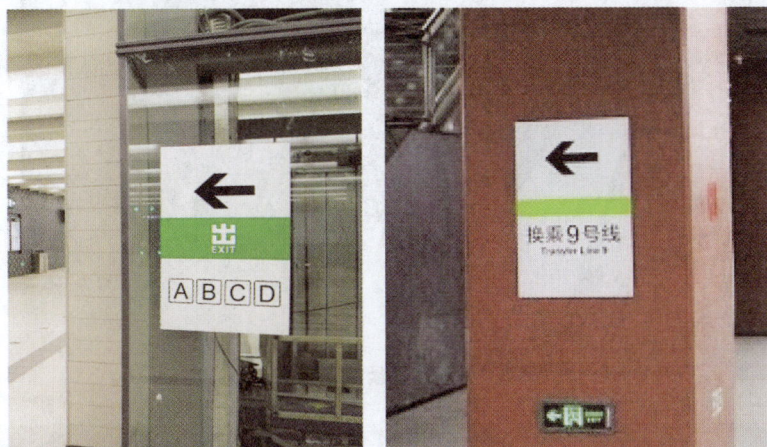

图 3-20-2 辅助引导标识

（3）与装修结合设计

为突显 6 号线为北京重点线的特色,本次导向专业大力配合装修专业,全力打造使之成为空间环境中的一个视觉亮点。为提升整体形象,部分墙面、柱面标识结合装修造型嵌入设计,既与大环境协调统一,又不失导向专业特点。如图 3-20-3 所示。

图 3-20-3 与装修结合设计

（4）紧急疏散设计

本次紧急疏散设计也充分考虑与装修的协调,如根据不同车站的装修墙面色彩,嵌墙电光源型的紧急疏散边框选用白色和浅灰色两种颜色与之匹配。如图 3-20-4 所示。

（5）票厅设计

6 号线票厅设计首次采用与国际接轨的独立低位设计,即零障碍售补票窗口,充分体现人性化设计。同时票厅正上方确认标识牌首次考虑与票厅的整体设计安装,效果美观、实用。如图 3-20-5 所示。

（6）换乘网络化

在复杂空间中,导向信息成网,保证了导向信息的连续性。在不同空间以及不同地铁线路换乘的交接处,应重点突出信息内容及方向。

图 3－20－4　紧急疏散设计

图 3－20－5　票厅设计

（7）自主创新

在牌体间距、牌体数量、牌体版面信息上，摒弃原有传统方式，通过大量实地调研，结合人机工程学原理，给出适合人观看，符合美学基础和简单实用的导向系统。

（8）标准化

标准化的设计增加了导向牌体的可维修性，做到降低维护保养需求、减少维修作业次数、减少维修时间、简化维修操作、减少零配件、减少出错可能性等。标准化的设计密切结合可靠性、安全性、可使用性、可测试性、零配件总量等进行设计。版面信息均采用 300 mm×300 mm 为一个单元，牌体长度按照 300 mm 的倍数增加，增强版面的整齐性、规律性。如图 3－20－6 所示。

图 3－20－6　标准化设计

（9）人性化

在整个 6 号线导向标识的设计中，处处以人为本，根据人的行为方式，在行走流线的节点、转折处都布置了引导标识，保证信息的连续性。同时在空间转换处，如通道与广场、站厅与通道等部位都布置了资讯类标识，便于乘客选择目的地和方向。在设计中更提出关注无障碍设施的使用，从站外到站内，在需要的地方均为使用无障碍设施的人群布置了标识，如垂直电梯确认标识、引导标识以及无障碍卫生间的引导标识等，在站外的每个通道口处也都布置了无障碍电梯的引导标识。

（10）安全性

在标识的设计过程中，严格按照国家安全标准，选择符合防火等级的材料和安全的构造形式。标识材料低烟、低毒、防火花，结构构件满足规范要求，并进行破坏性拉拔试验，满足受力要求。在点位设计中，保证站厅站台公共区吊挂标志距地 2 500 mm，避免乘客碰到头。电气部分严格按照每块牌子需要的电量配电，满足后期使用要求。如图 3—20—7 所示。

图 3—20—7　安全性标志设计

（11）新材料、新工艺、新技术

普通发光牌体均采用节能灯照明，严格控制光源数量和密度，使每个光源达到最高照明效率。在人流复杂地区的导向牌体，采用 LED 形式。LED 采用最先进技术，高密度点位排布使屏幕更清晰，信息量更大。如图 3—20—8 所示。

图 3—20—8　LED 导向牌

第4篇　土建设计篇

第21章　车站建筑和装修

21.1　车站建筑设计

21.1.1　全线车站建筑设计概述

　　6号线一期工程线路全长 30.69 km,西起五路居站,终点站在朝阳区草房站,一期工程共 20 座车站(含慈寿寺站、白石桥南站),分别为五路居站、慈寿寺站、花园桥站、白石桥南站、车公庄西站、车公庄站、平安里站、北海北站、南锣鼓巷站、东四站、朝阳门站、东大桥站、呼家楼站、金台路站、十里堡站、青年路站、褡裢坡站、黄渠站、常营站、草房站。该线车站全部为地下站,其中包括9座换乘站,分别为慈寿寺站、白石桥南站、车公庄站、平安里站、南锣鼓巷站、东四站、朝阳门站、呼家楼站、金台路站。

表 4-21-1　地铁 6 号线一期车站设计参数一览表

序号	站名	车站等级	站型	设计客流(人次/小时)	车站站台宽度(m)	车站总建筑面积(m²)	车站主体建筑面积(m²)	车站主体轮廓尺寸(m×m)	主体施工工法	换乘线路/方式
1	五路居站	1	地下一岛两侧	20 967	11+4.5×2	33 956.71	29 148.21	标准段 381×27.4×21.05	明挖顺作法	—
2	花园桥站	2	地下岛式车站	16 457	10.8	16 492	11 019	43.6×26.35(明挖段)190.0×19.7(暗挖段)	明挖顺作法、PBA 暗挖法	—
3	车公庄西站	1	地下端厅岛式车站	11 108	14	15 758	10 616	237.9×22.9	PBA 暗挖法	M12/十字通道换乘
4	车公庄站	2	地下分离岛式车站	26 452	8.75×2	24 611	15 251	195.0×14.1×2	PBA 暗挖法	M2/T 型通道单向换乘
5	平安里站	1	地下岛式车站	18 824	13	23 651	19 542	313.3×22.3	明挖顺作法	M4、M16/H 型通道换乘
6	北海北站	2	地下岛式车站	10 911	10.8	16 163.5	10 391.7	258.5×20.1	PBA 暗挖法	—
7	南锣鼓巷站	1	地下半岛半侧式车站	20 132	9	17 942	16 369	211.62×13.15-58.13	明挖法+CRD暗挖法	M8/通道平行换乘
8	东四站	1	地下岛式车站	35 140	14	24 068.34	15 011	192.6×23.3	明挖顺作法+PBA暗挖法	M3\M8\M5/通道换乘
9	朝阳门站	1	地下岛式车站	23 893	13	19 130.9	8 454	187.9×22.3	PBA 暗挖法	M2/T 型通道换乘
10	东大桥站	1	地下岛式车站	26 471	13	15 357.1	9 783.5	255×22.1	PBA 暗挖法+CRD 暗挖	—

续上表

序号	站名	车站等级	站型	设计客流（人次/小时）	车站站台宽度（m）	车站总建筑面积（m²）	车站主体建筑面积（m²）	车站主体轮廓尺寸（m×m）	主体施工工法	换乘线路/方式
11	呼家楼站	1	地下侧式车站	45 822	8.75×2	20 949.8	14 169.8	296×28.4	明挖顺作法+CRD	M10/十字节点+通道换乘
12	金台路站	2	地下岛式车站	16 994	14	15 951	10 933	235×23.1	暗挖 PBA 法	M6/T 型通道换乘
13	十里堡站	2	地下岛式车站	11 623	12	13 723	10 092	219.1×20.9	明挖顺作法	—
14	青年路站	2	地下岛式车站	15 093	12	27 346	23 958	558.79×20.9	明挖顺作法	—
15	褡裢坡站	2	地下岛式车站	9 572	12	17 342	14 858	359.9×21.1	明挖顺作法	L4/L 型通道换乘
16	黄渠站	2	地下岛式车站	8 928	12	15 803	10 076	233.6×21.1	明挖顺作法	—
17	常营站	2	地下岛式车站	18 127	10+10	34 654	29 287	395.6×36.5	明挖顺作法	—
18	草房站	2	地下岛式车站	11 414	12	19 477.1	15 971.5	359×20.7	明挖顺作法	—

21.1.2　主要设计原则

1）车站站位应符合北京市轨道交通网络规划和城市总体规划的要求，应与城市总体规划和车站所在地区的城市规划相互协调，因地制宜并最大限度地吸引客流。同时，应注重城市轨道交通建设与周边经济发展的互动效应，为可持续发展创造条件。

2）车站是乘客集散和乘降的场所，也是城市空间的重要组成部分。设计应满足线路设计要求，重视轨道交通网络间的衔接，为乘客提供 6 号线与其他线路及地面交通之间最直接、最安全、最方便的换乘。站址应选在客流量大并且便于乘客进出站的地方，使其能最大限度地吸引客流。换乘站在结合周围环境特点布置站位的时候，不仅需要考虑近期车站的功能实施，还须兼顾远期站换乘方案的便捷和远期实施的可操作性，并应根据远期客流要求，工程分期实施的条件，合理选择车站形式、换乘方式及控制近远期车站规模，使近期车站的方案具备最大化的适应性和合理性。

3）车站设计规模应根据控制期高峰小时预测客流集散量和车站行车管理、设备用房的需要来确定，要与站厅、站台、出入口通道、楼扶梯以及售检票等部位的通过能力相匹配，同时满足事故发生时乘客紧急疏散的需要。超高峰系数根据车站规模及周边用地情况所决定的客流性质不同分别取 1.3。

4）车站的形式应根据线路条件和所处环境特点，因地制宜地确定车站形式，结合建筑造型、结构类型和施工方法，合理地利用城市建筑空间，做到与周围建筑结合好，拆迁少，对地面交通干扰小，对地下管线影响小、改移方便。换乘车站需对换乘形式、使用功能以及综合经济指标等多方面进行比较，换乘节点应根据远期线网的情况分别采用同步实施或是预留接口的实施条件。

5）安全、舒适、高效始终是地铁服务的宗旨，以人为本是车站设计的原则，保证客流的有序流动，要求地铁空间具有明确合理的功能及其导引性，为乘客提供良好的内部和外部环境。

6）车站站位确定后，应对该区域的地下管线、工程地质、水文地质条件、地面建筑拆迁和改造的可能性、与地下建筑物或构筑物之间的关系等综合考虑，并尽量减少房屋的拆迁、管线拆移和施工期间对地面建筑物、交通及环境的影响。

7）地铁车站设计应充分利用地上、地下空间综合开发，尽可能地考虑与地下过街道、地下商场、物业开发建筑等进行结合或连接等方式,整合城市公共资源,最大限度地释放地铁的辐射力,满足区域客流的使用需要。

8)车站地面站房、出入口以及风亭均需结合站前广场或绿化规划,其地面部分的立面设计要做到简洁、明快、大方,易于识别,并应体现现代交通建筑的特点和时代的气息,同时还应与周围的城市景观相协调。

9)车站的装修形式和风格,既要以功能为主,又要有各车站标识特征,尤其是需要体现出北京市的文化特色。要广泛采用新工艺、新材料、新技术,满足防火、防潮、防霉、耐擦洗、便于维修的要求。

10)车站建筑防灾设计严格按照《建筑设计防火规范》和《地铁设计规范》及《人民防空工程防火设计规范》国家现行的有关规范、规定的要求执行。

11)全线需统一考虑无障碍设计。车站设无障碍电梯、专用厕所及盲道等无障碍设施。

12)凡与地铁车站合建或连通的物业开发区、过街通道等公共设施的防火措施,除满足相应规范规定外,还应满足地铁设计规范要求。

21.1.3　重点车站建筑方案

(1)五路居站

1)工程概况

五路居站为6号线起点站,车站位于西四环北路与玲珑路交叉路口的东侧,沿玲珑路东西向设置。车站根据规划调整,该站需预留永引南路跨四环桥梁的实施条件和S1的换乘条件。规划的S1在车站的南侧,在车站的南侧预留接口条件。

2)周边环境现状及规划情况

车站所在交叉路口的玲珑路规划红线宽75 m,现状为双向8车道,其中路口公交停车场占地处未实现规划,为双向4车道。西四环北路规划红线宽100 m,两边辅路现状为各单向3车道。交叉路口的道路基本实现了规划。

3)车站形式

车站为双柱三跨(局部两跨单柱)地下三层明挖结构,站台形式为一岛两侧,岛式站台宽11 m,侧式站台宽为4.5 m。其中地下一层为开发层,地下二层为站厅层,地下三层为站台层。其中岛式站台宽11 m,侧式站台宽为4.5 m,有效站台长度为158 m。站中心里程为K0+277.511,车站采用明、暗挖结合施工施工。车站总长为381 m,标准段宽度为27.4 m。车站中心线处站台面绝对标高为33.322 m,轨面绝对标高为32.272 m,该处地面高程约54.85 m。

车站顶板覆土2.5 m,底板埋深24.20 m,车站总建筑面积为33 956.71 m²(包括车站及商业部分),其中车站主体建筑面积约29 148.21 m²。

车站设出入口2处,风亭2组,商业风亭3组,冷却塔1座。如图4—21—1所示。

4)本站设计亮点

①本站设置超过9 000 m²的地铁物业配套开发。为了避免出现地铁车站施工后,开发层设计与施工都比较受限,开发层主体部分和附属部分与地铁车站同步设计、同步施工。

②地下开发层每个防火分区考虑按不超过2 000 m²,划分为4个防火分区。每个防火分区出口疏散宽度不小于8.92 m,每个防火分区设置两个对外疏散出口。区内最远点至最近疏散出口距离不大于40 m,每个防火分区内按不大于500 m²设置防烟分区。防烟分区之间设置防烟垂壁,垂直高度为顶板下不小于500 mm。

③为了加强开发层与地铁车站的关系,在两层之间设置4部扶梯及2部封闭楼梯间,方便乘坐地铁的客流进入开发层以及开发层客流进入地铁车站站厅层,使得配套开发和地铁之间真正做到无缝对接。为了地面景观效果,将地铁出入口与开发层出入口全部一体化设计,如图4—21—2和图4—21—3所示。

④本站为6号线一期的首末站,车站的站台形式为一岛两侧,岛式站台宽11 m,两个侧式站台宽各为4.5 m。乘客经任一出入口通道进入站厅层非付费区,经进站闸机进入付费区,通过付费区楼梯到达岛式站台乘车;出站客流下车后进入两侧的侧式站台,通过设置在付费区内的楼、扶梯到达站厅付费区,经出站闸机后到非付费区,然后到各个出入口出站。一岛两侧的站台形式使车站能够更好地满足功能需要,并最大程度地减小了客流的交叉,如图4—21—4所示。

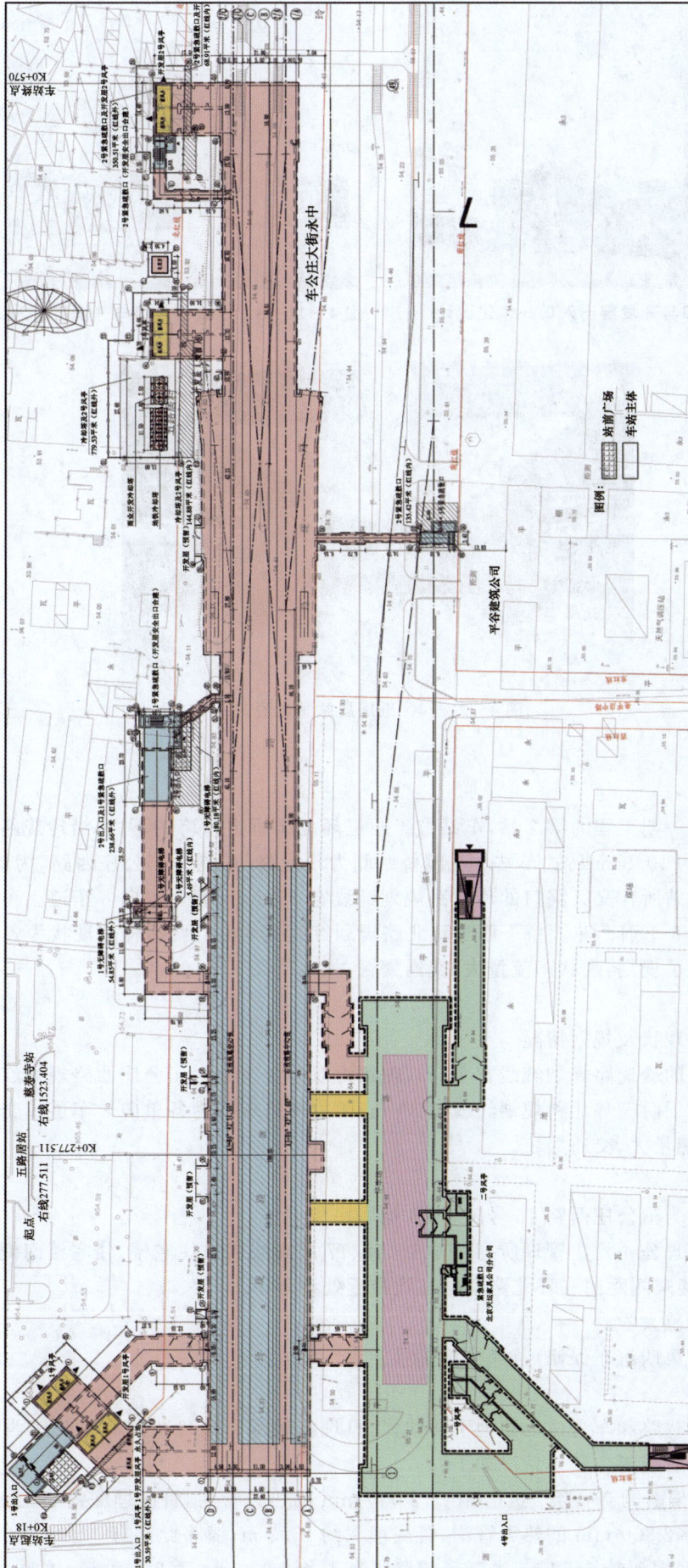

图 4—21—1　五路居站总平面图

图 4—21—2　地铁出入口与开发层出入口一体化设计(一)

图 4—21—3　地铁出入口与开发层出入口一体化设计(二)

图 4—21—4　五路居站站台形式

(2)花园桥站

1)工程概况

花园桥站为 6 号线一期工程的第 2 站,车站位于西三环花园桥主桥垮的下方,沿玲珑路和车公庄西路方向跨路口东西向设置,为 10.8 m 岛式车站。花园桥西侧为玲珑路、东侧为车公庄西路,为地面道路,南北向为高架的三环主路。车站所在交叉路口的玲珑路规划红线宽 75 m,现状为双向 8 车道。车公庄西路规划红线宽 75 m,现状为双向 8 车道。花园桥下西三环北路规划红线宽 80 m,两边辅路现状为各单向 3 车道。交叉路口的道路基本实现了规划,现状车流量大,交通繁忙。

2)现状及规划情况

①车站周边的道路现状及规划情况

车站所在交叉路口的玲珑路规划红线宽 75 m,现状为双向 8 车道。车公庄西路规划红线宽 75 m,现状为双向 8 车道。花园桥下西三环北路规划红线宽 80 m,两边辅路现状为各单向 3 车道。交叉路口的道路基本实现了规划,现状车流量大,交通繁忙。

②既有建筑物

路口东北象限现状为车公庄西路 16 号院,为 6 层居民住宅楼。

西北象限为市政管理公司潘庄管理所,为 14、15、16、17 层高层居民住宅楼,住宅楼南侧距玲珑路道路红线最近处约 7 m,住宅楼东侧距西三环北路道路红线最近处约 4 m。

西南象限为首都师范大学。

东南象限为市公交第四汽车保修厂、渔公渔婆楼。

③地下管线情况

车站所在位置的玲珑路和车公庄西路地下管线多,且埋深较深。沿玲珑路和车公庄西路路面下主要有热力、雨水、污水及电力管线等。具体情况如下:

(A)沿玲珑路路中偏南侧有一条 2 000 mm×2 000 mm 的热力管沟,管底埋深约 6.52 m;在此管线正下方还有一条 4 500 mm×2 800 mm 的热力管沟,管底埋深约 15.3 m;横跨此路有一条 1 830 mm×1 800 mm 的热力管与其相接,管底埋深约 6.23 m;沿三环辅路还有 1 条 2 000 mm×2 300 mm 的电力沟,管顶埋深约

3.9 m。

(B)过三环路口后沿三环辅路路中有一条 3 670 mm×1 800 mm 热力管沟,管底埋深为 8.7 m,向北变成 3 600 mm×2 500 mm 的热力管沟,管底埋深约 7.1 m。

(C)车公庄西路偏北侧有一条 4 400 mm×2 100 mm 的热力管沟,管底埋深约 7.1 m。还有一根 φ1 000 mm 的上水管斜穿玲珑路后沿玲珑路方向一直到车公庄西路,管底埋深约 2.44 m。

(D)交叉口位置两侧各有两组桥桩,沿花园桥方向还有一根 φ1 050 mm 的污水管,管底埋深约 4.47 m。

各地下管线关系简图如图 4－21－5 所示。

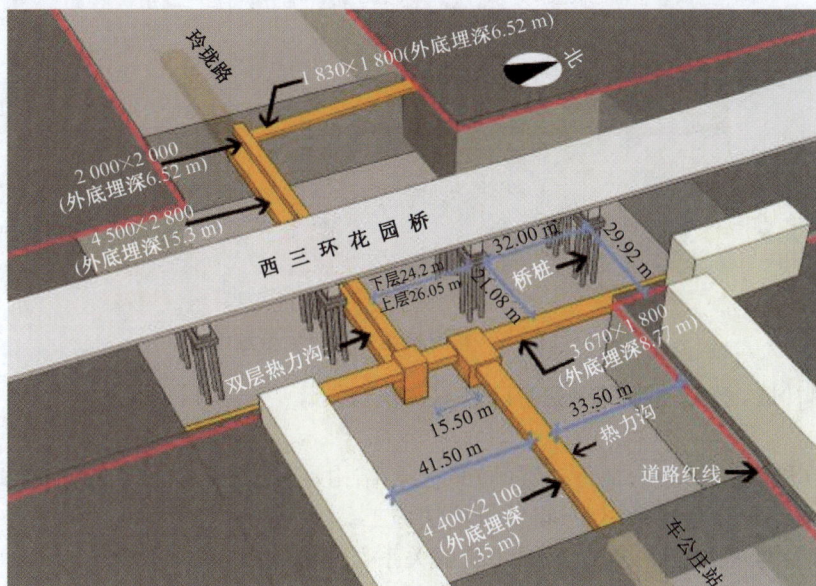

图 4－21－5　花园桥站地下管线分布图(单位:mm)

管线拆改数量如表 4－21－2 所示。

表 4－21－2　管线拆迁表

类型	管线名称	迁改方案	管线综述 (mm)	现状长度 (m)	迁改长度 (m)	埋深 (m)
给水	给水(1)10	临时迁改	铸铁,φ400	76	82	0.90 管顶
	给水(3)2	永久迁改	铸铁,φ1 000	70	83	1.00 管顶
雨水	雨水(3)6	永久迁改	混凝土,φ600	57	40	1.8 管内底
污水	污水(6)2	永久迁改	混凝土,φ1 050	74	94	4.3 管内底
天然气	燃气(无)	临时迁改	钢	68	68	不详
	燃气(5)3	永久迁改	钢,φ500	68	74	1.01 管顶
电力	电力(10)20	临时废除	1 条,φ80 套管	39	39	0.20 管顶
	供电	临时迁改	2 条	32	40	1.84 管底
	电力(10)21	临时迁改	1 条,φ80 套管	30	39	0.15 管顶
	供电(11)9	永久迁改	4 条	61	95	0.80 管顶
	供电(1)16	永久迁改	1 条	61	83	0.80 管顶
	电力(13)1	永久迁改	1 条	57	70	1.50 管顶
	电力(11)12-2	永久迁改	2 条	54	70	1.64 管顶
	电力(13)6	永久迁改	1 条	58	70	0.70 管顶
电信	电信(3)9	临时迁改	混凝土管块 720×520	60	67	1.30 管顶
	电信(7)7	永久迁改	铁通套管 φ750	53＋66	63＋86	1.10 管顶
	电信(3)6-1	临时迁改	混凝土管块 360×250	34	39	1.28 管顶

对于车站邻近的管线,特别是重要的热力、电力、通信等管线,在车站施工期间必须及时与管线所属部门联系,加强保护,并按管线所属部门要求做好监测。

3)规划情况

车站周边规划用地性质如图4-21-6所示。

图4-21-6 花园桥站规划用地示意图

车站周边为成熟社区,西三环路和玲珑路已基本实现规划。

4)车站形式

车站为双跨单柱(局部三跨双柱)地下二层(局部三层)结构,站台宽度为10.8 m,有效站台长度为158 m。站中心里程为K3+217.276,车站采用明、暗结合挖法施工。

5)车站主体布置及与规划道路红线、周围建筑的关系

根据本站所处的地理环境和周围客流条件,东北象限和东南象限为住宅街区,西北象限、西南象限为住宅、首都师范大学校区。为最大限度地吸引客流,最大限度地满足各方向人流的使用,车站东西向跨路口设置,车站出入口分设在车站的4个象限。如图4-21-7所示。

6)出入口及通道布置及与规划道路红线、周围建筑的关系

车站设置4个出入口:

1号口设置于交叉路口西北象限的玲珑路现状路北侧绿化带内,贴道路红线以内,距14层住宅楼约7.45 m,出入口最小通道宽度为5 m,提升高度为17.70 m,设置上、下行扶梯,出入口楼梯宽度为1.8 m。本出入口设置地面厅。

2号口设置于交叉路口东北象限车公庄西路北侧绿化带和人行道内,处于红线以内。因为靠近6层住宅楼,为了照顾三环上的客流并减小对住宅楼的影响,尽量把出入口做窄,所以2号出入口分为了2A、2B两个口,出入口最小通道宽度为5 m,朝三环方向的2A口设置上、下行扶梯,提升高度为17.35 m;2B只设楼梯,楼梯宽度为4 m,提升高度为16.95 m。出入口距6层住宅楼约6.41 m。本出入口设置地面厅。

3号口设置于交叉路口东南象限渔公渔婆楼前的绿化带内,距渔公渔婆楼约5 m。出入口最小通道宽度为5 m,提升高度为17.40 m,设置上、下行扶梯,出入口楼梯宽度为1.8 m。本出入口设置地面厅。

4号口设置于交叉路口西南象限,沿西三环北路设4A出入口,距首师大北楼约10 m;沿玲珑路现状路南侧绿化带内,贴道路红线内设4B出入口,距首师大北楼约5 m,出入口最小通道宽度为5 m,提升高度为11.85 m、12.45 m,设置上、下行扶梯,出入口楼梯宽度为1.8 m。

安全出入口地面亭与1号出入口结合设置。

无障碍出入口设置于1号口、3号口,建成后与市政无障碍系统相连接。

7)风亭布置及与规划道路红线、周围建筑的关系

车站设置2座风亭:1号(西北)风亭设在中兴实业公司的一个两层楼、现状鸿鑫食府饭店区域内,需拆除。风亭位于道路红线外,距周边居民楼均为15 m以上。2号(东南)风亭设置在渔公渔婆楼东侧的依维柯汽车展示厅区域内,依维柯汽车展示厅需拆除。风亭位于道路红线外,距东侧居民楼约34 m,距渔公渔婆楼约4 m,冷却塔放在1号风亭边。

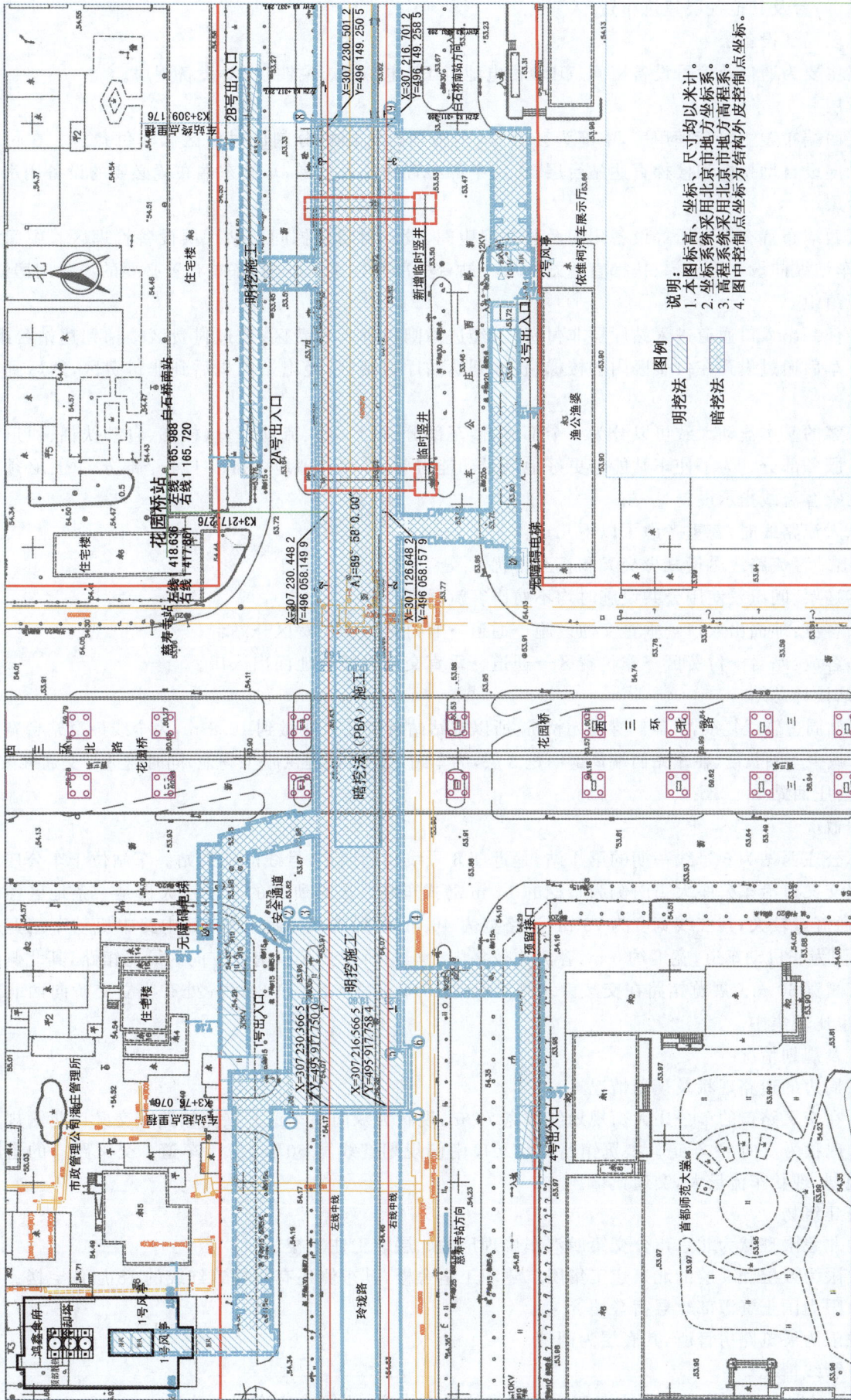

图 4—21—7　花园桥站总平面图

8) 站厅、站台及其他各层建筑布置

① 明挖段局部设备层

设备层主要为通信及信号设备房间、UPS 蓄电池、UPS 电源室、环控机房等设备用房。

② 站厅层

站厅层西端布置主要管理用房,中部为公共区,由检票机和栅栏分割成付费区和非付费区。在付费区内沿车站纵向设自动扶梯和楼梯直达站台层,车站中部布置残疾人电梯,车站东端布置必要的设备用房。

③ 站台层

站台层西端布置有变电所等设备用房及公共卫生间,设有封闭楼梯间至站厅层设备管理区。中间为岛式站台,沿车站纵向设 4 组楼梯、扶梯直达站厅层。站台中部有残疾人电梯,东端布置必要的设备用房。

9) 客流组织

乘客经任一出入口通道进入站厅层非付费区,经进站闸机进入付费区,通过付费区楼梯到达站台乘车;出站客流下车后通过设置在付费区内的楼梯、扶梯到达站厅付费区,经出站闸机后到非付费区,然后到各个出入口出站。

车站乘客的基本流动大致可以分为 4 个部分:候车部分(站台等)、流动部分(楼梯、自动扶梯、通道等)、集散及乘客服务部分。为了使车站能够更好地满足功能需要,必须合理地安排以上 4 个部分,并且必须重视确保通畅的乘客流线指示设施。

在组织人流路线时,着重考虑了以下几点:

① 进、出站客流路线尽量减少交叉和相互干扰;

② 乘客购票、问讯及使用公共设施时均不妨碍客流通行;

③ 进站客流:地面出入口→垂直交通设施→通道→非付费区→付费区→站台;

④ 出站客流:站台→付费区→非付费区→通道→垂直交通设施→地面出入口。

10) 车站设计总结

花园桥站周边管线复杂,且需侧穿花园桥桩,所以本站站台宽度只能做到 10.8 m,为全线最窄站台宽度的车站。为了减少车站长度,在车站西端局部明挖 3 层,为车站主体暗挖提供施工场地,同时需进行交通导改。

(3) 车公庄西站

1) 工程概况

地铁车公庄西站为 6 号线一期的第 4 站,是近期 6 号线和远期 12 号线的换乘站。车站位于车公庄大街与展览馆路交叉口沿车公庄大街南侧为暗挖的 14 m 岛式车站。车站所处的车公庄大街是一条地区性的交通干道,交通流量较大,其红线宽度为 75 m,道路宽为 46 m,两侧有较宽绿化带,其中路中机动车道宽度约 21 m,路两侧为非机动车道,宽度约 6 m,客流比较集中。车站所在交叉口南北方向为展览馆路,其北侧红线宽 80 m,南侧宽 60 m。展览馆路在交叉口北侧为双向 13 车道,距交叉口 200 m 处有座立交桥向西北方向延伸,客流也比较集中。

2) 现状及规划情况

① 车站周边的道路现状及规划情况

车站所在交叉路口的车公庄大街规划红线宽 75 m,现状为双向 6 车道。展览馆路在交叉口北侧规划红线宽 80 m,现状为双向 13 车道。展览馆路在交叉口南侧规划红线宽 60 m,为 4 车道。交叉路口的道路基本实现了规划,现状车流量大,交通繁忙。

② 既有建筑物

路口西北象限现状为北京市公交第四汽车修理厂的 4 层职工住宅楼。

东北象限为 8 层和 9 层的北京建工集团二建职工宿舍楼,其东侧还有紧挨着红线的 18 层住宅楼。

西南象限为国土资源部 4 层宿舍楼。

东南象限为展览路房管所,其底层为商铺。

③ 地下管线情况

(A) 在交叉路口沿车公庄大街方向有 2 个相连的热力小室:西侧小室净尺寸为 11 m×10.5 m,沟内底埋深 8.2 m;东侧小室净尺寸为 7.9 m×6.8 m,沟内底埋深为 9.4 m。热力小室的东、西两侧各连 1 根

4.4 m×2.1 m 的热力管,管底埋深 6.4 m。

(B)交叉路口北侧热力小室尺寸为 4.4 m×5 m,沟内底埋深为 5 m,交叉口南侧热力管为 3.3 m× 2.57 m,埋深为 6.8 m。

(C)沿车公庄大街方向的 2 500 mm×1 500 mm 的雨水管沟,沟底埋深 3.5 m。

对于车站邻近的管线,特别是重要的热力、电力、通信等管线,在车站施工期间必须及时与管线所属部门联系,加强保护,并按管线所属部门要求做好监测。

各地下管线关系如图 4－21－8 所示。车公庄站总平面图如图 4－21－9 所示。

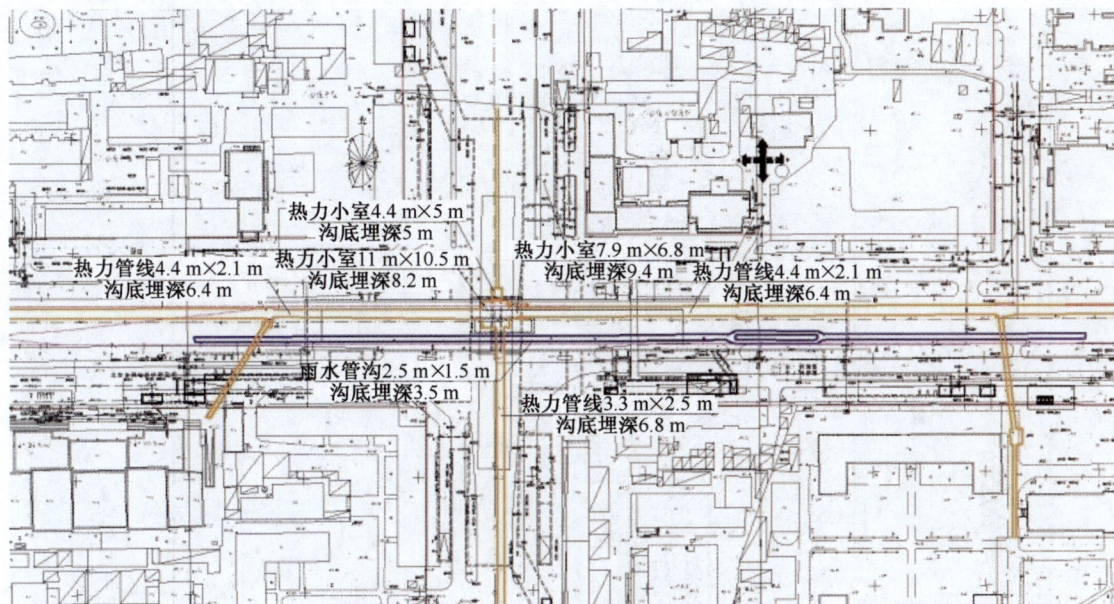

图 4－21－8　车公庄西站地下管线分布图

3)规划情况

车站周边为成熟社区,车公庄大街和展览馆路已基本实现规划。

4)车站形式

车站为三跨双柱地下二层结构,站台宽度为 14 m,有效站台长度为 158 m。站中心里程为 K6＋48.585,车站采用暗挖法施工。

5)车站主体布置及与规划道路红线、周围建筑的关系

根据本站所处的地理环境和周围客流条件,车站周边多以住宅为主,车公庄大街为区域性交通主干道,客流量较大。为最大限度地吸引客流,车站东西向跨路口设置,近期车站出入口设在车站的 4 个象限沿车公庄大街方向。

6)出入口及通道布置及与规划道路红线、周围建筑的关系

车站设置 4 个出入口:

1 号口设置于交叉路口西北象限的车公庄大街现状市政道路北侧人行道上,距 4 层住宅楼约 5.57 m,出入口最小通道宽度为 5.5 m,提升高度为 17.4 m,设置上、下行扶梯,出入口楼梯宽度为 1.8 m。本出入口设置地面厅。

2 号口设置于交叉路口东北象限车公庄大街北侧过街天桥下,出入口最小通道宽度为 5.0 m,提升高度为 17.4 m,设置上、下行扶梯,楼梯宽度为 1.8 m。出入口距 8 层住宅楼约 7.1 m。本出入口设置地面厅。

3 号口设置于交叉路口东南象限车公庄大街人行道边的绿化带内,出入口最小通道宽度为 4.3 m,距展览路房管所的 5 层住宅楼 5.3 m,提升高度为 17.1 m,楼梯宽度为 1.8 m。本出入口设置地面厅。

4 号口设置于交叉路口西南象限车公庄大街人行道内,距 3 层的北京银行 6.12 m,出入口最小通道宽度为 5 m,提升高度为 17.1 m,楼梯宽度为 1.8 m。本出入口设置地面厅。

安全出入口设置在交叉口东南象限与 3 号出入口地面厅合建,通道宽度为 1.5 m,提升高度为 17.2 m。

无障碍出入口分别设置于 1 号口、3 号口,建成后与市政无障碍系统相连接。

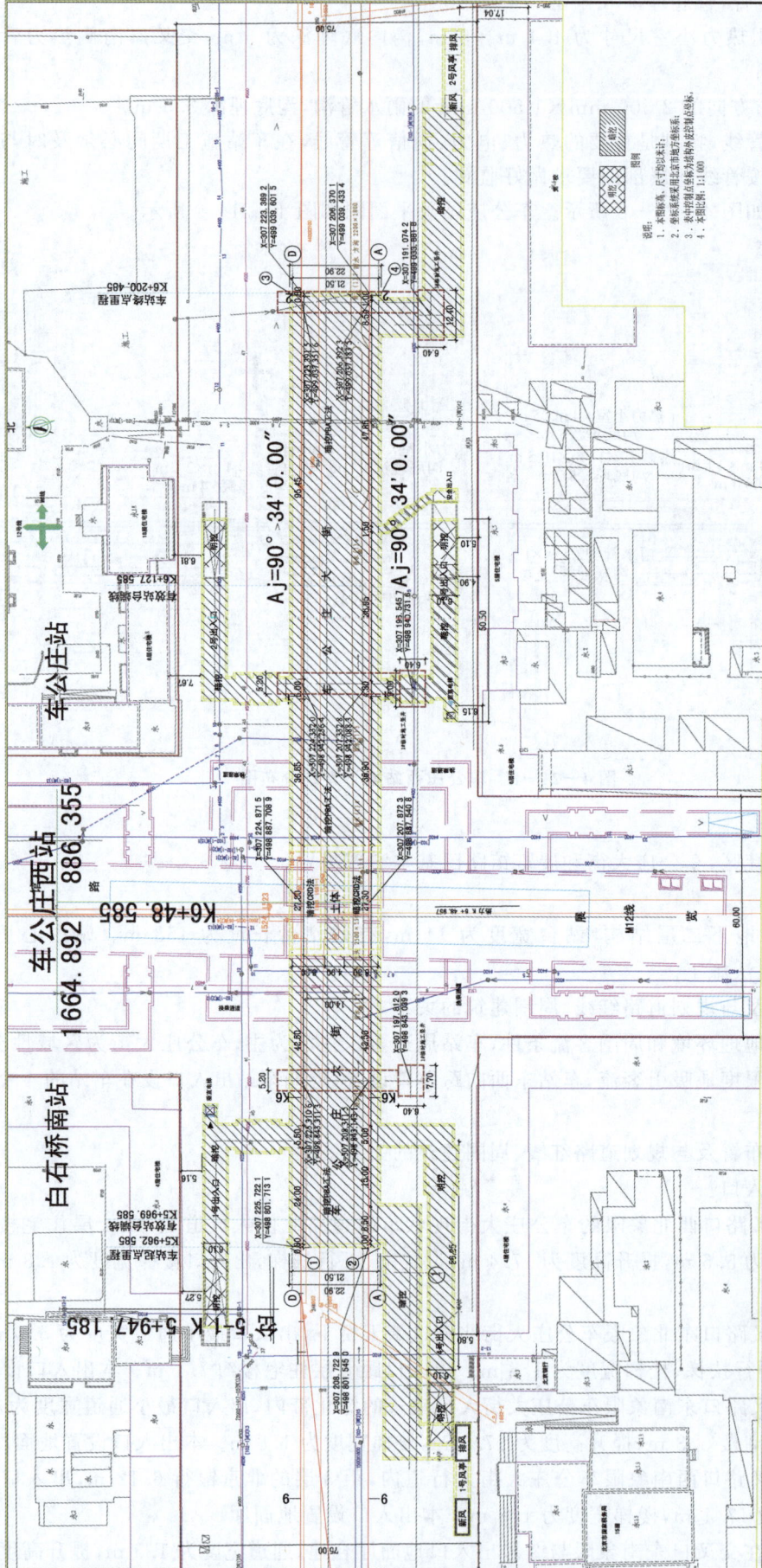

图 4-21-9　车公庄西站总平面图

7）风亭布置及与规划道路红线、周围建筑的关系

车站设置 2 组风亭：1 号、2 号风道分别布置在车站两端沿车公庄大街东、西向南侧人行道的绿化带内。车站设冷却塔 1 组，位于市委党校围墙边的市政绿化带内，靠近 2 号风亭设置。

8）站厅、站台及其他各层建筑布置

①站厅层

站厅层西端布置 1 号风道和必要的设备用房，中间公共区由检票机和栅栏分割成付费区和非付费区，在付费区内沿车站纵向设自动扶梯和楼梯直达站台层，并在靠暗挖段墙边布置残疾人电梯；东端布置 2 号风道和主要的设备用房、管理用房以及公共区。

②站台层

站台层西端布置必要的设备用房、管理用房和公共卫生间，中间为岛式站台，沿车站纵向设自动扶梯和楼梯直达站厅层。站台中间有残疾人电梯。东端布置变电所等设备用房和管理用房，设有封闭楼梯间至站厅层设备管理区。

9）客流组织

乘客经任一出入口通道进入站厅层非付费区，买票进入付费区，通过付费区楼梯到达站台乘车；出站客流下车后通过设置在付费区内的楼梯、扶梯到达站厅付费区，然后到各个出入口出站。

车站乘客的基本流动大致可以分为 4 个部分：候车部分（站台等）、流动部分（楼梯、自动扶梯、通道等）、集散部分及乘客服务部分。为了使车站能够更好地满足功能需要，必须合理地安排以上 4 个部分，并且必须重视确保通畅的乘客流线指示设施。

在组织人流路线时，着重考虑了以下几点：

①进、出站客流路线尽量减少交叉和相互干扰；

②乘客购票、问讯及使用公共设施时均不妨碍客流通行；

③进站客流：地面出入口→垂直交通设施→通道→非付费区→付费区→站台；

④出站客流：站台→付费区→非付费区→通道→垂直交通设施→地面出入口。

10）车站设计总结

车公庄西站周边管线复杂，且埋深非常深，所以造成车站埋深较深，出入口提升高度大，原方案考虑分离岛式站台以降低车站埋深，但车站公共区功能损失较大，综合考虑之后将站型定为标准岛式车站，站厅层公共区完全连通。

（4）车公庄站

1）车站概况

地铁车公庄站为 6 号线一期的第 5 站，为换乘车站，与既有地铁 2 号线车公庄站呈"T"字通道换乘关系。车站位于西二环官园桥西侧，沿车公庄大街东西向设置，车站形式为分离岛式。该站临西二环官园桥，为北京市交管局、富通大厦、物华大厦、官园批发市场、国英园小区、梅兰芳剧院等周边客流绿色而快捷出行提供了便利条件。总平面图如图 4—21—10 所示，效果图如图 4—21—11 所示。

2）车站建筑

由于管线和周边环境原因本车站采用分离岛式车站，线间距为 50.0 m，车站总长为 195 m，即（K6+833.387）~（K7+029.161）。车站标准断面长、宽、高分别为 195 m、14.1 m×2、16.35 m，主体建筑面积为 14 269 m²，总建筑面积为 22 191 m²。

3）车站出入口及通道设置

车站共设 4 个出入口，其中新建出入口 2 个，改建既有出入口 2 个，以及 3 个安全出口，2 组风亭。1 号出入口位于北礼士路西侧，紧邻道路红线，吸引北礼士路周边住宅客流；2 号出入口位于西二环与车公庄大街交叉路西北象限，为改造既有出入口，地面厅为钢结构换乘厅；3 号出入口位于车公庄大街与西二环交叉路口东西象限，为改造既有出入口，设置地下换乘厅；4 号出入口位于北礼士路与车公庄大街交叉路口西南象限；1 号无障碍与 1 号安全口位于车公庄大街北侧，2 号无障碍与 2 号安全口位于车公庄大街南侧，3 号安全口位于车公庄大街北侧。

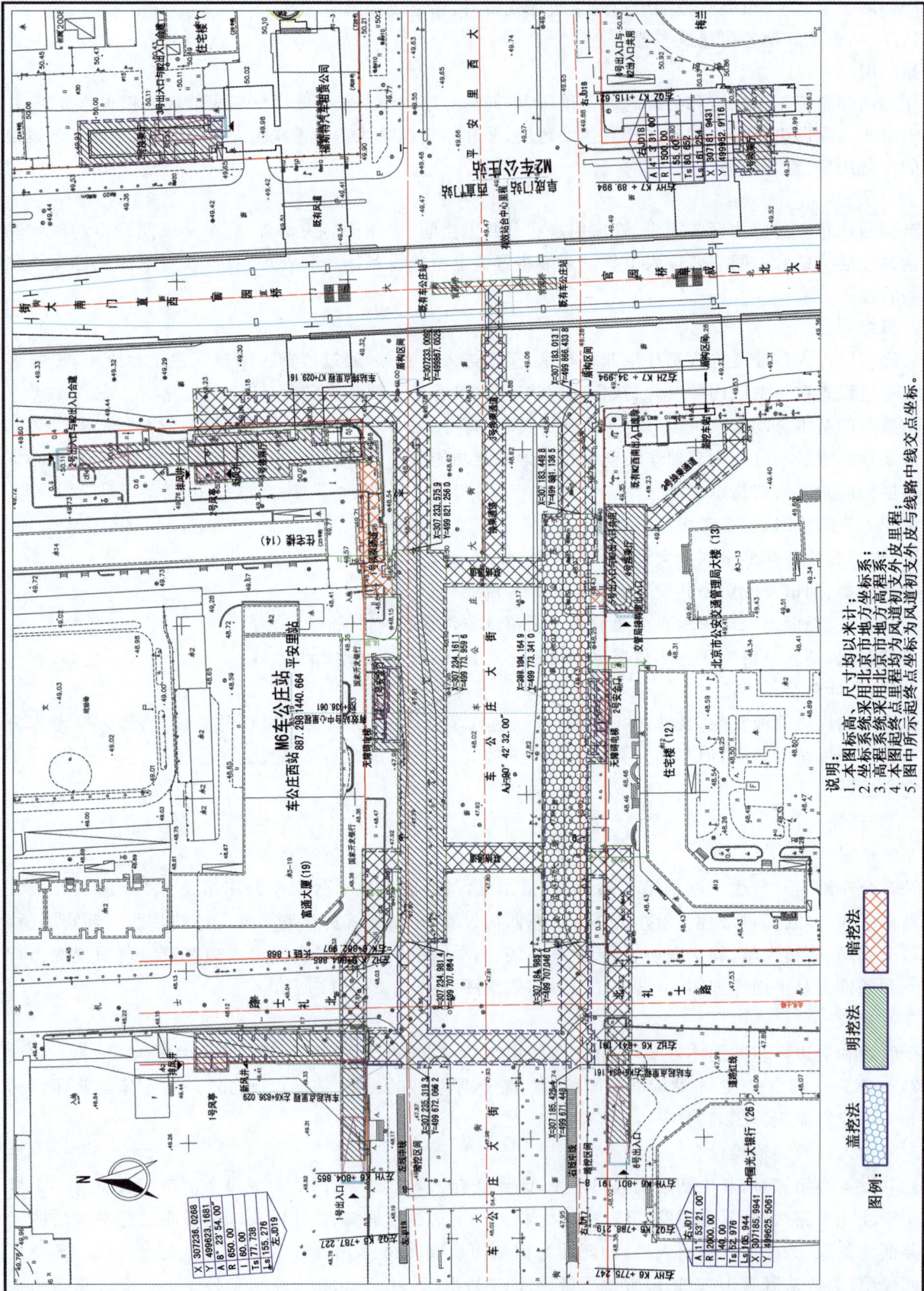

图4-21-10　车公庄站总平面图

图 4—21—11 车公庄站效果图

4）车站风亭设置

1号风亭为高风亭，位于北礼士路西侧1号出入口北侧。2号风亭为高风亭，位于2号出入口北侧原西二环西侧绿化带。冷却塔设在2号风亭附近绿化带内。

5）换乘客流组织

受官园桥及地下管线的影响，两线两站采用"T"字通道换乘方式，客流换乘采用单向循环的换乘模式：6号线换乘2号线是由6号线车站站厅层东端南北两条换乘通道，分别接入既有2号线车公庄站南北端厅以完成换乘，换乘距离分别是96 m和95 m，其中南侧换乘通道设置无障碍轮椅升降台，与既有2号线无障碍设施连接，方便轮椅乘客人员换乘；2号线换6号线采用站台到站台形式换乘，即由既有2号线车公庄站站台底板开洞，通过楼梯下至换乘通道内，然后穿越6号线风道进入6号线车站站台，以完成换乘，换乘距离为93 m。以上2种换乘方向均为单向换乘，换乘人流在通道内没有交叉干扰，从而为乘客提供了快捷而舒适的换乘环境。如图4—21—12所示。

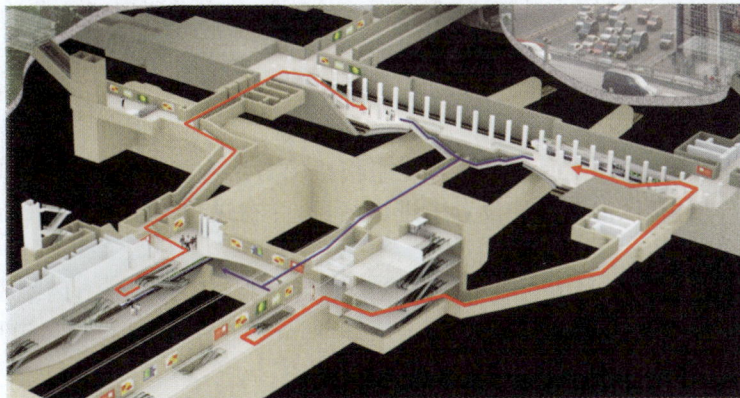

图 4—21—12 车公庄站换乘示意图

（5）朝阳门站

1）车站概况

地铁朝阳门站为6号线一期换乘站，车站位于东西向的朝阳门内大街与东二环路交叉路口以西，沿朝阳门内大街东西向布置，与南北走向的既有2号线朝阳门站形成"T"形换乘，新建6号线区间下穿既有2号线朝阳门车站。路口由朝阳门立交桥及放射路共同组成转盘式立交，东二环路在此处下沉，朝阳门内大街经南北两座桥跨越东二环路后与朝阳门外大街相连。东二环路地面高程38.90 m，朝阳门内、外大街地面高程43.50 m。

2）车站站位确定及规模控制

车站沿朝阳门内大街东西向布置，与既有的二号线车站"T"形换乘，车站主体均位于道路红线内。在中海油东侧的绿地内和凯恒中心的广场下各设置一个换乘厅，经通道与二号线车站主体相接，实现 M6→M2 厅到厅的换乘；二号线站台中部加梯加板并在侧墙开洞与6号线朝阳门站站厅东端相连形成 M2→M6 的换乘通道。两站之间共设置三条换乘通道，其中两条与换乘厅相连，另外一条连接2号线的站台与6号线的站厅，形成两站之间的单向换乘。

6 号线朝阳门站为岛式地下二层车站。车站总建筑面积为 18 864 m²。车站中心里程处结构覆土厚度为 12.39 m。车站总长 187.90 m,有效站台中心里程 K14＋387.814,车站有效站台中心处轨面高程 16.200 m,轨面埋深 26.20 m。车站主体采用全暗挖方案。站台形式为 13 m 岛式站台,线间距为 16 m。如图 4－21－13 所示。

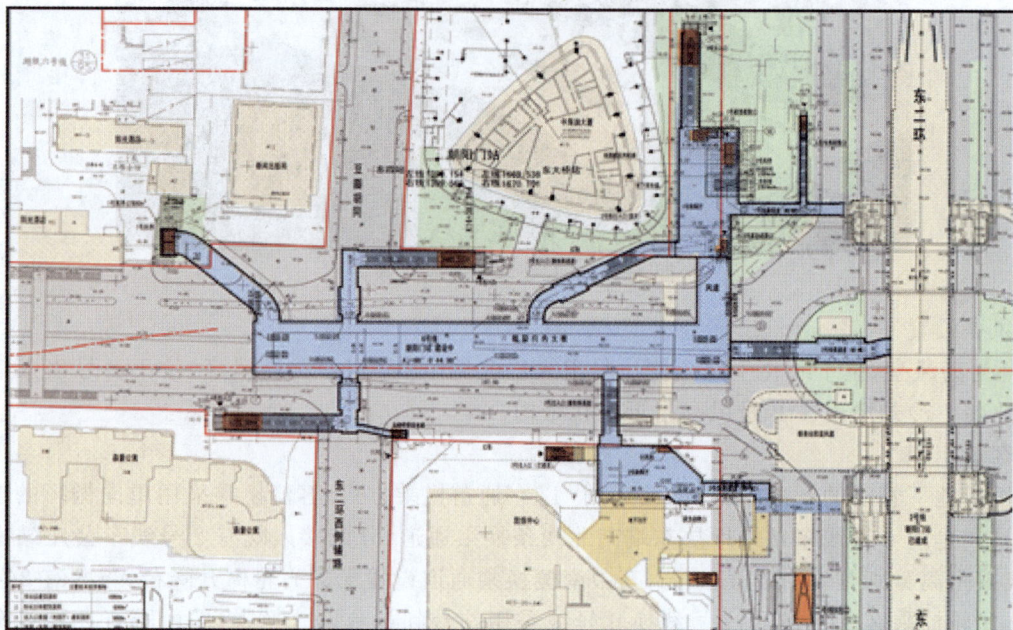

图 4－21－13　朝阳门站平面布置图

3)车站形式

车站主体为标准的两层暗挖岛式车站,设备房间外挂,设置在中海油东侧沿二环的绿地内,地下一层为设备层,地下二层为换乘厅,地下三层为风道,地下四层为冷冻站及变电所房间。车站主体总长 187.9 m,是 6 号线一期建成车站中最短的车站。

4)站内功能布局及分析

(A)车站公共区布置标准化分析

站厅层分为付费区与非付费区,在付费区设置 4 组楼扶梯与站台联系,能够满足正常客流和紧急情况下疏散的需要;在付费区与非付费区的交界处设置了进出闸机,并在进出站闸机的中部设置了乘客服务中心,能够满足乘客进出站的要求。

站厅层公共区地面装修层厚度为 200 mm,公共区装修后净高≥3 200 mm,西端设备区设置小系统风机房、环控机房、照明配电及消防泵房等,装修厚度为 50～200 mm。站厅东端仅设风道用房及照明配电。

(B)车站设备及管理用房的组成研究

车站设备及管理用房均外挂在 1 号换乘厅内,车站主体内仅留必要的设备用房,将车站主体压缩至最短。

1 号换乘厅为 4 层,除地下二层设置换乘厅外,其余的 3 层均为设备管理用房,主要设置车站控制室、通号用房、冷冻站及变电所等设备用房。

(C)站厅层设备区布置原则分析

为充分利用二环边的绿地,并将车站主体压缩至最短,设备用房区外挂至 1 号换乘厅,站厅公共区仅留必要的设备用房。

(D)站台层设备区布置原则分析

车站采用 13 m 岛式站台,有效站台长 158 m。站台层两端为设备区,主要有排风室、污水泵房、废水泵房、安全门设备室、公共卫生间等。站台层公共区地面装修层厚度为 100 mm,公共区装修后净高≥3 000 mm。

5)站内乘客服务设施设计

站厅层分为付费区与非付费区,在付费区设置 4 组楼扶梯及 1 部无障碍电梯与站台联系,能够满足正常客流和紧急情况下疏散的需要;在付费区与非付费区的交界处设置了进出闸机,并在进出站闸机的中部设置了乘客服务中心,能够满足乘客进出站的要求。

6)出入口设计标准及外部环境协调

本站共设 2 个换乘厅、4 个出入口、3 个换乘通道、1 个无障碍出入口、1 个疏散口。1 号换乘厅位于中海油大厦东侧的绿地内,2 号换乘厅位于凯恒中心北侧广场下;1～4 号出入口分别位于朝阳门内大街南北两侧,其中 1 号与 4 号出入口均从站厅层接出、位于道路红线内,2 号出入口从 1 号换乘厅接出、位于市政绿地内,3 号出入口利用凯恒中心地下厅出入口出地面;1 号无障碍出入口设置于 1 号出入口通道旁。除 3 号出入口提升高度较低(不足 6 m),未设扶梯外,其余出入口均设置上下行扶梯及楼梯。

车站设置的出入口与周围公交站点相距均较近,与公交换乘方便。

本站设 3 组风亭,1 号风亭位于北京新闻出版局南侧的绿地内,2 号风亭位于中海油大厦东侧的绿地内,3 号小风亭位于凯恒中心广场内。

7)车站无障碍设计

按规范和全线的统一要求,为方便行动不便人士乘坐本线地铁,本站下列部位考虑无障碍设计:在 4 号出入口设置无障碍电梯直通地面,在站厅层的 2 个端厅付费区内布置垂直电梯,方便行动不便人士到达站台;1 号换乘通道内设楼梯升降机,方便乘客换乘;站台层设置无障碍专用卫生间;同时在车站装修设计时,在残疾人乘客流线上,设计盲人导向带,具体要求应符合《城市道路和建筑物无障碍设计规范》(JGJ 50—2001)的有关规定,以使有需要的乘客在不需站务员的协助下可自由地进出车站。

8)车站物业开发及综合利用

本站位于朝内大街,与凯恒商业中心毗邻,结合本站暗挖情况综合考虑,在车站 2 号换乘厅的地下一层与凯恒商业中心连通。

9)车站设计总结

朝阳门站是 6 号线与 2 号线既有朝阳门站的换乘站,地处朝阳门内、外大街与东二环的交叉路口处,路口上有转盘式立交桥,车流量较大。周边分别有外交部、中石化、中海油、凯恒商业中心等比较重要的部委机关及大型央企。路口处地下管线众多,地形比较复杂,是 6 号线车站设计中比较困难的一座。方案阶段与最终施工图阶段变化较大,期间历经了由 6 节编组改为 8 节编组,由跨路口的十字换乘方案演变为最终的"T"形换乘方案。总体方案设计阶段以跨二环路十字换乘方案、二环路西"T"字换乘方案、二环路东"T"字换乘方案 3 种方案进行比选。通过多方案比较,此阶段确定跨口十字换乘方案为优选方案。初设阶段则因为众多的因素叠加,最终由十字换乘方案改为路口西侧的"T"形换乘方案。

车站方案的最终确定,不是简单的理想化的方案,因为受各项条件制约,只能达到一个功能相对合理与具备可实施性的结合点,最终做出来的车站方案才具有可实施性。

(6)东大桥站

1)工程概况

原设计车站主体采用明挖法施工 3 层车站,因明挖施工所需的公交总站改移难以实施,经各方研究并报政府批准,车站主体工法变更为暗挖法。

东大桥站为 6 号线一期车站,位于朝阳北路与工人体育场东路、东大桥路交叉口东侧公交站场下设置,东西走向。东大桥站地处北京商务中心区(CBD)西北部,朝阳区内重要的交通主干道朝阳北路和朝阳路交会于此,是北京中心城区向东的门户;作为国家重大赛事举办场馆的工人体育场与车站站位仅有 1 km。车站主体总长 255.0 m,标准段总宽 22.1 m,站台形式为 13 m 宽的双层双柱岛式,车站总建筑面积为 15 357.1 m²。如图 4—21—14 所示。

2)车站形式

车站主体位于东大桥五叉路口东侧,暗挖施工:暗挖双层+利用施工竖井+站端单层变电所。出入口对东侧客流照顾较好,工体东路两侧客流需跨路程坐地铁。与公交总站换乘和 BRT 换乘方便。车站主体总长 255 m(站厅层 187.7 m,站台层 255 m),总宽 22.1 m,有效站台长度为 158 m,站台形式为 13 m 宽的二层双柱岛式;车站中心里程为 K16+056.577;车站中心线处地面绝对标高为 38.400 m,±0.00 等于绝对高程 18.600 m,轨顶高程为 17.550 m。车站总建筑面积 15 357.1 m²,车站利用在关东店北街南侧,中央绿地中做的车站施工竖井布置一些设备用房,3A 出入口、2 号安全口、2 号风亭与之结合。车站主体采用暗挖方案,主体标准段采用双层三联拱结构和单层三联供结构,地下一层为站厅层,地下二层为站台层。

3)车站主体布置及与规划道路红线、周围建筑的关系

东大桥站位于朝阳北路与工人体育场东路、东大桥路交叉口东侧,公交站场下设置,东西走向,覆土

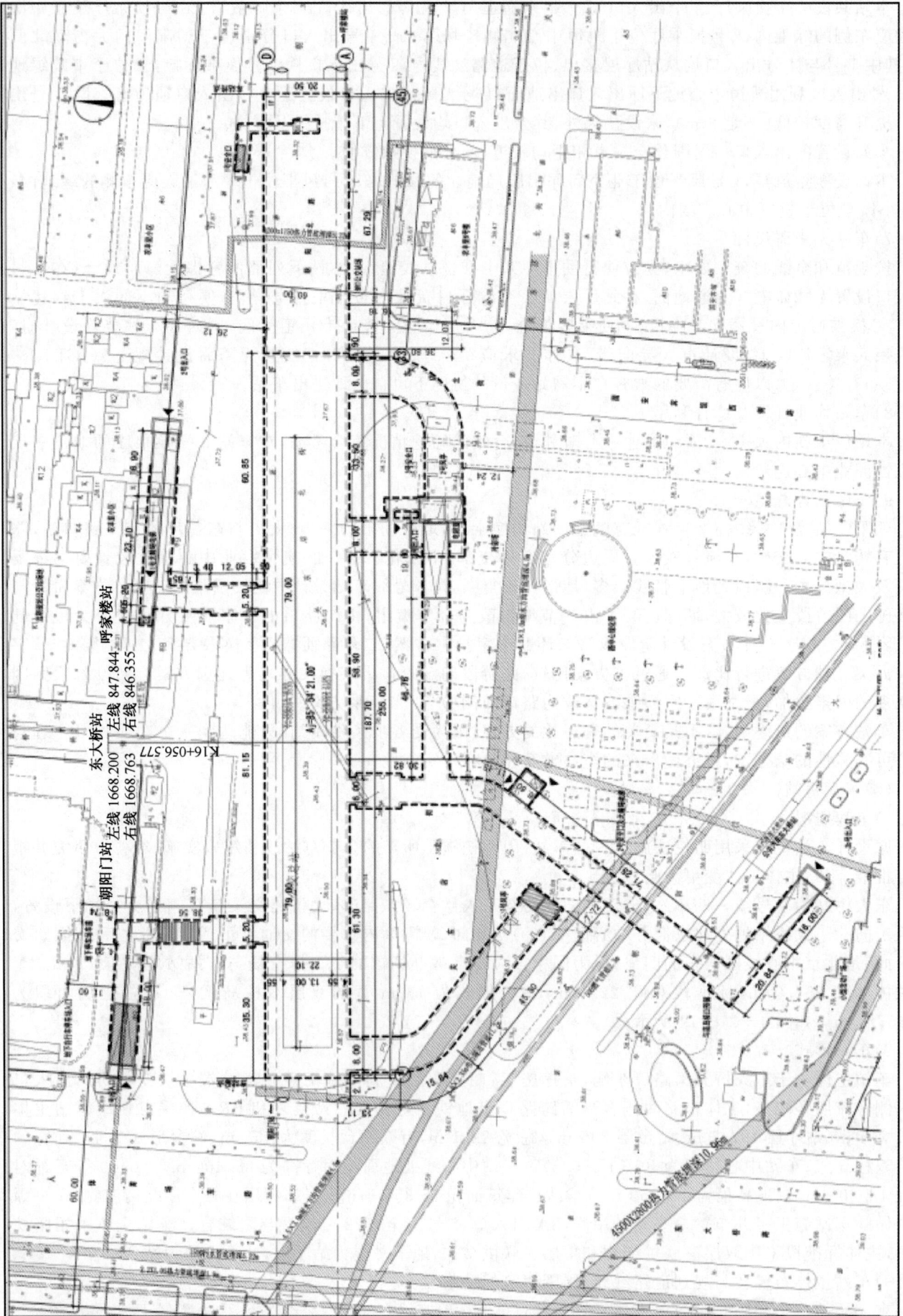

图4-21-14　东大桥站总平面图

约 3.0 m。交叉路口西北象限临街为商用建筑群及东草园等居住小区;西南象限为蓝岛大厦和昆泰大厦等高层商业建筑;东南象限为市政绿化用地和 CBD 住宅、商业用地;东北象限为已建成的佰富国际商用高层写字楼;朝阳北路和工人体育场东路之间为公交站场(共 5 路公交车在此始发)。该区域是朝阳地区重要的客流集散点,地面交通十分繁忙。

东大桥站站位周边有多条交通干道,朝阳门外大街、东大桥路、工体东路、朝阳路及朝阳北路 5 条道路交汇于此(道路红线均为 60 m),形成五叉平交路口。路口东侧的朝阳路和朝阳北路与国安宾馆西侧路相连,形成路口东侧的三角地,此三角地为城市绿化用地。

4)车站附属设计情况

路口各个象限客流都很大,路口附近未设过街天桥及地下过街通道,行人过马路均须走人行横道,极大地影响了路口已拥堵的交通,因此车站站位及出入口的布设要方便吸引路口各个象限的客流。

车站共设 4 个出入口、2 个疏散口、2 个无障碍电梯。1 号出入口(西北口)设在工人体育场东路东侧,结合站场办公用房。2 号出入口(东北口)设在朝阳北路北侧,出入口地面亭与无障碍垂梯地面亭结合。3 号出入口由一个通道引出 3A 号和 3B 号出入口:3A 号出入口(东南口)设在关东店北街南侧的中央绿地中,与车站施工竖井布置的设备用房结合;3B 号出入口(西南口)设在朝阳路南侧绿地中。

风亭设置:1 号风亭、2 号风亭均设在关东店北街南侧的中央绿地中。

车站外挂设备用房设置:利用车站施工竖井及横通道布置的设备用房设在关东店北街南侧的中央绿地中。

5)车站设计总结

本站受风亭设置场地条件限制,车站主体设计西段双层、东段单层的形式,其中西段 187.7 m 为暗挖双层,东段 67.3 m 为暗挖单层,采取"PBA"施工。工法复杂、施工工期紧迫是本站的最大难点。

由于本站可利用的施工场地主要是东大桥路口中间的三角地街心公园,因此大部分附属(包括 2 座风道、1 条外挂设备通道、1 个出入口、2 个安全口及 1 个无障碍垂直电梯口)及 3 座施工竖井均布置在该场地内。为充分利用场地,本场地内的 3 座施工竖井中,2 座与风井结合;1 座与出入口结合,4 条施工通道,也分别与 2 条风道、1 条外挂设备通道及出入口通道结合。设计上将临时施工设施与永久设施的结合发挥到了极致,重分利用了有限的施工场地。

(7)呼家楼站

1)工程概况

呼家楼站位于朝阳北路与东三环交叉路口处,是 6 号线与既有 10 号线的换乘车站。受京广桥、管线、地上建筑等的影响,两线车站采用十字节点＋通道的换乘方式,换乘节点处均对既有站进行了改造加宽处理,为乘客提供了快捷、舒适的换乘环境。如图 4－21－15 所示。

2)车站站位方案

既有 10 号线呼家楼站设计时已为 6 号线预留了十字相交侧岛换乘条件,6 号线站台层在上,10 号线站台层在下。10 号线车站为分离岛车站,经分析,6 号线跨路口与 10 号线十字相交换乘关系最优。

3)车站站内布局

由于三环路下电力沟和热力管线的制约,6 号线车站为中间单层两端双层的端厅车站。利用并扩大 10 号线预留的换乘节点条件,6 号线每侧侧式站台宽度均为 5.3 m,1 站台至站厅均布置 4 组楼扶梯,中间两组为上下行扶梯,两端为楼梯和扶梯。

4)车站地面附属与外部环境协调

呼家楼站周边建筑密集,设置出入口、风亭条件极其紧张,利用原道路中间隔离带及路口处局部渠化,设置风亭和出入口。为减小附属城市景观的影响,风亭采用敞口低风亭。如图 4－21－16 所示。

10 号线车站共设 4 个出入口,照顾 4 个象限客流。但离路口较远,朝阳北路东西客流进站较远。

6 号线共设 5 个出入口,其中东南象限与 10 号线出入口共用,西北象限、东北象限各 1 个,西南象限设置 2 个出入口,其中一个与 BRT 快速公交换乘。呼家楼站 10 号线、6 号线总共 8 个出入口,每个出入口均能方便到达两线车站站台乘车。6 号线车站的建成,有利于朝阳北路东西客流乘坐 10 号线车站。

5)换乘设计

车站换乘客流为 23 947 人/h,换乘量较大,因此便捷的换乘方式是设计的重点。10 号线预留的 4 个节点宽度均为 6 m,6 号线车站有效站台长度为 158 m,两个换乘节点之间长度为 80 m,左右两端距换乘节点

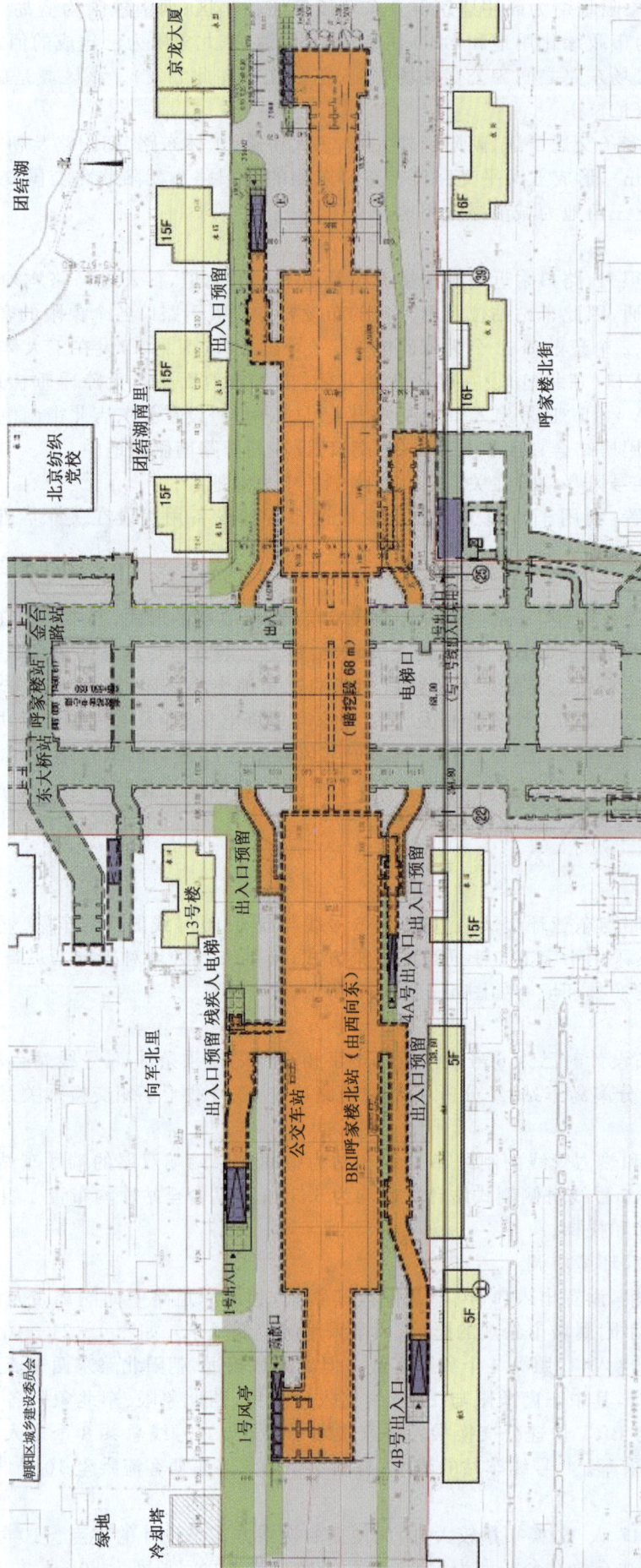

图 4—21—15 呼家楼站平面布置图

图 4—21—16 敞口低风亭效果图

距离较远,因此新设 4 条换乘通道增加换乘。增加换乘通道后,客流可以便捷的进行换乘,同时也避免客流在站台上与候车客流的交织。6 号线车站站台层与 10 号线车站的站厅层为同层。以 6 号线客流换乘 10 号线为例,客流通过 6 号线站台通过换乘节点和换乘通道到达 10 号线站厅,然后通过 10 号线站台至站厅间的楼梯到达 10 号线车站站台乘车,10 号线换乘 6 号线流线相反。每侧站台 4 个换乘点,分散客流,很好地避免了客流的拥堵现象。由于设置多个换乘点以及换乘距离短,通过专业的公司进行了客流模拟分析,两线换乘时间为 1.6min。如图 4—21—17 和图 4—21—18 所示。

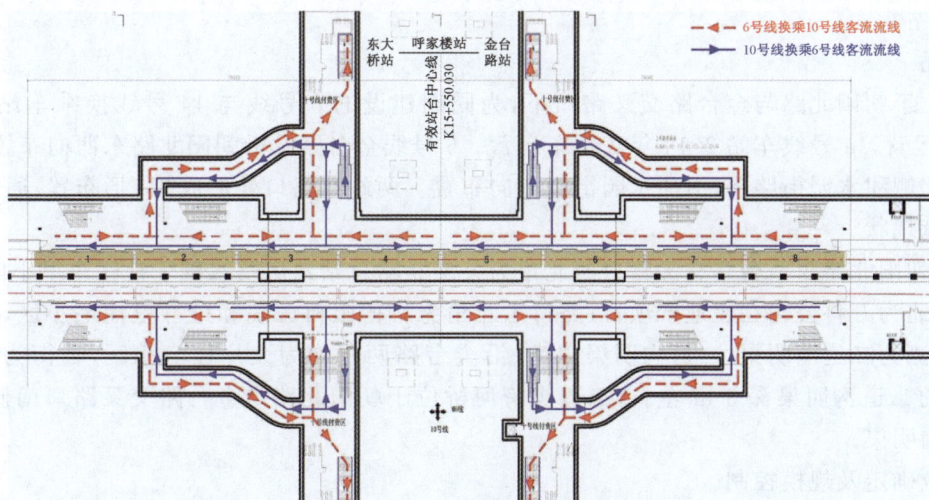

图 4—21—17 换乘客流流线示意图

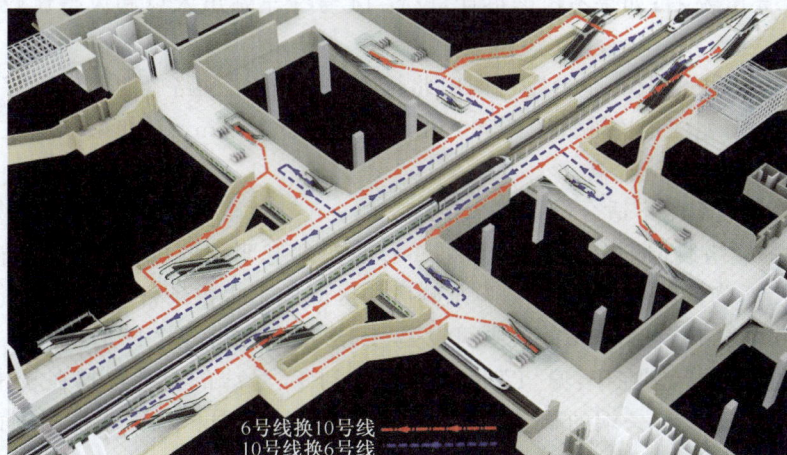

图 4—21—18 换乘客流流线效果图

通过站台宽度计算公式计算,6 号线车站站台宽度至少 4 m,同时考虑站台层两个换乘节点间存在客流选择出站方向或换乘方向的不同会出现两股换乘客流,所以站台宽度因该增加 110 mm(按每股人流550 mm 考虑),再加车站装修厚度 200 mm,最终确定车站站台宽度 5.3 m。依据 10 号线预留的换乘条件,6 号线车站站台宽度为 4.25 m,因此对 10 号线车站预留节点处进行改造,10 号线车站预留的 8 m 宽单洞通过改造增加至 10 m。如图 4—21—19 所示。

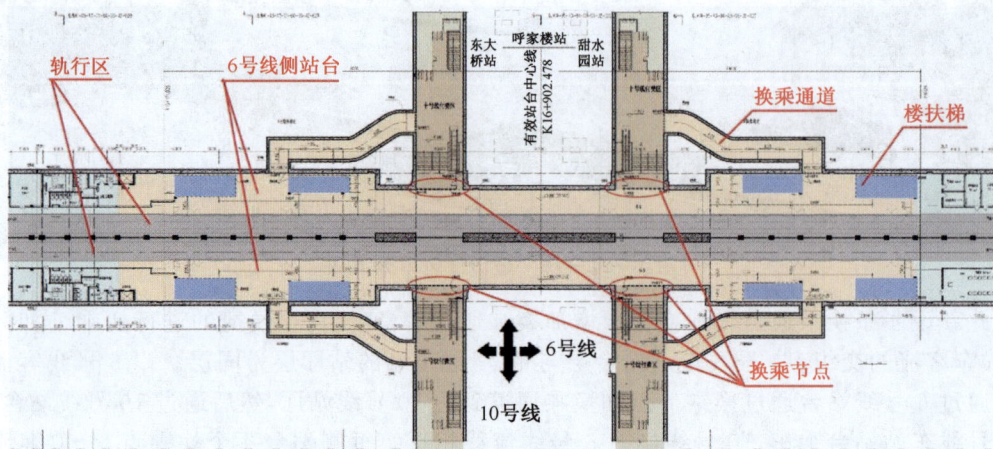

图 4—21—19 换乘设计示意图

（8）金台路站

1）工程概况

金台路站位于朝阳北路与金台路交叉路口下，为同期建设的 6 号线与 14 号线换乘车站。6 号线车站 2012 年底通车运营，14 号线车站 2014 年底通车运营。6 号线金台路站沿朝阳北路东西向布置，14 号线金台路站位于路口北侧甜水园街路下，沿甜水园街南北向布置。两站在路口处形成"T"形布置，通过通道换乘。

2）周边环境现状

周边现状：朝阳北路与金台路交叉路口西北角为公交 9 路总站站房及水碓子社区东里小区住宅楼，临街有部分平房，以北为万科公司在建地产项目；路口东北角为华德眼科医院和延静里住宅小区，以北为大片临街平房；路口南侧为二道沟明渠，二道沟明渠以南、沿金台路两侧均为大片住宅小区，临街为小商铺。位于朝阳北路南侧的二道沟明渠深 3 m 左右，二道沟跨河桥位于朝阳北路与金台路交叉路口南侧，金台路通过此桥跨越二道沟明渠。

3）车站站位确定及规模控制

6 号线站位路口以南金台路两侧现状为建设多年的成熟社区，以多层住宅和商业为主，建筑物大多紧邻红线，人行道宽仅为 3.5 m 左右；如果不考虑拆迁，设置 14 号线车站出入口和风亭比较困难；该地段目前也没有大的开发项目。

14 号线在站位附近沿甜水园街、金台路自南向北行进，线路在站位路口的南侧下穿二道沟明渠跨河桥，该桥下部采用桩基基础，南北两排桥桩直径 1 200 mm、桩间距 5 700 mm。如果车站主体穿桥桩，对于结构处理来说相对复杂，造价也会相应提高。

依据上述两点，14 号线车站不适合设置在金台路一侧。

6 号线与 14 号线的联络线位于东北象限，如果 6 号线车站有明挖的可能，应尽可能把东侧岔心容纳在主体之内，优化结构设计，降低施工难度，并可为东侧盾构区间施工提供条件。在这一前提下，6 号线车站可偏路口东侧布置。6 号线与 14 号线车站的换乘可以是"L"形换乘，或者偏"T"形换乘。

"L"形与偏"T"形方案的区别在于：偏"T"形时，6 号线到 14 号线的换乘楼梯在较中间处，换乘均衡；而"L"形的换乘楼梯在一端，处于另一端的乘客距离换乘楼梯较远，换乘相对不均衡。因此选择偏东侧"T"形换乘关系。

4）车站形式

金台路站车站总长 368.75 m，14 m 宽站台岛式车站，主体为两端明挖中间暗挖端厅式车站，共设 2 座风道、4 个地面出入口、2 个垂直电梯口及 2 个地面疏散出入口。

14 号线金台路站车站总长 236.0 m，14 m 宽站台岛式车站，主体采用暗挖法施工，共设置 2 座风道、2 个地面出入口、1 条连接 6 号线 1 号出入口的通道、1 个地面无障碍出入口、1 个直通地面的疏散出入口以及连通 6 号线车站的 3 条换乘通道及 1 条无障碍换乘通道。

5）站内功能布局及分析

①车站公共区布置标准化分析

朝阳北路管线多位于 6 号线车站站位两侧,但与甜水园街垂直交叉的路口处,与南北向管线交叉,管线较多,全部改移较为困难,且有些管线（如南北走向的 D1050 污水管）由于坡度、管径等需求根本无法改移。因此 6 号线车站主体位于路口处适用于暗挖法施工,两端采用明挖法施工。

由于暗挖的断面要比明挖段底很多,6 号线车站站厅公共区被暗挖段打断,形成 2 个端厅。西侧为小端,布置 1 组两扶一梯的楼扶梯。东侧为大端,布置了 2 组楼扶梯。站台层对应 14 号线车站的位置,中部偏西的位置布置一部"T"形楼梯,直通 14 号线站台层。

②站厅层设备区布置原则分析

车站站厅东侧为设备区大端。由于该侧包含联络线,面积较大,因此考虑充分利用空间,把 1 号风道置于主体内,1 号风亭从顶板直出,设置于朝阳北路的绿化隔离带上。

③站台层设备区布置原则分析

车站站台东侧设备区集中布置于联络线以西,设置变电所等房间。

车站公共区西端设置了地铁客服用房,为乘客提供一些便利。站台设置了公共卫生间及无障碍卫生间。

6）出入口设计标准及外部环境协调

车站现阶段共设置 4 个出入口、2 个疏散通道和 2 部无障碍垂直电梯。

1 号出入口、无障碍电梯布设在西北象限道路红线之外的绿地内,1 号出入口距离最近建筑物 10.5 m。

2 号出入口、1 号疏散口位于东北象限。其中 2 号出入口位于华德眼科医院前的空地内,为了尽量少占该单位用地,在满足人行道宽度 3 m 的情况下,出入口设置在部分人行道及该单位部分用地上,故出入口骑跨道路红线设置,道路红线内为 2.55 m,道路红线外为 4.05 m,2 号出入口距离最近建筑物 10.5 m。1 号疏散口同样让出人行道 3 m 布置。

3 号出入口、2 号疏散口和无障碍电梯地面亭位于东南象限二道沟明渠北侧绿地内。为了尽量使出地面构筑物少侵入二道沟规划的管理范围,3 号出入口骑跨道路红线设置,道路红线内为 4.7 m,道路红线外为 1.9 m。疏散口和无障碍电梯地面亭位于道路红线内,紧邻道路红线,将人行道设置在河道与出入口之间。3 号出入口距离最近建筑物 43 m。

4 号出入口位于西南象限二道沟明渠北侧绿地内,情况同 3 号出入口,人行道设置在河道与出入口之间,4 号出入口位于道路红线外,紧邻红线设置。4 号出入口距离最近建筑物 46 m。

7）车站无障碍设计

本站站厅层为 2 个端厅,为了实现车站更好的通行无障碍,2 个端厅均设置了站厅到站台的无障碍垂直电梯,对应的 1、3 号出入口设置直通地面的无障碍垂直电梯。

站台层公共区东侧设置了无障碍卫生间。

另外,为了满足换乘需求,两换乘站之间还设置了站厅到站厅的无障碍换乘通道。

8）车站物业开发及综合利用

车站公共区西端设置了地铁客服用房,为乘客提供一些便利。

9）车站设计总结

本站工程重点、难点主要集中在中间换乘段,虽然本段设计长度仅 45 m,但涉及一级环境风险源 6 处,二级环境风险源 8 处。本次工程 6 号线、14 号线车站同期实施,但考虑 6 号线先通车要求,将 6 号线车站的节点工期作为工筹设计的控制条件,换乘节点结构随 6 号线车站主体先期完成。

受工期条件限制,在工程实施过程中,中间暗挖段需要在中板结构浇筑后,为 6 号线铺轨提供条件。因此车站设计以中板浇筑后,站台层正在实施的状态下,中板要承受轨道施工荷载,中板及侧墙按此状态进行核算并进行加强。

选择何种换乘方式,是换乘车站设计最重要的内容。不同于一般的民用建筑会有一定程度上美学等较为主观的发挥,换乘车站的设计往往是非常客观、理性的,是受到各种条件制约的逻辑推理过程得到的结果。金台路站换乘方式的选择,从线路方案开始推导,综合考虑车站如何选择站位、实施的工法、客流的影响、拆迁量的多少、是否有足够的空间进行管线改移及管线改移的代价有多大、是否有合理可行的交通导改方法,以及最终的方案是否能在规定工期内按时完成任务。通过每一步的分析可知,本站换乘最终可实现的方案为:6号线为两端明挖中间暗挖的双层车站,14号线为暗挖双层车站,两站成脱离式"T"形通道换乘关系。从本站的设计过程可以发现,换乘车站往往不是理想化的以换乘最优为终极标准,而是在综合各种因素后,得到的换乘方式较优的、可实施性最佳的方案。

21.2　车站装修设计

21.2.1　公共区装修工程概况

(1)线路特色

6号线地铁沿线的区域从城市的发展过程来看,既有威严庄重的紫禁城,又有西侧城市未来的综合文化娱乐区和东侧的中央商务区以及代表未来发展的通州新城区,整条线路呈现了北京城市不同时期的发展状态。

6号线位于长安街以北,所途经的车公庄大街、平安里大街、朝阳北路是穿越城市内部的主要交通干道,同时其所途经的通州新城是东部发展带的重要节点、未来发展的新城区、城市综合服务中心和文化产业基地,如图4—21—20所示。沿线环境反映城市内部日常工作、生活、休闲娱乐等状态,是真正呈现城市内部生活状态的交通线。

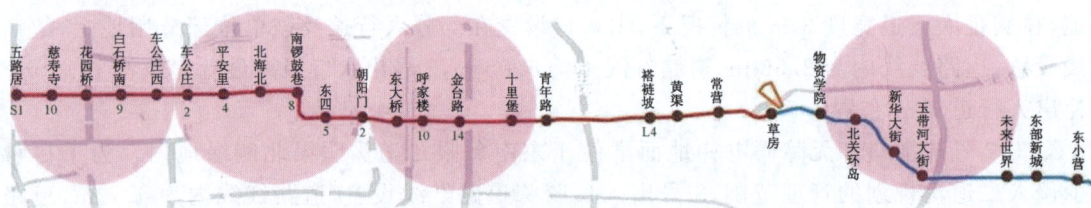

整条线路呈现了北京城市不同时期的发展状态

图4—21—20　6号线一期途经地貌

(2)总网定位

6号线在北京市轨道交通规划网中属于一条贯穿东西的城郊混合线,其中一期工程主要是城市线路。主要途经发展比较成熟的西部、拥有老城区历史文化保护区的中部和未来高速发展的东部三个区域,如图4—21—21所示。

(3)车站分类

根据6号线一期沿线的环境特征,可划分为三个区段:西部成熟区、老城保护区和东部发展区。

1)西部成熟区——机关大院版的成熟区段

西部城市区段是北京城市中发展比较成熟的区段,此区段中有比较完善的居住社区,同时融汇了办公、商业、公园等诸多环境特征,体现人文历史与现代城市发展融合的基本特征。主要包括五路居站、慈寿寺站(属10号线装修范围)、花园桥站、白石桥南路站(属9号线装修范围)、车公庄西站。

城市规划侧重点＋地铁总网概念设计＋地段特点、繁华度＋站点的自身结构特点＋投资优化

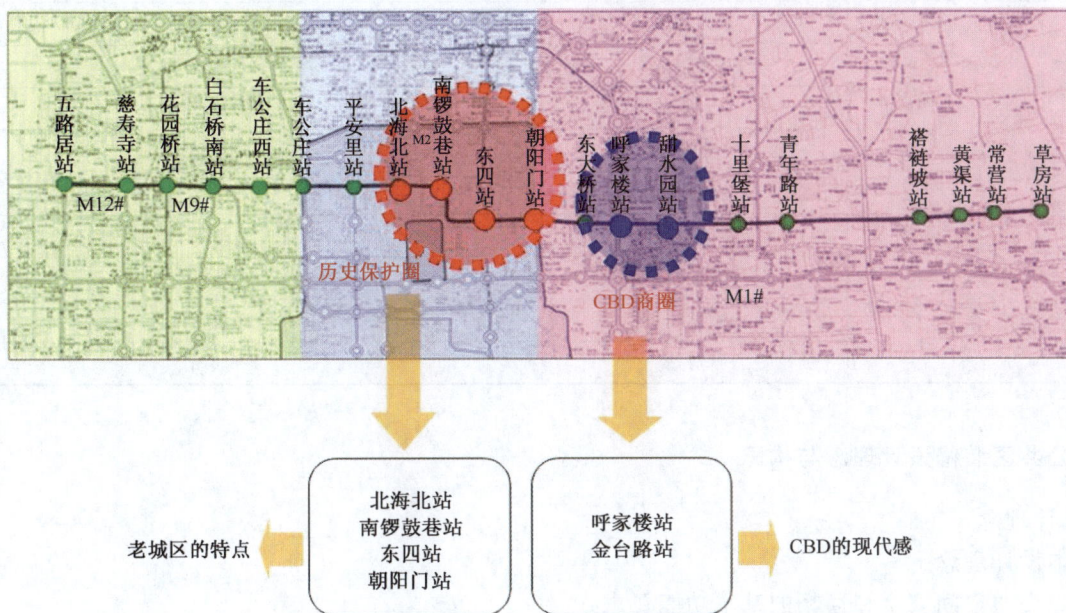

图 4—21—21　6 号线一期途经区域划分

2）老城保护区——四合院、胡同、皇宫古迹的历史文化保护区段

中部老城区段是北京城市历史的发展象征，是北京城市历史最丰富的展现，同时也是最能体现 6 号线与北京城市历史相结合设计的区段，是 6 号线设计的原始出发点。主要包括车公庄站、平安里站、北海北站、南锣鼓巷站、东四站、朝阳门站。

3）东部发展区——国际化进程的新北京、未来发展的重点区段

东部城市区段是北京未来重点发展地段之一，目前以居住功能为主，随着城市化的推进，办公、商业及其他配套设施将会逐步完善，是北京的新兴现代高密度城市区域。主要包括东大桥站、呼家楼站、金台路站、十里堡站、青年路站、褡裢坡站、黄渠站、常营站、草房站。

根据将综合北京市轨道交通全网规划设计原则，6 号线一期沿线历史文化、人文特点和繁华度，车站自身的结构特点以及投资优化等几个方面的因素，将整个 6 号线一期车站分为一般站、线路重点站和全网重点站三种类型，如表 4—21—3 所示。

表 4—21—3　区段划分表

区段	站点名称	站点类型
西部成熟区 （机关大院版的成熟区段）	五路居站	一般站
	慈寿寺站	一般站（10 号线装修范围）
	花园桥站	一般站
	白石桥南站	一般站（9 号线装修范围）
	车公庄西站	线路重点站
老城保护区 （历史文化保护区段）	车公庄站	一般站
	平安里站	一般站
	北海北站	全网重点站
	南锣鼓巷站	全网重点站
	东四站	全网重点站
	朝阳门站	全网重点站

区段	站点名称	站点类型
东部发展区 （未来发展的重点区段）	东大桥站	线路重点站
	呼家楼站	线路重点站
	金台路站	线路重点站
	十里堡站	一般站
	青年路站	一般站
	褡裢坡站	一般站
	黄渠站	一般站
	常营站	线路重点站
	草房站	一般站

21.2.2　公共区装修设计理念与构思

（1）设计理念

1）基本设计理念

①保障交通空间安全和通畅的基本功能要求。

②结合北京城市的区域特征，突出城北文化，创造独特的车站形象。

③共性为主、个性为辅，形成 6 号线的整体车站特征。

④注意细节，打造温馨而适宜的人性化车站空间。

2）设计主题及来源

"京城连廊"——连接历史的北京、现在的北京、发展的北京。

（2）设计构思

1）老北京青砖的应用与展开

砖作为北京城胡同里最"深刻记忆"的元素，其文化历史悠久，传承古今，成为一个基本的记忆符号。如图 4—21—22 所示，通过不同材质的砖来表达主题。青砖的应用可以带出 6 号线内外延展与城市发展变化的特性。

图 4—21—22　砖

2）明确的分段节奏与色彩

通过西部、中部、东部和通州新城各个城区采用不同的色彩和材质的砖，来体现不同的区段节奏和韵味。例如，西部区段采用红砖来体现成熟区段的韵味，中部城区采用灰砖来表达北京城的一种历史与文化的沉淀，东部城区则采用彩色转以传达城市发展的高速与多元，通州新城使用玻璃砖来表达城市的未来，如图 4—21—23 所示。

3）砖之韵、廊之韵

通过砖本身的质感、纹理、色彩所带出的韵味来反映出细腻、厚重、积淀的北京城。6 号线一期从西到东的直线穿梭与连接见证了城区间不同的文化时期特点，从历史发展的角度体会时间的发展、空间的穿梭，通过灯光和横向分割形成空间"廊"的韵律，如图 4—21—24 所示。

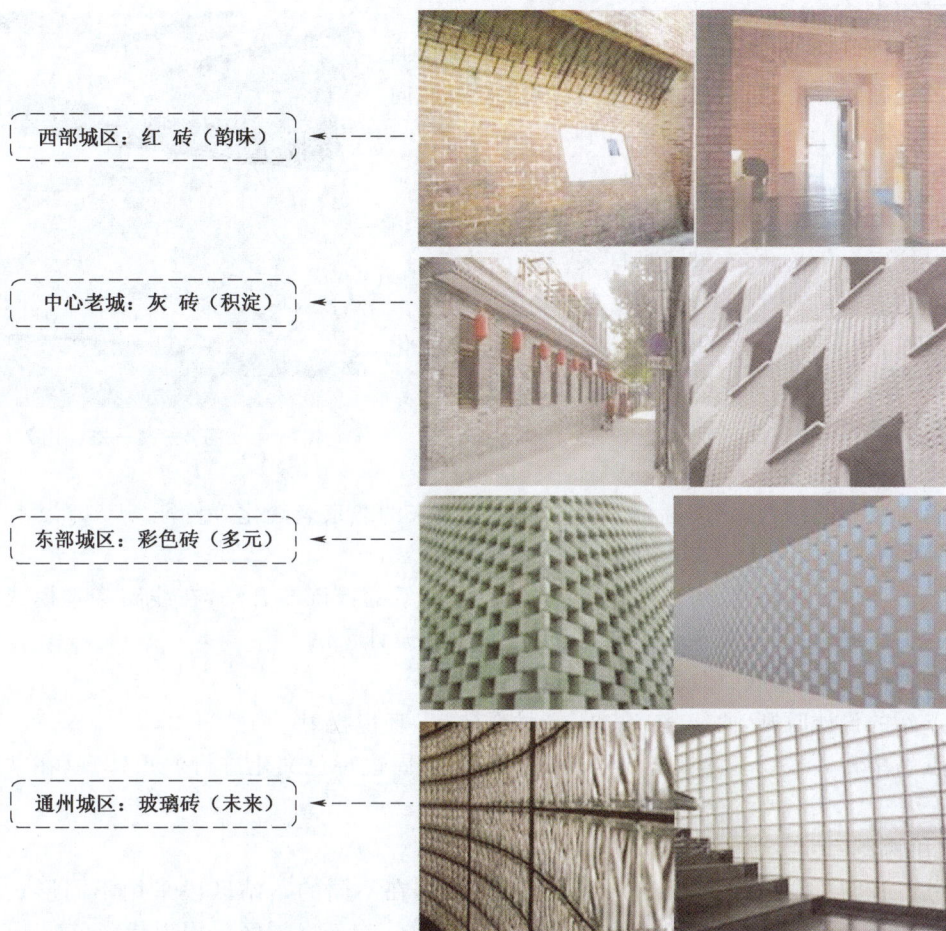

图 4－21－23　砖的分段节奏与色彩

图 4－21－24　砖之韵、廊之韵

4）界面融合

更多地考虑使用者的方便性和认知性，增强导视效果，保证空间的形式与功能的完美结合。如图4－21－25所示。

21.2.3　公共区装修设计原则

（1）基本模式原则

在围绕整条线路的设计主题和设计构思的前提下，各个车站设计方案应在遵循基本模式原则的基础上进行深化设计。

1)空间形式的表达

通过横向分割原则形成空间回廊效果,利用顶面和墙面的凹凸变化以及光影的节奏表达概念,顶面灯带、设备带横向布置。

2)材料运用的表达

以"砖"作为材料和表达主题,西部成熟区采用近代红砖,老城历史文化保护区采用灰砖,东部发展区采用彩色砖。

3)元素特征的表达

通过元素提取,将车站所在的地面区域环境特征和文化特点融合在车站空间效果中,如车公庄站京剧文化的体现,青年路站青年文化的体现。

图 4—21—25　出入口

4)功能使用的表达

出入口方向与色彩的结合,导向标识的放大化对应未来的北京老龄化等特征。

(2)叠加原则

通过对车站的环境区域特色、历史文化、人文特点等因素的提炼与升华,在线路基本模式原则的基础上进行设计元素的突出表达,形成一种松弛有度、重点突出的设计手法。

1)一般站的设计原则:直线、横向+砖。

2)线路重点站的设计原则:曲线、匀致 + 新材料砖 + 环境投射。

3)全网重点站中在 6 号线基本模式原则基础上对车站周边特色文化进行着重体现,在共性基础上投射个性特征。

(3)材料选用原则

车站地面、墙面和柱面材料的选用上应突出砖的韵律,在不同的车站区段采用不同形式的砖来体现主题:西部成熟区采用近代红砖;老城历史文化保护区采用灰砖;东部发展区采用现代彩色砖。

天花的材料质感组合应符合 6 号线亮灰色的空间格调,主要采用铝板和方通,如图 4—21—26 和图 4—21—27 所示。

回廊特点的反映
顶面材料:铝板、方通

墙面材料:砖

墙面材料:竖向金属分割勒

地面材料:砖

图 4—21—26　站厅

通道的墙面及地面根据不同站厅形式采用不同颜色砖,如图 4—21—28 所示。材料单位模数在300 mm、600 mm、900 mm、1 200 mm 的范围内进行变化组合。

(4)色彩选用原则

车站的装修色彩应符合 6 号线亮灰色的空间格调。根据不同车站所在城市区段的环境特点进行装修色彩选择。区段色彩范围如图 4—21—29 所示。

21.2.4　装修细节设计特点及处理措施

(1)装修与导向系统

地铁 6 号线装修在方案前期就提前与导向专业进行了大量配合,对导向标志、标识的样式、颜色均进行

图 4-21-27　站台

站台中部吊顶抬高

柱面材料：砖

地面材料：砖

图 4-21-28　通道

图 4-21-29　西部成熟区、中部老城区、东部发展区

了建议和要求,导向专业也进行了积极的配合和调整,通过共同努力使 6 号线的装修与导向界面整合较以前线路有了较大的改观。主要处理措施有:

1)通过多次的沟通配合把导向牌的颜色由原来的浅蓝色调整为大气现代的深蓝色标识系统,既具有国际化的统一性又符合北京的地方特点,如图 4-21-30 所示。

图 4-21-30　导向牌

2)建议采用与吊顶同色的圆形导向牌吊杆,使之达到尽量弱化的效果,如图 4-21-31 所示。

图 4-21-31　导向牌吊杆

3）为了减少吊杆的数量尽量采用壁挂式的安装方式。

4）通过协调广告位置，尽量远离导向牌，避免了广告对导向指示的影响，如图 4—21—32 所示。

图 4—21—32　车站内广告

5）整合处理并且与设备终端的位置相协调，在满足专业技术要求的前提下与装修设计界面融合，例如对门套口导向、PIS 屏与装修界面的整合，对自助机械上方的导向牌的位置进行整合，楼梯口导向安装位置与装修吊顶下沉部分的结合。如图 4—21—33 所示。

图 4—21—33　与设备终端的位置相协调

6）对于天花吊顶较高的车站采用龙门架形式，尽量缩短吊杆长度，如图 4—21—34 所示。

7）售票亭导向牌采用贴附式，避免了大量吊杆的出现，如图 4—21—35 所示。

8）装修专业在墙上为导向牌预留凹槽，既达到了美观的效果，又减少了突出墙面的导向牌可能对乘客造成的磕碰，如图 4—21—36 所示。

图 4—21—34　龙门架

图 4—21—35　售票亭导向牌

图 4—21—36　导向牌预留凹槽

（2）装修与广告系统

地铁 6 号线装修在前期很早就与运营公司广告商业部门进行了沟通配合，对广告的类型、布置位置、数量、预留电量及孔洞进行协调，运营公司广告商业部门也给予了大量的理解和支持，如图 4－21－37 所示。主要成果有：

1）通过配合，所有广告均采用嵌入式的安装方式，使广告更加与装修墙体融合，同时也避免了外凸广告对行进中的乘客造成磕碰，既保证效果又消除了安全隐患。

2）广告尽量远离导向牌，避免对导向识别的干扰。

3）较以往线路加大了广告牌间距，由 3.6 m 间距扩大到 4.8 m，保证了车站装修效果。

4）通道内采用单面设置广告或不设广告，以节省墙面装修厚度，加大人流通行空间。

图 4－21－37 车站内装修与广告系统

（3）无障碍设施

地铁 6 号线装修在前期通过与相关部门的沟通以及对大量既有线路的调研，对盲道颜色、布置形式进行了研究处理，如图 4－21－38 所示。主要成果有：

1）在满足功能的前提下简化盲道布置，从而达到简便快捷的使用要求。例如对盲道转弯处的提示砖数量进行了简化，简化了站厅非付费区的盲道，避免了对盲人的误导，使其进入地铁车站后直接下站台乘车。

2）楼梯扶手的起点与终点均设置了"小心台阶"的盲文提示，扶手端头均做了收口处理以保证乘客安全。

图 4－21－38 无障碍设施

（4）栏杆扶手

本次栏杆采用简洁、通透的形式，在满足功能使用的前提下尽量采用较细的栏杆，以达到与车站环境相协调的效果，如图 4－21－39 所示。主要的成果有：

1）与玻璃结合的栏杆形式增加了车站的通透性。由于 6 号线车站楼梯较多，车站完整空间较少，特别是分区栏杆和楼梯口安全栏杆对环境影响较大，采用通透的栏杆形式有利于空间效果的实现。

2）增大栏杆的安全系数。在悬挑较大的部分栏杆预埋件增设角钢支撑，进一步加强栏杆的安全性。

图 4－21－39 栏杆扶手

（5）卫生间设施

通过早期与建筑专业配合，装修专业对全线卫生间布置及空间尺寸进行了配合调整，避免了以往线路出现的卫生间墙面粘贴瓷砖后不满足规范要求的情况，同时也使内部空间使用更加合理，如图4－21－40所示。主要成果有：

1）早期与建筑、给排水等专业配合，将实际装修的空间和使用要求提前反馈，并协调配合专业及时调整。通过把装修厚度、洁具布置要求等因素细化后，对每个车站卫生间建筑图纸的分析研究，优化土建结构空间，合理洁具布置。

2）将原来的外露拖布池进行了整合处理，设置了拖布池隔间，使卫生间更加整洁干净。

3）男女卫生间采用不同的瓷砖颜色，更加人性化、更容易区分。

4）对洗手盆下方做了橱柜处理，将洗手盆上下水管进行了隐蔽处理，使卫生间环境更加整洁。

图4－21－40　卫生间设施

（6）便民服务系统

通过与各专业的协调配合，对便民服务系统进行了整合处理。主要成果有：

1）在站台的两个端头设置高低电话和自动售卖机预留条件。通过分析经营管理和乘客的使用需求，对自主设备进行整合布置。

2）自动取款机与自动售票机等一起整合，节省了空间。

3）将乘客服务中心和票亭整合在一起，保证功能和美观。

4）设计简洁的座椅形式，使其美观、融合，方便后期维护。

（7）照明系统

通过与动照专业的协调配合，对照明灯具进行了合理的设置如图4－21－41所示。主要成果有：

1）大部分车站采用裸管节能荧光灯，减少了用电。

2）在出入口通道楼梯侧墙安装壁灯，照亮楼梯，方便乘客行进，同时利于运营照明控制，降低用电。

3）侧墙局部设置洗墙灯，节日或重大活动时可保证灯光效果，平时运营又可关闭以达到节能要求。

图4－21－41　照明系统

（8）界面综合

1）吊顶界面综合

通过配合沟通，在吊顶设置黑色设备带，将照明灯具风口等设备终端进行整合处理，不仅整洁、规范，而且方便后期运营公司的拆卸维护。

通过通风专业的通风计算，适当调整风口尺寸及颜色，布置在统一的设备带中，风口的材料质感与吊顶应统一和谐,与吊顶接口应整洁、规范。所有与公共区相邻的门面、窗框均与相邻墙面同色,与装修面有机结合,保证整体效果。

玻璃垂直电梯钢结构、管线均进行了整合并喷色处理,使整体效果更加美观。但在施工中部分车站没有按照要求进行管线整合和颜色喷涂,影响效果。楼梯三角房处挡烟垂帘进行整合设计,在满足防烟要求的前提下使楼梯口更加整洁。

2)地面界面综合

地面各类地面检修口均做隐蔽处理,较大的检修口另外加装两个提手,满足后期两人进行维修。排水篦子等给排水设施的设置应满足专业要求,接口应与装修环境协调。

3)墙面界面综合

地铁空间的墙面留洞较多,包括门洞、窗洞以及各设备箱体墙面预留洞、结构变形缝、人防门等等。为使地铁空间装修效果完整、美观,并使其各设备箱正常使用和维修,墙面各设备箱体均为嵌入式隐蔽安装,并采用与墙面同材质、同纹理的伪装门。

对有特殊要求的各明装设备按钮,如火灾报警按钮、紧急停车按钮等,进行了专门的设计与预留。对部分车站通道休息平台侧墙有消火栓的伪装门和栏杆安装进行了处理,并要求安装后方便消防锁具的开启,防止乘客拉开摔倒,如图 4-21-42 所示。

图 4-21-42　界面综合

(9)装修材料的使用

通过对材料的调查与研究,结合后期实施情况,主要成果有:

1)由于 6 号线工期紧张,因此只是在墙面材料中进行变化,在管线较多的地面和吊顶均采用标准统一处理,方便了后期抢工。

2)吊顶采用勾搭式龙骨体系,利于安装及后期检修维护。

3)通道地面采用深色瓷砖,避免了客流集中部分磨损变色的问题。

4)通过甲控材料的控制,并制定详细的技术标准,保证了装修材料的质量,加强了现场的技术力量。

5)方案设计时就充分考虑材料生产工艺,例如两个站采用同一个颜色瓷砖,既避免色差又利于后期抢工调配。

21.2.5　重点站装修方案特点

（1）南锣鼓巷站

"古巷风情"，取南锣鼓巷之特色"胡同"之意。

北京胡同、四合院历经了近千年的风雨沧桑，是北京文化的象征，更是人类文明的象征。胡同、四合院是北京历史的象征、老北京人生活的象征，更是老北京人的根。

胡同、四合院不但是老北京人的文化遗产，更是中华民族的、世界的。没有了胡同、四合院，京味文化将逐渐消失或仅仅保留在教科书上。

1）项目背景

①位于东城区地安门东大街与东板桥街交叉路口东侧。

②地下三层车站，地铁 6、8 号线换乘。

③周边有北京无线电技术研究所、北京宽街教堂、北京最古老的街区之一南锣鼓巷等。

2）历史背景

南锣鼓巷曾叫罗锅巷，乾隆 15 年(1750 年)绘制的《全城全图》改称为南锣鼓巷。南锣鼓巷始建于元朝，东西各有 8 条对称的胡同，呈"鱼骨状"，又如同一条"蜈蚣"。因此，南锣鼓巷也称为"蜈蚣巷"。

现在的南锣鼓巷街区北边是鼓楼东大街，南边是地安门东大街，西边是地安门外大街，东边是交道口南大街。由这 4 条街围合的这块长方形地块，正是元大都的两个坊。以南锣鼓巷为界，东面是"昭回坊"，西边是"靖恭坊"，南锣鼓巷是两坊间的分界巷，是北京古都风貌中一块保存完整的"碧玉"，如图 4－21－43 所示。

图 4－21－43　南锣鼓巷(一)

3）地域特点

南锣鼓巷站位于北京中轴线上。东西各有 8 条胡同整齐排列着，南北走向，长约 800 m。

从南向北，西面的 8 条胡同分别是福祥胡同、蓑衣胡同、雨儿胡同、帽儿胡同、景阳胡同、沙井胡同、黑芝麻胡同、前鼓楼苑胡同；东边的 8 条胡同分别是炒豆胡同、板厂胡同、东棉花胡同、北兵马司胡同、秦老胡同、前圆恩寺胡同、后圆恩寺胡同、菊儿胡同。

4）文化艺术

南锣鼓巷形成了北京独特的酒吧文化，这里遵循于四合院的氛围和格调。这里让人感受最多的就是那种曲径通幽、高树矮墙的胡同气息。陈旧的砖墙、大红的灯笼、古朴的大门、时尚的装饰都能带来一份深厚的怀旧风格。整条酒吧街以四合院小平房为主，是北京保存最完整的四合院区，如图 4－21－44 和图 4－21－45 所示。

图 4－21－44　南锣鼓巷(二)

图 4－21－45　南锣鼓巷(三)

　　南锣鼓巷在发展中形成了自己独特的胡同旅游商业文化。南锣鼓巷的一个特色是,除了拥有大批充满情调的店,还不乏很平民化的店,满足居民和游客餐饮等生活需求,充满了生活气息,如图 4－21－46 所示。这些大众店铺大多都是以四合院为主的特色小店,散落在胡同之中,成为一道亮丽的风景线。

图 4－21－46　南锣鼓巷(四)

　　周边环境特征:大量四合院、胡同

　　全网重点站主要体现站点周边文化特色,反映站点主题文化,根据站点周边文化分析,南锣鼓巷站设计主题定位——古巷风情。

　　5)设计目标

　　①功能为主,以人为本。

　　②新颖独特,简洁大气,体现城市文化内涵。

　　③经济,易维护。

6）设计原则

①作为中轴线上的全网重点站,根据周边环境特点,南锣鼓巷站的设计应展现出传统文化特色,在地铁空间领略其独特魅力。

②本着再现"古巷风情"的气象万千的定位,展示车站在本体空间结构特色优势的基础上,最大化地体现北京独有的建筑文化在城市中承载的历史与文明,如图 4—21—47 所示。

图 4—21—47　古巷风情

7）实现手法

采用中式元素的提取、以现代手法去体现:空间天花中国红"双人字结构梁"的运用,柱身以中国红加金色传统纹饰点缀,墙面以典型的胡同元素加以修饰。这些都彰显出北京独特的历史与文化,充分展现车站的大气与洗练风格,极具识别性,如图 4—21—48～图 4—21—51 所示。

图 4—21—48　人字结构

图 4—21—49　民族团结

图 4—21—50　云纹图案

图 4—21—51　胡同

8）空间形态

结合站点周边环境特色,为突出城市文化内涵,设计将北京城市特点及文化,用重构的手法赋予了历史寓意。

整个空间通过中国民居古建筑典型元素提炼,采用点、线、面完美结合的形式,形成虚与实的对比。天花通过白色方通与双人字梁造型,利用艺术的手法对空间中抽象的历史与文化进行有效的补充。

天花——通过白色方通形以斜面形式铺装,采用双人字梁造型的点缀,形成倒 V 字形的独特空间感;结合板的运用,形成空间的虚实对比。

立柱——通过提炼北京城市文化精髓,采用中国民族团结柱的表现形式将传统文化和现代感融为一体。

墙面——运用胡同清水砖为主装饰面,以民居砖雕艺术来点缀其独特的古巷空间。

地面——石材的运用体现现代与传统的完美结合,以达到共性空间的完美统一与合理延续。

9)色彩表现

空间以经典的红白灰为主色调,以最具中国传统文化特色的中国红加金色点缀,完美体现中国建筑空间的视觉冲击力,完全符合中国人的审美观,其独有的民族性和东方神韵也满足西方人的审美情趣。南锣鼓巷站在中轴线上,全网重点站中具有其特殊的地位,设计的手法是古为今用,体现中华文化的博大精深和历史的厚重积淀。如图 4—21—52 所示。

图 4—21—52　南锣鼓巷站局部效果展示

(2)北海北站

1)工程概述

"古城风貌"——老城区车站的古朴、浑厚的文化塑造。

北海北站设计方案是对中国古建筑中的"重檐飞椽"等建筑构件的元素进行提炼和变形,运用中国古典园林中的回廊形式将传统元素融合在现代交通空间中,与皇家的显赫与园林的休闲相得益彰。车站主体采用白色大理石墙面与绿色回廊,利用色彩上的反差及大理石天然纹理,塑造北海北站自然的园林理念。

为保证整体照度的均匀,在效果图的基础上深化,在主造型下方增加了灯具,如图 4—21—53 所示。

站台层效果图和实景图无很大出入,如图 4—21—54 所示。

2)经验与总结

①站台楼梯间吊顶的处理

由于站台楼梯间导向牌及挡烟垂壁等各种设备,站台楼梯间的吊顶收口,设计成用普通铝板做平顶手边收口,这样在保证各种设备安装的同时也比较美观整洁。如图 4—21—55 所示。

②消火栓门石材干挂

图 4—21—53　北海北站站厅层效果展示

图 4—21—54　北海北站站台层效果展示

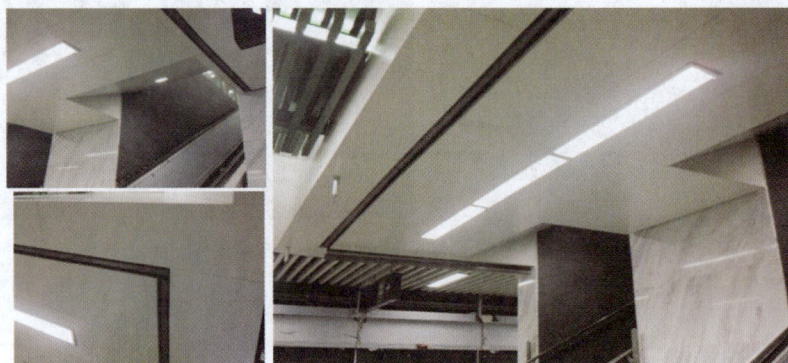

图 4—21—55　站台楼梯间吊顶处理

　　消火栓合页门轴没有采用成品,而是使用镀锌钢管焊接。由于干挂石材伪装门石材与龙骨的重量较大,普通合页容易损坏,故采用镀锌钢管焊接成合页门轴,减小了伪装门与石材之间的缝隙并保证伪装门的开门见栓。如图 4—21—56 所示。

　　③站厅与通道间门套

　　站厅与通道之间门套,经常有大型管道如风管经过,做造型的时候一定要考虑门套内部管线通过的空间。如图 4—21—57 所示。

　　④步梯疏散宽度

　　由于施工误差导致站厅至站台的楼梯间步梯疏散宽度不满足要求,现场采用湿贴 60 mm×240 mm 的小砖,来减少装修厚度,以保证疏散宽度。如图 4—21—58 所示。

图 4—21—56　消火栓门石材干挂

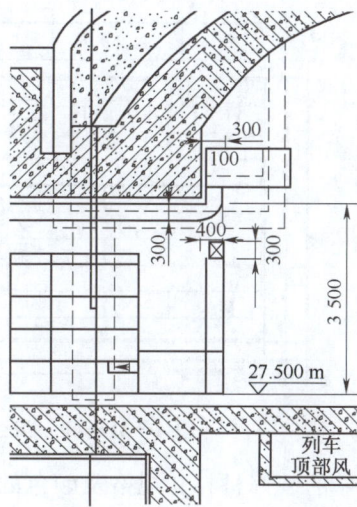

图 4—21—57　站厅与通道间门套处理（单位：mm）

⑤扶梯与步梯之间的缝隙处理

由于施工误差以及电梯安放情况不同，一般步梯与扶梯之间都会产生一些缝隙，北海北站这次装修采用挡水台来收边收口，内部为预埋和焊接钢架结构，如图 4—21—59 所示。

图 4—21—58　步梯效果图

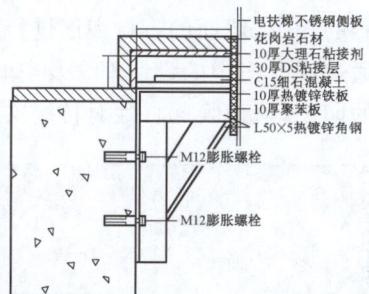

图 4—21—59　出入口楼梯效果图及挡水台剖面图（单位：mm）

⑥卫生间通道宽度

由于洁具型号的不同，全线卫生间要求做踏步来提高洁具安装位置，再加上施工误差的原因，无法保证过道宽度，因此在以后的设计中可考虑预留更多的误差空间。如图 4—21—60 所示。

（3）东四站

1）公共区装修设计原则及方案

①设计原则

各条线路的车站设计理念必须在满足地铁交通功能基本理念的前提下进行拓展与构思，根据车站设计原则，以达到各站方案设计风格的连续性，同时根据全线设计风格来确定材料及颜色的使用原则。地铁精装修应该符合地铁的各种规范要求，同时也肩负着对当地人文历史特点的传承。根据线路概况及周边环境进行线路定位，从而确定线图的装修特点及风格，并确定各车站的设计原则，以达到各站方案设计风格的连

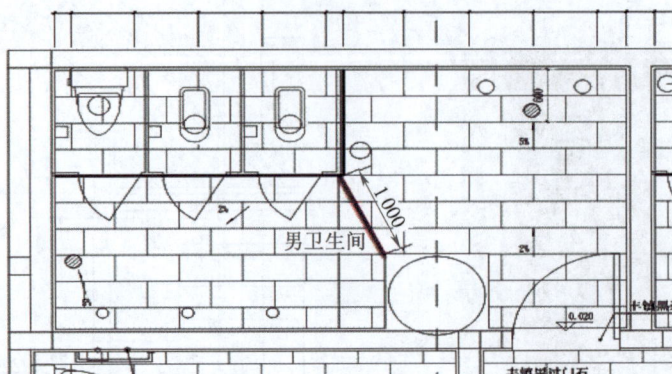

图 4—21—60　卫生间平面图（单位：mm）

续性,总体把控确定各站的装修材料和规格及颜色的使用原则。

②设计方案

设计方案必须要有一定的概念意图,应当从结构空间特点、交通形式特点、当地人文历史等出发,充分反映出此区段的社会发展、经济技术、人文特点等特点。

提到东四,首先想到是东四文化中的"东市"和东四的牌楼。老北京的"四牌楼"由于各种原因已经拆除,北京城内的其他牌楼完整保留的已经很少,并且现存的这些牌楼都面临着拆除和迁移的问题。设计利用地铁这样的北京城市窗口,把老北京的"东四文化"继续传承下去。

地铁东四站是地下的交通空间,空间的高度有制约,不可能完整地复原东四的牌楼,不可能做出纯粹的东四牌楼。所以设计在满足国家规范的前提下,充分利用东四的建筑空间,利用装饰的各种手段,提取牌楼的结构特点,利用建筑空间原有的圆柱和附加在圆柱中间的横梁,把东四牌楼的"形"融合在建筑空间内。并且利用铝板新的制作工艺,提取牌楼上具有韵味的文案,进行现代手法的提炼与变化,把牌楼的"韵"也融入装饰设计中,让牌楼的"形"与"韵"得以体现,形成东四站的主题和亮点。空间其他部位的简洁、大气的处理,不仅是出于施工便利的考虑,更加考虑到围绕东四的主题内容进行设计。如铝板的颜色选择给人感觉怀旧感的颜色,墙面的石材表面进行肌理处理,让即使是现代的材料,也能够表达出符合怀旧主题的特点。因此通过本方案中的设计理念及空间的主题定位,以及空间各种材料的处理,表达出了"东四文化"在百姓心中的印记,从而唤起百姓对传统文化的温情和敬意,如图 4—21—61 和图 4—21—62 所示。

图 4—21—61　东四站站厅层效果图

图 4—21—62　东四站站台层效果图

2)装修材料选择

常用的有铝板、方通、石材、瓷砖、不锈钢、搪瓷钢板等 A 级不燃材料。

①材料选择的基本要求

消防要求为 A 级不燃材料,具有较高的强度、硬度、抗冲击、耐刮划、防霉防潮,易于清洁、保养、拆卸,符合当地综合防滑性能,放射性指标满足国家环保要求、交通空间的规范要求和环保指标。材料应为空间设计意图服务(观感、色调、质感),能满足设计表现对效果的要求,同时能表现其原有质感特征的优点。选材时应充分考虑材料的加工周期和安装难易度,以便于后期抢工,促使工程质量、工期及装修效果都能有保证。

②材料设计技术措施

在保证装修效果及质量的前提下,加强对设计方案经济性的考虑,优化设计,减少工程投资,统一材料风格,进行模数化设计组合,充分考虑装修材料的节点组合和维修、更换因素,以减少后期的运营维护管理费用。

③材料的质感组合

天花、地面、墙面的材料质感组合首先要符合线路车站的整体空间格调、色彩、色度、肌理、纹样、和面积的比例关系,各站在共性原则基础上可根据各站的设计构思研究制定,不同的质感打造不同的气质、格调空间。材料质感的组合首要满足安全高效、现代时尚、简约舒适的交通空间要求,同时要兼备耐久、科技、跃动、和谐等设计语言。

3)主要技术特点、亮点

①公共区装修标准化设计利于生产、施工及运营维护

(A)材料模数化,没主跨之间设置活动调节尺寸块。

(B)设计时密切与材料商配合,研究材料的安装节点做法,便于材料的可拆卸。

(C)设计选材时应尽量选择加工周期时间短、便于施工单位安装和可现场裁切的材料(例如铝方通、瓷砖、石材、不锈钢)。

(D)各专业在设计好自己本身所需的检修口外,应密切与运营公司配合是否需增设检修口,装修专业能合并的尽量合并。

(E)各专业深化设计时,需运营公司提供便于后期运营维护的资料及意见。

②车站装修风格及艺术设计

地铁站可以认为是一个城市的窗口,与百姓生活息息相关。百姓每天穿梭在地铁空间和地上空间,但是很少有人在地铁内的某一空间长久停留,因此地铁空间给百姓带来的是一种"长久的瞬间感觉"。设计师充分利用了这样的"窗口空间",在保证便民、快捷、安全等功能要求外,缔造一个有特色的、充满艺术气息的个性空间,唤起百姓对过去的记忆和对未来的憧憬,如图 4—21—63~图 4—21—68 所示。

图 4—21—63 东四站老牌楼影像

图 4—21—64 南京地铁苜蓿园站吊顶

图 4—21—65 南锣鼓巷站的横梁和墙面

图 4—21—66 北海北站的吊顶和墙面艺术品

图4-21-67　朝阳门站红色铝板的搭配

图4-21-68　车公庄西站教堂式的空间视觉感

（4）朝阳门站

1）理念介绍

朝阳门是北京内城九门之一,历史上商贾云集、店铺林立、繁华异常。当代的朝阳门则更现代、更时尚,以中国传统建筑的拱廊空间元素为切入点,传承中国古典与现代艺术文化。

2）车站装修分析

拱廊空间作为中国皇家建筑半室外的过渡空间,朝阳门站运用拱门的阵列复制的处理手法,体现出拱廊空间如皇家般的大气庄严。

在朝阳门站的设计中,将中国传统皇家建筑构件、元素与现代装饰材料和照明手段相结合,诠释出以拱廊空间为特点的现代新中式风格。

通过对空间特点和氛围的把控,朝阳门地铁站从站台和站台室内空间塑造到乘客座椅和垃圾桶的设计上,运用了中国传统建筑元素和色彩加以诠释,体现出地铁朝阳门站标志性的空间特点。如图4-21-69和图4-21-70所示。

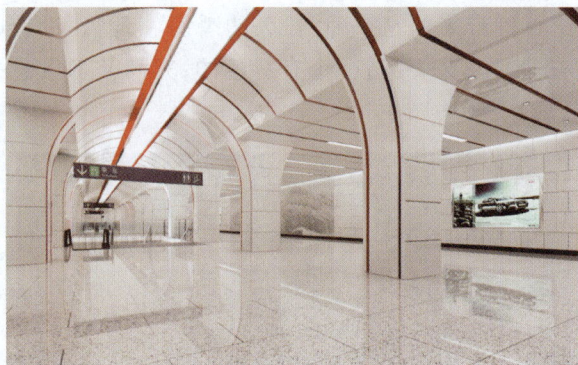

图4-21-69　站厅方案

图4-21-70　站台方案

（5）车公庄西站

1）周边环境介绍

车站位于车公庄大街与展览馆路交汇处,西二环以东,与北京展览馆、北京行政学院、北京建筑工程学院、外交学院等众多学校和公共场馆仅咫尺之遥。如图4-21-71所示。

2）车站建筑形式介绍

①车站位置:车站位于车公庄大街与展览馆路北端、动物园路南端交汇处。

②车站形式:地下三层岛式站台车站。

③站型结构特征:暗挖双柱。

④建筑高度:6.7 m。

⑤装修设计高度:最高点4.8 m,最低点3.0 m。

⑥车站面积:19 853 m²。

⑦车站定位:线路重点站。

⑧车站所属类别:商务办公型。如图4-21-72所示。

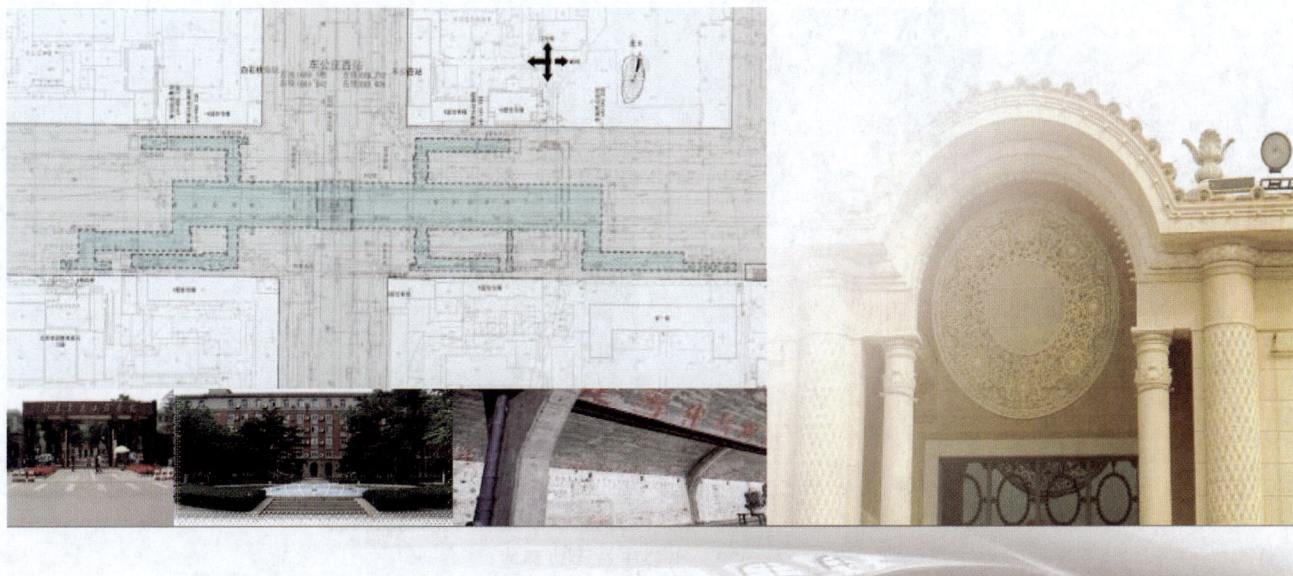

图 4—21—71　车公庄站周边环境(一)

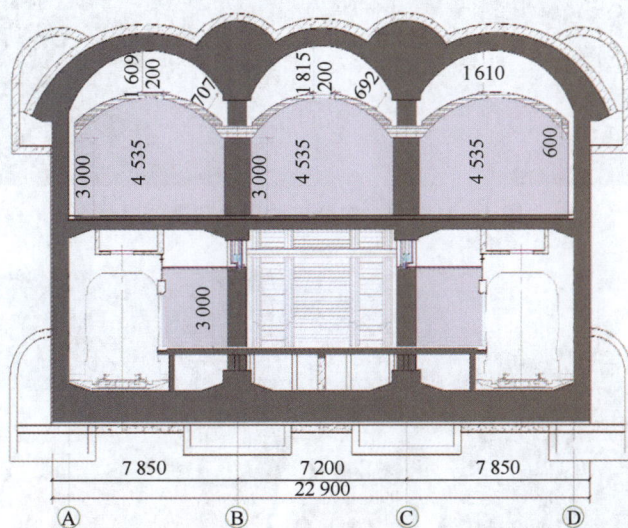

图 4—21—72　车公庄站(单位:mm)

3)设计构思

主题诠释——开拓之情、人文记忆。

车公庄西站因其特殊的历史渊源,使其在以宜居为主旋律的城西区域独树一帜。意大利传教士利玛窦的公墓就坐落于今天的北京行政学院的院内。早在 1978 年,北京市政府就将"利玛窦及明清以来外国传教士墓地"列为北京市文物保护单位;具有典型欧式建筑特点的北展是该区域的标志性建筑。

车公庄西站展现给人们的是中西文化的合璧,是历史与现代的结合。如图 4—21—73~图 4—21—75 所示。

4)设计理念

鉴于以上主题定位,本站的设计思路是将欧式建筑的穹顶加以简化,结合本站的建筑形式,以连拱的形式突出其站位特点,墙面采用特殊质感处理的艺术砖来体现其古朴厚重的一面,也使"砖"这一全线的灵魂元素得到有力的表达,呈现出一种中西文化的融合和对未来的展望。

5)方案表达

如图 4—21—76 和图 4—21—77 所示。

图 4—21—73　车公庄站周边环境（二）

图 4—21—74　车公庄站周边环境（三）

图 4—21—75　车公庄站周边环境（四）

图 4—21—76　设计效果展示

（6）呼家楼站

该站位于 CBD 商圈范围内，同时又在三环交通节点。装修设计上采用银白渐变色铝板，形成一种现代金属砖的韵味，将空间管线综合、整合规划出舒展的弧形，将板面错拼结合灯具排列出舒缓的时尚感，以呼应现代 CBD 的空间氛围。如图 4—21—78～图 4—21—81 所示。

图 4—21—77　实景效果展示

图 4—21—78　站厅

图 4—21—79　站台(一)

图 4—21—80　站台(二)

图 4—21—81　通道

（7）金台路站

该站位于新扩 CBD 区与四环相交节点。设计通过镂空铝板的排列组合和背景光渲染,创造出金台路站幻梦一般的车站空间效果,为在 CBD 紧张工作的上班族提供片刻的放松。如图 4—21—82～图 4—21—84 所示。

图 4—21—82　站厅

图 4—21—83　站台

（8）常营站

该站位于北京市重点建设的东部次中心区域的定福庄地区。车站三柱两跨结构,并实现与周边商业建设一体化。常营站厅东西两侧直接连通商业,南北两侧出入口也与商业结合。车站站厅层兼顾朝阳北路和双桥东路的过街功能。车站设计风格结合商业特性以轻盈、洁净为主基调,来协调未来繁华的商业氛围。这一站的整体概念设计手法主要通过艺术砖的各种拼图体现。如图 4—21—85～图 4—21—89 所示。

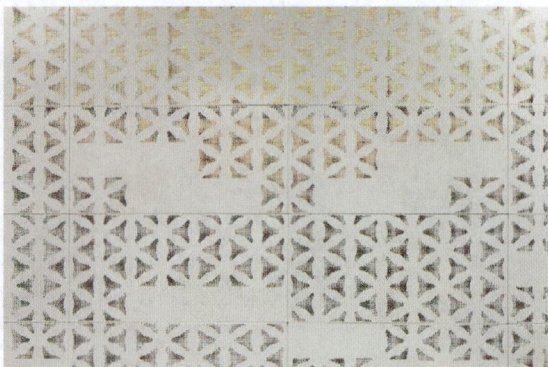

图 4—21—84 墙面

图 4—21—85 常营站站厅（一）

图 4—21—86 常营站站台

图 4—21—87 常营站站厅（二）

图 4—21—88 常营站换乘厅（一）

图 4—21—89 常营站换乘厅（二）

21.3　车站艺术品设计

地铁车站对于艺术有内在的需求,而地铁的大众性、日常性、广泛传播性又是艺术,尤其是近代公共艺术最好的载体。北京地铁 6 号线一期艺术品的设计原则主要是以"砖"为载体:西部城区以红砖文化引出对应的时代特征,老城区以灰砖记录历史封存的记忆,东部城区以彩砖展示多彩生活。依据各站周边环境、文化特色,由艺术家确立各站设计主题。艺术品的位置应根据结构特点、人流状况来选择较为适宜的位置,避免与车站功能的冲突。艺术品选择形式可多样化。如图 4—21—90～图 4—21—93 所示。

图 4—21—90　西部城区

图 4—21—91　老城区(一)

图 4—21—92　老城区(二)

图 4—21—93　东部城区

第 22 章　地面亭设计

北京地铁 6 号线一期工程 20 座车站的地面附属建筑物中包含出入口、无障碍电梯、紧急疏散口、风亭、冷却塔、电阻室、VRV 室外机。这些地面出入口的形式也不尽相同,有直出、侧出,与疏散口结合,与无障碍电梯结合,与机房结合等形式。由于数量众多,所在区域、背景又各不相同,这些交通建筑及设备需要协调周边、建筑、文化、色彩等诸多因素,在满足功能要求、安全要求的同时,又要结合 6 号线所穿越的区域的特征。

22.1　设计定位

1）环境呼应与线路概念关系

城市核心区:环境呼应优先,线路概念隐现。

城市过渡区:环境呼应为主,线路概念显现。

城市发展区:环境呼应和谐,线路概念明朗。

2）突显 6 号线北京地铁主干线的特征

6 号线一期沿城市主干路布设,连同东延的二期和西沿的三期,形成平行于 1 号线的"东西贯通,连山接水"的地铁网络主干线。出入口建筑风格应在全网整体概念的框架下,体现出 6 号线作为城市主干线的重要性。

3）易识别性和工程系统性

6 号线出入口所经过的街道多是 70 m 宽的城市主干道,由车道、自行车道和绿化带构成。出入口高度与沿街建筑一层相同,因此,出入口设计需要具备交通建筑特征以保证良好的可识别性。同时,全线 20 座车站出入口应保证相应的工程系统性,以利于工程投资、施工和后期维护管理。

4）安全、高效、细致的出入口功能

地铁出入口在人们日常生活中使用频繁,对人们的安全出行影响重大。因此,出入口设计应以安全、高效、细致为基本功能定位,充分考虑使用中的防滑、防水、防淹、防尘、盲道等细节。

22.2　设计构思

1）"京城连廊"的交通空间营造

6 号线是旧城北部与周边城区的东西横向贯通线,是穿越旧城内历史文化保护区最多、范围最广的线路。

6 号线平行于 1 号线、八通线,是北京东西贯通的大动脉,从老城区到通州新城整条线路呈现了北京不同时期发展的城市状态,展现出城市的细部生活。

6 号线的车站空间以老北京的"灰砖"为构思的出发点,全线以"砖之韵、廊之韵"为主题贯穿,在城市的不同地段使用多样的砖的形式加以表达。

地面出入口采取与地下车站同样的创意主题"京城连廊",意在打造地下—地上联贯的交通空间氛围,使"砖之韵"在地面出入口有新的展现,结合广场环境为乘客提供协调一致的空间体验。

2）系统性与环境对应

出入口作为地铁庞大工程的地面附属建筑物,在很短的期间要建设近 90 个独立出入口,从投资、施工、材料加工,到后期维护管理等方面考虑,显然需要采用系统化的设计,也就是出入口造型风格保持基本一致。

系统化设计有利于人们从不同的街道环境中识别出入口位置,也有益于从整个地铁线网的多种出入口

156

建筑中区分不同的线路风格。

6号线一期所经过的街道环境既有老城区又有新城区,而且出入口所在各站、各方向的预测人流不同,出入口宽窄、长短不一。因此,出入口设计应保证工程系统性,同时要具备由内因如宽窄长短不同和外部环境不同所带来变化的适应性。

在特殊的环境地段应具体处理出入口的造型,以达到最佳的功能,从而解决和与周边环境的匹配协调问题。

22.3 标准站出入口设计

6号线一期出入口设计如图4-22-1所示。

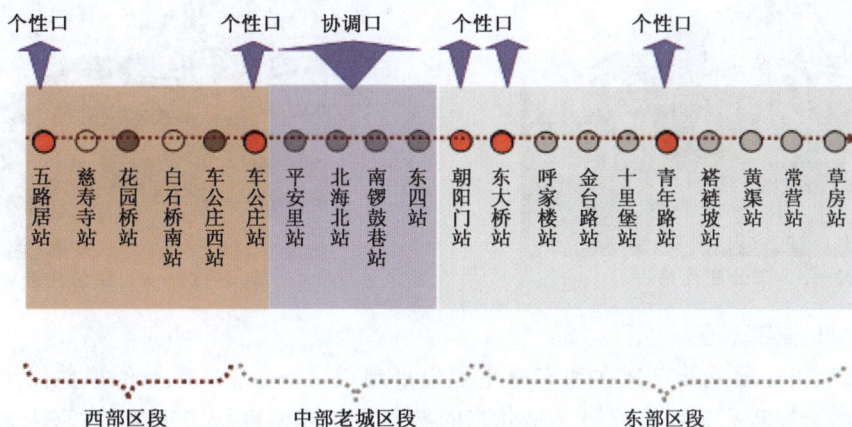

图4-22-1 6号线一期车站出入口

(1)标准站出入口:西部区段

车站特征:毗邻北京各大设计院、研究所,周边大部分为上世纪五六十年代的红砖结构建筑,如五六层的居住社区,具有明显的近代发展特征以及海淀文化特点。如图4-22-2所示。

图4-22-2 西部城市区段

设计手法:幕墙与玻璃设计在手法上呼应"京城连廊"的设计主题,出入口外观材料使用红砖和红色玻璃丝网印刷,与周边环境协调统一。如图4-22-3~图4-22-6所示。

图 4—22—3 花园桥站(一)

图 4—22—4 花园桥站(二)

图 4—22—5 车公庄西站(一)

图 4—22—6 车公庄西站(二)

(2)标准站出入口:东部城区

车站特征:东部城市区段是北京现在和未来重点发展地段之一,CBD 区域的成熟发展,通州区办公、商业及其他配套设施将会逐步完善。该区段会是北京的新兴现代高密度城市区域,北京未来发展的代表。如图 4—22—7 所示。

图 4—22—7 东部城区

设计手法:东部城区与西部城区出入口造型基本一致,出入口材料与颜色运用了浅灰色及淡绿色玻璃丝网印刷,与东部城区周边环境更协调。如图 4—22—8~图 4—22—12 所示。

图 4—22—8 草房站

图 4—22—9 青年路站(一)

图 4—22—10 青年路站(二)

图 4—22—11 黄渠站

图 4—22—12 十里堡站

22.4 个性出入口设计

(1)个性出入口:五路居站 2、6、7 号组合出入口

设计理念:五路居站 2、6、7 号组合出入口位于玲珑路北侧,西四环内,位于主要交通道路边上的组合出入口在造型上采用简洁现代的造型和颜色。树形的钢结构柱既起到了承重作用,又满足了造型需求,玻璃幕墙上也做了对应树形的喷砂效果。如图 4—22—13 所示。

图 4—22—13 五路居站 2、6、7 号组合出入口

(2)个性出入口:车公庄站西北口

设计理念:车公庄站西北口是在 2 号线原地面亭基础上的改造工程,原楼梯作为地下通道,增设了闸机、票亭、安检等运营设施,建筑体量较一般出入口大,建筑尺寸为 36 m×13 m。本出入口强调与周边环境协调一致,并与路东的两个 2 号线出入口在造型和色彩上呼应。针对地面厅的尺度来调整屋顶和墙面的关系,使地面厅建筑表达出公共交通空间面貌。如图 4—22—14~图 4—22—16 所示。

(3)个性出入口:东大桥站东南口

东大桥东南出入口位于被道路包围的街心绿地中,视觉效果明显。出入口周边有风亭、冷却塔等多个设施,分散而凌乱,应进行个性化的造型处理。用曲线围合的手法使零散的设施之间产生规律,柔化高大的空调设施对周边绿地的压迫感,结合绿化创造舒缓、轻盈的出入口形象。如图 4—22—17~图 4—22—19

所示。

图 4—22—14　车公庄站西北口设计效果

图 4—22—15　车公庄站西北口实景效果(一)

图 4—22—16　车公庄站西北口实景效果(二)

图 4—22—17　东大桥站东南口设计效果

图 4—22—18　东大桥站东南口实景效果(一)

图 4—22—19　东大桥站东南口实景效果(二)

(4)个性出入口:朝阳门站

朝阳门以前是北京内城九门之一,位于二环古城墙保护带上,目前地上与二环路交接,地下与 2 号线换乘,是重要的交通位置。某种意义上是新城与旧城的标志性界限点,历史与现代的界限点,城市发展的里程碑、天际线。

玻璃幕墙强调"砖纹理"分割方式,玻璃丝网印刷采用了朝阳门老城的照片作为丝网印刷图案,整个出入口既与现代的周边环境相协调,又散发出复古的气息。如图 4—22—20 所示。

图 4－22－20　朝阳门站实景效果

（5）个性出入口：青年路站东北口

青年路站东北口位于大悦城商城南侧的广场上，出入口既要与环境协调，也要体现 6 号出入口"京城连廊"的设计理念。因此在玻璃幕墙分割上沿用"砖纹理"分割方式，玻璃丝网采用了协调商场外观的彩色玻璃。如图 4－22－21～图 4－22－24 所示。

图 4－22－21　青年路站东北口设计效果

图 4－22－22　青年路站东北口实景效果（一）

图 4－22－23　青年路站东北口实景效果（二）

图 4－22－24　青年路站东北口实景效果（三）

22.5　旧城历史文化保护区出入口设计

（1）二环内老城区平安里站出入口设计

平安里站出入口设计如图 4－22－25～图 4－22－27 所示。

图 4－22－25　平安里站出入口（一）

图 4－22－26　平安里站出入口（二）

（2）二环内老城区北海北站出入口设计

北海北站出入口设计如图4-22-28～图4-22-30所示。

图4-22-27　平安里站出入口（三）

图4-22-28　北海北站出入口（一）

图4-22-29　北海北站出入口（二）

图4-22-30　北海北站出入口（三）

平安里站、北海北站以北方中式传统建筑风格为基础，提取传统建筑山墙符号，辅以灰砖和窗格肌理，以环境呼应线路概念隐现的原则做景观设计。

（3）二环内老城区南锣鼓巷站出入口设计

南锣鼓巷站出入口设计如图4-22-31和图4-22-32所示。

图4-22-31　南锣鼓巷站出入口（一）

图4-22-32　南锣鼓巷站出入口（二）

南锣鼓巷站以北方中式传统建筑风格为基础，提取广亮大门与院墙形式为原型的设计手法，以保护古城风貌，环境呼应线路概念隐现的原则做景观设计，是首个运用城市织补概念做地铁设计的建筑。

（4）二环内老城区东四站出入口设计

东四站出入口设计如图4-22-33和图4-22-34所示。

图 4—22—33　东四站 3 号出入口

图 4—22—34　东四站 1 号出入口

东四站 1 号口地面亭设计上采取了与景观以及周边建筑一体化的相协调原则,通过材质非常强的重复和韵律,由实到虚的变化,来解读东四这样有特色的历史地段,达到全网概念设计要求。3 号口以北方中式传统建筑风格为基础,提取传统建筑山墙符号,辅以灰砖和窗格肌理,以环境呼应线路概念隐现的原则做景观设计。

22.6　其他附属建筑设计

(1)安全出入口

安全出入口采用消隐的处理手法,方正的造型,灰色的铝板,降低地铁建筑在道路周边凌乱的散落感,与其他附属建筑在造型与色彩上寻求统一。如图 4—22—35 所示。

(2)无障碍电梯

每个站设置两台无障碍电梯,多位于十字路口处。考虑路口环境较嘈杂,无障碍电梯的体量较高大,因此设计上尽量以轻盈、明快的风格对应周边环境,也表现了电梯在移动功能上的特质。如图 4—22—36 所示。

图 4—22—35　安全出入口

图 4—22—36　无障碍电梯

(3)风亭

风亭分为标准风亭、低风亭和结合风亭三种类型。低风亭与结合风亭尽量采用消隐的处理手法,与绿地或结合建筑融为一体。独立的普通风亭尺寸高大,整个风亭采用灰色铝板,以此削弱高风亭的压抑感。

第23章　交通衔接

23.1　项目概况

交通衔接研究范围为地铁6号线一期工程全线,衔接规划的主要工作内容包括以下几点:

1)制定近、远期不同区域的交通衔接原则;

2)确定各车站的交通衔接功能定位,提出车站衔接方式构成和衔接重点;

3)预测车站分方式衔接需求量和确定衔接设施用地需求规模;

4)确定衔接设施供给规模与空间布局;

5)提出常规公交线路优化和站点调整建议;

6)完成相应的交通组织方案设计;

7)提出周边道路的改建、整治要点;

8)进行综合评价,提出交通衔接实施和管理建议。

23.2　衔接理念与原则

23.2.1　衔接规划理念

（1）遵循城市整体规划

城市综合交通规划是城市总体规划的重要组成部分,而轨道交通车站的交通衔接规划是综合交通规划中的专项规划,这必然要求交通衔接规划要符合城市总体规划和城市交通发展策略,服务于总体规划目标。

（2）与周边环境相融合

由于北京市地铁建设过程中越来越注重城市景观要求,衔接设施的规划设计中应考虑与周边环境相结合,采用绿化停车场等形式进行衔接设施的设计,满足衔接功能的同时兼顾景观要求。如图4—23—1所示。

图4—23—1　绿化自行车停车场与"P＋R"停车场

（3）与交通一体化开发

对于综合交通枢纽,非本项规划所能解决时,必须以专项形式进行研究。因此,仅基于轨道交通车站本身衔接设施提出需求,不对综合交通枢纽内部功能、布局和交通组织进行研究。另外对于周边用地紧张的现状,而衔接需求较大的设施则可通过与用地开发结合等方式来满足衔接功能。

164

(4)构建人性化高效率系统

交通衔接系统作为各种交通方式之间联系的纽带,是城市综合交通一体化的重要组成内容。各种衔接设施的供给应与不同人群的出行需求相适应,衔接设施布局应有利于乘客便捷换乘,减少换乘距离,同时便于交通组织和管理,从而实现城市交通系统的高效运转,凸显"以人为本"的规划理念。

(5)功能性与可实施性结合

根据一般经验,交通衔接重点和难点往往在于实施阶段,譬如在开发成熟区域,衔接设施用地紧张,而外围的"P+R"停车场面积需求较大,用地条件要求高。因此,规划应从衔接设施可实施的角度,合理安排设施布局,从而确保衔接功能得以实现。

23.2.2 衔接规划原则

(1)区域划分

根据地铁 6 号线一期工程所途经的区域特点不同,将地铁沿线区域划分为三大类进行分析:

核心区:位于二环以里,为车公庄站至朝阳门站区段,衔接以短距离步行方式为主,自行车、公交方式为辅。

中心区:位于东、西二环至四环之间,为五路居站至车公庄西站、东大桥站至金台路站区段,衔接以步行、公交方式为主,强化自行车方式接驳,出租作为补充。

外围区:位于四环以外区域,为十里堡站至草房站区域,充分考虑自行车衔接需求,加强区域公交接驳,考虑小汽车衔接需求,提供出租候客区。

(2)年限划分

随着时间的变化,城市轨道交通线网是逐渐加密的,车站空间距离逐渐减小,车站客流的吸引范围随着新建线路的增加而逐渐变小,从而导致步行衔接需求的增加。随着社会经济的发展,远期的出行方式和城市交通的出行结构也会产生一定的变化。城市不同时期的用地开发变化,在近期和远期有可能对交通出行方式产生很大影响。因此,交通衔接规划应该能够适应近、远期不同交通需求的规模,采取近、远期规划相区分又相互结合的规划理念,衔接规划的近、远期分别对应于客流预测的初期和远期。

23.3 衔接规划设计情况

23.3.1 规划阶段设施配置

衔接阶段考虑了步行、公交、自行车、出租和小汽车 5 种交通方式的衔接换乘,并根据所在区域不同,对衔接设施的供置有所差异。全线衔接设施规划总体情况如下:

步行:结合出入口共设置集散广场 63 处,总面积 12 100 m²,能满足进出站客流疏散及短暂驻留休憩功能;

公交:全线规划有 3 处公交首末站(五路居站、褡裢坡站和草房站),建议调整公交停靠站 7 处,增加公交停靠站 12 处,加强了区域的公交服务水平,缩短了公交换乘地铁距离,提供方便的换乘条件;

自行车:全部车站均设置自行车停车场,共 63 处,面积 23 530 m²,约能满足 1.5 万个车位;

出租车:规划在四环以外的 6 座车站设置出租车候客区,二环至四环之间 7 座车站均设置有出租车临时停靠站;

小汽车:规划在褡裢坡站和草房站提出小汽车衔接需求,但因用地问题,最终在褡裢坡站设置 2 块"P+R"停车场用地,346 个车位规模,为东段外围区域居民提供停车或换乘服务。

23.3.2 设计阶段方案落实

对 17 座车站站前广场和自行车停车场用地进行设计,最终设计用地规模与规划规模(站前广场与自行车停车)如表 4-23-1 所示。

表 4—23—1 衔接设施规划规模与设计实施对比

站名	归属	集散广场（m²）			自行车停车场（m²）		
		规划	设计	满足率	规划	设计	满足率
五路居站	海淀区	2 252	2 176	97%	1450	763	53%
花园桥站	海淀区	—	1 598	—	1 350	888	66%
车公庄西站	西城区	—	534	—	900	914	102%
车公庄站	西城区	595	1 098	100%	200	0	0%
平安里站	西城区	540	753	100%	400	283	71%
北海北站	西城区	355	311	88%	600	647	108%
南锣鼓巷站	东城区	305	—		300	293	98%
东四站	东城区	730	396	54%	400	324	81%
朝阳门站	东城区	670	402	60%	300	310	103%
东大桥站	朝阳区	590	531	90%	900	305	34%
呼家楼站	朝阳区	—	—	—	850	184	22%
金台路站	朝阳区	335	309	92%	1 580	424	27%
十里堡站	朝阳区	625	639	100%	1 450	1 302	90%
青年路站	朝阳区	980	988	100%	1 800	1 575	88%
褡裢坡站	朝阳区	340	122	36%	1 300	593	46%
黄渠站	朝阳区	535	521.6	97%	1 450	1 200	83%
草房站	朝阳区	490	361	74%	1 400	940	67%
总计		9 342	10 739.6	100%	16 630	10 945	66%

注：公交、出租与小汽车方式衔接设施由公交集团、交管、京投公司等单位负责实施，不在统计之列。

第24章 结构设计

24.1 概 述

24.1.1 主要设计原则

1)结构设计在"安全可靠、经久耐用、技术先进、经济合理、施工方便、确保质量"的基本前提下,应以"结构为功能服务"为原则,满足施工工艺、行车运营、城市规划、环境保护、防水、防灾、防迷流、防腐蚀及杂散电流防护的有关要求。

2)结构设计应根据沿线不同地段的工程地质和水文地质条件及城市总体规划要求,结合周围地面建(构)筑物、地下管线及道路交通状况,通过对技术、经济、环保及使用功能等方面的综合比较,合理选择施工方法和结构形式。

3)结构设计应减少施工中和建成后对环境造成的不利影响,并应考虑城市规划引起周围环境的改变时对地铁结构的影响。

4)结构设计中应控制因降水、基坑开挖和地下结构施工中引起的地层变形量。

5)结构净空尺寸应满足建筑与设备限界、建筑功能设计、车站及相邻区间施工工艺及其他使用要求,且应考虑施工误差、测量误差、结构变形、位移及后期沉降等的影响,留有必要的富余量。

6)结构设计应保证结构在施工及使用阶段满足规范、规程及标准等规定的强度、刚度、稳定性、变形及耐久性等要求。

7)地下结构设计应贯彻理论计算和工程类比相结合的基本原则,运用和引进地下工程的新技术、新工艺、新材料,并充分考虑结构设计的安全可靠性和经济合理性。

8)地下结构应结合施工方法、结构形式、断面大小、工程地质及水文地质、环境条件等因素,合理确定结构的埋置深度和相邻结构的距离,选择合理的施工方法和施工顺序,采取适当的安全技术措施。

9)结构设计根据有关规范进行抗震设计,并采取相应的抗震构造措施,以提高结构的整体抗震能力;当结构位于液化土层,应考虑地震及车辆振动可能对地层产生的不利影响,并根据结构和地层情况采取相应的技术措施;当结构穿越断裂带时,应根据断裂的活动情况,地铁结构功能要求,及国家相关抗震减灾的法规、技术标准等,制定防震减灾措施。

10)选择合理的施工方法和施工工序,尽量降低施工难度,结构构件应力求简单、施工简便、经济合理,尽量减少对周边环境的影响,同时要尽量缩短工期。

11)矿山法结构设计以锚喷混凝土、格栅钢架喷射混凝土等为主要支护手段,根据工程地质、水文地质、结构埋深、断面及周围环境条件等,通过选择合理的开挖方法、施工辅助措施及支护参数等达到保持围岩和支护的稳定、并充分利用围岩自承能力的目的。施工中,应通过对围岩和支护的动态监测,优化设计和施工参数。

12)当地铁线路穿越河流、湖泊等水体时,根据百年防洪水位进行相关防淹设计,并根据河底的百年最低冲刷水位,确定下穿河流段结构的覆土厚度。与地面线相接的区间隧道入口处应作防洪设计。

13)永久性混凝土结构的耐久性应根据环境类别和设计使用年限进行设计,结构钢筋混凝土结构应具有整体密实性、抗渗性、抗腐蚀性。临时性混凝土结构可不考虑混凝土的耐久性要求。

14)采用直流电力牵引和走行轨回流的地下铁道结构,应根据《地铁杂散电流腐蚀防护技术规程》(CJJ 49—1992)及相关规定采取措施。钢结构及钢连接件应进行防锈处理。

24.1.2 主要设计标准

1)地下结构中的永久结构及其构件的设计使用年限为100年,临时结构及其构件的设计使用年限可按

5年考虑,其相应结构可靠度理论的设计基准期均采用50年。

2)地铁结构中永久结构构件的安全等级为一级,临时结构构件的安全等级不低于三级。

3)地铁结构的抗震设防烈度为8度。设计应根据场地条件、结构类型和埋深等因素选用能较好反映其地震工作性状的分析方法,并采取相应的抗震构造措施,提高结构的整体抗震性能。

4)地铁结构须在规定的设防部位按人防的抗力标准进行验算,并设置相应的防护设施。本工程属甲类人防工程,在规定的设防部位,结构设计按防核武器抗力级别5级、防常规武器抗力级别5级进行验算,并设置相应的防护设施。

5)永久结构构件根据承载能力极限状态及正常使用极限状态的要求分别进行荷载效应组合,并取各自的最不利组合进行承载力的计算和稳定、变形及裂缝宽度验算。处在一般环境条件中的永久结构构件,按荷载效应的标准组合并考虑长期作用影响时,最大裂缝宽度控制标准为三级:迎土面≤0.2 mm,背土面≤0.3 mm,混凝土管片内外侧的裂缝宽度≤0.2 mm。当计及地震、人防或其他偶然荷载作用时,可不验算结构构件的裂缝宽度。

6)结构设计应按最不利地下水位情况进行抗浮稳定验算,在不考虑地层侧摩阻力时,其抗浮安全系数不得小于1.05。当考虑地层侧摩阻力时,其抗浮安全系数不得小于1.15。当结构抗浮不能满足要求时,应采取相应的工程措施,如压重、顶部压梁或底部抗拔桩等,但不宜采用消浮措施。

7)地铁结构设计应满足现行《建筑设计防火规范》中的相关要求,地下结构中承重构件的耐火等级为一级。

24.1.3 设计重点和难点

地铁6号线是北京地铁线网中穿越中心城区,在北京地铁建设过程中是建设难度最大、外部制约条件最复杂的一条线,全线面临着如下困难:

(1)环境条件敏感

地铁6号线是北京地铁2015年线网中唯一穿越北京内城北部和皇城的轨道交通干线,穿越朝内大街、东四大街、北河沿大街、平安大街等数个历史文化保护区。此段周边全国重点文物保护单位就有北海、北大红楼、东皇城根遗址等多处,市级文物保护单位更是不计其数,线路下穿什刹海、北海、南河沿等古水道。在线路设计过程中,就文物保护问题进行多次专题研究和专家论证,并曾经发生较大的线位变动,文物更多地由朝阜干线调整到平安大街。如图4—24—1所示。

图4—24—1 北京旧城文物

(2)市政地质条件复杂

地铁6号线途经的平安大街和东四朝阳门大街是北京旧城北部无法替代的市政干线走廊和交通干线,道路下雨水、污水、电力、热力、煤气、电信等管线种类齐全,且多为埋深大、管径大的东西市政干线,平安大街受两侧绵延不断的文物影响,道路最窄处仅35 m宽,通常地铁明挖施工所需管线导改没有位置,加上地面交通拥挤不堪,内城段车站明挖施工几近不可能,给地铁建设工法的选择带来极大障碍。如图4—24—2所示。

地铁6号线先后多次穿越已经运营的地铁线路(如地铁2号线、4号线、5号线等)、正在使用的高架桥(如昆玉河桥、花园桥、官园桥、呼家楼桥、十里堡铁路桥等)和其他地下设施,结构施工风险大、难度大。如图4—24—3所示。

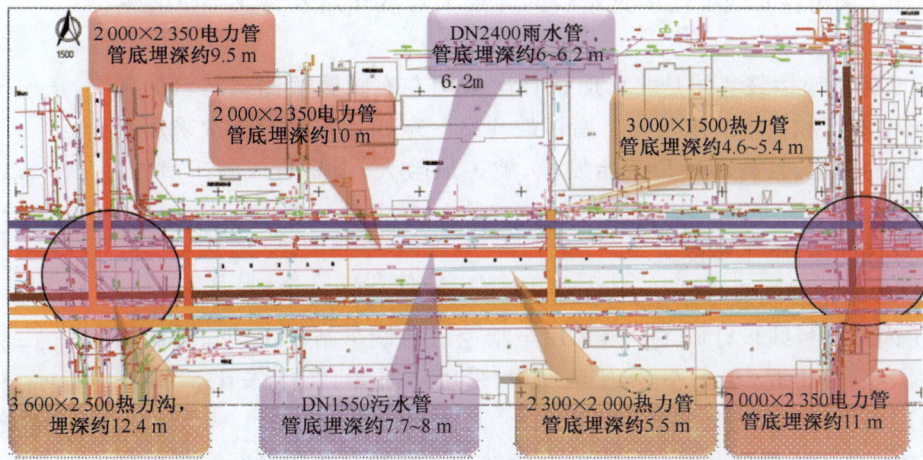

图 4—24—2　东四大街下的市政管线（单位：mm）

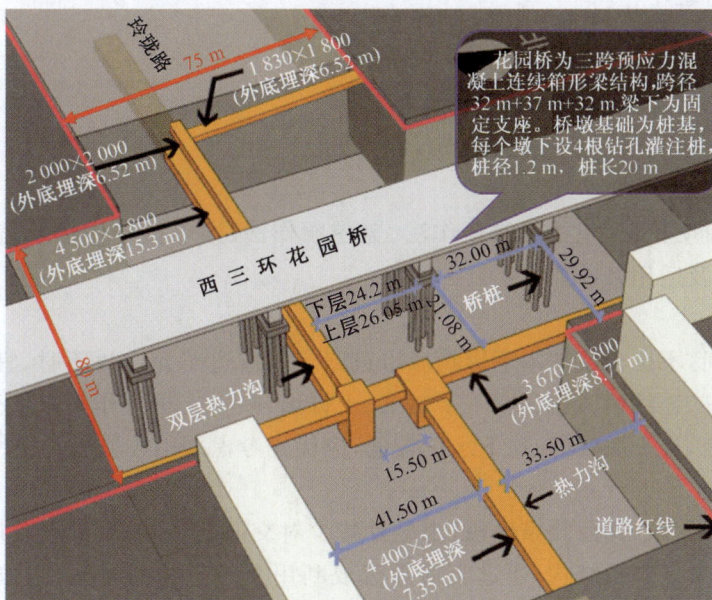

图 4—24—3　花园桥路口地下管线（单位：mm）

受既有文物、交通、地铁线路、市政管线埋深大的限制,车站埋深较大,如东四站在北京地铁施工历史上第一次突破 30 m 埋深,且第一次在承压水内完成暗挖施工,北海北站和南锣鼓巷站第一次在文物密集区完成地铁车站施工。

(3)工期要求紧张,设计过程受决策影响大,引起设计变更多

由于地铁 6 号线在地铁线网中的重要性,在新的一轮地铁建设高潮过程中备受各界关注,根据市政府要求,6 号线一期工程完工时间从 2015 年提前到 2012 年底。

在第一版初步设计完成后,由于政府决策调整、外部制约条件协调困难和工期缩短的急迫压力,引起车站、区间多次发生重大设计方案变更,并多次评审和重新设计。每次设计完成时间周期很短,仅仅初步设计的版本号就达到了 E 版,使 6 号线成为北京最难设计和设计变更最多的一条地铁线。

受到拆迁和管线迁改影响,车公庄站、北海北站、南锣鼓巷站、东四站、东大桥站、金台路站先后又发生较大变更,起因是地面拆迁协调难度大,由于工期所迫不得已改为暗挖施工或设备用房区发生较大改变。

为了压缩整体工期,保证车站和区间能够同步平行作业,在原计划施工场地无法按期完成拆迁的困难下,大量原设计区间由以盾构法改为以矿山法暗挖施工。

(4)施工技术复杂,施工风险大

地铁 6 号线一期是北京地铁建设以来施工难度和安全风险最大的一条线路。

1)北京地铁首次采用左右线叠落侧式站台的异形大跨度车站及首次上下叠落盾构法隧道施工。

6 号线一期 09 标段南锣鼓巷站是北京地铁首次采用左右线叠落侧式站台的异形大跨度车站,施工难度和技术要求较高。南锣鼓巷站～东四站为北京首次采用上下叠落盾构法施工的隧道,且叠落段位于始发段,施工风险大,极易造成施工事故。如图 4-24-4 所示。

2)暗挖车站及区间多,施工难度大

6 号线一期全线暗挖区间及车站较多,在全线 20 座车站(其中慈寿寺站 10 号线设计施工、白石桥南站 9 号线设计施工)中,采用全暗挖法地铁车站 6 座,明、暗法相结合的地铁车站 4 座,占比近 50%;在 21 座区间中,采用暗挖法 12 个,占比 57%。

3)砂卵石地层盾构隧道掘进难度大

6 号线一期全线共 7 个盾构区间,其中,慈寿寺站～花园桥站盾构区间洞身穿越地层主要为卵石⑦层。盾构在卵石层地层中掘进,对刀具、螺旋输送机等磨损严重,现场施工需做好渣土改良等工作。

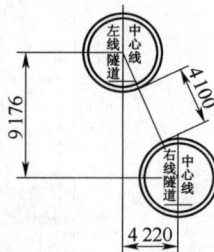

图 4-24-4　K11+274.220 处上下部隧道相对位置关系(单位:mm)

24.2　施工工法的选择

24.2.1　地铁施工工法简介

地铁结构施工工法有明挖法(包括明挖顺作法、盖挖顺作法、半盖挖逆作法及盖挖逆作法等)、矿山法、盾构法等,各工法的特点及适用条件如下:

(1)明挖顺作法

在地铁结构施工期间,不影响或基本不影响城市道路交通或道路允许封闭时,宜优先采用明挖法施工。明挖法施工可采用钻孔桩、连续墙、钢板桩、工字钢桩、土钉墙、喷锚支护等作为基坑开挖的支护结构。基坑周围具有放坡可能的场地,且土质较好、地下水位较低,应优先考虑采用放坡法开挖。

(2)盖挖顺作法

当地铁结构通过交通繁忙、路面狭窄地段,为尽量减少对交通的影响,可铺设临时路面采用盖挖顺筑法施工。其作业程序是:先做好围护结构,通过交通导流或利用交通量少的时间,施作临时路面体系,在其下面按顺作法施工地铁结构。

(3)半盖挖逆作法及盖挖逆作法

当地铁结构通过不允许长时间封闭的交通繁忙地段或需严格控制基坑开挖引起的地面沉降时,可采用盖挖逆作法施工,其作业程序是:先做好围护结构及中间柱,作好顶板结构,填土并恢复路面交通,然后由上而下施工结构。

半盖挖逆作法与盖挖逆作法的区别为结构顶板形成后,顶板结构以下的结构施工顺序不同。半盖挖逆作法的作业程序的是:先做好围护结构及中间柱,作好顶板结构,填土并恢复路面交通,然后由下而上施工剩余结构。

(4)矿山法

当地铁结构通过交通繁忙地段且站位埋深较大,工程地质及水文地质条件适宜时,可采用矿山法施工。施工时必须采取区域降水或可靠止水、管棚支护、地层冻结或注浆加固等一系列的辅助措施,并依量测监控进行信息化施工,以确保施工安全,严格控制地面沉降,维持地面正常交通和地下管线安全。

北京地铁的暗挖车站建造技术,大致经历了初期起源于铁路矿山法理念的各种分部开挖法(如双眼镜法、中洞法、侧洞法等)、浅埋暗挖条件下的各种竖向支护前置法(如洞柱法、PBA 法、一次扣拱法)以及正在发展的其他管幕式、盾构回转成站式等新型建造方法。其中从 2007 年开始,以 PBA 法为代表的洞桩法成为北京地铁暗挖建造方法的主流。

洞桩(柱)法结合了盖挖法和暗挖法的优势,在大部分的土体开挖之前就已经形成了主受力的空间框架体系,大部分土体是在顶盖的保护下进行开挖,施工对地层扰动小,对复杂的周边环境具有良好的适应性,能够较好地控制地层变形和对周边既有建(构)筑物的影响,且自身结构施工过程中安全性较高,具有十分广阔的发展前景,目前已成为北京地铁暗挖车站修建的主流工法。在 6 号线一期、10 号线二期、9 号线、8 号线二期等工程建设中,得到了广泛应用。如 6 号线一期工程 20 座车站中涉及采用洞桩(柱)法施工的就有 10 座,约占总车站数量的 50%,7 号线 20 座车站中涉及采用洞桩(柱)法施工的有 9 座,10 号线二期暗挖站 2 座,均为洞桩法。洞桩法在建造设计理念、构造设计、计算方法、施工措施、现场处理、安全保障等关键技术方面均达到了前所未有的水平。

(5)盾构法

盾构法主要用于断面和功能较单一的区间隧道的施工,目前已逐步成为城市地铁区间隧道的主要施工方法。盾构法施工具有进度快、作业安全、噪声小、管片精度高、衬砌质量可靠、防水性能好、地表沉降小、占地少、不影响城市交通等优点,且施工期间无需降水,尤其是在地下水发育、围岩稳定性差的地层中优势更为明显。对于无配线的单线单洞区间,优先采用盾构法。

24.2.2　地铁结构施工工法的选择原则

施工工法应根据车站所处地段、工程地质条件、水文地质条件、周边环境、道路交通状况、场地条件、施工难度、工期和土建造价等多种因素经综合比较后确定,应以工程造价低、环境干扰小、施工方便、安全、工期短、采用成熟的施工技术和工艺为原则。具体选择原则如下:

1)优先选择明挖法施工。

2)当受环境或其他因素制约,如结构通过交通繁忙、路面狭窄地段,且不允许长时间封闭交通等地段时,宜铺设临时路面采用盖挖顺作法施工;同时需要严格控制基坑开挖引起地层侧移或地面沉降时,可选择盖挖逆作法或倒边逆作法施工。

3)当结构通过交通繁忙或因技术经济原因,不宜采用明、盖挖法施工的地段,可采用矿山法施工。

4)对于跨路口车站,路口的管线或建筑物无法拆改移或不允许破路施工时,也可采用明暗挖相结合的方法施工。

5)单线单洞区间隧道需结合工程环境复杂程度优先选择盾构法施工,对于线路埋深较浅且工程环境较简单的优先选择明挖法施工。

24.2.3　6 号线一期工程车站及区间施工工法

北京地铁 6 号线一期工程是一条贯穿中心城东西方向轨道交通干线,线路跨越海淀区、西城区、东城区、朝阳区,西起西四环与玲珑路交叉路口东侧的五路居站,之后沿玲珑路、车公庄大街、平安里西大街、地安门西大街、地安门东大街、北河沿大街、东四西大街、朝阳门内大街、朝阳门外大街、朝阳北路敷设。全线为地下线,设置车站 20 座,21 段区间,在五路居站站前迁出线区间预留延伸条件,在草房站站后折返线预留 6 号线二期工程延伸条件。

该线路埋深较大、穿越旧城区、工程及水文地质复杂多变、地下管线众多、周围建筑物林立。多处下穿市政桥梁及多处既有运营的地铁线、地面建筑物。全线均处在市政道下方、路面交通繁忙、且工程建设周期短,综合建设难度极大。6 号线一期工程 18 座车站中(不含慈寿寺站、白石桥南站),其中暗挖车站 5 座,明暗挖结合施工的车站 4 座,明挖顺作车站 9 座,如表 4—24—1 所示。

表 4—24—1　6 号线一期工程车站结构汇总表

车站名称	站中心里程	施工方法	结构形式	支护形式(mm)	埋深(m)	备注
五路居站	K0+277.511	明挖顺作法	地下三层三跨矩形框架结构,地下三层两跨矩形框架结构(局部)	$\phi1\ 000@180$ 钻孔灌注桩	24.2	—
花园桥站	K3+217.276	明挖顺作法	地下三层三跨矩形框架结构(西段)	$\phi1\ 000@150$ 钻孔灌注桩	25.27	—
		暗挖 PBA 法	地下两层两跨结构(中间及东段)	$\phi800@1\ 200$ 灌注桩	25.10	—
车公庄西站	K6+048.585	暗挖 PBA 法	地下两层三跨连拱结构	$\phi1\ 000@150$ 灌注桩	25.15	与 M12 换乘

续上表

车站名称	站中心里程	施工方法	结构形式	支护形式(mm)	埋深(m)	备注
车公庄站	K6+936.061	暗挖 PBA 法	地下两层单拱结构	φ1 000@150 灌注桩	23.8	与 M2 换乘
平安里站	K8+379.725	明挖顺作法	地下三层三跨矩形框架结构	φ1 000@150 钻孔灌注桩	26.9	与 M4、M1 换乘
北海北站	K9+701.691	暗挖 PBA 法	地下两层双跨连拱结构	φ1 000@140 灌注桩	23.9	—
南锣鼓巷站	K11+50.954	明挖＋暗挖法	明挖三层(局部四层)＋暗挖 CRD 两层结构	φ1 000@150 钻孔灌注桩	28.2	与 M8 换乘
东四站	K12+988.245	暗挖 PBA 法	地下两层三跨连拱结构	φ1 000@150 灌注桩	33.1	与 M8、M5 换乘
朝阳门站	K14+387.814	暗挖 PBA 法	地下两层三跨连拱结构	φ1 000@150 灌注桩	29.0	与 M2 换乘
东大桥站	K16+056.577	暗挖 PBA 法	地下两层三跨连拱结构(西段)	φ1 000@150 灌注桩	22.0	
		暗挖柱洞法	地下单层三跨连拱结构(东段)	—		
呼家楼站	K16+902.478	盖挖法	地下两层双跨矩形框架结构(西段)	φ1 000@160 钻孔灌注桩	18.2	与 M10 换乘
		中洞法	地下单层双跨结构(中段)	—		
		盖挖法	地下两层双跨矩形框架结构(东段)	φ1 000@160 钻孔灌注桩		
金台路站	K18+353.477	明挖法	地下两层三跨矩形框架结构(西段)	φ800@140 钻孔灌注桩	17.2	与 M14 换乘
		暗挖 PBA 法	地下两层三跨连拱结构(中段)	φ1 000@150 灌注桩		
		明挖法	地下两层三跨矩形框架结构(西段)	φ800@140 钻孔灌注桩		
十里堡站	K20+390.073	明挖法	地下两层三跨矩形框架结构	φ800@1 500 钻孔灌注桩	17.7	—
青年路站	K21+672.463	明挖法	地下两层三跨矩形框架结构	φ800@1 500 钻孔灌注桩	17.6	—
褡裢坡站	K25+672.006	明挖法	地下两层三跨矩形框架结构	φ800@1 500 钻孔灌注桩	17.6	与 L4 换乘
黄渠站	K26+910.612	明挖法	地下两层三跨矩形框架结构	φ800@1 500 钻孔灌注桩	18.4	—
常营站	K28+765.216	明挖法	地下两层四跨矩形框架结构	φ800@1 500 钻孔灌注桩	18.6	—
草房站	K30+171.114	明挖法	地下两层三跨矩形框架结构	φ800@1 500 钻孔灌注桩	16.0	—

表 4—24—2　区间正线隧道施工工法统计表

区间名称	里程	长度(双线)(m)	施工方法	结构形式	简述
起点～五路居站	K0+000～K0+189.761	204	矿山法	单线单洞隧道,马蹄形断面	下穿西四环北路下南水北调暗涵结构,地面交通繁忙,地下管线密集
五路居站～慈寿寺站	K0+570.761～K1+621.915	1 051	矿山法	单线单洞隧道,马蹄形断面	区间下穿京门铁路线
慈寿寺站～花园桥站	K1+934.615～K3+076.376	1 142	盾构法	单线单洞隧道,圆形断面	下穿京密引水渠,位于城市主干道玲珑路下,地面交通繁忙,地下管线密集
花园桥站～白石桥南站	K3+309.176～K4+285.394	976	矿山法	单线单洞隧道,马蹄形断面	下穿地下人行通道、人行天桥各 1 座,位于城市主干道车公庄西路下,地面交通繁忙,地下管线密集
白石桥南站～车公庄西站	K4+477.822～K5+962.585	1 485	矿山法	单线(双线)单洞隧道,马蹄形断面	下穿地下人行通道 1 座、人行天桥 2 座,位于城市主干道车公庄大街下,地面交通繁忙,地下管线密集
车公庄西站～车公庄站	K6+200.485～K6+834.16	633	矿山法	单线单洞隧道,马蹄形断面	下穿人行天桥 1 座,位于城市主干道车公庄大街下,地面交通繁忙,地下管线密集
车公庄站～平安里站	K7+029.161～K8+278.325	1 249	矿山法	单线单洞隧道,圆形断面	下穿人行天桥 1 座,位于城市主干道平安里西大街下,地面交通繁忙,地下管线密集
平安里站～北海北站	K8+469.725～K9+528.810	1 059	矿山法	单线单洞隧道,马蹄形断面	位于城市主干道地安门西大街下,地面交通繁忙,地下管线密集

续上表

区间名称	里　程	长度(双线)(m)	施工方法	结构形式	简　述
北海北站~南锣鼓巷站	K9+794.710~K10+961.530	1 167	矿山法	单线单洞隧道,马蹄形断面	位于城市主干道地安门西、东大街下,地面交通繁忙,地下管线密集
南锣鼓巷站~东四站	K11+173.05~K14+300.814	1 718	矿山法+盾构法	单线单洞隧道,圆形断面	位于城市主干道地安门东大街、北河沿大街、东四西大街下,地面交通繁忙,地下管线密集,转弯处斜穿2个地块
东四站~朝阳门站	K11+746~K14+300.814	1 366	矿山法	单线单洞断面,单线(双线)大断面隧道	出站后线路沿朝内大街下方向东延伸,到达朝阳门立交西侧的6号线朝阳门站
朝阳门站~东大桥站	K14+487.714~K15+969.677	1 482	矿山法	单线单洞,马蹄形断面,过既有线平顶直墙断面	沿朝外大街东行,下穿工人体育场东路路口的暗河至东大桥站
东大桥站~呼家楼站	K16+255.177~K16+684.969	430	矿山法	单线单洞断面,马蹄形断面	沿朝阳北路下向东,到达东三环西侧的呼家楼站
呼家楼站~金台路站	K17+089.965~K18+240.827	1 151	矿山法	单线单洞隧道,马蹄形断面	位于城市主干道朝阳北路下,地面交通繁忙,地下管线密集
金台路站~十里堡站	K18+540.677~K20+304.523	1 764	盾构法	单线单洞隧道,圆形断面	线路沿朝阳北路敷设,在红领巾桥南侧下穿东四环路,从朝阳北路人行过街天桥桥桩之间穿过,区间隧道与桥桩最小净距0.5 m
十里堡站~青年路站	K20+523.624~K21+575.163	1 052	盾构法	单线单洞隧道,圆形断面	线路沿朝阳北路敷设,穿越人行天桥、京包铁路桥等
青年路站~褡裢坡站	K22+133.950~K25+538.399	3 404	盾构法	单线单洞隧道,圆形断面	线路沿朝阳北路敷设,穿越的现状及规划城市道路主要有黄杉木店东路、平房西路,东五环附近白家楼桥,与白家楼桥基础的最小距离约13 m
褡裢坡~黄渠站	K25+898.299~K26+821.312	923	盾构法	单线单洞隧道,圆形断面	线路沿朝阳北路敷设,穿越的现状及规划城市道路主要有黄渠西路、定福庄东路等
黄渠站~常营站	K27+054.912~K28+567.416	1 513	盾构法	单线单洞隧道,圆形断面	线路沿朝阳北路敷设,穿越的现状及规划城市道路主要有常营西路、制药三厂东路等
常营站~草房站	K28+963.016~K30+040.013	1 077	矿山法	单线单洞隧道,马蹄形断面	位于现状朝阳北路主路下方,交通流量不大,沿线没有重要建筑物,重大管线较多
草房站~终点	K30+399.014~K30+505.00	662	矿山法+明挖法	单层箱形框架结构	本区间沿朝阳北路路南向东敷设,在航研所东路路口,线路以 $R=200$ m 转向朝阳北路南侧的五里桥车辆段

24.3　风险工程设计

《北京地铁轨道交通工程建设安全风险技术管理体系》是北京市轨道交通建设的重大成果,其技术及管理水平在国内居首,该体系从1998起试行,在6号线的建设中基本贯穿始终,起到了非常积极的安全保障作用。6号线施工过程中,基本未发生重大安全事故,完全得益于其对该体系的全面的理解和严格地执行。《北京地铁轨道交通工程建设安全风险技术管理体系》从整个管理程序和技术措施层面,对风险工程进行管理和处置,根据其思路及要求,6号线工程在初步设计阶段做了全线风险的详细分级梳理,并完成专项风险评估报告。在施工图设计中,对重大特、一级风险工程进行了专项设计,同时作为专项设计的输入条件,进行了必要的风险源检测、前期评估等工作。

(1)重大风险工程

6号线一期工程沿线穿越或近邻大量的建筑物、既有地铁结构、铁路、桥梁、河流、地下管线等,设计中必须采取可靠措施(制定可靠的保护方案)确保这些风险源的安全性,所采取的安全措施应具有较强的可操作性。本段工程的重要风险工程如表4—24—3所示。

表4—24—3 6号线一期重大风险工程汇总表

序号	风险工程分类	风险工程名称及所在车站或区间	施工工法
1	下穿或近邻地铁既有线类	车公庄站~平安里站区间下穿2号线车公庄站	矿山法
		车公庄站换乘通道下穿2号线并在既有底板开洞	矿山法
		朝阳门站~东大桥站区间下穿2号线车站	矿山法
		平安里站~北海北站区间下穿4号线平安里站南端盾构区间	矿山法
		东四站~朝阳门站区间下穿5号线	矿山法
2	下穿铁路类	五路居站~慈寿寺站区间下穿京门铁路线	矿山法
3	下穿或近邻桥基类	车站主体暗挖段下穿花园桥	矿山法
		车公庄站~平安里站区间隧道下穿地铁二号线车公庄站上方官园立交桥	矿山法
		呼家楼站主体单层暗挖段旁穿京广桥	矿山法
4	下穿房屋或近邻高层建筑类	平安里站~北海北站区间左线下穿地安门西大街游泳馆3层楼	矿山法
		南锣鼓巷站~东四站区间下穿多幢住宅及保护性院落	盾构法
		车公庄站6号出入口暗挖段邻近住宅楼,结构外皮距最近建筑4.5 m	矿山法
		东四站基坑邻近多幢多层住宅楼,结构外皮距最近建筑3.5 m	PBA暗挖法
		北海北站主体暗挖邻近贤良祠文物建筑、北海公园国家重点文物建筑,车站上导洞与其水平最近距离约2.74 m	矿山法
		东大桥站主体盖挖基坑邻近农丰里小区6层住宅楼,结构外皮距楼约13.4 m	矿山法
		朝阳门站1号换乘厅31 m深基坑,邻近中海油大厦,基坑距其地下室结构水平约4.5 m	明挖法
		青年路站~褡裢坡站区间下穿多幢商业用房	盾构法
5	下穿重要市政设施或管线类	花园桥车站主体明挖基坑邻近双层热力沟(4 500 mm×2 800 mm、2 000 mm×2 000 mm)及高压燃气管(DN500)	明挖+矿山法
		朝阳门出入口通道及换乘通道下穿热力、污水管、13盖板河以及上水管、中压燃气等重大管线	矿山法
		东大桥站6号出入口暗挖通道下穿上水管(D600)、高压燃气管(D500)、中压燃气管(D500)、盖板河(4.5 m×3.0 m)、电力隧道(2.0 m×2.35 m)等	矿山法
		呼家楼站主体下穿污水管(D700)、上水管(D1000)和污水管(D1250)、中压燃气管(D500)、热力沟(2.7 m×2.3 m)、中水管沟(1 280 mm×700 mm)	矿山法
		呼家楼站4条换乘通道下穿中压燃气管(D500)、污水管(D1050)、污水管(D700)、上水管(D1400)和中压燃气管(D500)	矿山法
		14号线金台路站主体及6号线主体暗挖段下穿多根重要市政管线,包括污水管(D1050)、中压燃气管(DN500)、中压燃气管(DN400)、低压燃气管(DN300)、雨水管(D1000)、热力沟(2 000 mm×1 000 mm)等;车站出入口下穿污水管线(D1050)、污水管线(D500)、上水管线(DN1000)、上水管线(DN1000)	矿山法
		十里堡站暗挖出入口通道下穿φ1 800 mm雨水管、φ600 mm污水管	矿山法
		青年路站北侧暗挖出入口通道垂直下穿φ600 mm给水管、2根φ1 600 mm雨水管、φ700 mm污水管和φ800 mm给水管、φ500 mm天然气管	矿山法
		常营站~草房站区间右线平行下穿6 360 mm×2 100 mm的雨水沟	盾构法
		草房站出入口通道垂直下穿φ700 mm超高压天然气管、φ500 mm中压天然气管、φ600 mm污水管和φ800 mm雨水管	矿山法
		草房站后出入段区间垂直下穿φ700 mm超高压燃气管和φ500 mm高压燃气管	明挖法
6	下穿河流类	慈寿寺站~花园桥车站区间垂直下穿京密引水渠,隧道结构距渠底最小间距处约7 m	盾构法
		车公庄站主体暗挖段垂直下穿盖板河,车站暗挖单层断面拱顶距净距约8.2 m	矿山法

序号	风险工程分类	风险工程名称及所在车站或区间	施工工法
7	超深基坑类	花园桥站西端明挖段总长 43.6 m,标准段宽 26.85 m,基坑深度为 25.4 m,结构为三层三跨结构	明挖法
		车公庄站中间明挖段总长 113.6 m,基坑开挖宽度 14.1 m,基坑深为 24.6 m,三层单跨结构,结构顶板覆土 2.7 m,结构高度为 21.8 m	明挖法
		北海北站附属用房明挖基坑深 18～27.5 m,最宽约 22 m	明挖法
		南锣鼓巷站主体基坑深度 28 m,宽 22 m	明挖法
		朝阳门站 1 号换乘厅 31 m 深基坑,基坑总宽 23.5 m,总长 54.4 m	明挖法

（2）风险工程保护措施

1）矿山法工程类

①施工时严格遵循"十八字方针"开挖,施作大刚度超前支护,并对拱部地层进行超前注浆加固,同时加强衬砌刚度,增设临时支撑措施,严格控制地面沉降;

②严格控制由降水引起的地面沉降;

③必要时采用地面注浆、隔离等技术措施;

④施工时进行实时监控,根据监测结果及时调整施工参数和加固措施。

2）盾构法工程类

①调整盾构推进参数,严格控制同步注浆和二次注浆注浆压力、注浆量和时机。

②要防止土体因超挖量过大造成的建筑空隙在盾壳上方不能及时填充,进而造成土体在盾构本体处有较大沉降,使得地下水涌入隧道,故要切实做好盾构推进过程中推进速率、出土量等推进参数的控制,以此来减少因轴线纠偏而形成的土体超挖量。

③为保证盾构顺利过河,盾构在推进及管片拼装时确保"三不"姿态,即不后退、不变向、不变坡。过河时盾构应确保连续均衡施工。配备足够的值班维修人员,一旦盾构机械发生故障,能够及时进行处理,采取保护盖板和防止盾尾漏泥、漏水及隧道上浮的措施,确保盾构推进顺利进行。施工前要制定周密的应急预案,施工期间,要派专人对河流进行巡视,密切监视有无跑气、涌水等现象,一旦发现异常情况,立即启动应急预案措施。

④必要时采取地面注浆加固或基础加固、隔离等措施。

⑤施工时进行实时监控,根据监测结果及时调整盾构施工参数和加固措施。

3）区间下穿既有铁路线类

由于铁路行车运营对地面沉降要求较高,施工前在地面采用深孔注浆加固措施加固盾构隧道轮廓外的地层,控制盾构推进及出土、注浆参数,加强同步注浆及二次注浆,加强对铁路线的监测与管理。

4）下穿（上跨）地铁既有线类

①在施工前详细调查既有线与新建地铁的相互关系,由评估单位对既有线进行评估,确定既有线结构、轨道的变形、沉降、挠曲等控制标准,根据评估结果及新线施工方案,对地铁施工引起既有线的变形、受力等进行预测,找出满足评估结果的加固方案;

②预先对既有结构底板下地层进行注浆加固;

③严格控制地层松动与坍塌,对掌子面及拱部地层进行注浆加固;

④严格控制开挖进尺,加大衬砌结构刚度,增加临时支撑,严防拱顶结构下沉;

⑤及时跟踪压浆,回填地层与初支、初支与二衬之间产生的施工缝隙;

⑥对既有轨道、结构进行 24 h 监控量测,加强施工管理及信息反馈;

⑦必要时,对既有线轨道进行防护、加强或限制施工期间的行车速度;

⑧做好施工期间的应急预案。

5）车站或区间邻近或下穿房屋或桥梁基础类

①施工前应对楼房或桥梁的基础、结构形式、建成年代及现状等进行调查,由专业评估单位做评估,设计单位根据评估结果做专项设计。

②穿越建筑群,控制地面沉降是关键。其技术核心是减小开挖期间地层应力的释放,严格控制拱部下沉、隧道拱脚沉降,提高隧道上覆土层自承能力,必要时采取注浆、隔离、加固、补强、托换等保护措施。

③加强监控量测,做到信息化施工。

6)下穿及邻近管线类

盾构法下穿管线应通过调整盾构施工参数控制地层的沉降。

矿山法下穿管线,可采取如下措施:

①洞内采用超前管棚注浆加固,加强管底地层加固,减小拱部应力释放等;

②严格控制由降水引起的地面沉降;

③隧道开挖时,施做大刚度超前支护,同时加强衬砌刚度,增设临时支撑,控制拱脚沉降;

④及时进行衬砌与地层之间的填充注浆、地面结构的跟踪注浆;

⑤施工时进行实时监控,根据监测结果及时调整施工参数和加固措施。

24.4　重点车站结构设计方案

(1)五路居站

1)工程概况

五路居站是6号线一期工程最西端起点站,车站位于东西向的玲珑路与西四环路交叉口东侧,沿玲珑路东西向布置。车站主体为明挖三层双柱三跨(局部为单柱双跨)框架结构,东端包有交叉配线及出入段线。车站总长381 m,标准段宽度为27.6 m,车站覆土厚度为2.5~3 m。车站两端区间及出入段线区间施工工法均为矿山法区间。

结构上覆土以杂填土①₁、粉土填土①、粉细砂②为主;车站主体主要位于卵石⑤层、粉质黏土⑥层和卵石⑦层中;基底为卵石⑦层。该段地层无不良地质作用。抗浮设防水位按45.0 m考虑,地面以下9 m,车站施工期间不需降水。

2)工程重点及难点分析

由于车站是一期起点车站,根据运营需要,车站设计成一岛两侧式站台,车站东端包含轨道道岔区。因此,车站横断面变化多,宽度较大,宽B=20~34 m,车站总体长度较大,总长381 m,规模较大。首先车站主体基坑面积较大,深度25 m左右,基坑平面不算很规则,阴、阳角较多,如何保证主体基坑施工安全是本车站工程重点之一。根据基坑特点、地质及地下水、周围环境等,基坑支护结构采用直径1 m、间距1.8 m的钻孔灌注桩和钢管内支撑体系。车站采用一岛两侧站台,反映在横剖面上就是结构中跨窄,两边跨较宽,中、边跨不均匀,两排柱子相对于一般三跨车站距离较近,柱子的减跨作用有所削弱,结构的弯矩分布不太均匀。另外,在车站包出入线段应合理布置柱位,达到既满足限界要求,又使结构受力合理的目的。

3)设计方案

车站由于是一期起点站,设计成一岛两侧式站台,以提高运营效率。车站周围环境具备明挖条件,明挖施工对地面交通有些影响但不大,站位布置已避开地下重大管线。明挖施工工期短,质量有保证,安全度高。本站规模较大,结构体型变化较多,不规则的明挖车站多注意对基坑、主体结构进行通盘考虑,整体把握,各局部之间连接协调、优化细部。

(2)花园桥站

1)工程概况

花园桥站是北京市地铁6号线一期工程的一个中间站。车站主体位于西三环花园桥主桥跨的下方,沿玲珑路和车公庄西路方向跨路口东西向设置。花园桥西侧为玲珑路,东侧为车公庄西路,为地面道路,南北向为高架的三环主路。车站周边有首都师范大学、市政管理公司潘庄管理所、北京外文出版纸张公司、北京水利水电干部管理学院、中咨大厦、北京市公交第四汽车保修厂等单位,还有部分住宅小区。

车站西端明挖三层,中部及东端暗挖双层,车站西端接盾构区间,并提供盾构始发条件;东端接矿山法区间。车站总长233.1 m,其中明挖段长43.6 m,标准段宽度为26.85 m;暗挖段长189.5 m,标准段宽度为19.70 m。车站有效站台中心里程处覆土厚度为8.67 m,明挖段顶板覆土厚度为4.6 m,底板埋深25.15 m。

车站共设置 4 个出入口通道及 2 组 4 个风亭。1、2 号出入口位于车站北侧;3、4 号出入口位于车站南侧;4 个风亭设置在拆迁后的空地上;两个无障碍电梯分别设置在西北象限和东南象限的空地上。

花园桥站工程范围内地形略有起伏,地面标高 54.10 m 左右。根据车站详勘资料,勘探场地在地貌上属冲洪积平原,地层以第四纪冲积、洪积土层为主。

本次勘察深度范围内地层土质分布情况分述如下:结构上覆土以房渣土①$_1$、粉土填土①、粉土③和粉质黏土③$_1$ 为主;车站主体主要位于粉细砂③$_3$、卵石⑤层和卵石⑦层中;中板和底板分别位于卵石⑤层和卵石⑦层中;基底为卵石⑦层。该段地层无不良地质作用。

2)工程重点及难点分析

本站位于西三环花园桥与车公庄大街交叉口,地面交通繁忙,地下管线复杂,设计条件非常苛刻,主要表现在以下几个方面:

①周边道路已实现规划,三环主、辅路和车公庄大街均为双向 6 车道,路口拓宽为 8 车道,交通流量非常大。

②车站跨路口设置,暗挖大断面垂直侧穿花园桥桥桩,其中初支结构距离花园桥桥桩净距仅为 0.08 m。

③站址区地下管线密布,其中对车站影响较大的主要是路中四通的热力管沟群,其中车站平行侧穿双层热力沟(4 500 mm×2 800 mm、2 000 mm×2 000 mm)及热力小室(9 800 mm×7 400 mm),平行下穿热力沟(3 670 mm×1 800 mm、4 400 mm×2 100 mm)及热力小室群(7 500 mm×6 500 mm,7 500 mm×4 500 mm、5 000 mm×4 000mm)。无论侧穿还是下穿,车站结构都距离热力沟较近,热力小室处与车站结构密贴。

3)设计方案

花园桥站位于西三环花园桥,为了吸引三环周边客流,经过多轮方案比选,最终定为跨路口设置,4 个出入口设置在 4 个象限。由于花园桥周边建(构)筑物及地下管线复杂,如果选择合适的站位及合适的施工工法为本站的主要设计思路。车站北侧为花园桥桥桩,南侧为双层热力沟及热力小室,由于桥桩与热力小室之间距离有限,最终选择减小站台宽度(10.8 m),使车站结构紧贴桥桩及热力小室以满足站位摆放。由于站位位于花园桥底,该处底线管线复杂,特别是热力沟及热力小室群限制了车站的平面位置及埋深,同时该处交通异常繁忙,采用明挖或盖挖对交通及管线都有较大影响,因此花园桥下方及东端管线复杂地段采用暗挖法施工。花园桥站西端位于玲珑路下,该处道路较宽,地下管线较少,为了减小车站规模,设计把大部分设备用房放置在该段,为了做到方案最优,该处采用明挖法施工,采用三层三跨框架体系。如图 4—24—5 所示。

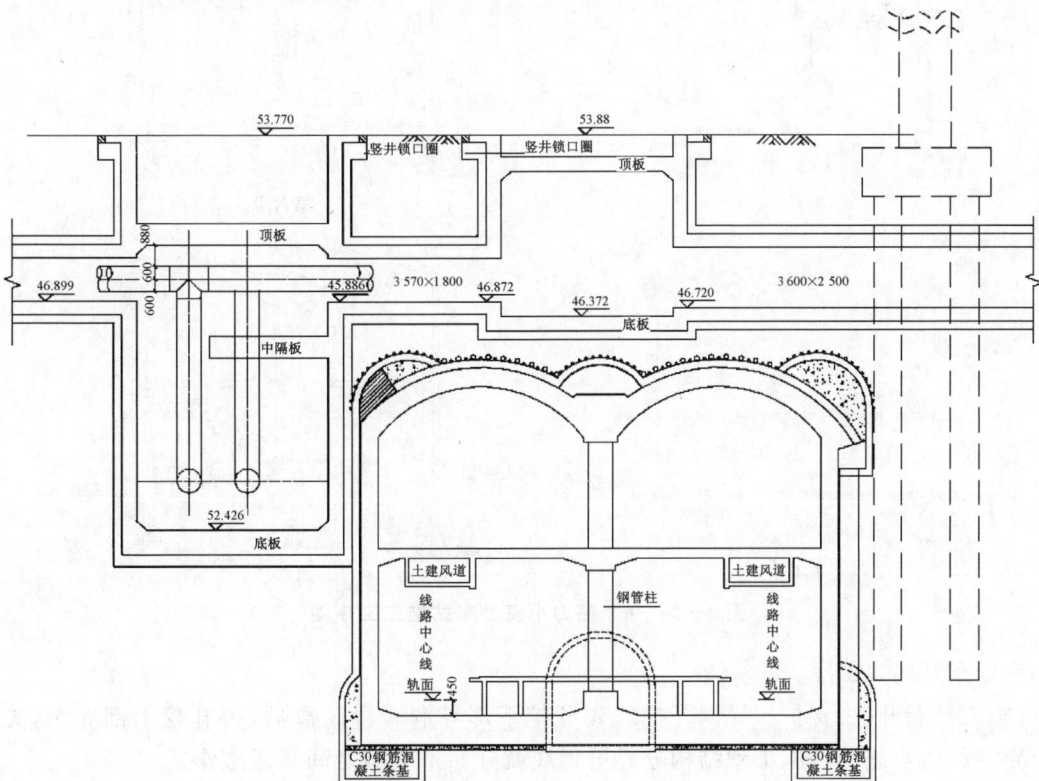

图 4—24—5 车站与热力沟及桥桩的位置关系(标高单位为 m,其余为 mm)

　　4)风险源设计

　　花园桥站由于从西三环下穿过,周边环境复杂,因此风险点较多、较大,主要为侧穿花园桥桥桩及侧穿、下穿热力沟及热力小室。

　　①车站侧穿热力沟及热力小室:经现场勘查,车站南侧紧邻双层热力沟,且热力小室已倾入车站围护结构,该处无法打设车站围护桩。经多次论证,热力小室处采用倒挂井壁施工,施工完成后及时施做二衬,用二衬替代围护桩的作用。同时下穿热力沟及小室段采用大管棚+小导管注浆加固周边地层。热力小室处车站施工工序如图4-24-6所示。

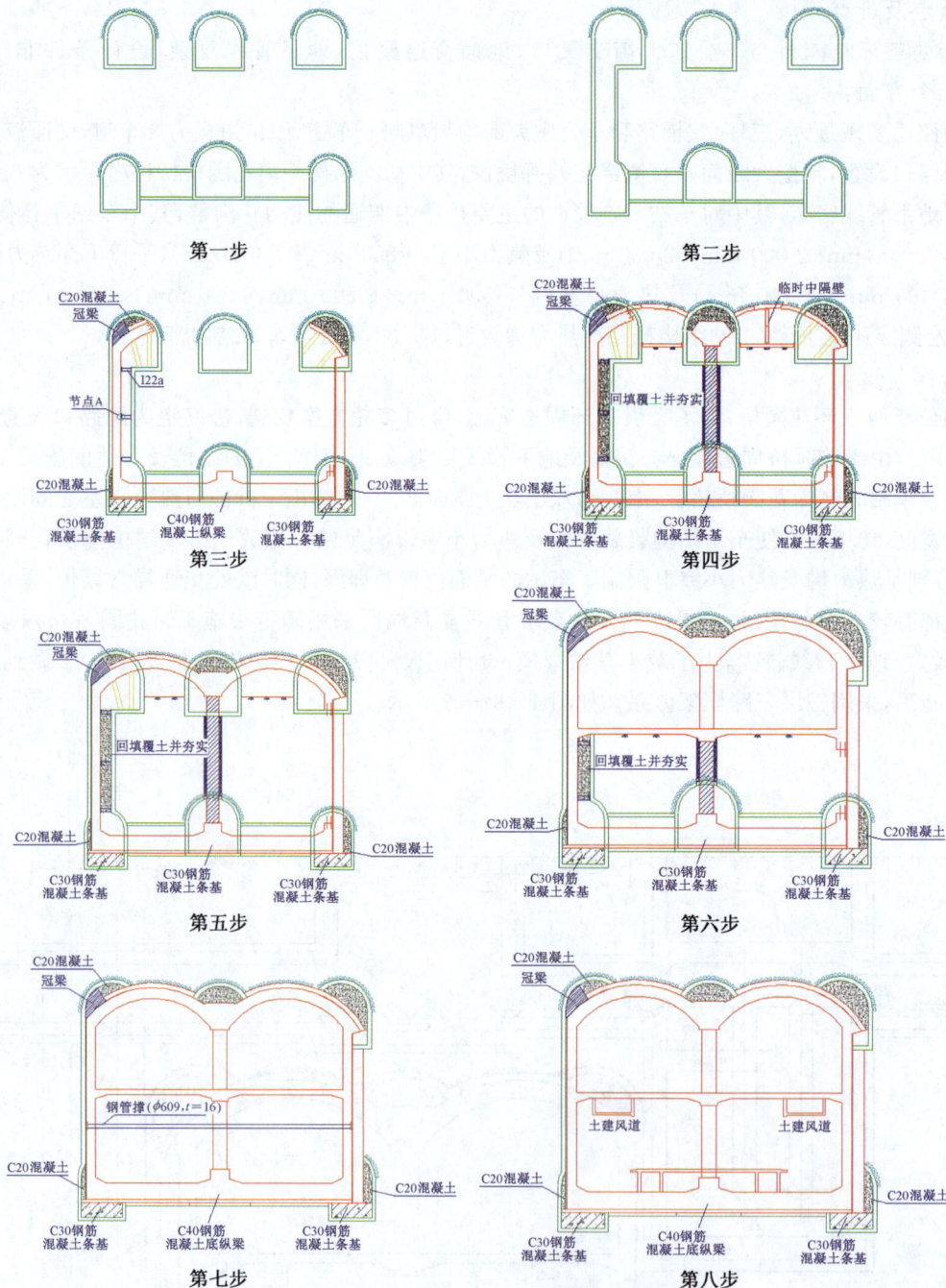

图4-24-6　热力小室处车站施工工序图

　　热力小室处车站施工工序:

　　第一步,施工导洞开挖、支护。导洞开挖时先开挖下部导洞一段距离后,再开挖上部导洞,先开挖边导洞再开挖中导洞。每个施工口施工到结构分界里程线就开始下导洞之间横通施作。

　　第二步,导洞开挖至热力小室影响范围内,开挖临时施工竖井,连通上下导洞;开挖过程中,按现场实际情况,架设支撑。

第三步,及时施做远离热力小室一侧的导洞内边桩和上导洞内的部分初支,下导洞内的混凝土条基,结构垫层,防水层,结构部分底板、底纵梁及部分侧墙;同时近热力小室侧临时竖井内,施作结构边墙,冠梁,部份拱顶板。在施工过程中,预留钢筋接头并及时架设临时支撑,确保结构安全。

第四步,待结构侧墙达到设计强度后,回填近热力小室侧临时竖井并夯实;再施工中导洞的中柱及拱顶纵梁,施工主拱初支,及时填充衬砌与初支间的空隙,架设临时中隔壁,进行结构内土体开挖。

第五步,待主拱初支达到设计强度后,拆除中隔壁,拆除永久结构断面范围内局部导洞格栅钢架,导洞格栅纵向拆除长度应根据监控量测严格控制,不应大于 6 m。铺设拱部防水层,浇筑拱部二衬。

第六步,待主拱、临时竖井边墙、中柱、拱顶纵梁、达到设计强度后,拆除永久结构断面范围内剩余局部导洞格栅钢架,向下开挖土体至中板下一定距离,铺设边墙防水层,及时施工站厅板及边墙,站厅层封闭成环,预留边墙钢筋。

第七步,继续开挖土体到基底标高,并及时加设临时支撑,拆除永久结构断面范围内剩余下导洞结构,桩间喷混凝土,施作底板 C20 垫层、底板、防水层、内衬墙直至结构封闭。

第八步,施作车站内部结构,热力小室部分主体土建施工完成。

②车站侧穿花园桥桥桩:车站北侧紧邻花园桥桥桩,桥桩桩底位于下导洞位置,最近距离处仅为 0.08 m,且花园桥为三跨连续梁,对变形比较敏感,在施工过程中如何保证桥梁的安全成为本工程的重中之重。经最初方案比选及专家论证,一致认为桥桩托换为最安全的施工方案,但是由于该段位于交通繁忙的西三环,桥下交通疏解方案困难,以致该方案无法实施,后期又经过多轮专家论证及修改,最终定为地面注浆加固+洞内保护措施:在地面对桥桩周边土体进行深孔注浆加固,加固范围为长×宽×高=28 m×7 m× 15 m;在开挖导洞时在导洞内加设预应力临时仰拱,开挖主体结构时加设钢支撑,以减小土方开挖过程中引起的土体侧向位移;同时为保证桥桩桩底土体的相对稳定,取消该侧下导洞,由桩基代替条基。经过施工单位的精心组织及施工,顺利通过了花园桥,桥桩沉降控制在评估允许值范围内。如图 4-24-7 所示。

(3)车公庄西站

1)工程概况

6 号线车公庄西站位于车公庄大街与展览馆路交叉十字路口,沿车公庄大街跨路口东西向设置。现建成的车站方案为 14 m 岛式站台,车站总长 238 m,标准段宽度为 22.9 m,底板埋深 24.5 m,拱顶平均覆土 8.9 m,双层三联供结构,采用暗挖洞桩法(PBA)施工。车站共设置 4 个出入口通道及 2 组 4 个风亭。1、2 号出入口位于车站北侧,3、4 号出入口位于车站南侧。风道分别设置在东南、西南象限,1 号风亭位于国税局门前的绿化带中,2 号风亭位于党校门前的绿化带中。车站与远期 12 号线为通道换乘,规划远期 12 号线下穿本站,故在车站侧墙预留 4 个换乘节点。车公庄西站两端区间均采用矿山法施工。

车站西北象限为北京市公交第四汽车修理厂职工宿舍楼,西南象限为国土资源部 4 层宿舍楼,东北象限为 8 层和 9 层的北京建工集团二建职工宿舍楼,东南象限为展览路房管所,其底层为商铺。

车站站址区周围地下市政管线密布,包括热力、电力、雨水、给水、污水、煤气、电信等地下管线。其中对车站影响较大的主要有 4 400 mm×2 100 mm 热力管沟,东西走向,沟内底埋深约 7 m;3 300 mm× 2 570 mm 的热力管沟,南北走向,沟内底埋深 8.5 m;12 700 mm×12 500 mm 热力小室群,最深埋深 9.4 m;2 800 mm×1 800 mm 雨水管沟,东西走向,沟内底最大埋深约 3.5 m;$\phi100$ mm 和 $\phi400$ mm 上水管道,管顶埋深 1.7 m;$\phi400$ mm 燃气管道,管顶埋深 1.8 m;热力管线改移困难,制约着车站的施工工法和结构埋深。如图 4-24-8 所示。

2)工程重难点分析

车公庄西站是 6 号线中间站,车站周边环境复杂,制约车站方案实施的因素众多,主要体现在如下几点:

①站址道路均实现规划,车公庄大街为双向 6 车道,为西城区东西走向主干道之一,交通流量大且交通疏解功能重要。

②站址周围园林绿化面积广,施工范围内绿化主要为车公庄大街道路两侧 6.5 m 景观隔离带内的绿地及树木,主要是直径为 30 cm 左右的珍贵银杏树。

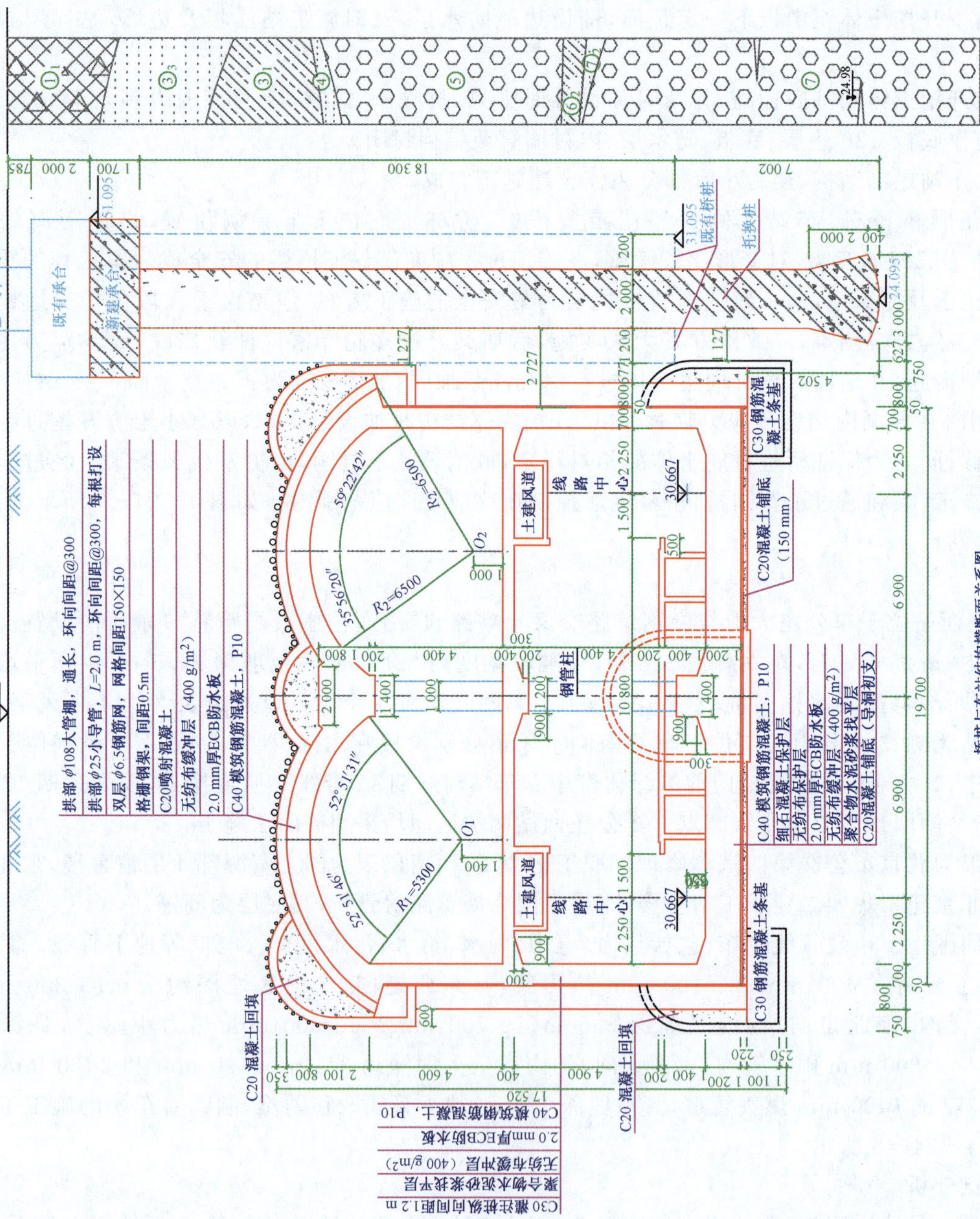

图 4—24—7 花园桥桥桩保护措施（标高单位为 m，其余为 mm）

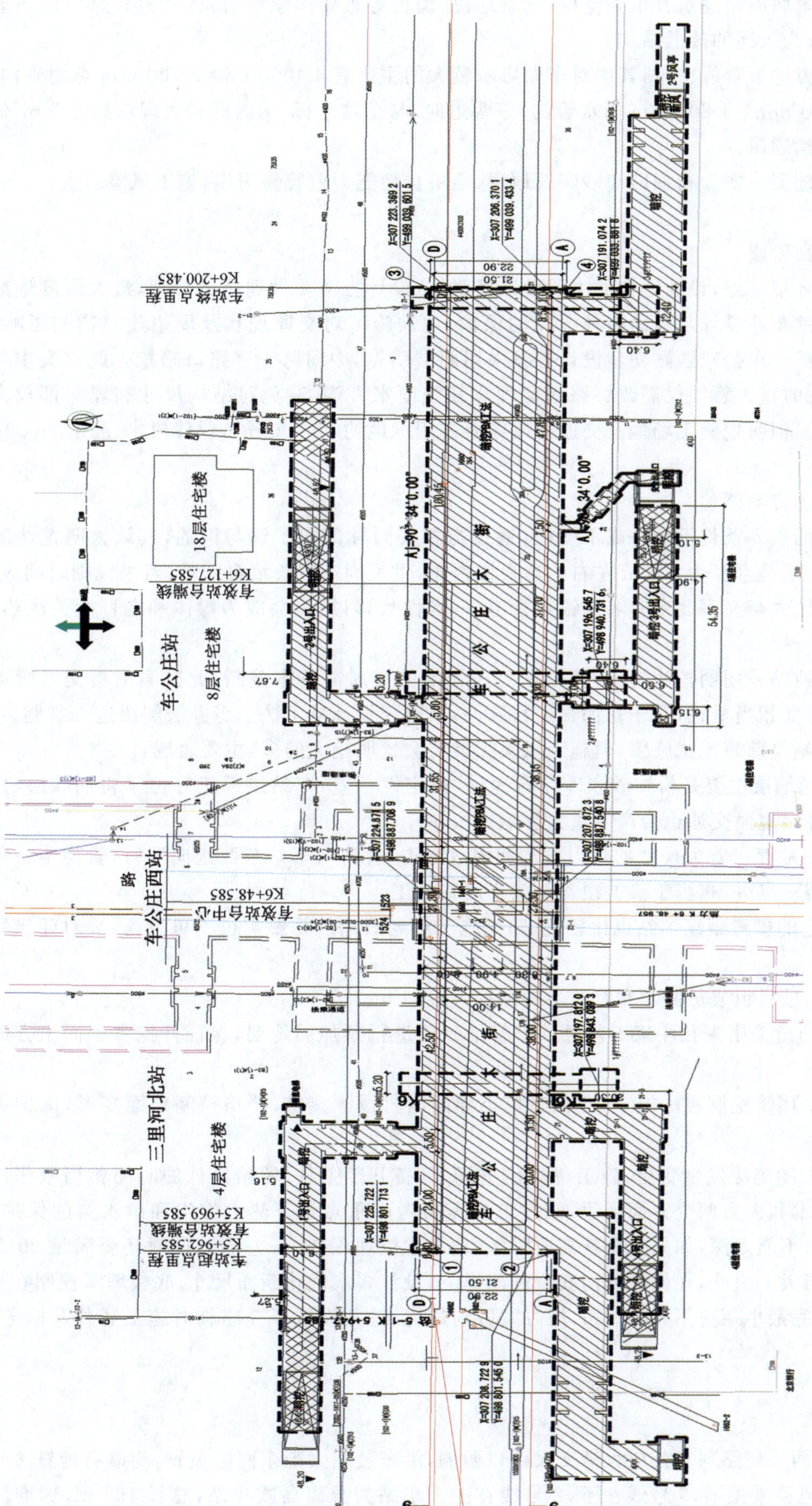

图 4—24—8 车公庄西站总平面图

③车站主体及附属周边建筑有市委党校、北京地税、国税等重要国家政府机关,另外路口四周老旧居民楼,多为建成年代较为久远的砖混结构。

④车站结构上方地下管线密布,其中对车站影响较大的主要有 4 400 mm×2 100 mm 热力管沟,沟内底埋深达 8.5 m,2 800 mm×1 800 mm 雨水管沟,东西走向,与车站平行,沟内底最大埋深约 3.5 m,制约着车站的施工工法和结构埋深。

⑤车站范围内地质主要为粉细砂和砂卵石地层,地层自稳能力差容易坍塌,施工风险较大。

3)设计方案

①初步设计方案阶段

针对本站所处环境特点,设计之初的主要设计思路是:设计方案要做到经济合理,最大限度地减小施工风险。同时兼顾地铁车站设计与地面园林绿化的保护,地铁施工对交通现状及周边建筑物的影响,最大限度减少对交通的影响。车公庄西站初步设计方案采用两端明挖,中间跨十字路口暗挖。此方案主要考虑避开路口交通节点,同时重大管线仅需改移路南侧埋深较浅雨水方沟,避免对结构尺寸和埋深都较大的热力方沟及小室的改移。但明挖施工场地及交通导改需要占用绿地约 15 000 m²,伐移树木、灌木 2 000 棵,其中银杏树 128 棵。

②施工图阶段的方案调整

地铁车站设计的边界条件不是一成不变的,通过与相关园林部门了解与沟通,其认为明挖法施工对园林绿化影响太大,特别是直径为 30 cm 左右的珍贵银杏树,生长周期很长培育困难,若采伐则时间成本、经济成本均太高。车公庄大街又是北京有名的银杏大道,一次性伐移过多,会成为媒体和老百姓关注热点,影响社会和谐。

另外若车公庄西站采用明挖法施工,整个车公庄大街的交通需基本截断,此方案上报交通管理部门之后,政府决策部门对此相当重视,介于首都交通特殊性,其建议设计从工法上想办法解决这一难题。

故考虑采用车站全部暗挖法施工,但施工风险无疑将会比明挖大的多,主要表现:

(A)在车站穿越地层主要是粉细砂和砂卵石地层,稳定性很差,车站拱部正好位于粉细砂层,开挖风险大,地层过多的沉降对地面交通也会产生重大影响。

(B)整个车站顶端存在着大尺寸的热力方沟和雨水方沟,管沟与车站东西走向平行,管沟中一年四季均有大量水存在,通俗一点讲,相当于头上顶着两条小河在施工。

(C)车站与周边的楼房距离车站也比较近,暗挖施工对老旧建筑物影响也不可忽视,故对建筑物的保护也非常重要。

针对上述特点,项目组成员制定有针对性的暗挖方案如下:

(A)暗挖附属通道采用深孔注浆工艺对拱部粉细砂层进行预加固地层,保证开挖掌子面土方的稳定和上方管线的安全。

(B)车站主体采用暗挖洞桩法施工,即在暗挖小导洞内打设隔离桩,严格控制地面变形,保护周边居民楼安全。

(C)由于车站大的工法发生变更,施工单位已进场,具备开工条件,留给设计的时间相当紧张,对此,项目组成员主要从技术和人力两个方面入手,暗挖方案需要考虑重点地下热力方沟和雨水沟的保护,同时又要保护地下水资源,不能太深,如果太深就需要降水(地下水位埋深 25 m 左右),同时还要满足 2012 年年底通车目标,困难相当大。为此,在保证管沟安全的前提下,设计多次优化断面尺寸,底板埋深控制在 24.5 m,车站顶距离热力沟底最小距离不到 0.5 m,把方案做到最优,总共设置了 3 座临时施工竖井及横通道,以满足工期要求。

(4)车公庄站

1)工程概况

车公庄站位于西二环路与车公庄大街交叉路口西侧,沿车公庄大街东西向设置,与既有地铁 2 号线车公庄站形成"T"形通道换乘关系,6 号线在下,2 号线在上。车站为分离岛式车站,总长 195 m,标准段宽度为 14.1 m,侧站台宽度为 2 m×8.75 m,底板埋深 24 m,拱顶平均覆土 7.7 m,采用双层单拱无柱结构形式,暗挖洞柱法施工。

车站结构范围内地层由上而下依次为：杂填土、粉土填土、粉土、细砂、卵石层，车站主体主要穿越地层为卵石⑤层和卵石⑦层，厚度较大，局部含薄层的粉质黏土夹层。该区无不良地质作用，无地震液化问题。抗浮及防渗设防水位标高为 40 m，局部需要降水。

2）工程重点及难点分析

本车站是全线重点换乘站，周边环境复杂，设计条件非常苛刻，主要表现在以下几个方面：

①为了实现换乘功能，换乘通道需要下穿既有运营中的地铁 2 号线车公庄站，并在既有车站底板中间开洞连接，属于特级风险源。既有站顶板上方还有西二环官园桥，两大风险源叠加。

②车公庄大街道路已实现规划，为双向 6 车道，路口扩展为 11 车道，交通流量非常大。

③站址区地下管线密布，其中对车站影响较大的主要有路中东西向 6 400 mm×3 650 mm 的热力管沟群，与车站平行，埋深 8 m 左右，5 500 mm×3 600 mm 的盖板河，埋深 6.3 m，制约着车站的施工工法和结构埋深。

3）设计方案

针对本站特点，方案制定的主要设计思路是：处理好地铁车站设计与地面交通导改及管线的关系，避开路中大的热力管沟群，同时考虑到与既有线换乘，尽量减小车站埋深，降低两线换乘高差，换乘功能达到最优，工程实施风险要可控。因此，经过多方调研，结合已有成功的经验，确定设计方案采用分离岛式、暗挖法施工，中间通过 2 条联通道把车站南北 2 个主体联通。暗挖法施工不影响地面主路的交通，同时可以巧妙避开路中东西向大热力方沟群，中间换乘通道采取与既有 2 号线车公庄站底板密贴的形式，零距离下穿既有线，这样可将换乘高差可以做到最小。由于是换乘站，客流量很大，结构采用双层单拱无柱形式，结构净宽为 12.5 m，这样每个侧站台宽度做到 8.75 m，是北京地区最大的双层单拱无柱暗挖逆作车站，尽可能提高乘客舒适度，满足换乘客流需要，实现便捷的"台—台"换乘功能。

为了实现这一功能，换乘通道设计采用暗挖法施工，其风险主要是下穿既有地铁既有运营中的地铁 2 号线车站，既有站顶板上方还有西二环官园桥，两大风险源叠加，这在北京地铁暗挖设计中还属于首次。既要保证 2 号线的正常运营，列车不限速，又要保证既有结构底板沉降控制在 3 mm 以内，还要保证西二环官园桥的安全，这对设计是个很大的挑战。结合北京地铁 4 号线、5 号线下穿既有线的成功经验，制定有针对性的暗挖设计方案，主要采取的保护措施有以下几点：

①为了降低施工风险，设计采用矩形断面，开挖尺寸宽×高为 7.3 m×5.4 m，CRD 工法分 4 步开挖，结构顶与既有线底板密贴，刚性接触，有利于既有线沉降控制。

②施工前对开挖轮廓线外 2 m 范围内土体进行预注浆加固，浆液采用无收缩浆液，严格控制因开挖地层扰动引起的既有线沉降。

③换乘通道开挖时，在结构开挖初支侧壁及临时中隔壁沿纵向每 2 m 设置一排千斤顶，确保初支与既有线底板顶紧。

通过这些保护措施，工程进展非常顺利，保证了既有线结构安全及正常运营。如图 4—24—9 所示。

车公庄站施工步序：

第一步，超前小导管注浆加固地层，开挖小导洞，先开挖下导洞，再开挖上导洞，导洞前后错开一定的距离，间距不小于 10 m，小导洞采用台阶法施工，步距 0.5 m，导洞钢架预留接头。

第二步，小导洞开挖完成后，施做下导洞内条基；由内向外倒退着跳做钻孔桩；施做桩顶冠梁；施工导洞内主体拱部初支，背后回填。

第三步，主体断面拱部大管棚及超前小导管注浆加固地层，台阶法开挖上部土体，架设拱部格栅钢架，施作初期支护。

第四步，逐段退拆除导洞部分边墙，拆除长度根据量测记录确定，铺设防水层，立模浇筑拱部、部分边墙结构，预留钢筋及防水接头。

第五步，分段拆除剩余部分导洞初支结构，向下开挖至站厅板设计标高。

第六步，敷设防水层，施作站厅中板，内衬墙，预留边墙钢筋。

第七步，继续开挖至底板设计标高处，施做型钢横撑，分段拆除下导洞部分侧墙初支，施作底板垫层、防水层、底板及部分侧墙结构。

回填注浆管 $\phi42\times3.25$
L=0.6 m, 纵向 3 m 一组

超前小导管

C20混凝土回填

小导洞初支

断面中线

超前小导管

$\phi1000$钻孔灌注桩
（纵向间距1600）

小导洞初支

与桩同标号回填

第一步

第二步

大管棚+超前小导管

C20混凝土回填

临时竖撑

临时横撑

C20混凝土回填

临时竖撑

临时横撑

断面中线

断面中线

C30钢筋混凝土条基

C30钢筋混凝土条基

C30钢筋混凝土条基

C30钢筋混凝土条基

第三步

第四步

C20混凝土回填

断面中线

C20混凝土回填

断面中线

C30钢筋混凝土条基

C30钢筋混凝土条基

C30钢筋混凝土条基

C30钢筋混凝土条基

第五步

第六步

C20混凝土回填

断面中线

C20混凝土回填

断面中线

线路中线

轨面

C30钢筋混凝土条基

I45C横撑

C30钢筋混凝土条基

C30钢筋混凝土条基

C30钢筋混凝土条基

第七步

第八步

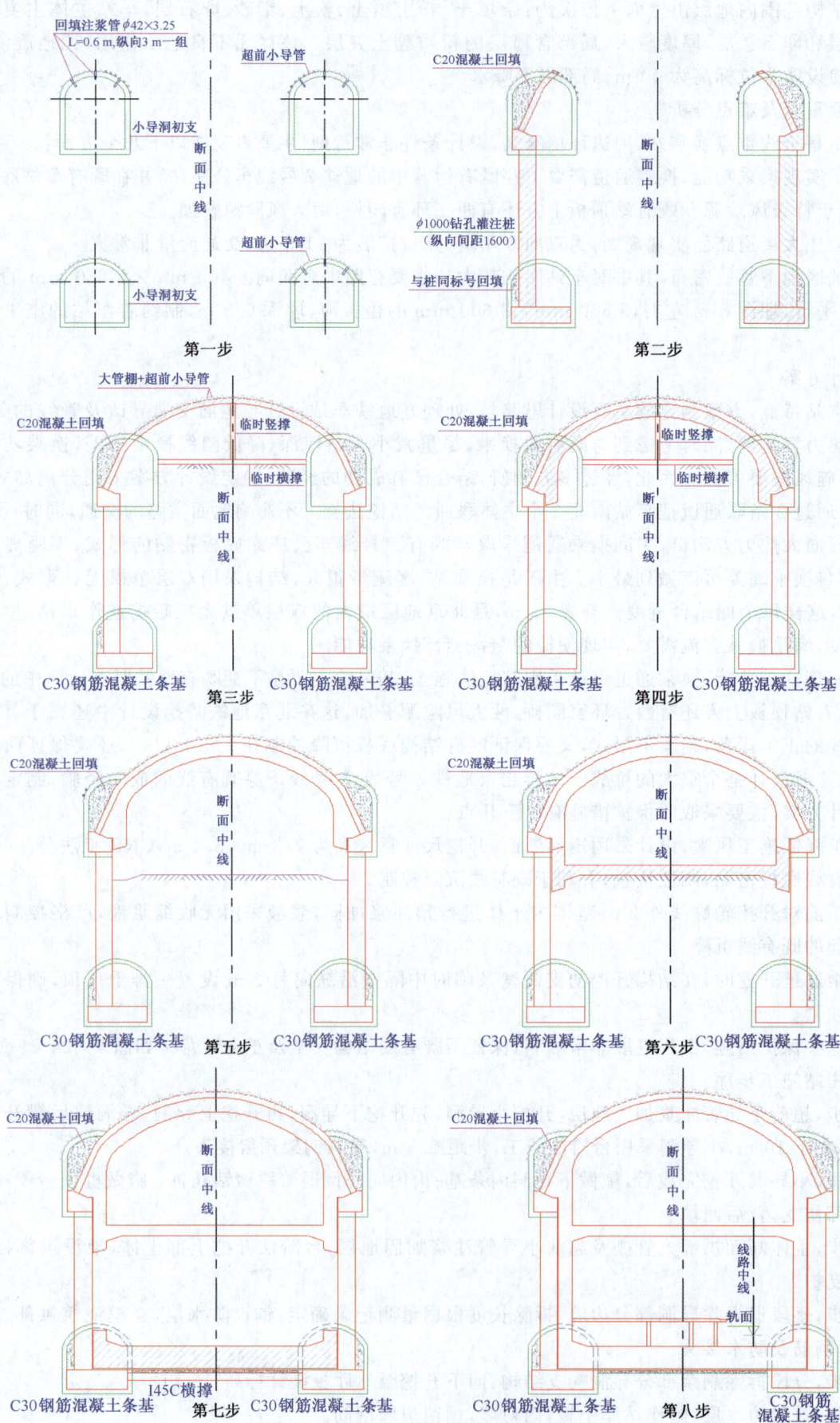

图 4—24—9　车公庄站施工步序图

第八步,施作剩余部分侧墙防水层及二衬结构,施工站台板及二次结构。

4)设计难点及亮点

车公庄站的设计始终以乘客的使用需要作为设计的首要出发点,通过换乘通道连接到既有车站站台,实现了便捷的 2 号线换乘 6 号线的"台—台"换乘、6 号线换乘 2 号线的"台—厅"换乘的单向循环换乘,每条换乘通道均不超过 100 m,换乘高差做到了最小,大大缩短了换乘距离,在保证工程安全的前提下,实现最优的换乘功能,充分体现了以人为本的设计理念。

①结构采用双层单拱无柱形式,结构净宽为 12.5 m,这样每个侧站台宽度做到 8.75 m,是北京地区最大的双层单拱无柱暗挖逆做车站。

②暗挖换乘通道下穿既有线采用平顶直墙结构并辅助千斤顶形式,结构顶与既有线底板密贴,刚性接触,有利于既有线沉降控制。

③导洞与暗挖大拱节点采用预留,保证先大拱先封闭,后拆除小导洞,受力转换完成,减少了沉降,保证安全,规避风险。

④临时中隔壁可以采用不拆撑的方式,减少沉降,有利于控制既有结构沉降。如图 4—24—10 所示。

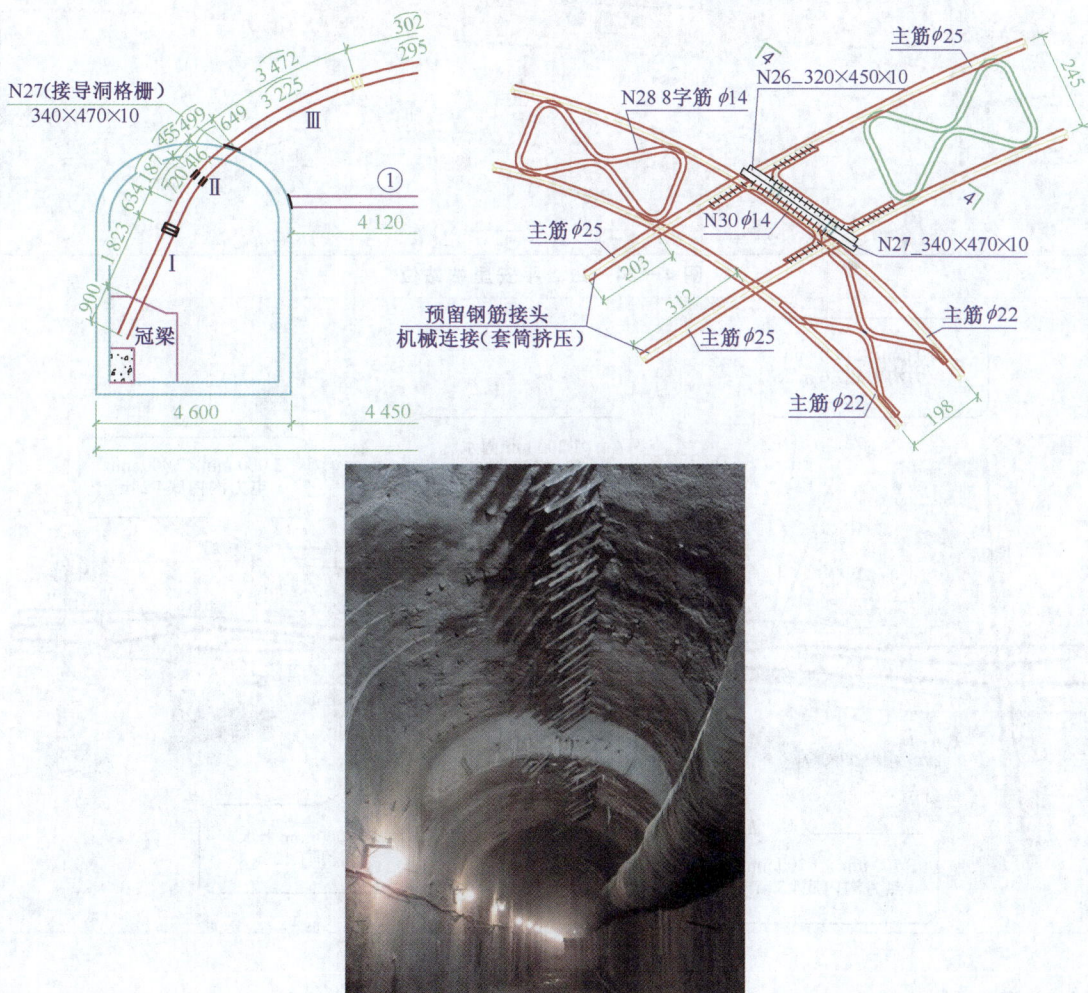

图 4—24—10 结构形式及现场情况(单位:mm)

(5)平安里站

1)工程概况

平安里站位于平安里西大街(地安门西大街)北侧,在赵登禹路以东,新街口南大街以西,站位位置及北侧多为 1~3 层临时房屋。本站是与地铁 4 号线平安里站和远期某线平安里站的换乘车站,车站位于两线之间,采用通道换乘。

车站受 4 号线区间控制,站位中心里程处底板埋深约 27.9 m(地面标高 49.99 m),车站结构形式为三层矩形框架,顶板覆土厚度 5.32~6.44 m,明挖施工。本站西侧为 6 号线轨排基地。

车站周边无保护性文物,车站北侧有 1 棵 B 类古树,对车站站位有控制作用。车站东端与 4 号线平安里站换乘通道上方有 2 棵 B 类古槐树,对换乘通道顶板埋深有控制作用。平安里站周边环境如图 4—24—11 和图 4—24—12 所示。

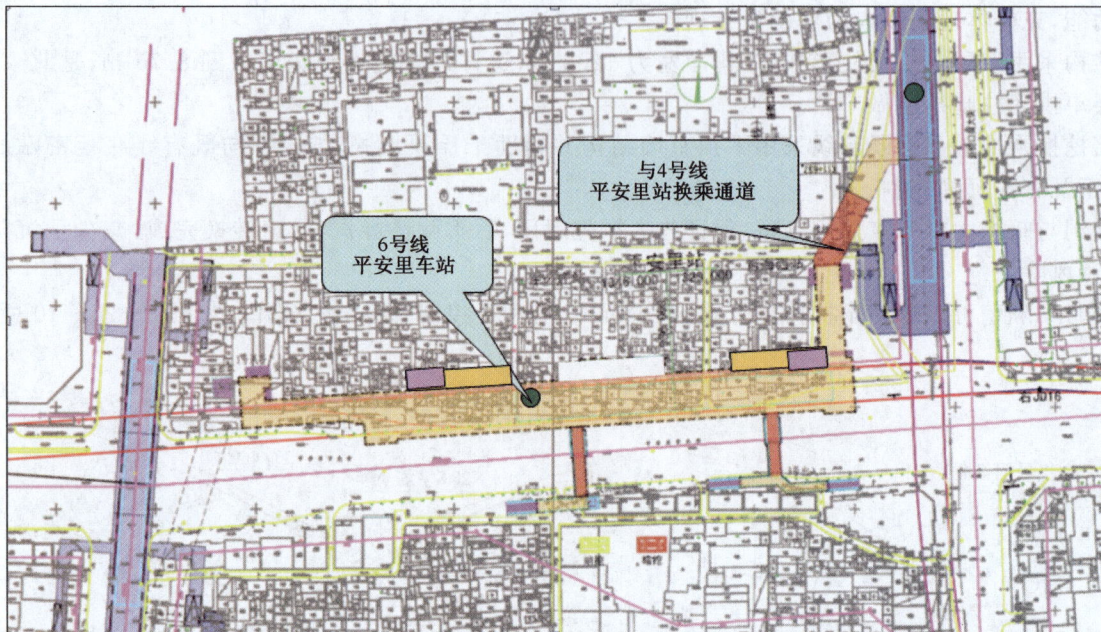

图 4—24—11　平安里站站位

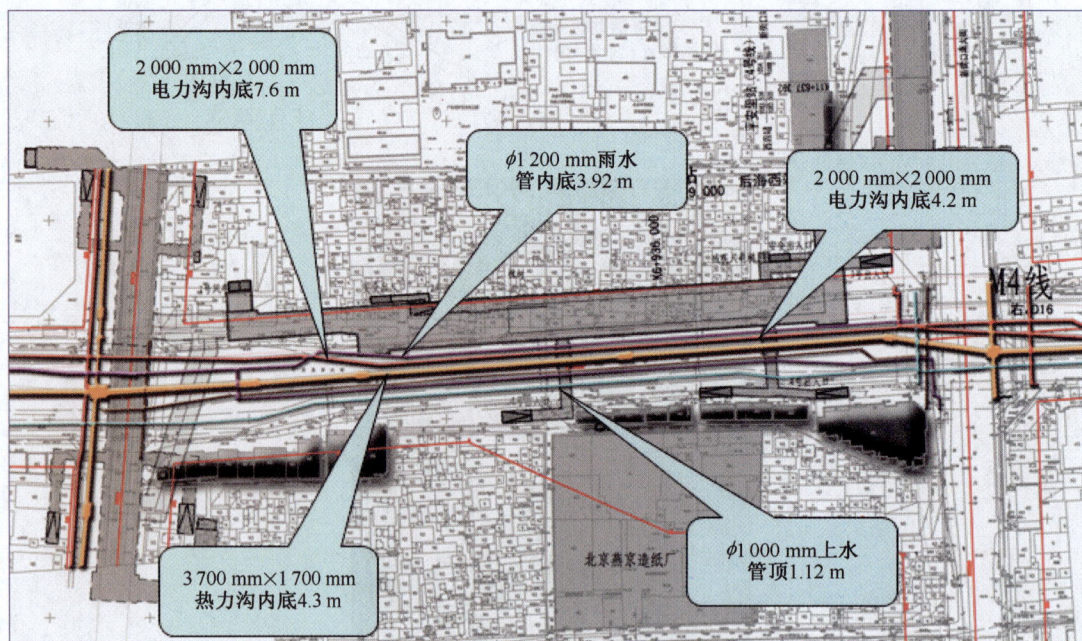

图 4—24—12　平安里站控制性管线

2)设计方案

车站主体为 14 m 岛式站台,地下三层三跨箱型框架结构,西端设置有单渡线,采用"刀把"形平面设计。因此基坑规模很大,长 313 m,宽 23.4 m,基坑深度约 27.8~29.4 m,位于交通繁忙的平安里西街的路北,施工场地不开阔。主体围护结构采用钻孔灌注桩+桩间网喷的支护方案,铺轨基地部分由于各层楼板需预留 4 m×30 m 的施工预留孔洞,采用不拆卸的锚索支护体系。

原设计车站西端接盾构区间,因此"刀把"形桩锚支护的基坑需考虑盾构区间与锚杆关系进行避让,避让后导致最下层锚杆对桩体竖向剪切分量增加,需特殊设计围檩与桩间竖向抗剪措施。如图 4—24—13 和图 4—24—14 所示。

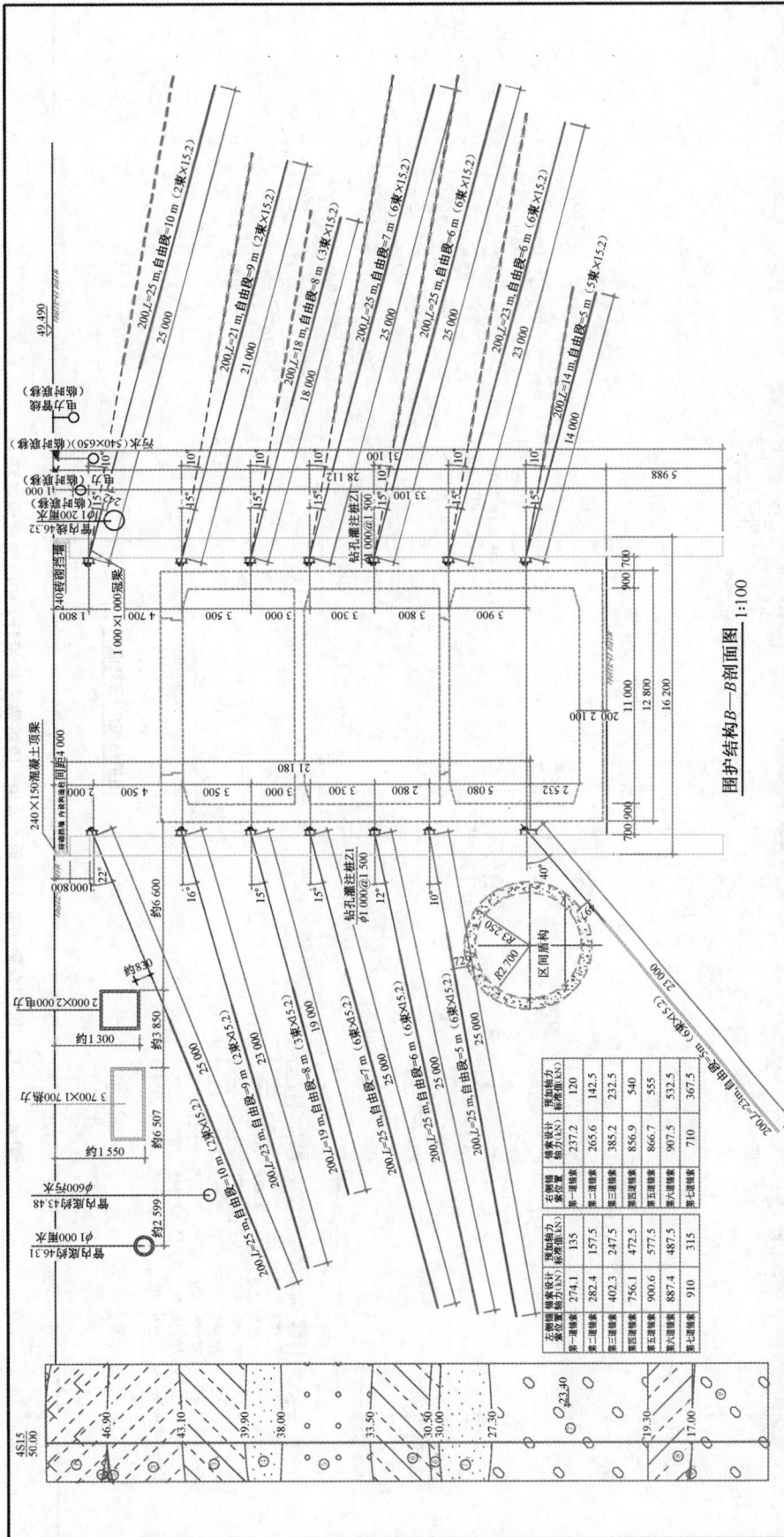

图 4-24-13　原方案——"刀把"段辅轨井处的桩锚支护与盾构隧道关系

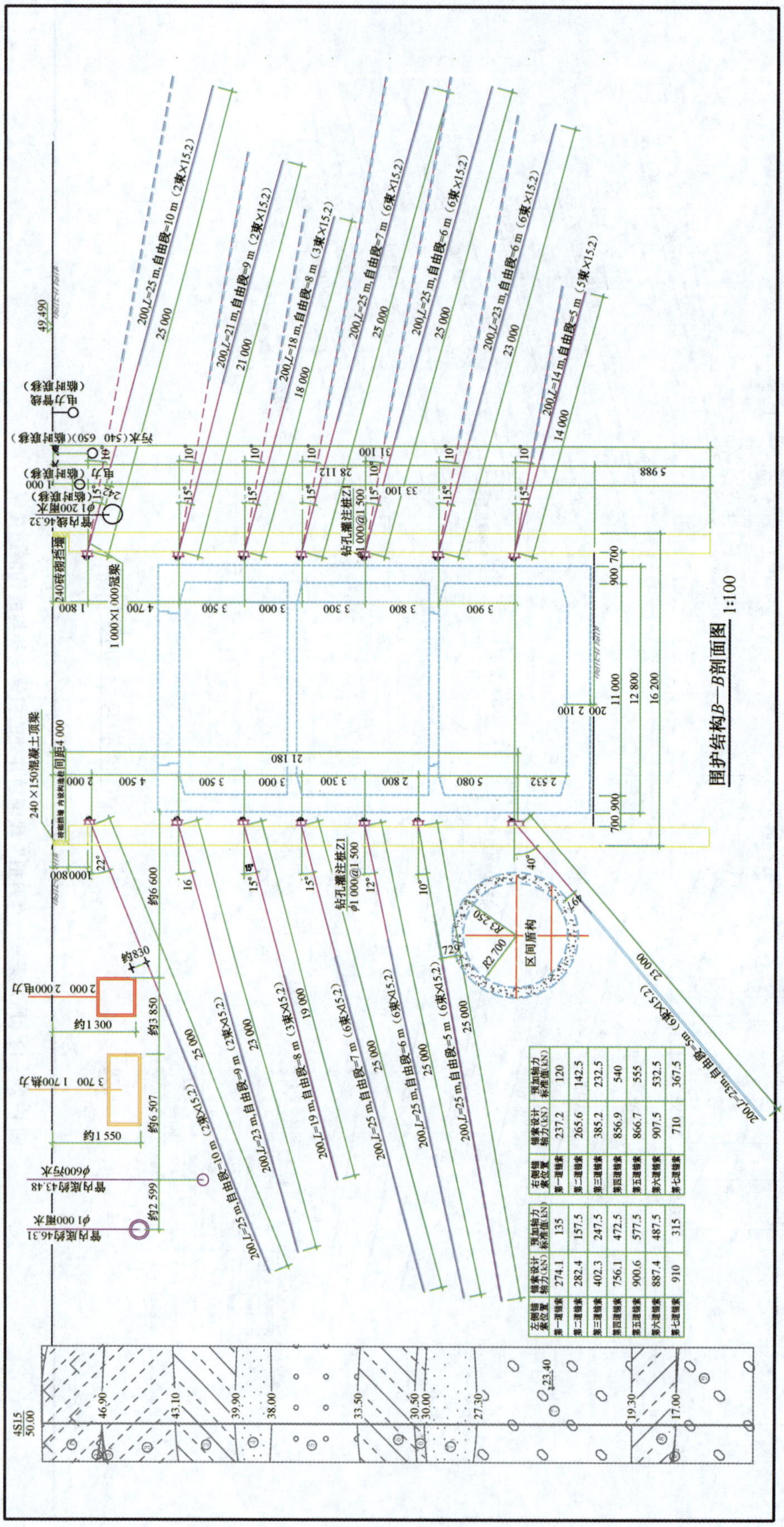

左侧锚索位置	锚索设计轴力(kN)	预加轴力标准值(kN)
第一道锚索	274.1	135
第二道锚索	282.4	157.5
第三道锚索	402.3	247.5
第四道锚索	756.1	472.5
第五道锚索	900.6	577.5
第六道锚索	887.4	487.5
第七道锚索	910	315

右侧锚索位置	锚索设计轴力(kN)	预加轴力标准值(kN)
第一道锚索	237.2	120
第二道锚索	265.6	142.5
第三道锚索	385.2	232.5
第四道锚索	856.9	540
第五道锚索	866.7	555
第六道锚索	907.5	532.5
第七道锚索	710	367.5

图 4-24-14　区间变更为矿山法后“刀把”段桩锚支护设计（矿山法截除锚杆）

(6)北海北站

1)工程概况

北海北站位于北海公园北门的西侧约 200 m,沿地安门西大街呈东西向布置在道路下方,车站北侧自西向东是中国妇女报社(齐鲁饭店)、市级文物建筑贤良祠以及 3 层楼的中国建设银行,道路南侧自西向东为金融街房地产有限责任公司的 3~4 层的商业出租楼座、中石化加油站以及北海公园的国家重点文物建筑。车站地处风景区,道路现状为 4 车道,路幅宽度仅 28 m,交通繁忙,车流量大,道路两侧人流较多。

车站上方的地下大型管线较多,主要有东西向 2 000 mm×2 000 mm 电力,沟内底埋深 6.9~9.55 m;3 700 mm×1 700 mm 热力,沟内底埋深 5.7~12.7 m,其热力小室Ⅰ3654 沟内底埋深 12.7 m;φ500 mm 中压煤气管,管顶埋深 1.64~2.1 m;φ1 350 mm 污水管内底埋深约 7.4 m;2 200 mm×1 900 mm 雨水,沟内底埋深 4.2 m;2 200 mm×1 900 mm 污水沟内底埋深 4.2 m;φ1 000 mm 上水管顶埋深 1.17 m;南北向 φ1 000 mm 污水管,管内底埋深 4.4 m。北海北周边环境如图 4-24-15 和图 4-24-16 所示。

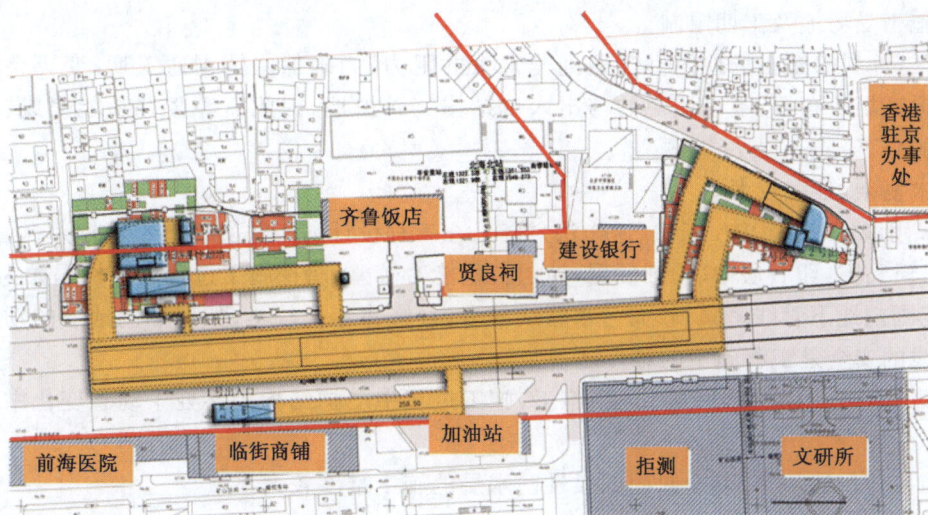

图 4-24-15　北海北站站位周边环境

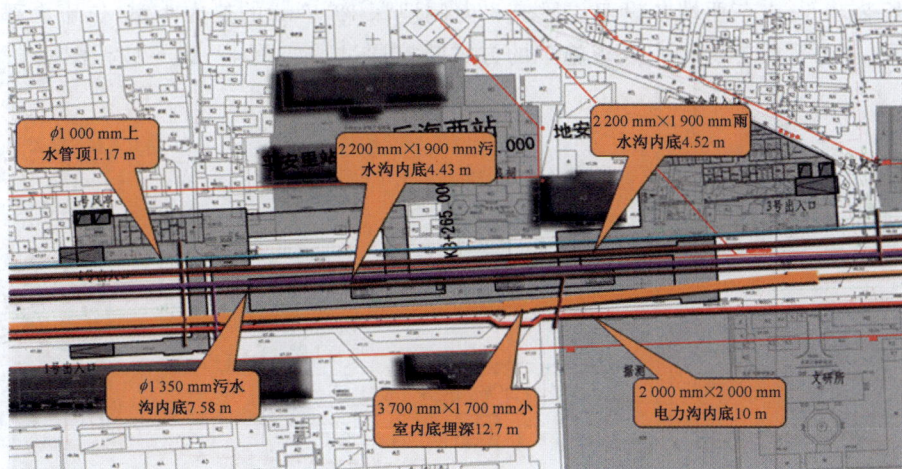

图 4-24-16　北海北站主体上方控制性管线

站位处于老城区,地貌为古金沟河故道,表层以厚度不均的人工堆积房渣土、素填土及现状路基为主,人工堆积层以下主要为第四纪沉积的黏性土、粉土,厚度约 13 m,其下是砂卵石层,厚度较大,局部深度存在黏性土夹层。对于局部地段埋藏较浅的第三系地层,由于沉积成岩时间较短,成岩作用差,呈半胶结状态,属半成岩、极软岩。

车站地层自上而下依次为：人工堆积层，黏性土、粉土、砂卵石、黏性土夹层，粉土、砂卵石、粉质黏土层，黏土层。

场区地下水主要为潜水和层间潜水。潜水分布在卵石⑤层、粉细砂④层中，该层水透水性好，但水量较小，主要接受侧向径流及越流补给，以侧向径流方式排泄。层间潜水主要分布在卵石⑦层、粉细砂⑦₁层中，含水层主要接受侧向径流及越流补给，以侧向径流和人工开采的方式排泄。底板处于承压水水头下方 2.5 m，需降低承压水头。

2）工程重点及难点分析

①车站的地理位置特殊

北海北站位于北海公园北门西侧，处于旅游景区内，北侧紧邻市级文物贤良祠，东南邻近特级文物文研所内的古建，上方重大市政管线密集，因此对地铁车站施工提出了严格限制和要求。

②工程技术标准要求高

对周边构筑物、地下管线的变形控制要求严格，需保证施工期间地下所有管线的正常使用。

③暗挖设计与施工受场地及工期限制

车站地处老城区，计划的施工场地内拆迁遇到非常大的阻力，为确保主体洞通工期，变更整体方案后，竖井设置均结合已拆迁场地布置，不可避免的与出入口结构交叉占地，因此需等竖井功能完成、回填后，方可进行相应出入口的施工。

④车站施工技术复杂，难度较大

（A）北海北站采用浅埋暗挖 PBA 工法（逆作法）施工，在工程设计与工法实现上难度较大；

（B）车站处于粉质黏土、卵石层中、粉细砂层，地层自稳能力较差，暗挖施工过程中防坍塌尤为重要。

（C）车站场地范围内地下管线密集，较大污水管线较多，且修建年代较早，如何控制地层的动态变化，确保各种既有市政管线的安全是工程施工的难点之一。

（D）车站采用浅埋暗挖 PBA 工法（逆作法）施工，施工过程中支护结构始终处于动态变化中，结构受力复杂。

（E）车站采用暗挖逆作法施工，其全封闭的柔性防水层的施工难度较大。

3）设计方案

车站东西端均接矿山法区间，东北、西北侧民房部分拆迁完成，竖井设置结合现场拆迁条件，能够基本满足主体施工条件。主体结构为标准双层双跨，10.8 m 岛式暗挖车站，PBA 工法施工，上部三导洞、下部三导洞。暗挖主体长 258.5 m，东西端各设双层风道。南侧埋深 12.7 m 的热力小室，位于上部边导洞上方，采取局部降低小导洞、顶部紧贴热力小室底板施工的方式暗挖通过。如图 4—24—17～图 4—24—19 所示。

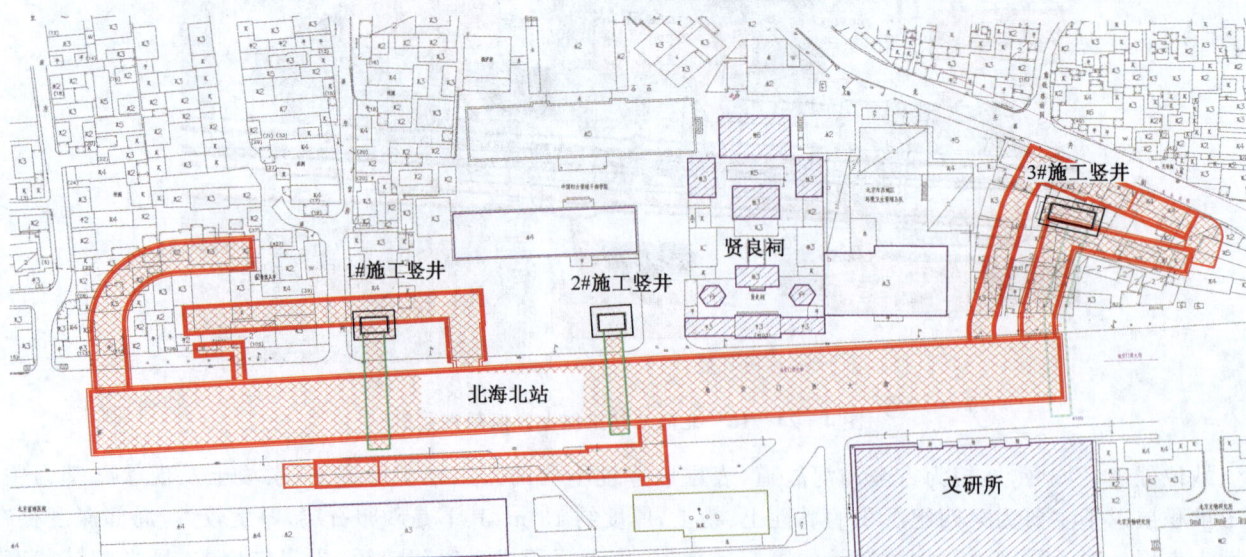

图 4—24—17　北海北站主体结构总平面图

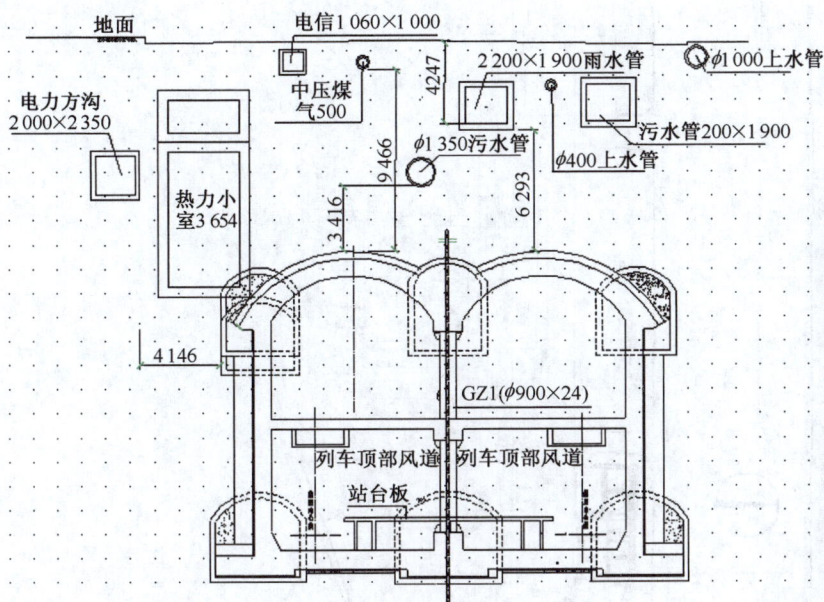

图4－24－18　主体结构横剖面图(单位:mm)

图4－24－19　主体结构施工(施工至中层板)

（7）南锣鼓巷站

1）工程概况

南锣鼓巷站主体沿地安门东大街路南侧设置，车站西端接近焕新胡同，距离周边的保护四合院建筑较近（最近处约2.1 m），车站东端接近火药局五条胡同。如图4－24－20所示。

2）工程重点及难点分析

本站为地铁6号线与地铁8号线的换乘车站，车站为左右线叠落式站台车站，主体结构为地下三层框架结构，局部外挂地下一层结构，主体与风道、出入口结合建设；车站的中心里程为K11＋50.954，车站总长211.62 m，车站结构宽度12.5～50.2 m不等；车站线路轨道中心线垂直间距7.95 m，由小里程向大里程为2‰下坡。车站设置2个出入口、2个紧急疏散口、2个风道及1个与8号线的双层换乘通道。结构标准段底板埋深28.85 m，外挂地下一层结构底板埋深12.5 m。车站两端区间隧道采用与矿山法区间隧道相接。

3）设计方案

车站主体东端暗挖结构为两个分离的双层单跨拱顶直墙结构，北侧结构为设备用房，南侧结构为轨行区，两个结构之间采用通道连接。暗挖段结构均采用CRD法施工，设备用房区结构初支内净空11.8 m×18.32 m，轨行区结构初支内净空9.98 m×18.22 m，均为10导洞开挖，由350 mm厚的C25格栅钢架喷射混凝土、超前小导管（超前大管棚）、锁脚锚管及格栅钢架组成联合支护体系。二衬均为模筑钢筋混凝土，初支与二衬结构之间设柔性防水层。

车站暗挖段设竖井及横通道各1座，竖井为临时结构，横通道除用作进洞施工主体导洞外，部分兼作设备区和轨行区之间通道。如图4－24－21和图4－24－22所示。

（8）东四站

1）工程概况

东四站位于现状东四西大街，处于美术馆东街和东四南、北大街之间，沿东四西大街在道路下方呈东西向偏南侧布置。现状东四西大街路为双向6车道，两侧各有1条非机动车道，路边设人行道。道路设置3道绿化隔离带，基本实现规划，规划道路红线宽60 m。目前，该路交通繁忙，车流量大。

东四站西侧是过街天桥；东侧与地铁5号线东四站相邻；西北角为隆福广场，是较为繁华的商业区；南、北侧地块多为低层商铺和民宅；车站南侧从西向东依次为工人出版社、中华医学会联合办公楼（砖混结构，地上5层＋地下1层）、中交公路设计院（砖混结构，地上5层＋地下1层）和兴华美食（2层），后两者为上世纪六、七十年代建筑，条形砖石基础，基础深度1.5～5 m。

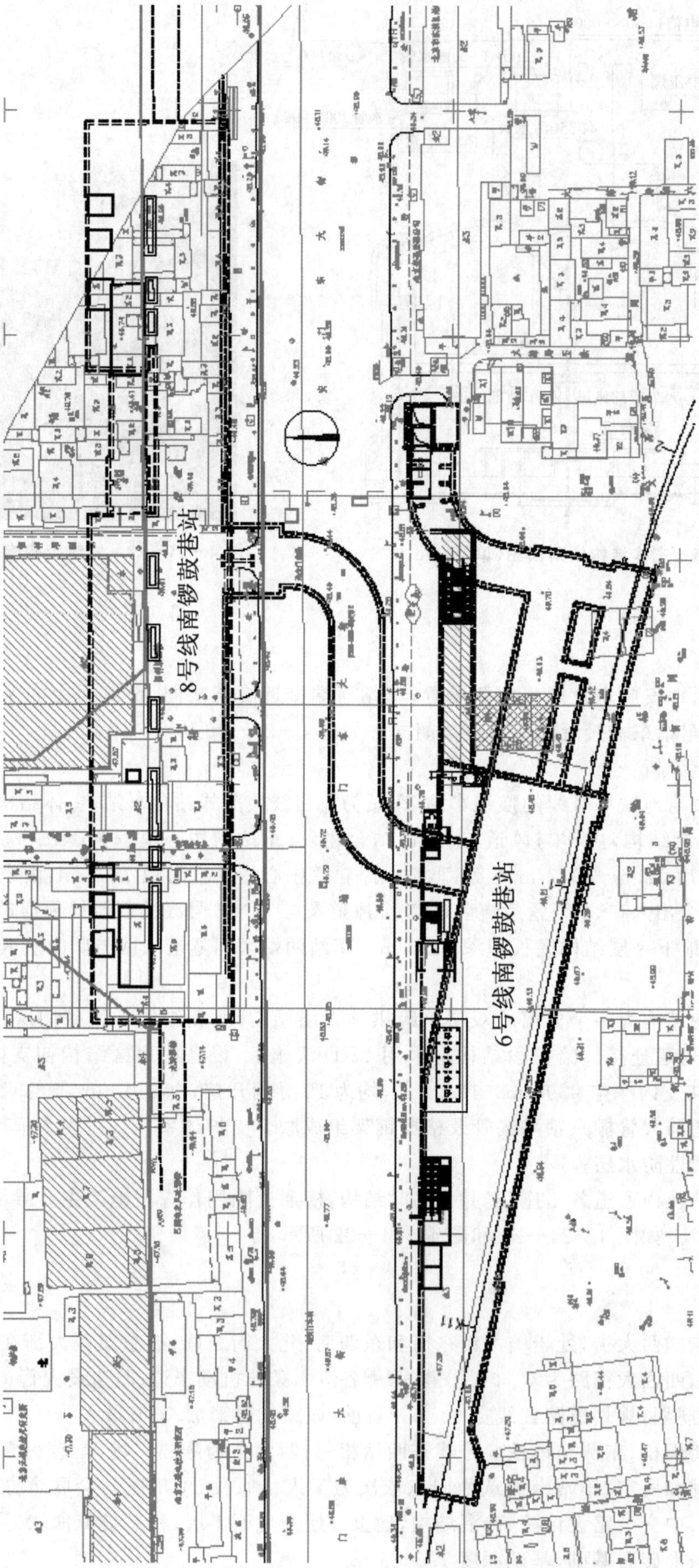

图 4-24-20 南锣鼓巷站总平面示意图

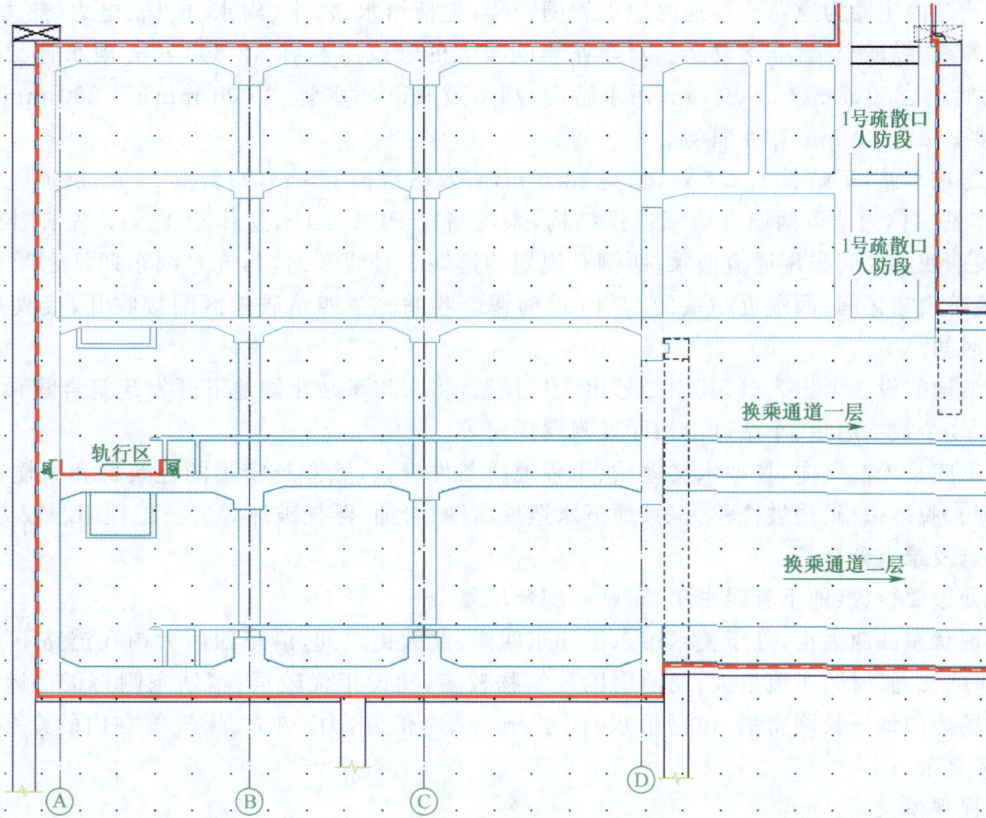

图 4—24—21 南锣鼓巷站明挖段结构剖面图(单位:mm)

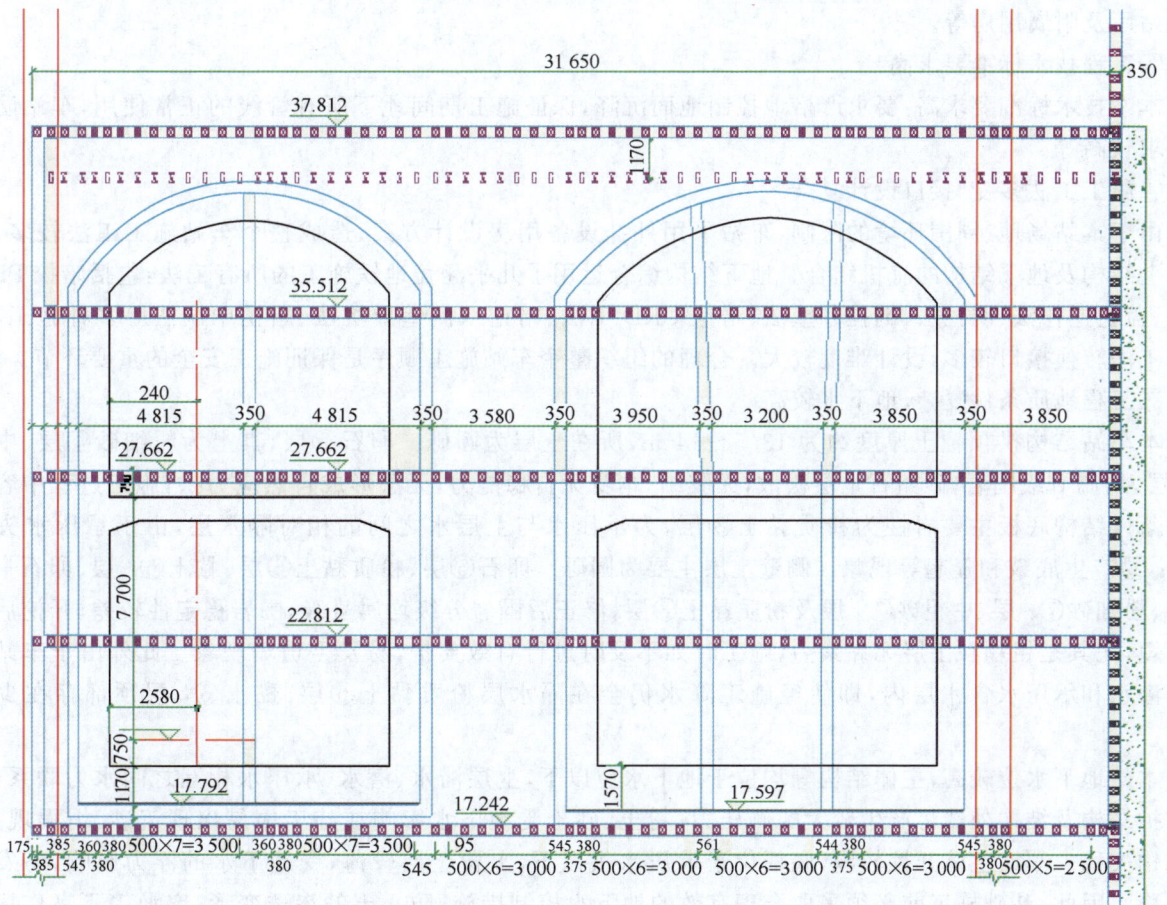

图 4—24—22 南锣鼓巷站暗挖段结构剖面图(单位:mm)

拟建场地范围内主要为道路。场地内地下管网密集,包括给水、污水、雨水、电信、电力、热力、煤气等在内的众多地下管线,纵横交错,非常复杂。对车站影响较大的管线主要有 $\phi 2\,600$ mm 雨水管、$2\,000$ mm×$2\,000$ mm 电力管沟、880 mm×$1\,600$ mm 污水管沟、$\phi 1\,550$ mm 污水管、$3\,000$ mm×$1\,500$ mm 热力管沟、$\phi 800$ mm 给水管、$\phi 2\,400$ mm 雨水管等。

东四站为岛式车站,车站长 192.8 m,总宽 23.3 m,有效站台长 158 m,站台宽 14 m,拱顶覆土厚度约为 13.5～14 m,车站主体为地下两层直墙三连拱结构,采用暗挖 PBA 工法,逆作施工。车站东侧有 5 号线东四站,与 6 号线东四站之间采用通道换乘;西侧有规划的远期 3 号线车站,与 6 号线东四站之间采用通道换乘;车站东端接矿山法区间,西端近站端约 17 m 设南锣鼓巷站—东四站盾构区间接收井,接收井与东四站间采用矿山法区间。

本站附属结构共设 3 个出入口(其中 2 号出入口预留,将来与车站北侧地下开发建筑合建)、1 个安全疏散口、2 个风道、3 个换乘通道、车站进出站厅及附属用房等。

本站位于第四系松散层内,场地水文地质、工程地质条件复杂,除穿越密集的建筑群和纵横交叉的管线(网)外,顶部围岩脱落失稳、边坡位移失稳、地下水造成潜蚀、管涌、浮托破坏等岩土工程问题较为突出。

2)工程重点及难点分析

①车站地处重要位置、地下管线密集、车站周围环境复杂

本站位于现状东四西大街,处于美术馆东街和东四南、北大街之间,沿东四西大街在道路下方呈东西向偏南侧布置,该路交通繁忙,车流量大;场地周围建筑物较多,建设年代较早;本站东侧为正在运营的地铁 5 号线东四站。场地内地下管网密集,包括给水、污水、雨水、电信、电力、热力、煤气等在内的众多地下管线,纵横交错,非常复杂。

②车站工程规模大

本站是 6 号线及 5 号线的换乘车站,是一座大型的地下车站,建筑面积达 25 442 m² ,共设 3 个出入口(其中 2 号出入口预留,将来与车站北侧地下开发建筑合建)、1 个安全疏散口、2 个风道、3 个换乘通道、车站进出站厅及附属用房等。

③工程技术标准要求高

本站技术标准要求高:要求严格地控制地面沉降,保证施工期间地下所有管线的正常使用,车站防水等级要求较高等。

④施工工法多变,接口设计复杂

由于本站场地、周围环境的限制,车站采用外挂设备用房设计方案,造成整个车站施工工法较多,实现了地上结构及地下结构的有机结合。地下结构综合运用了几乎涵盖地铁施工的所有工法:包括暗挖 PBA 逆作法、盖挖逆作法、明挖法、倒挂井壁法、暗挖 CRD 工法、暗挖双侧壁导坑法、暗挖中洞法等多种施工方法,不同工法转换接口较多,设计难度较大。合理的组织整个车站施工顺序是保证施工安全的重要环节。

⑤工程地质条件复杂、地下水较高

本车站结构拱顶覆土厚度约为 13.5～14 m,所在土层为圆砾—卵石⑤层,其上为粉细砂④层、中粗砂④₁层,均属 Ⅵ 级围岩,砂卵石土层松散,无胶结,本身无自稳能力,无法形成自然应力拱,施工过程中容易发生塌落。结构底板主要岩性为粉质黏土⑧层,为承压水与上层水之间的相对隔水层,由于承压水头高约 10 m,易产生底鼓和隆起等现象。侧壁土层主要为圆砾—卵石⑤层、粉质黏土⑥层、黏土⑥₁层、卵石—圆砾⑦层、粉细砂⑦₁层、中粗砂⑦₂层及粉质黏土⑧层,修正后围岩分级均属 Ⅵ 级,围岩稳定性较差,开挖后自稳时间短,尤其是粗颗粒土层无黏聚力,施工时如不及时进行有效支护,易发生坍塌现象。此外由于车站主体位于潜水和承压水含水层内,即使经施工降水仍会在隔水层粉质黏土⑥层、黏土⑥₁层顶部存在少量地下水。

本站地下水位较高,主体结构等均位于地下水位以下,上层滞水、潜水、承压水相互之间水力联系密切,对支护结构及结构外墙将产生较大的侧压力;粉土、砂土受地下水影响在施工中易出现流砂、坍塌现象,导致结构失稳。车站主体开挖较深,底板位于承压水头以下,上覆土层较薄,受地下水的浮力影响,易发生整体失稳。因此,基础施工前必须采取合理有效的地下水控制措施,防止土的渗透变形、突涌等不良作用对基坑边坡、底部造成影响,保证施工安全。

⑥暗挖换乘通道斜坡段爬坡施工,风险较高

与5号线的换乘通道爬坡高度达13 m,场地范围内地下不明管线较多,距5号线东四站较近,且受施工场地条件限制,必须自下向上仰着头暗挖施工,角度达30°,难度极大,且工期较紧。

⑦车站为南锣鼓巷站~东四站盾构区间提供提出条件,北京首次使用暗挖通道提供盾构提出方案。

3)设计方案

①主体结构设计

东四站为岛式车站,主体结构长192.8 m,总宽23.3 m,拱顶覆土厚度约为13.5~14 m,车站主体为地下两层直墙三连拱结构,采用暗挖PBA工法,逆作施工。如图4—24—23和图4—24—24所示。

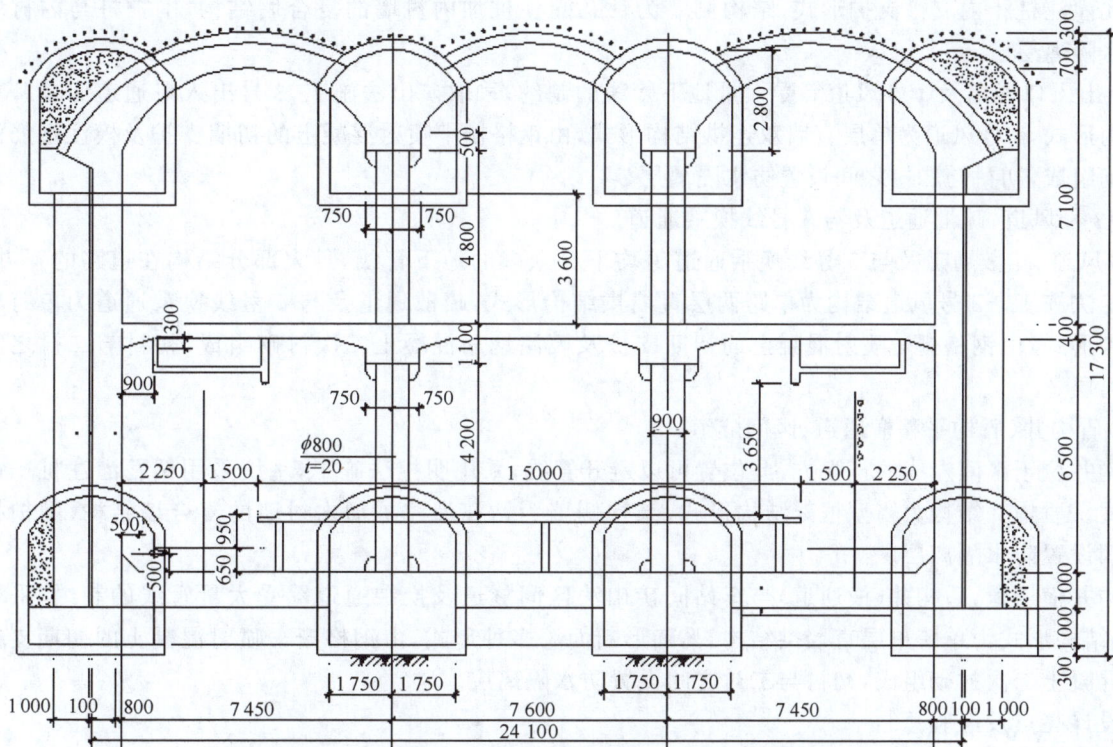

图4—24—23 东四站主体结构横剖面图(单位:mm)

图4—24—24 东四站主体结构施工现场(开挖至中层板)

②附属结构设计

本站附属结构共设3个出入口(其中2号出入口预留,将来与车站北侧地下开发建筑合建)、1个安全疏散口、2个风道、3个换乘通道、车站进出站厅及附属用房等。

(A)1号出入口、设备用房及电缆通道

1号出入口进出站厅及设备用房分为地下结构与地上结构。地下结构形式为箱型框架结构,采用盖挖

195

逆作法施工,基坑支护结构均采用钻孔灌注桩,结构侧墙为钻孔灌注桩加内衬墙的复合墙结构,围护桩与内衬墙之间设置防水隔离层。地上结构为单层的钢筋混凝土现浇框架结构。

此明盖挖结构覆土较小(1.8 m左右),桩顶较难设置抗浮压顶梁,因此采用钢管混凝土柱及侧墙下的桩基兼作抗浮桩。

1号出入口通道及电缆通道等受大量地下管线的制约,采取矿山法施工,结构形式为单跨单层直墙拱结构,由钢格栅+喷射混凝土的初期支护及模注钢筋混凝土二次衬砌组成,初衬与二衬之间设置防水隔离层。

(B)3号出入口及1号风道

3号出入口进出站厅及与其结合的风道等结构形式为箱型框架结构,采用明挖法施工,基坑支护结构均采用钻孔灌注桩+内支撑支护形式,结构侧墙为钻孔灌注桩加内衬墙的复合墙结构,围护桩与内衬墙之间设置防水隔离层。

3个出入口通道及1号风道等受大量地下管线的制约,采取矿山法施工,3号出入口通道为单跨单层直墙拱结构形式,1号风道为单层直墙双连拱结构形式,由钢格栅+喷射混凝土的初期支护及模注钢筋混凝土二次衬砌组成,初衬与二衬之间设置防水隔离层。

(C)2号风道、疏散通道及与5号线换乘通道

2号风道、疏散通道及与5号线换乘通道等均下穿众多的地下管线,且大部分结构在道路的下方,因此采用暗挖法施工。2号风道结构为单跨两层直墙拱结构形式,疏散通道及与5号线换乘通道为单跨单层直墙拱结构形式,由钢格栅+喷射混凝土的初期支护及模注钢筋混凝土二次衬砌组成,初衬与二衬之间设置防水隔离层。

(D)盾构井、盾构平移横通道、区间隧道

盾构井位于区间左线的正上方,此位置可以避开管线,采用明挖法施工,基坑采用钻孔灌注桩+内支撑支护形式。盾构井结构为箱型框架结构形式,结构侧墙为钻孔灌注桩加内衬墙的复合墙结构,围护桩与内衬墙之间设置防水隔离层。

盾构井横通道、盾构井(横通道)与车站间矿山法区间隧道及换乘通道等受大量管线的制约,采取矿山法施工,结构形式为单跨单层直墙拱结构、马蹄形断面等多种形式,由钢格栅+喷射混凝土的初期支护及模注钢筋混凝土二次衬砌组成,初衬与二衬之间设置防水隔离层。

4)设计亮点及经验总结

东四站是北京地铁已建成的最深车站,地铁5号线在建设时,南北向穿越东四大街,为避开上面的密集的市政干线管道,车站底板已经深达地下27 m,预留了6号线远期建设时上穿实施的条件。但5号线建设完成后6年后,地铁6号线开始建设,管线迁改条件没有发生任何变化,6号线隧道只能下穿既有5号线车站。这样6号线站结构进入了承压水层,产生了较大的结构降水施工的难度。

该站施工过程中有效地控制了地面沉降,成功地保护了地下管线及周围建筑物,此站的建成为在北京建造更深地铁车站提供了理论及实践成功经验,对在环境控制要求严格的情况下且在松散软弱、地下水极其丰富的地层中修建大跨地下结构有极其重要借鉴意义。

(9)朝阳门站

1)工程概况

车站位于东二环路西侧、朝阳门内大街与东二环西侧辅路小路口下,沿朝阳门内大街东西向布置,与南北走向的既有2号线朝阳门站形成"T"形岛换乘。东二环路地面高程约38.90 m,朝阳门内大街东高西低,地面高程为41.50~43.50 m。路口四个象限高层建筑基本形成,路口东北角为中海油大厦(地上19层),东南角为凯恒中心一期工程(地上23层),西北角为北京市新闻出版局办公楼(地上12层)及阳光酒店(地上5层),西南角为森豪公寓(目前已停工,地上16层)。朝阳门内大街邻近环岛路下有1条过街通道。车站东端为朝阳门立交桥、挡墙及既有2号线朝阳门车站。

车站总长188.00 m,有效站台中心里程K14+387.814,车站有效站台中心处轨面高程16.200 m,轨面埋深26.20 m,车站主体采用暗挖法施工,车站东、西两端为矿山法区间。

根据结构特点,主体结构沿纵向设置1道变形缝,双层三联拱结构总长187.9 m、总宽22.5 m、总高16.11 m,有效站台中心处拱顶最厚覆土12.39 m。

本站附属结构共设 2 个换乘厅、4 个出入口、2 个出入口(兼换乘通道)、3 个换乘通道、1 个无障碍出入口、1 个疏散口及 2 个风道等。1 号换乘厅位于中海油大厦东侧的绿地内,2 号换乘厅位于凯恒中心北侧广场下;1～4 号出入口分别位于朝阳门内大街南北两侧;1 号风亭位于北京新闻出版局南侧的绿地内;2 号风亭位于中海油大厦东侧的绿地内。同时,为满足全线总体工期要求,本站设置了 2 个施工竖井,均位于凯恒中心北侧。附属结构除 2 个换乘厅、2 号出入口以及其他出入口、风井等敞口部分采用明挖法施工外,均采用暗挖法施工。

2)工程重点及难点分析

①车站周围环境复杂

朝阳门站位于东二环西侧、朝阳门内大街下,地面交通繁忙、地下管线及建(构)物众多、且四个象限邻近重要高层建筑。

②车站工程规模庞大

朝阳门站是北京地铁 6 号线与既有地铁 2 号线朝阳门站换乘的大型暗挖地下车站,总建筑面积达 18 864 m²。车站共设 2 个换乘厅、4 个出入口、2 个出入口通道(兼换乘通道)、3 个换乘通道、2 个风道、1 个无障碍出入口及 1 个疏散口。

③车站工程技术标准要求高

朝阳门站结构设计使用年限 100 年、人防等级为五级、抗震等级为 8 度地区三级抗震、防水及防火等级均为一级,且施工期间需严格控制地层变位、确保地下管线及周围建(构)筑物正常使用等。

④车站技术复杂、施工难度与风险大

本站涉及到环境风险工程 93 处,其中一级环境风险工程 53 处,主要结构难点及风险点如下:

(A)车站拱顶处于较松散的砂层中,地层自稳能力差,如何有效防止开挖过程中拱顶坍塌是本工程第一难点;

(B)车站工期较短,车站施工群洞效应对周围环境影响较大,如何控制地层的动态变化、确保车站平行或垂直下穿的雨污水(主要包括 D1750 污水管、D800 污水、2.6 m×2.2 m 雨水方沟、D700 污水及 D1 000 污水管)、上水(主要包括 DN1200 上水、DN600 上水等)及热力(主要包括 3.4 m×1.6 m 热力沟及 1.6 m×0.7m 热力沟等)等大型重要市政管线的安全是本工程另一难点;

(C)车站采用浅埋暗挖 PBA 法施工,结构受力复杂、受力体系转换频繁,合理确定整个车站的施工顺序是保证工程安全的重要环节;

(D)6 号线朝阳门站与既有 2 号线朝阳门站之间的换乘通道施工需要破除既有车站侧墙结构,如何既满足工程施工要求,又保证既有 2 号线车站正常使用也是本工程的一个难点;

(E)无水施工是确保暗挖工程安全的前提条件,由于车站基底已经进入承压水约 7.3 m,本工程降水施工难度较大;

(F)1 号换乘厅 31 m 深不对称基坑邻近中海油大厦施工也是本工程的一个重大风险点。

3)设计方案

①车站总体施工顺序

朝阳门站主体结构采用 8 导洞洞桩法施工,原设计由 1、2 号施工通道及 1 号风道(但利用该风道无法进行顶纵梁及扣拱施工)完成整个车站主体结构的施工,其中 1 号施工竖井位于车站中部,2 号施工竖井位于 2 号换乘厅内。根据工程实际进展情况,通过原施工通道施工主体结构无法满足全线总体工期要求。为加快施工速度,在主体结构西端新增 3 号施工竖井及通道,用于施工车站顶纵梁、扣拱、站厅层开挖及中板浇筑。新增 3 号施工竖井位于 4 号出入口施工场地内,施工通道紧贴主体结构端部设置,根据不同时段的需要,通道侧壁开洞后进行主体结构的施工。3 号施工竖井位于森豪公寓北侧的 4 号出入口处。车站总体施工顺序布置如图 4—24—25 所示。

②车站主体结构设计方案

朝阳门站主体双层三联拱结构总长 187.9 m、总宽 22.5 m、总高 16.11 m,有效站台中心处拱顶最厚覆土 12.39 m。如图 4—24—26 和图 4—24—27 所示。

③车站附属结构设计方案

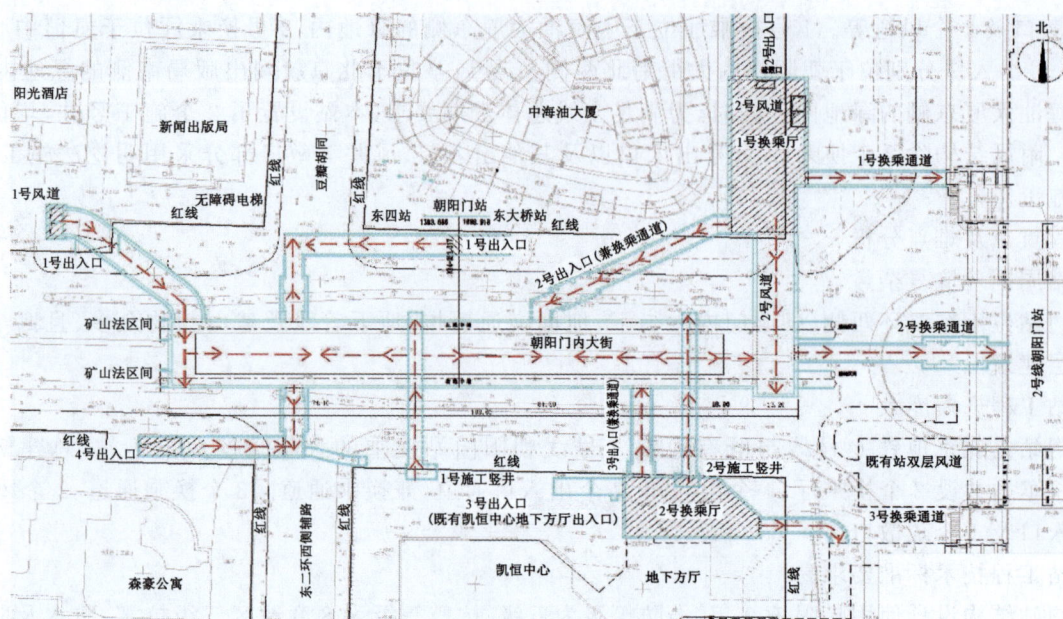

图4-24-25 朝阳门站结构总体施工顺序图

朝阳门站设置2座风道、2个外挂换乘厅、3条换乘通道、2条出入口（兼换乘通道）、4个出入口、3个安全口及1个无障碍垂直电梯口。外挂厅采用明挖法施工，附属通道段均采用暗挖法施工，出入口段扶梯坡段、风井等出地面段采用明挖法施工。

1号换乘厅结构位于中海油大厦东侧的绿地内，地面标高43.20 m，结构外包尺寸为53.0 m×23.3 m×27.5 m（长×宽×高），顶板覆土3.36 m，采用明挖法施工。1号换乘厅深基坑西侧邻近中海油大厦地下室，基坑距离其结构最近距离为2.5 m，基坑南侧邻近现状过街道。基坑周围主要管线有：1 500 mm×1 800 mm电力沟、2 000 mm×2 300 mm电力沟、DN1000上水、D500污水、2 600 mm×2 200 mm雨水沟、DN400（DN500）中压燃气及DN400上水等。不对称深基坑深31.8 m、桩撑支护体系，局部进行注浆加固处理，基坑支护横断面情况及施工步序如图4-24-28和图4-24-29所示。

朝阳门站1号换乘厅结构施工步序：

第一步，降水施工后，施作A型、B型和C型钻孔灌注桩及其冠梁，对基坑与中海油大厦地下室间土体及原基坑肥槽注浆加固，开挖基坑至第一道钢支撑标高处，架设第一道钢支撑。

第二步，从上向下分层开挖基坑，并依次架设第二道钢支撑，开挖至第三道钢支撑位置前，在桩间向中海油大厦基底打设长导管进行注浆加固，并对浅基坑基底下土体进行注浆加固，注浆加固完成后，架设第三道钢支撑，然后开挖至深浅基坑分界处。

第三步，施作B型桩桩顶冠梁，并浇筑钢筋混凝土板连接B型桩桩顶冠梁和A型桩。

第四步，向下分层开挖基坑，并依次架设第四、五、六道钢支撑，开挖至基底。

第五步，施作垫层、防水层及结构底板，待底板结构达到设计强度后拆除第六道钢支撑，向上浇筑侧墙结构。

第六步，架设倒撑后，拆除第五道钢支撑，浇筑地下三层中板结构。

第七步，向上依次拆除钢支撑并浇筑结构侧墙、中板，直至浇筑地下一层侧墙和顶板结构。待浇筑结构达到设计强度后，方可拆除中板、顶板上钢支撑。

第八步，施作顶板防水层并及时回填，回填至第一道钢支撑位置处，土层压实后拆除第一道钢支撑及砖砌挡墙等，回填至地面，最后拆除倒撑。

1号风道位于车站西端，为双层风道，开挖宽度10.1 m，开挖高度12.92 m，覆土厚约13 m，采用CRD法施工。暗挖风道距新闻出版局办公楼地下室最近距离约11.9 m。暗挖风道由北向南依次下穿D800污水、DN800上水、D2600雨水、1.05 m×1.62 m污水沟（已废）、DN500中压煤气、2.0 m×2.35 m电力沟、

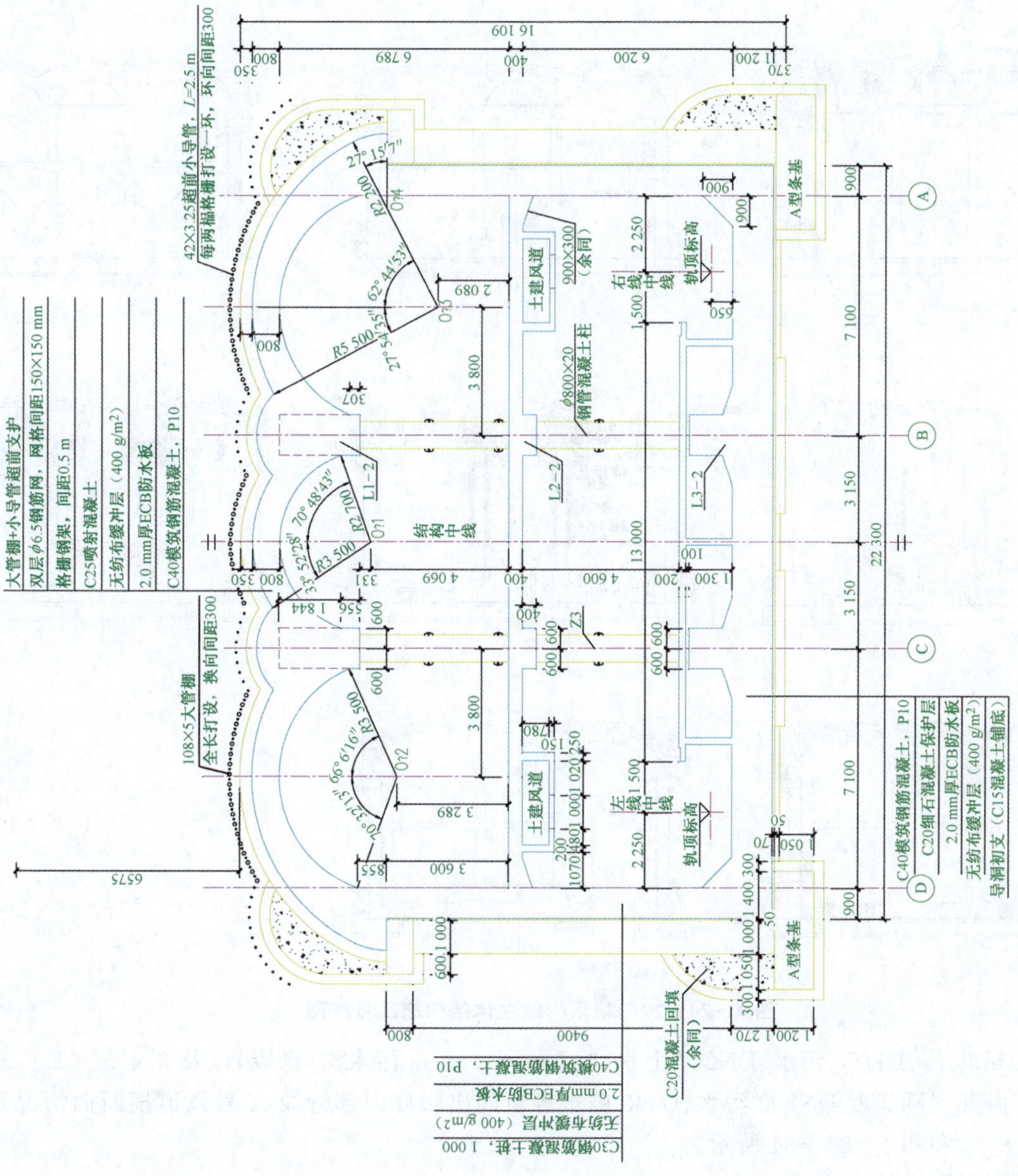

图 4—24—26　朝阳门站主体结构横断面图（单位：mm）

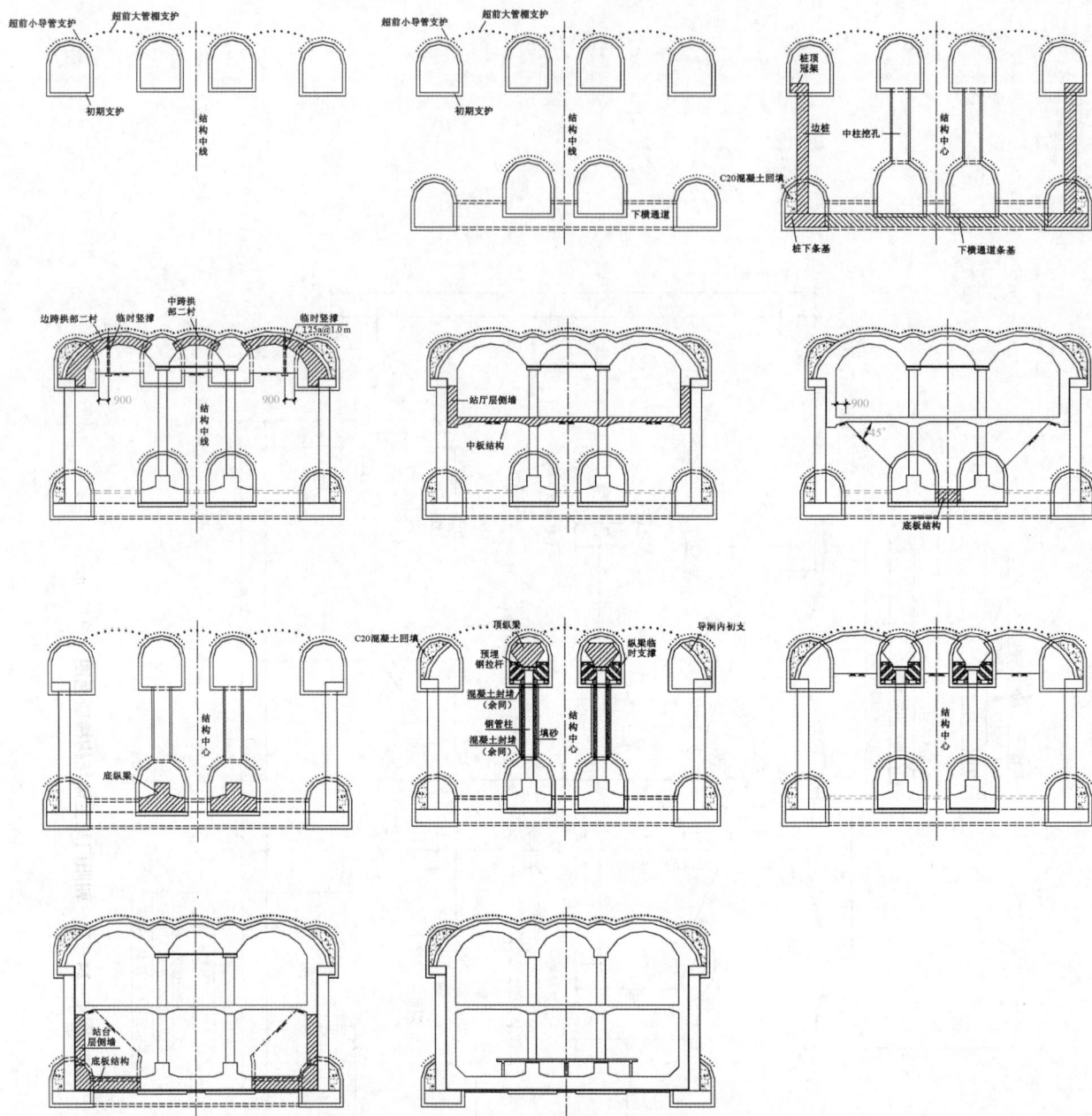

图4-24-27 朝阳门站主体结构施工步序图

72 mm×72 mm 电信、D1750 污水、DN200 上水、0.8 m×1.59 m 污水沟(已废)以及 3.4 m×1.6 m 热力沟等市政管线。风井周围邻近 DN300 污水、D500 雨水等新闻出版局内部管线,1 号风道横断面情况及施工步序如图 4-24-30 和图 4-24-31 所示。

朝阳门站 1 号风道结构施工步序:

第一步,超前小导管注浆预加固地层,采用 CRD 法施工。开挖 1 号洞室并施作初期支护。采用锁脚锚杆加固墙脚,一般地段每处打设 1 根,下穿重要市政管线时,每处打设 2 根。及时进行初期支护背后注浆。

第二步,1 号洞室超前 10~15 m 时,开挖 2 号洞室并施作初期支护。采用锁脚锚杆加固墙脚,初期支护背后注浆。

第三步,2 号洞室超前 5~8 m 时,开挖 3 号导洞并施作初期支护。采用锁脚锚管加固墙脚,初期支护背后注浆。

第四步,3 号洞室超前 5~8 m 时,开挖 4 号洞室并施作初期支护。采用锁脚锚杆加固墙脚,初期支护背后注浆。

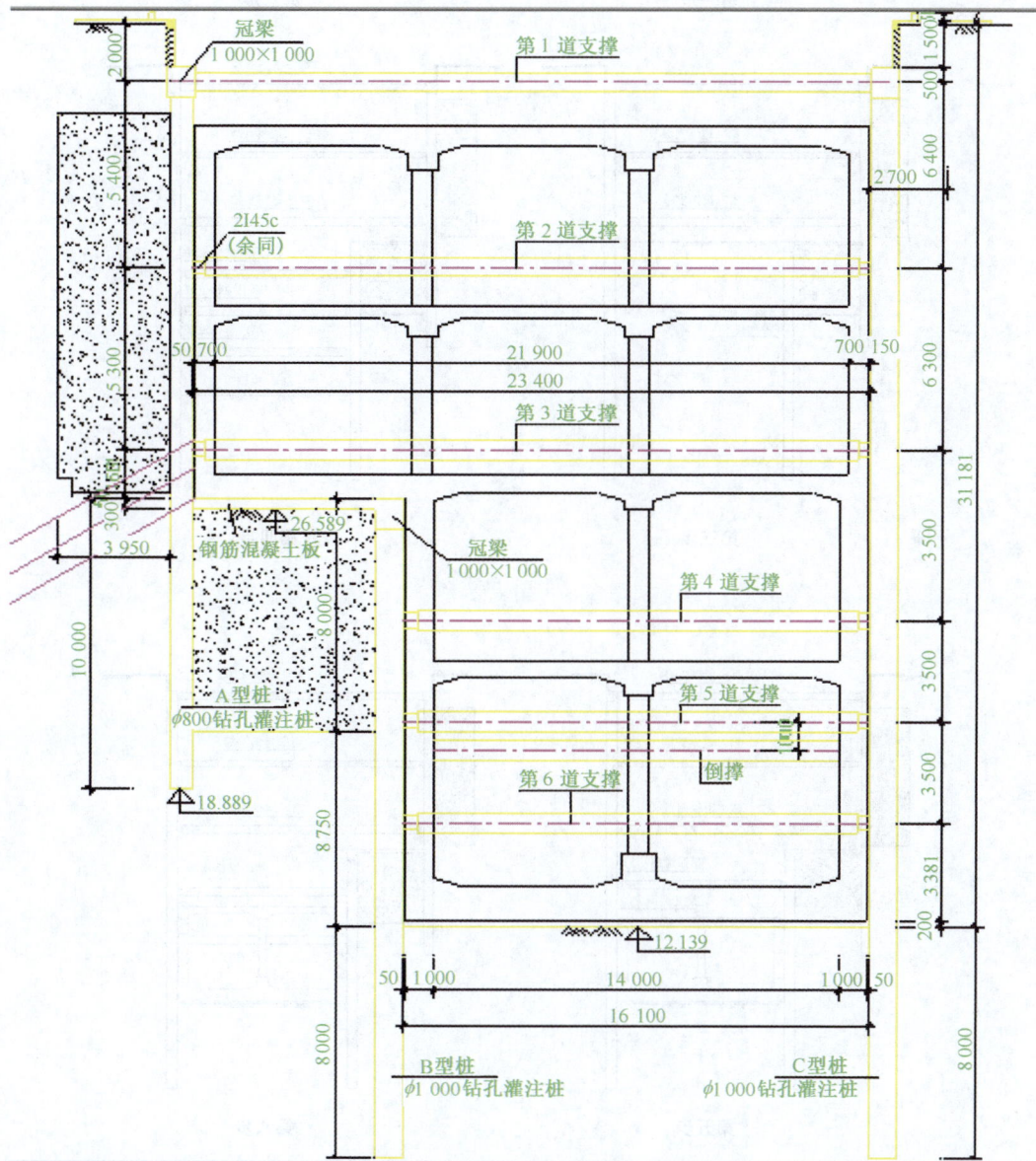

图 4－24－28　朝阳门站 1 号换乘厅基坑主支护横断面图(标高单位为 m，其余为 mm)

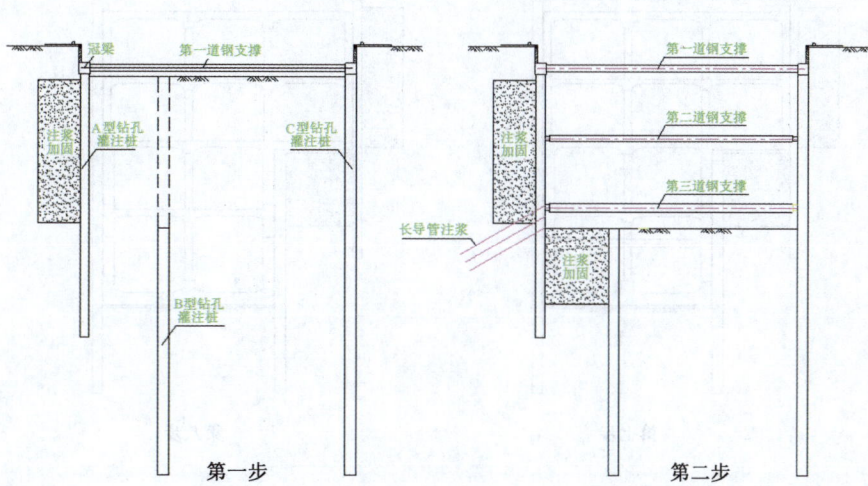

图 4－24－29　朝阳门站 1 号换乘厅结构施工步序图

第一步

第二步

第一道钢支撑
第二道钢支撑
第三道钢支撑

注浆加固

注浆加固

B型钻孔灌注桩

第一道钢支撑
第二道钢支撑
第三道钢支撑
第四道钢支撑
第五道钢支撑
第六道钢支撑

注浆加固

注浆加固

第三步

第四步

第一道钢支撑
第二道钢支撑
第三道钢支撑
第四道钢支撑
第五道钢支撑

注浆加固

注浆加固

第一道钢支撑
第二道钢支撑
第三道钢支撑
第四道钢支撑

注浆加固

注浆加固

倒撑

第五步

第六步

第一道钢支撑

注浆加固

注浆加固

倒撑

注浆加固

注浆加固

第七步

第八步

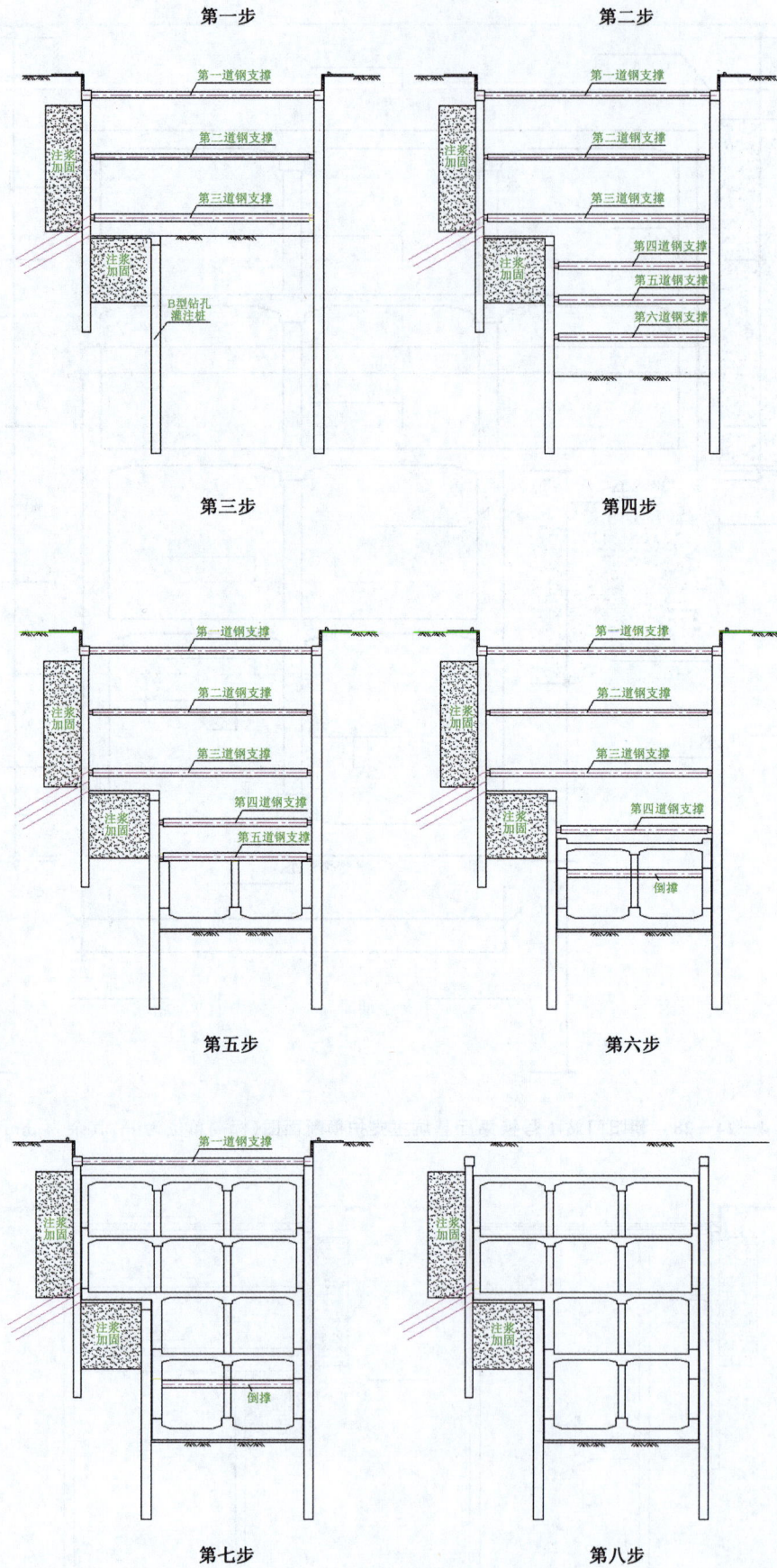

图 4—24—29　朝阳门站 1 号换乘厅结构施工步序图(续)

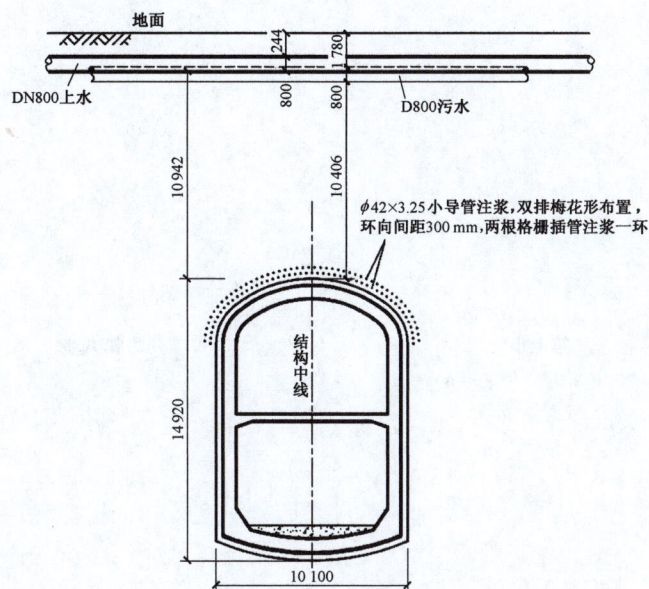

图 4—24—30　朝阳门站 1 号风道结构横断面图(单位:mm)

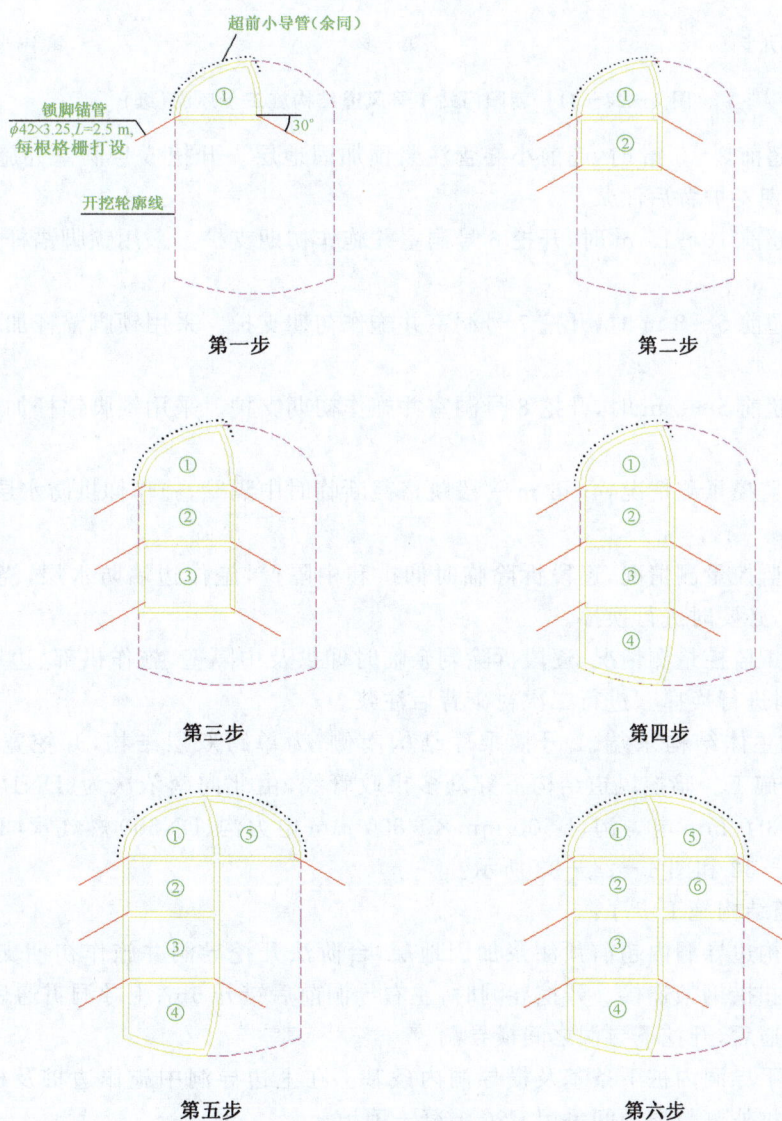

图 4—24—31　朝阳门站 1 号风道结构施工步序图

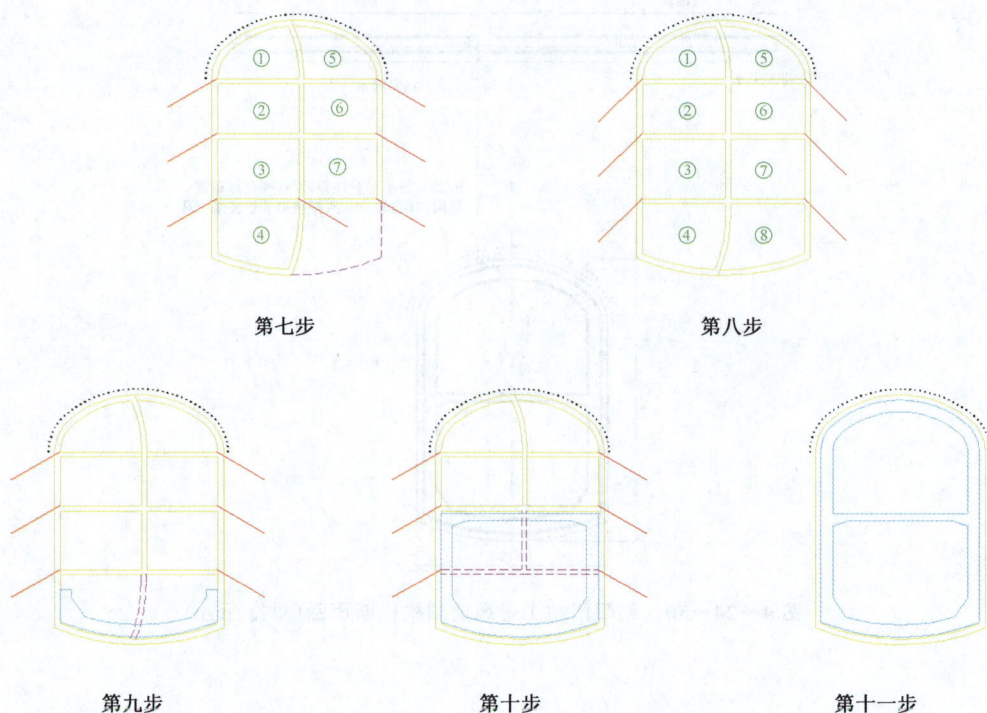

第七步　　　　　　　　　　　　　第八步

第九步　　　　　　　　第十步　　　　　　　　第十一步

图 4—24—31　朝阳门站 1 号风道结构施工步序图(续)

第五步,4 号洞室超前 3～5 m 时,超前小导管注浆预加固地层。开挖 5 号洞室并施作初期支护。采用锁脚锚杆加固墙脚,初期支护背后注浆。

第六步,5 号洞室超前 10～15 m 时,开挖 6 号洞室并施作初期支护。采用锁脚锚杆加固墙脚,初期支护背后注浆。

第七步,6 号洞室超前 5～8 m 时,开挖 7 号洞室并施作初期支护。采用锁脚锚杆加固墙脚,初期支护背后注浆。

第八步,7 号洞室超前 5～8 m 时,开挖 8 号洞室并施作初期支护。采用锁脚锚杆加固墙脚,初期支护背后注浆。

第九步,根据施工监控量测情况,4～6 m 一段跳格截断临时中隔壁,施作仰拱防水层,浇筑仰拱二衬,预留钢筋、防水板接头。

第十步,根据施工监控量测情况,逐段拆除临时仰拱和中隔壁,施作边墙防水层,浇筑边墙、中板二衬,预留钢筋、防水板接头,必要时进行换撑。

第十一步,根据施工监控量测情况,逐段拆除剩余临时仰拱及中隔壁,施作拱部、边墙防水层,浇筑二衬结构,封闭成环,必要时进行换撑。进行二次衬砌背后注浆。

2 号风道位于车站主体结构东端、1 号换乘厅结构南侧,为单跨双层结构,开挖宽度 13 m,开挖高度 19.42 m,采用 PBA 法施工。暗挖风道结构下穿众多市政管线,由北向南依次为:DN1 200 上水管、DN400 上水管、2 000 mm×2 350 mm 电力沟、1 500 mm×1 800 mm 电力沟、DN500 燃气管,2 号风道横断面情况及施工步序如图 4—24—32 和图 4—24—33 所示。

朝阳门站 2 号风道结构施工步序:

第一步,在主体结构边导洞内超前预注浆加固地层,台阶法开挖导洞并施作初期支护。上导洞初支格栅上预留节点板,便于扣拱钢架连接。开挖导洞时,左右导洞前后错开 6m;上导洞贯通后,开挖下导洞。

第二步,下导洞贯通后,开挖下导洞之间横导洞。

第三步,后退施作下导洞内桩下条基及横导洞内条基。在上边导洞中施作边桩及桩顶冠梁(边桩需跳孔施工,隔三挖一),边桩外侧与导洞间采用 C20 混凝土回填。

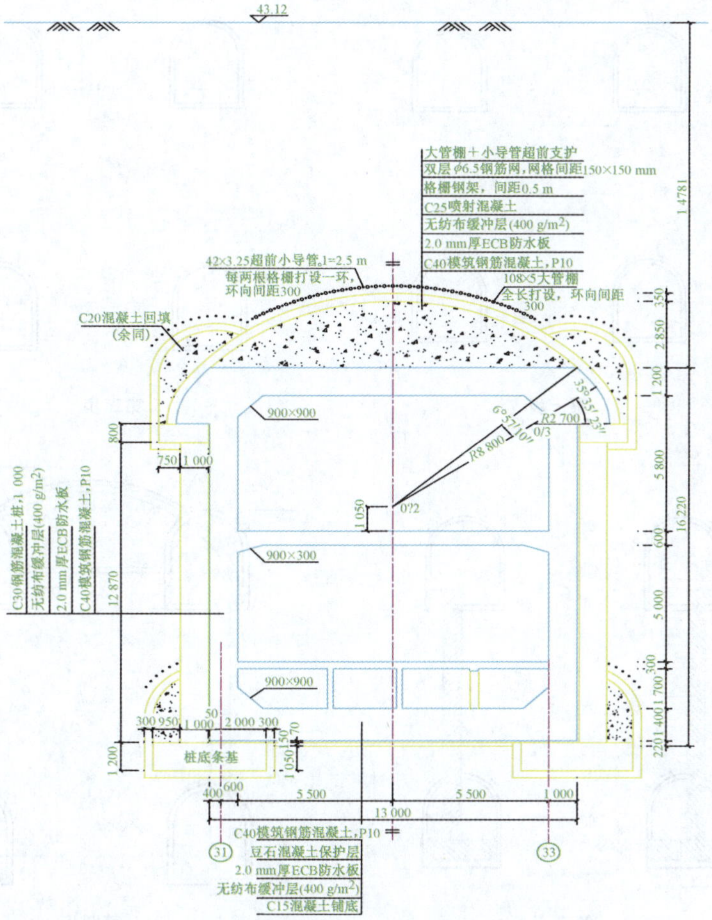

图 4—24—32　朝阳门站 2 号风道结构断面图（单位:mm）

第四步,超前预注浆加固地层,"CD"法开挖拱部土体并施作拱部初期支护。依次开挖 1、2 洞室,1 号洞室超前 2 号洞室 5～8 m。上导洞初支与导洞间采用 C20 混凝土回填。

第五步,分段截断导洞边墙及中隔壁(分段长度 4～6 m),铺设防水层,后退浇筑结构拱部二衬及风道隔板结构,并施作钢拉杆。

第六步,待拱顶混凝土达到设计强度后,沿风道纵向分为两个施工段,分层向下开挖至中板板底标高。分段施作地模,铺设侧墙防水层,浇筑中板结构、上边墙结构。分段长度 10～15 m,根据实际监测情况确定。

第七步,待中板结构达到设计强度后,沿风道纵向分为两个施工段(分段长度 10～15 m),分段开挖土体至底板位置(挖土过程中不得拆除导洞边墙),分段施做混凝土垫层,铺设底板及侧墙防水层,浇筑底板结构、下边墙结构。

第八步,混凝土达到设计强度后,施工内部结构,拆除钢拉杆,完成风道结构施工。

车站共设置 4 个出入口、2 个出入口(兼换乘通道)及 1 个无障碍垂直电梯。

1 号出入口位于车站主体结构北侧、中海油大厦南侧;2 号出入口位于 1 号换乘厅结构北侧、中海油大厦东侧;3 号出入口为既有出入口,位于车站主体结构南侧、凯恒中心大厦北侧,与凯恒中心既有地面出入口结合设置;4 号出入口位于车站主体结构南侧、森豪公寓北侧;无障碍垂直电梯由 4 号出入口通道接出,位于凯恒中心大厦北侧;2 号出入口(兼换乘通道)位于车站主体结构北侧,连接主体结构与 1 号换乘厅结构;3 号出入口(兼换乘通道)位于车站主体结构南侧,连接主体结构与 2 号换乘厅结构。

出入口通道下穿管线及道路时采用暗挖法施工,复合式衬砌结构,标准平直段开挖总宽为 6.8 m、开挖高度约为 6.6 m,采用超前小导管支护;斜坡爬升段开挖总宽为 7.7 m、总高 8.2～9.17 m,采用深孔注浆工艺超前注浆支护;口部采用明挖法施工,桩撑支护体系。如图 4—24—34 和图 4—24—35 所示。

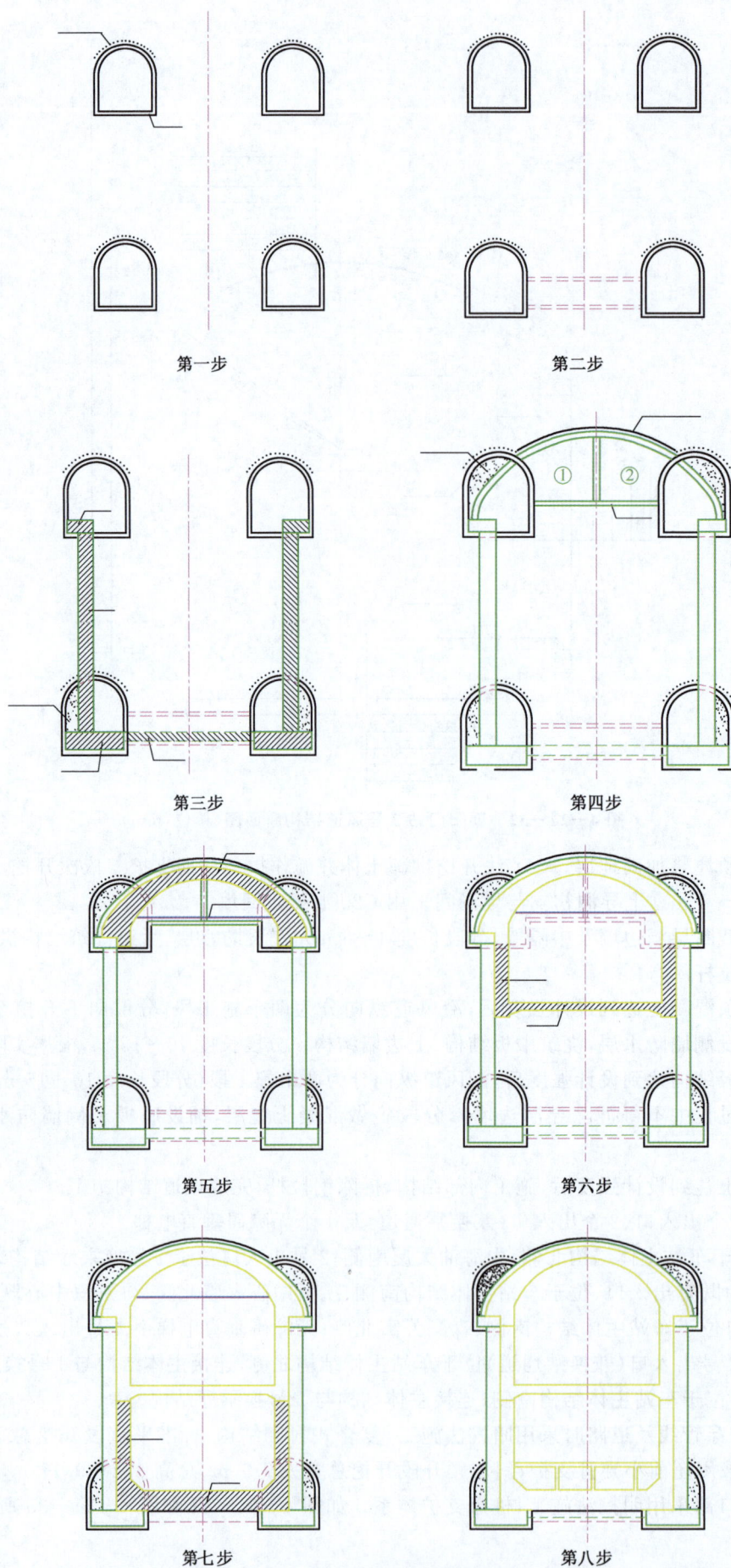

第一步

第二步

第三步

第四步

第五步

第六步

第七步

第八步

图 4—24—33　朝阳门站 2 号风道结构施工步序图

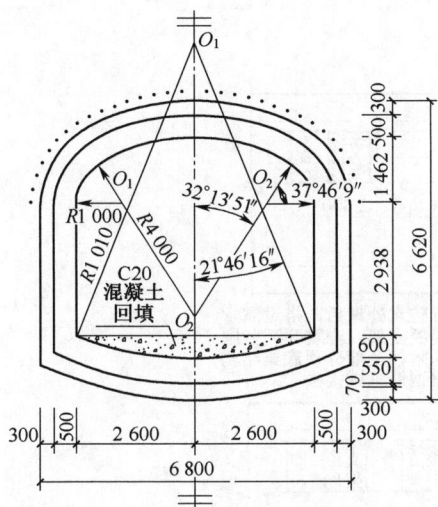

图 4—24—34 出入口标准平直段横断面图(单位:mm)

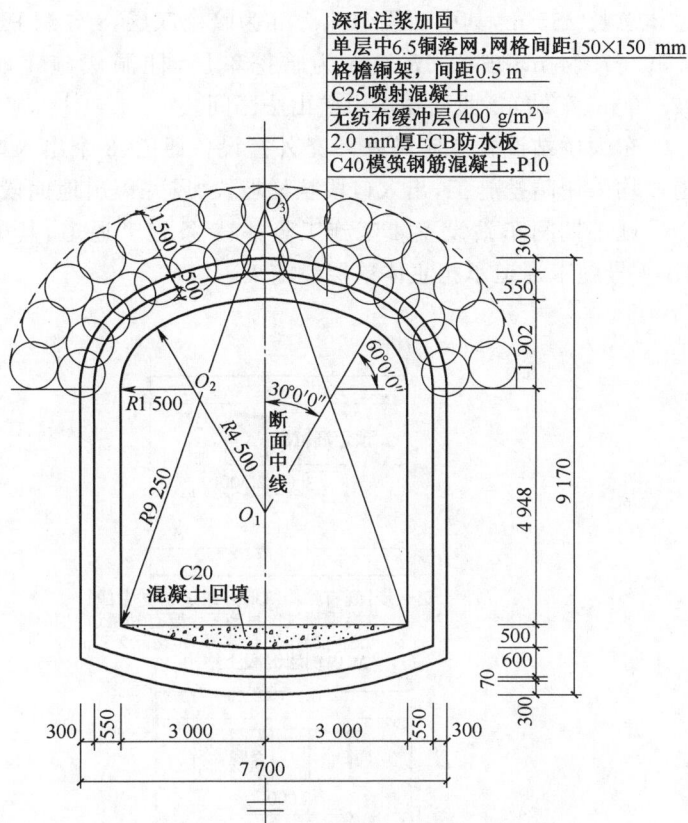

深孔注浆加固
单层中6.5铜落网,网格间距150×150 mm
格檐铜架, 间距0.5 m
C25喷射混凝土
无纺布缓冲层(400 g/m²)
2.0 mm厚ECB防水板
C40模筑钢筋混凝土,P10

图 4—24—35 出入口爬坡段横断面图(单位:mm)

车站共设置3个换乘通道,其中1号换乘通道位于车站1号换乘厅东侧,连接1号换乘厅与2号线车站西北出入口通道;2号换乘通道位于6号线车站主体结构东侧,连接6号线车站主体结构与2号线车站主体结构;3号换乘通道位于车站2号换乘厅东侧,连接2号换乘厅与2号线车站西南出入口通道。换乘通道下穿管线及道路时采用暗挖法施工,复合式衬砌结构。

2号换乘通道与既有2号线车站侧墙开洞相接,通道采用暗挖法施工、深孔注浆超前支护,开挖宽7.1 m,开挖高约6.4 m,既有结构采用水钻分块切割、通过植筋进行加强处理。如图4—24—36~图4—24—38所示。

(10)东大桥站

1)工程概况

东大桥站位于朝阳北路、工人体育场东路及东大桥路交叉口东北侧,现况公交站场下,东西走向。车站为13 m宽站台岛式车站。

原设计车站主体采用明挖法施工,三层车站,因明挖施工所需的公交总站改移难以实施,经各方研究并报政府批准,车站主体工法变更为暗挖法。

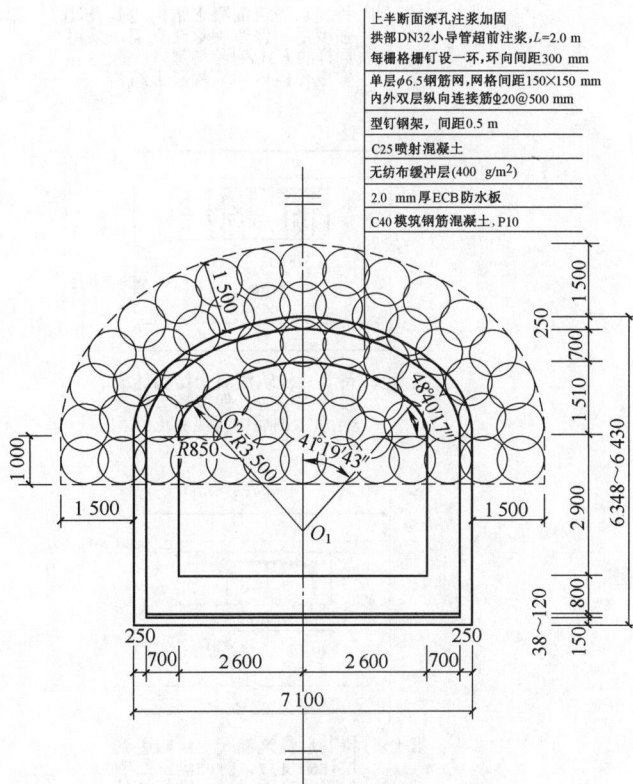

上半断面深孔注浆加固
拱部DN32小导管超前注浆,L=2.0 m
每栅格栅钉设一环,环向间距300 mm
单层φ6.5钢筋网,网格间距150×150 mm
内外双层纵向连接筋Φ20@500 mm
型钉钢筋, 间距0.5 m
C25喷射混凝土
无纺布缓冲层(400 g/m²)
2.0 mm厚ECB防水板
C40模筑钢筋混凝土,P10

图 4—24—36 与既有2号线车站侧墙
相接的2号换乘通道横断面图(单位:mm)

变更后车站有效站台中心里程 K16＋056.577，有效站台中心处轨面高程 17.550 m，轨面埋深20.84 m。主体总长 255 m，其中西段 187.7 m 为暗挖双层，8 导洞 PBA 法施工，结构总宽 22.1 m，总高 15.55 m，覆土 6.59～7.74 m；东段 67.3 m 为暗挖单层，柱洞法施工，结构总宽 23.6 m，总高 11.2 m，覆土 11.32～12.46 m。车站东、西两端均为矿山法区间。

东大桥站设置 2 座风道、1 条外挂设备通道、3 个出入口、3 个安全口及 2 个无障碍垂直电梯口。附属通道段均采用暗挖施工，出入口段扶梯坡段、风井等出地面段采用明挖法施工。

施工期间车站设置 4 座施工竖井、5 条施工通道，其中 1 号、2 号、3A 施工通道承担主体双层段施工，3B、4 号施工通道承担主体单层段施工。

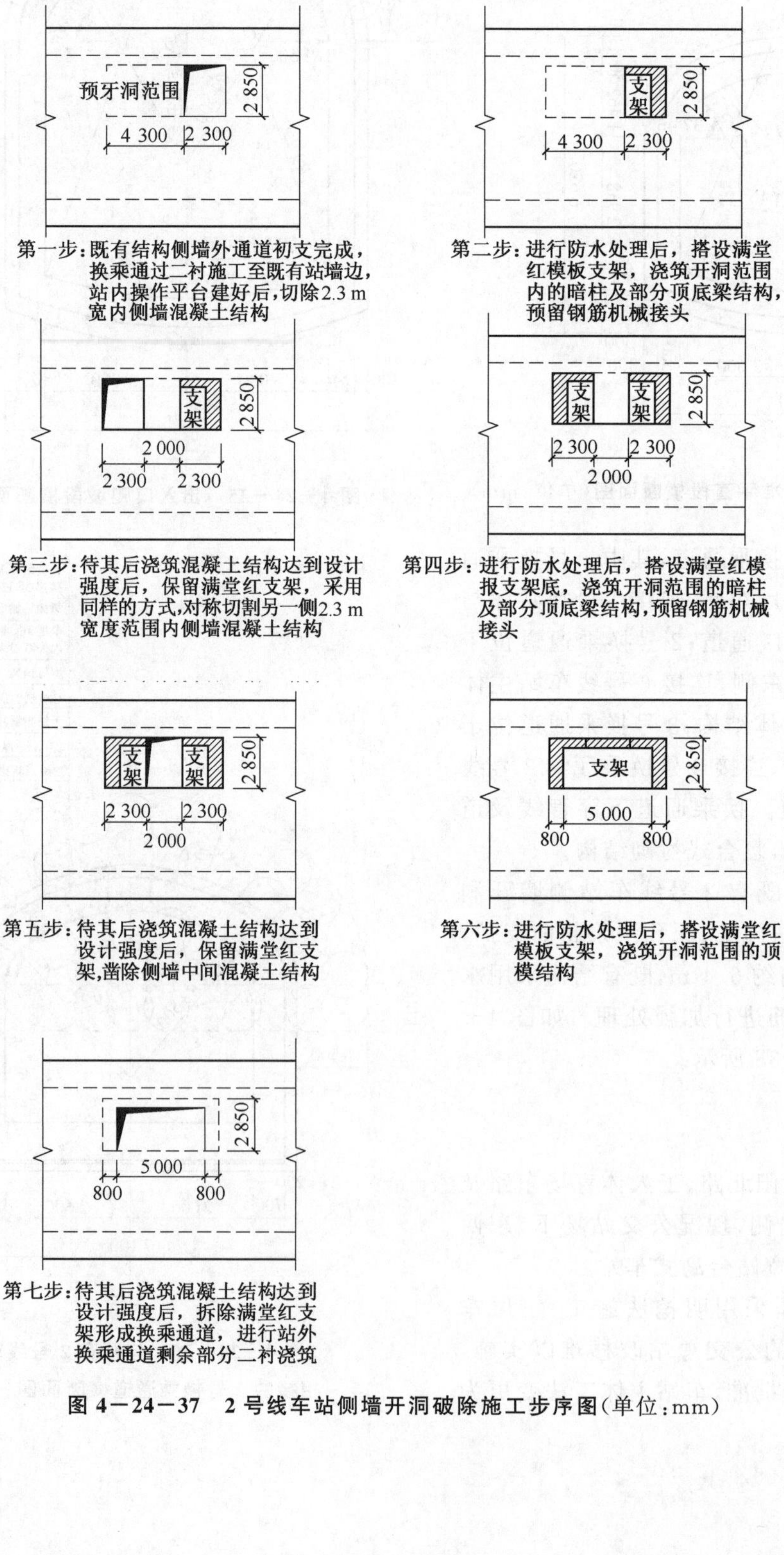
预牙洞范围
2 850
4 300
2 300
第一步：既有结构侧墙外通道初支完成，换乘通过二衬施工至既有站墙边，站内操作平台建好后，切除2.3 m宽内侧墙混凝土结构
支架
2 850
4 300
2 300
第二步：进行防水处理后，搭设满堂红模板支架，浇筑开洞范围内的暗柱及部分顶底梁结构，预留钢筋机械接头
支架
2 850
2 000
2 300
2 300
第三步：待其后浇筑混凝土结构达到设计强度后，保留满堂红支架，采用同样的方式，对称切割另一侧2.3 m宽度范围内侧墙混凝土结构
支架
支架
2 850
2 300
2 300
2 000
第四步：进行防水处理后，搭设满堂红模报支架底，浇筑开洞范围的暗柱及部分顶底梁结构，预留钢筋机械接头
支架
支架
2 850
2 300
2 300
2 000
第五步：待其后浇筑混凝土结构达到设计强度后，保留满堂红支架，凿除侧墙中间混凝土结构
支架
2 850
5 000
800
800
第六步：进行防水处理后，搭设满堂红模板支架，浇筑开洞范围的顶模结构
2 850
5 000
800
800
第七步：待其后浇筑混凝土结构达到设计强度后，拆除满堂红支架形成换乘通道，进行站外换乘通道剩余部分二衬浇筑

图 4－24－37　2 号线车站侧墙开洞破除施工步序图(单位：mm)

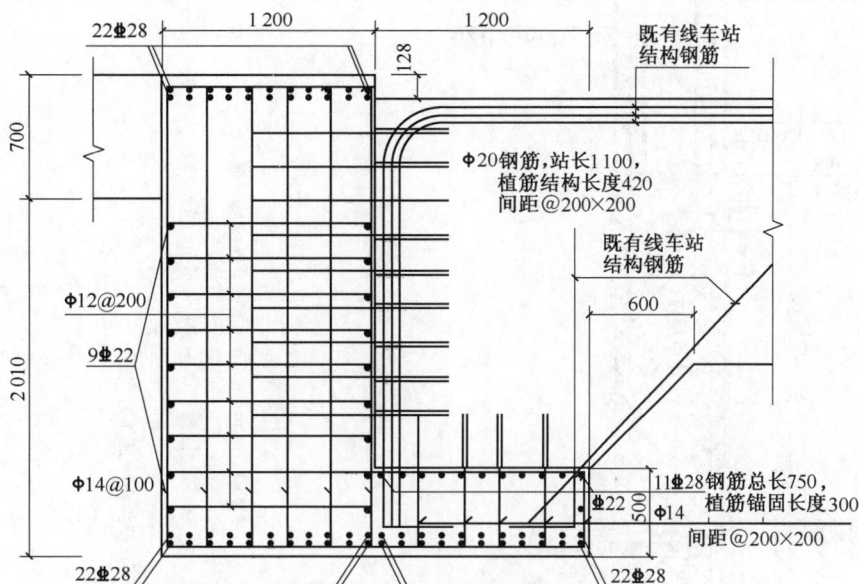

图 4—24—38　2 号线车站侧墙开洞植筋加强处理图（单位：mm）

2）工程重点及难点分析

本站工程重点及难点主要是车站主体、2 条风道及 1 条外挂设备通道的暗挖施工。受风亭设置场地条件限制，车站主体设计西段双层、东段单层的形式，其中西段 187.7 m 为暗挖双层，8 导洞洞桩法施工，东段 67.3 m 为暗挖单层，柱洞法施工，工法复杂，施工工期紧迫是本站的最大难点。

由于本站可利用的施工场地主要是东大桥路口中间的三角地街心公园，因此大部分附属（包括 2 座风道、1 条外挂设备通道、1 个出入口、2 个安全口及 1 个无障碍垂直电梯口）及 3 座施工竖井均布置在该场地内，为充分利用场地，本场地内的 3 座施工竖井中，2 座与风井结合，1 座与出入口结合，4 条施工通道，也分别与 2 条风道、1 条外挂设备通道及出入口通道结合，设计上将临时施工设施与永久设施的结合发挥到了极致，重分利用了有限的施工场地。但与施工通道结合，也使风道、设备外挂通道、出入口通道结构设计复杂化，存在后期扩挖处理等难点。

本站 2010 年 3 月才确定工法调整变更，2010 年 6 月才开始竖井施工，比同线暗挖车站工期落后 1 年，而完工工期是统一的，因此本站工期非常紧迫，而与附属结合设置的施工竖井及通道后期制约了附属工期。原设计单层段仅利用 3B 施工通道进行施工，但 3B 施工通道与 2 号风道结合设置，长度长，施工通道自身工期长，为满足单层段工期要求，2010 年 12 月决定在单层段东端头北侧增加 1 座施工竖井。

本站南侧附属 1 号风道、3 号出入口通道、2 号安全口通道需要下穿 2.5 m×3.0 m 雨水方沟。该雨水方沟为二道沟明渠的上游，竣工于 1972 年，两侧为砖墙，厚度不详，钢筋混凝土盖板及基础，基础厚度 0.4 m，沟内底埋深约 2.9 m，沟内水流平缓，由于雨水方沟年代久远，方沟存在渗漏水，下穿雨水方沟施工是本站的难点之一。1 号风道施工中雨水方沟底部出现渗水，对施工影响较大，经各方研究，对雨水方沟进行了铺衬处理，并从风道初支内向外进行了径向注浆堵水，保证了雨水方沟的安全及风道施工的正常进行。

3）设计方案

①车站总体施工顺序

东大桥站施工期间先后设置 4 座施工竖井、5 条施工通道，其中 1 号、2 号、3A 号施工通道承担主体双层段施工，3B 号、4 号施工通道承担主体单层段施工。原设计单层段仅利用 3B 号施工通道进行施工，但 3B 号施工通道与 2 号风道结合设置，长度长，施工通道自身工期长，为满足单层段工期要求，2010 年 12 月决定在单层段东端头北侧增加 4 号施工竖井，用于辅助单层段施工。

南侧附属暗挖通道由南侧 1～3 号施工竖井进行施工，北侧 1、2 号出入口暗挖段由车站主体往外暗挖施工。

车站总体施工顺序布置如图 4—24—39 所示。

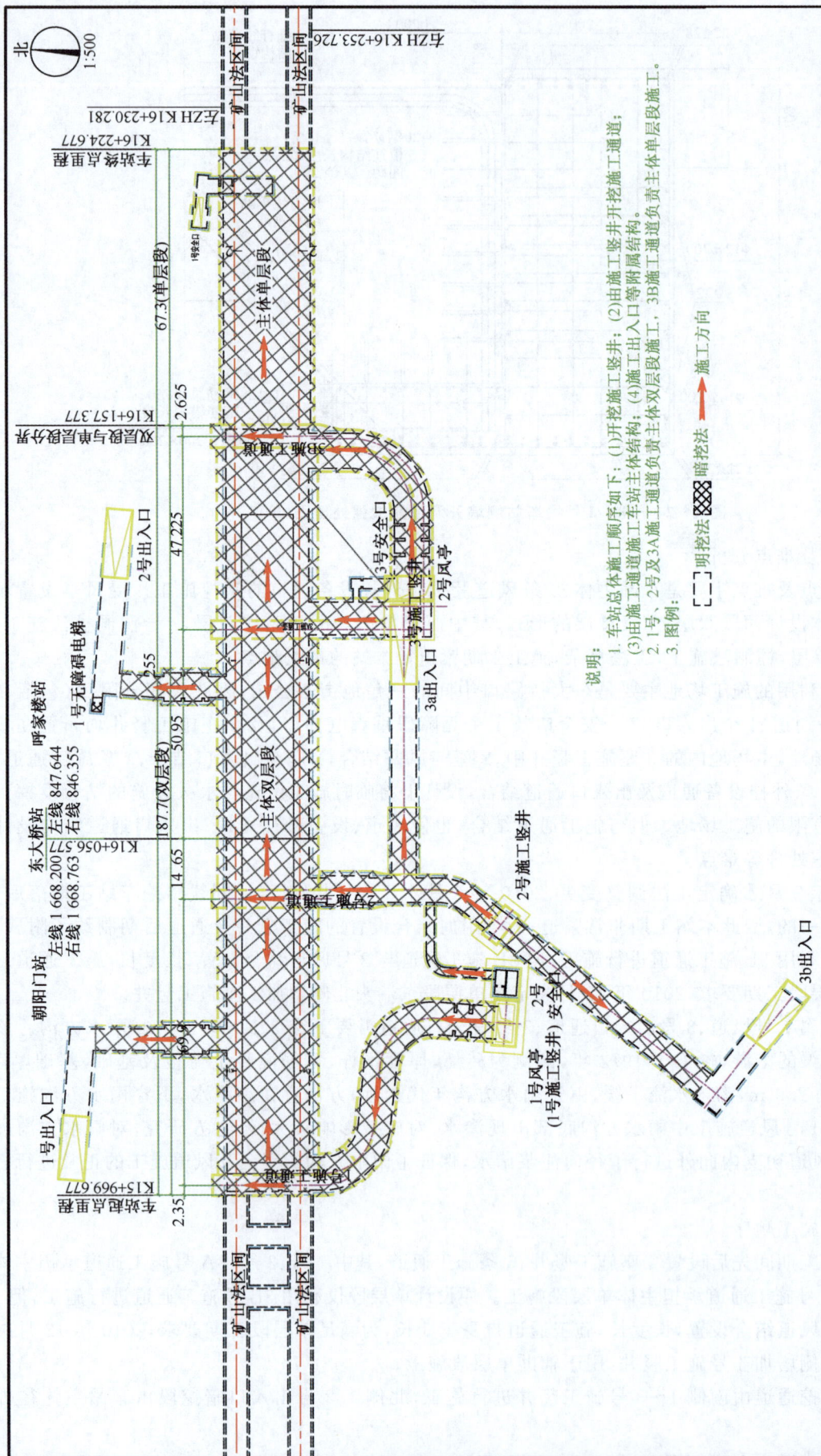

图 4—24—39　东大桥站结构总体施工顺序图

(a) 单层结构

(b) 双层结构

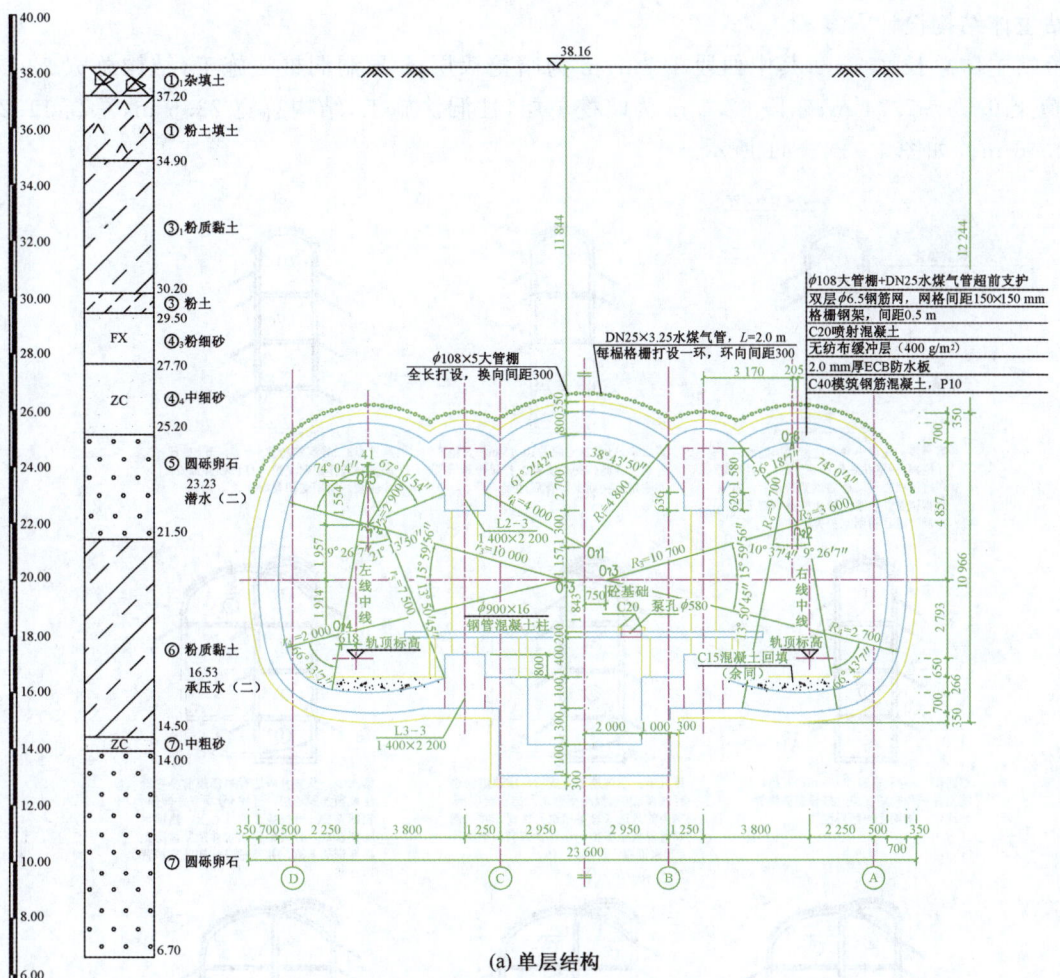

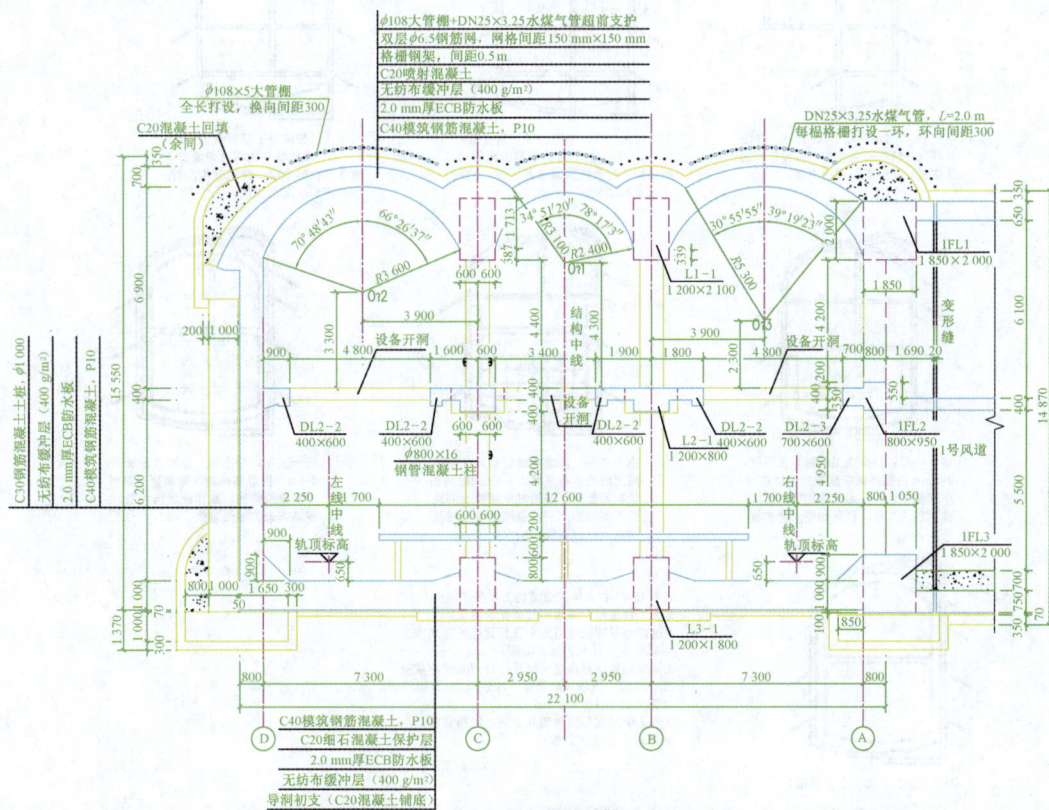

图 4—24—40　东大桥站主体结构横断面图(标高单位为 m，其余为 mm)

②车站主体结构设计方案

东大桥站主体总长 255 m,其中西段 187.7 m 为暗挖双层,8 导洞洞桩法施工,结构总宽 22.1 m,总高 15.55 m,覆土 6.59～7.74 m;东段 67.3 m 为暗挖单层,柱洞法施工,结构总宽 23.6 m,总高 11.2 m,覆土 11.32～12.46 m。如图 4－24－41 所示。

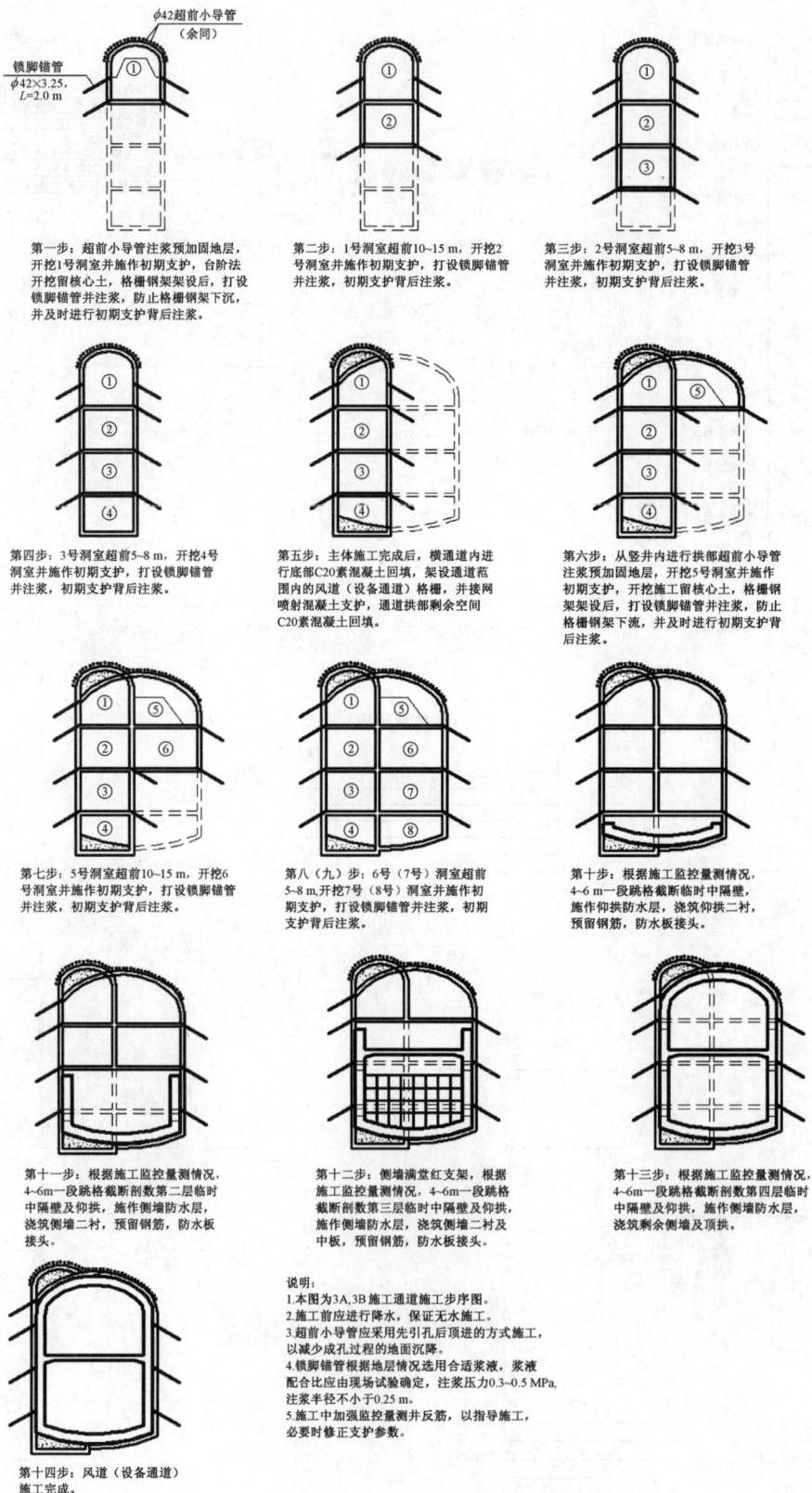

第一步:超前小导管超前注浆预加固地层,开挖1号洞室并施作初期支护,台阶法开挖留核心土,格栅钢架架设后,打设锁脚锚管并注浆,防止格栅钢架下沉,并及时进行初期支护背后注浆。

第二步:1号洞室超前10～15 m,开挖2号洞室并施作初期支护,打设锁脚锚管并注浆,初期支护背后注浆。

第三步:2号洞室超前5～8 m,开挖3号洞室并施作初期支护,打设锁脚锚管并注浆,初期支护背后注浆。

第四步:3号洞室超前5～8 m,开挖4号洞室并施作初期支护,打设锁脚锚管并注浆,初期支护背后注浆。

第五步:主体施工完成后,横通道内进行底部C20素混凝土回填,架设通道范围内的风道(设备通道)格栅,并接施工网喷射混凝土支护,通道拱部剩余空间C20素混凝土回填。

第六步:从竖井内进行拱部超前小导管注浆预加固地层,开挖5号洞室并施作初期支护,开挖施工窗心土,格栅钢架架设后,打设锁脚锚管并注浆,防止格栅钢架下沉,并及时进行初期支护背后注浆。

第七步:5号洞室超前10～15 m,开挖6号洞室并施作初期支护,打设锁脚锚管并注浆,初期支护背后注浆。

第八(九)步:6号(7号)洞室超前5～8 m,开挖7号(8号)洞室并施作初期支护,打设锁脚锚管并注浆,初期支护背后注浆。

第十步:根据施工监控量测情况,4～6 m一段跳格截断临时中隔壁,施作仰拱防水层,浇筑仰拱二衬,预留钢筋,防水板接头。

第十一步:根据施工监控量测情况,4～6 m一段跳格截断剖数第二层临时中隔壁及仰拱,施作侧墙防水层,浇筑侧墙二衬,预留钢筋,防水板接头。

第十二步:侧墙满堂红支架,根据施工监控量测情况,4～6 m一段跳格截断剖数第三层临时中隔壁及仰拱,施作侧墙防水层,浇筑侧墙二衬及中板,预留钢筋,防水板接头。

第十三步:根据施工监控量测情况,4～6 m一段跳格截断剖数第四层临时中隔壁及仰拱,施作侧墙防水层,浇筑剩余侧墙及顶拱。

第十四步:风道(设备通道)施工完成。

说明:
1.本图为3A,3B施工通道施工步序图。
2.施工前应进行降水,保证无水施工。
3.超前小导管应采用先引孔后顶进的方式施工,以减少成孔过程的地面沉降。
4.锁脚锚管根据地层情况选用合适浆液,浆液配合比应由现场试验确定,注浆压力0.3～0.5 MPa,注浆半径不小于0.25 m。
5.施工中加强监控量测并反馈,以指导施工,必要时修正支护参数。

图 4－24－41　东大桥站风道及外挂设备通道施工步序图

③车站附属结构设计方案

东大桥站设置2座风道、1条外挂设备通道、3个出入口、3个安全口及2个无障碍垂直电梯口。附属通道段均采用暗挖施工,出入口段扶梯坡段、风井等出地面段采用明挖法施工。

1、2号风道及外挂设备风道均为暗挖单跨双层拱形断面。1号风道结构宽度为10 m,结构高度为12.87 m,覆土厚度约8.5 m;2号风道结构宽度为10.6 m,结构高度为12.82 m,覆土厚度约8.2 m;设备外挂通道结构宽度为10.2 m,结构高度为12.42 m,覆土厚度约8.2 m。

1、2号出入口暗挖通道标段段结构宽度为6.8 m,高度为6.62 m,覆土为9.6 m,采用CRD法施工。3号出入口暗挖通道标准段结构宽度为7.8 m,高度为6.02 m,覆土为11.1 m,采用CD法施工。如图4-24-41和图4-24-42所示。

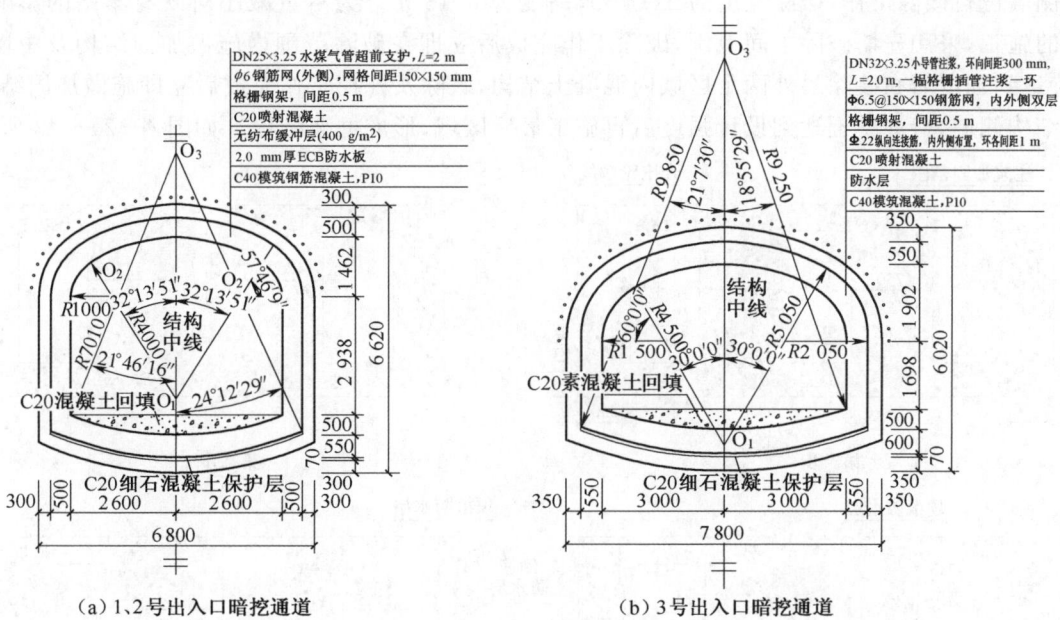

(a)1、2号出入口暗挖通道　　　　　(b)3号出入口暗挖通道

图4-24-42　东大桥站出入口暗挖通道断面图(单位:mm)

(11)呼家楼站

1)工程概况

6号线呼家楼站位于朝阳北路和东三环路的交叉口处,车站东西向设置。既有的地铁10号线线位沿东三环北路南北向延伸,10号线呼家楼站横跨朝阳北路,地铁6号线与10号线在路口实现换乘。

6号线呼家楼站周边规划主要以住宅为主。车站所处路口西北象限为向军北里居民小区;东北象限为团结湖南里居民小区;西南象限为关东店北街居民小区;东南象限为呼家楼北街居民小区及朝阳剧场。京广桥位于东三环中路上,南北方向以高架桥方式跨越朝阳北路和朝外大街,6号线车站在平面位置上与京广桥垂直正交。

6号线呼家楼站车站总长296.0 m,受既有10号线车站预留条件及场地地下的建(构)筑物、地面交通等影响,车站东、西两端为双层双跨结构,采用盖挖法施工;中段下穿东三环道路及与既有10号线车站换乘段为单层双跨结构,采用暗挖法施工。车站标准明挖断面宽28.4 m,覆土厚2.7 m;车站标准暗挖断面宽21.7 m,覆土厚9.8 m。

车站共设2组风道、5个出入口、4条与10号线车站的换乘通道及1座临时施工竖井。其中1号风道采用盖挖逆作法与明挖法结合施工,2号风道采用明挖法施工;5条出入口除3号出入口采用暗挖法施工外,均采用明挖法施工;4条换乘通道均采用暗挖法施工。

2)工程重点及难点分析

由于主体结构采用分幅盖挖逆作法及暗挖法相结合的施工方法。车站中部上跨既有10号线呼家楼站,采用平顶直墙CRD暗挖法施工,两端采用分幅盖挖逆作法施工。本工程周边环境复杂,地面交通拥堵及工期非常紧张是本工程主要的重点及难点。

①盖挖逆作法施工的重点及难点

车站东西两段采用盖挖逆作法施工,其中西段长度为 136 m,东段长度为 86.9 m。本段的难点重点在于车站采用单柱双跨结构,车站总宽为 28.4 m,单跨宽度为 12.2 m。车站先期施工南半幅结构,将地面交通导改至围挡北侧,待南半幅结构施工完毕后再将路面交通导改至车站结构上方,施工车站结构北半幅结构。由于跨度较大,所以对钢管柱的承载力要求比较高,经过研究与计算,最终确定采用直径为 1 800 mm 的钢管柱基础,钢管柱直径为 900 mm。

②暗挖法施工的重点及难点

车站中部上跨既有 10 号线段采用中洞法施工,长度为 77.9 m(含既有 10 号线部分)。开挖宽度为 22.4 m,高度为 8.92 m,为双跨平顶直墙结构。开挖共分为 10 个导洞。在暗挖段内还需要在既有 10 号线呼家楼站侧墙进行破除工作,破除宽度为 22.4 m,高度为 6.18 m。为尽量减小对既有车站的影响,并结合暗挖结构的施工,采用先期破除中间范围,破除工作完成后立即在破除范围内施做加固结构及中墙,确保结构安全,待达到强度后在破除最外两个区域内混凝土结构,破除及开挖工作完成后立即施做加固结构及 6 号线暗挖段结构侧墙,待混凝土达到设计强度后再施工最后区域,形成框架结构。如图 4—24—43 所示。

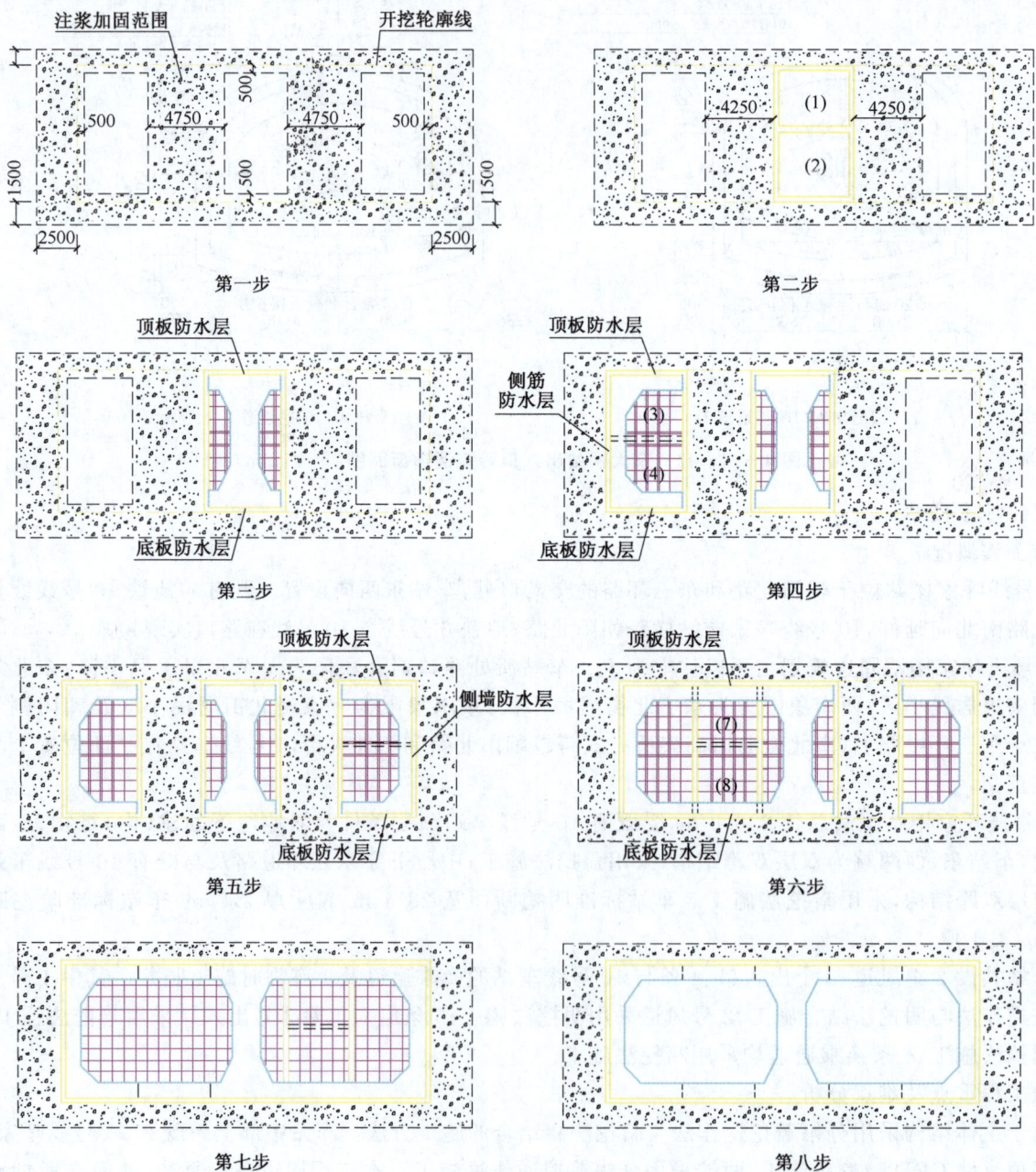

图 4—24—43 暗挖段主体结构施工步序图(单位:mm)

暗挖段主体结构施工步序：

第一步，在两侧盖挖结构施工过程中，沿开挖轮廓线外图示范围对A、B区范围地层进行深孔注浆加固。

第二步，正台阶法开挖(1)、(2)导洞并施做初期支护，上下导洞初支格栅上预留相临近格栅的节点板，导洞开挖时，先开挖上导洞，导洞贯通后再开挖下导洞。

第三步，(1)、(2)洞贯通后，在导洞内分段拆除临时仰拱，施工导洞范围内的顶、底板防水层和结构及中墙结构，保留满堂红脚手支架，作为竖向支撑体系。

第四步，待中墙二次结构达到设计强度，与既有结构接口施做完成后，再施做(3)、(4)导洞支护。待导洞贯通后，在导洞内分段拆除临时中仰拱，分段施工顶、底板防水层和结构及侧墙结构，保留满堂红脚手支架，作为竖向支撑体系。

第五步，同步骤四，开挖右侧(5)、(6)号导洞，架设初期支护，铺设导洞内防水、浇筑右侧侧墙结构，保留满堂红脚手支架，作为竖向支撑体系。

第六步，依次开挖(7)、(8)导洞，架设初期支护，铺设导洞内防水、浇筑导洞内二次衬砌结构，保留满堂红脚手支架，作为竖向支撑体系。

第七步，依次开挖(9)、(10)导洞，架设初期支护，铺设导洞内防水、浇筑二次衬砌结构，保留满堂红脚手支架，作为竖向支撑体系。

第八步，待结构全部达到强度后，拆除初期支护结构中隔板、中隔壁以及竖向支撑体系，完成车站主体结构，施工内部结构。

3）设计方案

①车站主体结构设计方案

呼家楼站主体总长296 m，其中西段136 m为双层双跨结构，采用盖挖逆作法施工，结构总宽28.4 m，总高15.66 m；中段长度为76.1 m，结构总宽为22.4 m，高度为8.85 m，采用中洞法施工，覆土厚度为9.95 m；东段长度为86.9 m，采用盖挖逆作法施工，结构总宽28.4 m，总高15.66 m。如图4—24—44和图4—24—45所示。

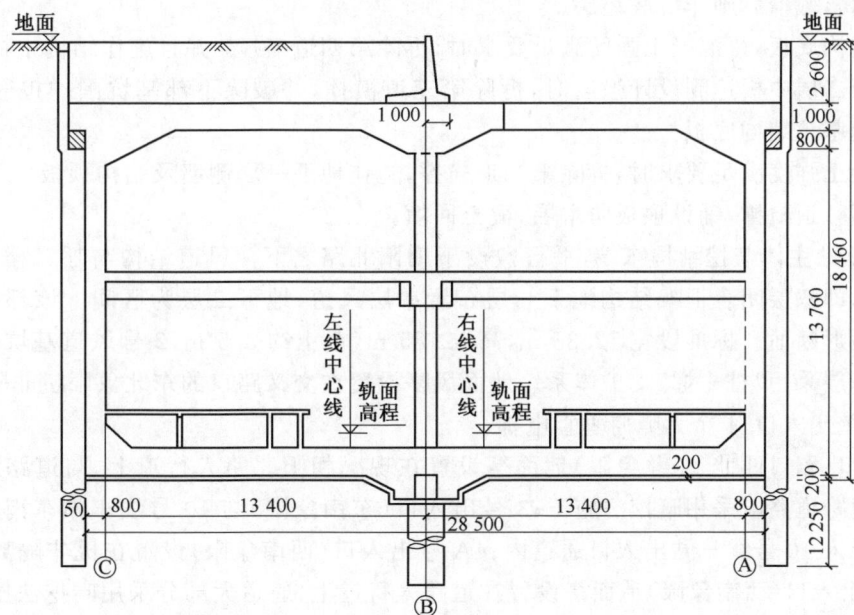

图4—24—44　盖挖法施工断面图（单位：mm）

②车站附属结构设计方案

1号风道位于车站主体盖挖结构西端，平行敷设于朝阳北路之下。该部分结构与东大桥站～呼家楼站区间的左线区间结合，即双层闭合框架结构地下一层布置单层风道，地下二层空间为左右线区间。该风道通道部分采用盖挖法施工，双层双跨矩形断面，标准段宽12.3 m，高12.85 m，覆土约2.6～2.8 m。1号风道西端头风亭部分为车站西段主要材料运输及出土空间，采用半幅盖挖、半幅明挖法施工，"桩+锚索"的支

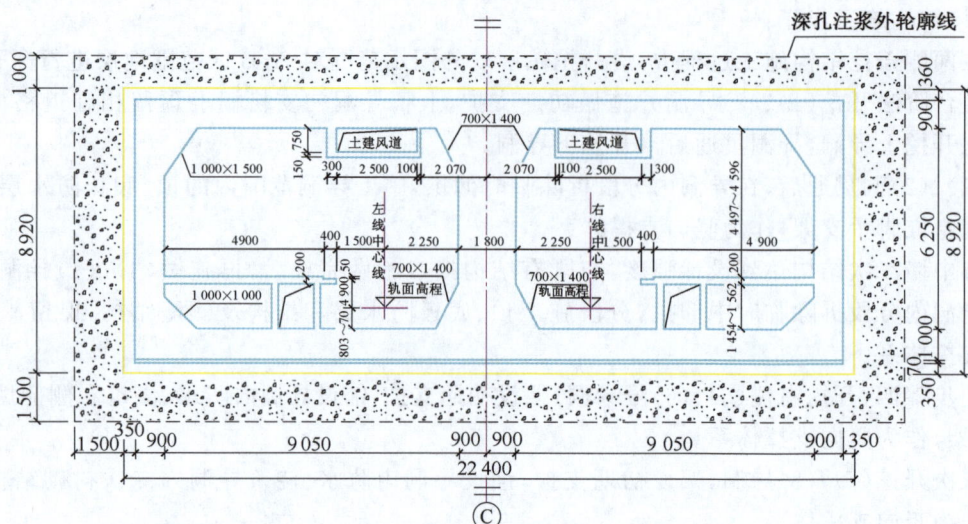

图4—24—45 暗挖法施工断面图(单位:mm)

护体系。车站疏散口与1号风道结合,风亭和疏散亭均设置在交叉路口西北象限的机非隔离带上。如图4—24—46所示。

暗挖段主体结构施工步序:

第一步,场地平整,施作基坑外降水和坑内排水措施,待降水完成后从地面钻孔并施作围护桩;其中中间桩设计标高以上为空桩、灌砂。

第二步,施作冠梁及冠梁上部砖砌挡墙,基坑开挖至第一道横撑下0.5m,架设第一道横撑,继续向下进行基坑开挖,开挖至第二道横撑下0.5m后,施作第二道横撑。

第三步,施做地下二层围护桩,并施作第三道横撑。

第四步,暂不开挖浅基坑土体,向下开挖双层基坑至第四道横撑下0.5m,施作第四道横撑,然后向下开挖至基坑底设计标高,验槽后施作坑底垫层。

第五步,施做结构底板,待混凝土强度满足要求时,拆除第四道横撑,并且施作结构中板。

第六步,待地下二层中板达到设计强度时,拆除第三道横撑,并破除下部基坑围护桩冠梁及部分桩体,施做褥垫层,浇筑浅基坑结构底板。

第七步,待混凝土强度满足要求时,拆除第二道横撑,施作地下一层侧墙及结构顶板。

第八步,拆除第一道横撑,铺设顶板防水层,覆土回填。

2号风道位于车站主体盖挖结构东端,平行敷设于朝阳北路之下。风道结构与呼家楼站~金台路站区间的左线区间结合,即双层闭合框架结构地下一层布置单层风道,地下二层为区间。该部分结构采用明挖法施工,双层双跨矩形断面。标准段宽12.35m,高12.85m,覆土约3.5m,2号风道基坑采用"桩+锚索"的支护体系,局部单层采用"桩+撑"支护体系。地面风亭设置在交叉路口的东北象限机非隔离带上。

车站共设置5个出入口、1个无障碍垂直电梯。

1号、2号出入口(路口西北、东北象限)地面亭设置在现况朝阳北路人行道上,与道路顺行段通道采用明挖法施工,局部横跨道路段采用暗挖法施工;3号出入口(东南象限)与10号线车站东南象限出入口共用地面亭,通道暗挖接入10号线车站出入口通道内;4A号出入口(西南象限)设置在机非隔离带上,采用倒挂井壁法施工;4B号出入口(西南象限)地面亭设置在道路人行道上,通道大部分采用暗挖法施工,斜坡段及出地面部分采用明挖法施工;无障碍垂直电梯与1号出入口结合,采用明挖法施工。

6号线呼家楼站与既有10号线呼家楼站在朝阳北路与东三环中路交叉路口之下呈"正十字"相交,2个车站共设置4个换乘通道,分别位于路口的四个象限,连接6号线站台层和既有10号线站厅层。4个换乘通道均采用暗挖法施工。

(12)金台路站

1)工程概况

金台路站位于朝阳北路与金台路交叉路口下,为同期建设的6号线与14号线换乘车站,6号线车站

第一步

第二步

第三步

第四步

第五步

第六步

第七步

第八步

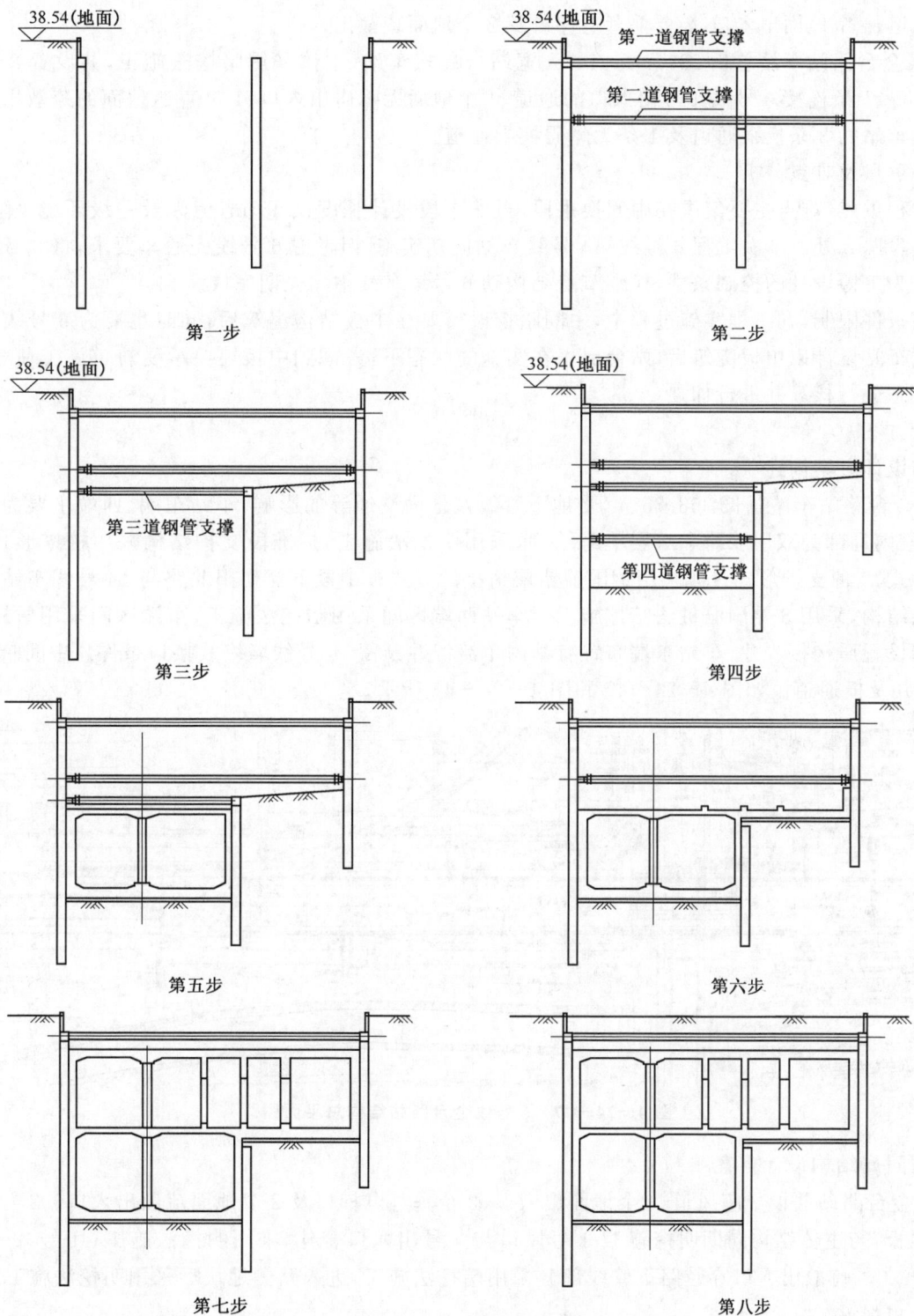

图 4—24—46　1 号风道施工步序图（单位：m）

2012 年底通车运营，14 号线车站 2014 年底通车运营。6 号线金台路站沿朝阳北路东西向布置，14 号线金台路站位于路口北侧甜水园街路下，沿甜水园街南北向布置。两站在路口处形成"T"形布置，通过通道换乘。

　　现状朝阳北路与金台路交叉路口西北角为公交 9 路总站站房及水碓子社区东里小区住宅楼，临街有部分平房，以北为万科公司在建地产项目；路口东北角为华德眼科医院和延静里住宅小区，以北为大片临街平房；路口南侧为二道沟明渠，二道沟明渠以南、沿金台路两侧均为大片住宅小区，临街为小商铺。位于朝阳北路南侧的二道沟明渠深 3 m 左右，二道沟跨河桥位于朝阳北路与金台路交叉路口南侧，金台路通过此桥跨越二道沟明渠。

6号线金台路站车站总长 368.75 m，14 m 宽站台岛式车站，主体为两端明挖中间暗挖端厅式车站，共设共设2座风道、4个地面出入口、2个垂直电梯口及2个地面疏散出入口。

14号线金台路站车站总长 236.0 m，14 m 宽站台岛式车站，主体采用暗挖法施工，共设置2座风道、2个地面出入口、1条连接6号线1号出入口的通道、1个地面无障碍出入口、1个直通地面的疏散出入口以及连通6号线车站的3条换乘通道及1条无障碍换乘通道。

2）工程重点及难点分析

本站工程重点、难点主要集中在中间换乘段，虽然本段设计长度仅 45 m，但涉及一级环境风险源6处，二级环境风险源8处。本次工程6号线、14号线车站同期实施，但考虑6号线先通车要求，将6号线车站的节点工期作为工筹设计的控制条件，换乘节点结构随6号线车站主体先期完成。

受工期条件限制，在工程实施过程中，中间暗挖段需要在中板结构浇筑后，同时也要为6号线铺轨提供条件。因此车站设计以中板浇筑后，站台层正在实施的状态下，考虑到中板还要承受轨道施工荷载，中板及侧墙按此状态进行核算并进行加强。

3）设计方案

①结构设计方案简述

6号线金台路站车站总长 368.75 m，受地下管线及地面交通等的影响，车站东端、西端主要为双层三跨结构，渡线段内局部为双层双跨和双层单跨结构，采用明挖法施工，标准段支护结构采用桩撑形式，渡线段采用桩锚形式，2种支护形式过渡采用钢围檩错层搭接的方式。中段下穿朝阳北路与14号线车站换乘段为双层三联拱结构，采用8导洞洞桩法暗挖施工。车站西端区间采用暗挖法施工、东端区间采用盾构法施工，在车站东端设置盾构接收井，车站东端布置有站内单渡线并预留14号线联络线接口条件。中间暗挖段设置1组施工竖井及横通道。如图 4－24－47 和图 4－24－48 所示。

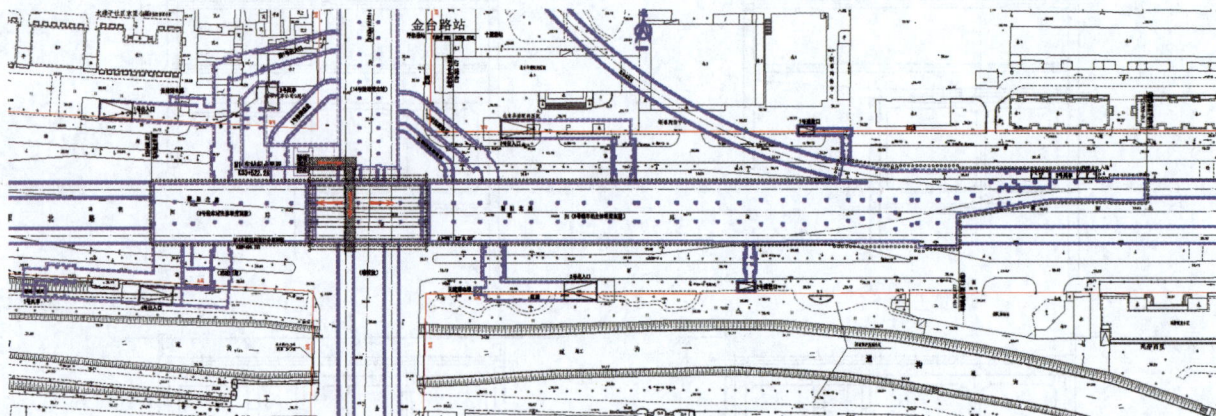

图 4－24－47　6号线金台路站结构总平面图

②车站附属结构设计方案

6号线金台路站共设2座风道、4个地面出入口、2个垂直电梯口及2个地面疏散出入口。2号风亭出于主体结构顶板，与主体结构同期明挖施工；1号风道与4号出入口合建，采用明挖法施工；1号、2号、3号出入口及1号、2号疏散出入口穿越路下管线部分采用暗挖法施工，进入路侧地块后采用明挖法施工。

（13）十里堡站

1）工程概况

①周边环境

十里堡站位于北京市朝阳北路与十里堡路交叉口处，站位现状为朝阳北路南侧的绿化带，车站北侧为朝阳北路。西北象限为有农民日报社（6层砖混）；东北象限为新建商住楼；西南象限为格林豪泰快捷酒店（4层砖混）；东南象限有十里堡北里24号楼（14层框架）、十里堡北里33号楼（6层砖混等，建筑物建设时间都较早）。朝阳北路规划道路红线 60 m，双向六车道，属城市主干道，车流量较大。十里堡路规划道路红线 45 m。车站为地下两层岛式车站。如图 4－24－49 所示。

车站总长 219.1 m（K20＋304.523～K20＋523.624），标准段宽度为 20.9 m，车站沿朝阳北路南侧东西

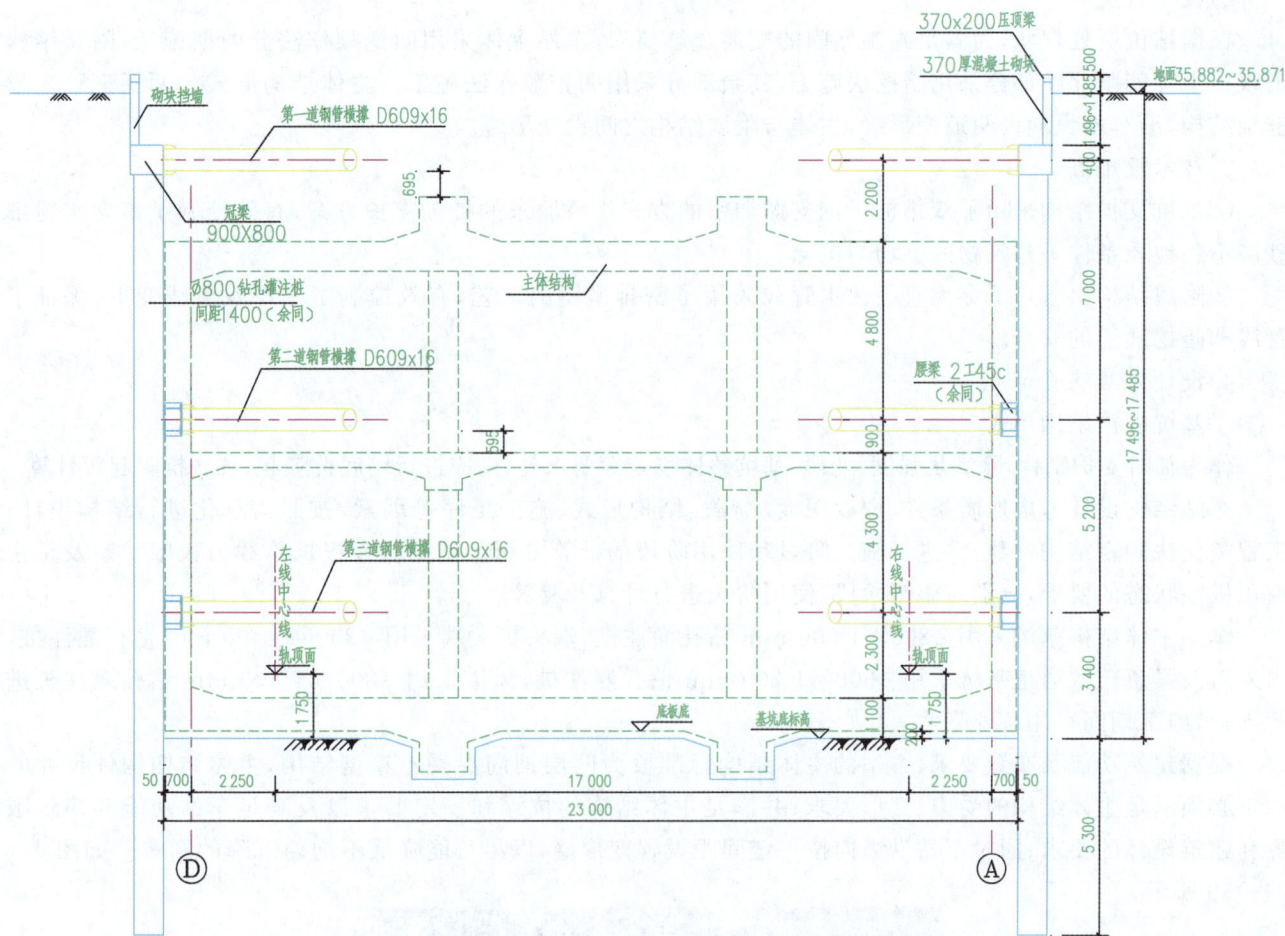

图 4－24－48　6 号线金台路站结构剖面图（标高单位为 m，其余为 mm）

图 4－24－49　十里堡站施工前状况

向设置，两端均为盾构区间。车站有效站台中心里程处顶板覆土厚度为 3.5 m，底板埋深约 18.7 m。车站共设置 4 个出入口（西北出入口缓建）、1 个紧急疏散通道、2 个风道和 2 组地面风亭。出入口和紧急疏散通道为地下一层结构，风道为地下两层结构。

②工程地质与水文地质

车站结构范围内地层由上而下依次为杂填土、粉土填土、粉土、细砂、中粗砂、卵石层，车站主体主要穿越地层为粉土③、粉质黏土③₁、粉细砂④₃、中粗砂④₄及圆砾卵石⑤层，褐黄色中粗砂充填，连续分布。该区无不良地质作用，无地震液化问题。抗浮及防渗设防水位标高为 29 m，需要进行降水。

2）设计特点

根据站位所处现状，为满足施工期间的交通疏解要求，车站主体采用明挖顺作法分两期施工，附属结构出入口下穿朝阳北路部分采用暗挖法施工，其余部分采用明挖顺作法施工。主体结构形式为两层三跨矩形框架结构，沿车站纵向设两道变形缝，主体与附属结构之间设变形缝。

3）技术重难点

①基坑支护结构采用了双排桩＋钢支撑加密的方式代替原来的桩锚支护方案，有效控制了富含水粉细砂层不利地质条件下建筑物的不均匀沉降。

②附属结构出入口下穿大直径污水管线采用了密排型钢的工艺，有效控制了土层及管线变形，保证了管线和暗挖通道的安全。

4）设计方案的确定

①基坑围护结构形式

作为临时支护结构，除满足强度、变形、基坑整体稳定等要求外，尚应进行墙底抗隆起、坑底抗隆起等计算。

车站结构设计考虑地质条件、埋设深度、荷载、结构形式、施工工序等因素，按照信息化进行结构设计，工程类比法确定结构参数，并进行施工阶段和使用阶段的计算分析。结构构件根据承载力极限状态及正常使用极限状态的要求，分别对施工阶段、使用阶段进行计算及验算。

车站主体结构基坑采用 $\phi 800@1\,500$ mm 钻孔灌注桩，端头扩大端采用 $\phi 800@1\,400$ mm 钻孔灌注桩，出入口及紧急疏散通道基坑采用 $\phi 600@1\,200$ mm 钻孔灌注桩，风道采用 $\phi 800@1\,500$ mm 钻孔灌注桩进行支护，施工期间采用坑外降水。

根据建筑功能及布置要求，本站的主体结构标准段为两层钢筋混凝土箱型结构，主体结构构件尺寸的拟定必须满足主体结构的受力、变形要求；并满足主体结构的抗浮和稳定要求以及满足车站功能和建筑限界和建筑设计的要求；同时车站沿纵向按一定间距设置变形缝，以尽可能降低不均匀沉降的影响。如图4—24—50所示。

图4—24—50 十里堡站围护结构

220

②主体结构形式

十里堡站采用地下两层双柱三跨的结构形式,车站主体净长为 219.1 m,标准段净宽为 19.5 m,总高 14.6 m,为岛式车站。车站建筑为两层,站厅层和站台层。车站底板埋置深度约 18 m,结构顶板覆土深度约 3.5 m。车站在十里堡路与朝阳北路交叉口处的周边四个象限内设置 4 个出入口,在车站南侧设置 2 个风亭;由于交通导改及管线改迁的需要,车站采用明挖顺做法分两期施工,车站东西两侧区间采用盾构法施工。

根据车站建筑的特点、工程水文地质情况以及结构分析结果,经对比计算,拟定车站结构尺寸如下:

标准段:顶板厚 800 mm,中板厚 400 mm,底板厚 900 mm,内衬墙厚 700 mm,柱 700 mm×1 100 mm。顶、中、底板与内衬墙支座处均设斜托局部加厚。如图 4—24—51 和图 4—24—52 所示。

图 4—24—51　十里堡站主体结构

图 4—24—52　十里堡站验收

③施工方法、顺序及辅助措施

车站结构形式和施工方法的选定,应根据工程地质和水文地质条件、城市总体规划要求、周围构筑物分布情况、道路交通状况、地下构筑物、管线等条件,通过对技术、经济、环保及使用功能等方面的综合比较确定。同时,应考虑施工期间地面交通疏导的处理方式,施工期间对邻近重要建筑物和地下管线的保护措施或处理加固办法及特殊地形、地质情况的处理方法。

本站采用明挖顺作法施工,施工期间采用坑外降水措施。一期首先完成车站东端主体结构,为十里堡站～青年路站盾构区间提供始发条件,车站东侧风道为地下二层结构,与主体结构一同施做。二期施工车站西端主体结构,为十里堡站～金台路站盾构区间提供始发条件。三期施工附属结构 2、3 号出入口,西侧风道原设计为地下一层,由于现场占地无法解决,后变更为地下两层风道,在主体结构施工完成后同 4 号出入口一同施工。由于 1 号出入口农民日报社占地问题一直未能解决,暂定缓建。

本车站是6号线中间站,周边环境比较复杂,主要表现在以下几个方面:

(A)东南象限有十里堡北里24号楼(14层内浇外挂式框架),修建于上世纪80年代,距离车站东侧双层风道大阳角处仅有10m距离;西侧双层风道紧邻盾构区间施工距离不足6m。

(B)朝阳北路路已实现规划,为双向6车道,路口扩展为8车道,交通流量较大。

(C)站址区地下管线密布,种类齐全,其中具有控制性因素的大型管线超过14根。

基坑支护结构在大阳角处采用了双排桩+钢支撑加密的方式代替原来的桩锚支护方案,有效控制了富含水粉细砂层不利地质条件下建筑物的不均匀沉降。附属结构出入口下穿大直径污水管线采用了密排型钢的工艺,有效控制了土层及管线变形,保证了管线和暗挖通道的安全。

④工程地质与水文地质

车站结构范围内地层由上而下依次为杂填土、粉土填土、粉土、细砂、中粗砂、卵石层,车站主体主要穿越地层为粉土③、粉质黏土③$_1$、粉细砂④$_3$、中粗砂④$_4$及圆砾卵石⑤层,褐黄色中粗砂充填,连续分布。该区无不良地质作用,无地震液化问题。抗浮及防渗设防水位标高为29m,施工期间需要进行降水。

本工程车站基坑开挖深度约17.8m(端头盾构井19.8m),基坑较深。结合以前的工程经验和初步计算,采用$\phi 800@1 500$mm钻孔灌注桩+三道内钢管支撑方案。对于车站东端主体结构与风道平行部位同槽开挖,基坑宽度达36m,基坑中间设置一排格构柱。通过现场监控量测结构,围护结构的位移、钢支撑轴力及基坑周边地表沉降均在设计要求的允许范围以内,仅在宽度36m的基坑处由于钢支撑长度较长,刚度较小,桩的变形和地表沉降值接近设计要求限值。

(14)青年路站

1)工程概况

①周边环境

青年路站位于北京市朝阳北路与青年路交叉口处,站位现状为朝阳北路南侧拆迁后的空地,车站北侧为朝阳北路。路口东北象限为朝阳大悦城;西北象限为已建成的金泰国益大厦、珠江罗马嘉园等住宅小区;西南象限为已经拆迁的废品收集站及施工完毕的青年路住宅小区;东南象限为一层的商业民宅、青年路信托商城和朝阳雅筑等住宅小区。朝阳北路规划道路红线60m,双向六车道,属城市主干道,车流量较大。青年路规划道路红线40m。车站为地下两层岛式车站。如图4—24—53和图4—24—54所示。

图4—24—53　青年路站施工前(一)

图4—24—54　青年路站施工前(二)

车站总长558.787m(K21+575.163~K22+133.950),标准段宽度为20.9m,车站沿朝阳北路南侧东西向设置,两端均为盾构区间。车站有效站台中心里程处顶板覆土厚度为3.5m,底板埋深约18.7m。共设置4个出入口(西北出入口缓建)、3个紧急疏散通道、2个风道和2组地面风亭。出入口、风道和紧急疏散通道均为地下一层结构。

②工程地质与水文地质

车站结构范围内地层由上而下依次为:杂填土、粉土填土、粉土、细砂、中粗砂、卵石层,车站主体主要穿越地层为粉土③、粉质黏土③$_1$、粉细砂④$_3$、中粗砂④$_4$及圆砾卵石⑤层,褐黄色中粗砂充填,连续分布。该区无不良地质作用,无地震液化问题。抗浮及防渗设防水位标高为29m,车站主体结构施工期间需要进行降水。

2）设计特点

根据站位所处现状,为满足施工期间的交通疏解要求,车站主体采用明挖顺作法分三期施工,附属结构出入口下穿朝阳北路部分采用暗挖法施工,其余部分采用明挖顺做法施工。主体结构形式为两层三跨矩形框架结构,设 7 道变形缝,与附属结构之间设变形缝。

3）重难点及措施等

本车站是 6 号线中间站,周边环境比较复杂,主要表现在以下几个方面:

①车站全长 559 m,为北京地铁目前运营和在建的最长车站,横跨两个重要的交通路口,对于施工期间交通疏解、结构的连接形式、支护设计等设计比较困难。

②横穿车站基坑的深埋大管线(埋深 10 m、直径 3 m 电力管涵)与结构之间的处理措施。

③为满足铺轨需要,在施工阶段的车站顶板和中板设置有轨排井(30.4 m×8.2 m)大开洞,由于周边环境复杂无法调整支护类型,需要采取措施保障结构的安全。

④站址区地下管线密布,管线种类繁杂,其中具有控制性因素的管线超过 24 根。

4）设计方案的确定

基坑围护结构作为临时支护结构,除满足强度、变形、基坑整体稳定等要求外,还应进行墙底抗隆起、坑底抗隆起等计算。

车站结构设计考虑地质条件、埋设深度、荷载、结构形式、施工工序等因素,按照信息化进行结构设计,工程类比法确定结构参数,并进行施工阶段和使用阶段的计算分析。结构构件根据承载力极限状态及正常使用极限状态的要求,分别对施工阶段、使用阶段进行计算及验算。

车站主体结构基坑采用 $\phi 800@1\,500$ mm 钻孔灌注桩,端头扩大端采用 $\phi 800@1\,400$ mm 钻孔灌注桩,风道、出入口及紧急疏散通道基坑采用 $\phi 600@1\,200$ mm 钻孔灌注桩,施工期间采用坑外降水。如图 4－24－55 和 4－24－56 所示。

图 4－24－55　青年路站围护结构(一)

图 4－24－56　青年路站围护结构(二)

根据建筑功能及布置要求,本站的主体结构标准段为两层钢筋混凝土箱型结构,主体结构构件尺寸的拟定必须满足主体结构的受力、变形要求;并满足主体结构的抗浮和稳定要求以及满足车站功能和建筑限界和建筑设计的要求;同时车站沿纵向按一定间距设置变形缝,以尽可能降低不均匀沉降的影响。

5）设计方案

①结构形式

青年路站采用地下两层双柱三跨的结构形式,车站主体净长为 558.787 m,标准段宽为 20.9 m,总高 14.6 m,为岛式车站。车站建筑为两层,站厅层和站台层。车站底板埋置深度约 18 m,结构顶板覆土深度约 3.5 m。车站在青年路与朝阳北路交叉口处的周边四个象限内设置 4 个出入口,在车站南侧设置 2 个风亭;由于交通导改及管线改迁的需要,车站采用明挖顺做法分三期施工,车站东西两侧区间采用盾构法施工。

根据车站建筑的特点、工程水文地质情况以及结构分析结果,经对比计算,拟定车站结构尺寸如下:

标准段:顶板厚 800 mm,中板厚 400 mm,底板厚 900 mm,内衬墙厚 700 mm,柱 700 mm×1 100 mm。

顶、中、底板与内衬墙支座处均设斜托局部加厚。如图4-24-57和图4-24-58所示。

图4-24-57 青年路站预留轨排井

图4-24-58 青年路站结构施工

②施工方法、顺序及辅助措施

车站结构形式和施工方法的选定,应根据工程地质和水文地质条件、城市总体规划要求、周围构筑物分布情况、道路交通状况、地下构筑物、管线等条件,通过对技术、经济、环保及使用功能等方面的综合比较确定。同时,应考虑施工期间地面交通疏导的处理方式、施工期间对邻近重要建筑物和地下管线的保护措施或处理加固办法及特殊地形、地质情况的处理方法。

本站采用明挖顺作法施工,施工期间采用坑外降水措施。一期首先完成车站西端主体结构,为十里堡站~青年路站盾构区间提供接收条件。二期施工车站东端主体结构,为青年路站~褡裢坡站盾构区间提供始发条件。三期施工车站主体结构中部。四期施工附属结构2号、3号、4号出入口、风道及3个紧急疏散口。由于1号出入口金泰国益大厦占地问题一直未能解决,暂定缓建。

针对车站周边交通和短线现状,提出了对城市市区建设的长度较大地铁车站可采用明挖顺作法分期施工,从而达到施工期间对道路交通造成的影响最小,同时有利于节约工程投资的目的。在明挖基坑穿越不利地层的大直径地下管线处采用双排桩+临时型钢支撑的措施,保证了大间距桩距(桩距5 m)处基坑的安全。针对主体结构构件本身加固,解决了车站结构轨排井大开洞期间不能采用锚索支护条件下主体结构自身安全。

③工程地质与水文地质

车站结构范围内地层由上而下依次为杂填土、粉土填土、粉土、细砂、中粗砂、卵石层,车站主体主要穿越地层为粉土③、粉质黏土③₁、粉细砂④₃、中粗砂④₄及圆砾卵石⑤层,褐黄色中粗砂充填,连续分布。该区无不良地质作用,无地震液化问题。抗浮及防渗设防水位标高为29 m,施工期间需要进行降水。

本工程车站基坑开挖深度约17.8 m(端头盾构井19.8 m),基坑较深。结合以前的工程经验和初步计算,采用ϕ800@1 500 mm钻孔灌注桩+三道内钢管支撑方案。车站北侧存在两条直径1.8 m的雨污水管线,由于年代比较久远,渗漏水严重,土层松软,为保障基坑安全,局部地段采用旋喷桩进行加固。

④结构稳定及强度

本站主体结构采用C40混凝土,自2008年施工至2012年12月竣工验收,现场经过多次检查,结构强度均满足设计要求,未出现影响结构安全的裂纹和质量隐患,结构强度满足国家规范的要求。围护结构采用启明星软件计算,理正软件复核,设计计算阶段已经考虑了基坑在各工序下的整体稳定、抗倾覆、抗隆起等稳定性。

(15)草房站

1)工程概况

①周边环境

草房站位于北京市朝阳北路与草房西路交叉口处,站位现状为朝阳北路路中绿地。路口东北象限为已建成的中弘北京像素小区;西北象限为已建成的金隅丽景园住宅小区;西南象限为两限房、中学、邮局等新建建筑物;东南象限目前为尚未开发的空地。朝阳北路规划道路红线60 m,双向6车道,属城市主干道,车流量较大。草房西路规划道路红线 30 m。车站为地下两层岛式车站。如图 4－24－59 和图 4－24－60 所示。

图 4－24－59　草房站实施前周边环境（一）

图 4－24－60　草房站实施前周边环境（二）

车站总长 359 m（K30＋041.469～K30＋399.015），标准段宽度为 20.9 m，车站沿朝阳北路南侧东西向设置，西端接矿山法区间，东端接明挖区间。车站有效站台中心里程处顶板覆土厚度为 3 m，底板埋深约 16.2 m。

车站共设置 4 个出入口（东北出入口与中弘像素下沉广场结合设置）、3 个紧急疏散通道和 2 组地面风亭，风道设置于主体结构内。出入口、风道和紧急疏散通道均为地下一层结构。

②工程地质与水文地质

车站结构范围内地层由上而下依次为杂填土、粉土填土、粉土、细砂、中粗砂、卵石层，车站主体主要穿越地层为粉土③、粉质黏土③₁、粉细砂④₃、中粗砂④₄ 及圆砾卵石⑤层，褐黄色中粗砂充填，连续分布。该区无不良地质作用，无地震液化问题。抗浮及防渗设防水位标高为 23 m，车站主体结构施工期间需要进行降水。

2）设计特点

根据站位所处现状，车站主体采用明挖顺作法施工，附属结构出入口下穿朝阳北路部分采用暗挖法施工，其余部分采用明挖顺作法施工。主体结构形式为两层三跨矩形框架结构，设 4 道变形缝，与附属结构之间设变形缝。

3）重难点及措施等

本车站是 6 号线一期工程终点站，周边环境比较简单，施工期间无控制性建构筑物，难点主要表现在以下方面：

①车站北侧约 8 m 处存在一直径 800 mm 的超高压燃气管，暗挖出入口通道需要下穿该管线。

②草房站地下管线众多，其中具有控制性因素的管线有 8 根。

4）设计方案的确定

基坑围护结构作为临时支护结构，除满足强度、变形、基坑整体稳定等要求外，还应进行墙底抗隆起、坑底抗隆起等计算。

车站结构设计考虑地质条件、埋设深度、荷载、结构形式、施工工序等因素，按照信息化进行结构设计，工程类比法确定结构参数，并进行施工阶段和使用阶段的计算分析。结构构件根据承载力极限状态及正常使用极限状态的要求，分别对施工阶段、使用阶段进行计算及验算。

车站主体结构基坑采用 φ800@1 500 mm 钻孔灌注桩，风道、出入口及紧急疏散通道基坑采用 φ600@1 200 mm 钻孔灌注桩，施工期间采用坑外降水。如图 4－24－61 和图 4－24－62 所示。

根据建筑功能及布置要求，本站的主体结构标准段为两层钢筋混凝土箱型结构，主体结构构件尺寸的拟定必须满足主体结构的受力、变形要求；并满足主体结构的抗浮和稳定要求以及满足车站功能和建筑限界和建筑设计的要求；同时车站沿纵向按一定间距设置变形缝，以尽可能降低不均匀沉降的影响。

图 4－24－61　草房站围护结构(一)

图 4－24－62　草房站围护结构(二)

5)设计方案的确定

①结构形式

草房站采用地下两层双柱三跨的结构形式,车站主体净长为 359 m,标准段净宽为 20.9 m,车站标准段总高 13.30 m,为岛式车站。车站建筑为两层,站厅层和站台层。车站底板埋置深度约 16.20 m,结构顶板覆土深度约 2.90 m。车站在朝阳北路与草房西路交叉口处的周边四个象限内共设置 4 个出入口,并在 1 号出入口处预留与规划公交公司及规划金隅集团结合出入口;在车站东西端头分别设置 1 个风亭;由于交通导改及管线改迁的需要,车站采用明挖顺作法分两期施工(附属结构下穿朝阳北路部分采用暗挖法施工),车站西侧区间采用矿山法施工,车站东侧区间采用明挖法＋矿山法施工。如图 4－24－63 和图 4－24－64 所示。

图 4－24－63　草房站主体结构施工(一)

图 4－24－64　草房站主体结构施工(二)

根据车站建筑的特点、工程水文地质情况以及结构分析结果,经对比计算,拟定车站结构尺寸如下:

标准段:顶板厚 800 mm,中板厚 400 mm,底板厚 900 mm,内衬墙厚 700 mm,柱 700 mm×1 100 mm。顶、中、底板与内衬墙支座处均设斜托局部加厚。

②施工方法、顺序及辅助措施

车站结构形式和施工方法的选定,应根据工程地质和水文地质条件、城市总体规划要求、周围构筑物分布情况、道路交通状况、地下构筑物、管线等条件,通过对技术、经济、环保及使用功能等方面的综合比较确定。同时,应考虑施工期间地面交通疏导的处理方式、施工期间对邻近重要建筑物和地下管线的保护措施或处理加固办法及特殊地形、地质情况的处理方法。

本站采用明挖顺作法施工,施工期间采用坑外降水措施。主体结构一次完成,二期施工附属结构 4 个出入口、风道及 3 个紧急疏散口。

本站北侧出入口通道暗挖下穿 φ800 mm 的超高压天然气管线,采用了深孔注浆措施,有效保证了管线的安全。

③工程地质与水文地质

车站结构范围内地层由上而下依次为杂填土、粉土填土、粉土、细砂、中粗砂、卵石层,车站主体主要穿越地层为粉土③、粉质黏土③₁、粉细砂④₃、中粗砂④₄及圆砾卵石⑤层,褐黄色中粗砂充填,连续分布。该区无不良地质作用,无地震液化问题。抗浮及防渗设防水位标高为 23 m,施工期间需要进行降水。

本工程车站基坑开挖深度约 16.8 m(车站东端基坑较深处 17.4 m),基坑较深。结合以前的工程经验和初步计算,采用 ϕ800@1 500 mm 钻孔灌注桩+三道内钢管支撑方案。

24.5　重点区间结构设计方案

6 号线一期工程共 21 个区间段,区间总长约 25.51 km,其中矿山法区间 12.51 km,盾构区间 12.77 km,明挖区间 0.23 km。重点区间分述如下:

(1)起点~五路居站区间

1)工程概况

一期工程起点~五路居站区间线路基本呈东西走向,为五路居站后停车线。区间线路起点为玲珑路与西四环交叉路口西侧的球场,向西以半径 $R=400$ m 的平曲线下穿西四环北路,接入玲珑路与西四环交叉路口的五路居站。区间线路纵向呈单向坡,埋深在 23.4~25 m 之间。区间沿线周边主要为住宅小区。区间沿线地势总体西高东低,地面高程为 54.26~58.94 m。区间下穿南水北调暗涵。

区间在右 K0+011.450 处设置施工竖井、横通道及泵房结构。区间施工横通道穿越地层主要为卵石⑦层,地下水类型为潜水,水位位于结构下方。

2)工程重点及难点分析

本区间重点为区间隧道下穿西四环快速路,且西四环路主、辅路下方雨、污水、燃气等带水、带压管线较多,管线距隧道结构间的距离约在 10~14 m 之间,风险较大,管线较多地段采用双排小导管注浆加固,同时格栅间距由 0.75 m 调整为 0.5 m,做到减小开挖步距、快封闭,减小施工对地层的扰动,控制管线沉降及地表沉降。

本区间难点为区间隧道近距离垂直下穿四环下既有南水北调暗涵工程,区间结构拱顶距既有结构底约 1.98 m 下穿南水北调暗涵,南水北调暗涵结构为 2×DN5200 离式钢筋混凝土暗涵,钢筋混凝土壁厚为 0.6 m,两管道中心间距为 12.2 m,暗涵管底埋深约 15.6 m。在区间隧道下穿暗涵影响范围前后 10 m 内,拱部采用双排 ϕ25 mm 小导管,采用快凝快硬浆液,回填注浆紧跟。开挖过程中,减小开挖步距至 0.5 m,同时增加临时仰拱。开挖过程中,上半断面采用帷幕注浆加固,做到每循环注浆加固完成后方可开挖,做到"管超前、严注浆、短进尺、强支护、紧封闭、勤量测",同时施工中应采取超前探孔对地质状况及管线渗漏水量进行预测,并在施工前应做好地下空洞处理,并适时与产权单位联系。出现异常情况,停止掘进,封堵掌子面,做好相关应急处理,并及时通知业主、监理及设计等有关单位。

3)设计方案

本区间为五路居站站后停车线,长度约为 200 m,在起点处附近设置迂回风道及泵房结构,同时设置车挡,为线路向西延长预留条件。因区间长度较短,且地下水水位较低,区间断面较为标准统一,采用矿山法施工。超前支护采用小导管注浆,初支厚度为 250 mm,二衬结构厚度为 300 mm,混凝土采用 C40、P10 抗渗混凝土。防水采用暗挖全包防水。如图 4—24—65 所示。

(2)五路居站~慈寿寺站区间

1)工程概况

五路居站~慈寿寺站区间线路经玲珑路与西四环北路交叉路口的五路居站,沿玲珑路东行,止于蓝靛厂南路与玲珑路相交路口西北角慈寿寺站。区间隧道下穿现状玲珑路,道路交通十分繁忙,道路两侧多为住宅小区。于里程 K0+900.000~K1+050.000 段,线路东西向下穿京门铁路。区间右线里程为 YK0+570.761~YK1+622.915,右线长度 1 052.154 m。区间左线里程为 ZK0+570.761~ZK1+623.726,左线长度 1 052.965 m。区间线路纵向呈"V"形坡,隧道结构埋深约 22.0~25.6 m,在最低点位置设置区间泵房结构。区间在慈寿寺站西端设置人防段,人防段左线中心里程为 K1+480.000,右线中心里程为 K1+

(a)

(b)

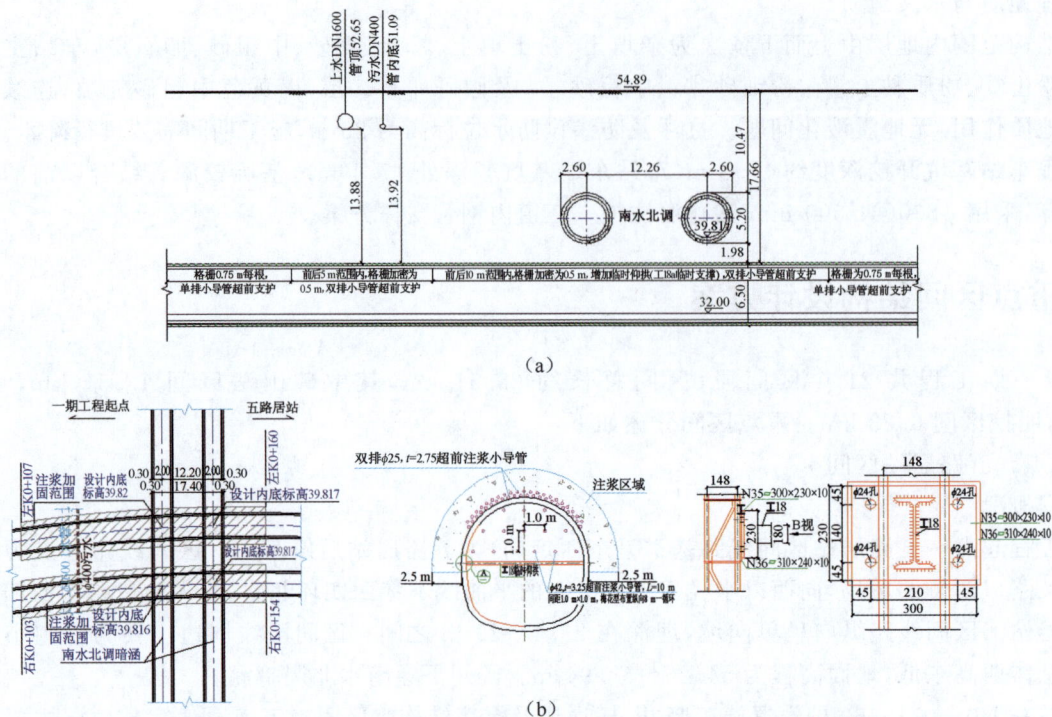

图4—24—65　起点～五路居站区间下穿南水北调暗涵保护措施图

500.000，人防段长度均为11 m。区间在右K1+114.250处设置区间施工竖井兼施工横通道。

自五路居站引出2条出入线至五路车辆段，出入线起点接于正线里程K0+426.611处，出入线左、右线区间在K0+058.948处出五路居站，分别位于区间正线两侧，在下穿京门铁路前交汇，变成单洞双线隧道。出入线左线设计里程ZK0+058.948～ZK0+391.92，长332.972 m，右线设计里程为YK0+058.948～YK0+429.416，长370.468 m。其中下穿京门铁路段由中国华西工程设计建设有限公司设计。出入线线路出五路居站后纵向呈单面上坡进入五路车辆段，纵坡分别为2‰、33‰、3‰。隧道结构埋深约14.0～23.0 m。出入线左线设计里程ZK0+058.948～ZK0+391.92，左线长332.972 m，右线设计里程为YK0+058.948～YK0+429.416，右线长370.468 m。在靠近车辆段处设置人防段，人防段左线中心里程为ZK0+382.620，右线中心里程为YK0+402.060，人防段长度均为18.6 m。在出入线与车辆段分界处设置一风机房，风机房中心里程为右YK0+535.650，风机房为地下单层结构，风亭出地面。

2）工程重点及难点分析

本区间重点为出入段线隧道与区间正线隧道邻近且近距离空间交叉，出入段线与区间正线隧道由平行逐级成上下立体交叉段，应先施工区间正线隧道，待正线隧道结构强度达到设计要求后，再施工出入段线隧道结构，同时在区间正线隧道施工过程中，超前注浆加固、回填注浆紧跟，并在区间隧道立体交叉范围内，做好径向注浆（ϕ25 mm小导管径向注浆，L=3 m，间距1.5 m×1.5 m），为后期出入段线施工预留条件。

本区间难点为区间隧道及出入段线隧道小角度斜交下穿京门铁路，其中区间隧道距离京门铁路较远，距离大约为16 m，区间正线下穿铁路段采取增加临时仰拱，减小开挖步距，同时超前注浆加固、回填注浆紧跟，加强监控量测，出现变形异常时，对铁路轨道进行扣轨加固，确保铁路线路的安全性。出入段单洞双线隧道下穿京门铁路段，出入段线与铁路轨道面之间距离约5.8 m，出入段线隧道下穿铁路轨道影响范围采用地面扣轨和地面注浆加固路基的方式，同时采取加强洞内初支刚度及减小初支间距等措施，确保出入段线隧道近距离下穿京门铁路。如图4—24—66所示。

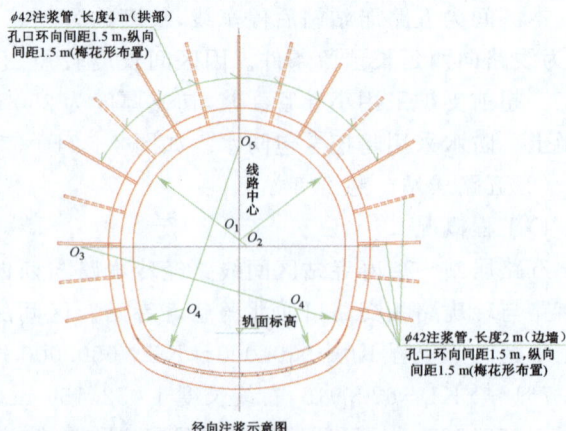

图4—24—66　五路居站～慈寿寺站区间下穿铁路加固措施图

3）设计方案

本区间因出入段线隧道与区间隧道距离较近,且地下水水位较低,紧邻新建五路停车场,周边环境相对较为简单,采用矿山法施工,区间断面较为标准统一,超前支护采用小导管注浆,初支厚度为 250 mm,二衬结构厚度为 300 mm,混凝土采用 C40、P10 抗渗混凝土。出入段线由单洞单线逐渐变化为单洞双线隧道,该处结构变化较多且覆土较浅,在出入段线设计终点处设置一风机房,便于事故时进风、排烟。风机房为地下一层结构,采用明挖施作法施工,二衬结构侧墙、顶底板均为 600 mm,采用 C40、P10 抗渗混凝土,以及明挖全包防水。

（3）慈寿寺站~花园桥站区间

1）工程概况

慈寿寺站~花园桥站区间线路基本呈东西走向,线路出慈寿寺站后,以 $R=400$ m 平曲线下穿京密引水渠,从跨京密引水渠桥与颐安家园商务楼之间穿过,再以 $R=650$ m 平曲线将线路调整到沿车公庄西路永中向东敷设,接入西三环北路与车公庄西路交叉路口的花园桥站。区间右线设计里程为 YK1+934.615~YK3+076.076,设计范围全长 1 141.761 m;左线设计里程为 ZK1+934.621~ZK3+076.076,设计范围全长 1 142.530 m。区间线路纵向呈"人"字坡,埋深在 16.4~20.7 m 之间。区间设一处联络通道,联络通道中线里程为 ZK2+505.615,线间距为 13.8 m;区间隧道穿越地层主要为砂卵石层,地下水类型为潜水。区间沿线道路交通繁忙,道路两侧多为中高层的住宅小区、商务楼。区间沿线地势平缓,略有起伏,地面高程为 53.63~55.68 m。

2）工程重点及难点分析

本区间重难点为区间垂直下穿京密引水渠和旁穿跨京密引水渠桥与颐安家园商务楼,区间隧道与京密引水渠结构底间距离约为 8.9 m,区间隧道与跨京密引水渠桥及颐安家园商务楼间距离分别为 4.6 m 和 6 m。该区间为盾构区间,且地面受场地限制,无法施作地面加固措施,只有通过实验段才调整盾构机施工状态,保证盾构匀速、连续掘进,确保盾构机在风险源影响范围内不停机,严格控制掘进土压力和出土量,严格控制盾尾同步注浆和二次补注浆,并适当增大同步注浆量。施工过程中加强动态监测,根据地表沉降和建筑物变形及时调整盾构推进参数。如图 4-24-67 所示。

3）设计方案

本区间因下穿京密引水渠,且两端车站为明挖车站,可提供盾构始发、接收的条件,采用盾构法施工,区间断面为盾构区间标准外径 6 m 断面,内径 5.4 m,管片宽度 1.2 m,管片厚度 0.3 m 的平板式单层预制钢筋混凝土管片衬砌。管片混凝土强度等级为 C50,抗渗等级 P10。

（4）花园桥站~白石桥南站区间

1）工程概况

花园桥站~白石桥南站区间西起西三环北路路口的花园桥站,沿车公庄西路向东行,止于首都体育馆南路与车公庄西路相交路口的白石桥南站,线路基本呈东西走向。在平面上,区间线路分别以半径 $R=2\ 000$ m、$R=2\ 500$ m 的平曲线将线路从车公庄大街永中北侧调整到沿车公庄大街永中路中向东敷设,再分别以 $R=1\ 200$ m、$R=1\ 200$ m 的平曲线将线路调整到车公庄大街路永中北侧与白石桥南站相接。区间线路呈"人"字坡,区间埋深在 22.5~23.8 m 之间。区间隧道主要位于卵石⑤、卵石⑦层。地下水类型为潜水,区间隧道结构位于水位以上。沿线道路交通繁忙,道路两侧多为中高层的住宅小区、商务楼,主要建筑物为中资大厦、京颐商场、北京市水利规划设计研究院、中国水利水电建设集团、华通大厦和爱德大厦等。区间沿线地势平缓,略有起伏,地面高程为 52.11~53.62 m。区间隧道需下穿京颐商场前人行天桥及半截塔路过街地道。区间沿线地下管线密集、纵横交错。

区间右线设计里程为 YK3+309.176~YK4+285.394,区间右线长度 975.521 m。区间左线设计里程为 ZK3+309.176~ZK4+285.654,区间左线长度 975.789 m。区间在 K3+436.320 处设置临时施工竖井。区间设两处联络通道结构,联络通道中线里程分别为:YK3+436.320、YK3+800.000。

2）工程重点及难点分析

本区间重难点为区间下穿人行天桥及地下通道,区间隧道结构与人行天桥桥桩水平距离约在 6.0~6.6 m 间,区间隧道距地下通道间垂直距离约 13.8 m。在下穿人行天桥及地下通道段落,采用 $\phi25$ mm 小

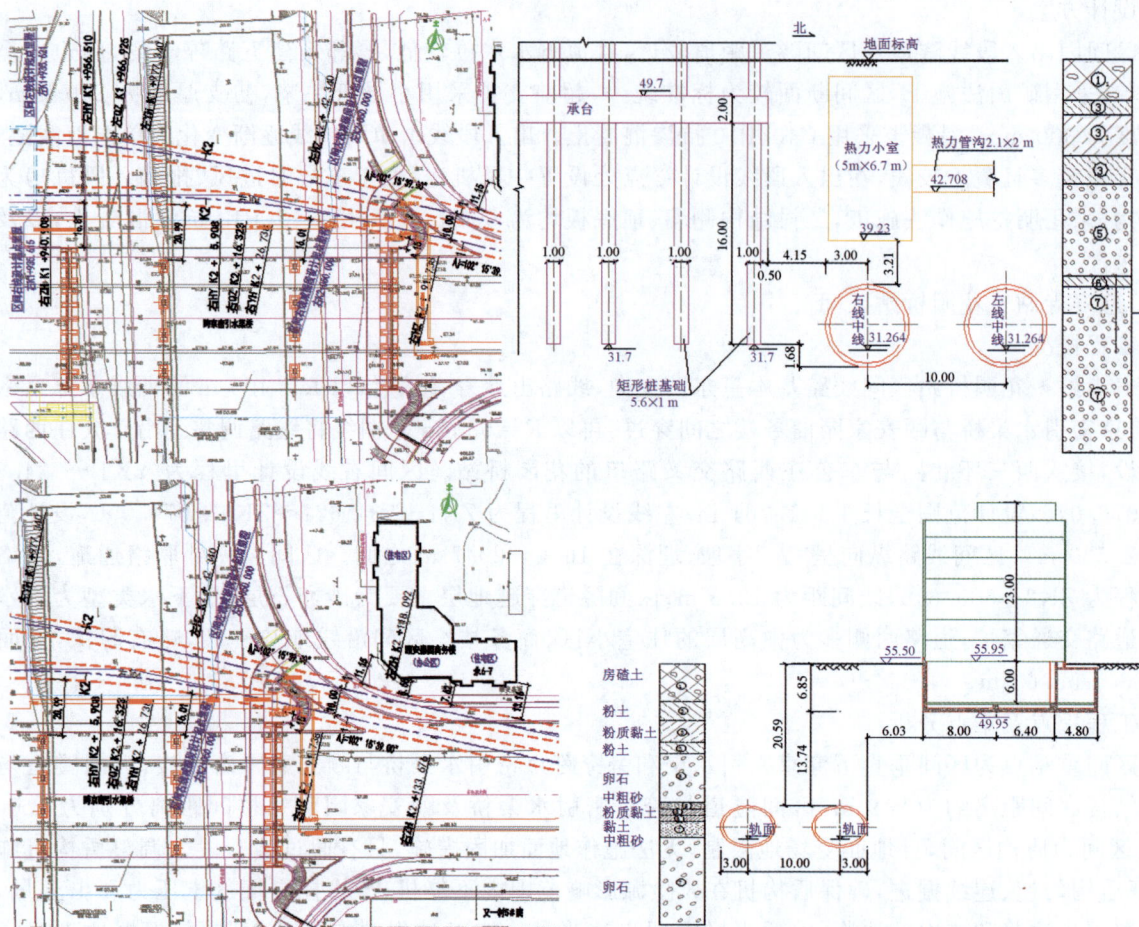

图 4—24—67 慈寿寺站～花园桥站区间下穿桥桩、热力、建筑物关系图(单位:m)

导管,超前注浆加固土体,同时格栅钢架的间距调整为 500 mm,及时对初支背后进行充填注浆,控制地层变形。施工过程中应严格遵循"管超前、严注浆、短进尺、强支护、紧封闭、勤量测"方针。

3)设计方案

本区间由于工程前期工作对环境及周边居民影响巨大,前期准备无法正常进行,盾构机不具备始发条件,且盾构吊出井周边及横通道上方市政管线众多,工程风险巨大等原因,由盾构法调整为矿山法,区间断面较为标准统一,超前支护采用小导管注浆,初支厚度为 250 mm,二衬结构厚度为 300 mm,采用 C40、P10 抗渗混凝土,以及暗挖全包防水。

(5)白石桥南站～车公庄西站区间

1)工程概况

白石桥南站～车公庄西站区间线路基本呈东西走向,区间线路沿车公庄大街永中敷设。区间沿线道路交通繁忙,道路两侧多为中高层的住宅小区、商务楼。区间沿线地势平缓,略有起伏,地面高程为 48.02～52.12 m。区间下穿国兴花园人行天桥、新大都人行天桥两座天桥及车公庄东过街地道。

区间右线设计里程为 YK4+477.822～YK5+962.585,区间右线长度 1 484.763 m。区间左线设计里程为 ZK4+477.546～ZK5+962.585,区间左线长度 1 485.217 m。本区间左、右 K5+074.309～K5+248.509 段与规划地铁 16 线设预留换乘站——三里河路北口站,区间从白石桥南站向东,区间线路呈"V"形坡。在车公庄西站西端设置人防段及停车线段,左、右线人防段中心里程分别为 ZK5+830.550 和 YK5+530.000;因加设三里河路北口站,在左、右线区间在靠近白石桥南站加设人防段,左、右线人防段中心里程为左 K4+660.000,右 K4+605.000,人防段长 11 m。区间共设 2 个联络通道,1 号联络通道与施工横通道结合设置,中心里程为右 K5+000.000;2 号联络通道兼泵房结构与施工横通道结合设置,中心里程为右 K5+486.000。为满足 16 号线运营后通风需要,在三里河路北口站两端区间内设置 4 个迂回风道。区间共设 3 处施工竖井及通道,里程分别为右 K5+000.000、右 K5+486.000、右 K5+885.601。

2)工程重点及难点分析

本区间重难点为区间停车线、渡线段大断面施工及区间近距离下穿天桥桥桩,停车线、渡线段断面较大,采用 CRD 及双侧壁导坑法施作,断面变化较多,施工风险较大。严格控制每步初支开挖长度,同时初支及时封闭成环,减小拆撑长度。施作二衬时采用换撑,确保初支结构的安全性及稳定性,同时加强超前注浆,确保开挖过程中的安全。区间隧道下穿人行天桥桥桩段,加密格栅间距至 0.5 m,及时对初支背后进行充填注浆,控制地层变形。同时在洞内打设径向注浆管,加固人行天桥桥桩周边土体,确保天桥的沉降量在规定的范围内。如图 4-24-68 所示。

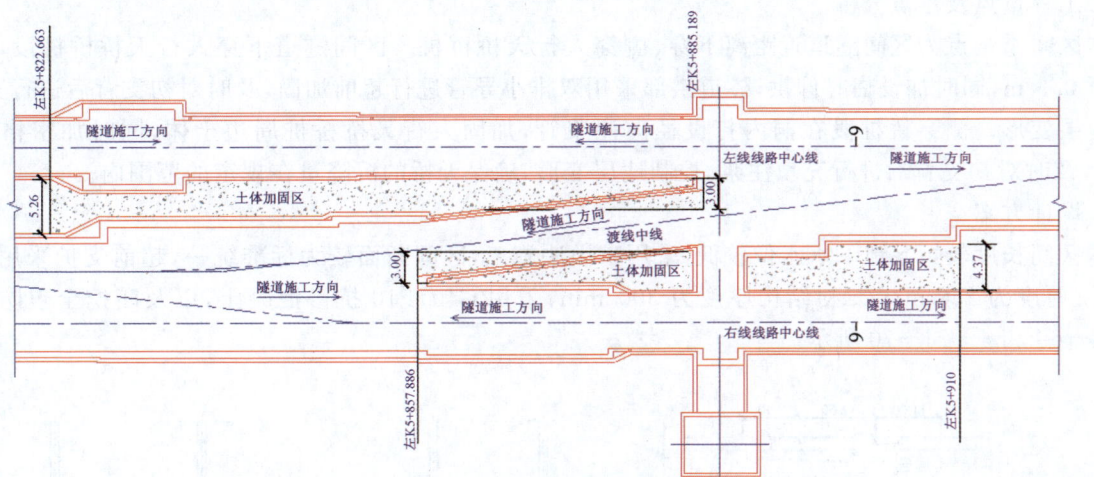

（a）区间停车线段加固段平面图

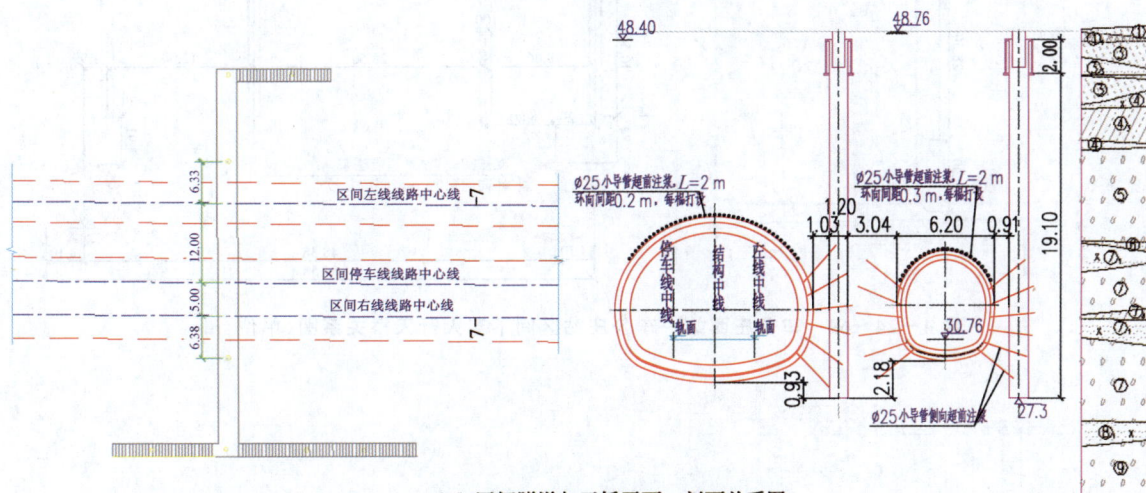

（b）区间隧道与天桥平面、剖面关系图

图 4-24-68　白石桥南站～车公庄西站区间下穿风险源加固措施图(单位:m)

3)设计方案

本区间因车公庄西站前期准备无法正常进行,由明挖调整为暗挖,盾构机不具备始发条件,且原站内渡线调整至该区间内,该区间由盾构法施工调整为矿山法施工。因设置停车线及交叉渡线,区间断面较多,渡线段断面较大,采用双侧壁导坑法施工,超前支护采用小导管和大管棚结合超前注浆加固,初支厚度为250～350 mm,二衬结构厚度为 300～800 mm,混凝土采用 C40、P10 抗渗混凝土,以及暗挖全包防水。

（6）车公庄西站～车公庄站区间

1)工程概况

车公庄西站～车公庄站区间线路基本呈东西走向,线路出车公庄西站后,线路先沿车公庄大街永中向东敷设,然后左线以半径 R=1 200 m,右线以半径 R=2 000 m 的平曲线将区间线路逐渐分离开,形成鱼腹式与车公庄站相接。区间线路纵向呈"人"字坡,埋深在 23～24.2 m 之间。区间隧道穿越地层主要为砂卵石层,局部夹杂粉质黏土层。地下水类型为潜水,水位位于区间结构以下。区间沿线道路交通繁忙,道路两侧多为中高层的住宅小区、商务楼,主要有北京市委党校、五栋大楼、观缘小区及官园商品批发市场等。区间沿线地势平缓,略有起伏,地面高程为 47.74~48.70m。区间隧道需下穿市委党校东人行天桥及官园立交桥西人行天桥。

区间右线设计里程为 K6+200.485~K6+833.390,区间右线长度 632.905 m。区间左线设计里程为 K6+200.485~K6+833.737,区间左线长度 633.252 m。区间在车公庄站西端设置人防段及迂回风道,人防段中心里程为 K6+653.820,人防段长 11 m;迂回风道中线里程为右 K6+806.038、右 K6+818.040。

2)工程重点及难点分析

本区间重难点为区间隧道近距离下穿、侧穿人行天桥桥桩。区间隧道下穿人行天桥桥桩段,加密格栅间距至 0.5 m,同时加设临时仰拱,隧道拱部采用双排小导管进行超前加固,及时对初支背后进行充填注浆,控制地层变形。侧穿桥桩段在洞内打设径向注浆管,加固人行天桥桥桩周边土体,同时加密格栅间距至 0.5 m,及时对初支背后进行充填注浆,控制地层变形,确保天桥的沉降量在规定的范围内。

3)设计方案

本区间长度较短且地下水水位较低,采用矿山法施工,区间断面较为标准统一,超前支护采用小导管注浆,初支厚度为 250 mm,二衬结构厚度为 300 mm,采用 C40、P10 抗渗混凝土,以及暗挖全包防水。如图 4－24－69 和 4－24－70 所示。

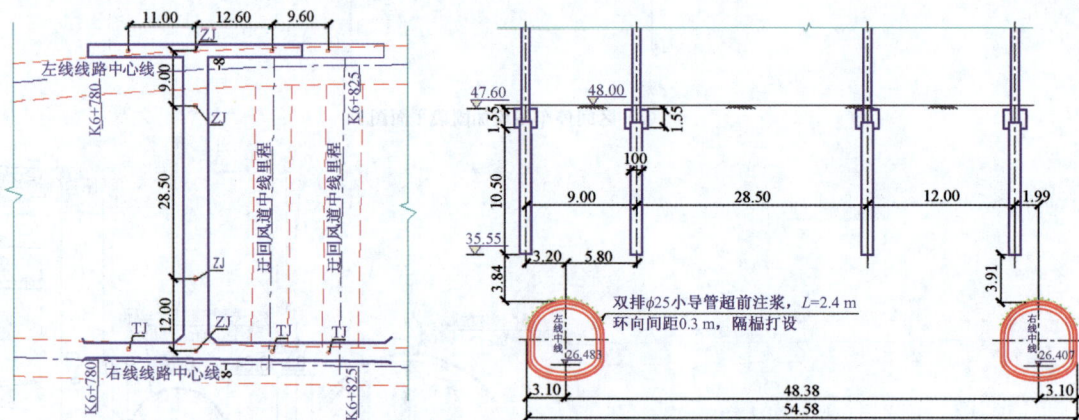

图 4－24－69　车公庄西站～车公庄站区间下穿人行天桥关系图(单位:m)

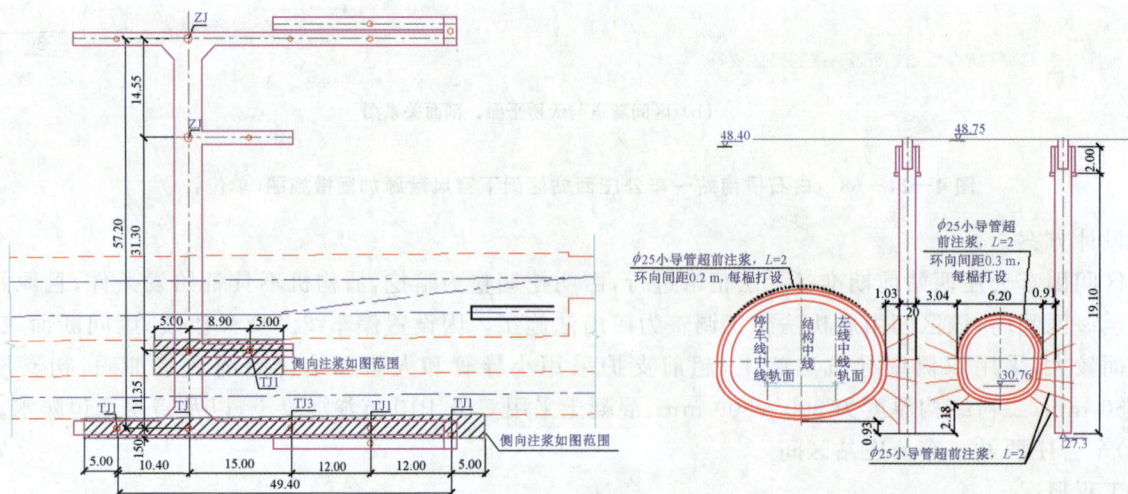

图 4－24－70　车公庄西站～车公庄站区间大断面下穿人行天桥关系图(单位:m)

4)设计经验及缺陷总结

①区间暗挖隧道及盾构区间设置应尽量避开卵石层与不透水层的交界,此处降水困难,暗挖难以施作,

同时卵石层对盾构刀盘磨损严重,建议加强地质选线,重视地质对施工的影响。

②施工中围护桩钢筋间距偏小且为临时构件,围护桩可采用三级、四级钢筋,减小钢筋用量。

③建议施工单位提前介入,对设计方案提出合理的建议,优化设计方案,避免设计工作的重复。

④顶板防水材料的选择宜考虑工程施作的时间,根据施工单位反馈意见,目前采用的聚氨酯涂料,天气炎热和寒冷情况下施作困难。

横通道开多个马头门处及大断面施作建议根据北京地层进行优化,施作标准化设计。

(7)车公庄站～平安里站区间

本段区间线路由车公庄站向东,下穿地铁 2 号线车公庄站和人防工程后,左右线沿平安里西大街南北侧非机动车道敷设,过育幼胡同路口后,右线线路逐渐偏向道路北侧,到达设于平安里西大街北侧地块内的平安里站。线路纵剖面为"人"字坡,区间隧道覆土 17.9～21.5 m,为单洞单线隧道。区间隧道主要穿越卵石层,局部穿越粉质黏土、粉细砂层。地下水主要为潜水(位于隧道顶附近)和层间潜水(位于隧道底附近)。此区间段下穿重要人防工程及既有线,主要考虑人防等级的匹配问题,推荐区间隧道采用盾构法施工。如图 4－24－71 所示。

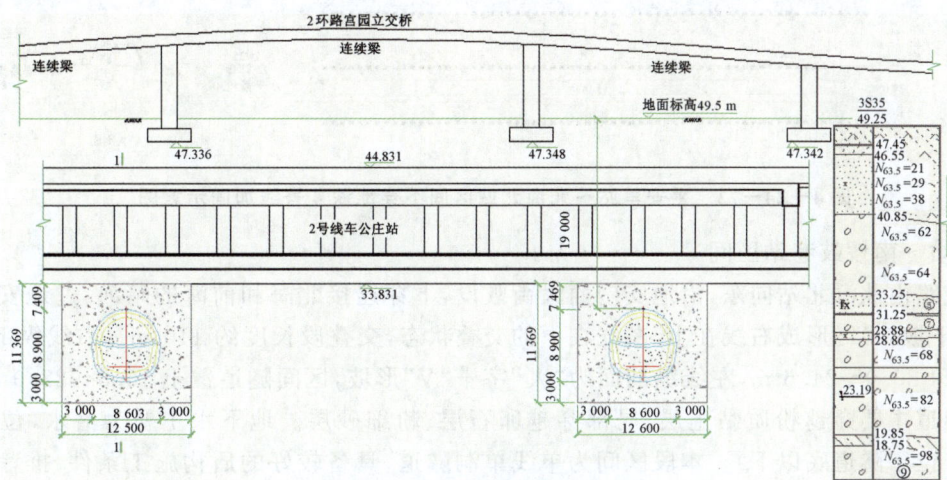

(a)区间隧道下穿2号线车站剖面关系

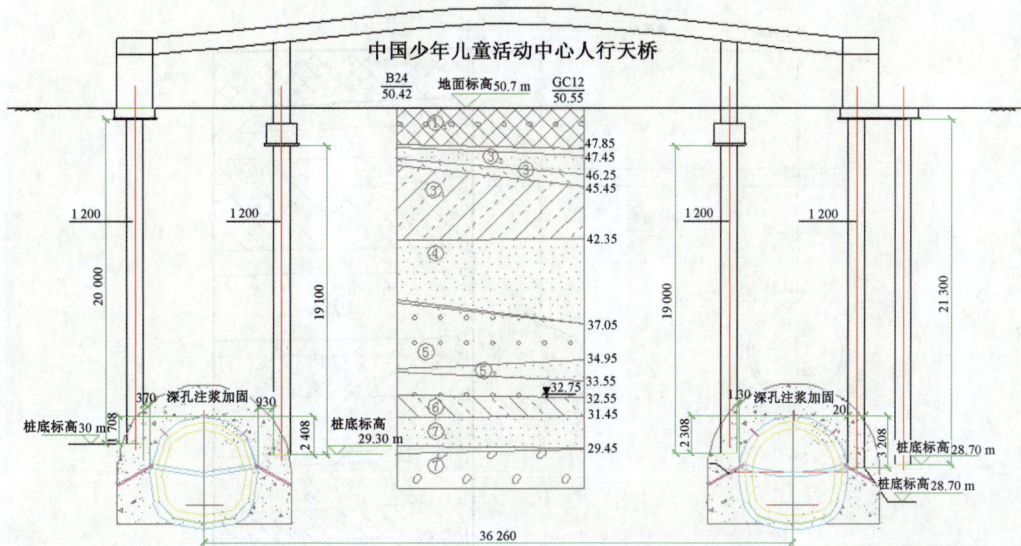

(b)区间隧道下穿过街天桥桥桩保护图

图 4－24－71 车公庄站～平安里站区间主要风险源示意图

(8)平安里站～北海北站区间

本段区间线路由平安里站向东,在新街口南大街处下穿地铁四号线平安里站南端盾构区间后,左右线沿地安门西大街敷设,到达北海北站。线路纵剖面为"人"字坡,区间隧道覆土 15.3～20.4 m,为单洞单线隧道。区间隧道主要穿越粉质黏土层,局部穿越卵石层、粉细砂层。地下水主要为潜水(位于隧道顶附近)和层间潜水(位于隧道底以下)。本段区间为单线单洞隧道,具备较好的盾构施工条件,推荐采用矿山法施工。如图 4—24—72 所示。

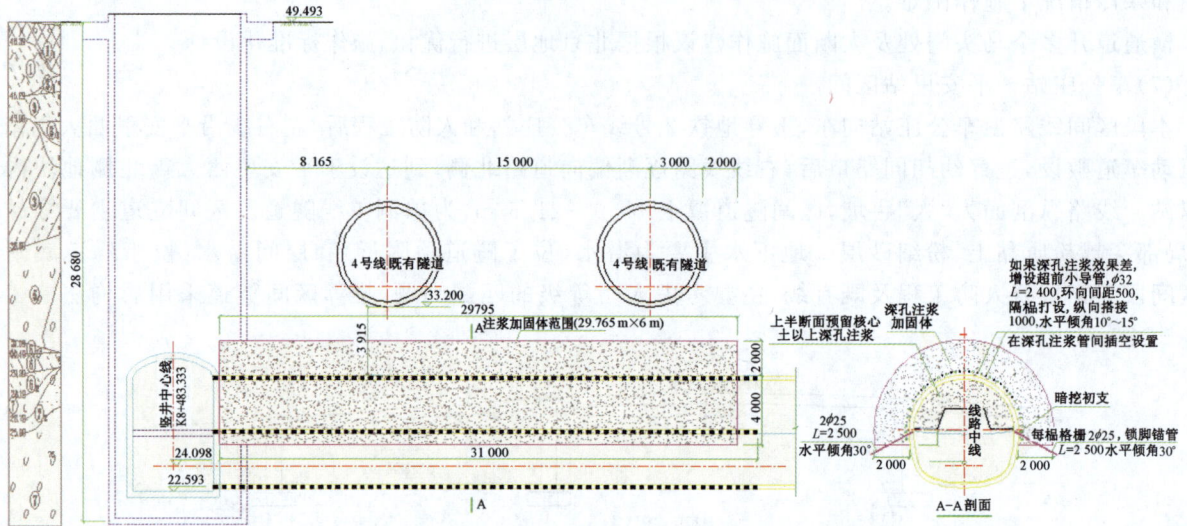

图 4—24—72　平安里站～北海北站区间下穿地铁 4 号线加固示意图

(9)北海北站～南锣鼓巷站区间

本段区间线路由北海北站向东,沿地安门西大街敷设,下穿连接北海和前海的暗河,过地安门后左线向右线靠拢,同时下坡,最终形成右线在上、左线在下的交叠状态,交叠段长度约 110 m。右线纵剖面为"V"形坡,区间隧道埋深 20.0～24.6 m,左线纵剖面为"人"字＋"V"形坡,区间隧道覆土 15.5～22.0 m,为单洞单线隧道。区间隧道主要穿越粉质黏土层,局部穿越卵石层、粉细砂层。地下水主要为潜水(位于隧道顶附近)和层间潜水(位于隧道底以下)。本段区间为单线单洞隧道,具备较好的盾构施工条件,推荐采用矿山法施工。如图 4—24—73 所示。

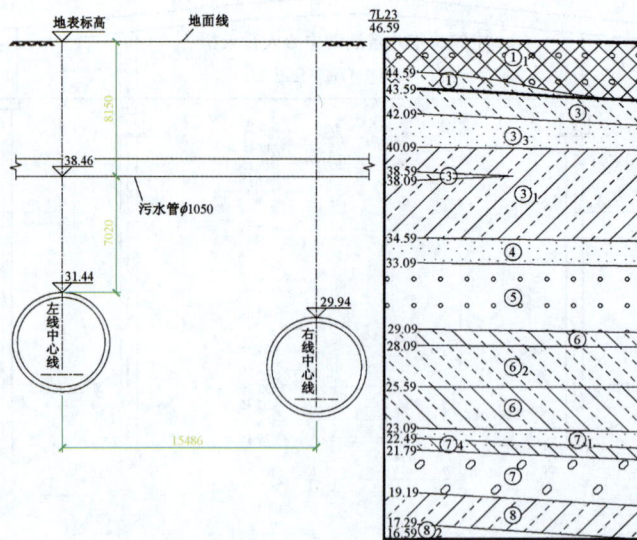

图 4—24—73　北海北站～南锣鼓巷站区间下穿市政管线关系图(标高单位为 m,其余为 mm)

(10)南锣鼓巷站～东四站区间

本段区间线路左右线呈上下交叠状态出南锣鼓巷站后接半径 300 m 曲线折向南,沿北河沿大街敷设,左右线逐渐分离,左线抬坡、右线下坡,直至两线分开并完全并行布置。右线纵剖面为向东四站方向的下坡,区间隧道覆土 12.5～27.2 m,左线纵剖面为"V"形＋"人"字坡,区间隧道覆土 20.0～27.2 m,为单洞单线隧道。区间隧道主要穿越卵石层,局部穿越粉质黏土、粉细砂层。地下水主要为潜水(位于隧道顶上方)和层间潜水(位于隧道处)。本段区间为单线单洞隧道,具备较好的盾构施工条件,推荐采用盾构法施工。

(11)东四站~朝阳门站区间停车线段

1)工程概况

东四站~朝阳门站区间西起东四北大街与朝内大街相交路口西侧的 6 号线东四站,出站后线路沿朝内大街下方向东延伸,到达朝阳门立交西侧的 6 号线朝阳门站。本区间在靠近朝阳门站一端设置停放故障车的单停车线,区间采用矿山法施工。

本区间停车线段具体里程范围为:右线 K13+881.350~K14+300.814,左线 K14+032.749~ K14+300.814。停车线段区间范围内线路平面设置一处曲线,半径为 1 500 m;线路纵断为单向坡,由朝阳门站向西以 2‰下坡。

2)工程重点及难点分析

暗挖停车线段隧道往往都是各条地铁线路区间设计的难点及重点区段,停车线段隧道断面类型多,需要在断面之间进行断面渐变及工法转换,施工难度大。本停车线段隧道共有 10 种类型断面,涉及的开挖方法有台阶法、CD 法、CRD 法、双侧壁导坑法 4 种,需要在各开挖方法之间过渡转换,断面转换设计复杂。

停车线段区间隧道位于朝阳门内大街下,区间沿线两侧多为中高层居民住宅楼和商业楼,隧道与楼房平面最小净距 9.6 m。沿线道路下市政管线众多,区间隧道施工主要影响的市政管线有:顺行道路的路中 D1750 污水管、2.0 m×2.0 m 电力沟,路南 3.4 m×1.6 m 热力方沟、D2400 雨水管、D600 上水管,路北 D2600 雨水管、D800 上水管、D800 污水管,其中 D1750 污水管、3.4 m×1.6 m 热力方沟为停车线隧道平行下穿,其余为平行旁穿,隧道顶距管线底 12.4~17.3 m。

3)设计方案

停车线隧道设计范围:右线 K13+881.350~K14+300.814,长 419.464 m,左线 K14+032.749~ K14+300.814,长 268.065m。停车线段隧道覆土 17.7~19.7 m。隧道穿越的土层主要为粉质黏土⑥层、卵石—圆砾⑦层、粉细砂⑦$_1$层、中粗砂⑦$_2$层,局部为黏土⑥$_1$层及粉土⑥$_2$层;修正后围岩分级均属Ⅵ级。隧道进入现况水位以下,施工前从地面进行井点降水。

停车线段隧道设置两处临时施工竖井,由施工竖井完成停车线隧道的施工。原设计 2 号施工竖井因场地协调困难,经研究讨论,调整为利用朝阳门站 1 号风井作为区间施工竖井,由风井向区间隧道增设施工横通道。如图 4-24-74 所示。

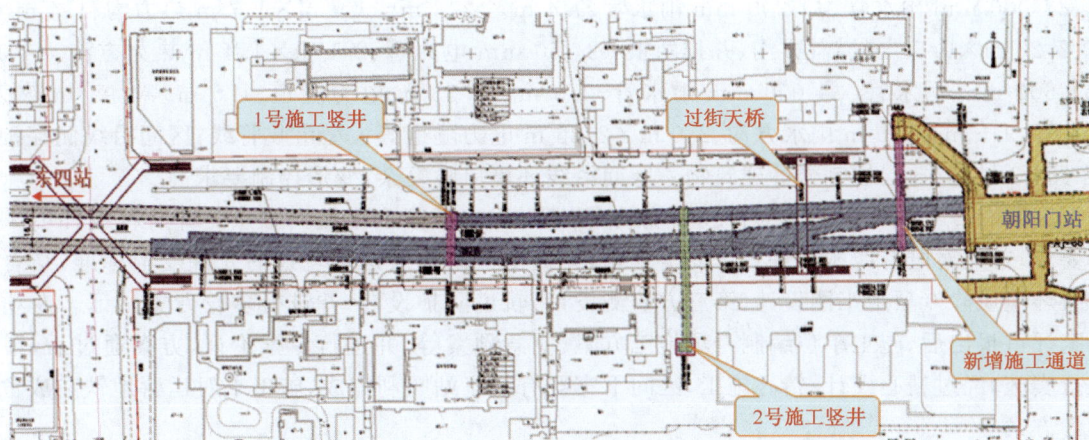

图 4-24-74　东四站~朝阳门站区间停车线段平面图

右线标准停车线隧道开挖跨度为 11.5 m,开挖高度为 9.425 m,渡线处最大断面开挖跨度为 19.5 m,开挖高度为 11.386 m。左线分岔段开挖跨度 7.6~19.1 m,开挖高度 7.276~10.853 m。停车线段范围有 10 种类型断面,涉及的开挖方法有台阶法、CD 法、CRD 法、双侧壁导坑法 4 种。如图 4-24-75 和图 4-24-76 所示。

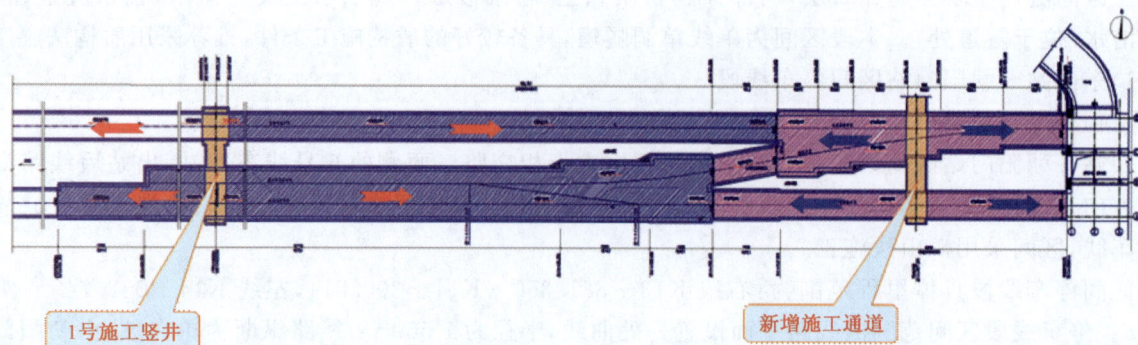

1号施工竖井　　　　　　　　　　**新增施工通道**

图 4—24—75　东四站～朝阳门站区间停车线段施工平面图

（12）朝阳门站～东大桥站区间

1）工程概况

朝阳门站～东大桥站区间线路西起朝阳门内大街与东二环路相交路口西侧的 6 号线朝阳门站,线路出站后下穿东二环路,然后沿朝外大街路中向东敷设,止于朝外大街与工人体育场东路、朝阳北路交叉路口东北侧的东大桥站。

区间起止里程:K14＋488.714～K15＋969.677,右线长度为 1 480.963 m,左线长度为 1 480.4 m(短链0.563 m)。区间隧道覆土 15.4～22.2 m。根据场地条件情况,区间设置 3 处施工竖井及横通道,结合 2 号、3 号施工横通道设置联络通道。靠近东大桥站端设置东大桥站迂回风道及区间人防段。区间线路平面设置2 处曲线,第 1 处曲线半径 1 000 m;第 2 处曲线半径均为 800 m,线路纵剖面为"人"字坡,低点在两端车站内。

朝外大街为规划红线宽 60 m、双向 6 车道的城市主干道,交通十分繁忙。目前沿线规划道路红线已基本实现,朝外大街道路两侧多为中高层商业大厦。

2）工程重点及难点分析

区间沿线需下穿既有地铁 2 号线朝阳门站、朝阳门立交挡墙、13.5 m×9.2 m 盖板河、3 处过街通道、1处过街天桥及 1.5 m×1.8 m 电力方沟、1.5 m×1.8 m 电力方沟、1.6 m×1.8 m 上水方沟、1.6 m×1.8 m燃气方沟、ϕ1 500 mm 污水管、ϕ1 400 mm 上水管、1.6 m×1.8 m 上水方沟、ϕ1 800 mm 污水管、2.5 m×1.8 m 热力方沟、1.5 m×1.8 m 电力方沟、ϕ1 600 mm 雨污合流管、ϕ1 500 mm 雨污合流管、2.6 m×1.8 m热力隧道、ϕ1 000 mm 雨水管、ϕ1 200 mm 雨水管、9.4 m×2.8 m～3.7 m×1.7 m 热力沟、1.4 m×1.9 m热力隧道、2.26 m×0.55 m 燃气方沟、并排两根 ϕ2 150 mm 电力管、2.1 m×1.4 m 热力方沟、ϕ1 000 mm雨水管、ϕ1 600 mm 污水管、ϕ1 000 mm 雨水管、2.0 m×2.35 m 电力隧道、1.6 m×0.95 m 热力方沟、ϕ1 550污水管、9.5 m×3.0 m 雨水方沟、2.0 m×2.35 m 电力隧道等大型市政管线;区间沿线侧穿神路街牌楼、工体东路 13 号的 15 层住宅楼等建筑物。区间沿线环境风险复杂,变形控制要求高。

区间下穿既有 2 号线朝阳门站为特级环境风险工程,为本区间工程最大难点。针对特级环境风险工程管理程序要求,首先对既有线车站进行了安全评估,并提出了结构及运营轨道的允许变形标准,结合评估结论开展特级环境风险专项施工图设计、第三方监测设计、轨道防护设计,并进行多轮专家论证。专项设计方案通过专家评审报出后,施工单位编制专项施工方案、应急预案等,并进行专家论证,方案通过后,最后严格按要求进行实施,经过精心设计、精心施工,区间下穿既有线车站顺利完成,施工未对运营地铁造成危害。

3）设计方案

①设计方案调整情况

本区间原设计采用盾构法施工,盾构机从东大桥站始发,但因东大桥站所处的公交站场改移难以实施,车站工法由明挖法变更为暗挖洞桩法。工法调整后,东大桥站不具备盾构机始发条件,本区间工法由盾构法变更为矿山法。

②普通段区间设计方案

除下穿既有线区段及区间人防段范围外,本区间均为单线马蹄形标准断面隧道,区间断面宽度为 6.2 m,

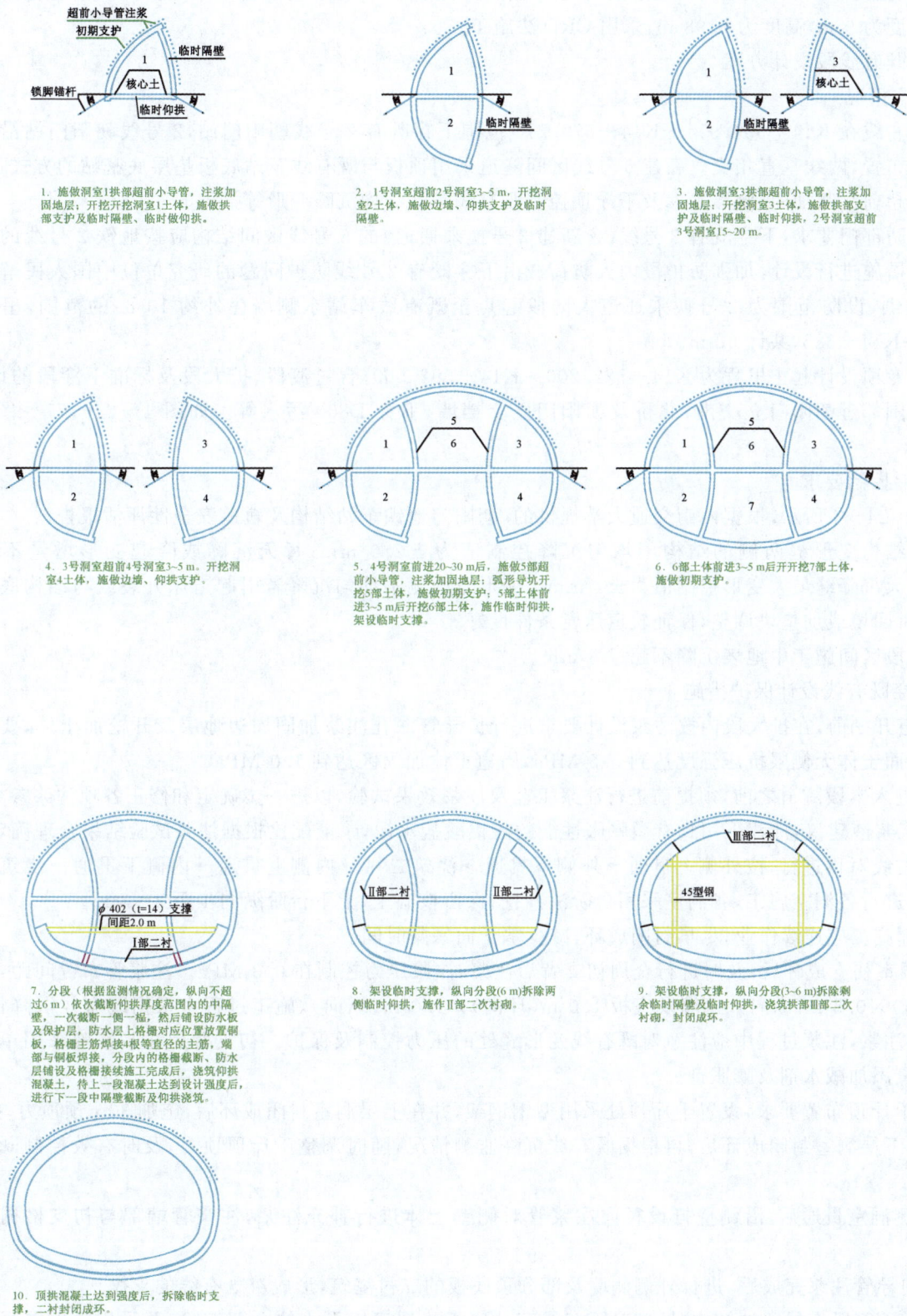

1. 施做洞室1拱部超前小导管，注浆加固地层；开挖开挖洞室1土体，施做拱部支护及临时隔壁、临时做仰拱。

2. 1号洞室超前2号洞室3~5 m，开挖洞室2土体，施做边墙、仰拱支护及临时隔壁。

3. 施做洞室3拱部超前小导管，注浆加固地层；开挖洞室3土体，施做拱部支护及临时隔壁、临时仰拱，2号洞室超前3号洞室15~20 m。

4. 3号洞室超前4号洞室3~5 m。开挖洞室4土体，施做边墙、仰拱支护。

5. 4号洞室前进20~30 m后，施做5部超前小导管，注浆加固地层；弧形导坑开挖5部土体，施做初期支护；5部土体前进3~5 m后开挖6部土体，施作临时仰拱，架设临时支撑。

6. 6部土体前进3~5 m后开挖7部土体，施做初期支护。

7. 分段（根据监测情况确定，纵向不超过6 m）依次截断仰拱厚度范围内的中隔壁，一次截断一侧一幅，然后铺设防水板及保护层，防水层上格栅对应位置放置钢板，格栅主筋焊接4根等直径的主筋，端部与钢板焊接，分段内的格栅截断、防水层铺设及格栅接续施工完成后，浇筑仰拱混凝土，待上一段混凝土达到设计强度后，进行下一段中隔壁截断及仰拱浇筑。
φ402 (t=14) 支撑
间距2.0 m
I部二衬

8. 架设临时支撑，纵向分段(6 m)拆除两侧临时仰拱，施作II部二次衬砌。
II部二衬　II部二衬

9. 架设临时支撑，纵向分段(3~6 m)拆除剩余临时隔壁及临时仰拱，浇筑拱部III部二次衬砌，封闭成环。
III部二衬
45型钢

10. 顶拱混凝土达到强度后，拆除临时支撑，二衬封闭成环。

图 4−24−76　东四站~朝阳门站区间停车线段隧道双侧壁导坑法施工步序图

高度为 6.5 m,覆土为 15.4～22.2 m,采用台阶法施工,超前支护措施为小导管注浆。部分变形控制要求高、地层含水量大影响施工的区段,上下断面之间增加了临时仰拱,并采用深孔注浆超前加固措施。区间人防段结构宽度为 9 m,高度为 8.98 m,采用 CRD 法施工。

③下穿既有线段设计方案

(A)基本情况

区间左右线在 K14＋551.914～K14＋579.214 范围下穿既有 2 号线朝阳门站,2 号线朝阳门站沿东二环下南北向布置,两线垂直相交。新建 6 号线区间隧道采用顶板与既有线车站底板垫层底密贴的方式下穿,采取了长管超前注浆加固、侧墙先撑及千斤顶控制既有线车站结构沉降变形等措施。

根据人防部门要求,下穿既有 2 号线(含新建 2 号换乘通道)的 6 号线区间结构应按地铁 2 号线的设防标准和设防措施进行设计,加强防护段内人防荷载由下穿既有 2 号线防护问题的研究单位中国人民解放军总参四院提供,设防范围为 2 号换乘通道人防段起点至既有线车站东侧墙往外约 10 m 的范围,里程为 K14＋523～K14＋585,共计 62 m。

下穿段专项设计起止里程为 K14＋522.200～K14＋592.500,含过渡段、扩大段及标准下穿段的设计,设计区段范围邻近朝阳门立交南、北桥及朝阳门立交挡墙,下穿 D800 污水等。如图 4－24－77～图 4－24－80 所示。

(B)变形控制要求

如表 4－24－4 所示,根据西南交通大学提供的《朝阳门地铁车站结构及轨道安全性评估报告》:

既有线结构变形缝两侧的结构不均匀沉降控制值为±2.0 mm;每天沉降或隆起变形增量不超过±1 mm,每天沉降缝最大变形控制值为±1 mm。变形缝两侧不均匀沉降若引起道床开裂或与结构底板分离时,应及时回填或加垫块调整,保证轨道运营条件良好。

控制该段区间施工中地表沉降不超过 5 mm。

(C)下穿既有线设计保护措施

(a)隧道开挖前,在扩大段内按注浆设计要求进行长导管深孔注浆加固周边地层及开挖面土体,要求加固后的开挖面土体无侧限抗压强度达到 0.5 MPa,周边土体加固区达到 1.0 MPa。

(b)在进入本段隧道之前,须提前进行注浆工艺及注浆效果试验,以进一步确定和修正各项注浆参数。

(c)注浆浆液建议:推荐采用具有微膨胀性能的硫铝酸盐水泥,浆液配比根据注浆试验结果合理确定。

(d)左右线对称进行,按外侧上贯通→外侧下贯通→浇筑二衬→内侧上贯通→内侧下贯通→浇筑二衬的总体步序进行各洞室施工,各洞室采用台阶法开挖,保留核心土,上下台阶纵向步距 2～3 m。

(e)各部施工应连续作业,尽早封闭成环,减少掌子面暴露时间。

(f)各洞室初支成环后,及时进行全周初支背后注浆,注浆压力控制在 0.3 MPa。注浆管布置间距:顶板 0.5 m(环向)×0.5 m(纵向)、侧墙及底板 1.0 m(环向)×1.0 m(纵向),施工过程中根据既有线沉降情况,进行多次补注浆,注浆过程中应注意对既有线变形缝处的压力控制及保护。初支背后注浆浆液采用单液水泥浆,并适量添加减水剂及膨胀剂。

(g)按千斤顶布置要求,设置千斤顶处采用型钢钢架,并在上层洞室封闭成环后,施加 30 t 预顶力,按 5 t 逐级加载。下层洞室封闭成环后,再根据既有线沉降监测情况,随时调整千斤顶顶力,及时有效控制既有线车站沉降。

(h)外侧洞室贯通后,沿侧壁打设径向注浆管对侧壁土体进行补充注浆,注浆管端部与初支格栅焊接牢固。

(i)径向导管注浆完成后,进行外侧侧墙及部分顶底板的二衬浇筑,形成对既有线的支撑。

(j)隧道下穿既有线车站结构时,应对既有线车站底板垫层底以下土体全部挖除,并采用喷射混凝土及初支背后注浆等措施填满空隙,使其与既有线车站底板垫层底密贴,保证二者刚性接触。

(k)千斤顶最大顶力不超过 80 t,行程不小于 100 mm,千斤顶应具备单独顶升和整体协同顶升的功能,施加顶力时按 5 t 分级逐级加载。

(l)外侧洞室贯通后,应结合监测数据及既有线结构的实际反应,进行一次分析评估,以完善隧道剩余部分施工的技术措施。如图 4－24－81～图 4－24－83 所示。

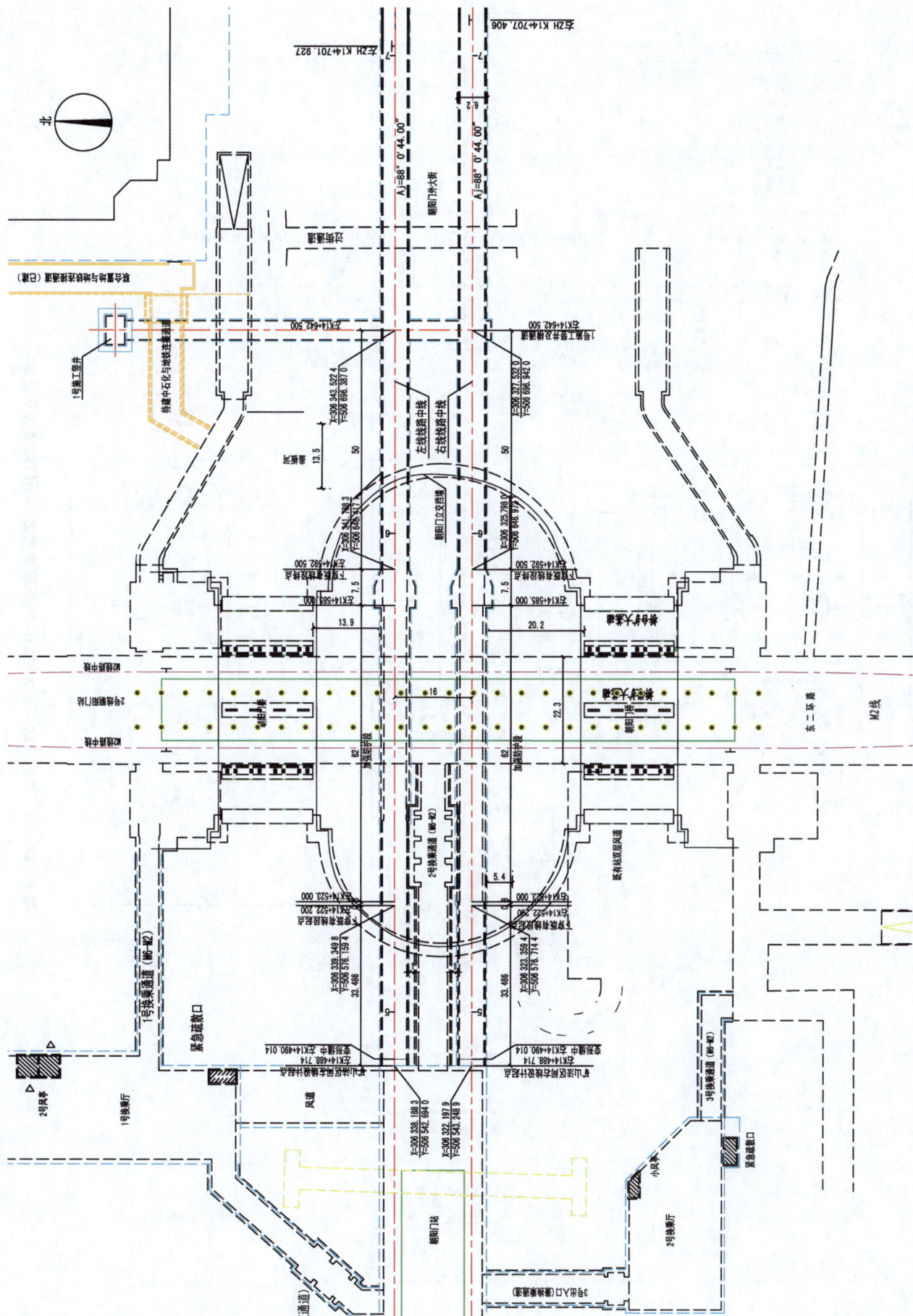

图 4-24-77 朝阳门站~东大桥站区间下穿 2 号线朝阳门站总平面图

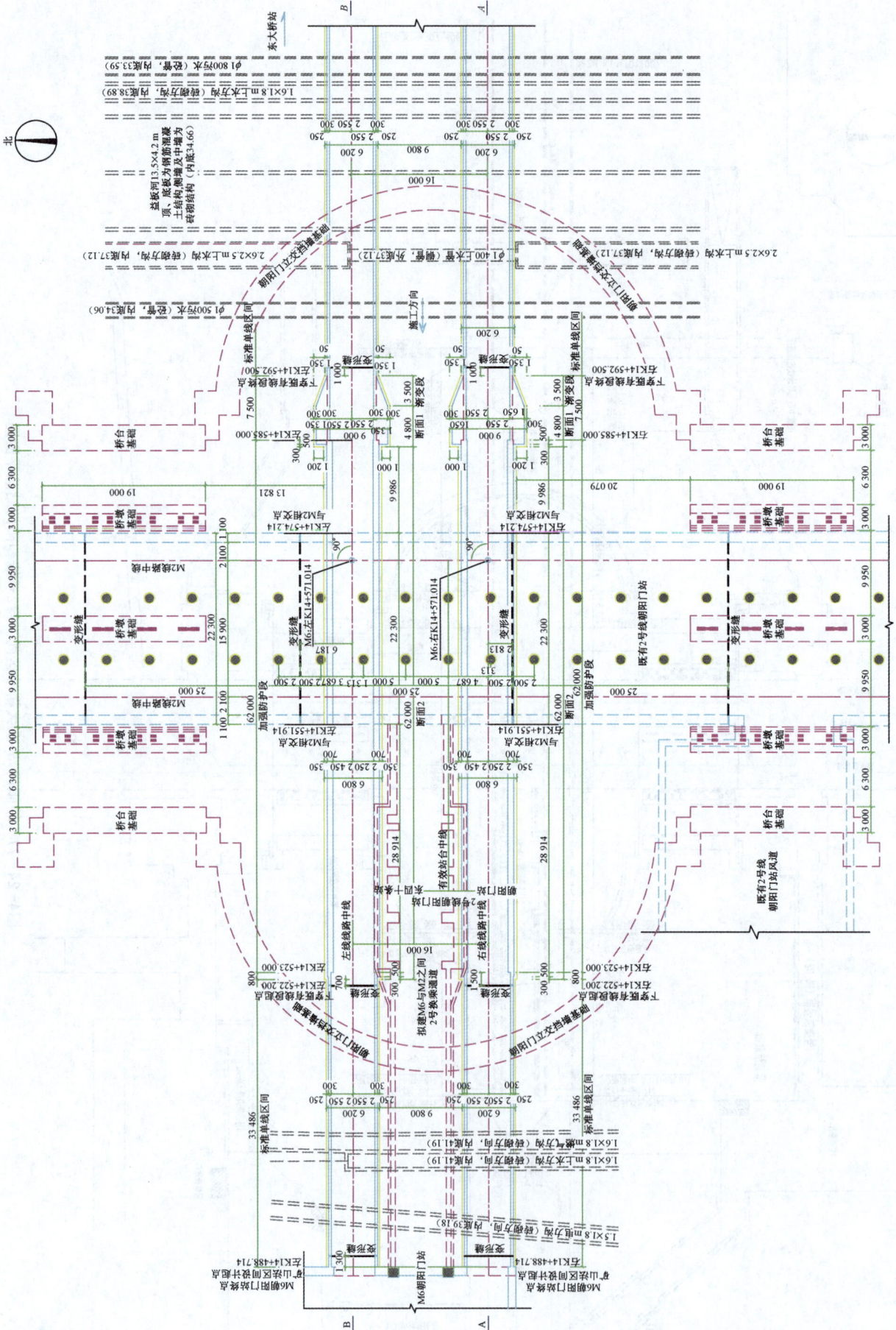

图 4—24—78　朝阳门站～东大桥站区间下穿 2 号线朝阳门站结构平面图

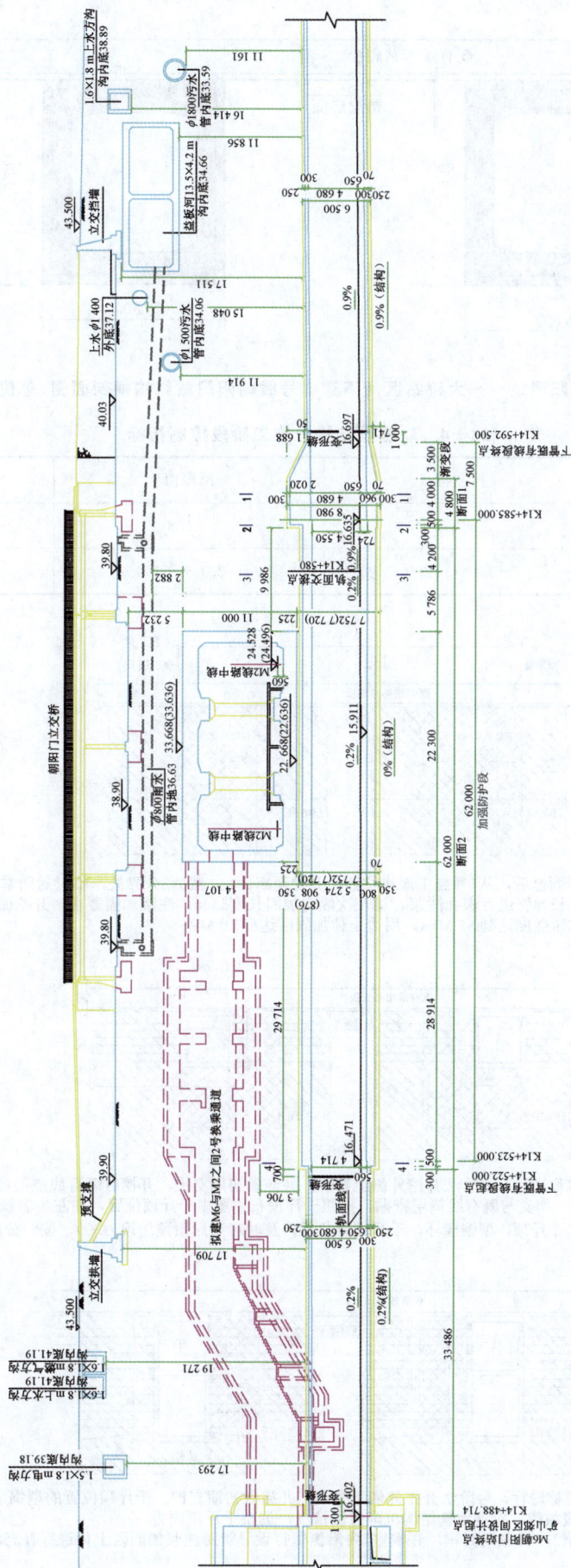

图 4—24—79 朝阳门站～东大桥站区间下穿 2 号线朝阳门站结构纵剖面图

241

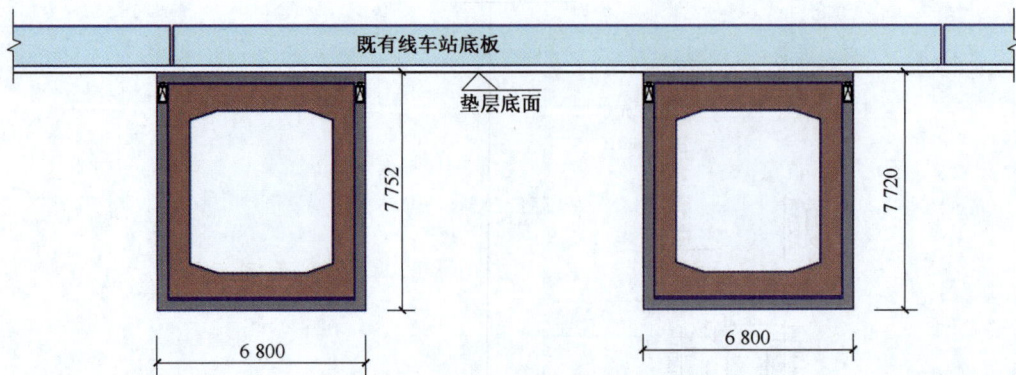

图 4—24—80　朝阳门站～东大桥站区间下穿 2 号线朝阳门站结构横剖面图（单位：mm）

表 4—24—4　轨道及结构分施工阶段控制指标　　　　　　　　　　　　　单位：mm

施工阶段	控制值	预警值	警告值
区间隧道施工阶段	−2.5	−1.8	−2
2 号线换乘通道开挖完	−3.0～+2.0	−2.1～+1.4	−2.4～+1.6

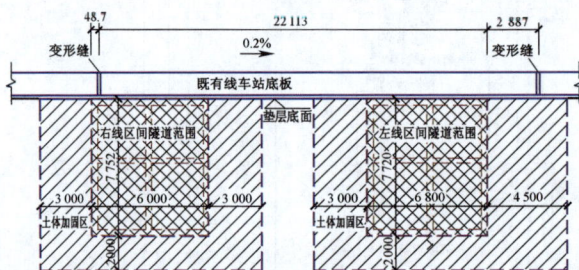

第一步：承压水降到位后，从1号施工通道往西，开挖至断面1，截面2分界处，临时封闭掌子面
　　　　向前打设长导管进行深孔注浆，第一次纵向加固长度35 m。注浆加固要求：开挖面土体
　　　　无侧限抗压强度达到0.5 MPa，周边土体加固区达到1.0 MPa。

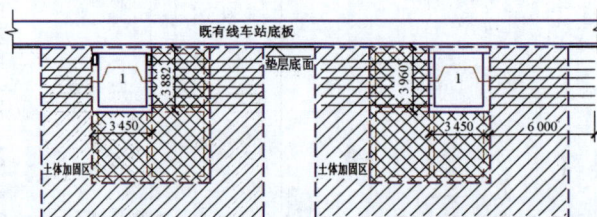

第二步：左右线对称进行，台阶法开挖外侧上导洞，并施做初期支护，开挖时既有线垫层底面下的
　　　　土体掏除，初支与既有线垫层密贴，按照千斤顶布置图中千斤顶位置，在左、右线型钢断
　　　　面内安装千斤顶，型钢成环，千斤顶就位后，及时对千斤顶预加顶力30 t，按5 t分级加载。

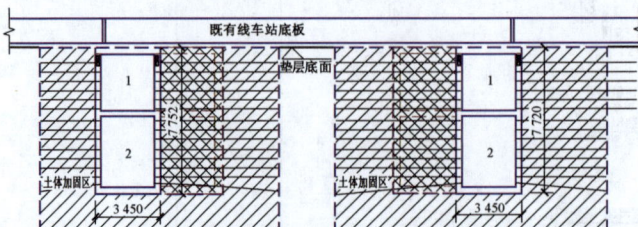

第三步：左右线对称进行，台阶法开挖外侧下导洞，并施做初期支护，千斤顶位置的型钢成环后，
　　　　按5 t分级加载，根据地铁结构沉降监测情况，调整千斤顶顶力。
　　　　贯通洞室2，并临时封端，在洞室2内沿侧壁打设导管对注浆加固区土体进行补充注浆。

图 4—24—81　朝阳门站～东大桥站区间下穿既有线车站施工步序图（单位：mm）

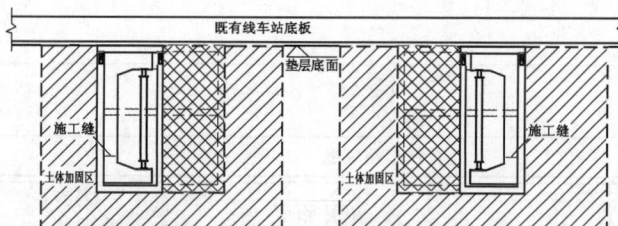

第四步：从西往东，后退着浇筑侧墙及部分顶，底板结构，环向分2次施工，纵向每段4～6 m，临时仰拱拆除与侧墙浇筑对应，一段5～7 m，拆一段浇筑一段，严禁超拆，二衬混凝土达到强度后，拆除模板，并架设临时钢支撑(φ400×5钢管@3 m)。

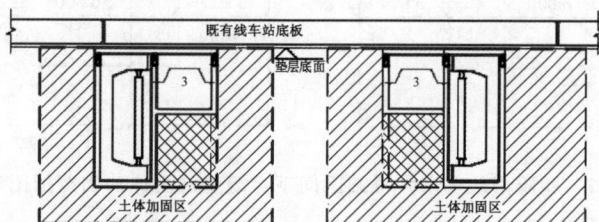

第五步：左右线对称进行，台阶法开挖内侧上导洞，并施做初期支护，开挖时既有线垫层，底面下的土体掏除，初支与既有线垫层底密贴，按照千斤顶布置图中千斤顶位置，在左、右线型钢断面内安装千斤顶，型钢成环，千斤顶就位后，及时对千斤顶预加顶力30 t，按5 t分级加载。
贯通洞室3，并临时封端。

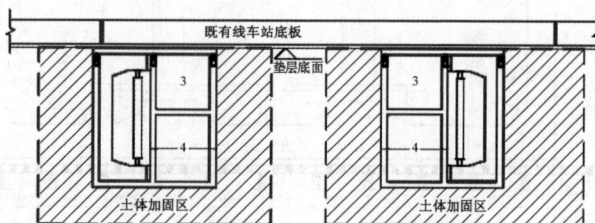

第六步：左右线对称进行，台阶法开挖内侧下导洞，并施做初期支护。千斤顶位置的型钢成环后，按5 t分级加载，根据地铁结构沉降监测情况，调整千斤顶顶力。
贯通洞室4，并临时封端。

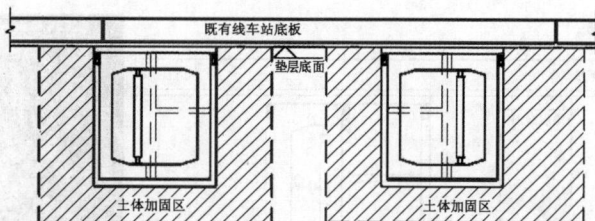

第七步：从西往东，浇筑剩余半部侧墙及顶。底板结构，环向分2次施工，纵向每段4～6 m，临时仰拱，隔壁拆除与二衬浇筑分段对应，一段5～7 m，拆一段浇筑一段，严禁超拆。拆除中隔壁及临时竖向支撑时，应边拆除，边向初衬背后进行补充充填注浆。

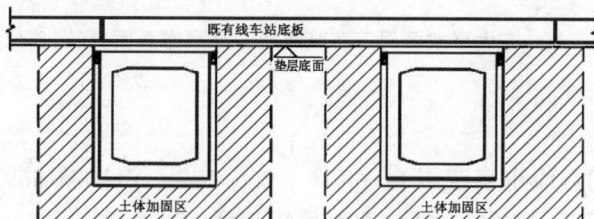

第八步：拆除临时支撑，下穿既有线段施工完成。

图 4－24－81　(续)

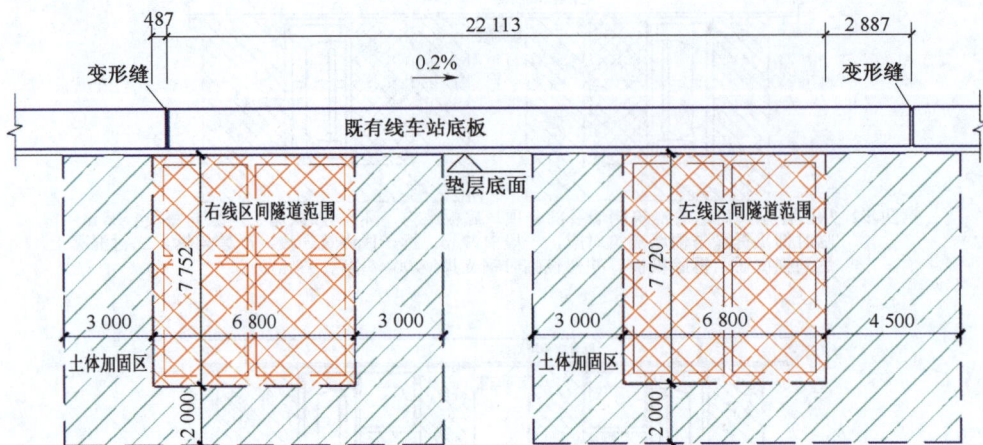

图 4—24—82　朝阳门站～东大桥站区间下穿既有线土体加固范围图(单位:mm)

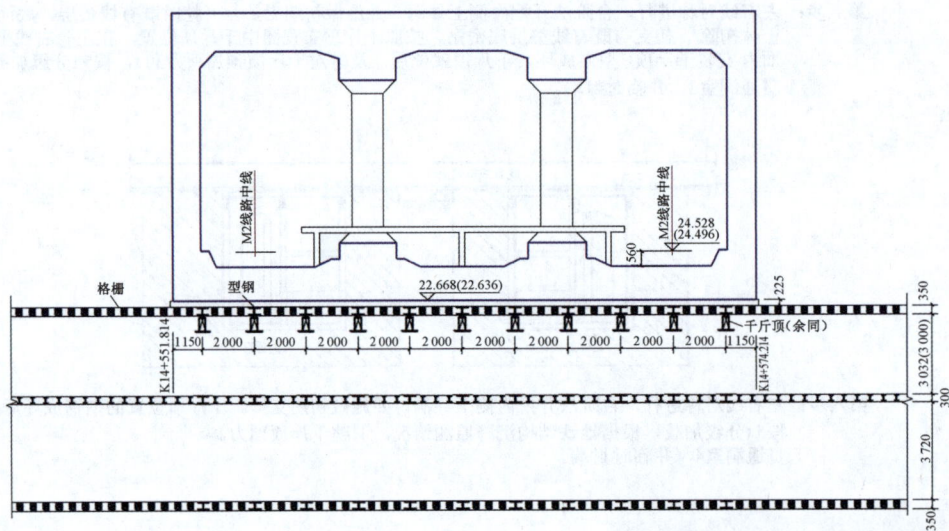

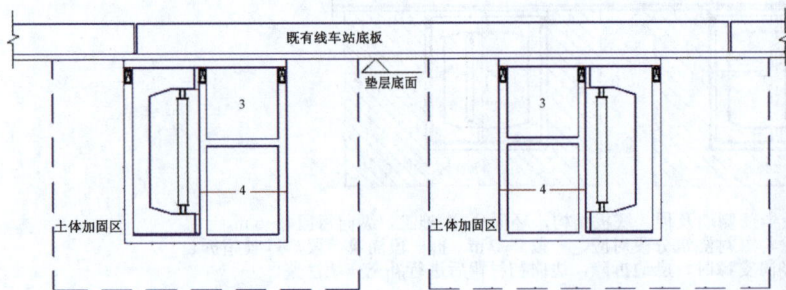

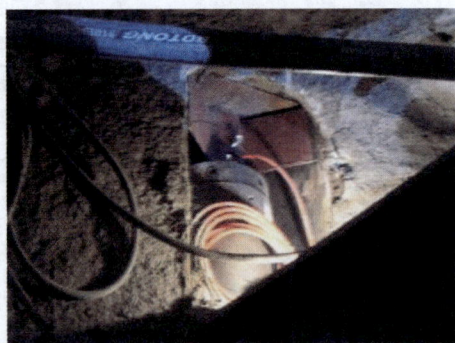

图 4—24—83　朝阳门站～东大桥站区间下穿既有线千斤顶布置图(标高单位为 m,其余为 mm)

(13)东大桥站～呼家楼站区间

1)工程概况

东大桥站～呼家楼站区间右线里程范围为 YK16+225.177～YK16+689.969,单线长度 459.792 m;左线里程范围为 ZK16+225.177～ZK16+686.242,单线长度 461.065 m。

本区间覆土 10.4～15.7m,采用矿山法施工,在里程 YK16+590.709 处设置一处施工竖井及横通道,由施工横通道向两侧施工区间正线。靠近呼家楼一端设置区间人防段。区间线路平面设置两处曲线,一处半径 1 000 m,一处半径 2 000 m,线路纵断为单向坡,低点在东大桥站。

2)工程重点及难点分析

本区间工程的重点及难点主要是沿线的环境风险工程。本段区间均位于朝阳北路路中敷设,道路两侧多为中高层居民住宅楼;区间旁穿农丰里小区路北 6 层住宅楼,隧道与住宅楼水平净距约 19.88 m。沿线市政管线纵多,多数分布在道路两侧,其中主要影响的市政管线包括道路北侧顺道路方向的 DN400 中压燃气、D400 污水、D500~D600 雨水等;道路南侧顺道路方向的 D400~D500 雨水等;横穿道路的管线有 D1250 污水、D800 污水、D1300 雨水等。管线与隧道初支外顶之间的垂直距离在 8~13 m 之间。

3)设计方案

除区间人防段范围外,本区间均为单线马蹄形标准断面隧道,区间断面宽度为 6.2 m,高度为 6.5 m,覆土 10.4~15.7 m,采用台阶法施工,超前支护措施为小导管注浆。区间人防段结构宽度为 9 m,高度为 8.98 m,采用 CRD 法施工。

(14)呼家楼站～金台路站区间

1)工程概况

呼家楼站～金台路站区间线路西起朝阳北路与东三环路相交路口的 6 号线呼家楼站,线路出站后沿朝阳北路路中向东敷设,止于朝阳北路与金台路相交路口的 6 号线金台路站,线路基本呈东西走向。区间起止里程为右 K17+090.465~右 K18+240.827,单线全长约 1.15 km。

本区间覆土约 10.5~13.4 m,采用矿山法施工,分别在里程右 K17+540.000 及右 K17+839.000 设置两处施工竖井及横通道,由施工竖井完成整个区间施工,结合 1 号施工竖井及横通道设置 1 号联络通道,结合 2 号施工竖井及横通道设置 2 号联络通道及排水泵站。靠近金台路站一端设置区间人防段。区间线路平面设置两处曲线,第一处曲线右线半径 2 000 m,左线半径 2 500 m;第二处曲线半径均为 2 000 m,线路纵断为“V”形坡,低点在区间中部里程 K17+840.000 处。

2)工程重点及难点分析

本区间工程的重点及难点主要是沿线的环境风险工程。本段区间均位于朝阳北路道路下敷设,区间前半段道路两侧多为中高层居民住宅楼,平面最小净距 13.7 m;区间后半段道路北侧为绿地,道路南侧为二道沟明渠,距二道沟河道边最小距离 19.5 m。沿线市政管线纵多,多数分布在道路两侧,其中主要影响的市政管线包括顺行道路的南北两侧 D400~D700 雨水管、道路北侧 D400 污水、D400 天然气管、2.21 m×1.1 m 热力沟、2.07 m×1.1 m 热力沟、道路南侧 D400 中水、D1000 上水管(位于隧道正上方);横穿道路的管线有 D700 雨水、D600 雨水、D800 雨水、2.21 m×1.1 m 热力沟、2.35 m×1.25 m 热力沟、3.2 m×2.0 m 雨水沟、1.4 m×1.4 m 雨水沟等。管线与隧道初支外顶之间的垂直距离在 7.5~11 m 之间。

3)设计方案

除区间人防段范围外,本区间均为单线马蹄形标准断面隧道,区间断面宽度为 6.2 m,高度为 6.5 m,覆土为 10.5~13.4 m,采用台阶法施工,超前支护措施为小导管注浆。区间人防段结构宽度为 9 m,高度为 8.98 m,采用 CRD 法施工。

(15)金台路站～十里堡站区间

本段区间线路位于朝阳区朝阳北路上,现状主要为规划红线 60 m 的道路及隔离带。目前规划道路红线已基本实现。道路两侧多为 6 层左右住宅楼,局部有 18 层以上高层住宅楼;区间自西向东分别穿越红领巾桥以及一人行天桥。区间隧道覆土约为 10.3~19.3 m,隧道洞身主要穿过的土层有粉质黏土④层、粉土④$_2$ 层、圆砾卵石⑤、中粗砂⑤$_1$ 层、粉质黏土⑥层、粉土⑥$_2$ 层。本段区间为单线单洞隧道,具备较好的盾构施工条件,推荐采用盾构法施工。

(16)十里堡站～青年路站区间

本段区间线路主要沿现状朝阳北路道路南侧地下敷设,西段区间起于十里堡站,止于朝阳北路与青年路相交路口的青年路站。朝阳北路是规划红线 60 m 宽的城市主干道,目前规划道路红线已基本实现。道路红线两侧多为 6 层左右住宅楼,局部有 14 层以上高层住宅楼;区间自西向东分别穿越一人行天桥、京包铁路以及京包铁路箱涵。区间隧道覆土约为 11.9~20.3 m,隧道洞身主要穿越为粉质黏土④层、中粗砂④$_4$ 层、圆砾卵石⑤层、中粗砂⑤$_1$ 层、黏土⑥$_1$ 层。本段区间为单线单洞隧道,具备较好的盾构施工条件,推荐采用盾构法施工。如图 4-24-84 所示。

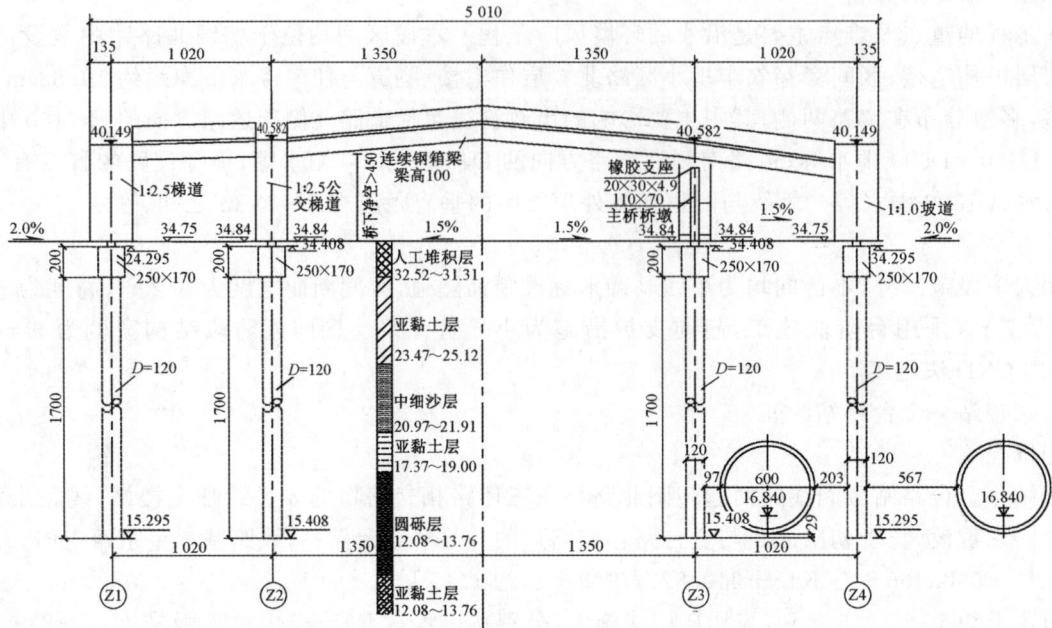

图 4—24—84　十里堡站～青年路站区间下穿人行天桥关系图(标高单位为 m,其余为 mm)

(17)青年路站～褡裢坡站区间

本段区间线路主要沿现状朝阳北路地下敷设,西起于青年路,止于褡裢坡东路,全长约 3.4 km。朝阳北路是规划红线 60 m 宽、中央隔离带宽 17 m 的城市主干道,目前规划道路红线已基本实现。现状道路两侧主要为绿地、住宅和部分商业,沿线大部分用地已建或将建成,两侧用地以居住用地为主,兼有部分文化、商业和绿地。区间隧道于东五环附近的白家楼桥侧面穿越,并穿越东五环立交桥侧。区间隧道覆土约为 12.88～16.86 m,区间隧道主要穿越为粉质黏土④层、细砂④₃层、圆砾卵石⑤层、中粗砂⑤₁层、粉细砂⑤₂层。本段区间为单线单洞隧道,具备较好的盾构施工条件,推荐采用盾构法施工。

(18)褡裢坡站～黄渠站区间

本段区间线路主要沿现状朝阳北路地下敷设,西起定福庄路,止于三间房东路。朝阳北路现状红线宽 60 m,中央隔离带宽 17 m,是城市主干道。现状道路两侧主要为绿地、住宅和部分商业,沿线大部分用地已建或将建成,两侧用地以居住用地为主,兼有部分文化、商业和绿地。区间隧道覆土约为 8.43～11.55 m,区间隧道主要穿越为粉质黏土③₁层、粉质黏土④层、粉土④₂层、细砂④₃层。本段区间为单线单洞隧道,具备较好的盾构施工条件,推荐采用盾构法施工。

(19)黄渠站～常营站区间

本段区间沿现况朝阳北路南侧道路下敷设,线路呈东西走向,西段区间起于朝阳北路与双桥东路相交路口的常营站,出站后沿朝阳北路路南向东敷设,止于朝阳北路与草房西路相交路口的草房站。朝阳北路是规划红线 60 m 宽的城市主干道,目前规划道路红线已基本实现。道路两侧多为绿地,局部有小平房。隧道结构覆土约 12.3～19.35 m,区间隧道主要穿越为粉质黏土④层、粉土④₂层、中粗砂⑤₁层、粉细砂⑤₂层、粉质黏土⑥层。本段区间为单线单洞隧道,具备较好的盾构施工条件,推荐采用盾构法施工。

(20)常营站～草房站(含终点)

该区间沿现况朝阳北路南侧敷设,线路呈东西走向。朝阳北路是规划红线 60 m 宽、双向 6 车道的城市主干道,局部交叉路口处为双向 8 车道,目前规划道路红线已基本实现。道路红线两侧多为绿地,局部有小平房。区间隧道覆土约为 9.4～14.4 m,隧道洞身主要穿越为粉质黏土④层、中粗砂④₃层、中粗砂⑤₂层。此段施工组织复杂,限制因素多,故常营站～草房站区间推荐采用矿山法施工。

草房站～终点区间由于存在出入线,区间四线并行,开挖宽度较宽,采用明挖法施工。在区间隧道垂直下穿 φ700 mm 超高压燃气和 φ500 mm 中压燃气段,由于燃气管沉降要求较高,穿越燃气管段采用矿山法施工。如图 4—24—85 所示。

（a）深孔注浆纵断面图1:100

（b）止浆墙断面图1:100

（c）深孔注浆横断面图1:100

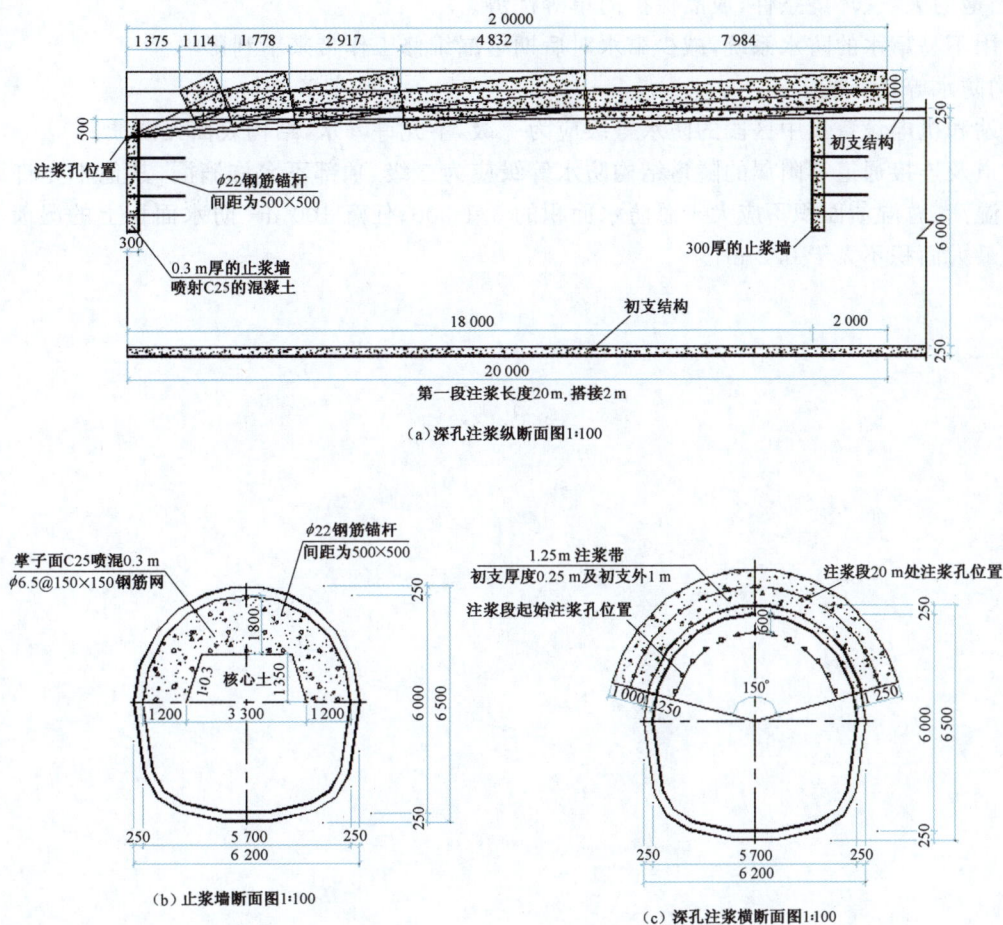

图4－24－85　常营站～草房站区间下穿燃气管线加固措施图（单位：mm）

24.6　车站抗浮设计

车站结构设计应地质勘察报告提供的抗浮设防水位进行抗浮验算。在不考虑地层侧摩阻力时，其抗浮安全系数不得小于1.05，当考虑地层侧摩阻力时，其抗浮安全系数不得小于1.15。当结构抗浮不能满足要求时，应采取相应的工程措施，如压重、顶部压梁或底部抗拔桩等，但不宜采用消浮措施。

6号线一期东四环外的部分明挖车站采取了抗浮安全措施，即利用基坑支护桩作为抗浮桩，桩顶设置压顶梁，其他车站均没采取抗浮安全措施，仅利用结构自重及顶板覆土重即可满足抗浮安全要求。

24.7　结构防水设计

（1）防水设计原则

地下结构的防水设计应遵循"以防为主、刚柔结合、多道防线、因地制宜、综合治理"的原则。

确立钢筋混凝土结构自防水体系，即以结构自防水为根本，采取措施控制结构混凝土裂缝的开展，增加混凝土的密实性、抗渗性、抗裂性、防腐性和耐久性等性能。

地下结构防水设计中以变形缝、施工缝（包括后浇带）等接缝防水为重点，同时在结构迎水面设置柔性全包防水层。

防水设计应根据不同的结构形式、水文地质条件、施工方法、施工环境、气候条件等，采取相适应的防水措施。

选用的柔性防水层材料种类不宜过多,并应具有环保性能,经济、实用,施工简便、对土建工法的适应性较好,适应当地的天气、环境条件,成品保护简单等优势。

优先选用不易窜水的防水系统,减少窜水对后期堵漏维修工作带来不利影响。

(2)结构防水等级标准

地下车站和机电设备集中区段的防水等级应为一级,不允许渗水,结构表面无湿渍。

区间隧道及连接通道等附属的隧道结构防水等级应为二级,顶部不允许滴漏,其他不允许漏水,结构表面可有少量湿渍,总湿渍面积不应大于总防水面积的 6/1 000;任意 100 m² 防水面积上的湿渍不超过 4 处,单个湿渍的最大面积不大于 0.2 m²。

第 25 章　人防工程

25.1　概　　述

25.1.1　工程概况

6 号线一期工程 20 座车站及与车站相连的地下区间,均为地下铁道建设兼顾人民防空需要、平战结合、综合利用工程。

按照设防要求,每一个地下车站加上与该车站相邻的一段隧道为一个独立的防护单元,防护单元之间以区间防护密闭隔断门隔开。在全线地下区间过河段,需设防淹门。各地铁线路与其他线路连通换乘遵循"分线防护"的原则,以使各地铁线路形成相对独立的防护体系。新建地铁与既有地铁连通处,按与原防护标准等强的原则综合考虑;本工程与其他线路通道连通时,在通道内设置防护密闭门和密闭门。各地下车站专设人防集中信号显示室一间,面积不小于 15 m²,宽度不小于 3.5 m。车站及区间全部防护设备的信号显示系统设置在人防集中信号显示室。

25.1.2　设计依据

1)北京市轨道交通建设管理有限公司《新线地铁车站人防系统的方案、初步设计委托函》(委规字 2007—39)。

2)《北京市 6 号线工程可行性研究报告》。

3)《北京市民防局关于北京地铁 6 号线一期人防工程设防标准的批复》。

4)线路平纵断面资料。

5)车站平剖面图(电子文件)。

6)总体单位提供的区间隔断门限界条件及各工点设计单位提供区间隧道断面条件。

7)北京地铁 6 号线一期工程人防设计方案专家论证会意见。

8)本人防工程设计主要遵照的有关行业标准、规范:

《人民防空工程战术技术要求》(2003 年);

《人民防空工程设计规范》(GB 50225—2005);

《轨道交通工程人防设计规范》(RFJ 02—2009);

《人民防空地下室设计规范》(GB 50038—2005);

《人民防空工程防护功能平战转换设计标准》(RFJ 1—98);

《防护工程防护设备和消波系统技术规范》(GJB 3137—1997);

《地铁设计规范》(GB 50157—2003)。

25.1.3　主要设计原则

地下车站及相连地下区间均为地下铁道建设兼顾人民防空需要、平战结合、综合利用工程,考虑人防的设防要求。北京地铁 6 号线一期人防工程,其地下车站平时以交通运营为主,战时为人防主要疏散干道、生活物资储备库、紧急人员掩蔽部或临时待蔽部。平时和战时使用功能有机结合,采取有效的平战转换措施,可实现战时使用功能的快速转换。

本工程的人防设施,战时防空,平时防灾。在满足人防使用要求的情况下,尽量压缩投资,使设计满足"安全适用,技术先进,经济合理,使用和维修方便"的要求。

25.2　设防标准

依据北京市民防局批复的地铁 6 号线一期设防标准,6 号线一期全线按 5 级人防设防。地铁 6 号线一期人防工程属甲类人防工程,地下车站及相连地下区间按人防分段隔绝式防护的要求进行设计,设防区的防化等级均为丁级。

每个地下车站加上与其相连的区间隧道为一个独立的防护单元。防护单元之间设置防护密闭隔断门(双向受力)。防护设备及内部设备各车站配套成独立系统,自成体系。

本工程地下车站,战时均按清洁式通风,隔绝式防护设计。每站按掩蔽 1500 人考虑,清洁式通风新风量为每人 5～10 m³/h。

25.3　人防设计

25.3.1　建筑设计

(1)车站人防设计

1)出入口防护

车站的平时人员出入口均兼作战时人员出入口,每个防护单元至少应设 1 个安全出入口,该出入口与邻近地面建筑的水平距离应大于 0.5 倍建筑物高度,否则应在该口设置防倒塌棚架。

战时人员出入口防护段一般设置于靠近车站主体结构,并在车站与出入口通道间沉降缝以外的位置。

2)战时通风

平时通风竖井兼作战时通风竖井。战时风道防护段一般设置于风道水平段并靠近通风竖井的位置。各站的清洁式通风不需另设清洁式通风道,只需在普通风道内安装门式清洁式通风系统,通过与暖通空调系统等的平战结合来实现战时通风要求。

3)管线密闭

引入工程内的电力、通信电缆,给排水管线,及其他穿过防护段通向外部的管孔,均做防护密闭处理。

给水干管在防护段门框墙内通过。门框墙内预埋钢套管,待给水管安装完成后,其空隙用石棉沥青(或树脂胶泥)填充密实。在隔断门两侧的给水干管上各设一道压力不小于 1.0 MPa 的闸阀,闸阀设置在便于操作处,做明显标志。过区间防护段的排水沟采用排水沟隔断阀板装置防护密封。

4)装修

车站人员出入口和换乘通道防护段装修平时应一次到位,战时能方便地启闭防护密闭门及密闭门。出入口钢结构无门槛防护密闭门及密闭门,下门槛处的装修盖板由装修单位负责施工。地面及顶棚装修在满足防护设备平时启闭检修要求的前提下,与非防护段装修应协调一致。防护段两侧墙平时用伪装门进行伪装,伪装门表面采用丝网印处理与通道墙面相协调。其余(通风道及区间隧道)的防护段不考虑装修。

(2)区间人防设计

在起点～五路居站、五路居站～慈寿寺站、慈寿寺站～花园桥站、花园桥站～白石桥南站、白石桥南站(～三里河北口站)～车公庄西站、车公庄西站～车公庄站、车公庄站～平安里站、平安里站～北海北站、北海北站～南锣鼓巷站、南锣鼓巷站～东四站、东四站～朝阳门站、朝阳门站～东大桥站、东大桥站～呼家楼站、呼家楼站～金台路站、金台路站～十里铺站、十里铺站～青年路站、青年路站～褡裢坡站、褡裢坡站～黄渠站、黄渠站～常营站、常营站～草房站区间隧道防护段内,按五级人防设防要求,各设区间防护密闭隔断门一道,满足双向受力和防护密闭隔断要求。

在五路居站～停车场、草房～车辆段区间设置防护段,按照牵出线隧道口设防。防护段中单线各设两道门,即防护密闭门和密闭门。防护密闭门满足单向受力和防护密闭要求,密闭门无抗力要求。草房站往东区间防护段在 6 号线二期工程中考虑。

（3）换乘通道人防设计

在车公庄站 6 号线与 2 号线通道直接连通处,按 2 号线车公庄站的人防等级设防,设置三道门。第一道为双扇拱形防护门,第二道和第三道分别为双扇防护密闭门和双扇密闭门。其他换乘按直通地面出入口设防,设防护密闭门和密闭门各一道。在平安里站 6 号线与同等级的 4 号线人防空间连通,在其连通位置设一道双向受力的防护密闭隔断门,满足双向受力和防护密闭要求。4 号线平安里站和 6 号线平安里站划分为各自的防护单元,平安里站与远期 16 号线换乘,换乘设防由远期 16 号线考虑。在南锣鼓巷站 6 号线与同等级 8 号线人防空间连通,在其连通位置设一道双向受力的防护密闭隔断门,满足双向受力和防护密闭要求。按照分线设防的原则,6 号线南锣鼓巷站与 8 号线车站按照线路不同划分为各自的防护单元。在朝阳门站 6 号线与 2 号线通道直接连通处,按 2 号线朝阳门站的人防等级设防,设置三道门。第一道为双扇拱形防护门,第二道和第三道分别为双扇防护密闭门和双扇密闭门。其他换乘通道按直通地面出入口设防,设防护密闭门和密闭门各一道。在呼家楼站,6 号线与 10 号线换乘。由于两站为"十"字交叉换乘,无法实现分线设防,因此在 6 号线呼家楼站与 10 号线呼家楼站按一个防护单元考虑。

（4）人防集中信号显示系统设计

每座地下车站站厅层设一间人防集中信号室,相应防护单元内防护设备的启、闭状态均在人防集中信号室内显示屏上显示。车站人防集中信号室按照车站其他机电控制室的装修标准装修。

25.3.2　结构设计

1）结构计算按国家现行的有关规范、规定、标准执行,防核武器按一次作用设计,防常规武器按非直接命中设计。在战时荷载作用下,只验算结构承载力,不验算结构变形、裂缝开展以及地基承载力与地基变形。在动荷载单独作用下或动荷载与静荷载同时作用下,材料强度按规范要求考虑材料强度综合调整系数。

2）在动荷载作用下,动力分析采用等效静载法。两个站及其相连的地下区间防核武器 5 级,地面空气冲击波超压按规范规定取值,防常规武器的等效静载计算根据《人民防空工程设计规范》中防常规 5 级、非直接命中条件的相关规定执行。

3）牵出线隧道口防护段抗力按 5 级（动载）考虑,防护密闭门、门框墙、临空墙按 5 级（动载）考虑,防护密闭门、门框墙、临空墙单向受力。密闭门无抗力要求。

4）6 号线与 2 号线直接连通的换乘通道防护段,按 2 号线抗力要求（2 号线设计时所用规范）考虑。地面冲击波超压按 2 号线人防抗力（2 号线设计时所用规范）取值,6 号线与 2 号线换乘通道按直通地面设防的防护段,地面冲击波超压按 5 级人防抗力取值,与同等级的线路人防空间连通处,地面冲击波超压按规范规定取值。

5）结构选材:混凝土的强度 C30,防水等级 S8,采用 HPB235 级、HRB335 级普通钢筋。

6）防护段内不设沉降缝和伸缩缝。

7）地震:根据《中国地震动参数区划图》（GB 18306—2001）（50 年超越概率 10%）,拟建线路位于抗震设防烈度 8 度区内,设计地震分组为第一组,场地类别为Ⅲ类,地震动峰值加速度值为 0.20 g,设计特征周期为 0.45 s。

25.3.3　通风设计

车站战时通风考虑清洁式通风、隔绝式防护两种通风方式。

清洁式通风的通风量按掩蔽 1 500 人,每人 10 m³/h 设计。门式清洁式通风系统为胶管活门防护门＋密闭阀门防护密闭门＋进（排）风机密闭门。

车站的一端结合通风空调平时进风道设战时清洁式进风道,另一端结合通风空调平时排风道设战时清洁式排风道。战时人防送风通过风道内的门式清洁式通风系统后,利用平时通风空调送风系统的风管和风口,专设"战时清洁式通风工况",其风管内的闸阀启闭由通风空调自动化系统（BAS）负责控制,应加设人防进风、排风机各 1 台,以保证有足够的风压,将新风送至人员掩蔽区（站厅层、站台层）。

除战时清洁式通风道外,其余通风道均为隔绝防护,均设防护密闭门和密闭门各一道。车站隔绝防护时间为 3 h。

25.3.4　给排水设计

1)车站给水管、排水管上防护阀门的设置及安装按下列要求设置:

①给水管、排水管穿越车站围护结构时,在围护结构内侧设置工作压力不小于1.0 MPa的闸阀;

②给水管、排水管从出入口、风道疏散通道和车辆段出入线进入车站内部时,在第一道门(防护密闭门或防护门)内侧设置工作压力不小于1.0 MPa的闸阀;

③给水管、排水管过区间隔断门、换乘通道时,在防护密闭隔墙两侧设置工作压力不小于1.0 MPa的闸阀;

④防护密闭阀门的阀芯应采用不锈钢或铜材质的闸阀;

⑤工程围护结构内侧距离阀门的近端面不宜大于200 mm,并应有明显标志。

2)地铁车站给水管、排水管管材按下列要求设置:

①穿越工程围护结构或防护密闭墙的给水管路采用热镀锌钢管、铜管或钢塑复合管;

②穿越工程围护结构或防护密闭墙的通气管采用热镀锌钢管;

③穿越工程围护结构或防护密闭墙的排水管采用钢管;

④结构底板中及以下敷设的管道采用机制排水铸铁管或镀锌钢管。

3)所有给排水管穿过工程围护结构或防护密闭墙时,均应从带密闭翼环的刚性防水套管内穿过。

4)穿越工程围护结构顶板、门框墙和临空墙的管道,其公称直径尽量不大于150 mm。

25.3.5　供电设计

为确保战时能准确无误地显示人防设备的启闭(运行)状态,人防集中信号显示系统采用双路供电,配电送至车站人防集中信号显示室内的动力配电箱上口(三相五线),容量为5 kW,负荷等级为一级。

设防的各地下车站的清洁式通风系统,其电动密闭阀门和进、排风机需三相五线双路供电,配电送至清洁式通风控制柜上口,容量10 kW,负荷等级为一级。

设防的各地下车站所有出入口、换乘通道、紧急出入口、清洁式通风道、隔绝式通风道、区间通风道以及地下区间和隧道口隔断门的人防防护段处,各设有检修电源箱一个,按三相五线配电送至电源箱上口,容量10 kW,负荷等级为三级。

25.3.6　防护设备

(1)车站防护设备

1)人员出入口防护设备

车站人员出入口防护段的防护密闭门和密闭门,采用钢结构无门槛人防门,人工启闭。钢结构无门槛式门是总参四院研制的适用于地铁人员出入口的继侧拉式、活门槛式、升降式门之后的第四代产品,其特点是操作简便,平战转换快且容易加工、安装。该类型人防门平时无突出地面的门槛,便于人员的通行。门扇启闭状态有相应的信号显示。平时门扇开启紧靠通道两边侧墙,防护段两侧面平时用伪装门进行伪装。

该类型人防门主要特点如下:

①通道地面平整无门槛,方便人员与设备通行。

②操作简便,平战转换时间较快,转换时间不大于3 min。

③加工方便,可降低工程造价。

2)通风道防护设备

考虑到本工程平时通风量大,抗力较高,同时防化级别较低的特点,本工程清洁式通风道采用三道人防门:第一道是胶管活门防护门,主要承受冲击波作用并予以消波;第二道是密闭阀门防护密闭门,主要起到再次消波及密闭的作用;第三道是风机密闭门,起到战时通风的作用。

进风系统在胶管活门后装油网滤尘器,密闭阀门手电动两用,风机为电动并有密闭盖板,二者只设原地控制并有相应的运行及启闭状态显示。

除战时清洁式通风道外,其余通风道均为隔绝防护,均设防护密闭门和密闭门各一道。

（2）区间隧道防护设备

按上接触网授电的方式，所有区间隧道防护密闭隔断门的限界在直线、缓坡（坡度 5‰以下）处为 3 600 mm（宽）×4 500 mm（高），在曲线段和大坡度段根据限界要求加宽。

每正线区间各设一道区间防护密闭隔断门，区间防护密闭隔断门按上接触网授电的方式进行设计。根据区间防护段不同的限界和轨道条件选用相应的防护设备。其抗力为 5 级，满足双向受力和隔断密闭要求。此种设备是为上刚性接触网授电地铁专门研制开发的新型产品，解决了上刚性接触网授电地铁区间人防设防的难点，在北京地铁建设中首次采用。具体结构如图 4－25－1 所示。

图 4－25－1　上刚性接触网授电地铁区间隔断现场

上刚性接触网授电地铁区间隔断门的创新点如下：

1）较好地解决了在不断开接触网的情况下，区间隔断门开关灵活，并保证接触网处具有充分的绝缘空间，确保运营安全。具体设计方案为：

通过将整个门扇分为两部分，即接触网以上部分设计成推拉结构的上活动盖板装置，接触网以下部分为立转的门扇部分，此外门扇又同时具有局部升降和整体升降两个功能，通过门扇的升降动作，使得区间隔断门能够顺利开关的同时，也可以较好地实现防护和密闭功能。

2）有效解决了刚性接触网处的密封难题。

从图 4－25－1 中可以看到，刚性接触网汇流排为"Ⅱ"形结构，形状不规则，在关门时接触网要从区间隔断门位置处通过，为了保证区间隔断门的良好的密闭性能，需要解决好接触网处的密封问题；同时，由于接触网相对线路中心线的安装位置并不是一个固定值，而是在线路中心线两侧±150 mm 范围内变化，这就为解决接触网的密闭问题增加了困难。

设计时通过在上活动盖板和门扇相应部位设置成与汇流排仿型的构造，实现对上活动盖板的密封。此外，通过控制上活动盖板左、右侧拉动作的范围，解决接触网相对线路中线位置不固定带来的密闭难题。

3）采用门扇升降密封梁与下框仿形密封、地铁走形轨仿形密封以及门扇与密封装置的可滑动连续密封构造等措施来解决轨高差大、纵坡大等线路条件。如图 4－25－2 所示。

图 4－25－2　常营站～草房站区间的下门框

所有的牵出线隧道口防护段设防护密闭门和密闭门各一道。该类型防护设备为手动立转整体升降平移式防护密闭门及密闭门,防护密闭门抗力为 5 级,密闭门无抗力要求。该类型设备采用与区间隔断门相同的结构形式。

在区间隔断防护密闭门下部排水沟处,设置排水沟阀板装置。此装置采用焊接钢管,在方管口部安装有阀板,实现对排水沟的隔断防护、密闭。平时阀板不安装,放置在车站的人防信号室内;战时,用人工将阀板安装就位。排水沟阀板装置与该防护段隔断门的抗力、密封要求一致。为防止排水沟的污水对过水钢管长时间腐蚀,排水沟阀板装置所用方管用不锈钢制作。

(3)换乘通道防护设备

6 号线一期拱形防护门采用现在防护工程中常用的设备类型。防护密闭门和密闭门采用手动立转整体升降平移式设备,该类型设备特点如下:

1)该型设备由左、右门扇、门框、闭锁、铰页及千斤顶升降装置、开位支撑千斤顶等部件组成。左、右门扇之间的中缝密封,采用"斜面密封"方式,即在左、右门扇中缝处贴有斜面海绵密封胶板。有效利用密封斜面的搭接宽度,既解决了中缝的密封问题,又解决了中缝和上、下门框之间的搭接密封问题,同时还能有效地避免冲击波对中缝密封条的破坏。

2)门扇采用整体升降平移式铰页,通过上、下力矩平衡平移支座与中部承重平移支座三者之间的运动配合,实现门扇在关门时准确可靠地均匀平移及滚动平移,有效解决了密封胶条不均匀压缩的难题和门扇扫宽面内偏坡、纵坡带来的密闭难题。

3)操作简单、省力,运转安全可靠。闭锁既可承受超压荷载(反向自锁),又可确保密封条压缩量以达到防化要求;升降平移式铰页既能使门扇运转轻便,又能确保门扇在整个门孔周边均匀压缩密封条,还可使门扇开、关简单、省力;操作手柄用后可取走的方式能够避免防护密闭门被人为地开关,管理上能确保安全。

4)门扇在开位状态时,安装固定在门扇上的开位锁定支承装置的锁头,插入固定在地面上的锁库内,支撑、固定门扇。

根据人防伪装要求,在换乘通道防护段两侧及上部设置伪装门。

25.3.7　车站人防集中信号显示系统

车站人防集中信号显示系统负责本车站及相应区间人防设备的启闭运行状态的信号显示。一个防护单元对应一个独立的人防集中信号显示系统。人防集中信号显示系统设备主要包括人防集中信号显示机和信号触摸显示屏,以及分布于各防护段的信号采集控制单元。集中显示如下对象:

1)车站人员出入口(含换乘通道)防护门、防护密闭门和密闭门的开、关到位。

2)车站通风道防护门、防护密闭门、密闭门和风机盖板的开、关到位,密闭阀门的开、关到位,清洁式通风机的运行、停止状态。

3)区间通风道防护门、防护密闭门、密闭门的开、关到位。

25.3.8　人防通信系统设计

为保证战时各人防设备安装的防护段处能与车站人防集中信号显示室保持电话联络,要求:

1)车站每条出入口人防段处各设电话插座 1 个;

2)车站通风道的每条通道人防段处各设电话插座 1 个;

3)地下区间每条正线的人防区间隔断门设置处各设电话插座 1 个;

4)牵出线隧道口每条正线的人防区间隔断门设置处各设电话插座 1 个;

5)每个车站的人防集中信号显示室内设自动电话 1 部。

25.3.9　平战功能转换

地铁作为大型的平战结合人防工程,战前需按设计进行平战功能转换。平战转换的内容包括使用功能的平战转换和防护功能的平战转换。按战时使用重要程度和施工难易程度,分为三个档次的平战转换时限要求。

（1）使用功能转换

总的原则是在满足地铁使用功能的前提下，最大限度地利用好地铁车站平时的使用功能，实现地铁平时到战时使用功能的快速转换。平时地铁到战时转换为人防疏散干道，车站的站厅层和站台层战时转换为人员掩蔽部或临时待蔽部，也可作为生活物资储备库。

（2）防护功能转换

确保在各个转换时限内完成所有的防护设备转换工作，以达到战时使用的防护标准。按早期转换、临战转换、紧急转换三种转换时限要求实施不同防护功能的转换。

（3）内部设备转换

1）通风系统战时按命令信号，由平时通风状态转换为战时清洁式通风、隔绝式防护等人防通风工况。

2）所有给排水管线的隔断阀门应关闭。平时站内工作人员使用的厕所，平战结合使用。

3）战时应急照明的配电系统利用平时应急照明配电系统。

第 26 章　车辆段及综合基地

26.1　功能定位

6 号线车辆检修运用设施共设置两段一场:线路西端五路停车场、一期工程终点五里桥车辆段(定修段)、线路东端东小营车辆段(二期工程线网架修段)。

结合线网功能考虑,一期工程中线路西端的五路停车场将同时承担地铁 10 号线、S1 线部分车辆的停放任务,为三线共用的停车场。五里桥车辆段除承担一期工程部分配属车辆的停放任务外,还承担一期工程配属车辆的定修月检、临时检修任务;二期工程线路向东延伸,在终点站建设东小营车辆段,以进一步完善本线配属车辆的检修设施。

26.2　主要设计原则

1)车辆段设施规模、标准按照《地铁设计规范》(GB 50175—2003)设计。符合本线使用车辆的限界要求及国家和地方有关标准、规范的规定。

2)车辆段的检修指标参照工点设计招标文件和《北京城市轨道交通工程技术标准》(送审稿)的指标。

3)根据 6 号线车辆运用检修设施功能定位,结合运营部门对新线车辆段功能需具备一定的超修程要求,五里桥车辆段按照定修规模设置,并配备转向架分解、检测部分功能设施。

4)统筹考虑五里桥车辆段与五路停车场停车库的规模,使其满足一期工程全线配属车辆的停放任务,并适当预留停车能力。

5)车辆段与综合基地的功能应根据城市规划、线网中车辆段与综合基地的分布、本线车辆检修运用设施综合分析统筹考虑确定,以达到资源共享的目的,避免重复建设。

6)车辆段的建设,应初、近、远期相结合,股道、房屋和机械设备等均按一期设计,综合维修中心按近期设计。

7)车辆段与综合基地、停车场的建设尽量节约用地、减少工程数量,并且贯彻节约能源的方针。总图的设计要与周围环境相协调,并能满足使用要求。

8)车辆段与综合基地设计应有完善的消防措施,总平面布置、房屋建筑、设备和材料的选用等均应符合防火规范的要求。

9)积极推广采用行之有效的新技术、新工艺、新材料和新设备;并推行设备国产化政策,有选择地引进国外先进技术和关键设备。选用设备、机具时,宜采用国家标准系列产品。选用专用设备时,宜采用标准设备或成熟的非标准设备,其中涉及人身、行车安全的设备,必须经有关部门鉴定批准方可使用。

10)综合维修中心以巡检、定检、现场检修(更换)为主,基地修理为辅。

11)车辆段(含综合基地)内的锻件、铸件、标准件、橡胶件、电镀件、热处理等零部件均委外加工处理或外购。

12)车辆段与综合基地建设应充分考虑城市的环境保护。对所产生的废气、废液、废渣和噪声等应进行治理,并应符合国家和地方现行的治理排放标准及有关规定。环境保护设施应与主体工程同时设计、同时施工、同时投产。

13)五里桥车辆段总平面布置以车辆段为主体,充分考虑综合维修中心等其他设施的布置。根据各项设备、设施的功能要求和工作性质,本着有利于生产、有利于安全、方便管理、方便生活的原则进行统筹安排。各项设施宜分区布置,并充分考虑远期的发展条件。各部分布置分区明确,相对独立,生活设施相对集中。

14) 车辆段与综合基地的房屋、设备和设施的布置应根据生产性质、作业要求,并应结合地形、地质、水文和气象条件,充分考虑消防、卫生、通风、采光、绿化、环境保护和城市规划等方面的要求,力求布置紧凑、整齐,经济合理。

15) 车辆段的布置应根据车辆运用和检修的生产特点和要求,力求工艺顺畅、作业方便;综合维修中心宜集中布置,以利于部分设备共用;各专业房屋分别设置便于管理;材料库的布置应方便汽车运输,以便材料及设备的运入和发放。

16) 车辆段与综合基地内应有汽车运输道路及消防道路,并应与外界公路连通。段(场)内道路应为混凝土路面,主要干道路面宽度应为 7.0 m,通行汽车道路路面宽度应为 4.0 m,其他运输道路路面宽度可为 3.0 m。基地内设围墙,并设门卫室。

26.3　设计规模

26.3.1　车辆定检标准

车辆检修指标如表 4－26－1 所示。

表 4－26－1　车辆检修指标表

序号	检 修 种 类	定检周期 (km)	停修/库停时间 (天)
1	厂修	1 500 000	70/60
2	架修	750 000	24/17
3	定修	375 000	15/10
4	月检	20 000	1/1
5	列检	～600	2 h

26.3.2　配属车辆及检修任务量

(1) 车辆年检修任务量

车辆年检修任务量如表 4－26－2 所示。

表 4－26－2　车辆年检修任务量表

设计年度 项　目	初期 (2015 年)	近期 (2022 年)	远期 (2037 年)
年行车公里(万公里)	348.3	712.33	832.05
厂　修(列/年)	0	4.75	5.55
架　修(列/年)	0	4.75	5.55
定　修(列/年)	9.29	9.5	11.09
月　检(列/年)	164.86	3327.17	393.84

(2) 车辆段、停车场计算规模

车辆段、停车场计算规模如表 4－26－3 所示。

表 4－26－3　车辆段、停车场计算规模表

设计年度 项　目	初期(2015 年)		近期(2022 年)		远期(2037 年)	
	计算规模	设计规模	计算规模	设计规模	计算规模	设计规模
厂　修(列位)	0.00	—	1.25	2	1.46	2
架　修(列位)	0.00	—	0.35	1	0.41	1
定　修(列位)	0.44	1	0.45	1	0.53	1
临　修(列位)	—	1	—	1	—	2
月　检(列位)	1.58	2	3.22	4	3.77	4
停车列检(列位)	—	31	—	63	—	71

26.3.3　车辆段、场停车列检规模分配

鉴于五路停车场为 10 号线、6 号线、S1 三条线共用停车场,由于规划控制用地的限制,工程文件已经确定按 8 列停车列位布局,结合一期工程先期投入运营的需要,设置五里桥车辆段,并承担初期配属车辆的定修及以下任务,远期线路延伸时建设东小营架修段。在全线建成时,形成两段一场格局。

根据五里桥车辆段的功能定位和其在本线中的地位,结合五路停车场的特点,全线东小营车辆段、五里桥车辆段、五路停车场停车规模分配分别为:32 列位、31 列位、8 列位。

根据配属列车数量分析,配属列车数量中包括了运用车、检修车、备用车。同时,考虑到到期检修列车在车辆段内检修库与运用库之间的转场作业方便和灵活,五里桥车辆段停车列检及检修线路设置规模为:定/临修线各 1 条(1 列位/条);月检线 2 条(1 列位/条);静调线 1 条(1 列位/条);停车列检线 16 条(2 列位/条)。

按照五里桥车辆段配属列车 31 列(含检修、备用车)计算,车辆段初期停车能力富余 4 列位。

26.4　总平面布置

车辆段场坪路肩标高 26.6 m。出入段线从草房、物资学院站成"八"字接入车辆段,其中接物资学院站的第 3 出入段线为二期工程内容。功能线路按工艺要求布置。路基采用级配碎石换填。场坪纵向布置混凝土排水沟,场坪雨水汇集排入车辆段中部的单孔 10 m 宽框架涵内,最终引入常营沟。

整个车辆段分为两大区域:北端的检修、运用库区,南端的办公生活区域。场内采用沥青路面,主干道宽 7 m,次干道宽 5 m,环形布置,共设 2 个出入口。

运用库采用 2 列位尽头布置,检修库采用 1 列位尽头布置方案,两库呈横列式布置。

办公生活区主要布置有综合楼(含办公楼、综合维修楼)、司机公寓、锅炉房、浴室、食堂、物资总库、调机及工程车库、材料棚、危险品库等。

公安派出所布置于检修库北端,紧邻规划高安屯东路,独立对外出口。

试车线和咽喉区所夹地块内布置信号楼、混合变电所、污水处理站等辅助生产房屋。如图 4－26－1所示。

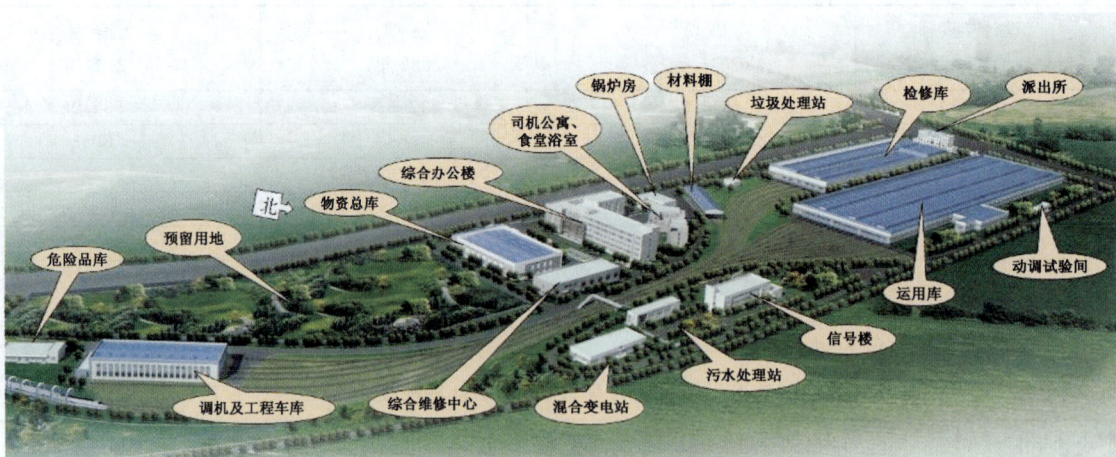

图 4－26－1　五里桥车辆段鸟瞰图

26.5　站场与线路

26.5.1　综　　述

五里桥车辆段与北京地铁 6 号线草房站接轨。草房站位于朝阳北路上,该站为北京地铁 6 号线一期工

程终点站,为地下两层岛式站台车站,站中心轨面设计标高为 12.35 m,线间距为 15 m。出入段线和车辆段的布置充分结合地形条件,本着合理利用土地原则,在满足运营需求的前提下,尽量做到工程省地、与周边用地规划相协调。

26.5.2　出入段线平面

受场址现状及接轨站条件限制,出入段线设计如下:一期工程在草房站东端引出两条出入段线,上穿远期正线左线,同时下穿朝阳北路下方超高压天然气管线后,爬出地面向北进入车辆段。因 6 号线分两期实施,五里桥车辆段处于全线线路中部,考虑到远期全线建成后车辆段使用的灵活性,结合运营部门需求,于草房站至物资学院站区间出岔,预留"八"字线接入车辆段条件。两条西出入段线在草房站东端接轨,位于正线之间,出站后以 200 m 的半径,20 m 的缓长,左转 127°17′23″,转向北方向,进入车辆段。远期预留东出入段线从草房站至物资学院站区间出岔,以 200 m 的半径,20 m 的缓长,右转 71°44′14″,转向北方向,再以 200 m 的半径,20 m 的缓长,左转 33°49′05″,转向西北方向,进入车辆段。

26.5.3　车辆段平面布置

五里桥车辆段按 16 条停车列检线、2 条定临修线、1 条静调线、2 条月检线、1 条吹扫线、1 条调机线、2 条工程车停放线、1 条大机停放线、1 条材料线、1 条洗车线、1 条镟轮线及 1 条牵出线的总规模设计。车辆段为横列式布置,整个车辆段分为两大区域:北端的检修、运用库区,南端的办公生活区域。车辆段运用库采用 2 列位尽头布置,检修库采用 1 列位尽头布置,两库呈横列式布置,平行于规划航研所东路布置在车辆段北端,紧邻规划高安屯东路。调机及工程车库与检修、运用库成对向布置于车辆段南端,亦为尽端式设计。

站场线路布置如下:

试车线布置于场址东侧,由于场址地形条件有限,有效长约 1 029 m,头部设有半径 800 m 曲线,可满足约 60 km/h 试车速度要求。

停车列检库布置于试车线的西侧,采用一线 2 列位布置,共计 16 线,停车能力 32 列。库内长度为339.5 m。

检修库布置于北端的停车列检库西侧,由东向西依次布置 1 条吹扫(CS)、2 条月检线(Y1、Y2)、1 条静调线(JT)、定/临修线(DL)各 1 条。其中月检线、吹扫线、静调线的库内长度为 183.5 m,定/临修线的库内长度为 225.5 m。

调机及工程车库布置于南端,与牵出线平行布置,库内有 1 条调机线,2 条工程车停放线,库内长度为60 m。

材料线:1 条材料线位检修库南端、咽喉区西侧,并设 5 t 龙门吊,供大型材料的装卸,直线段长 70 m。

大机停放线:位于工程车库旁,与工程车库线平行布置,兼作列车上线线路。

牵出线:车辆段内设牵出线 1 条(牵 1),紧邻出入段线西侧。由于受出入段线的曲线影响,牵出线也设置在曲线上,曲线半径为 150 m,有效长约为 213 m。

洗车线:由于地形所限,洗车线采用尽端式布置形式。洗车线布置在试车线与停车列检库之间,与之并列设置,不进行外部冲洗的入场列车直接顺向进入运用库,需冲洗的列车进入尽端式洗车线进行冲洗作业后,再通过牵出线折返后进入停车列检库。

镟轮线:镟轮线(XL)1 条,在洗车线西侧布置。

26.5.4　平面布置特点

1)出入线由于受接轨站站位、朝阳北路下方超高压天然气管线、用地长度等条件的限制,考虑到列车折返、信号转换等运营要求,信号转换轨设置于车辆段咽喉区一端,且须压岔信号转换(出段需压出段线与牵出线间的交叉渡线道岔),远期入段线需压预留"八"字线道岔信号转换。

2)检修车、试车线不同侧,检修车上试车线需切割咽喉,因该车辆段为初期工程的定修段,需动调试验的列车量不会太大,影响较小。

3)检修库、运用库间调车作业顺畅,工艺合理。

4)由于草房站站位及车辆段北侧规划道路均不能改动,所以车辆段咽喉区道岔布置条件有限,导致车辆段的牵出线未能形成平行进路,作业不够灵活。如图4—26—2～图4—26—6所示。

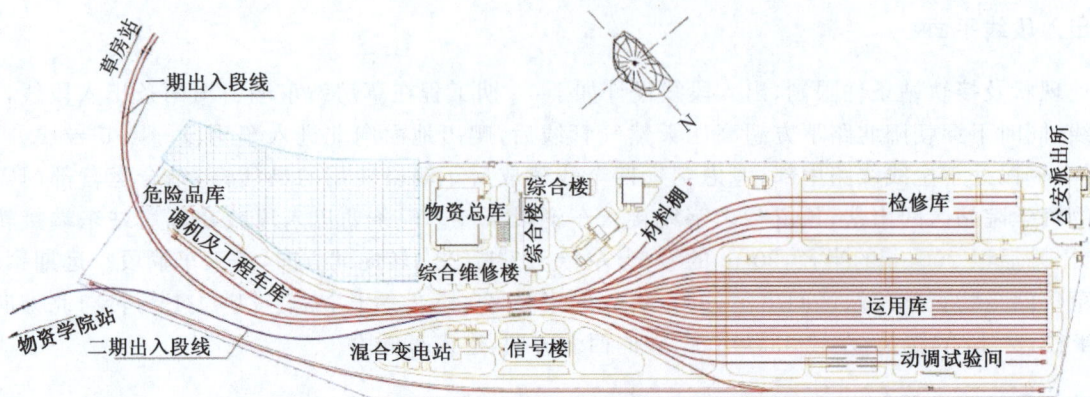

图4—26—2 五里桥车辆段站场总平面布置示意图

图4—26—3 出入段线咽喉线群

图4—26—4 运用库检修库库前线群

图4—26—5 检修库前平交道

图4—26—6 站场排水沟

26.6 桥 涵

26.6.1 桥涵概况

五里桥车辆段位于朝阳区五里桥附近,介于朝阳北路和规划的高安屯东路之间,东临东高路。车辆段范围的中部有一条东西向河道常营中心沟穿过,宽约25 m。河道以北为五里桥村的平房区,河道以南多为菜地和拆迁区。车辆段跨越常营中心沟,在此处设一框架桥,既满足了线路的正常运营,又可兼作段内的排水桥涵。

26.6.2　框架涵设计

框架与既有常营沟箱涵对接,长度为 328.185 m。由于既有箱涵与新建箱涵之间有约 71°43′3″的夹角,为保证水流顺畅,中间设半径 50 m 的曲线段。新建框架与除与既有箱涵对接的涵节外,其余涵节结构横断面维持不变。对接涵节与既有箱涵连接侧顶板厚 40 cm,底板厚 50 cm,边墙厚 40 cm,中墙厚 40 cm,净高为 2.14 m,净宽为 3.65 m,采用明挖现浇施工,按正交分节。

框架进口处每孔各设 1 个检查井,其余地段每隔 50 m 左右每孔设 1 个。

检查井、排水竖井可兼作检查井,所有井内均设爬梯。如图 4－26－7 所示。

图 4－26－7　在建框架涵

26.7　主要工艺及设备

26.7.1　检修工艺特色

为适应 6 号线建设分期实施的需要,结合运营意见,五里桥车辆段突破了传统的检修工艺习惯,引入了"超修程"的概念,设计中充分考虑运营计划外维修,综合规划本线车辆检修设施利用率,适度扩大了定修修程的检修范围。

26.7.2　检修工艺设备

定/修库内设置有 2 台 10 t/3.2 t 桥式起重机,进行车辆部件及设备的吊运;设置移动式同步架车机,用于临修作业时整列车架车作业;库内还配备移动式中间作业平台和车顶作业平台,供检修人员进行工作;配备移动式升降平台,供车辆电器柜等大部件的拆卸和安装。

各辅助生产车间设相应的起重机,满足零部件的吊运。转向架构架检修间及轮轴检修间设轮对自动除锈清洗机、轮对探伤机、轴承轴箱拆装设备、构架翻转机、转向架静载试验台、齿轮箱磨合试验台等设备。空调检修间设有空调机组综合性能试验台、超声波清洗装置等设备,同时相关检修车间也配置了电器综合试验台、钩缓试验设备、车头缓冲器试验台、空气制动装置综合试验装置、制动系统综合试验台等设备。如图 4－26－8 和图 4－26－9 所示。

车辆段配置的洗车机,洗车通过速度 5 km/h,单列洗车时间约 15 min,每列按 3 天洗一次考虑,可满足 6 号线一期工程 32 列运用车洗车需求。

根据线路平面资料,经核算,其左右线路偏角相对较为平衡,列车轮对偏磨相对均衡。但由于一期工程线路较长,加上二期工程建设时间的不确定性,一期工程仍需及时处理车辆轮对擦伤、剥离问题,段内设有数控型不落轮镟床 1 台,用于对车辆轮对的轮缘和踏面进行修理加工,并适用于单个轮对的修理加工。如图

4－26－10 所示。

图 4－26－8　静载试验台

图 4－26－9　构架翻转机

图 4－26－10　不落轮镟床

26.7.3　综合维修工艺设备

根据 6 号线工程新增线路长度以及线路检修需要，工务车间配置 2 辆 360 型轨道车和携吊平车，供电车间配置接触网作业车，可供工务及供电抢、检修时使用。物资总库综合材料区内，配有立体货架，便于物资管理。

除以上大型检修设备外，维修中心配备日常养护设备，如：钢轨探伤仪、焊缝探伤仪、轨道检测小车、液压起拨道器、液压轨缝调整器、长钢轨拉伸机、轨头打磨机、铝热焊设备、抢险机具等，以及车床、铣床、刨床等机械加工设备。所配设备基本能满足本工程检测和临修、抢修需要。如图 4－26－11 所示。

图 4－26－11　工程车上线

26.8 房屋建筑

26.8.1 五里桥车辆段区位及周边概况

五里桥车辆段位于朝阳北路、停车场东路、规划高安屯东路、规划航研所东路围成的地块内。场地现状为朝阳区五里桥村居住区。车辆段内有环行运输道路和消防道路,设 2 个对外的出入口,主出入口设在西南侧,与规划航研所东路相连;次出入口设于西北侧,与规划高安屯东路相接。

26.8.2 五里桥车辆段建筑总平面

配合工艺、站场布置要求,结合建设部门节约用地的理念,车辆段以车辆检修工艺为中心,充分利用段内咽喉区两侧的空地,集中布置了综合基地及办公用房,相比初步设计,在车辆段西南角腾出预留用地,共计节约 28 000 m² 用地面积。

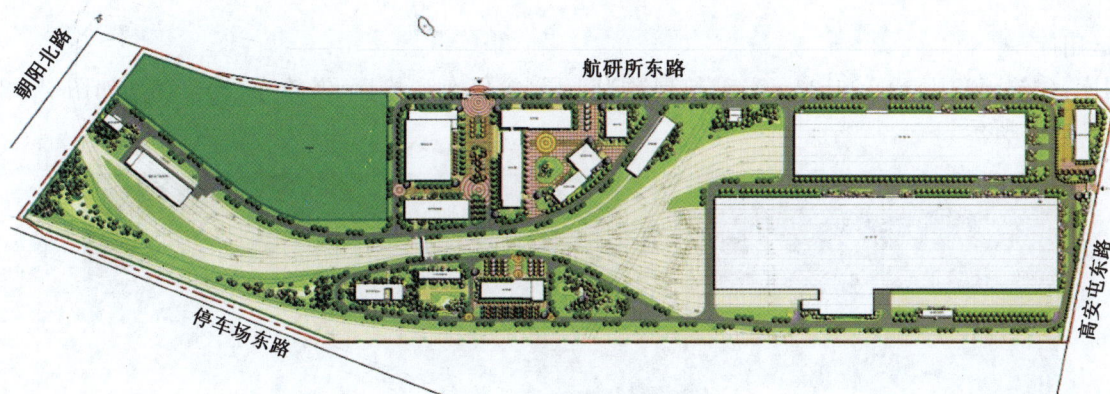

图 4—26—12 五里桥车辆段建筑总图效果图

整个车辆段主要共分为四个区域:地块北端布置有检修库、运用库等主要工艺厂房;地块中部布置有综合楼、司机公寓、食堂浴室等生产生活房屋;地块南端布置有物资总库、危险品库、调机及工程车库;试车线与出入场线及站场咽喉区南端围成的地块内,布置有信号楼、混合变电所、污水处理场等辅助用房;公安派出所位于地块西北角,紧邻车辆段且相对独立对外。

26.8.3 各单体建筑

车辆段房屋面积汇总如表 4—26—4 所示。

表 4—26—4 车辆段房屋面积汇总表

单体建筑名称	结构类型	耐火等级	层数	建筑高度 (m)	建筑面积 (m²)	占地面积 (m²)	火灾危险性
运用库	框架	二级	1 层(局部 2 层)	9.6	37 126.33	34 291.28	丁类
检修库	框架	二级	1 层(局部 2 层)	12	18 087	15 104.06	丁类
调机及工程车库	框排架、框架	二级	1 层	12	1 525.9	1 525.9	丙类
物资总库	门式钢架、框架	二级	1 层(局部 2 层)	11.8	3 855.55	3 364.74	丙类
信号楼	框架	二级	3 层	15.45	2 798.77	1 118.25	—
牵引降压混合变电所	框架	二级	1 层	5.9	1 202.7	713.3	—
污水处理综合楼	框架	二级	1 层(局部 2 层)	9.1	484.65	358.36	戊类
MBR 设备间及综合池	框架	二级	1 层	4.5	81.8	81.8	戊类

单体建筑名称	结构类型	耐火等级	层数	建筑高度 （m）	建筑面积 （m²）	占地面积 （m²）	火灾危险性
锅炉房	框架	二级	1层	8.4	615.38	615.38	丁类
危险品库	框架	二级	1层	5.1	176.04	176.04	甲类
公安派出所	框架	二级	4层	16.8	3 195.25	901.8	—
动调试验间	框架	二级	1层	6.1	208.4	208.4	丁类
材料棚	门式钢架砖混	二级	1层	10.9	1 002.64	1 002.64	戊类
门卫	砌体	二级	1层	3.75	227.4	227.4	—
垃圾处理站	框架	二级	1层	6.15	160	160	—
综合楼	框架	二级	地上5层,地下1层	21.75	14 358.43	2 801.84	—
司机公寓、食堂浴室	框架	二级	3层	16.7	3 400.1	1 151	—
综合维修楼	框架	二级	1层(局部2层)	10.2	1 554.9	1 258.1	丁类

26.8.4　主要建筑单体

（1）运用库

运用库:建筑面积为 37 126.33 m²,建筑层数为 1 层,含停车列检库、镟轮库、洗车库。如图 4—26—13 和图 4—26—14 所示。

图 4—26—13　运用库原设计效果图

图 4—26—14　运用库完成实景图

库内地面采用金属骨料耐磨地坪,屋面采用双层压型钢板。为保证采光及排烟,运用库设置有钢天窗架,天窗辅以消防联动来满足排烟要求。压型钢板屋面每隔一跨设置阻燃型采光带,采光带宽度为900 mm,满足库内工作区域的采光照度要求。库内光线照度实景如图 4-26-15 所示。

图 4-26-15　运用库光线照度实景图

(2)检修库

检修库:建筑面积为 18 087 m²,含定/临修、月检、静调、吹扫等,建筑层数为 1 层,局部附跨办公 2 层。如图 4-26-16 和图 4-26-17 所示。

图 4-26-16　检修库设计效果图

图 4-26-17　检修库完成实景图

检修库为钢筋混凝土框架结构,屋面为网架结构,采用双层压型钢板做屋面板,与运用库一样设置有钢天窗架并辅以消防联动来满足排烟要求。压型钢板屋面每隔一跨设置阻燃型采光带。

（3）调机及工程车库

调机及工程车库：建筑面积为 1 509.9 m²，层数为 1 层。如图 4—26—18 和图 4—26—19 所示。

图 4—26—18 调机及工程车库设计效果图

图 4—26—19 调机及工程车库完成实景图

（4）综合楼

综合楼：建筑面积为 14 358 m²，建筑层数为 5 层，采用竖向的线条与厚实的墙体形成虚实对比，凸窗与框架产生有层次的退进关系，连廊巧妙地连接 2 个不同功能的用房，在空间上形成"L"形关系的体量，在平面围合成温馨的院落。如图 4—26—20 和图 4—26—21 所示。

图 4—26—20 综合楼设计效果图

（5）物资总库

物资总库：建筑面积为 3 855.55 m²，建筑层数为 1 层，局部办公为 2 层，外墙及屋面采用钢骨架轻型板铺设，外墙辅以涂料。局部办公部分外挂装饰一体化保温板，保证附跨办公部分的节能要求。如图 4—26—22 所示。

图 4—26—21　综合楼完成实景图

图 4—26—22　物资总库图

（6）司机公寓食堂浴室

司机公寓食堂浴室：建筑面积为 3 474 m²，建筑层数为 3 层，是综合楼围合空间的延续，使员工产生"家"的依靠，立面竖向的窗缩短了人与建筑的距离，主入口上配以宽大的露台，司机公寓为框架结构，外装采用外挂装饰一体化板。如图 4—26—23 所示。

图 4—26—23　司机公寓食堂浴室图

（7）信号楼

信号楼：建筑面积为 2 798.77 m²，建筑层数为 3 层，框架式的主入口与上部弧形的挑窗形成别具一格的对比，一层边跨调度大厅与办公楼高低相错，起到良好的视觉作用，信号楼为框架结构，外装采用外挂装饰一体化板。如图 4—26—24 所示。

图 4－26－24　信号楼

（8）派出所

派出所：建筑面积为 3 195.25m²，建筑层数为 4 层，外墙为真石漆涂料。外墙蓝白线条执行公安部关于派出所统一标识的规定。如图 4－26－25 所示。

图 4－26－25　派出所

（9）车辆段门卫大门

大门如图 4－26－26 所示。

图 4－26－26　车辆段门卫大门

（10）钢结构跨线人行天桥

人行天桥如图 4－26－27 所示。

图 4—26—27 人行天桥

26.8.5 设计难点

由于五里桥车辆段附近存在 1 座国家电台,故在其一定范围内的建筑有限高要求,原初步设计办公综合楼为 8 层,已高出 24 m 的限制高度,为此,设计进一步优化了总图,将办公综合楼拆解为综合楼、司机公寓、食堂浴室几部分,集中设置于车辆段西侧大门北侧。楼层数控制为 5 层,有效地解决限高问题,还进一步节约了工程用地。

26.8.6 一体化保温板的应用

根据消防部门最新的外墙保温材料要求,均需采用 A 级防火材料。设计采用了新型的一体化保温板,以铝合金饰面材料包裹 A 级防火材料,在满足功能的前提下,增加了建筑物外立面的美观程度,而且减少了外墙的施工工序。

26.9 低压配电

26.9.1 概 述

车辆段设 1 座牵引降压混合变电所,2 座跟随式降压变电所。牵引降压混合变电所为独立建筑,跟随式降压变电所分别与综合楼和检修库合建。各降压变电所按就近的原则向车辆段室内外用电负荷及出入段线雨水泵房供电。

26.9.2 负荷分级

本工程用电负荷按其不同的用途和重要性分为三级:一级负荷、二级负荷和三级负荷。

一级负荷的两路电源分别从降压变电所两段不同的母线馈出,工作电源和备用电源在供电线路末端的配电箱自动切换。大型单体应急照明由 EPS 提供电源,小型单体设自带蓄电池的应急灯作为应急照明。

二级负荷电源从降压变电所的母线馈出,单电源供电到设备配电箱。

三级负荷电源从降压变电所的母线馈出,单电源供电到设备配电箱。当供电系统为非正常运行方式时可将其切除。

26.9.3 动力配电设计

动力配电系统与配电方式:
1)以放射式供配电为主,树干式供配电为辅。
2)消防负荷和非消防负荷由系统分开供电。

3)运用库内设置分配电柜,其他单体负荷由变电所低压柜直接配电。

4)可移动电器电源插座容量按 10 A 设计,每个供电回路插座数量以 10 组为限,其供电回路设漏电保护开关。

26.9.4　室内外照明设计

车辆段室内照明分为生产厂房工作照明、地沟工作照明、局部照明、办公及公共用房照明、应急照明等。车辆段咽喉区、道路设置室外照明:咽喉区采用升降式高杆灯照明,道路采用柱灯照明。高杆灯光源采用高压钠灯,柱灯采用太阳能路灯。

26.9.5　接地及防雷

1)防雷:车辆段内建筑物按防雷分类设防直击雷和雷电波侵入措施;信号、通信、综合监控系统及其他智能系统设备的供电电源采取过电压保护措施。

2)接地:大型建筑物如运用库、检修库、综合维修楼、弱电设备较多的场所、牵引降压混合变电所,接地电阻为 1 Ω。牵引降压混合变电所采用人工接地,由供电系统设计。其他建筑物利用自然接地体,接地电阻为 10 Ω,由低压配电专业设计。

3)本设计低压配电除检修库、综合楼、牵引降压混合变电所采用 TN-S 接地形式,其他单体建筑采用 TN-C-S 接地形式。所有带电设备的金属外壳、地下金属管线均采用等电位连接。车辆段内长距离路灯供电回路采用"TT"接地形式。

26.9.6　设计特点、难点

(1)主要设计特点

1)结合五里桥车辆段的布局特点及各路径下电缆的类型及数量,本工程采用的是电缆隧道敷设、电缆沟敷设、电缆直埋敷设及电缆穿玻璃钢夹砂导管敷设相结合的方式。玻璃钢夹砂导管重量小,机械强度高,抗弯曲性优,导热性好,内壁光滑,抗压能力强,不需做基础处理,施工快捷成本低。

2)采用市电与光伏发电系统结合的方式为路灯供电,可以合理地利用自然资源,更好地保护环境,提高照明质量。

3)双电源末端切换采用接触器搭接方式的双电源切换装置,便于运营维修,降低运营成本。

(2)主要设计难点

1)检修库、运用库内电缆敷设

库内电缆集中部位采用电缆桥架敷设,由于结构柱之间的间距为 9 m,电缆桥架的托架、吊架固定困难。

2)与成套设备系统的接口

污水处理设备、锅炉房设备为成套设备,各成套设备内部之间的配电和控制由厂家深化设计,动力照明系统设计专业和厂家的相互沟通、协调工作量大。

3)检修库、运用库中,部分配电箱、插座与暖通专业沿墙沿柱设置的大量暖气片位置有冲突。

4)强、弱电电缆桥架和风管、水管、热力管道集中的走廊,空间不足难以满足上人检修通道。

26.9.7　新技术应用

本设计尽量采用在国内地铁车辆段使用成熟的技术,同时引入太阳能路灯以及玻璃钢夹砂导管敷设电缆等在地铁车辆段很少采用的技术。

26.10　通风空调

26.10.1　设计情况

车辆段作为一个多用途建筑群,其通风空调系统的设计需根据每个单体建筑中各房间的用途及工作环境要求来综合考虑。

车辆段内需空调的房间主要考虑其舒适性,空调系统采用的是制冷剂空调系统(系统由多联空调系统＋分体空调器组成)。此类系统的优点有自动化程度高、布置灵活多变、占用建筑空间小、使用方便、可靠性高、运行费用低、不需机房、无水系统等。缺点有机组对建筑外观有一定影响;噪声、凝结水、冷凝器热风对环境的污染。结合车辆段的功能及用途,制冷剂空调系统的缺点能很好地克服,所以制冷剂空调系统是很适合车辆段的使用。如图 4－26－28～图 4－26－30 所示。

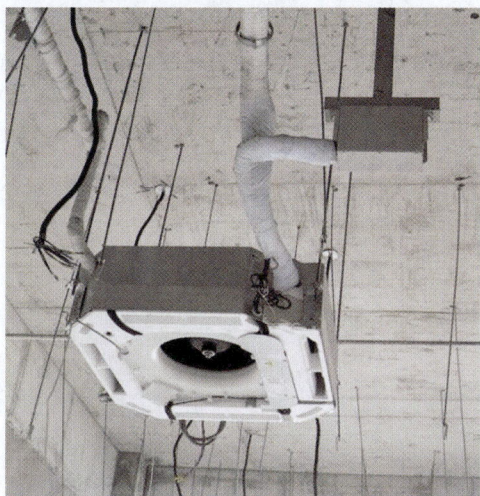

图 4－26－28　多联机室内机安装完成前

图 4－26－29　多联机室内机安装完成后

图 4－26－30　多联机室外机

车辆段通风系统中含厨房的通风系统,前期土建配合过程中应考虑厨房通风系统风道的路由,避免对建筑外观的影响。如图 4－26－31 所示。

图 4－26－31　风管为厨房的送排风管

立式通风系统安装于外墙上,影响外立面美观及外墙保温。屋顶排风、排烟机的设置需考虑设备的防水要求,避免设备遇水损坏。如图4—26—32所示。

图4—26—32　风阀及电机应考虑防水要求

26.11　给排水及消防

26.11.1　室内给排水与消防

车辆段作为一个多用途建筑群,其给排水及消防系统的设计需根据每个单体建筑的用途及防火等级考虑设计方案。

给排水系统的设计除了满足常规的设计要求(例如:生活用水水质、给水管道及相关的储水设备需满足当地卫生防疫标准。生产、生活给水系统满足生产用水要求,满足饮水要求及卫生间洗脸盆、污水池等卫生器具用水要求等),还要结合建筑群的用水规模考虑是否采用雨水收集措施及中水处理设施,并需了解当地的污水排放要求(是否雨、污、废水分流排放)。消防系统需根据各单体的防火等级选择适当的消防措施(消火栓系统、自动水喷淋系统、气体灭火、高压细水雾等)。

26.11.2　室外给排水与消防

(1)给水与消防工程

给水水源采用两路水源,分别从朝阳北路和高安屯路接DN250给水干管。

场区内生活供水系统由两部分组成,一部分供水压力要求在0.25 MPa以下的房屋由市政干管直接供水,其余房屋由新设给水加压泵房加压供水。

给水加压泵房设在综合楼地下室内,贮水构筑物采用$V=30$ m³室内钢制水箱(食品级),供水设备采用变频供水设备1套($Q=144$ m³/h,$H=50$ m),配二氧化氯消毒设备(100 g/h)2套。

室外水消防由两路市政供水干管直接供水。

室内水消防由新建消防泵供水,本专业负责场区内各建筑物间消防干管铺设。

(2)污水工程

场区内分设生活、生产污水管。

新建污水处理站,对生活污水、生产废水分别处理。处理规模为120 m³/d。

污水处理流程如图4—26—33所示。

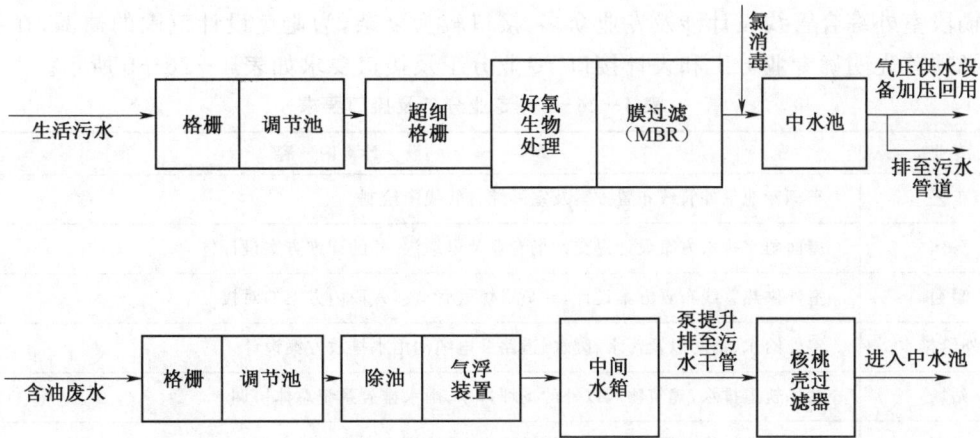

图 4-26-33 污水、废水处理流程图

26.12 室内通信工程

车辆段室内通信工程主要设计范围为五里桥车辆段内各单体建筑的室内综合布线。

26.12.1 系统构成

车辆段综合布线系统采用 6 类屏蔽系统。水平布线采用 6 类屏蔽双绞线,垂直布线采用室内多模光缆及大对数音频电缆,配线间设置相应的光纤配线架、数据配线架和音频配线架。本工程在综合楼、信号楼、检修库、运用库、物资总库、司机公寓食堂浴室、派出所单体建筑内设置信息插座并设置综合布线;在调机工程车库、动调试验间、混合变电所、危险品库房、污水处理站、锅炉房、门卫及垃圾处理站、综合维修楼单体建筑内设置电话管线。

后期根据公安部门要求在派出所内增加有线电视室内布线。

26.12.2 接口界面

车辆段综合布线与 OA 专业的接口界面在车辆段单体 OA 专业设备机柜外侧;车辆段综合布线与通信专业的接口界面在综合布线主配线间音频配线架(110 配线架)外线侧。

26.12.3 施工注意事项

由于综合布线系统的特殊性,需要在各个房间内设置终端节点,土建用房使用性质或者是隔墙位置一旦发生变化,综合布线系统需做相应的调整,管线需重新预埋,造成装修专业的二次恢复施工。建议后期线路在设计终端布点时应考虑以上问题,同时结合运营实际需求及使用习惯,尽量避免二次施工。

26.13 综合管线

26.13.1 设计要点

(1)本工程设计的特殊性

五里桥车辆段的用地规模在施工图阶段进行了压缩,围墙内占地面积约 22.19 公顷,车辆段用地指标仅为建设标准中要求的定修段 900 m²/辆的 88% 左右,造成了车辆段内各建、构筑物之间空间十分紧张。由于特殊原因,在施工过程中,段址内仍存在钉子户未拆迁,在特殊的时期及地域背景下,业主再次要求改移钉子户附近的综合楼布置范围,这样就进一步压缩了综合楼周边的室外空间。诸如以上多方面的原因,给五里桥车辆段室外综合管线的设计及配合施工造成了较大困难。

（2）综合管线设计涉及专业众多、接口复杂

地铁车辆段室外综合管线设计涉及专业众多，接口较为复杂，为避免设计范围的遗漏，在室外管线设计工作启动前必须首先明确专业分工和设计接口，专业分工及接口要求如表4－26－5所示。

表 4－26－5　专业分工及接口要求

序号	专业	设　计　内　容
1	工艺	车辆专业室外管线布置方案及室外综合管线图绘制
2	房建	屋面雨水排水方案设计提交站场专业及电缆沟、井的详细方案设计
3	暖通	室外供热管线布置方案设计，并负责煤气管道接入段内方案的对接
4	室外给排水	室外给水、消防以及污水、废水、道路及电缆沟雨水排放方案设计
5	站场	站场轨道排水，建筑物区以外的场坪排水，雨水排放系统总体协调
6	供电	供电专业管线布置方案，强电管线综合，提给排水电缆沟排水要求
7	动力照明	动力照明专业室外管线布置方案，并提交供电专业
8	通信	通信专业室外管线布置方案以及弱电管线综合设计
9	信号	信号专业室外管线布置方案，并提交通信专业
10	FAS/BAS	FAS/BAS专业室外管线布置方案，并提交通信专业
11	安防	安防专业室外管线布置方案，并提交通信专业

（3）遵循设计流程，提高设计效率与质量

室外综合管线设计应遵循清晰的设计流程，并明确每一阶段需要完成的设计内容，从而提高整个设计效率和质量。综合管线需遵守的流程如图4－26－34所示。

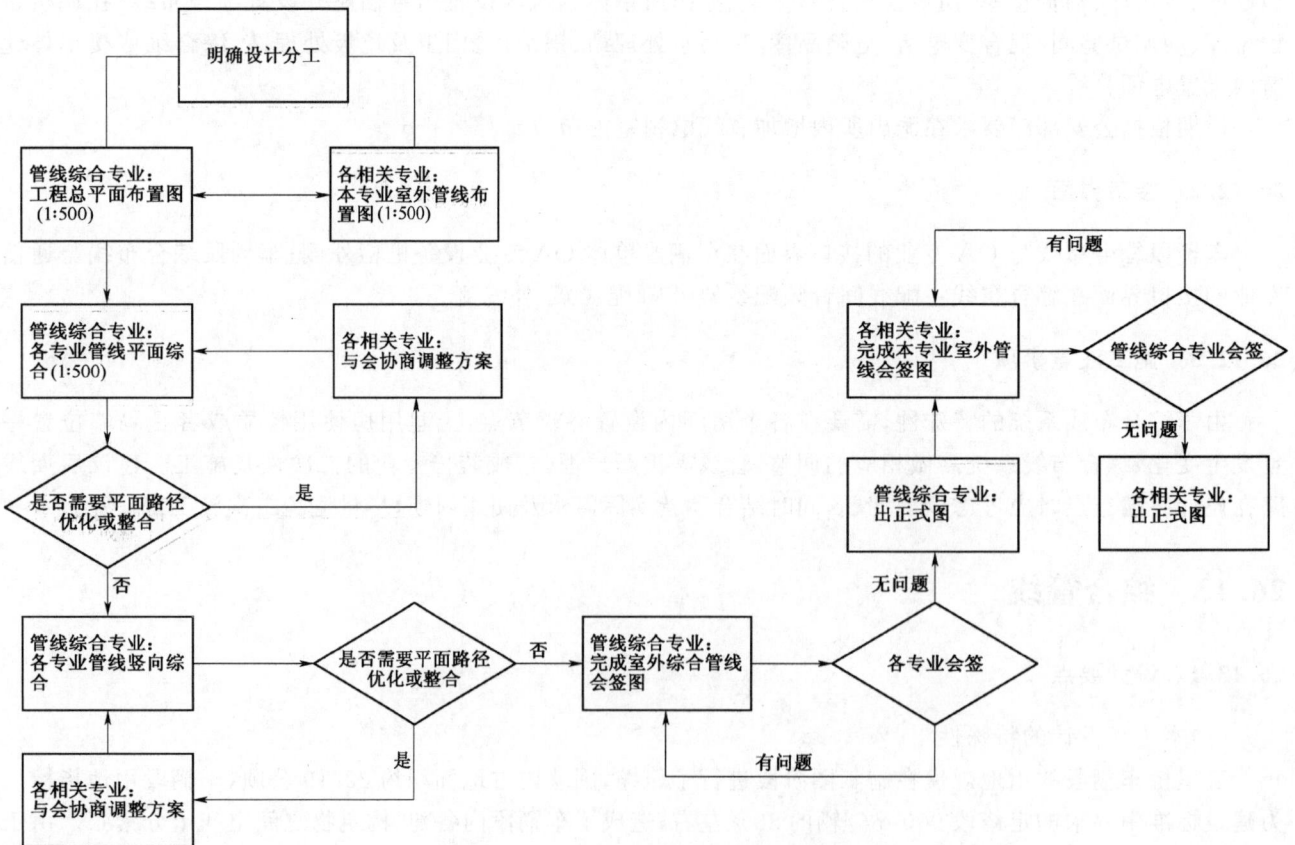

图 4－26－34　综合管线需遵守的流程图

车辆段室外综合管线设计可划分为三个阶段：

第一阶段：稳定平面布置，包括管线综合专业与各相关专业资料互提，并通过首次协调落实强电综合、弱电综合及路径优化方案，从而稳定各专业管线在车辆段总平面图中的布置。

第二阶段：管线布置深化设计，综合考虑各专业管线竖向布置关系，并通过第二次协调落实管线交叉冲突调整方案，从而稳定各专业管线竖向布置。

第三阶段：各专业出图，相关专业完成对综合管线图的会签，并依据综合管线图完成本专业室外管线施工图。

第5篇　土建施工篇

北京地铁 6 号线一期工程施工主要涉及明挖法、矿山法与盾构法三大工法。

第 27 章　明　挖　法

27.1　工程概况

北京地铁 6 号线一期全线共有车站 20 座（慈寿寺站由 10 号线负责设计实施、白石桥南站由 9 号线负责设计实施），其中采用全明挖施工的车站 8 座，分别为五路居站、平安里站、十里堡站、青年路站、褡裢坡站、黄渠站、常营站、草房站；明、暗结合法施工的车站 4 座，分别为花园桥站、南锣鼓巷站、呼家楼站及金台路站，除呼家楼站采用盖挖法进行施工外，其余车站均采用明挖顺作法进行施工。区间除草房站～终点采用明挖法外，其余均采用盾构法或矿山法施工。具体情况如下：

（1）五路居站

五路居站是 6 号线一期工程最西段车站，车站位于东西向的玲珑路与西四环路交叉口东侧，沿玲珑路东西向布置。

车站采用明挖顺作法施工，主体结构为三层双柱三跨箱型结构，车站东端有交叉配线及出入线段，车站两端接矿山法区间。车站总长为 381 m，标准段结构宽为 27.4 m，高为 21.6 m，车站有效站台中心里程处覆土厚度为 2.6 m，底板埋深为 24.2 m。

基坑支护结构形式采用围护桩＋网喷混凝土＋钢管支撑的方案，围护桩为 $\phi1\,000@1\,800$ mm 钻孔灌注桩，网喷混凝土为 100 mm 厚，喷射 C20 早强钢筋混凝土，内支撑为 $\phi609$ mm、$\delta=14$ mm 或 $\delta=16$ mm 钢管支撑，沿基坑竖向设 4 道。

（2）花园桥站

花园桥站位于西三环花园桥主桥跨的下方，沿玲珑路和车公庄西路方向跨路口东西向设置。车站结构采用明、暗挖结合，车站西端为明挖三层，中部及东端暗挖双层。车站总长为 233.1 m，其中明挖段长 43.6 m，标准段宽度为 26.85 m，顶板覆土厚度为 4.5 m，底板埋深为 25.15 m，主体结构为现浇钢筋混凝土地下三层双柱三跨框架结构。

基坑支护结构形式采用钻孔灌注桩＋网喷混凝土＋钢管支撑的方案，围护桩为 $\phi800@1\,200$ mm 钻孔灌注桩，网喷混凝土为 100 mm 厚，喷射 C20 早强钢筋混凝土，内支撑为 $\phi609$ mm、$\delta=14$ mm 或 $\delta=16$ mm 钢管支撑，沿基坑竖向设 4 道钢支撑，并在基坑中间设临时钢立柱。

（3）平安里站

平安里站位于平安里西大街北侧，赵登禹路以东，新街口南大街以西，站位北侧多为 1～3 层民房，数量较多且年代久远，结构存在不同程度的损坏；南侧为平安里西大街，该段交通繁忙，重载车辆较多，施工过程中对基坑开挖有一定的影响。

车站长度为 313.3 m，标准段宽度为 22.3 m（最大开挖断面宽度为 26 m），为地下三层岛式车站，明挖顺作法施工，双柱三跨结构，顶板覆土 5.32～6.44 m，底板埋深为 28 m。

车站主体支护采用钻孔灌注桩＋内支撑体系（西侧轨排基地 28.5 m 范围采用钻孔灌注桩＋锚索支护体系），基坑竖向设置 6 道支撑，在施作结构过程中再设置 1 道倒撑。锚索采用不可拆卸锚索，轨排基地竖向设 7 道锚索，结构施作过程中设计 1 道倒撑。车站主体结构采用钢筋混凝土箱型结构，主体结构外侧设全包防水层，与钻孔桩一起组成复合墙体系。与地铁 4 号线的部分换乘通道及 1、4 号出入口下穿三层楼房及古树范围采用暗挖施工，其余附属结构均采用明挖施工。

(4)南锣鼓巷站

南锣鼓巷站为地铁 6 号线与 8 号线的换乘车站,是北京地铁中首次采用左右线叠落侧式站台的异形大跨度车站。车站为地下四层叠落式车站,单跨变三跨的异形框架结构,主体结构明、暗挖结合施工,其中明挖段长为 211.62 m,暗挖段长约 51 m;车站线路轨道中心线垂直间距 7.95 m,由小里程向大里程 0.2% 下坡。

明挖段车站主体结构采用钻孔灌注桩+网喷混凝土+锚索支撑的方案,围护桩为 $\phi1\,000@1\,400$ mm,混凝土标号为 C30,桩长 14.1~34.85 m 不等,网喷混凝土为 100 mm 厚,喷射 C20 早强钢筋混凝土,锚索采用 $\phi15.2$ mm 钢绞线,自上而下设 7 道,水平间距为 1.4 m。

(5)呼家楼站

6 号线呼家楼站位于朝阳北路和东三环路的交叉口处,车站东西向设置,与既有地铁 10 号线在此实现换乘。呼家楼站站位所处路口西北象限为向军北里居民小区;东北象限为团结湖南里居民小区;西南象限为关东店北街居民小区;东南象限为呼家楼北街居民小区及朝阳剧场。6 号线车站站位在平面位置上与京广桥垂直相交。京广桥位于东三环北路,南北方向以高架桥方式跨越朝阳北路和朝阳路。

6 号线呼家楼站为端进式车站,东西两端为双层双跨结构,采用盖挖法施工;中段与既有 10 号线换乘段为单层双跨结构,采用暗挖法施工。车站总长为 291.10 m,车站标准段宽为 28.8 m。

(6)金台路站

6 号线金台路站位于朝阳北路与甜水园交叉路口下,沿朝阳北路东西向布置,与 14 号线金台路站"T"形换乘。该车站为地下双层岛式车站,总长为 348.75 m,标准段宽为 22.9 m(不含围护结构),东段与 14 号线车站联络线影响较宽,最大宽度达 30.45 m。明挖段顶板覆土厚度为 3.1~4.0 m,西厚东薄。

车站结构采用明、暗挖结合施工,两端明挖为两层三跨结构,围护结构采用钻孔灌注桩+钢支撑,渡线段内局部为双层双跨和双层单跨结构,采用明挖法施工。车站设 4 个地面出入口、2 个垂直电梯口、2 组风亭及 2 个地面疏散出入口。

(7)青年路站

青年路站为地下两层双柱三跨结构形式的全明挖岛式车站,车站主体净长为左线 557.025 m,右线 558.787 m。标准段净宽为 20.9~22 m,总高 14.6~16.05 m,车站底板埋置深度约 17.9~20.4 m,结构顶板覆土深度约 3.1~4.15 m。

基坑支护结构形式采用围护桩+网喷混凝土+钢管支撑的方案,围护桩为 $\phi800@1\,500$ mm 钻孔灌注桩(两端盾构井处桩间距 1 300~1 400 mm),网喷混凝土为 100 mm 厚,喷射 C20 早强钢筋混凝土,内支撑为 $\phi609$ mm、$\delta=14$ mm(第一道)或 $\delta=16$ mm(二、三、四道)钢管支撑。

(8)十里堡站

十里堡站位于朝阳北路和十里堡路交叉路口,车站沿朝阳北路南侧跨路口东西向设置,为地下二层岛式车站,车站主体结构长为 219.1 m,标准段宽为 20.9 m,顶板埋深约 3.6~3.9 m,底板埋置深度约 17.8~18.3 m,总高为 14.345 m,采用两层双柱三跨箱形框架现浇结构,明挖法施工。

基坑支护结构形式采用围护桩+网喷混凝土+钢管支撑的方案,围护桩为 $\phi800@1\,500$ mm 钻孔灌注桩(两端盾构井处桩间距 1 400 mm),网喷混凝土为 100 mm 厚,喷射 C20 早强钢筋混凝土,内支撑为 $\phi609$ mm、$\delta=14$ mm(第一道)或 $\delta=16$ mm(二、三、四道)钢管支撑。

(9)褡裢坡站

褡裢坡站站位于朝阳区定福庄地区朝阳北路与定福庄路的交叉路口,骑跨定福庄路呈东西向布置,其西北角为三间房 110 kV 变电站和财政出版印刷厂;东北角为黄渠村,主要是低矮的民宅;西南角为政府储备用地;东南角为建成不久的定福家园南里小区,其沿街是 16~17 层的高层建筑,一、二层为店商,沿街建筑景观良好。

车站为地下二层双柱三跨岛式车站,采用明挖顺作法施工,车站总长为 358.3 m,标准段总宽度为 21.1 m,挖深约 17.6 m,顶板覆土约 3.8 m。

基坑支护结构形式采用围护桩+网喷混凝土+钢管支撑的方案,围护桩为 $\phi800@1\,500$ mm 钻孔灌注桩,网喷混凝土为 100 mm 厚,喷射 C20 早强钢筋混凝土,内支撑为 $\phi609$ mm、$\delta=16$ mm 钢管支撑,沿基坑竖向设 3 道。车站附属部分钻孔桩采用间距为 $\phi600@1\,200$ mm 的钻孔灌注桩,基坑内竖向设 2 道 $\phi600$ mm×14 mm 的钢管撑。

(10)黄渠站

黄渠站位于北京市东侧朝阳区内,规划三间房东路、朝阳北路交叉口以东。规划路口西北角、东北角现状为朝阳看守所;西南角为仓储用地,现状有三层的仓库;东南角现状为北京外运公司三间房仓库、北京艺嘉仓储有限公司仓库等仓储用房。

车站采用明挖法施工,为地下二层双柱三跨岛式结构,车站长度为 232 m,标准宽度为 21.1 m(加宽段为 24.6 m),覆土约为 4.5 m。车站主体土方采用明挖法。基坑围护采用钻孔灌注桩+基坑内钢支撑支护形式,同时进行基坑降水。内支撑采用 $\phi609$ mm、$\delta=16$ mm、水平距离 $L=2.7\sim7.8$ m 的钢管支撑进行支护,标准段共设 3 道(两侧端头井设置 4 道)钢支撑,并在车站端头井角部增设斜撑,支撑与桩之间设钢围檩。

车站开挖基坑深度为 18.5 m,宽度为 21.1 m,基坑围护采用钻孔灌注桩+基坑内钢支撑支护形式,同时进行基坑降水。钻孔灌注桩为 $\phi800@1\,200$ mm(端头井段)或 $\phi800@1\,400$ mm(标准段),钻进地层从上而下依次为杂填土、粉土、粉质黏土、黏土、粉土、粉细砂、粉土、粉细砂和圆砾层。内支撑采用 $\phi609$ mm、$\delta=16$ mm、水平距离 $L=2.7\sim7.8$ m 的钢管支撑进行支护,共设 3 道,并在车站端头井角部增设斜撑,支撑与桩之间设钢围檩。

(11)常营站

常营站位于朝阳区定福庄地区朝阳北路(道路红线 60 m)与双桥东路(道路红线 50 m)十字路口之间,沿朝阳北路东西方向布置。车站采用明挖法施工,为地下双层三柱四跨混凝土结构,为双岛式站台,车站长为 394 m,标准宽度为 36.7 m。

明挖基坑围护结构采用钻孔灌注桩+预应力锚杆体系。车站主体结构标准段基坑车站顶板埋深约 3.8 m,底板埋深约 18.6 m,宽度为 36.7 m。基坑围护桩采用 $\phi800$ mm、$\delta=1\,200$ mm(端头井段)或 $\delta=1\,400$ mm(标准段)的钻孔灌注桩;基坑内共设置 4 道预应力锚杆,第一层为三桩二锚,二、三、四层为一桩一锚。

(12)草房站

草房站位于朝阳北路与草房西路交叉口处,车站沿朝阳北路南侧东西向设置。草房站采用地下两层双柱三跨结构形式。车站主体净长为 376.75 m,标准段净宽为 20.9 m,总高为 13.30 m,为岛式车站。车站底板埋深约为 16.20 m,结构顶板覆土厚度约为 2.90 m。

基坑支护结构形式采用钻孔灌注桩+网喷混凝土+钢管支撑的方案,钻孔灌注桩为 $\phi800@1\,400$ mm 钻孔灌注桩,网喷混凝土为 100 mm 厚,喷射 C20 早强钢筋混凝土,内支撑为 $\phi609$ mm、$\delta=16$ mm 钢管支撑,沿基坑竖向设 3 道。

(13)草房站~终点区间

草房站~终点区间沿现状朝阳北路南侧道路下敷设,线路呈东西走向。区间采用明挖法施工,断面形式为单层单跨、单层双跨及单层多跨矩形箱型框架结构。

西段区间围护结构采用钻孔灌注桩+网喷混凝土+钢管支撑的方案,钻孔灌注桩为 $\phi800(1\,000)@1\,400(1\,500)$ mm 钻孔灌注桩,网喷混凝土为 100 mm 厚,喷射 C20 早强钢筋混凝土,内支撑为 $\phi609$ mm、$\delta=14$ mm 钢管支撑,沿基坑竖向设 $2\sim4$ 道。东段区间位于车辆段内采用土钉墙,坡面坡度 75°,土钉向下倾斜 15°,长为 $5\sim7$ m,土钉孔径 100 mm,梅花形布设,纵向间距 1.5 m。

27.2 明挖法施工技术

27.2.1 支护结构施工

6 号线一期明挖车站及区间基坑围护结构基本都采用了钻孔灌注桩,土钉墙仅在草房站~终点区间东段局部得到应用。支撑形式大多采用了内撑,个别地段采用了锚索支撑。

27.2.1.1 钻孔灌注桩施工

钻孔灌注桩径一般在 $\phi600\sim1\,000$ mm 之间,桩间距基本都在 $1.2\sim1.5$ m 之间,五路居站桩间距为

1.8 m,桩身采用 C30 钢筋混凝土。

(1)施工工艺流程

钻孔灌注桩一般选用旋挖钻机成孔,配合泥浆搅拌机和泥浆泵,以及钢筋笼加工设备和吊装设备。为防止相邻两桩距离太近或间隔时间太短,造成塌孔,采取分批跳孔施工,钻孔桩施工时按隔一钻一施作,相邻两桩施工时间间隔不小于 24 h。钻孔灌柱桩施工工艺流程如图 5－27－1 所示。

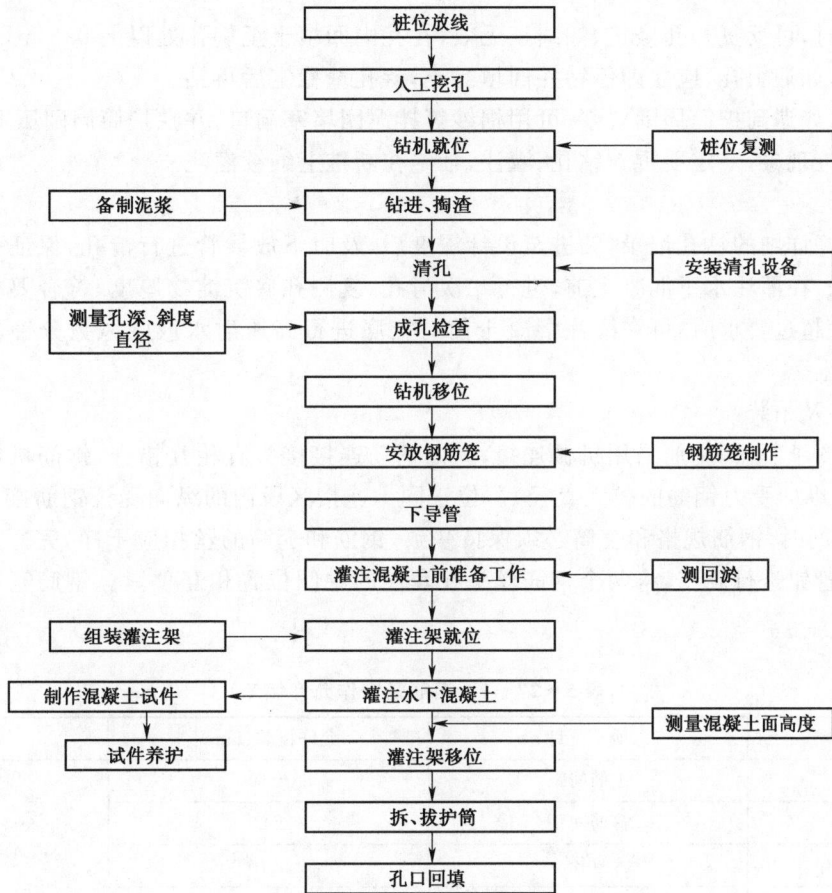

图 5－27－1　钻孔灌注桩施工工艺流程图

(2)桩位放线

地面平整按设计标高拉槽卸土后进行测量放线,桩位按设计外放 10 cm,确定桩位轴线并用桩钉钉入地下,用油漆标识,并做好保护,复核报验,作出复核记录,经复核合格后进行钻孔施工。

(3)人工挖孔

为探明地下管线及地下建构筑物情况,钻孔前采用人工挖孔进行探测,如遇管线及时进行改移,待挖至原状土后停止人工挖孔。人工挖孔采用混凝土护壁,护壁中心线对准测量标定的桩位中心,并严格保持护壁的垂直度,其偏差控制在规范规定的范围之内。

(4)泥浆制备

施工现场设置专门的泥浆池,并派专人负责防止意外事故发生。开孔使用的泥浆用优质膨润土制作,当钻进遇到黏土层时采用原土造浆。施工中经常测定泥浆比重、黏度、含砂率和胶体率,并保持护壁内泥浆顶面始终高出地下水位 1 m 以上。

(5)钻孔

场地平整后,钻机就位,并在技术人员指导下对准孔位(钻头底中心与桩中心对准重合),测量人员采用经纬仪对钻杆进行检测,以保证桩顶中心偏差不得大于 30 mm,垂直度中心偏差不得大于 3‰,并且桩身不可向基坑内倾斜,避免围护桩侵限现象。钻孔过程中及时采用测绳测量孔深,当接近设计孔深时,要减缓钻进速度,及时测量,防止超钻。第 1 根桩施工时,要慢速运转,掌握地层对钻机的影响情况,确定在该地层条件下的钻进参数。

为了保证孔的垂直度,每根桩钻孔前由测量人员对钻机垂直度自动控制系统进行复核,施钻过程中,由施工测量人员对钻杆进行垂直度检验,每钻进10 m检验一次。由于钻机的自身特性,在钻孔施工时必须一次钻孔到位,否则就可能出现塌孔事故。

在钻孔过程中,如发现斜孔、弯孔、缩颈、塌孔冒浆、断桩等情况应立即停止钻进,并采取下列措施处理:

1)当钻孔倾斜时,可反复扫孔修正,如纠正无效,在孔内回填土至偏孔处以上0.5 m,再重新钻进。

2)钻孔过程中,如遇坍孔,应立即停钻并回填黏土,待孔壁稳定后再钻。

3)钻孔过程中,如遇到护筒周围冒浆,可用棉纱等拌泥团堵塞洞口,并在护筒周围压上一层砂包。

4)如果出现断桩现象,一定要重新钻孔、灌注,杜绝在断桩上继续灌注。

(6)清孔

钻进过程中作好详细的钻孔记录,钻进至设计深度后,及时下放导管进行清孔,保证孔底的沉渣厚度符合设计与规范要求。在灌注水下混凝土前,进行二次清孔,复测孔底沉淀物厚度,符合要求方可灌注水下混凝土,如沉淀物厚度超过要求时,可在灌注混凝土前对孔底进行高压射水或吹风数分钟,使沉淀物飘浮后,立即灌注水下混凝土。

(7)钢筋笼加工及吊装

钢筋笼按设计图纸制作,主筋采用机械连接,纵向钢筋连接接头宜相互错开,钢筋机械连接接头连接区段长度为35d(d为纵向受力钢筋的较大直径)。位于同一连接区段内的纵向受拉钢筋接头面积百分率不宜大于50%。连接钢筋时,钢筋规格和套筒必须保持一致,钢筋和套筒的丝扣应干净,完好无损。直螺纹接头应使用工作扳手或管钳进行施工,将两个钢筋丝头在套筒的中间位置相互顶紧。钢筋笼制作允许偏差如表5—27—1所示。

表 5—27—1 钢筋笼制作允许偏差

序　号	项　目	允许偏差(mm)	检验方法
1	主筋间距	±10	尺量检查
2	箍筋间距	±20	
3	直径	±10	
4	长度	±30	
5	主筋保护层	±10	

钢筋笼在运输吊放过程中严禁高起高落,钢筋笼内可以用十字支撑筋加固,以防弯曲扭曲变形。每节钢筋笼用焊2~3组钢筋护壁环(耳朵筋),每组4只,以保证混凝土保护层均匀。钢筋笼吊放采用活吊筋,一端固定在钢筋笼上,一端用钢管固定于孔口。钢筋笼入孔时,对准孔位徐徐轻放,避免碰撞孔壁。下笼过程中如遇阻,不得强行下入,查明原因并处理后继续下笼。钢筋笼吊筋固定好,以使钢筋笼定位准确,避免浇筑混凝土时钢筋笼上浮。

当钢筋笼较长,无法一次吊装入孔时,可以分两次吊装,在孔口进行连接,采用CRBA挤压式剥肋滚压直螺纹套筒连接,连接应满足设计规范要求。

(8)灌注混凝土

混凝土浇筑采用导管法,导管下至距孔底0.5 m处,导管直径为ϕ250 mm。初浇量要保证导管埋入混凝土中0.8~1.3 m。浇筑混凝土过程中提升导管时,严禁将导管提离混凝土面;导管埋入深度一般控制在2~4 m,边灌边拔。混凝土浇筑过程中为防止钢筋笼上浮、下沉,设钢筋笼定位固定架,混凝土应连续浇筑不得中断,混凝土面接近钢筋笼底部时导管埋深控制在3 m左右,并适当放慢浇筑速度。当混凝土面进入钢筋笼底端1~2 m时适当提升导管,提升时保持平稳,避免出料冲击过大或钩带钢筋笼。灌注接近桩顶标高时,严格控制计算最后一次浇筑混凝土量,使桩顶标高比设计标高高出0.5~0.8 m,以保证桩顶混凝土质量。如图5—27—2和图5—27—3所示。

图 5—27—2 钻机就位

图 5—27—3 钢筋笼加工

(9)桩身混凝土质量检测

桩身混凝土达到设计强度的 70% 以后,应按要求对桩身混凝土质量进行检测,以此来判断桩身的完整性及其质量是否符合设计及规范要求。桩身混凝土质量检测一般采用低应变动测法检测。

27.2.1.2 桩间网喷混凝土施工

为确保桩间土稳定,土方开挖过程中应及时挂网喷射混凝土,挂网网片规格一般为 $\phi 8 (\phi 6.5)@150$ mm ×150 mm,网喷混凝土厚度为 100 mm,规格为 C20 早强混凝土,采用湿喷工艺,随拌随喷。

(1)施工工艺流程

桩间网喷混凝土施工工艺流程如图 5—27—4 所示。

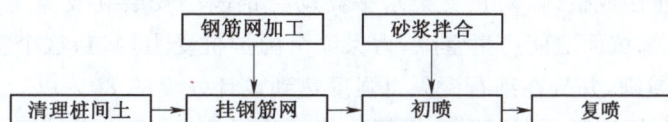

```
                    钢筋网加工        砂浆拌合
                        │              │
                        ▼              ▼
     清理桩间土 ───→ 挂钢筋网 ───→ 初喷 ───→ 复喷
```

图 5—27—4 桩间网喷混凝土施工工艺流程

(2)施工方法

1)土方开挖时,人工配合对桩间土进行清除,确保桩间基面平顺。

2)当桩间有渗漏处(残留水)时,需采取相应措施进行处理,确保工作面无明水。

3)将钢筋网片通过膨胀螺栓与灌注桩固定(或凿出灌注桩正面一根主筋,钢筋网片与主筋焊接)。

4)挂网完成后,喷射混凝土紧跟进行,喷射混凝土施工时必须保证钢筋网片保护层厚度。

5)喷射完成后 2 h,养护紧跟进行。如图 5—27—5 所示。

27.2.1.3 钢支撑施工

明挖基坑土方开挖后,要及时施作内支撑,并预加轴力,内支撑为 $\phi 609$ mm、$\delta = 14$ mm(16 mm)钢管支撑。

(1)钢围檩及钢支撑的加工

1)为保证加工质量,钢支撑统一在构件厂定制,分批加工并运到现场来调整安装。钢围檩则通过购置钢板、工字钢和角钢在施工现场加工。

2)钢支撑采用 $\delta = 14$ mm(16 mm)的钢板卷制满焊而成。表面不应有裂纹、褶皱,管间缝使用原钢板对接压力焊,焊缝表面应打磨圆顺。钢管采用 6 m 为标准节(含两端的法兰盘),其他长度为非标准节,其长度允许偏差为 ±10 mm,钢管成型后必须对焊缝进行无损探伤检测,合格后涂刷防锈漆,并逐一编号和标注尺寸。

图 5—27—5 明挖基坑挂网喷锚

3）钢围檩在现场加工，采用 Q235 钢、E43 系列焊条满焊，焊缝高度 10 mm，所有直接承力的钢板端面皆应预先铣平；钢围檩长度允许偏差为±20 mm，具体尺寸按照图纸施工。

（2）钢支撑防坠落措施

1）采用机械开挖土方时，严禁机械开挖碰撞钢支撑、钢围檩等。

2）每个开挖段至少设 3 个轴力监测断面，当支撑轴力超过警戒值时，立即停止开挖，加密支撑，并将有关数据反馈给设计部门。

3）支撑拼接采用扭矩扳手，保证法兰螺栓连接强度。拼接好支撑须经质检工程师和监理工程师检查合格后方可安装。对千斤顶、压力表等加力设备定期校验，并制定严格的预加力操作规程，保证预加轴力准确。

4）钢支撑加工完成后，由质量人员及监理现场对安装完毕的钢腰梁、牛腿及加工好的钢支撑、槽钢联梁、剪刀撑等进行检查验收，保证各项技术要求合格后，方可吊运安装；安装前由工长对机械的安全操作规程及注意事项进行交底，并由机械技师对所有机械性能进行检查，合格后方可使用。

5）钢支撑、槽钢联梁跨度较大，活荷载对其影响较大，严禁在其上站立或行走，堆放材料物品，防止钢支撑受附加荷载及振动失稳，并保证人员安全。

6）钢支撑施加应力时，油压千斤顶应采取措施进行临时固定，防止在受力过大时造成位移过大而坠落。

7）基坑开挖支护时，若基坑变形过大，为预防钢支撑坠落，在预应力施加完成后，采取将固定端点焊在端头支撑槽钢托架上方的防脱落措施。

（3）钢围檩及钢支撑安装

1）钢支撑是保证基坑开挖和主体结构施工安全、控制基坑收敛和位移的必要措施。钢支撑在进场前应全面检查验收，特别是加强钢管长度和钢管连接接头焊缝质量的检查。

2）安装钢支撑前，首先在围护桩上打设胀管螺栓固定角钢支架，然后一般用通长 100 mm×10 mm 角钢将同一层的所有角钢支架连接成整体，防止支架水平晃动。钢围檩安装在支架上之后，由于网喷面和围护桩的施工误差，造成围檩与基坑面之间产生空隙，为保证个围护桩受力均匀，这个空隙必须用强度等级不低于 C20 的细石混凝土填嵌饱满，并且在细石混凝土强度达到设计强度的 80% 以后才允许施加钢支撑的预应力。钢支撑安装紧跟基坑开挖进度，随挖随撑，钢管分节组装好，由吊车或塔吊安装就位。安装时控制好其轴线位置，防止钢支撑受力不均匀而滑落或损坏。每根钢支撑均在一端设置活动端，安装就位后，用塔吊或吊车吊住钢管支撑中部，抵抗因钢管支撑自重产生的挠度，然后用千斤顶和液压泵对支撑施加预压力，预压力值不大于各管撑设计轴力的 50%，然后在预留的活络端加钢楔楔紧。

3）钢支撑架设方法及流程

钢支撑架设与基坑土方开挖是深基坑施工密不可分的两道关键工序，支撑架设时间、位置及预加力的大小直接关系到深基坑稳定。

基坑开挖至第一层土下时，立即清理出冠梁上的预埋钢板（支撑假设点），将定位的支撑托板焊接在预埋钢板上，然后用龙门吊吊起钢支撑的两端，轻放在托板上，在活动端用千斤顶施加钢支撑预应力，施加预应力为设计支撑轴力的 50%，当压力表读数达到设计值并保持稳定为止，并采用特制铸铁楔子塞紧。

第一层支撑安装完毕后，进行第二层土方的开挖，开挖至第二道钢支撑下 100 cm 后，安装第二层钢支撑，工序内容与第一层大体相同，所不同是：为保证各桩共同受力，支撑两端增设钢围檩，钢围檩搁置在角钢支架上，支架则通过胀栓固定在每根围护桩上。以下各道钢支撑的安装与第二道支撑方法相同。

钢支撑安装允许偏差值如表 5－27－2 所示。

表 5－27－2　钢管横撑安装允许偏差表

项目	横撑中心标高及同层顶面的标高差	支撑两端的标高差	支撑挠曲度	横撑两端支点中心线偏心	总偏心量	横撑水平轴间偏差
允许值	±30 mm	≤20 mm，≤1/600L	≤1/1 000L	≤20 mm	≤50 mm	±100 mm

（4）钢支撑拆除

1）钢支撑拆除步骤

最下层钢支撑等到车站底板结构施工完毕，且达到设计要求后，以此向上，逐步拆除钢支撑。

2)支撑拆除方法

钢支撑拆除应随车站结构施工进程分段分层拆除。用吊车或塔吊将钢支撑托起,在活动端设千斤顶,施加轴力至钢楔块松动后,取出钢楔块,逐级卸载至取完钢楔。最后用吊车或塔吊将支撑吊出基坑。

(5)钢支撑安装后的维护管理

1)安装了轴力计的钢支撑,每天要检查,记录轴力变化。

2)每天检查支撑变化情况,有没有松动等。

3)对基坑异常处或支撑异常处注意检测和加强辅助设施安装。

4)钢楔、活络头、钢围檩也要时时检查、记录,防止事故。

5)为防止钢支撑在后续施工中意外坠落,需在两端设置钢丝绳套进行防护。如图5-27-6和图5-27-7所示。

图5-27-6　钢支撑现场拼装

图5-27-7　钢支撑预加轴力

27.2.1.4　预应力锚索施工

(1)钻孔设备

钻孔机具的选择,根据锚固地层的类别、锚孔孔径、锚孔深度以及施工场地条件等来选择钻孔设备。例如在卵石层成孔,应采用RPD-65L型、U.B.W型、Atolas Copco型旋转冲击式钻机进行钻孔。

(2)钻机就位

钻机应安放稳固,根据测放孔位,准确安装固定钻机,进行机位调整,以确保锚孔开钻就位纵横误差不得超过±50 mm,高程误差不得超过±100 mm,钻孔倾角和方向符合设计要求,倾角允许误差位为±1.0°,方位允许误差为±2.0°。

(3)钻进过程

钻进过程中对每个孔的地层变化,钻进状态(钻压、钻速)、地下水及一些特殊情况作好现场施工记录。钻孔速度根据使用钻机性能和锚固地层严格控制,防止钻孔扭曲和变径,造成下锚困难或其他意外事故。

(4)孔径孔深

钻孔孔径、孔深要求不得小于设计值。为确保锚孔直径,要求实际使用钻头直径不得小于设计孔径。为确保锚孔深度,要求实际钻孔深度大于设计深度0.2 m以上。

(5)清孔

钻进达到设计深度后,不能立即停钻,要求稳钻1~2 min,防止孔底尖灭,达不到设计孔径。钻孔孔壁不得有沉渣及水体黏滞,必须清理干净,在钻孔完成后,使用高压空气将孔内岩粉及水体全部清除出孔外,以免降低水泥砂浆与孔壁岩土体的黏结强度,不得采用高压水冲洗。若遇锚孔中有承压水流出,待水压、水量变小后方可下安锚筋与注浆,必要时设置排水孔处理。如果设计要求处理锚孔内部积聚水体,采用灌浆封堵二次钻进法处理。

(6)锚孔检验

锚孔钻造结束后,须经检验合格后,方可进行下道工序。孔径、孔深的检查要求验孔过程中钻头平顺推进,不产生冲击或抖动,钻具验送长度满足设计锚孔深度,退钻要求顺畅,用高压风吹验不存明显尘渣及水体飞溅现象。

(7)锚索制作及安装

钢绞线长度为孔深、锚墩高度、工作锚板厚度、千斤顶长度、工具锚厚度以及张拉操作余量的总和。同时考虑到下料时有截长误差及锚具安装的方便性,一般相应加长1 m。钢绞线采用电动砂轮切割机在预制场截断,并保证对钢绞线无任何损伤。将截好的钢绞线按对应孔穿入隔离架,然后再将隔离架向前窜动。沿杆体轴线方向每隔1.5 m设置一个隔离架。注管穿入隔离架的中心孔与锚杆体绑着牢固。为防止钢绞线与水泥浆产生黏结,自由张拉段用PVC管进行包裹。钢绞线成束后,要检查其长度、组装直径、钢绞线有无交叉和重叠等,进行验收后,合格方可使用。

锚索安装前,应进行详细检查,核对锚索编号与钻孔的孔号,并对损坏的配件进行修复和更换。将经过除锈、清洁、并检查无任何质量问题的索体采用人工缓缓推入孔中,用钢尺量出孔外露出的钢绞线长度,计算孔内锚索长度(误差控制在50 mm范围内),确保锚固长度。推送锚索时用力要均匀,防止扭压和弯曲。杆体放入孔内应与钻孔角度保证一致,在将锚索体推送至预定深度后,检查注浆管是否畅通,否则应拔出锚索体,排除故障后重新安装。

(8)注浆

注浆是锚索施工的一道重要工序,直接决定锚索的质量。锚索灌浆采用二次灌浆法,一次灌注浆液选用M25水泥砂浆,要求浆液搅拌均匀。灌浆压力选择0.3~0.6 MPa,以能连续缓慢压入浆液为原则,浆液缓慢流出孔口,再延续1 min即可停止,这样可以使浆液有效地将孔内气体、积水排除并充填空隙。锚索注浆管边灌边拔,一次注浆量按理论计算值的1.15~1.2倍确定,浆液收缩后及时补浆,使孔口浆液饱满。二次高压注浆选用M25水泥净浆,在锚固段第一次灌浆体强度达到5 MPa时进行,二次高压注浆压力控制在2.5~3 MPa。

(9)锚索张拉

当锚固段注浆体的抗压强度大于15 MPa且达到设计强度等级的75%以上时,方可进行分级张拉锁定作业。对于压力分散型锚索,张拉时应严格按设计次序分单元采用差异分布张拉,根据设计荷载和锚索长度确定差异荷载,并根据计算的差异荷载进行分单元张拉。锚索正式张拉前,应取10%~20%的设计张拉荷载,对其预张拉1~2次,使其各部位接触紧密,钢绞线完全平直。

在张拉最后一级荷载时,应持荷稳定10~15 min后卸荷锁定。锚索锁定后48 h内,若发现明显的预应力损失现象,则应及时进行补偿张拉。

锚索张拉完成后应及时对锚头进行补浆和封锚,从锚具量起,留出长5~10 cm钢绞线,其余部分截去,须用机械切割,严禁电弧烧割。最后用水泥净浆注满锚垫板及锚头各部分空隙,然后对锚头采用混凝土进行封锚,防止锈蚀和兼顾美观。如图5-27-8所示。

图5-27-8 锚索施工效果图

27.2.1.5 土钉墙施工

(1)施工工艺流程

土钉墙的施工随土方开挖分步进行,其工艺流程如图5-27-9所示。

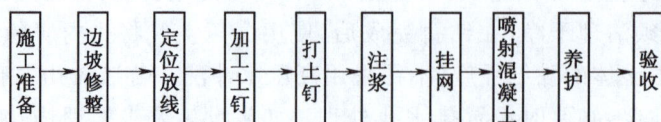

施工准备 → 边坡修整 → 定位放线 → 加工土钉 → 打土钉 → 注浆 → 挂网 → 喷射混凝土 → 养护 → 验收

图5-27-9 土钉墙施工工艺流程图

(2)施工技术要求

基坑边坡应分段分层开挖,每层深度一般不得超过2.0 m;每次超挖深度不超过0.5 m;边开挖边人工修整边坡,边喷射混凝土,人工修整坡时,坡面平整度应控制在 20 mm 以内。

土钉成孔机具应根据施工现场土质情况及环境条件来选择成孔设备,如:冲击钻机、螺旋钻机、回转钻机、洛阳铲等。如果钻孔时不出水,可用螺旋钻或洛阳铲;在易塌孔的土体钻孔时宜采用套管成孔或挤压成孔设备。钻孔直径一般为 70~120 mm,与水平面夹角宜为 5°~20°。

土钉成孔后,应马上进行土钉的安置及孔道注浆工作,以免造成孔道坍塌。正常情况下,土钉的安置采用人工推进的方式,将土钉插入土钉孔内。如遇易坍塌土层或孔道已经坍塌,土钉无法进入孔底时,应抽出土钉杆,进行二次成孔。土钉的长度一般为开挖深度的 0.5~1.2 倍,间距宜为 1~2 m;土钉钢筋宜采用 HRB 335、HRB 400 级钢筋,钢筋直径宜为 16~32 mm。注浆材料一般为水泥砂浆或水泥净浆,其强度等级一般不宜低于 M10。当注浆材料用水泥浆时,水灰比为 0.4~0.5 左右,为防止泌水、干缩,可掺加 0.3% 的木质素黄酸钙。当注浆材料用水泥砂浆时,灰砂比为 1:1 或 1:2(重量比),水灰比为 0.38~0.45。

土钉必须和面层有效连接,应设置承压板或加强钢筋等构造措施,承压板或加强钢筋应与土钉螺栓连接或钢筋焊接。喷射混凝土面层宜配置钢筋网,钢筋直径宜为 6~10 mm,间距宜为 150~300 mm,混凝土强度等级不宜低于 C20,面层厚度不宜小于 80 mm,钢筋网片搭接长度应大于 300 mm。当地下水位高于基坑底面时,应采取降水措施或截水措施,坡顶应采用砂浆或混凝土护面,其宽度应不小于 800 mm,并高于地面,以防止地表水灌入基坑。坡脚应设排水沟和集水坑,坡面可根据具体情况设置泄水管。

27.2.2 土方开挖

(1)开挖原则

1)基坑土方采取"纵向分层、横向分区分段、先撑(锚)后挖、严禁超挖"的原则进行,在软土、粉砂层及变形要求较严格时,采取"分层、分区、分块、分段、抽槽开挖,留土护壁,及时支撑,减少无支撑暴露时间"等方式开挖。

2)竖向上按照钢支撑设计位置上下分层进行开挖,每一层分别挖至钢支撑底部标高下 50 cm 时及时进行架设。

3)横向上开挖时采用由两端向中间方向或者一端到另一端进行开挖,分台阶进行,并尽量缩短两侧土体暴露时间,加快锚喷及支撑安装。

4)土方开挖过程中,密切注意对周边环境,特别是对管线设施的保护,切实减小周围地表的沉降。

5)加强对地下水的处理,除按设计采用井点降水措施外,在必要的情况下,可采用开挖排水沟、集水井集中抽排的方法疏干地下水。

6)加强对开挖标高的控制,开挖接近设计标高时,预留 30 cm 厚度土层人工验底,严禁超挖,超挖部位用 2:8 灰土分层回填夯实。

7)尽量缩短围护结构暴露时间,土方开挖到钢支撑下 50 cm 位置后及时架设钢支撑。

8)施工过程中,避免土方开挖机械对围护结构、钢支撑的碰撞破坏,必要时该部分土方开挖采用人工进行。

土方开挖横、纵剖面如图 5-27-10 和图 5-27-11 所示。

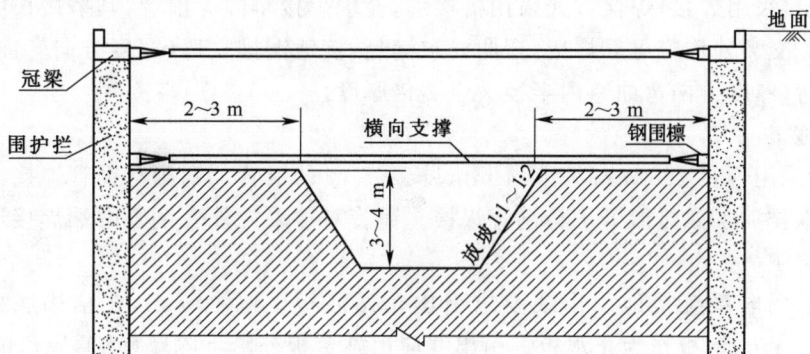

图 5-27-10 土方开挖横剖面图示意图

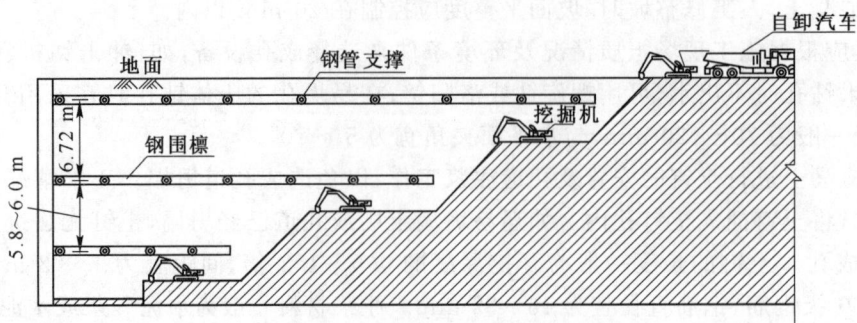

图 5－27－11　土方开挖纵剖面图示意图

（2）技术要求

基坑土方开挖前，每段基坑开挖时均要提前开挖水沟，将水汇入集水坑，用抽水机抽排至基坑外的截水沟，排放到沉淀池。雨季施工时，每次施工完后对开挖面采用彩条布覆盖处理，以防止雨水冲刷边坡，造成边坡的坍塌，坑内若有积水必须立即抽排出，严禁积水泡坑。

土方开挖采用台阶式放坡退挖，主要设备为液压反铲挖掘机，开挖过程中及时架设钢管支撑，保证基坑及周边安全。开挖到钢管支撑或基坑边角时，由人工或小型机具配合机械开挖，避免碰撞钢管支撑造成基坑失稳。

为保证坑底平整，控制超欠挖，基坑开挖到设计坑底标高以上 30 cm 时，停止机械开挖，采用人工清底，以免机械对地层的扰动，破坏地基承载力。如果开挖至基底，遇到明水或边墙渗水时，要及时设置引流槽、集水井排除坑底积水，并立即进行垫层、防水、封底混凝土施工。

设立监测体系，建立信息反馈系统，在开挖过程中对围护桩及钢管支撑、地表沉降，桩顶位移等派专人监测，作好观测记录，并根据监测数据及时调整监测频率，出现异常立即处理。

27.2.3　主体结构施工

明挖基坑主体结构施工工艺流程如图 5－27－12 所示。

27.2.3.1　接地网施工

接地网由水平接地体、垂直接地体构成并经接地引出线引出。接地网在车站底板垫层下的埋设深度不小于 0.6 m，车站整个接地网一般设置垂直接地体和强、弱电系统接地引出线。

基坑开挖至坑底标高后，及时按图示位置人工拉沟，施作水平接地体，完毕后尽快作底板垫层，并预留垂直接地体孔洞、预留接地引出线孔洞，垫层达到强度后再施工垂直接地体、接地引出线。每一部分做完后，实测其接地电阻，然后将其与先前施工好的接地装置连接，再测总接地电阻，记录每次测量的数据，作为确定下一部分垂直接地体长度的依据。接地网敷设完工后，应实测接地电阻、接触电位差及跨步电位差。

（1）水平接地网施工

水平接地网一般采用 50 mm×5 mm 铜排，接地引出线及与其相连的水平接地体为 50 mm×5 mm 铜排。水平接地网的连接采用焊接，焊接方式采用搭接焊，要求焊接牢固无虚焊，其搭接长度为宽度的 2 倍（且至少 3 个棱边焊接）。交叉处均应可靠焊接，弯曲要求满足：接地铜排立弯（宽度方向弯曲），内半径大于 1.5 倍宽度；接地铜排平弯（厚度方向弯曲），内半径大于 2 倍厚度。

（2）垂直接地体施工

垂直接地体一般采用管径 220 mm、壁厚 4 mm、长 2.5 m 的铜管。铜排与铜管焊接，除应在其接触部位两侧进行焊接外，将铜排加工成弧形卡子与铜管焊接。铜管对接采用外套铜管两端焊接形式。

（3）接地引出线施工

接地引出线和强、弱电系统接地引出线要求引出车站底板上缘 0.5 m，在结构底板混凝土中部加焊 300 mm×350 mm×5 mm 铜板作为止水板。引出线应由站台板外沿下隔墙（及通风道隔墙）内侧引出底板大于 0.5 m，并设法妥善保护，严防断裂。接地引上线引出时，应与底板外防水的施工密切配合，以确保底板外防水层的敷设和应用，该处的防水措施参照相应防水细部图。

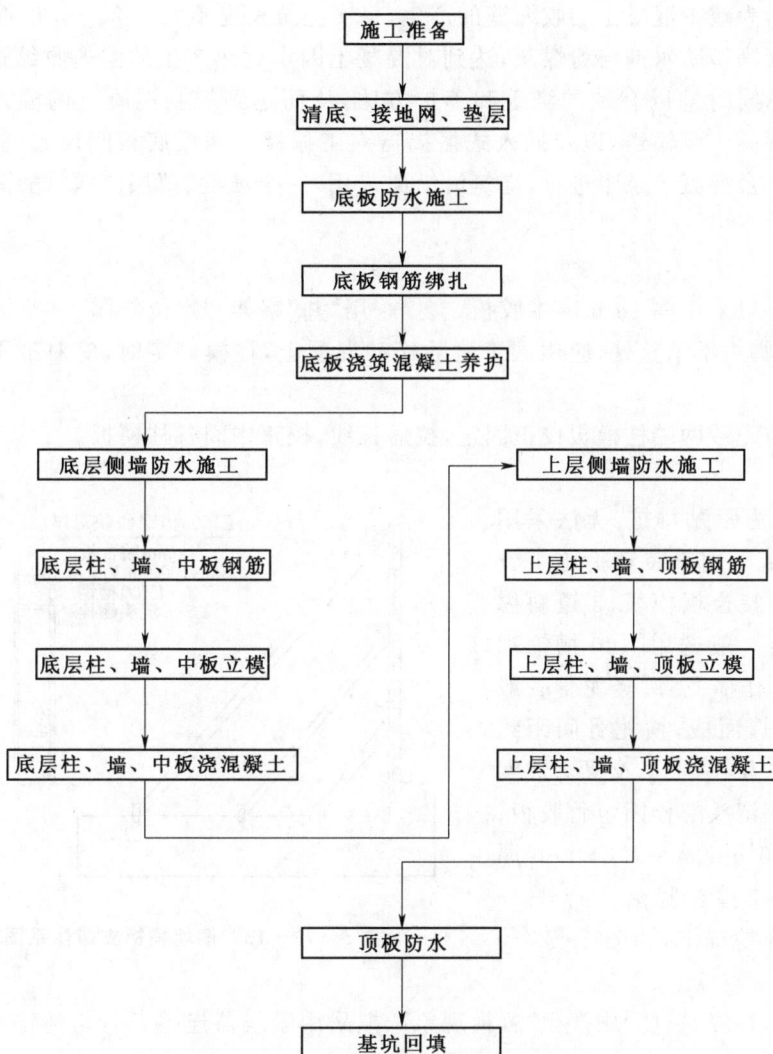

图5-27-12 明挖基坑主体结构施工工艺流程图

(4)降阻剂施放

水平接地体:沟断面一般选用上宽600 mm、下宽400 mm、深600 mm的梯形,仅在接地网周边水平接地体施放降阻剂,此时在其沟底部再挖0.12 m×0.12 m的同向降阻剂小槽,将接地极放入槽内并按设计焊接,搭接部分不得小于规程要求。为保证金属接地极处于浆料之中,用小石块对不同部位支撑,使其离沟底约50 mm,以便于浆液包裹金属,将拌好的浆料灌入放置金属的沟槽内,尽量均匀包裹,待初凝后细土回填,逐层洒水夯实。如果水平接地体敷设处岩层的土壤电阻率大于100 Ω·m,应采取换土措施,换土深度应达水平接地体下0.2 m,土壤为电阻率小于50 Ω·m的黏土、陶土等。

垂直接地体:用地质钻机钻出孔径为150 mm的孔洞,为防止浆料稀释,其施工用水必须抽出,再放入金属接地极等待灌浆。井中施工水可用深井泵抽出,也可用底部带有活塞的管筒人工抽出,将各接地极焊接,搭接处不得小于规程要求。用机械浆料泵时,将管下部约占管长1/3的管壁上,相隔200 mm相错不同方位钻直径10~15 mm的孔,浆料从管口压入至井口为止。

(5)施工注意事项

在焊接铜排或铜管前,清除其表面氧化层,确保焊接部位牢固;接地引出线一定要露出底板上缘不少于0.5 m,并明显标示、妥善保护;水平接地体施作完毕后,回填土严禁用建筑垃圾,可采用黏土或低土壤电阻率的粉末状强风化岩;主体施钻时,注意地质变化,确保进入基岩不超过0.5 m;施放降阻剂时,注意安全操作。

27.2.3.2　底板施工

基坑底板长度较长,为减少混凝土的收缩缝的产生,每次浇筑长度不大于24 m,并通过科学调整混凝土的配合比,掺加多功能膨胀型防水剂与粉煤灰,达到对混凝土因水化热产生的温差收缩进行补偿的目的,有效降低混凝土的水化热,同时辅以有效的浇筑和养护方法,从而达到控制混凝土的温差收缩裂缝的效果。采用商品混凝土供应,混凝土泵输送,以及插入式振捣器人工振捣。两段底板间设置施工缝。根据灌注速度要求,每次浇筑安排1台混凝土泵车进行,浇筑沿纵向采用"一个坡度、薄层浇筑、循序推进、一次到顶"的连续浇筑方法。

27.2.3.3　框架柱施工

(1)框架柱的模板一般采用厚18 mm木胶板,支撑采用"井"字架和定位斜撑。

(2)柱施工时,对柱脚边不平整处,应用人工凿除松动混凝土,柱模固定时,应对准下面控制线,上部拉线,进行水平垂直校正。

(3)对同排柱模板应先装两端柱模板校正固定,拉通长线,校正中间各柱模板。

27.2.3.4　侧墙施工

由于车站主体结构为紧贴排桩,无法采用对拉支撑系统,侧墙模板采用整装整拆施工方法。侧墙模板为钢框竹胶合板模板,3道斜撑支撑系统,具体构造为:一般选用[100 槽钢和100 mm×100 mm方木作横龙骨,竖龙骨一般采用2根[160a 槽钢对焊而成,横龙骨间距约为40 cm,竖龙骨间距约为150 cm,交叉焊成网络状,再在横龙骨外侧用沉头螺栓固定竹胶板;三道斜撑一般采用 ϕ150 mm δ=4.24 mm 厚钢管,一端做成撑斜角,支撑在竖龙骨上,另一端后带可调螺杆,支撑在地锚上,如图5—27—13所示。

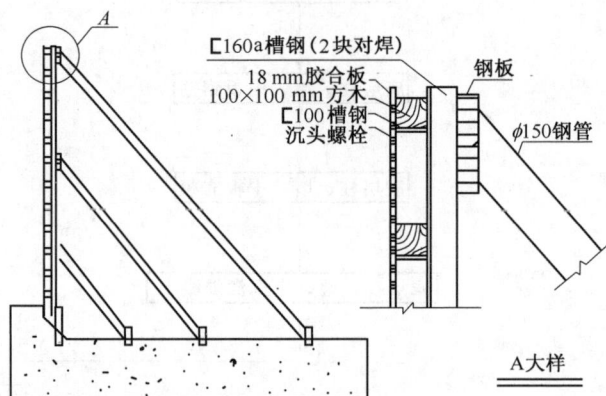

图5—27—13　侧墙模板支撑体系图(单位:mm)

由于采用3道斜撑,在浇筑过程中产生"爬模现象",拟采用紧线器连接龙骨与地锚,产生垂直向下的分力,可有效地杜绝爬模产生。

27.2.3.5　墙、板倒角模板及纵梁模板施工

墙、板倒角模板及底、顶纵梁模板均采用槽钢骨架加竹合板面板做成定型模板,这样可缩短支模时间,提高模板利用率。由于倒角高度不大,利用焊接在墙、板已绑扎钢筋上的拉杆固定模板;底、顶纵梁采用对拉螺杆穿透纵梁,固定模板,如图5—27—14所示。

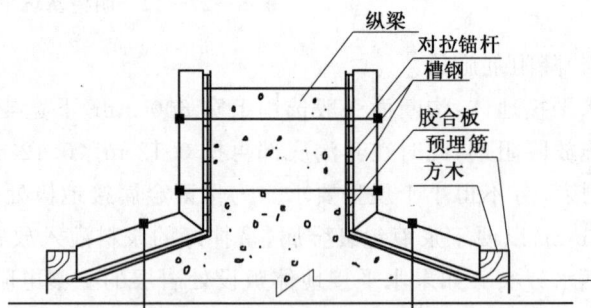

图5—27—14　底纵梁模板安装图

27.2.3.6　梁、板施工

(1)梁、板施工流程

施工流程如图5—27—15所示。

(2)模板及支撑材料

1)中层板上、下两面预埋件的设置、预留孔洞的位置,必须经监理检查验收无误后,方可浇筑中层板混凝土。

2)为保证下部建筑限界、沉降后净空仍能满足要求,楼板底标高应考虑支架、搭板沉降及施工误差。拆模时间应在顶板达到拆模强度后进行,不得过早拆模而发生下垂、开裂等现象。浇筑混凝土必须作好标高控制桩,并严格按有关技术规范的要求进行。

(3)梁、板模板及支撑

车站工程顶层存在若干种钢筋混凝土纵向大梁,现以截面尺寸为1 200 mm×2 000 mm的大梁为例来

说明其支撑和侧模设计所需材料。

1 200 mm×2 000 mm 大梁支撑和侧模设计所需材料为：

①模板：进口聚酯面大板，厚度为 18 mm。

②木方：进口一级杂枋 50 mm×100 mm。

③钢管：顺直无缺陷。

④扣件：保养良好，符合要求。

（4）立模方法

1）中层梁、板的模板支架一般采用满堂红支架，待侧墙模板拆下吊出后，在原支撑顶端加顶托即可。板垂直支撑一般选用 ϕ48 mm×3.5 mm 扣件式钢管脚手架。搭设时一般设 3 道水平拉杆和剪力撑，并留出检查通道。

2）车站顶板梁板支模。经过计算，此类梁立杆一般选用 ϕ 48 mm× 3.5 mm 钢管（无接头），纵向间距和横向间距一般依次设置为 300 mm 和 600 mm。梁下横杆宜设 2 道，扫地杆间距宜为 1 800 mm，扫地杆距地面宜为 300 mm，宜设对称剪刀撑，间距为 4 m。

（5）施工方法及要求

1）在柱子上弹出轴线、梁位置线和水平线，钉柱头模板找平。

2）按设计标高调整支柱的标高，然后安装底模板，并拉线找平。

3）中层梁、板的模支架采用满堂红支架，满足强度和变形要求。

4）为保证下部建筑限界、沉降后净空仍能满足要求，顶板底标高应考虑支架、搭板沉降及施工误差。

5）板上、下两面预埋件的位置及预留孔洞的位置必须经监理检查验收无误后，方可浇筑中层板混凝土。

6）根据墨线安装模板、压脚板、斜撑等。

7）梁模板用螺栓加固，次梁模板用夹具在梁底处夹紧，夹具用木枋螺栓制作，间距宜为 1 000 mm。夹管用新脚手架管，使用旧钢管时，认真挑选，不得使用弯曲的钢管，梁模板上口胀力主要依靠板底模支撑。

8）为便于梁侧模和板底模尽早拆除，所有梁底模均采用保留支撑法立模，待混凝土达到设计强度并满足拆模要求后拆除。

27.2.3.7 立、拆模的其他施工技术要求

（1）模板的拆除

1）柱模板的拆除：先拆除柱斜支撑，再卸掉柱围图、对拉螺栓，然后用撬棍轻轻撬动模板，使模板与混凝土脱离。

2）墙模板的拆除：先拆除附件，再拆除斜撑，用撬棍轻轻撬动模板，使模板离开墙体即可把模板吊走。

3）台板、梁模板的拆除：先拆梁侧模，再拆除平台板，平台板模板先拆水平杆，然后拆模板支撑。每个格栅留 1~2 根支撑暂时不拆；用钩子将模板拆下起吊走，等该段的模板全部脱模后集中运出、集中堆放。

（2）模板工程质量措施

1）为了保证结构尺寸、位置的正确性，支模前要放好模板线及检查线，梁板模板安装完后，要检查梁柱位置、尺寸。

2）木枋及对拉螺栓的设置要严格按施工方案进行，不允许随意改变间距，且注意木枋要立放，对拉螺栓用的钢筋要经过检验合格后才能使用，以免出现胀模现象。

3）为了保证木枋规格一致，所有背枋都要经过木工压刨加工裁制成统一尺寸，以防止模板翘曲不平。

4）浇筑混凝土前，用高压风管清理模板内木屑等杂物。用水管冲洗湿润模板，要保证模板内洁净、用水浇透。

5）为防止模板漏浆，模板接缝宽度不大于 1 mm 时，板缝用包装胶带纸贴缝。在混凝土浇筑过程中，要经常检查，如发现变形、松动等情况，及时修补加固。

（3）安全技术措施

支模过程中遵守安全操作规范，如遇中途停歇，将就位的支顶、模板连接稳固，不得空架浮搁。拆模间歇时将松开的部件和模板运走，防止坠下伤人。拆模时搭设脚手架。

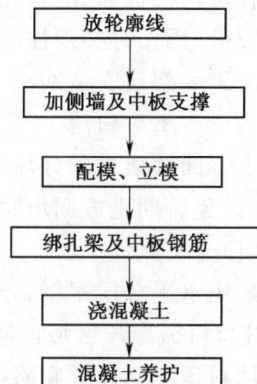

放轮廓线
↓
加侧墙及中板支撑
↓
配模、立模
↓
绑扎梁及中板钢筋
↓
浇混凝土
↓
混凝土养护

图 5-27-15 梁、板施工流程图

有防止模板向外倒跌的措施。在 4 m 以上高空拆除模板时,不得让模板、材料自由下落,更不得大面积同时撬落,操作时必须注意警戒。在施工浇筑模板的下一层模板的支顶不准拆除。安装外围柱、梁模板时,先搭设脚手架或安全网。

27.2.3.8　土方回填

土方回填质量的好坏直接关系到后期地表沉降的严重程度。顶板防水施工完成后,要进行防水保护层浇筑,以免后期土方回填时,小石子破坏防水的完整性。并在雨季来临前完成土方回填工作,确保回填质量。

(1)分层摊铺

采用水平分层平铺,分层厚度宜取 200～300 mm,人工夯实的地方摊铺厚度宜取 200 mm,夯实遍数为 3～4 遍,机械碾压区域摊铺厚度宜取 300 mm,夯实遍数为 4 遍,施工时由自卸车将土运至基坑内。由推土机把填料运至到位并粗略整平。不宜用机械的地方需人工摊铺。顶板上的第一层回填土尽量选用透水性较差的黏土并夯填密实,防止地表水渗漏,如车站结构。剩余的上部回填土不能用腐殖土,不能含有建筑垃圾、大块石料等。

(2)分层压实

大面积回填碾压前应先做试验段,用试验的方法取得最佳的压实遍数和人工夯实遍数。用压路机分层操作时宜先轻后重、先慢后快、先边缘后中间。压实时,相邻 2 次的轮迹应重叠 1/3,保证压实均匀,不漏压,对于压不到位的地方要人工配合。顶板以上 500 mm 以内严禁施工机械进行碾压,需人工采用小型机具进行夯实。

27.2.4　监控量测

27.2.4.1　监测项目

明挖基坑主要监测项目及控制标准如表 5－27－3 所示。

表 5－27－3　明挖基坑主要监测项目

序号	监测对象	监测项目	测点布置
1	周边环境	地表沉降	基坑周边设置 2 排沉降测点,距基坑边距离分别为 3 m、8 m,每 20 m 设置 1 个监测断面
2		管线沉降	沿管线每 10 m 布置 1 个测点
3		建构建物沉降及倾斜	建筑物的四角(拐角)上,高低悬殊或新旧建筑物连接处,伸缩缝、沉降缝和不同埋深基础的量测,每幢建筑物上不宜少于 1 个沉降点,2 组倾斜测点(每组 2 个)
4	结构自身	桩顶水平及竖向位移	基坑周边的中部、阳角处及有代表性部位,水平间距 20～50 m 一断面
5		桩体位移	与桩顶水平及竖向位移相对应
6		支撑(锚索、土钉)轴力	受力较大且有代表性部位,基坑周边的中部、阳角处且各层监测点在竖向上应保持一致

27.2.4.2　监测成果分析

(1)地表沉降

1)监测数据统计及分析

明挖基坑周边地表沉降统计如表 5－27－4 所示。

表 5－27－4　基坑周边地表沉降统计

序号	地层条件	支撑形式	平均沉降(mm)	最大沉降(mm)
1	圆砾卵石层	钢支撑	10	16.09
2	粉质黏土卵石复合地层	钢支撑	20	47.83
3		锚索	18	38.3
4	粉细砂、粉质黏土复合地层	钢支撑	11	40.3
5		锚索	9	38.3

监测数据区间分布统计如图 5－27－16～图 5－27－20 所示。

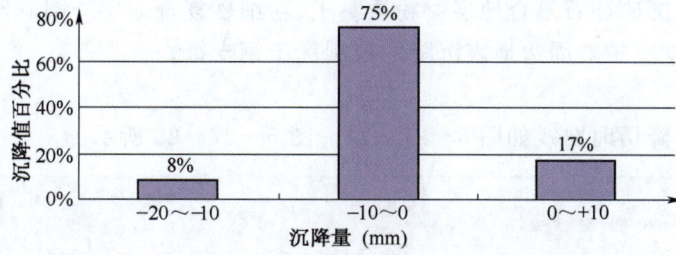

图 5－27－16　圆砾卵石层地表沉降测点统计图（钢支撑）

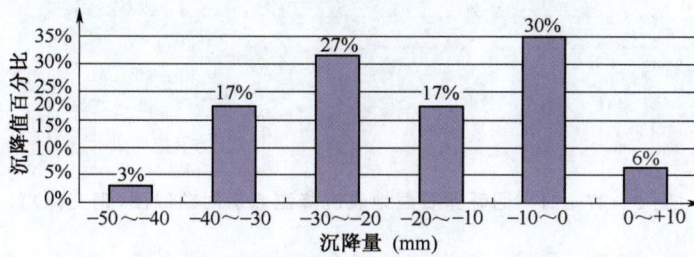

图 5－27－17　粉质黏土、卵石复合地层地表沉降测点统计图（钢支撑）

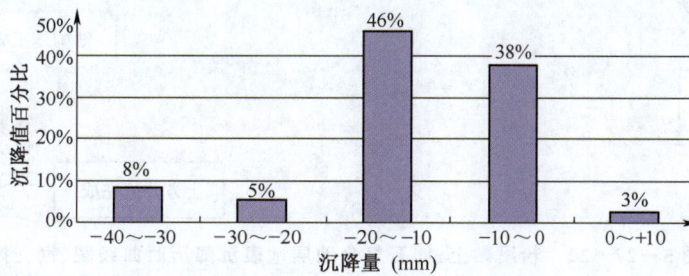

图 5－27－18　粉质黏土、卵石复合地层地表沉降测点统计图（锚索）

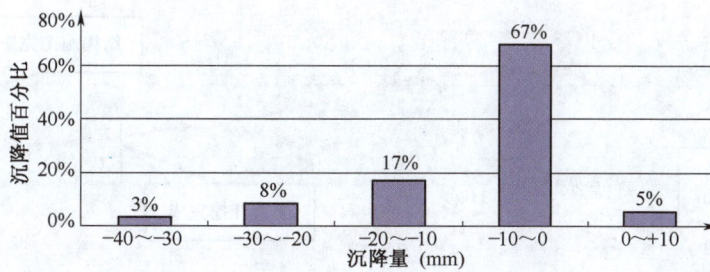

图 5－27－19　粉细砂、粉质黏土复合地层地表沉降测点统计图（钢支撑）

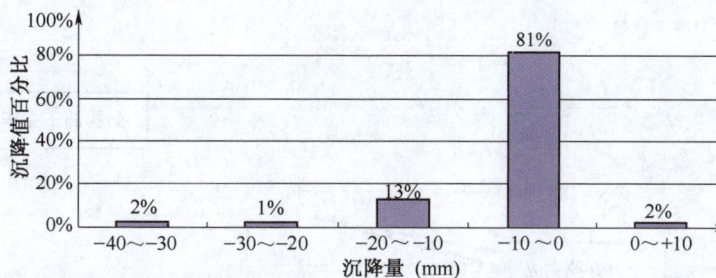

图 5－27－20　粉细砂、粉质黏土复合地层地表沉降测点统计图（锚索）

从现场监测数据统计情况来看：

①明挖基坑周边地表跟所处地质条件、支撑形式等相关。

②沉降量：粉质黏土、圆砾卵石复合地层＞粉质黏土、粉细砂复合地层＞圆砾卵石层。

③在同类地层中，锚索支护对周边地表沉降的控制优于钢支撑。

2）地表沉降历时分析

明挖基坑周边地表沉降历时曲线如图5-27-21～图5-27-25所示。

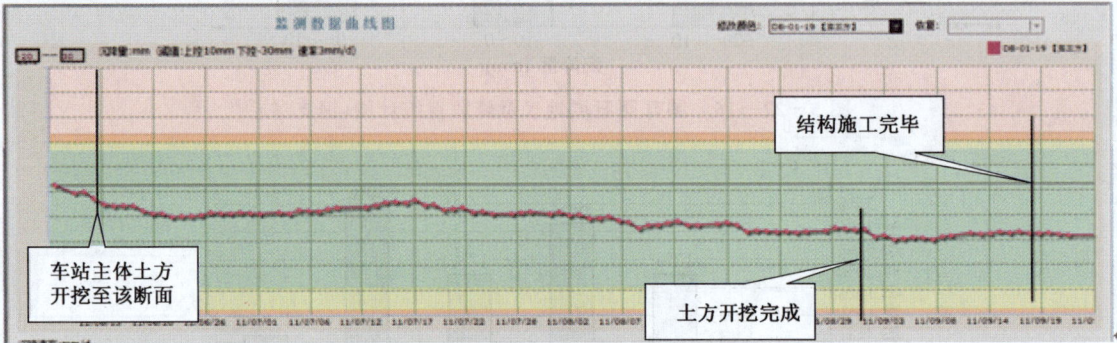

图5-27-21　圆砾卵石层地表沉降测点历时曲线图（钢支撑）

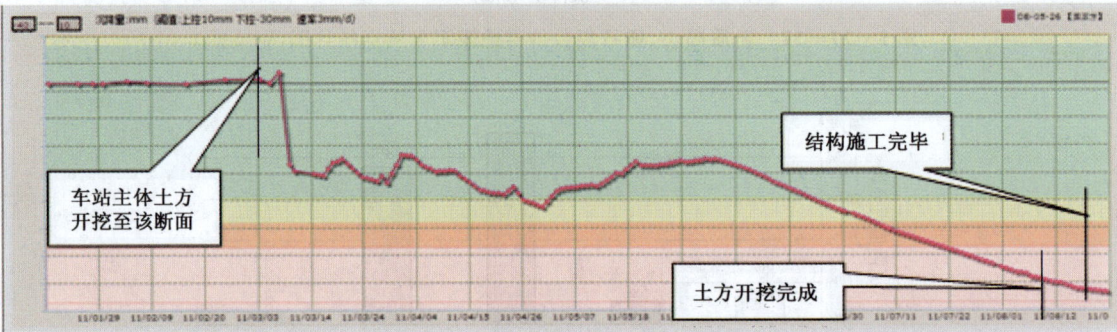

图5-27-22　粉质黏土、卵石复合地层地表沉降历时曲线图（钢支撑）

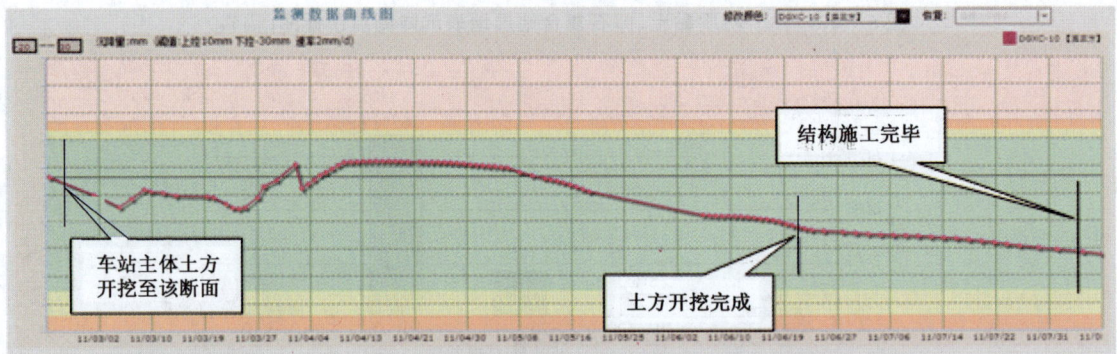

图5-27-23　粉质黏土、卵石复合地层地表沉降历时曲线图（锚索）

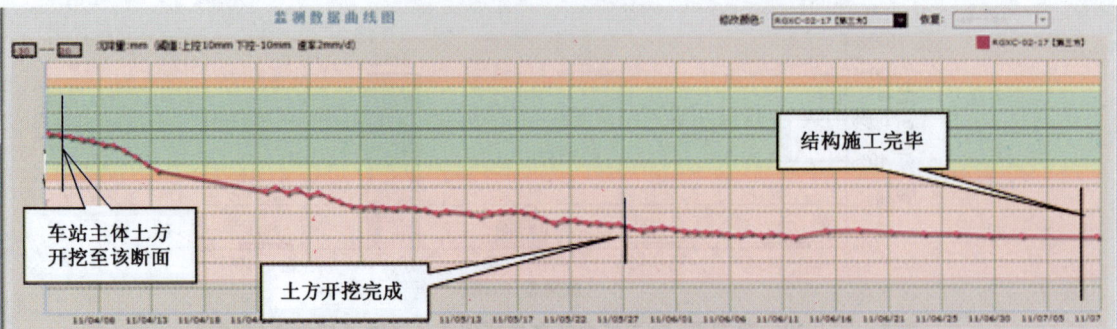

图5-27-24　粉细砂、粉质黏土复合地层地表沉降历时曲线图（钢支撑）

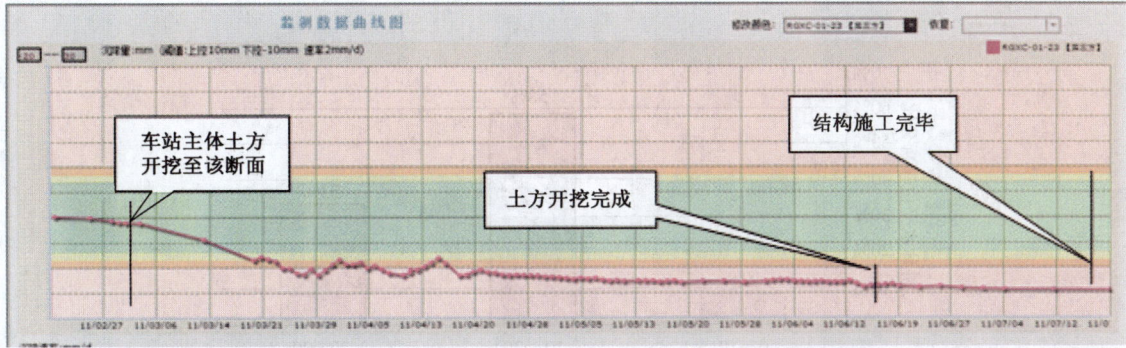

图 5－27－25 粉细砂、粉质黏土复合地层地表沉降历时曲线图（锚索）

从明挖基坑周边地表测点沉降历时曲线来看,在基坑开挖初期地表沉降速率相对较大,并与第 1 道支撑架设时间相关性较大。在现场施工过程中,在开挖初期由于开挖深度较小,第 1 道支撑的架设相对滞后,随着开挖深度的增大,人们的安全意识比较强,支撑架设都相对较及时,地表沉降速率都相对较平缓。

（2）桩体水平位移

明挖基坑桩体水平位移统计如表 5－27－5 所示。

表 5－27－5 基坑桩体变形统计

序号	地层条件	支撑形式	最大变形（mm）
1	圆砾卵石层	钢支撑	14.38
2	粉质黏土、卵石复合地层	钢支撑	16.92
3		锚索	22.79
4	粉细砂、粉质黏土复合地层	钢支撑	22.75
5		锚索	26.05

监测数据区间分布统计如图 5－27－26～图 28－2－30 所示。

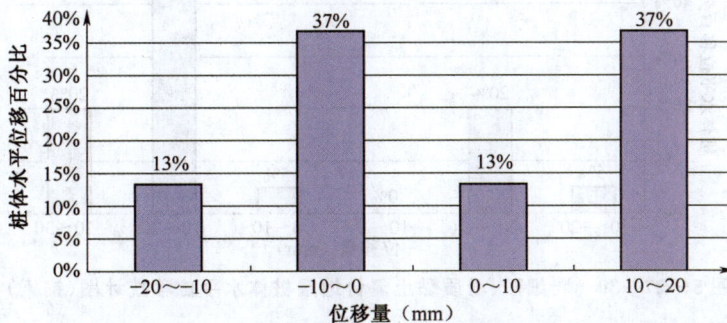

图 5－27－26 圆砾卵石层桩体水平位移统计图（钢支撑）

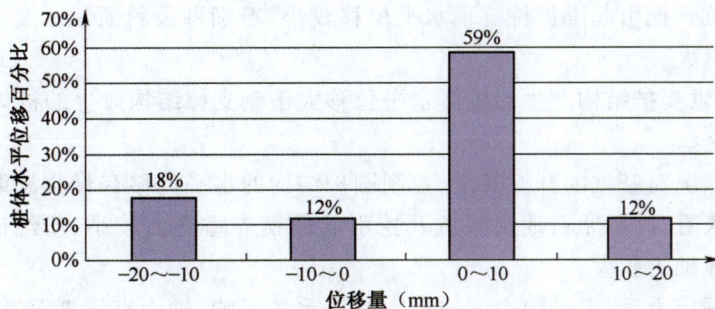

图 5－27－27 粉质黏土、卵石复合地层桩体水平位移统计图（钢支撑）

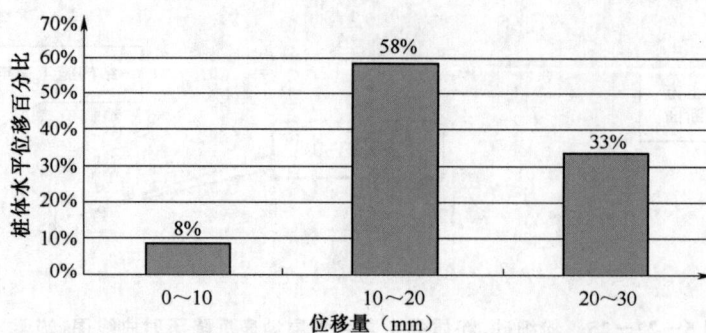

图 5—27—28　粉质黏土、卵石复合地层桩体水平位移统计图（锚索）

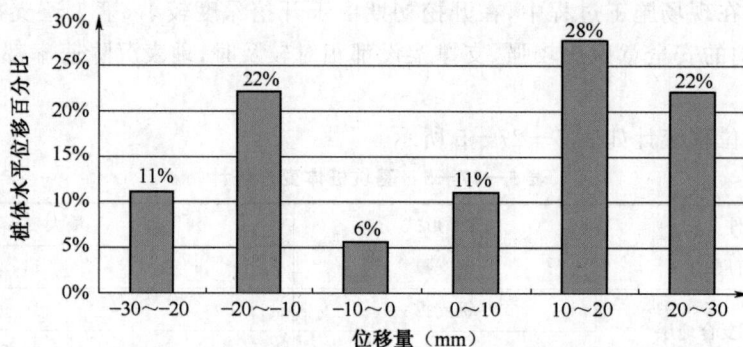

图 5—27—29　粉细砂、粉质黏土复合地层桩体水平位移统计图（钢支撑）

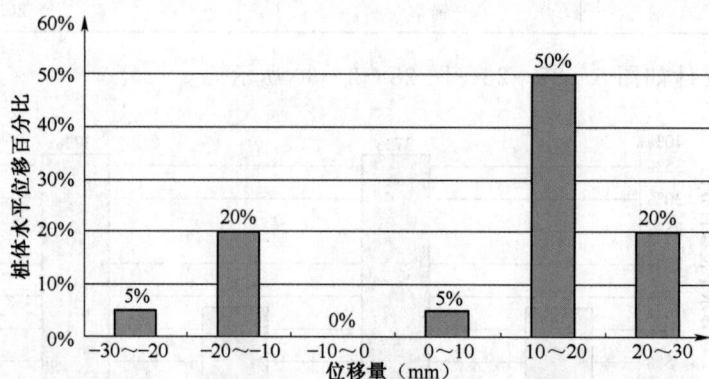

图 5—27—30　粉细砂、粉质黏土复合地层桩体水平位移统计图（锚索）

从监测数据统计情况来看：

1）桩体水平位移与地质条件、支撑形式等相关。

2）圆砾卵石地层基坑开挖引起围护桩桩顶水平位移较小，粉细砂及粉质黏土复合地层基坑开挖引起围护桩桩体水平位移相对最大。

3）在同类地层中，锚索支护结构产生的桩体水平位移大于钢支撑结构产生的桩体水平位移。

（3）支撑（锚索）轴力

支撑（锚索）的受力状况对基坑的开挖安全、控制围护结构的水平位移有着非常重要的作用。

1）从现场监测情况来看，圆砾卵石地层基坑开挖引起的钢支撑受力较小，粉细砂及粉质黏土复合地层由基坑开挖引起的钢支撑轴力较大。

2）支撑轴力在施加预应力后，由于加力方式及支撑自重的影响，轴力有逐渐衰减的过程，之后随着开挖深度的增加，支撑轴力逐渐变大。

3）同一断面的下部支撑的设置，使其上部支撑的轴力值产生一定的下降。

4）在同种地层中，钢支撑轴力一般都要大于锚索轴力。

27.3 施工过程中出现的主要问题及处置措施

在基坑开挖过程中,出现比较常见的问题主要有基坑侧壁渗漏水、基底积水、桩间土流失、桩体侵限等,如图 5—27—31～图 5—27—34 所示。

图 5—27—31 基坑侧壁渗漏水

图 5—27—32 基底积水

图 5—27—33 桩间土流失

图 5—27—34 桩体侵限

(1)基坑侧壁渗漏水处置措施

基坑侧壁出现渗漏水或基底出现积水时,应先分析其原因。一般来说,侧壁出现渗漏水或基底出现积水现象大多都是由于基坑周边管线渗漏或层间滞水引起的。对于因管线渗漏引起的渗漏水,应针对管线采取相应的保护措施,防止渗漏水引起管线下方土体塌空,造成管线破坏及影响基坑施工安全;对于层间滞水引起的渗漏水,采用插管将水引至基底,并在基底设置盲沟和集水坑,并集中进行抽排,以防止基底出现积水。

（2）桩间土流失

桩间土流失主要是由于基坑侧壁渗漏水、喷护不及时或超挖引起的。对于因渗漏水引起的桩间土流失，应先在桩间码放砂袋挡土并预埋引水管，然后加强桩间土支护、充填桩后空洞，挂网喷护；对于因喷护不及时、超挖引起的桩间土流失，应用砂袋充填空洞，然后挂网喷护。

（3）桩体侵限

1）桩体侵限处理原则

当发现围护桩侵限时，应根据侵限桩体的数量、侵限尺寸大小、侵限桩体平面布置来确定不同的处理措施。具体处理原则如下：

①侵限桩体侵限尺寸较小，只需凿除桩体混凝土保护层即可避免侵限时，可直接将侵限桩体凿去，不需采取特别处理措施。

②个别桩体侵限尺寸较大，需割除桩体钢筋并凿除较大尺寸的桩体混凝土时，需用直径大一级的钢筋进行桩体钢筋补强，并抹饰高强度砂浆作为补强后钢筋保护层。

③因塌孔引起的较大体积混凝土侵入基坑，直接将侵限混凝土凿除即可。

④发生连续 3 根或 3 根以上围护桩侵限较为严重或需割除桩体时，应征求设计意见，采取补桩或其他处理措施后方可凿除侵限桩体。

2）桩体侵限处理方法

①围护桩向基坑内倾斜

（A）对于侵限小于 7 cm 的围护桩，基坑开挖后，根据主体结构放线情况，人工凿除围护桩凸出的部分。

（B）对于进入结构边线内 7～30 cm 的单根围护桩，在基坑开挖后，根据主体结构放线情况，实际确定侵入结构的尺寸，然后根据现场基坑开挖情况，在底板位置确定要割除的围护桩主筋和部分箍筋。

为保证围护桩的强度不变（围护桩所承受的弯矩主要由围护桩主筋承担，强度不变，即保证主筋数量和直径不变），人工割除侵入结构部分桩的混凝土和钢筋。到结构边线后，继续凿除约 10 cm 混凝土，上下露出割除主筋 $10d$（d 为主筋直径），再用与割除钢筋数量、直径相等的钢筋将割除的主筋上下焊接连上，焊缝长度单面焊 $10d$，再用 C30 混凝土回填至结构边线位置。如图 5－27－35 所示。

在人工割除侵入结构部分桩的混凝土和钢筋前，在需割除的范围上部增加一条钢支撑，防止在割除桩主筋的过程中，由于钢筋割除致使围护桩强度降低而使桩弯断。为了不影响侧墙结构钢筋的绑扎，待该位置侧墙 C30 混凝土回填后，再拆除该条额外增加的钢支撑。

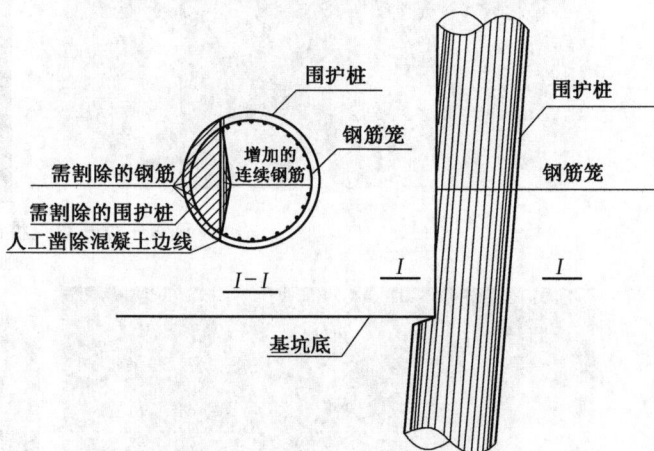

图 5－27－35　围护桩处理示意图

（C）对于顶板以下侵限 7～30 cm 的排桩，为保证深基坑稳定性，先施工未侵限部位主体结构侧墙或者中、顶板，把侵限部分预留出来，在施工未侵限部分主体时及时做好施工缝处理工作，等主体结构侧墙或者中、顶板混凝土强度达到 70％及以上时再施工侵限部分主体结构。

凿除钻孔桩侵限部分的混凝土至设计要求后，将裸露的钢筋向内扳弯，当主体侧墙厚度可达到 60 cm，可不用切断钻孔桩钢筋，直接用高标号砂浆找平凿除面再铺设防水卷材绑扎侧墙钢筋进行二次浇筑混凝土；当主体侧墙厚度达不到 60 cm，可采用侵限 7～30 cm 的单根围护桩处理方法切断钻孔桩钢筋后再重新焊接，以保证主体侧墙厚度达到 60 cm 的要求。

②护桩向基坑外倾斜

围护桩向基坑外倾斜的，用人工挖除桩间土方，并用 C20 混凝土回填至结构边线。如遇围护桩向基坑外倾斜太多,周围土体向基坑内渗水,则在相应位置基坑外增加一排旋喷桩作止水帷幕,而在基坑内侧先用早强混凝土堵住渗水位置,再回填 C20 混凝土。

③围护桩沿基坑轴线方向倾斜

围护桩沿基坑轴线方向倾斜的,以人工挖除桩间土方,并用 C20 混凝土回填。如围护桩沿基坑轴线方向倾斜太多,周围土体向基坑内渗水,则在相应位置基坑外增加一排旋喷桩作止水帷幕,而在基坑内侧先用早强混凝土堵住渗水位置,再回填 C20 混凝土。

27.4 异型深大基坑施工

(1)工程概况

09 标南锣鼓巷站车站主体沿地安门东大街路南侧设置,车站西端接近焕新胡同,距离周边的保护四合院建筑较近(最近处约 2.1 m),车站东端接近火药局五条胡同,是地铁 6 号线与地铁 8 号线的换乘车站。车站基坑距离北侧的 8 号线车站结构约 20 m 左右,道路南侧邻近车站周边保护的古树有 3 棵,其中最近的 1 棵距离基坑北约 6 m,另外两棵距离基坑东侧约 18 m。车站主体平面位置如图 5-27-36 所示。

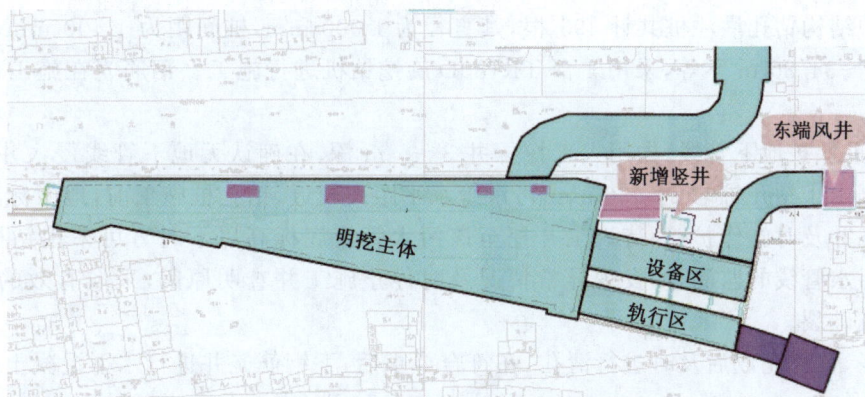

图 5-27-36 南锣鼓巷站站主体位置平面图

车站为地下四层叠落式车站,单跨变三跨的异形框架结构,局部外挂地下两层结构,主体与出入口合建。车站设置 1~2 号出入口、2 个紧急疏散口、3 个风道、1 个与 8 号线的双层换乘通道。车站主体明挖基坑深度为 28.9~31 m,长 211.62 m,宽 12.5~30 m,围护结构采用钻孔灌注桩+锚索(钢支撑)支护体系。基坑主要地层为填土、粉土、粉质黏土、粉细砂、砂卵石层、圆砾卵石层,底板位于圆砾卵石层⑦,基坑底进入承压水 3.6 m 左右。如图 5-27-37 和图 5-27-38 所示。

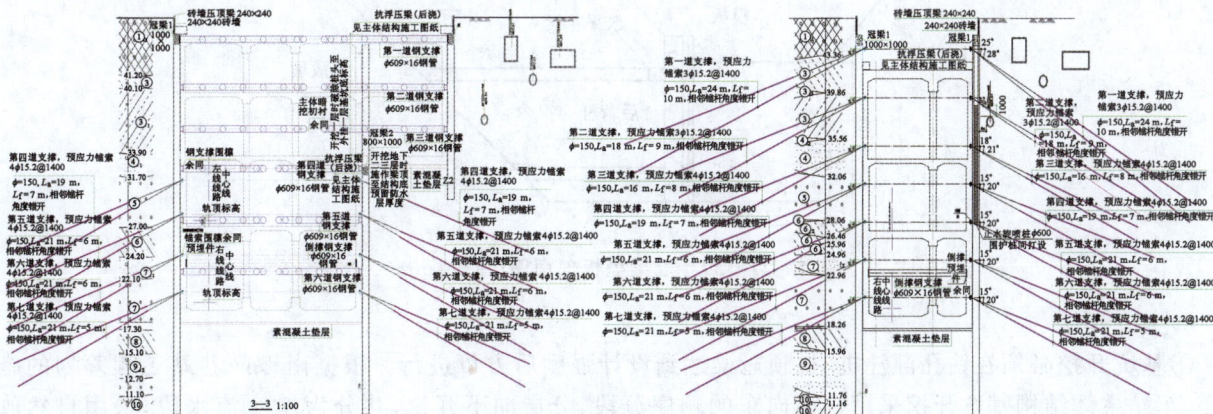

图 5-27-37 南锣鼓巷站典型结构断面图(标高单位为 m,其余为 mm)

本工程场地位于永定河冲洪扇中下部,整体地势较为平坦。站中结构顶部标高 42.134 m,位于粉土层中;站中轨面标高 20.084 m 和 28.034 m,分别位于卵石⑤层和⑦层中;站中结构底标高 18.234 m,位于黏

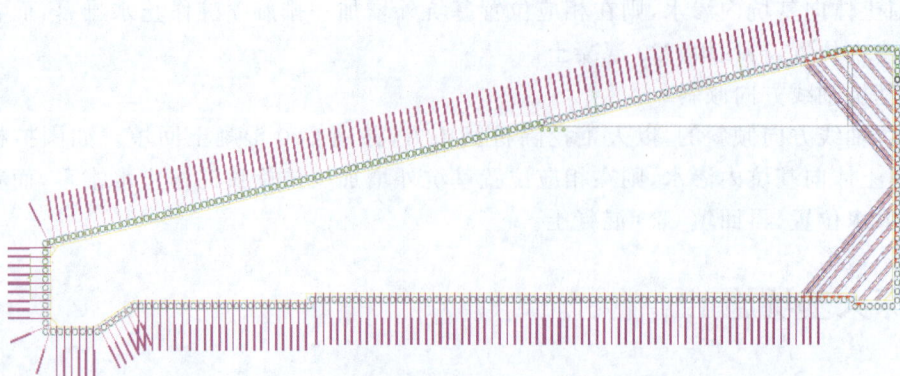

图 5—27—38 南锣鼓巷站地下一层围支护结构平面图

土⑧$_1$层中。结构施工受潜水(二)、层间潜水(三)及承压水(四)影响。西侧明挖段主体结构底标高20.084 m,结构施工受潜水(二)、层间潜水(三)及承压水(四)影响。

(2)现场施工

1)钻孔灌注桩施工

车站主体围护结构钻孔灌注桩共计 495 根,其直径为 1 000 mm,桩间距为 1 400 mm,桩身混凝土标号为 C30,桩长 14.1~34.85 m 不等,采用 4 台 TR180D 旋挖钻机进行施工。钢筋笼在施工现场加工,吊车吊入桩内。

在钻孔前,为了保护地下管线,先用人工挖探井 3~5 m 深,在确认无地下管线侵入井身之后再用钻机钻孔。在车站北侧由于钻孔桩与 φ1 550 mm 污水管水平距离较近,钻孔桩施工前,地面标高以下约 10 m 范围内采用人工挖孔并及时施作护壁,待人工开挖至该污水管管底标高以下时方可采用钻机钻孔,并在施工过程中加强对该污水管线的监测,如发现异常情况及时停止施工并查明原因,采取有效的措施防止该管线出现较大的变形或破裂。

采用跳孔施工,钻孔完成后及时进行清孔,在符合要求后,下钢筋笼并进行水下混凝土灌注。

2)冠梁施工

冠梁钢筋现场绑扎,组合钢模现场灌注。混凝土采用商品混凝土,泵送混凝土浇筑法浇筑。由于钻孔灌注桩按规范要求超灌,冠梁施工时凿除超灌部分,至设计标高。冠梁沟槽开挖至钻孔灌注桩钢筋笼顶时,采用人工开挖清理,以防破坏桩顶预留钢筋,预留钢筋在开挖后清理干净。钢筋绑扎时准确预埋钢支撑钢板。如图 5—27—39 所示。

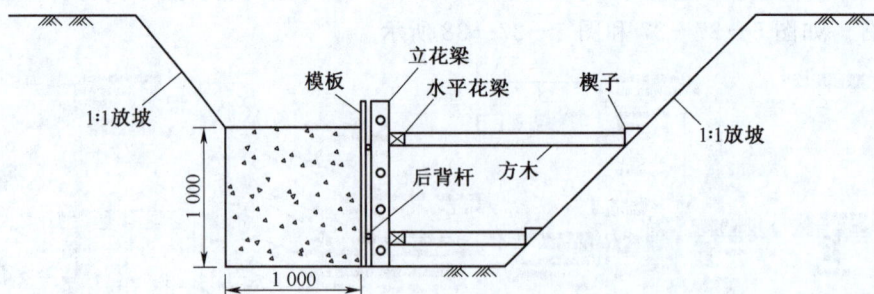

图 5—27—39 冠梁模板剖面图(单位:mm)

3)土方开挖

①基坑开挖必须在钻孔灌注桩、桩顶冠梁达到设计强度后方可进行。根据南锣鼓巷站工程筹划的施工顺序,车站主体结构基坑开挖采用自西向东的顺序分段、分层向下开挖,共分为 7 个流水段,采用自然放坡进行开挖。车站外挂一层采取从西向东单向放坡与主体结构基坑同步开挖,开挖过程中凿出中间桩,开挖至外挂一层底标高后施作中间桩桩顶冠梁,然后继续开挖主体基坑。

②竖向分层:竖向分层高度按立体结构尺寸、锚索(钢支撑)排距及竖向层距以及挖掘机最大挖土能力确定。第一层土体开挖 2.5 m,施作冠梁,完成后继续开挖至 3.8 m 深,施作第 1 道锚索;第二层土方开挖

至地面下 7.8 m 左右处,施作第 2 道锚索;第三层土方开挖至地面下 12.3 m 左右,施作第 3 道锚索;第四层土方开挖至地面下 15.8 m 左右,施作第 4 道锚索;第五层土方开挖至地面下 19.3 m 左右,施作第 5 道锚索;第六层土方开挖至地面下 22.8 m 左右,施作第 6 道锚索;第七层土方开挖至地面下 26.3 m 左右,施作第 7 道锚索;清理底部土方,继续开挖至设计基底标高以上 20~30 cm 时进行人工清底。

横向分区分段:车站主体及附属结构基坑均采取纵向逐层逐段。向基底深入。放坡包括平台在内平均坡度为 1∶2.5,其基本分段长度为 40 m。

③车站主体结构基坑采用 4 台反铲挖掘机分 3 个平台开挖,当基坑深度在 4.0 m 以内时,直接挖土装车,当基坑挖至 4.0 m 以下后采用多台挖掘机向基坑外倒运出渣,最后局部地段剩余土方采用塔吊直接吊运出土。

④第一层土体采用垂直开挖,采用 C20 网喷混凝土临时支护,基坑边缘设 240 cm 高砖砌墙,防止地表水流入基坑,坑底设集水坑,汇集雨水抽出后排入市政排水系统。之后,进行以下土体的开挖。在每步开挖后及时进行桩间土的喷射混凝土面层施工。开挖到每层锚索(钢支撑)底下 500 mm 后及时施工锚索(钢支撑)。如图 5-27-40 所示。

锚索共设 7 道,具体情况如表 5-27-6 所示。

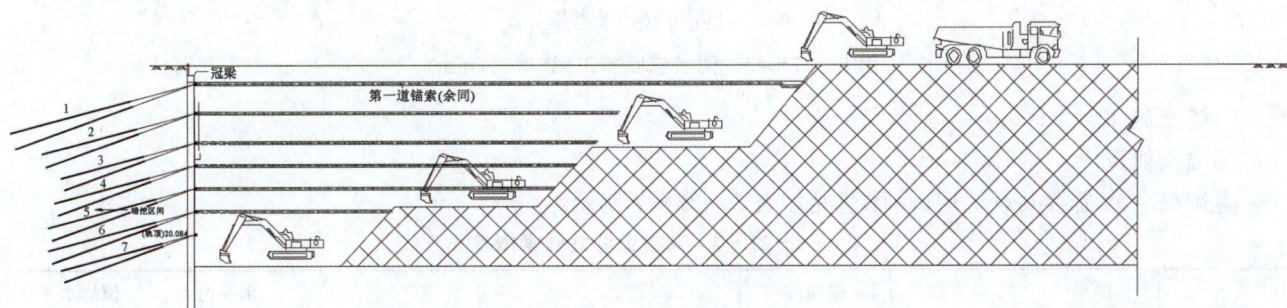

图 5-27-40 基坑开挖纵向分段示意图(单位:mm)

表 5-27-6 锚索设计参数表

序号	层 数	锚索设计参数
1	第一道	预应力锚索 $3\phi15.2@1400$,$\phi150$,$L_a=19$ m,$L_f=10$ m,相邻锚杆角度错开
2	第二道	预应力锚索 $3\phi15.2@1400$,$\phi150$,$L_a=15$ m,$L_f=9$ m,相邻锚杆角度错开
3	第三道	预应力锚索 $4\phi15.2@1400$,$\phi150$,$L_a=13$ m,$L_f=8$ m,相邻锚杆角度错开
4	第四道	预应力锚索 $4\phi15.2@1400$,$\phi150$,$L_a=15$ m,$L_f=7$ m,相邻锚杆角度错开
5	第五道	预应力锚索 $6\phi15.2@1400$,$\phi150$,$L_a=15$ m,$L_f=6$ m,相邻锚杆角度错开
6	第六道	预应力锚索 $6\phi15.2@1400$,$\phi150$,$L_a=17$ m,$L_f=6$ m,相邻锚杆角度错开
7	第七道	预应力锚索 $6\phi15.2@1400$,$\phi150$,$L_a=16$ m,$L_f=5$ m,相邻锚杆角度错开

在基坑西侧土方开挖过程中,受层面滞留水影响,侧壁出现渗漏水,基底有少量积水,针对该情况现场在侧壁渗漏水处插管将水引至基底,并在基底设盲沟,将水引排至土方开挖段抽排,直至收口段。如图 5-27-41 和图 5-27-42 所示。

图 5-27-41 基坑西侧壁渗漏水

图 5-27-42 基底积水

4）桩间喷混凝土

钻孔桩桩间土应随基坑开挖进行网喷保护。采用潮喷工艺，喷射混凝土为 C20、100 mm 厚、挂 $\phi6.5@$ 150 mm×150 mm 的钢筋网片，网片搭接长度不少于 1 个网孔。桩间钢筋网采用垂直间距为 1 000 mm 的 $\phi20$ 水平加强钢筋连接，在围护桩上打设膨胀螺栓牢固如图 5－27－43 所示。

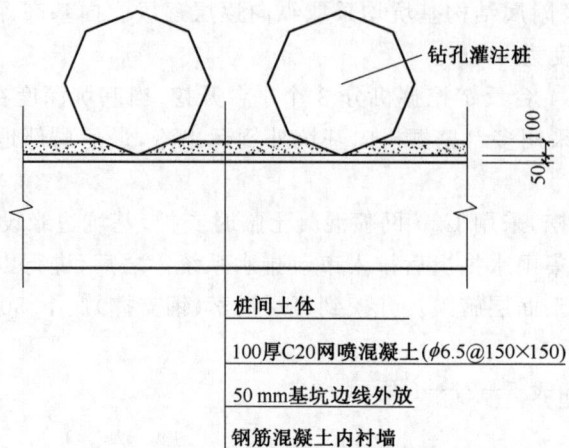

图 5－27－43　侧壁锚喷施工图（单位：mm）

5）锚索施工

①锚索概况

南锣鼓巷站锚索共设 7 层，具体情况如表 5－27－7 所示。

表 5－27－7　南锣鼓巷站锚索概况

轴线位置	锚索高程 (m)	自由段长度 (m)	锚固段长度 (m)	锚索规格及间距	水平内力设计值 (kN)	预加水平拉力设计值 (kN)
1～14 轴范围基坑南侧	43.9	10	24	3 根 15.2 mm 钢绞线、水平间距 1 400 mm，相邻锚索 15°、20°错开	311.1	200
	39.4	9	18	3 根 15.2 mm 钢绞线、水平间距 1 400 mm，相邻锚索 15°、20°错开	299.6	190
	34.9	8	16	4 根 15.2 mm 钢绞线、水平间距 1 400 mm，相邻锚索 15°、20°错开	475.9	300
	31.4	7	19	4 根 15.2 mm 钢绞线、水平间距 1 400 mm，相邻锚索 15°、20°错开	430.6	270
	27.9	6	21	6 根 15.2 mm 钢绞线、水平间距 1 400 mm，相邻锚索 15°、20°错开	705.6	450
	24.4	6	21	6 根 15.2 mm 钢绞线、水平间距 1 400 mm，相邻锚索 15°、20°错开	730.1	470
	20.9	5	21	6 根 15.2 mm 钢绞线、水平间距 1 400 mm，相邻锚索 15°、20°错开	693.8	450
1～14 轴范围基坑北侧	43.9	10	24	3 根 15.2 mm 钢绞线、水平间距 1 400 mm，相邻锚索 25°、28°错开	311.1	200
	39.4	9	18	3 根 15.2 mm 钢绞线、水平间距 1 400 mm，相邻锚索 22°、25°错开	299.6	190
	34.9	8	16	3 根 15.2 mm 钢绞线、水平间距 1 400 mm，相邻锚索 18°、21°错开	475.9	300
	31.4	7	19	3 根 15.2 mm 钢绞线、水平间距 1 400 mm，相邻锚索 15°、20°错开	430.6	270
	20.9	5	21	6 根 15.2 mm 钢绞线、水平间距 1 400 mm，相邻锚索 15°、20°错开	693.8	450

轴线位置	锚索高程（m）	自由段长度（m）	锚固段长度（m）	锚索规格及间距	水平内力设计值（kN）	预加水平拉力设计值（kN）
14～23轴范围基坑南侧	43.4	10	24	3根15.2 mm钢绞线、水平间距1 400 mm，相邻锚索15°、20°错开	317.2	200
	39.4	9	18	3根15.2 mm钢绞线、水平间距1 400 mm，相邻锚索15°、20°错开	292.6	190
	34.9	8	16	4根15.2 mm钢绞线、水平间距1 400 mm，相邻锚索15°、20°错开	515.3	330
	31.4	7	19	4根15.2 mm钢绞线、水平间距1 400 mm，相邻锚索15°、20°错开	507.4	320
	27.9	6	21	6根15.2 mm钢绞线、水平间距1 400 mm，相邻锚索15°、20°错开	754.7	490
	24.4	6	21	6根15.2 mm钢绞线、水平间距1 400 mm，相邻锚索15°、20°错开	759.8	490
	20.9	5	21	6根15.2 mm钢绞线、水平间距1 400 mm，相邻锚索15°、20°错开	604.5	390
14～23轴范围基坑北侧	43.4	10	24	3根15.2 mm钢绞线、水平间距1 400 mm，相邻锚索18°、21°错开	375.9	240
	39.4	9	18	3根15.2 mm钢绞线、水平间距1 400 mm，相邻锚索15°、18°错开	222.2	140
	34.9	8	16	4根15.2 mm钢绞线、水平间距1 400 mm，相邻锚索18°、21°错开	172.1	110
	31.4	7	19	4根15.2 mm钢绞线、水平间距1 400 mm，相邻锚索15°、20°错开	388.4	250
	27.9	6	21	6根15.2 mm钢绞线、水平间距1 400 mm，相邻锚索15°、20°错开	742.6	480
	24.4	6	21	6根15.2 mm钢绞线、水平间距1 400 mm，相邻锚索15°、20°错开	738.4	470
	20.9	5	21	6根15.2 mm钢绞线、水平间距1 400 mm，相邻锚索15°、20°错开	617.8	400
23～24轴范围基坑南北两侧	31.4	7	19	4根15.2 mm钢绞线、水平间距1 400 mm，相邻锚索15°、20°错开	372.0	240
	28.225	6	21	6根15.2 mm钢绞线、水平间距1 400 mm，相邻锚索15°、20°错开	653.1	420
	24.4	6	21	6根15.2 mm钢绞线、水平间距1 400 mm，相邻锚索15°、20°错开	960.6	620
	20.9	5	21	6根15.2 mm钢绞线、水平间距1 400 mm，相邻锚索15°、20°错开	531.9	340
0/A～B轴范围基坑西侧	43.9	10	19	3根15.2 mm钢绞线、水平间距1 400 mm，相邻锚索15°、20°错开	375.9	240
	39.4	9	15	3根15.2 mm钢绞线、水平间距1 400 mm，相邻锚索15°、20°错开	222.2	140
	34.9	8	13	4根15.2 mm钢绞线、水平间距1 400 mm，相邻锚索15°、20°错开	172.1	110
	31.4	7	15	4根15.2 mm钢绞线、水平间距1 400 mm，相邻锚索15°、20°错开	388.4	250
	27.9	6	17	6根15.2 mm钢绞线、水平间距1 400 mm，相邻锚索15°、20°错开	742.6	480
	24.4	6	17	6根15.2 mm钢绞线、水平间距1 400 mm，相邻锚索15°、20°错开	738.4	470
	20.9	5	16	6根15.2 mm钢绞线、水平间距1 400 mm，相邻锚索15°、20°错开	617.8	400

②锚索施工

根据地质情况,第 1 道锚索局部区域为粉土层,采用普通锚杆配备螺旋钻杆钻进成孔,第 2 道锚索以下卵石层等较硬岩层采用套管锚杆钻机成孔。在预应力锚索施工前,土方开挖至锚索位置下 0.5 m,并保证距离围护桩 10 m 范围内地面平整,作为锚索钻机工作面。

钻孔结束,经监理工程师验收合格后,进行下索、注浆、锚具安装及分级张拉等工序。锚索张拉分 5 级进行,5 个量级的张拉均应在同一工作时段完成,否则应卸荷重新再依次张拉。如表 5－27－8 所示。

表 5－27－8 锚索张拉荷载分级和位移观察时间

荷载分级 (Nt)	位移观察时间		加荷速率 (kN/min)
	卵石层、砂层	黏土层	
0.10～0.20	2	2	≤100
0.5	5	5	
0.75	5	5	
1.00	5	10	≤50
1.05～10	10	15	

6)钢支撑施工

明挖基坑东端头共设 6 层钢管支撑斜撑及 1 道施工倒撑,第 1 层支撑中心标高为 44.7 m,第 2 层支撑中心标高为 40.2 m,第 3 层支撑中心标高为 36.275 m,第 4 层支撑中心标高为 32.525 m,第 5 层支撑中心标高为 27.675 m,第 6 层支撑中心标高为 22.825 m,倒撑中心标高为 23.625 m。钢管支撑采用材质为 Q235,直径为 609 mm,厚度为 16 mm 的钢管。

土方开挖至钢支撑位置下 0.5 m 后,在围护结构上依次安装固定钢围檩的三角支撑架、钢围檩和钢管支撑的托盘,并填实钢围檩与围护桩之间的空隙,安装钢管斜撑,施加钢支撑的预应力。如表 5－27－9 所示。

表 5－27－9 钢支撑轴力表

钢支撑编号	轴力标准值(kN/根)	预加轴力标准值(kN/根)
第 1 道钢支撑	422.7	250
第 2 道钢支撑	965.4	570
第 3 道钢支撑	1 318.8	790
第 4 道钢支撑	1 373.4	820
第 5 道钢支撑	1 812.3	1 080
第 6 道钢支撑	1 965.1	1 110

在第 2 道斜撑预加轴力后,出现了轴力值逐渐减小,重复加载后继续减小的现象。根据卸载支撑的部位与暗挖隧道开挖情况对比分析,认为支撑卸载是由于暗挖隧道土方开挖造成。围护桩背后失去了被动土压力的作用,产生变形引起支撑卸载,因此在后续支撑轴力预加过程中,降低了预加轴力值且产生卸载后没有重复加载,支护体系变形也趋于稳定。

7)主体结构施工

①施工段划分

根据车站主体土方是由西向东分段开挖顺序,车站主体结构同样采取由西向东流水施工,施工方法采用明挖顺做法。综合考虑施工组织筹划及施工缝设置情况,车站纵向共分为 8 个流水段,每个流水段大约 20 m。如图 5－27－44 所示。

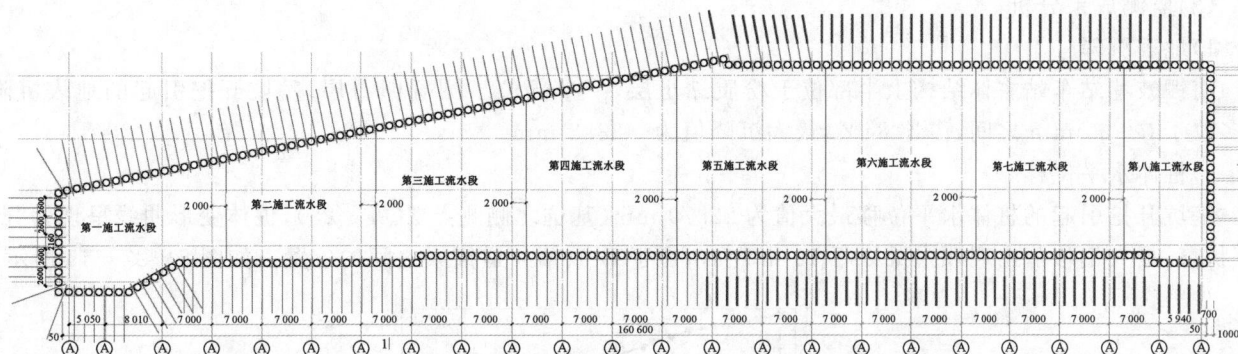

图 5—27—44 主体结构施工纵向流水段(环向施工缝)划分示意图(单位:mm)

②底板施工

车站底板厚度为 1 m,采取纵向分段施工。底板施作前需进行基面处理,有一定承压水时,采取排水减压的措施后浇筑封底混凝土。垫层混凝土施工完必须保证其表面平顺、干净、干燥,然后进行土工布缓冲层、防水板、保护层施工,要求保证防水板接头质量,对施工缝进行凿毛处理,设置止水带(条),埋设回填注浆管。底板钢筋接头采用搭接焊。上反梁及导墙模板面板采用 18 mm 竹胶板,支撑体系为 100 mm × 100 mm 方木作为横向内背楞。在底板钢筋上放出侧墙倒角的边线,测量出板顶的标高,并作好标记。为避免梁模板整体侧墙偏移,在梁两侧采用 ϕ48 mm × 3.5 mm 单排钢管作为斜向支撑,支撑间距为 1.5 m,固定在 ϕ48 mm × 3.5 mm 钢管上,钢管背顶在预先埋设的 B25 mm 锚筋上,靠近模板侧用 U 型丝杠顶在方木上。底板混凝土采用混凝土汽车泵由地面直接泵送至插入式振捣器振捣。浇筑沿纵向采用"一个坡度、薄层浇筑、循序推进、一次到顶"的连续浇筑方法。

③侧墙施工

侧墙厚度为 0.9 m,高度不超过 6 m 的侧墙,一次浇筑。侧墙采用新型组合木模板,模板面板采用进口 20 mmWISA 板,支撑体系为三角钢架支撑。预先在底板或楼板埋设地脚螺栓,螺栓采用 B25 mm 钢筋制成,作为三脚架背后支撑点。侧墙模板在地面预先拼装完成,面板共由 5 块 2.44 m × 1.22 m 标准 WISA 板组成。竖向内背楞采用 H20 木工字梁(梁长为 6 m),水平间距为 300 mm,横向外背楞采用双拼槽钢(槽钢背对背设置),采用不等距布置,共设置 7 道。考虑到剪力的影响,底板水平施工缝留设在加强腋角以上 200 mm 的位置。在施工过程中必须确保此部分侧墙轴线位置和垂直度的准确,以保证上下侧墙的对接垂直、平顺。

④框架柱施工

本工程框架柱尺寸有五种形式:900 mm × 900 mm、900 mm × 1 200 mm、1 224 mm × 718 mm、900 mm × 1 670 mm、900 mm × 1 500 mm。现场底板或楼板浇筑完成达到设计允许强度后,由测量人员对每根框架柱现场定位放线,确保柱子位置准确性。柱模板形式与侧墙模板基本相同,面板采用 18 mmWISA 板,竖向内背楞采用 4.4 m 和 1.9 m 两种长度的工字梁,最大拼长为 6.3 m,间距为 275 mm,横向外背楞与墙体外背楞布置一样;横向背楞之间采用高强螺杆连接,并在阳角处设置阳角斜拉座;柱模支撑采用 ϕ48 mm × 3.5 mm 脚手架作为支撑体系,4 根立杆围立在柱的四边,立杆上每隔 1.2 m 步距设置 1 道水平杆,在立杆的最下边缘离地面或板面 200 mm 位置设置 1 道扫地杆。

⑤楼板施工

顶板、楼板及板梁支架采用 WDJ 碗口式满堂脚手架支撑体系。板厚为 400 mm 的顶、楼板支架横杆步距为 900 mm × 900 mm,板厚大于 400 mm 的顶、楼板支架横杆步距加密至 600 mm × 600 mm,板梁交接处横杆步距加密至 600 mm × 600 mm,步距均为 1.2 m。为保证脚手架稳定,每层均设置连墙撑(2 步距),水平距离为框架的柱距,用钢管及扣件将脚手架与混凝土柱或墙顶紧。根据结构情况,板和梁一起浇筑,因此板和梁的支架断开处采用 ϕ42 mm 钢管及扣件进行连接,确保梁板支架能形成一个整体。采用 1.5 cm 厚木胶板,梁下加 5 cm 厚的木板、板下加 3 cm 厚的木板,用纵、横两个方向的方木作楞,楞纵横间距与支架对应。

（3）监测成果分析

1）地表沉降

南锣鼓巷站车站主体结构上半部位于粉质黏土层,下半部位于圆砾卵石层,基坑开挖引起的地表沉降大多位于 0～20 mm 之间,占比 84%,最大沉降值为-38.3 mm。

2）桩体水平位移

基坑开挖引起的桩体水平位移最大值为 22.79 mm（基坑北侧测点 ZQT-20）,桩体变形曲线呈现为"凸肚"状态,最大偏移值出现在冠梁以下 10 m 左右,位于第 3、第 4 道锚索之间的位置。如图 5-27-45 所示。

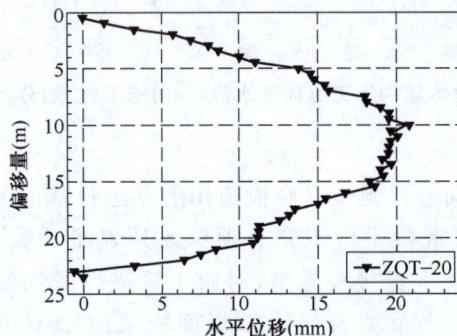

图 5-27-45　测点 ZQT-20 桩体变形图

3）锚索轴力

锚索轴力最大监测值为 490.02 kN,最小测值为 101.81 kN,大部分轴力测值位于 100～400 kN 之间,均未超过轴力控制标准。第 3 道锚索轴力变化时程曲线如图 5-27-46 所示。

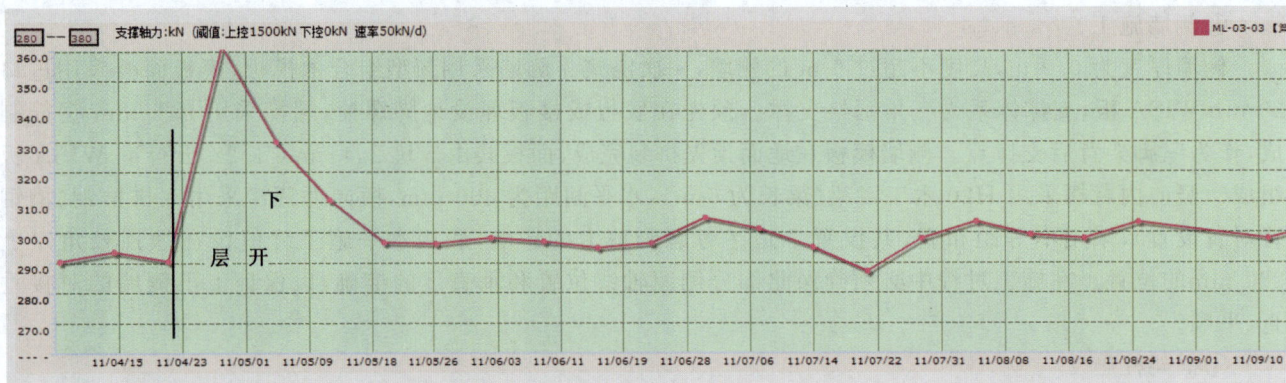

图 5-27-46　第 3 道锚索轴力变化时程曲线图

从锚索轴力变化时程曲线图可以看出,在土方开挖至锚索位置前,锚索轴力变化较小,开挖通过该锚索后,锚索轴力发生急剧增加;在安装该断面下道（第 4 道）锚索后,轴力急剧减小;后期锚索的安装距该道锚索距离较远,锚索轴力变化越不明显。

4）小结

从现场监测情况来看,虽然基坑平面形状不规则,但地表沉降、桩体变形及锚索轴力等监测项目变化均较为稳定,其各项变化值基本上都在控制标准之内,充分说明支护结构与地层较为吻合,锚索支护结构对地层变形控制是极为有效。

第28章 矿 山 法

28.1 工程概况

矿山法由于具有拆迁占地少、不扰民、不干扰交通、拆迁费用低、无须太多专用设备、灵活多变、适用不同地层、不同跨度、多种断面形式以及设备投资少等优点,在北京地铁6号线一期工程施工中得到了广泛应用,全线几乎近一半的地铁车站、区间都采用了矿山法进行施工。在全线20座车站中采用全暗挖的地铁车站有6个,分别为车公庄站、车公庄西站、北海北站、东四站、朝阳门站、东大桥站;明、暗相结合的车站为4个,分别为花园桥站、南锣鼓巷站、呼家楼站和金台路站。21座区间中采用全暗挖区间有12个,分别为起点～五路居站区间、五路居站～慈寿寺站区间、白石桥南站～车公庄西站区间、车公庄西站～车公庄站区间、车公庄站～平安里站区间、平安里站～北海北站区间、北海北站～南锣鼓巷站区间、东四站～朝阳门站区间、朝阳门站～东大桥站区间、东大桥站～呼家楼站区间、呼家楼站～金台路站区间、常营站～草房站区间;采用明、暗结合施工的区间为1个,为草房站～终点区间;采用盾构、暗挖相结合施工的区间有2个,分别为花园桥站～白石桥南站区间、南锣鼓巷站～东四站区间。涉及到的工法包括台阶法、CD法、CRD法、双侧壁导坑法、PBA法、柱洞法、中洞法等多种。

28.1.1 矿山法地铁车站工程概况

(1)花园桥站

花园桥站结构采用明、暗结合施工,车站西端明挖三层,中部及东端暗挖双层。车站主体暗挖段穿越花园桥,结构外皮距桥桩为3.55 m。车站主体结构总长为233.1 m,其中暗挖段长为189.5 m,标准段宽度为19.70 m。车站暗挖段拱顶覆土厚度为9.27 m,底板埋深为25.15 m,采用PBA法4导洞施工。

(2)车公庄西站

车公庄西站位于车公庄大街与展览馆路交叉十字路口,沿车公庄大街跨路口东西向设置。车站设计为双层三拱岛式车站,总长为237.9 m。车站主体采用全暗挖PBA法8导洞施工,断面宽度为23.3 m,结构覆土为8.2 m,车站底板埋深约22.9 m。

(3)车公庄站

车公庄站为双层单拱分离式岛式车站,车站总长为195 m。车站主体结构采用全暗挖PBA法4导洞施工法,车站顶板覆土厚度约为8.0 m,底板埋深24.05 m。车站主体暗挖段垂直下穿盖板河,1号换乘通道暗挖段下穿盖板河,1号出入口暗挖段邻近富通大厦,2号风道下穿既有线出入口通道。

(4)北海北站

北海北站为地下两层岛式车站,车站总长为258.5 m,净宽度为18.3 m,为标准、直墙双联拱结构。车站主体结构采用全暗挖PBA法6导洞施工,线路由小里程向大里程2‰下坡,顶拱覆土约为10.6～11.1 m,底板埋深约为27.5～28 m。暗挖主体结构邻近贤良祠、北海公园国家重点文物建筑,以及建设银行等建筑。

(5)南锣鼓巷站

南锣鼓巷为地铁6号线与8号线的换乘车站,是北京地铁中首次采用左右线叠落侧式站台的异形大跨度车站。车站为地下四层叠落式车站,单跨变三跨的异形框架结构,主体结构采用明、暗挖结合施工,其中暗挖段长约51 m(设备区和轨行区),采用CRD法分5层10导洞施工。

(6)东四站

东四站位于现状东四西大街,沿东四西大街在道路下方呈东西向偏南侧布置。车站为地下两层岛式车站,车站总长为192.8 m,总宽为23.3 m,为三跨直墙三连拱结构,顶板埋深约13.5～14 m。车站主体结构采用全暗挖PBA法8导洞施工。车站共设置3个出入口、2个风道、1个换乘通道及3个紧急疏散口。附属结构风道、出入口通道及换乘通道均采用暗挖施工。

(7) 朝阳门站

朝阳门站位于东西向的朝阳门内大街与东二环路交叉路口以西,沿朝阳门内大街东西向布置。朝阳门站车站总长为 188.0 m,主体宽为 23 m。站台形式为 13.5 m 岛式站台,主体标准段采用双层三联拱结构,轨面埋深为 26.20 m,车站主体工程采用全暗挖 PBA 法 8 导洞施工。本站附属结构共设 2 个换乘厅、4 个出入口、2 个出入口兼换乘通道、3 个换乘通道、1 个无障碍出入口、1 个疏散口及 2 个风道等。风道与车站主体交叉施工,是车站施工的难点之一。朝阳门站施工过程存在较多近接施工,如暗挖 1 号风道结构邻近 12 层新闻出版局办公楼,1 号换乘厅深基坑邻近中海油大厦,暗挖 3 号换乘通道结构旁穿既有 2 号线风道及出入口通道结构及朝阳门立交桥南桥。

(8) 东大桥站

东大桥站位于朝阳北路、工人体育场东路及东大桥路交叉口东北侧,现况公交站场下,东西走向。车站为岛式车站,主体总长为 255 m,其中西段 187.7 m 为暗挖双层,8 导洞洞桩法施工,结构总宽 22.1 m,总高 15.55 m,覆土为 6.59~7.74 m;东段 67.3 m 为暗挖单层,柱洞法施工,结构总宽为 23.6 m,总高为 11.2 m,覆土为 11.32~12.46 m。

(9) 呼家楼站

呼家楼站为端进式车站,东西两端为双层双跨结构,采用盖挖法施工,中段与既有 10 号线换乘段为单层双跨结构,采用中洞法施工。车站总长为 291.10 m,其中暗挖段长约为 44.8 m。车站主体暗挖段于三环路与朝阳北路路口下接入既有 10 号线车站,并有多条暗挖换乘通道与 10 号线车站相接,需破除既有车站站厅层侧墙,还有暗挖段下穿京广桥,暗挖初支外皮与京广桥桥桩水平净距为 3.8 m。

(10) 金台路站

金台路站为地下双层岛式车站,车站主体工程采用明、暗法相结合施工,其中东西两段采用明挖法施工,中间路口段采用暗挖法施工。车站主体总长为 348.75 m,其中暗挖段长约 45 m,为三联拱结构,采用 PBA 法 8 导洞施工。

28.1.2　矿山法地铁区间工程概况

(1) 起点~五路居站区间

起点~五路居站区间线路基本呈东西走向,纵向呈单向坡,为五路居站后停车线。区间隧道埋深为 23.4~25 m,垂直下穿西四环下南水北调暗涵工程。区间右线长为 204 m,左线长为 208 m,并在起点位置设置迂回风道和泵房。区间隧道标准段采用台阶法施工,人防段隧道采用 CRD 法施工。

(2) 五路居站~慈寿寺站区间

五路居站~慈寿寺站区间线路纵向呈"V"形坡,区间右线长为 1 052 m,左线长为 1 053 m,隧道结构埋深为 22.0~25.6 m,下穿京门铁路线。区间隧道选用马蹄形断面,采用台阶法施工,并辅助以超前小导管注浆施工。人防段隧道采用 CRD 法施工。

(3) 花园桥站~白石桥南站区间

花园桥站~白石桥南站区间线路基本呈东西走向,采用暗挖法和盾构法相结合的方式进行施工。暗挖区间段位于花园桥站与区间盾构接收井之间,采用马蹄形断面,左线暗挖段长为 129.961 m,右线暗挖段长为 129.231 m,采用台阶法施工。区间需穿越一座人行天桥及半截塔路过街地道。

(4) 白石桥南站~车公庄西站区间

白石桥南站~车公庄西站区间线路基本呈东西走向,区间右线长为 1 484 m,左线长为 1 485 m。区间在车公庄西站西端设置人防段及大断面停车线段。区间标准采用台阶法开挖施工,人防段施工采用 CD 法施工,停车线段采用双侧壁导坑法施工。

(5) 车公庄西站~车公庄站区间

车公庄西站~车公庄站区间线路基本呈东西走向,纵向呈单向坡,埋深为 19~23.4 m,主要穿越砂卵石地层。区间右线长为 568 m,左线长为 570 m,下穿官园立交桥西天桥。区间线路设有人防段和迂回风道,并设有停车线段。区间隧道标准断面采用台阶法施工,人防段采用 CD 法施工,停车线段采用双侧壁导坑法施工。

(6)车公庄站~平安里站区间

车公庄站~平安里站区间线路剖面为人字坡,埋深为18.6~21.2 m,左线长为1 124 m,右线长为1 195 m。区间隧道主要穿越卵石层,局部穿越粉质黏土、细砂层。区间隧道标准断面采用台阶法施工,人防段采用CD法施工。区间下穿既有2号线车公庄站及其上方官园立交桥,区间隧道顶板与既有线车站底板间距2.4m。

(7)平安里站~北海北站区间

平安里站~北海北站区间全长约1 130 m,断面采用了单线单洞马蹄形断面,标准段采用台阶法施工,人防段采用CRD法4步施工。区间隧道左线下穿平安里西大街北侧平房和地安门西大街游泳馆,并邻近旌勇祠。

(8)北海北站~南锣鼓巷站区间

北海北站~南锣鼓巷站区间全长约1 169 m,区间隧道标准断面采用台阶法施工,人防段采用CD法施工。区间隧道右线邻近文研所临街平房,左线邻近前海西街路口西侧3层楼。

(9)南锣鼓巷站~东四站区间

南锣鼓巷站~东四站区间采用盾构施工和暗挖法施工相结合的方法,其暗挖段分别位于南锣鼓巷站东端向东至盾构始发井之间和东四站西端至盾构接收井之间。其中南锣鼓巷站东端向东至盾构始发井之间暗挖段长约24 m,东四站西端至盾构接收井之间暗挖段长约32 m,都采用CRD法施工。

(10)东四站~朝阳门站区间

区间隧道开挖高度为6.5 m,开挖宽度为6.2 m,结构埋深为33 m,主要通过砂卵石层。区间隧道包括标准段、停车线段和渡线段三种。标准段采用台阶法开挖,停车线段和渡线段共包含10种不同的断面形式,施工方法有台阶法、CRD法、CD法、双侧洞导坑法。区间隧道标准段下穿朝内大街天桥,区间停车线旁穿东城回民小学5层教学楼和北京长寿会5层楼。

(11)朝阳门站~东大桥站区间

朝阳门站~东大桥站区间设计为单线单洞断面,线路纵剖面为"V"形坡,采用马蹄形断面。本区间隧道单线长为1 482 m,结构顶板覆土为15.4~22.2 m,结构底板在潜水(二)水位及承压水(三)水头以下,需降水。区间断面设有标准断面、加强A型断面、加强B型断面、加强C型断面、下穿既有线保护段、人防段6种断面,除人防段采用CRD法施工外,其他各段均采用二台阶法施工。朝阳门站~东大桥站区间穿越构筑物施工较多,如下穿既有2号线朝阳门站,旁穿朝阳门立交南、北桥,下穿朝阳门立交桥挡墙结构、丰联广场天桥、朝阳门人行地道等。

(12)东大桥站~呼家楼站区间

东大桥站~呼家楼站区间,单线隧道长度为459.9 m,采用暗挖法施工。在暗挖施工过程中需采取降水以及辅助注浆加固地层等措施。结构拱顶覆土厚度为10.4~15.1 m。区间隧道断面存在标准断面、加强A型断面、加强B型断面3种断面,均采用马蹄形断面形式。除人防段施工采用CRD法外,其他各段均采用台阶法施工。

(13)呼家楼站~金台路站

呼家楼站~金台路站区间工程,单线隧道长度为1 150.362 m,采用矿山法施工,结构拱顶覆土厚度为10.5~13.4 m。区间隧道断面形式采用马蹄形断面。除人防段施工采用CRD法外,其他各段均采用台阶法施工。

(14)常营站~草房站区间

常营站~草房站区间线路呈东西走向,采用马蹄形断面形式。隧道洞身主要穿越地层为粉质黏土④层、中粗砂④₃层、中粗砂⑤₂层,覆土厚度为9.4~14.4 m。区间主体隧道采用台阶法施工,超前支护方式为两层小导管超前预注浆;迂回风道采用CD法施工,超前支护方式为单层小导管超前预注浆。

(15)草房~终点区间

草房~终点区间包含4条线:外侧2条为地铁6号线正线,内侧2条为五里桥车辆段的出入线,区间隧道覆土为0~9.3 m。本区间采用明挖及暗挖法相结合的方法进行施工。暗挖段隧道包括正线左线、右线和出入线三部分,正线左右线采用台阶法施工,出入线采用中洞法施工。

28.2　主要辅助施工措施

28.2.1　超前小导管注浆

(1)导洞施工

1)超前小导管支护

①超前小导管注浆工艺流程

超前小导管注浆工艺流程如图 5-28-1 所示。

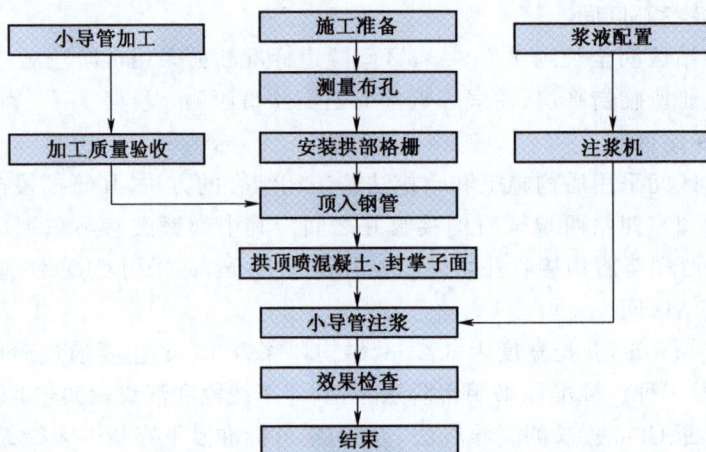

图 5-28-1　超前小导管注浆工艺流程

②小导管加工制作

小导管根据地层可以选用 $\phi42$ mm、$\phi22$ mm 或 $\phi25$ mm 热轧钢管加工而成,小导管前端加工成锥形,以便插打,并防止浆液前冲。小导管中间部位钻 $\phi8$ mm 溢浆孔,呈梅花形布置(防止注浆出现死角),间距为 100~150 mm,尾部 1.0 m 范围内不钻孔防止漏浆,末端焊 $\phi6$ mm 环形箍筋,以防打设小导管时端部开裂,影响注浆管联接。

小导管加工成型如图 5-28-2 所示。

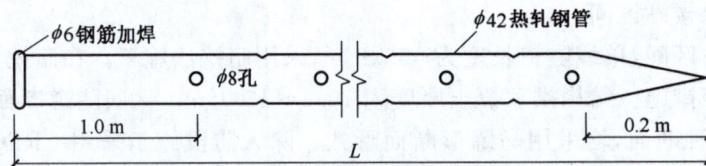

图 5-28-2　注浆小导管加工示意图(单位:mm)

③小导管加工安设

超前小导管在前一循环拱顶格栅拱架安装完毕之后施作。施工时小导管根据地层情况采取一榀或两榀一打设,小导管长度一般为 1.8~2.5 m,环向间距为 300 mm,外插角为 10°~15°。小导管从拱顶钢格栅中间穿过,尾部与钢格栅焊接以增加稳定性。小导管安设方式为先按照测量给定的位置插入钢管,然后用风镐顶入土中,顶入长度不小于钢管长度的 90%,小导管安设完成后先封端止浆再进行注浆。小导管长度、打入角度以及规格、环向间距、相邻两循环纵向间距按设计要求进行,小导管纵向搭接长度不小于设计要求,超前小导管注浆加固如图 5-28-3 所示。局部大断面地段或经过一些重要建(构)筑物地段,还采用了双排小导管对拱部土体进行了超前加固。

④超前小导管注浆浆液选择及施工

超前小导管注浆浆液应根据不同地层选用不同的浆液,具体情况如表 5-28-1 所示。

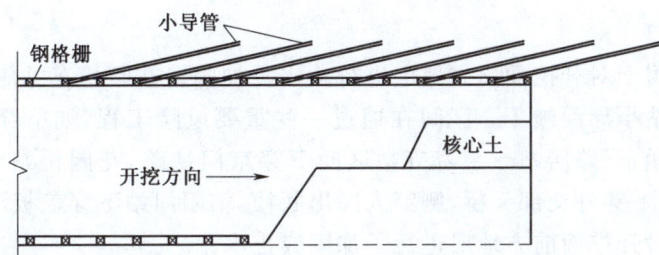

图 5－28－3　超前小导管注浆加固示意图

表 5－28－1　超前小导管注浆浆液选择

围 岩 状 况	适 用 浆 液
无水粗砂及砂砾(卵)石地层	单液水泥浆
无水的中砂及粉细砂地层	改性水玻璃
有水的粗砂及砾石地层	水泥—水玻璃双液浆
粉土层	单液水泥浆或水泥—水玻璃双液浆

超前小导管注浆采用注浆泵进行施工,注浆压力一般控制在 0.5～0.8 MPa,加固体半径不小于 0.25 m,打设范围为起拱线以上或拱顶大于 120°范围。

注浆管联接好后,注浆前先压水试验管路是否畅通,然后开动注浆泵,通过小导管压入地层。

⑤施工技术控制要点

(A)钻孔时要控制好外插角、钻孔深度及小导管顶入长度,且小导管的纵向搭接长度不小于设计要求。

(B)钢管安装完毕后,用塑料布将导管孔口封堵,然后喷射拱顶混凝土,必须保证孔口部位的混凝土喷射密实,以防浆液从工作面外冒。

(C)注浆过程中随时观察注浆压力及排浆量情况的变化,分析注浆情况。注浆中途停止超过30分钟应清洗注浆管路,防止堵管。发生串孔跑浆时应先将跑浆孔堵塞,等轮到该孔注浆时拔出堵塞物,将孔内清洗干净后再重新注浆。发生漏浆时应将漏浆部位的裂缝封堵,再喷射混凝土封堵牢固后再继续注浆。

(D)严格控制配合比与凝胶时间,初选配合比后,用凝胶时间控制调节配合比,并测定注浆固结体的强度,选定最佳配合比。

(E)注浆过程中,严格控制注浆压力,注浆终压必须达到设计要求,并稳压,保证浆液的渗透范围。且在注浆过程中,应加强对初支结构及周边环境进行监测和,防止注浆压力过大,造成初支结构、管线或周边建(构)筑物变形过大而被破坏。

(F)注浆的次序由两侧对称向中间进行,自下而上跳孔注浆。

(G)当注浆量和注浆压力达到设计要求时结束注浆。

(H)注浆过程派专人记录,开挖时要检验注浆效果。如图 5－28－4 所示。

（a）小导洞超前小导管打设　　　　　　　（b）小导洞超前小导管注浆

图 5－28－4　小导管施工现场

28.2.2 超前深孔预注浆

超前深孔预注浆主要用于对开挖面前方地层进行止水及加固。在暗挖车站施工中,主要用于小导洞开挖止水,如东四站、北海北站小导洞施工。区间在通过一些重要风险工程,如下穿既有线工程,起点~五路居站区间下穿南水北调暗涵,五路居站~慈寿寺站区间下穿京门铁路,花园桥站~白石桥站区间下穿地下过街道,东四站~朝阳门站下穿外交部天桥、侧穿人民出版社,朝阳门站下穿盖板河、侧穿工体13号楼等,大多采用了超前深孔预注浆对开挖面前方地层进行了加固或止水。

(1)注浆方式

超前深孔预注浆方式主要有前进式分段注浆、后退式分段注浆和全孔一次性注浆三种形式。不同的注浆方式,其优缺点及适用范围各不相同。

1)前进式分段注浆

前进式分段注浆是一种采取钻、注交替作业的注浆方式。在施工过程中,需根据地层状况,将钻孔注浆长度分为若干段,段长一般控制在1.0~2.0 m,采用地质钻机从孔口管内进行钻孔,钻一段注一段,直到设计长度。该种注浆方式优点为适用范围广,可以适用于任何地层,并且可以利用孔口管防止出现大量流砂涌泥现象;其缺点为工序转换比较多,需重复扫孔,工作量大,施工效率比较低,成本较高。

2)后退式分段注浆

后退式分段注浆主要有袖阀管后退式分段注浆和WSS后退式分段注浆两种。

袖阀管后退式分段注浆是利用钻机一次性钻到设计深度,退出钻杆,在孔内下入PVC袖阀管,然后进行封孔,在袖阀管内下入带止浆系统的 $\phi22$ mm 镀锌管,从孔底向外分段进行注浆,一般分段长度为0.5~1.0 m。该种注浆方式优点为能很好的保证注浆效果;其缺点为需要成孔并下入袖阀管,为确保下管顺利,一般都需要带套管进行施工,工艺复杂,工期长,适用范围比较窄。

WSS后退式分段注浆实现了钻注一体化。施工时,利用采钻机一次性钻到设计深度,利用中空的钻杆将浆液输送到钻头出口,通过一定压力将浆液注入地层,当注浆压力或注浆量达到设计要求后,后退钻杆进行下段注浆,分段长度一般为1.5~2.0 m(钻杆长度)。该种注浆方式优点为与袖阀管后退式注浆相比,工艺得到简化,不需要成孔下入管材,工期缩短,适用范围得到扩大;其缺点为止浆困难,在注单液浆时,容易造成浆液回流,浪费材料并影响注浆效果,注双液浆时,容易造成钻杆抱箍现象。

3)全孔一次性注浆

全孔一次性注浆利用钻机一次性钻到设计深度,退出钻杆,从孔口一次性进行注浆。其优点是工艺简单,缺点是注浆效果较差,如在开挖面利用小导管进行一次性注浆,还存在后期开挖,反复割除小导管,增加了开挖难度。

6号线一期超前深孔注浆,除朝阳门站~东大桥站下穿既有线段采取袖阀管后退式分段注浆,起点~五路居站区间下穿南水北调暗涵,花园桥站~白石桥南站区间下穿地下过街道段开挖面采取小导管一次性注浆外,其他地段都采用的是WSS后退式分段注浆。

(2)注浆加固范围

1)纵向加固段长度

注浆长度应从钻机及注浆设备性能、注浆效果、注浆工期等多方面综合考虑。注浆长度越长,对钻机及注浆设备性能要求也就越高,注浆效果也会越差;注浆长度过短,又会造成注浆与开挖工序间转换频繁,对工期影响较大。

6号线一期超前深孔预注浆加固段长度为8~34 m不等,大多集中在8~15 m,从现场的注浆效果来看一般7~8 m以后的注浆效果明显比之前的效果差。

2)横向加固范围

注浆的目的就是通过注浆在隧道开挖轮廓线外形成一定厚度的加固圈,起到防水和提高地层稳定性作用。

6号线一期超前深孔预注浆除部分下穿既有线段采用全断面注浆外,其他地段大都只对上半断面进行注浆,注浆加固范围为开挖轮廓线外1.5~3.5 m。如图5-28-5和图5-28-6所示。

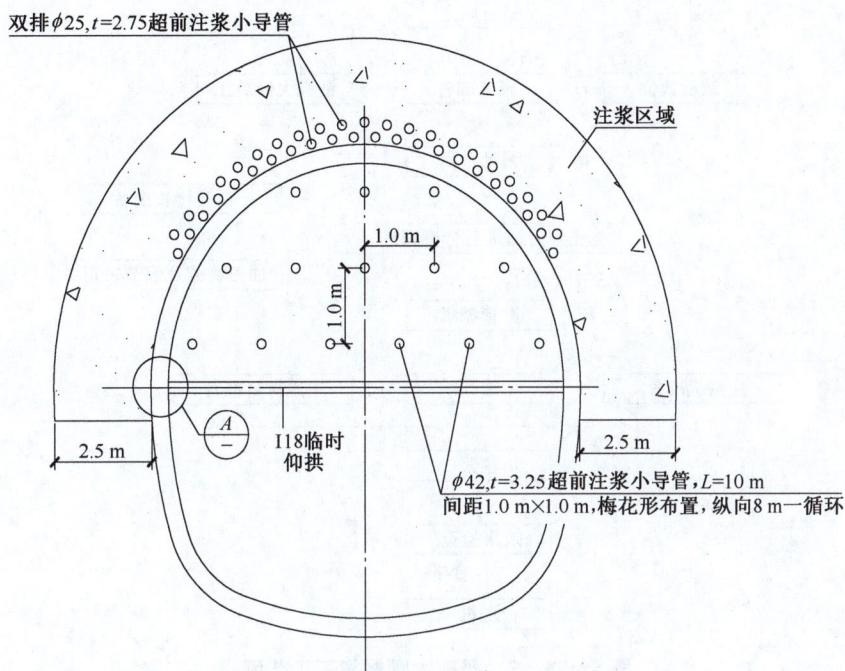

图 5—28—5　起点～五路居站区间下穿南水
北调暗涵加固断面图(单位:mm)

(3)注浆材料

现场采用最多的注浆材料是普通水泥单液浆和普通水泥—水玻璃双液浆。不同的注浆材料,其性能及适用范围各不相同,其中:

1)普通单液水泥

浆液优点:凝胶时间长,具有较长的可注期;结实体强度较高;价格低。

浆液缺点:初凝时间长,易被地下水稀释;终凝时间长,强度上升缓慢,不利于注浆完成后立即开挖作业;可注浆差;凝固后,有一定的收缩性等。

适用范围:适宜于宽度大于 0.2 mm 的裂隙水注浆;渗透系数大于 $1×10^{-2}$ cm/s 且地下水流速不大于 80～100 m/d 的中粗砂、砂卵石等地层。

2)水泥—水玻璃双液浆

浆液优点:凝胶时间可控,凝胶时间从几秒至几十分钟可调;早期强度高,利于注浆后立即进行开挖作业;注浆体结石率高达 95% 以上。

浆液缺点:抗压、抗剪强度较低,易被高压水击穿;可注性差;耐久性较差。

适用范围:适用于渗透系数大于 $1×10^{-2}$ cm/s 的中粗砂、粗砂、砂卵石以及断层破碎带注浆堵水工程中。

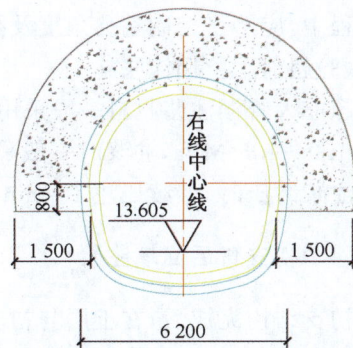

图 5—28—6　东四站～朝阳门
站区间下穿外交部天桥加固断面图
(标高单位为 m,其余为 mm)

28.2.3　超前大管棚施工

超前大管棚主要用于暗挖车站导洞施工或竖井进横通道施工。

(1)施工工艺流程

超前大管棚施工工艺流程如图 5—28—7 所示。

(2)超前大管棚钻进施工

在暗挖车站施工时,超前大管棚一般自横通道向两侧或单侧进行打设,如采用两侧对打,大管棚的搭接

```
                              ┌──────────┐
                              │  钻机固定  │
                              └──────────┘
                                    ↑
┌──────────┐              ┌──────────┐              ┌──────────────┐
│  钻机就位  │←─────────────│  施工准备  │─────────────→│  钻机大臂矫正  │
└──────────┘              └──────────┘              └──────────────┘
                                    ↓
                              ┌──────────┐
                              │  测量布孔  │
                              └──────────┘
                                    ↓                ┌──────────────┐
                              ┌──────────────────┐  │  钻孔接长准备  │
                              │  先导向钻进后管棚跟进  │←─┤              │
                              └──────────────────┘  ├──────────────┤
                                    ↓                │ 加工管棚及管节矫正│
                              ┌──────────┐          └──────────────┘
                              │  撤管棚机  │
                              └──────────┘
                                    ↓
┌──────────┐              ┌──────────┐              ┌──────────────┐
│  注浆机准备 │─────────────→│   清孔    │←─────────────│  注浆材料准备  │
└──────────┘              └──────────┘              └──────────────┘
                                    ↓
                              ┌──────────┐        不
                              │   注浆    │────────合
                              └──────────┘        格
                                    ↓              │
                              ┌──────────┐          │
                              │  效果检查  │←─────────┘
                              └──────────┘
                                    │ 合格
                                    ↓
                              ┌──────────┐
                              │   退机    │
                              └──────────┘
```

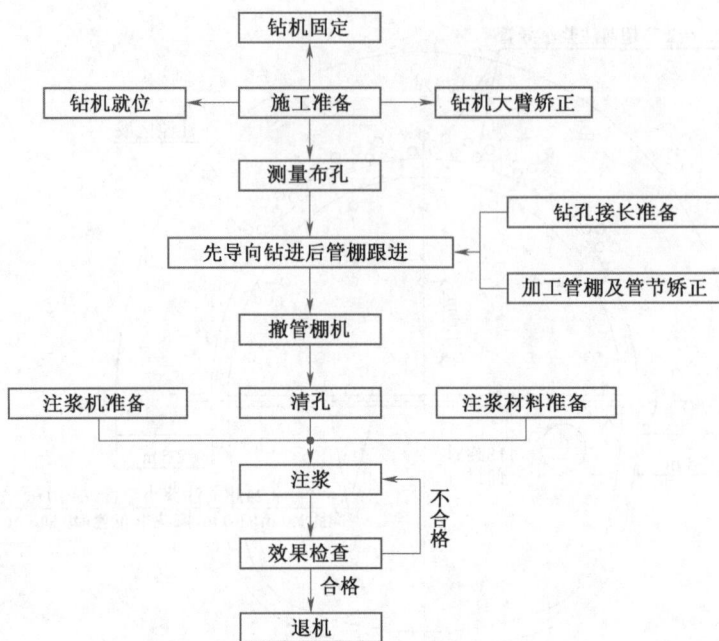

图 5—28—7　超前大管棚施工工艺流程

长度一般为 2 m。大管棚一般选用 $\phi108$ mm×5 mm 热轧钢管,管节长度为 1.5~2.5 m,每节之间采用套管丝扣连接。

管棚施工一般从拱脚向拱部隔孔进行施工。钻孔采用水平定向钻机钻进,钻孔前应进行精准定位,钻进过程中,应严格控制钻孔角度及孔深。

(3)超前大管棚注浆施工

超前大管棚注浆材料一般采用 $W:C=1:1$ 水泥浆,水泥采用 42.5 级普通硅酸盐水泥。注浆压力一般为 1.0~1.5 MPa,注浆时一般采取低压力中流量注入,注浆过程中压力逐步上升,流量逐渐减少,当压力升至注浆终压时,继续压注 10 min 才结束注浆。如图 5—28—8 所示。

28.2.4　初支背后回填注浆

初支结构完成后,在土层与初支结构之间存有空隙,通过回填注浆可以有效消除因土层与初支结构间存在的空隙而产生的地层损失,改善支护结构受力,并控制地层沉降,同时对局部渗漏水处起止水作用。初支背后回填注浆施工工艺流程如图 5—28—9 所示。

图 5—28—8　主体中拱超前大管棚施工效果图

```
┌──────────────┐
│ 水泥+外加剂+水  │
└──────────────┘
        ↓
┌──────────────┐
│   搅拌机桶     │
└──────────────┘
        ↓
┌──────────────┐
│    过滤网      │
└──────────────┘
        ↓
┌──────────────┐
│    注浆泵      │
└──────────────┘
        ↓
┌──────────────┐
│    注浆管      │
└──────────────┘
        ↓
┌──────────────┐
│  初支背后空隙   │
└──────────────┘
```

图 5—28—9　初支背后回填注浆施工工艺流程图

回填注浆管沿着隧道纵向拱部及边墙布置,一般纵向间距为 3 m,环向间距为 3.0 m,注浆管长度为 0.8 m。注浆管采用预埋法,将注浆管固定在钢格栅上,随钢格栅一起喷射混凝土时将注浆管固定。一般标准断面每环预埋 4 根注浆管,大断面 CD 工法断面每环预埋 5 根注浆管,大断面 CRD 工法断面每环预埋 7

根注浆管,大断面双侧壁导坑法断面每环预埋9根注浆管。

注浆时,应遵循"从下向上,从无水向有水"的原则进行施工。注浆材料一般选用 $W : C = 1 : 1$ 单液水泥浆(富水地段注浆浆液选择 $W : C = 1 : 1$、$C : S = 1 : 1$ 的水泥—水玻璃双液浆),注浆压力在 $0.3 \sim 0.5$ MPa 之间。若浆液扩散效果不理想,采取加密回填管的措施进行处理,不得提高注浆压力,防止结构变形。当开挖和回填注浆施工发生矛盾时,回填注浆优先施工。如图 5-28-10 所示。

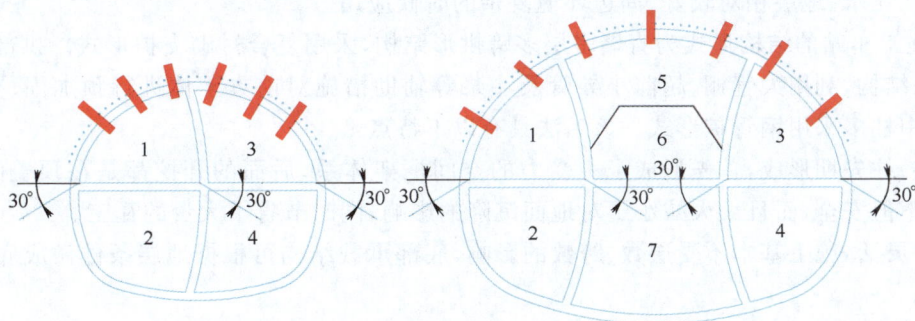

图 5-28-10 初期支护背后回填注浆管埋设示意图

28.3 暗挖地铁车站施工技术

矿山法在北京地铁6号线一期工程地铁车站修建过程中得到了广泛应用,涉及到的工法有 PBA 法、中洞法、柱洞法和 CRD 法。

28.3.1 PBA 法暗挖地铁车站施工技术

28.3.1.1 概 述

PBA 法结合了盖挖法和暗挖法的优势,大部分的土体开挖均在导洞和拱部的初期支护保护下完成,其优点是对地层扰动小,对复杂的周边环境具有良好的适应性,自身结构在施工过程中安全性较高,能够较好地控制地层变形和对周边既有建(构)筑物的影响,在6号线一期暗挖地铁车站施工中得到了大量的应用,全线6个全暗挖地铁车站全部都采用了 PBA 逆作法施工,在4个明、暗相结合施工的车站中,有2个车站暗挖部分采用了 PBA 逆作法施工。

6号线一期 PBA 法施工的暗挖地铁车站大多为双层三跨结构,如车公庄西站、东四站、朝阳门站、东大桥站、金台路站,采用上、下共8个导洞进行施工;花园桥站和车公庄站为双层单跨结构,因分别受花园桥桥桩和热力管沟群的影响,采用了上、下共4个导洞进行施工;北海北站为双层双跨结构,采用了上、下共6个导洞法进行施工。这三种结构形式如图 5-28-11 所示。

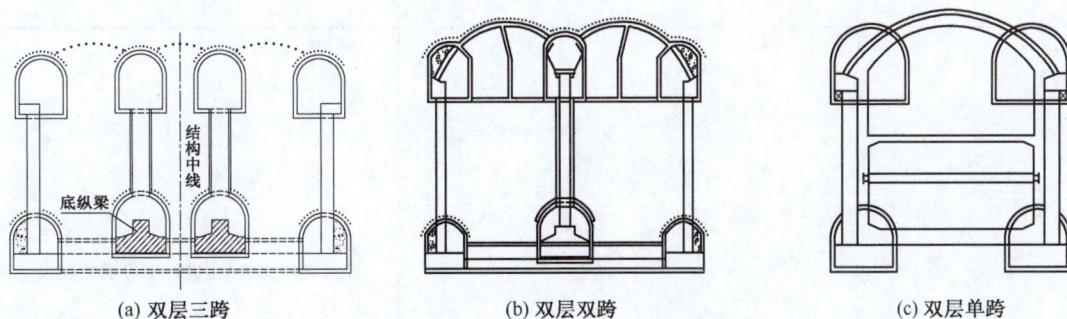

(a) 双层三跨   (b) 双层双跨   (c) 双层单跨

图 5-28-11 洞桩法施工地铁车站结构形式

(1)PBA 工法原理及特点

PBA 工法的物理意义是 P 表示桩(pile)、B 表示梁(beam)、A 表示拱(arc),即由边桩、中桩(柱)、顶底梁、顶拱共同构成初期受力体系,承受施工过程的荷载。其主要思想是将盖挖及分步暗挖法有机结合起来,发挥各自的优势,在顶盖的保护下可以逐层向下开挖土体,施做二次衬砌,最终形成由初期支护+二次衬砌组合而成的永久承载体系。

PBA 工法是浅埋暗挖法的一种,用于地铁暗挖车站。当地质条件差、断面特大时,一般设计成多跨结构,跨与跨之间,有梁柱连接。施工时先开挖导洞,在洞内施作桩、柱及梁,在梁柱完成后,再施作顶部结构,然后在其保护下进行土方及二衬施工。该工法施工工序较多,且地下工作环境较差,但施工引起的地面沉降较易控制,多在无水、地层相对较好、周边环境复杂的时候应用。

PBA 工法施工车站的结构形式为直墙多层多跨拱形结构,采用复合衬砌支护形式。拱部初期支护为格栅+喷射混凝土结构,利用大管棚、超前小导管及注浆等辅助措施对前方土体进行预加固、支护,侧墙初期支护为灌注桩,中柱多采用钢管桩形式。该工法具有以下特点:

1)桩、梁、拱、柱先期形成,首先形成了主受力的空间框架体系,后面的开挖都是在顶盖的保护下进行,支护转换单一,不但安全,而且大大减小了对地面沉降的影响,同时节省了大量的瓦工。

2)工法施工灵活,施工基本不受层数、跨数的影响,底部承载结构可根据地层条件做成底纵梁(条基)或桩基。

3)小导洞施工技术成熟,安全可靠。由于各导洞间具有一定距离,故可同步进行导洞施工,施工干扰小,各导洞内的柱、纵梁也可同时作业。

4)扣拱后内部一般无需进行地层加固等辅助措施,施工空间开阔,可采用机械开挖,作业效率高,整体施工速度快、精度高,施工中也便于地下水的处理。

5)直墙式结构内有效净空大,节省了曲墙及扣拱结构工程投入。

6)小导洞空间比较狭窄,要在其内部完成一系列的钢筋、立模、浇筑、吊装等操作,作业环境比较恶劣。

(2)PBA 法施工步序

以 8 导洞 PBA 法的施工过程为例,其施工步序如表 5-28-2 所示。

表 5-28-2　8 导洞 PBA 法暗挖施工步序

步序	步 序 图	文 字 描 述
第 1 步	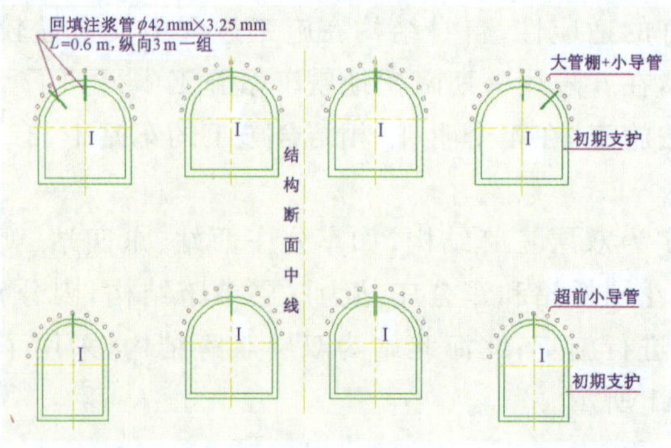	降水施工,超前预加固地层,采用台阶法进行小导洞施工并施作初期支护,上导洞初支格栅上预留接点板并做好保护,便于后续钢架连接。导洞开挖时,一般采取先下后上、先边后中,错洞开挖
第 2 步		导洞开挖完成后,进行下导洞之间横通道开挖

步序	步 序 图	文 字 描 述
第 3 步		后退施作下导洞内桩下条基及下横通道内条基。在中导洞中施作中间立柱下底纵梁,部分底板,人工挖孔施作边桩及中柱。边桩外侧与导洞间采用 C20 混凝土进行回填
第 4 步		施工钢管柱及回填砂,铺设防水层,施作顶纵梁。在顶纵梁内预埋钢拉杆,并采用同等级混凝土回填顶纵梁上部空间,预留钢筋及防水接头。在上边导洞中施作桩顶冠梁,完成后架立上侧导洞内初支,初支与导洞间采用 C20 混凝土回填
第 5 步		超前预注浆加固地层,采用台阶法开挖拱部土体,施作初期支护。一般采取先中后边进行开挖,中、边导洞开挖面间错开距离一般不小于 20 m
第 6 步		扣部初支扣拱贯通后,分段截断导洞边墙,铺设防水层,后退浇筑拱部二衬。中跨拱部二衬先行,与两边跨拱部二衬前后错开 8~12 m 距离,且两边跨二衬保持同步浇筑
第 7 步		结构拱部二衬达到设计强度后,沿车站纵向分为若干施工段,分段长度为 20~25 m,向下开挖土体至站厅板底标高

315

续上表

步序	步序图	文字描述
第8步	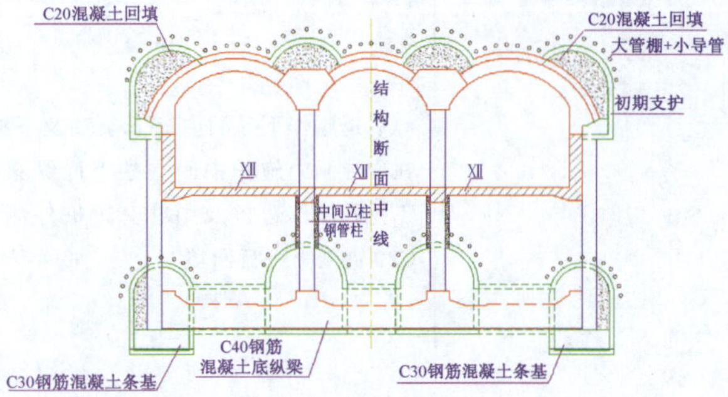 C20混凝土回填／大管棚+小导管／初期支护／结构断面中线／中间立柱中钢管柱／C40钢筋混凝土底纵梁／C30钢筋混凝土条基 XII	敷设侧墙防水层,施作中站厅板、纵梁、内衬墙
第9步	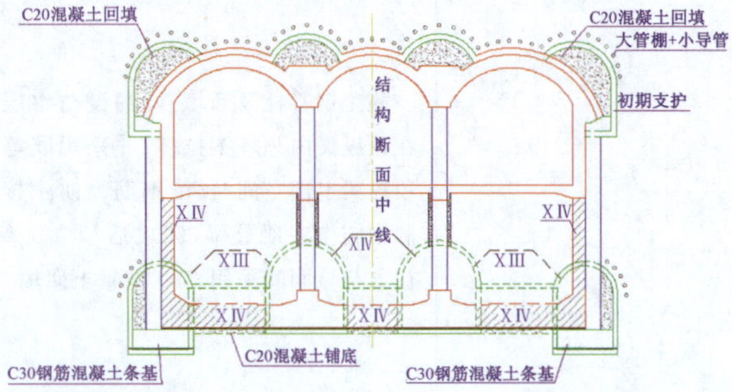 C20混凝土回填／大管棚+小导管／初期支护／结构断面中线／XIV XIII／C30钢筋混凝土条基／C20混凝土铺底	待中板达到设计强度后,继续分段开挖土体至底板设计标高处,施作 C20 细石混凝土底板垫层、防水层、底板、内衬墙
第10步	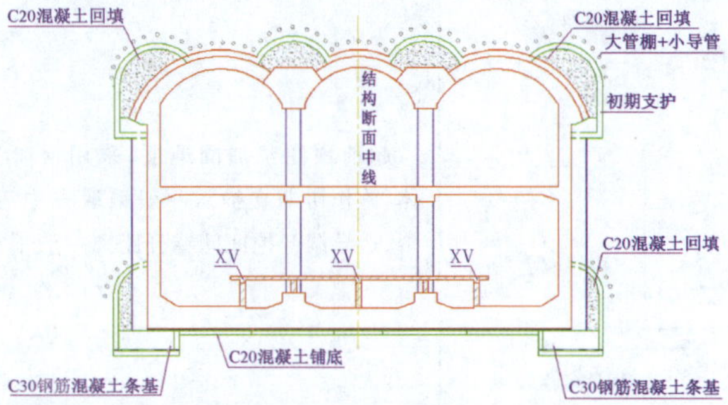 C20混凝土回填／大管棚+小导管／初期支护／结构断面中线／XV／C20混凝土回填／C30钢筋混凝土条基／C20混凝土铺底	施作内部结构

28.3.1.2　PBA 法施工关键技术

(1)竖井及横通道施工

1)竖井及横通道设置形式

竖井及横通道主要是为后续导洞开挖及进料、出土提供作业面和通道。受场地条件的影响,现阶段竖井的设置有两种形式,一种是设在车站正上方,另一种是设置在车站的一侧,6 号线一期暗挖地铁车站竖井全部设置在车站的一侧。横通道根据后期的作用主要设计有三种形式:贯通式(如东四站 1 号施工通道等)、分离式(东四站 3 号、东大桥站 2 号施工通道等)、混合式(东四站 2 号施工通道等)。如图 5—28—12 所示。

2)竖井及横通道施工

竖井及横通道施工同区间竖井与横通道施工。

(2)小导洞施工

1)导洞开挖顺序

以往小导洞施工大多采用先下后上的原则进行,但 6 号线一期由于工期比较紧,降水施工无法满足工期总体要求,除车公庄站外,其他各车站导洞开挖都采用了先上后下的施工顺序。

为减小群洞效应,同层小导洞开挖大多采用先边后中,间隔开挖。横通道一侧导洞开挖长度不小于 15 m 后,方可进行相邻对侧导洞施工。东大桥站导洞开挖顺序如图 5—28—13 所示。

(a) 贯通式示意图   (b) 分离式示意图

(c) 组合式示意图

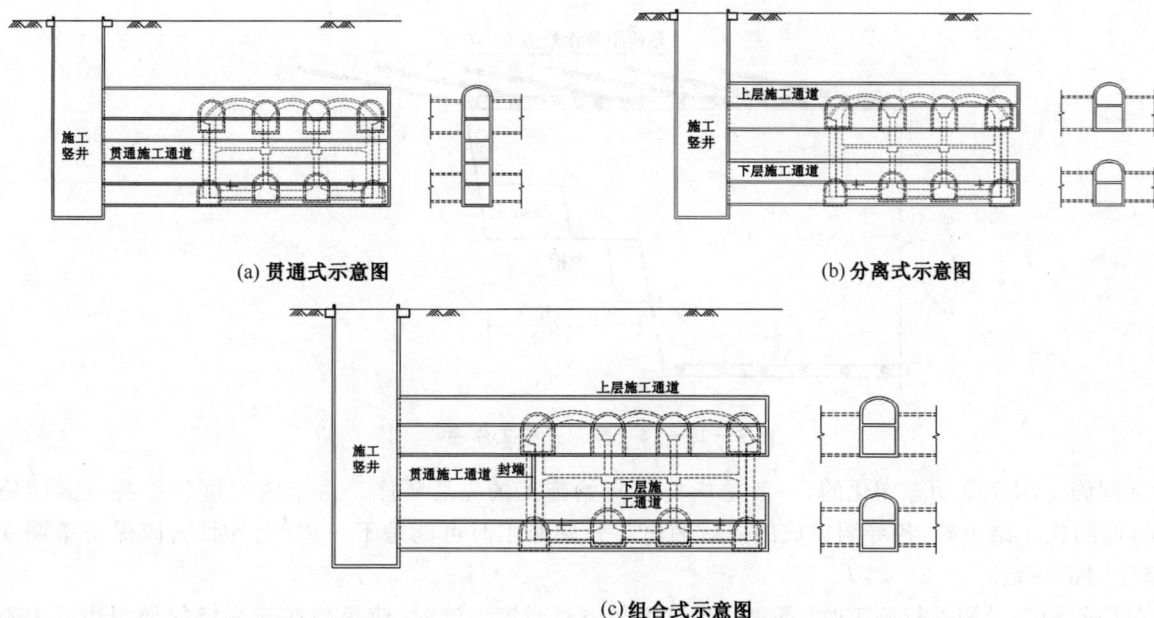

图 5-28-12 横通道形式示意图

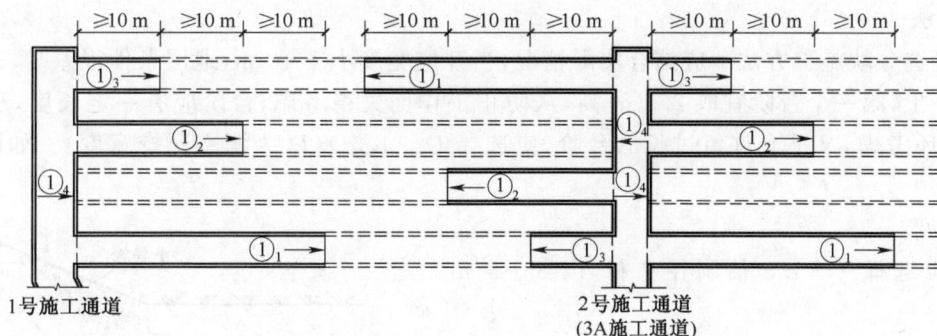

1号施工通道   2号施工通道（3A施工通道）

图 5-28-13 东大桥站导洞开挖先后顺序

2）马头门施工

按导洞施工顺序进行马头门施工,施工方法同区间正线马头门施工。

3）土方开挖及初期支护

小导洞采用台阶法开挖,上台阶预留核心土进行施工。施工时,采用小导管进行超前支护,小导管一般两榀一打设。土方开挖时,上下台阶开挖进尺一般为 0.5 m,台阶长度一般为 $(1\sim1.5)d$(d 为小导洞开挖净空洞径),以 3~5 m 为宜。施工中根据监测量测数据情况,适当调整施工步距,当隧道围岩自稳能力较差时,应尽可能缩短开挖台阶长度,尽快使初期支护闭合。每次开挖及时安设格栅、挂网、锁脚锚杆、喷射混凝土支护。初期支护一般采用挂网喷射混凝土＋钢拱架＋纵向边接筋联合支护。如图 5-28-14 所示。

为了保证后续扣拱与导洞能够顺利连接,在导洞施工过程中,应严格控制每榀格栅的里程,同时认真做好预留接头格栅的保护工作。

4）减少群洞效应影响的具体技术措施

PBA 法施工过程中,群洞效应非常显著,在施工中应采取切实有效的措施来降低群洞施工影响效应,以减小施工对周边环境的影响。

①施工顺序优化

根据监控量测分析,施工顺序对小导洞施工产生群洞影响效应,因此,通过优化施工顺序,能够有效降低群洞施工效应。

（A）先施工上排导洞,后施工下排导洞,能有效减小塑性区的范围,减小地表沉降、拱顶下沉、水平收敛等地层和支护结构变形和应力状态,对降低群洞施工影响效应是有利的。

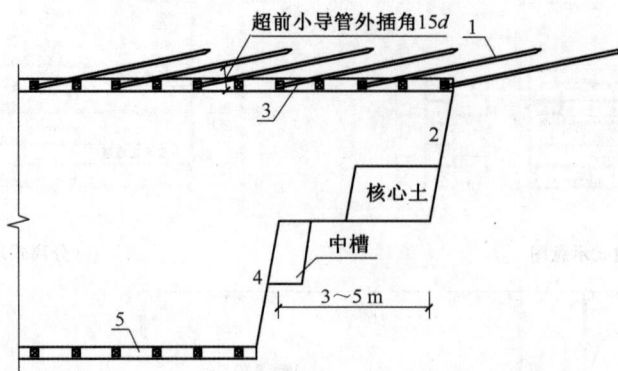

图 5-28-14　导洞开挖工序图

(B)群洞施工顺序是动态变化的,一般是指群洞开始施工的先后顺序。由于施工过程中各导洞的施工进度不同,群洞施工结束时,各导洞完成的先后顺序与开始施工时可能是不一致的。因此,应保证单洞在施工中相邻导洞错开距离为(3~5)d。

(C)在小间距多导洞平行施工时,通常都要设置联络横通道。这时,应提前在被联络的导洞边墙中破除一个小的开挖面,再由该开挖面掘进。在这种情况下,相互影响区会有所减少。

②施工方法优化

(A)开挖方法

开挖前应优选分块施工方法。应结合实际情况,当开挖宽度小于 10 m,地层条件很差时,采用正台阶环形开挖预留核心土,第一个台阶宜取 2.5 m 高,从防止工作面失稳考虑,台阶应有一定长度,从减少地表下沉,尽快封闭成环考虑,又不允许留过长的台阶,应选择 D~1.5D(D 为洞室开挖宽度)。如图 5-28-15 所示。

(B)台阶长度

台阶长度应选择 1~1.5 倍洞径左右,以 3~5 m 为宜。

(C)相邻导洞开挖面距离(面距)

研究显示,上层导洞或下层导洞施工过程中,左右相邻导洞错开距离应为 3d~5d,应能满足使群洞效应最低。

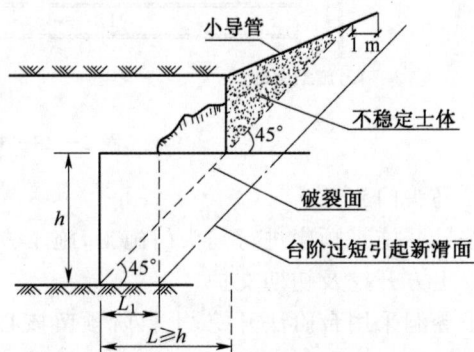

图 5-28-15　开挖面稳定分析图

(3)人工挖孔桩施工

北京地铁 6 号线暗挖车站地铁工程 PBA 法施工过程中,由于地下导洞空间狭小,洞内边桩及中柱施工时,全都采用人工挖孔。施工采取分批跳孔施作,施工边桩挖孔的顺序为 1→2→3,如图 5-28-16 所示。

图 5-28-16　人工挖孔桩施工顺序示意图

1)人工挖孔桩施工工艺流程如图 5-28-17 所示。

2)人工挖孔桩施工技术要点

①测量放线

挖孔灌注桩按设计桩位外放 5 cm。做好桩位的轴线标记和桩位的测量放样,并进行复核报验,作出复核记录。

②井口破除及加强

经复核确认桩位的轴线正确无误后,按桩位破除小导洞仰拱格栅混凝土,并对破除的格栅进行钢筋箍圈加强。

③挖孔围护桩施工

采用人工挖孔钢筋混凝土桩。人工挖孔使用短镐等将岩土挖松(遇到比较硬的岩层时可用风镐)后,短锹装入泥桶,手摇辘轳提升出碴。人工提运至临时堆土场,再使用小推车运送至停放于风道与上层小导洞口部的三轮车车厢中,破除下导洞格栅,安装围护桩钢筋,安装模板后泵送商品混凝土灌注成桩。

(A)施工顺序

施工时采用跳桩成孔,相隔至少 1 根桩,首先施作混凝土井圈,然后边开挖边护壁,直至成孔完成。

(B)施工准备

挖孔施工前,对整个场地进行统一规划平整,配置排水设备;施工队负责人、技术负责人在施工前,协同设备人员、电器技术人员和安全人员全面检查各项施工准备,确保机电设备完好。向现场施工操作人员进行详细的安全和技术交底,使安全管理在思想、组织和措施上全部得到落实。

(C)测量定位

根据轴线及桩位,在桩中心点打水泥钉,并从桩中心位置引出 4 个桩心控制桩(控制桩采用水泥钉,依据现场条件,钉在小导洞边墙及内侧仰拱)。测量结果经自检、复检后,报请监理复核,复核无误并签字认可,且确认桩位的轴线正确无误后可进行小导洞仰拱拆除。如图 5—28—18 所示。

(D)人工挖孔

挖孔正式开始前,在现场地面上修筑护肩,护肩的中心点应和孔位中心重合,偏差不大于 10 mm,其厚度应比下面的护壁厚 100 mm,高出地面 200 mm。护肩形成后,应将孔中轴线控制点引至护肩,并经进一步复核无误后,作为地下各节护壁中心的测量基准点,以便随时检查挖孔垂直度。同时将高程引至护肩上,作为确定孔深度的依据。护肩施作完毕后,施作高 200 mm 的锁口圈梁,圈梁下施作 1.0 m 高的模注混凝土,如图 5—28—19 所示。

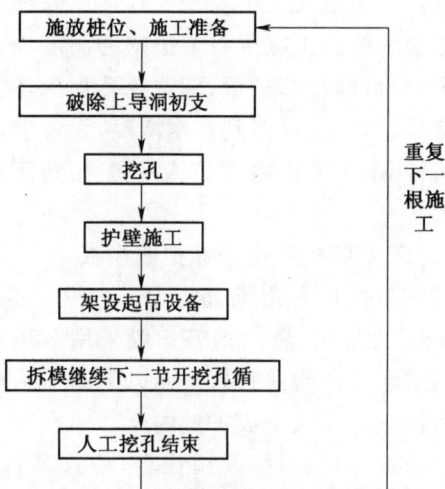

图 5—28—17 人工挖孔桩施工工艺流程图

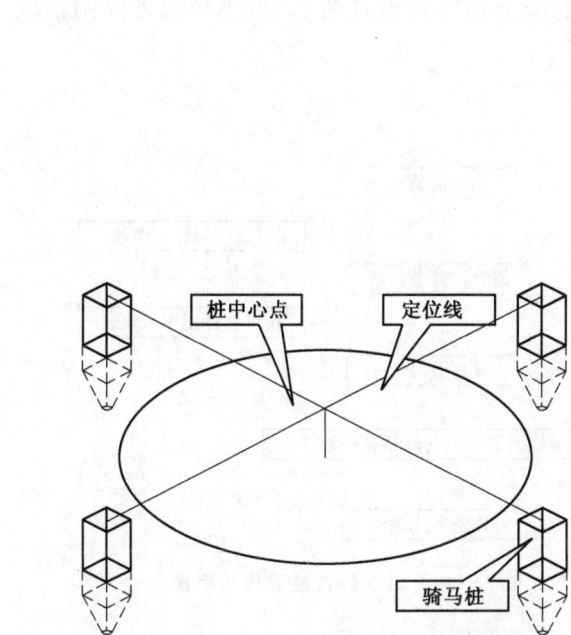

图 5—28—18 人工挖孔桩测量定位示意图

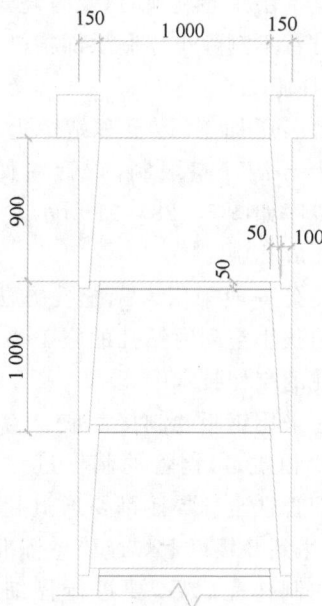

图 5—28—19 人工挖孔剖面示意图(单位:mm)

人工挖孔桩施工均采用安全电压供电设备系统照明(24～36 V)。

开挖采用人工手扬式工具逐层开挖。当遇到流沙时，孔圈护壁的施工减少每节护壁的高度（一般取 0.4 m）；对易塌方段，即挖即护壁，随着挖孔加深，需安装通风、照明、通信等设备；一旦遇到有水情况，设置潜水泵排水，排水量适当控制以防止塌孔。人工挖孔施工如图 5－28－20 所示。

(E)安装护壁钢筋和护壁模板

人工挖孔采用钢筋混凝土护壁，环向钢筋一般采用 $\phi 10@200$ mm，竖向钢筋一般采用 $\phi 8@200$ mm，竖向钢筋端部弯成弯钩并打入土面以下 250～300 mm，桩护壁上段钢筋全部伸入下段护壁内。

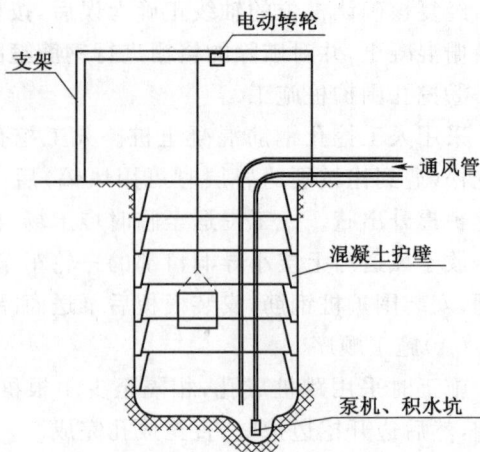

图 5－28－20　人工挖孔施工示意图

模板安装后，吊线锤校定，检查其直径是否符合设计要求，两正交直径的误差不大于 50 mm。其中心位置通过孔口设置的十字架吊垂球的办法确定，孔的垂直度偏差不大于孔长的 0.5%。符合要求后，采用钢筋打土体中稳定模板，防止浇筑振捣混凝土时发生移动。

(F)灌注护壁混凝土

灌注护壁混凝土一般采用自拌 C20 早强混凝土。混凝土采用 42.5 普通硅酸盐水泥、中砂、碎石、速凝剂，现场人工拌合。随着土方开挖，及时施工混凝土护壁。开挖循环进尺一般为 1.0 m，若地层较差或塌孔严重时，应缩小循环进尺，保证施工安全。采用钢模沿井壁一周立模，留出护壁混凝土厚度，并以钢管顶撑。每一节桩孔挖好安装护壁模板时，使用桩心点来校正模板位置，并设专人严格校核中心位置及护壁厚度。

井壁厚变为 100 mm，上一节护壁的下部应嵌在下一节护壁的上部混凝土中，上下搭接宜为 50 mm。孔开挖后应尽快灌注护壁混凝土，当天挖孔并及时浇筑完护壁混凝土。

(G)拆除模板循环施工

每个孔 3 套配置模板，并循环使用。当护壁混凝土结构强度达到 2.5 MPa 后便可拆模板，然后继续下一节施工，直到挖到设计要求的深度。

(H)破底

当挖孔至下层小导洞顶时，及时浇筑末段护壁。待护壁混凝土强度达设计值后，由小导洞破除洞顶混凝土。破除时暂不割除小导洞拱部格栅，待安装钢筋笼时破除。

(4)钢管柱施工

钢管柱由工厂加工，运至车站中上导洞内分节吊装。由于上导洞净空限制，钢管柱加工需分节。钢管柱施作步序如图 5－28－21 所示。

1)钢管柱成孔施工

钢管柱柱孔一般采用人工挖孔方法成孔，以满足在地下导洞狭小空间内钻孔的施工要求。

2)钢管柱的制作技术

①钢管柱采用钢板卷制接而成。为了保证钢管柱制作的精度和质量，钢管的制作过程全部在工厂里面进行。钢管柱全部焊接都要通过超声波检查及 X 射线探伤，达到 2 级以上焊缝质量标准。

②钢管柱制作完成后，要进行仔细验收。钢管柱长度误差应该控制在 ±3 mm 以内，纵向挠度应该小于 5 mm，椭圆度应该小于 3 mm。

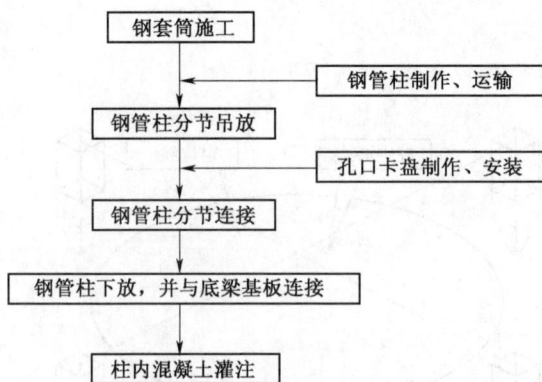

图 5－28－21　钢管柱施作步序图

3)钢管柱的基板安装

定位：在下导洞的底板防水层保护层上及导洞边墙上，定出钢管柱中心点和中心交叉点，将基板悬吊在底纵梁上面，绑扎底纵梁钢筋。

安装：当底纵梁钢筋绑扎完成后，用经纬仪定出基板中心，将基板放下就位。粗略调平后，将基板的定位杆固定在钢筋骨架上，浇筑底纵梁的下半部分。待混凝土达到一定强度后，利用定位杆进一步将基板用精密水准仪调至设计标高，并严格检查基板的平整度。调平后将基板固定在中洞的钢支撑上，再浇筑底纵梁混凝土的上半部分。

4）钢管柱的吊装加固

定点：在洞内将钢管柱中心投至基板上，并将中心上返至拱顶，以便后期复核。根据中心点用分规在基板上划1个 $\phi 800$ mm 的圆，即为钢管柱的位置。

吊装、固定：沿 $\phi 800$ mm 的圆外缘焊2块呈90°布置的筋板，作为钢管柱的外定位标志。用上导洞初支拱顶预埋的吊钩挂倒链将钢管吊起放下，在孔桩的孔用"井"字架固定，再起吊另一管节，相邻节用法兰盘连接。待钢管柱整体连接完成后将钢管吊起放下，紧靠已焊好的定位筋板，检查钢管柱是否与 $\phi 800$ mm 的圆重合，钢管上端用精密靠尺检查垂直度，确认钢管柱精度符合设计及规范要求后，焊接筋板把钢管柱下端固定。上端在钢管柱外侧与上导洞侧墙初支之间设临时"井"字架支撑加固，以稳定钢管柱，使之在浇筑混凝土时不致产生位移和挠曲。钢管柱就位允许偏差如表5－28－3所示。

表5－28－3 钢管柱就位允许偏差说明表

序号	检查项目	允 许 偏 差
1	立柱中心线和基础中心线	±5 mm
2	立柱顶面标高和设计标高	0 mm，－20 mm
3	立柱顶面不平整度	±5 mm
4	立柱垂直偏差	长度的 1/1 000，最大不大于 15 mm
5	各柱之间距离	间距的 1/1 000
6	立柱上下两平面对角线偏差	长度的 1/1 000，但不大于 20 mm

底部焊接：焊接时，每1根钢管柱由2个焊工同时作业，沿圆周同向旋转对称施焊。首先进行底焊，再进行补强焊，直至达到设计要求。注意施焊应间歇进行，以免局部过热影响下面底纵梁混凝土的质量。所有焊接缝均进行100%超声波无损检查，达到2级焊缝质量要求。

5）钢管柱内混凝土灌注

钢管柱内浇筑C50混凝土，为泵送商品混凝土。用串筒进行钢管内混凝土浇筑，串筒一般采用 $\phi 150$ 钢管 mm。由于钢管顶部作业空间限制，串筒分节长度一般为1～1.5 m，随着钢管内混凝土的上升逐节上拔并拆除钢管，钢管埋在混凝土内的深度不少于一节。钢管内混凝土一次性浇灌完成，不得间歇。当混凝土浇灌到钢管顶端时，应浇灌到稍低于钢管的位置，待混凝土强度达到设计值的50%后，再用相同等级的水泥砂浆填至管口。

6）为了避免土层扰动造成钢管柱位移，以及在主体土层下挖破除护壁混凝土时将钢管砸坏，钢管柱施工完毕后，在下导洞挂网喷射混凝土将拱部孔口封住，然后将孔内回填河沙。

（5）边桩底、顶纵梁施工

1）底纵梁施工

中导洞施作底纵梁，需要分段进行施工。施工前先进行基面处理，再施作防水层及保护层，绑扎底纵梁钢筋，支模浇筑混凝土。模板体系采用木胶板、方木及对拉螺栓，并采用短钢管或方木支撑到导洞两侧初支上。混凝土浇筑前作好钢管柱基座钢板的预埋和加固，防止浇筑混凝土时产生移位。

2）顶纵梁施工

顶纵梁是PBA工法重要的承载与传力结构，两侧通过预留筋与车站拱部二衬钢筋相接，下端则通过钢管柱与钢管柱连接。底纵梁、钢管柱施作完毕后，在柱上导洞施作顶纵梁，其钢筋绑扎、支模和混凝土灌注等各个施工环节都局限在导洞狭小的空间，施工较为困难。北京地铁6号线暗挖地铁车站施工中，根据柱距采用分段法施工，一般分段长度为15 m左右。

①顶纵梁施工工艺流程，如图5－28－22所示。

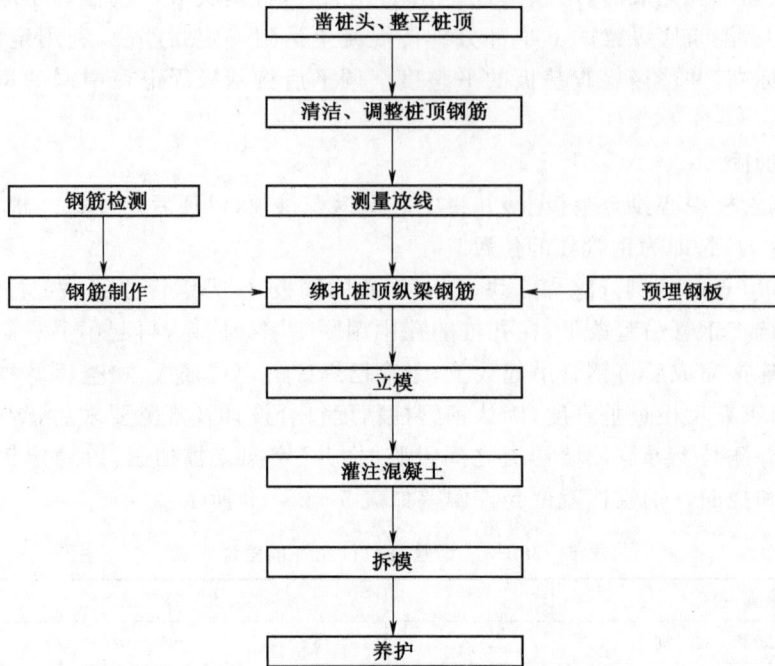

图 5-28-22 顶纵梁施工工艺流程图

②防水板

为防止破除中导洞边墙时破坏防水层,在防水层施作之前,防水层与初支之间一般安设 0.8 mm 厚钢板保护层。为防止割除中导洞初支拱架时烧穿防水板,在防水层与钢板之间设置石棉板。

一般采用 2.0 mm 厚 ECB 防水板＋无纺布(400 g/m²)全包防水。施工缝安设注浆导管及遇水膨胀止水条。顶纵梁防水层施工步序如表 5-28-4 所示。

表 5-28-4 顶纵梁防水层施工步序

步序	步序图	文字描述
第1步		中洞拱部内侧表面固定保护钢板、无纺布缓冲层及塑料防水板
第2步		浇筑结构防水混凝土

322

步序	步 序 图	文 字 描 述
第 3 步		破除中洞边墙,取出保护板,完成防水层的搭接并铺设大面积防水层

③模板施工

PBA工法顶纵梁为异形结构,一般采用比较实用的"碗扣式或满堂红脚手架+方木支撑+组合钢模板+顶托支撑"体系。方木尺寸一般为120 mm×120 mm,组合钢模板一般选用1 200 mm×600 mm×55 mm、1 200 mm×300 mm×55 mm、定制弧形可调钢模板等型号的模板,特殊部位及堵头模板一般选用50 mm厚木板代替钢模板。

顶纵梁模板体系如图5-28-23所示。

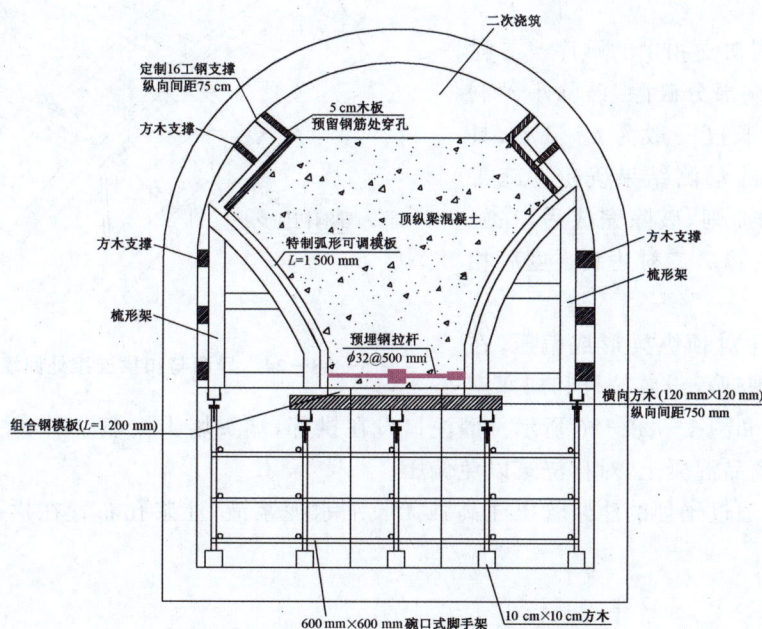

图 5-28-23 顶纵梁模板体系图

④顶纵梁混凝土浇筑

顶纵梁混凝土施工分两次浇筑,第一次浇筑至梁顶回填区标高,第二次为回填浇筑,浇筑顶纵梁与初支导洞之间的回填区域。浇筑前留设排气管及注浆管。

(6)扣拱施工

1)初支扣拱施工

①超前支护

一般来说,对于拱部地层为圆砾—卵石层地段,超前支护采用超前小导管进行支护;对于拱部地层为粉细砂、中粗砂或粉质黏土层地段,超前支护采用超前大管棚+超前小导管进行超前支护。

②施工顺序

合理的开挖和支护顺序是扣拱施工的关键问题,边跨与中跨土体的开挖顺序不同,导致扣拱的顺序不同。对于三跨的结构形式，由于中导洞拱部初支为非约束结构，为消除中、边跨拱脚推力差对中柱产生的不利影响，一般情况下拱部开挖顺序都是中跨先行，边跨落后距离不小于 20 m。在进行两侧边跨扣拱作业时还应注意同步性，两边跨开挖面间距应小于 5 m，以防止出现偏压现象。

③格栅连接

扣拱施工其主要施工工艺与导洞开挖基本相同，关键控制点在于格栅拱架与导洞的连接。为了保证扣拱与导洞能够顺利连接，在导洞开挖过程中应严格控制每榀格栅的里程，同时做好预留接头格栅的保护工作。理论上初支扣拱格栅两端连接方式均应采用钢板螺栓连接，但由于施工误差，基本上很难完成。针对该种情况，目前现场主要有两种解决方式：一是在保证一端节点板螺接到位的情况下，另一端导洞预留螺栓孔位和扣拱脚板螺栓孔位存在施工偏差的部分，可采用"L"形钢筋与脚板帮焊连接，同时将扣拱脚板与导洞预留钢板三面满焊；二是在保证节点板螺栓连接到位的前提下，一般在跨距约 1/3 m 处设置分节，格栅主筋采用帮焊连接，帮焊钢筋与格栅主筋同规格，同时在距焊缝中心左右两侧 15 cm 位置四面设置"U"形筋与主筋满焊。施工时应确保单面帮焊连接部位的焊缝长度满足 $10d$，纵向相邻两榀格栅帮焊连接部位应左右相互错开。

④拱部回填注浆

扣拱与导洞之间拱顶形成三角区域是重点关注区域，初支施工完成后，应加强该三角区域回填注浆加固，注浆压力控制在 0.3 ~ 0.5 MPa。如图 5－28－24 所示。

2）二衬扣拱

二衬扣拱的顺序同初支扣拱的顺序。二衬扣拱施工时需对小导洞部分破除，破除小导洞时将有受力转换，破除长度一般为 4~6 m，具体长度应根据施工中的量测结果确定。施工时，应遵循先支后破的原则，破除完成后，在施作防水前再拆除临时支撑。二衬达到强度后相邻组才能破除小导洞。

为防止混凝土灌注对顶纵梁形成偏压，在顶纵梁下部侧提前预埋钢板设置拉杆和加塞钢楔块，如图 5－28－25 和图 5－28－26 所示。灌注口设在拱部，端头堵头板埋设回填注浆管兼作排气管，混凝土采用高性能免振商品混凝土，对称浇筑以免偏压。

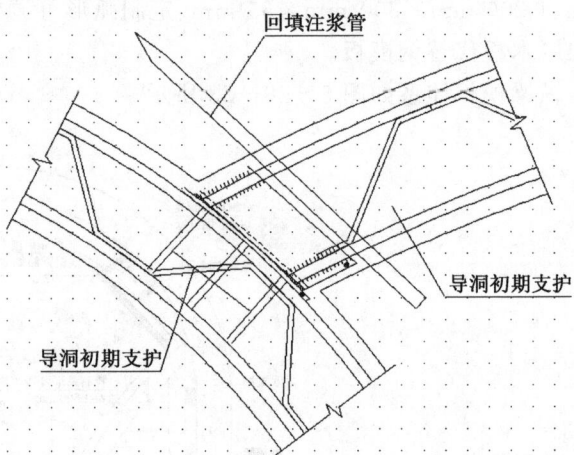

图 5－28－24　导洞与扣拱连接处回填注浆管埋设示意图

扣部二衬封闭后，通过预埋的注浆管压注高强无收缩水泥浆液，注浆孔布置在拱顶，注浆压力为 0.1~0.3 MPa。

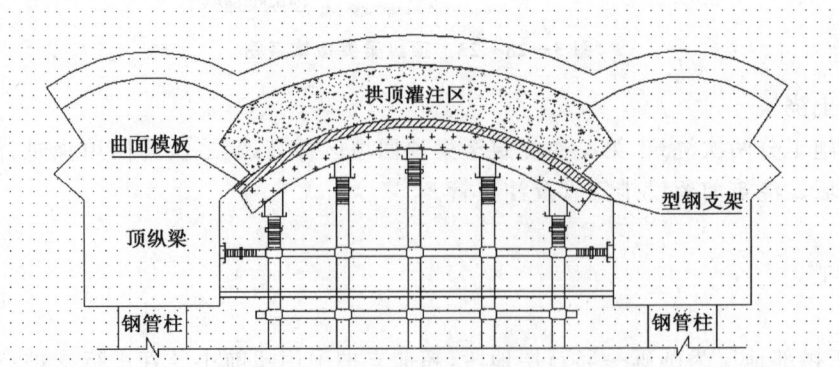

图 5－28－25　中跨拱部模板支撑体系图

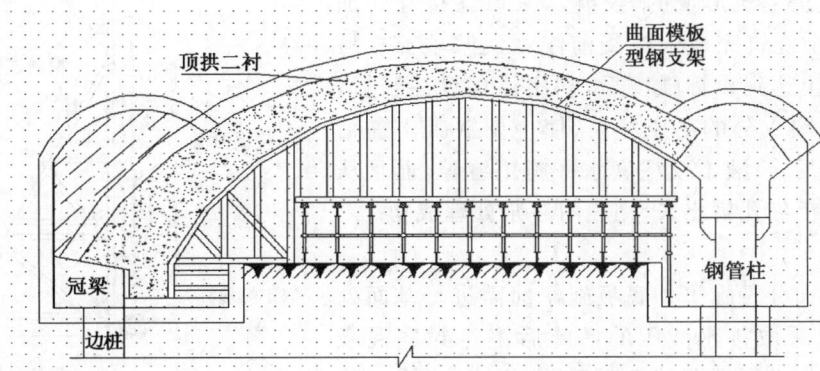

图 5－28－26 边跨拱部模板支撑体系图

（7）土方开挖及二衬放作

1）主体土方开挖

待拱部二衬混凝土达到设计强度后即进行主体土方开挖，分层分段开挖至站厅底板标高，挖土一般采用 YC13－6 小型挖掘机（带破碎锤）与人工结合。

土方开挖技术要点：

①土方开挖采用竖向分层、纵向分段、逐段封闭的施工原则。

②第二层土方机械开挖到基底上 300 mm 后，采用人工清底，及时施作中板土模。

③土方开挖期间应全过程对基坑的围护体系、周围环境、地下结构本身进行监测，及时反馈信息，及时调整开挖方法、开挖速度和开挖方向，做到信息化施工。

2）中板施工

梁、板的模板支架采用满堂红支架，板下支架布设间距一般为 900 mm×900 mm 立杆，梁下支架布设间距一般为 600 mm×600 mm 立杆，立杆间采用横杆和碗扣进行连接，纵向隔 2 排设置一组竖向剪刀撑。根据结构情况，板和梁一起浇筑，因此板和梁的支架断开处采用 $\phi42$ mm 钢管和扣件进行连接，确保梁板支架能形成一个整体，如图 5－28－27 所示。

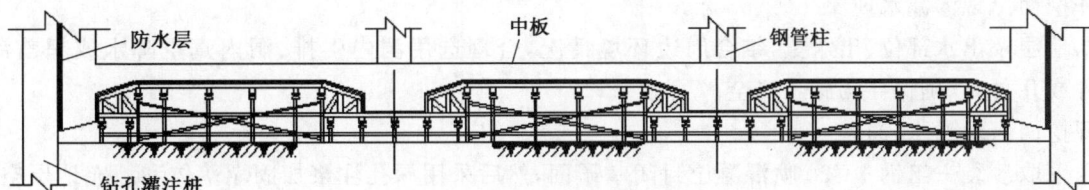

图 5－28－27 中板模板施工示意图

与中板交叉侧墙位置按主筋连接接头预留 1 m 长度局部挖深，然后用砂回填，侧墙的竖向主筋向下插入砂坑槽内，满足下层侧墙竖向主筋连接要求。在施工下层侧墙时，其竖向主筋与上层预留插筋对齐采用机械接头连接，使得上下层钢筋始终保持垂直一致。

3）侧墙施工

侧墙通常采用一次浇筑。模板体系均采用单侧支模型钢三脚架可拼装支撑体系。在浇筑中板、底板混凝土时，侧墙部分要比底板顶面向上浇灌至少 30 cm 高，有倒角的要比倒角顶面至少高出 20 cm。在浇灌混凝土前水平埋入一排主筋，作为侧墙大模板的底部支撑。

在施工过程中必须确保侧墙轴线位置和垂直度的准确性，以保证上下侧墙的对接垂直、平顺。侧墙模板面板一般采用钢模板（如 104 型：肋板宽 10 cm，面板厚 4 mm），支撑一般采用横向 10 号槽钢＋8 号槽钢三脚架斜撑＋横向斜向 $\phi50$ mm 钢管交叉紧固，通过预埋拉锚螺栓（如 $\phi25$ mm 拉锚螺栓）和支座垫块固定。纵向间距同模板竖龙骨间距，距离侧墙表面 200 mm 左右。

侧墙模板支撑体系如图 5－28－28 所示。

对于逆作法混凝土浇筑形成的"反缝",采取在接缝处加塑料注浆管,待混凝土浇筑完成未终凝前注水泥浆填充。另外,待二次浇筑混凝土达到设计强度后,利用已埋设注浆管,进行以环氧树脂为主要成分的高压注浆,使上下混凝土黏结成整体。经高压注浆后,浆液不仅注满水平施工缝隙,而且从上下层混凝土的裂隙毛细孔冒出来,则表明注浆处理成功。

4)底板施工

底板施工采取纵向分段施工。底板施作前需进行基面处理,有一定承压水时,采取排水减压的措施后浇筑封底混凝土。垫层混凝土施工完必须保证其表面平顺、干净、干燥。然后进行土工布缓冲层、防水板、保护层施工,要求保证防水板接头质量,对施工缝进行凿毛处理,设置止水带(条),埋设回填注浆管。底板钢筋接头采用搭接焊。底板侧面用普通市政钢模板支设,用木方进行顶撑加固。在底板钢筋上放出侧墙倒角的边线,测设出板顶的标高,并做好标记。木方顶撑一般是用 $\phi 25$ mm 钢筋焊接而成。钢筋桩作为受力点,要求钢筋桩焊接牢固。侧墙倒角模板支设完成后要仔细检查模板的垂直度和截面尺寸以及其支架的稳定。底板混凝土采用混凝土输送泵泵送,插入式振捣器振捣。浇筑沿纵向采用"一个坡度、薄层浇筑、循序推进、一次到顶"的连续浇筑方法。

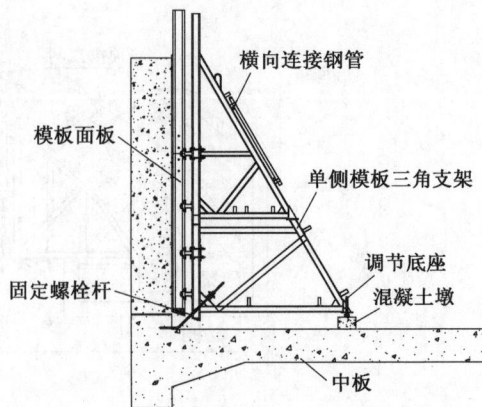

图 5—28—28　侧墙模板支撑体系图

28.3.1.3　施工过程中遇到的问题及解决措施

(1)小导洞施工开挖面出现渗漏水及涌水现象

6号线一期东四站、东大桥站及金台路站,在导洞施工过程中,开挖面渗漏水现象都比较严重,在北海北站和东大桥站小导洞施工过程中,还出现突发涌水事故,给施工带来了很大的安全隐患。

1)造成隧道开挖面出现渗漏水的主要原因有:

①管线渗漏;

②地层原因,形成层间滞水;

③受场地条件限制,降水不封闭,或降水未达到预期效果。

2)解决措施:

①开挖面出现渗漏水现象

根据地层及出水部位、出水量,结合周边环境情况,合理选用洞内引排、洞内真空降水或超前深孔预注浆的一种或几种,以确保导洞施工安全。

②开挖面出现涌水、涌砂

洞内采取沙袋+工钢+C20喷混凝土封闭掌子面,然后采用深孔注浆加固塌落体和填充地层空洞,塌方掌子面采用全断面深孔注浆。塌方情况严重时,还应对塌方区域上方地面进行临时封闭,人工凿除路面,直至找到因涌水塌方导致的空洞,然后进行商品混凝土回灌。

(2)小导洞出现小塌方

在车公庄站小导洞施工过程中,出现小塌方。处理措施:

1)采用塑料管对渗水进行引流处理,防止渗水软化塌方土体,引起连续塌方事故。

2)用方木、工字钢支撑塌方掌子面,及时挂网喷射10 cm厚C20混凝土封闭塌方土体,并对距离掌子面5 m范围内初期支护采用工字钢支撑进行加固,喷射混凝土封闭后在塌方段径向打设 $\phi 32$ mm 注浆小导管。

3)待土体达到强度后方可破工作面,开挖过程中采取增加小导管数量,调整超前支护注浆的浆液类型、配比及注浆压力、持压时间等措施,控制开挖进尺,避免开挖临空时间过长,以免同类事故再次发生。

(3)小导洞施工遇废桩处理

在东大桥站和车公庄站导洞施工时,都遇到了废桩。处理措施:

1)对所遇侵限桩,按照先通过、后破除,过程中对侵限桩进行支、顶的措施,确保施工安全。

2)按开挖所遇侵限桩格栅架立位置,在所遇侵限桩锚入22 cm×15 cm(15d)格栅同型号钢筋,按侵限桩位置,断开侵限桩部位格栅,将断开格栅主筋与锚入侵限桩的植筋焊接牢固,单面焊焊接长度为10d,邻近桩体格栅位置纵向布设I20a型工字钢,工字钢纵向穿入格栅中且与格栅主筋焊接牢固,并保证工钢穿过桩体之间及两侧相邻格栅,对桩体范围被削弱的格栅起到纵向传力效果和简支梁的承托作用,上台阶通过废弃桩后,继续开挖超过侵限桩5~10 m,有足够的操作空间的情况下,进行桩体静力破除水钻切割,分段长1 m,桩体悬空后,采用2根I20a型钢支撑牢固。

(4)扣拱格栅连接问题

主体结构初期支护扣拱格栅,采用连接钢板与小导洞侧壁预埋的连接钢板通过螺栓进行连接。由于中跨扣拱仅为1节格栅,且空间较小,整节格栅安装难度较大,同时由于小导洞施工时导洞及预埋连接钢板均存在一定施工误差,导致扣拱格栅与小导洞预留钢板螺栓连接困难。处理措施:

1)中跨初支扣拱格栅两端连接方式维持原设计,即采用钢板螺栓连接。在保证节点板螺栓连接到位的前提下,在距跨中1 m位置(即跨距约1/3 m处)设置分节,格栅主筋采用帮焊连接。帮焊钢筋与格栅主筋同规格,同时在距焊缝中心左右两侧15 cm位置四面设置"U"形筋与主筋满焊。施工时应确保单面帮焊连接部位的焊缝长度满足10d,纵向相邻两榀格栅帮焊连接部位应左右相互错开。

2)边跨初支扣拱施工时,如小导洞预留节点施工误差较大、难于连接时,采用与中跨初支扣拱相同的原则,取消原设计跨中角钢节点,在距跨中1.7 m位置(即在跨距约1/3 m处)设置分节,其余要求同边跨初支扣拱格栅连接原则。

(5)钢边橡胶止水带接头做法问题

钢边止水带的接头连接一般应采用热接,但因现场条件限制,钢边止水带很难实现热接,无法满足设计要求。处理措施:

钢边止水带的接头连接采用冷接做法,但冷接的工艺做法应尽可能达到热接的防水效果。需严格控制材料质量,细化施工工艺。具体要求如下:

1)将钢边止水带对接接头进行处理,保证平整、清洁。

2)接头采用双层1.5 mm厚丁基胶带"Z"形粘接,范围为整个接头,长度为接头两侧各10 cm(未覆胶部分需覆胶补强),且需保证丁基胶带与钢边止水带密贴。

3)用"U"形箍件固定钢边止水带两侧钢板。

4)固定完成后,采用双层1.5 mm厚丁基胶带将接头完全包裹,包裹范围为两端已粘接胶带范围每侧外延不小于5 cm,并保证粘贴紧密。

28.3.1.4 PBA法施工引起的地表沉降规律

(1)地表沉降监测数据统计及分析

1)地表累计沉降监测数据统计

浅埋暗挖法施工引起地表沉降特征与地层条件、施工方法、隧道埋置深度及施工水平等因素密切相关。现对车站主体上方(去除损坏、遮挡、数据不全)的地表沉降测点进行数据统计,各车站地表累计沉降平均值及累计沉降最大值统计如表5－28－5所示。

表5－28－5　地表累计沉降值统计汇总表

车站名称	累计最大地表沉降值 (mm)	累计沉降平均值 (mm)
花园桥站	60.34	18.15
车公庄西站	80.98	38.67
车公庄站	108.38	34.07
北海北站	108.38	63.83
东四站	114.18	84.02
朝阳门站	99.02	77.60
东大桥站	122.51	79.08

2)地层条件对地表沉降的影响分析

由于北京地区地质沉积层的"相变"十分明显,各种地层相互交错,很难完全区分。沉降分析时以上导洞拱部穿越的主要地层为主,结合下导洞拱部穿越的地层进行分析。北京地铁6号线一期各暗挖车站所穿越的地层主要为粉土、粉质黏土层,细砂及中粗砂层,圆砾～卵石层。由现场的监测数据统计情况、结合地层条件及施工情况综合分析如下:

①在无水的情况下,在圆砾～卵石层中施工引起的地表累计沉降最小,其沉降值基本在20～40 mm之间;粉土、粉质黏土层次之,其沉降值基本在35～50 mm之间;粉细砂及中粗砂层最大,其沉降值为60～70 mm之间。

②施工过程中地下水的影响对地表沉降影响非常大,特别是在粉细砂及中粗砂层中,地下水更容易造成砂的细小颗粒大量流失,从而造成地表沉降急剧增大。

③在同种地层中,导洞采用先上后下,还是先下后上的施工顺序,对累计沉降影响不明显。

(2)地表沉降历时曲线分析

根据洞桩法施工工序,可以将洞桩法施工分为4个典型施工阶段,分别为:

①小导洞施工阶段;

②梁、柱(桩)体系施工阶段;

③扣拱施工阶段;

④土方开挖及主体施工阶段。

根据现场监测数据绘出典型沉降历时曲线如图5-28-29～图5-28-31所示。

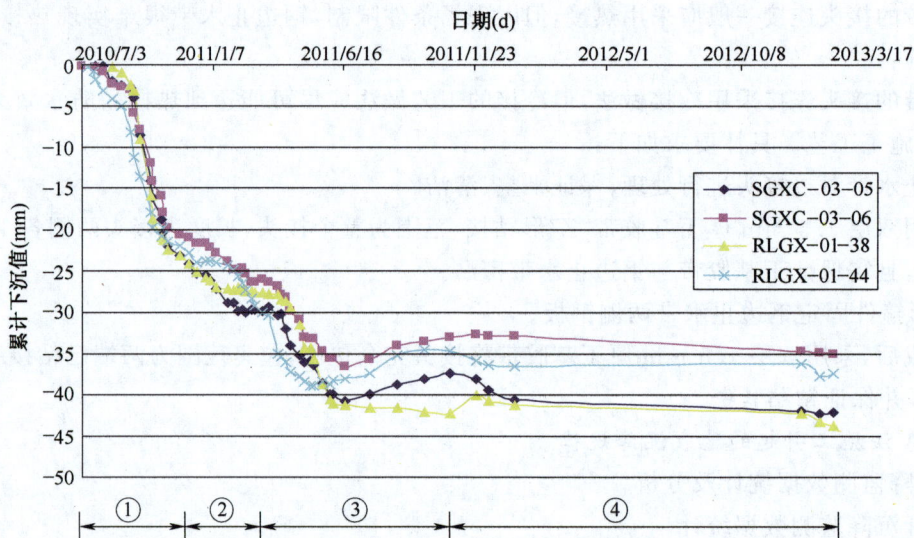

图5-28-29 车公庄西站典型测点沉降历时曲线图(圆砾～卵石层)

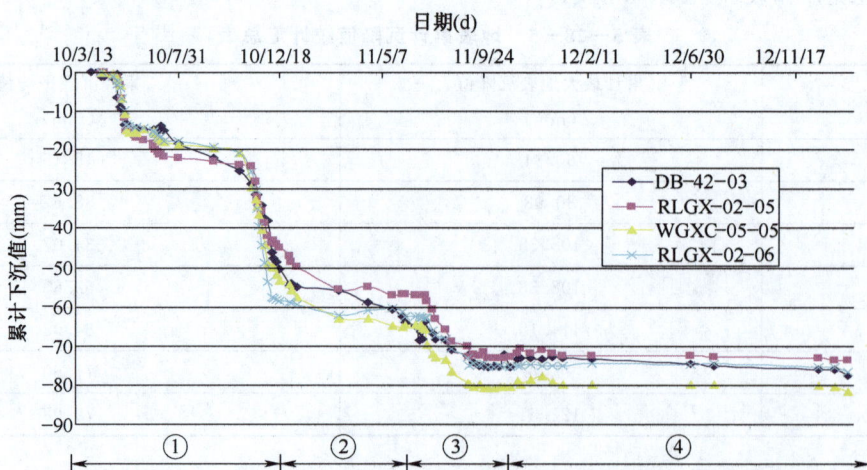

图5-28-30 朝阳门站典型测点沉降历时曲线图(粉细砂及中粗砂层)

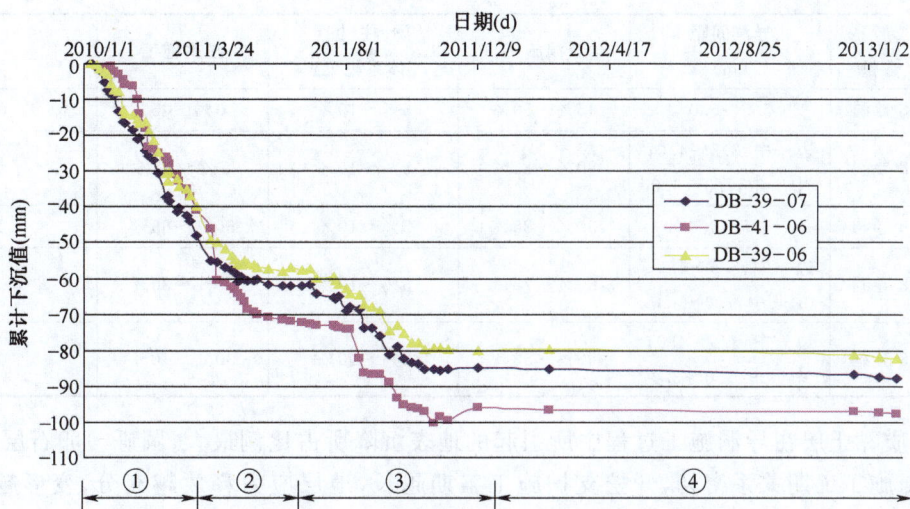

图 5－28－31　东大桥站典型测点沉降历时曲线图（粉土、粉质黏土层）

结合施工进度，对各车站地表累计沉降量按 4 个典型施工阶段进行分析统计，如表 5－28－6 所示。

表 5－28－6　洞桩法施工车站各典型施工阶段地表沉降统计

车站名称		导洞施工	梁、柱（桩）体系施工	扣拱施工	土方开挖及主体施工	累计沉降均值（mm）
车公庄西站	累计沉降（mm）	16.16	3.63	11.00	1.88	37.67
	所占比例	49.46%	11.10%	33.68%	5.76%	
东四站	累计沉降（mm）	60.83	4.71	15.96	7.52	84.02
	所占比例	77.40%	5.60%	19.00%	3.00%	
朝阳门站	累计沉降（mm）	56.02	5.75	11.33	4.50	77.60
	所占比例	77.19%	7.41%	14.60%	5.80%	
东大桥站	累计沉降（mm）	67.08	4.89	5.54	1.58	79.08
	所占比例	84.82%	6.18%	7.00%	7.00%	
北海北站	累计沉降（mm）	31.38	5.00	26.97	0.47	63.83
	所占比例	49.17%	7.83%	47.26%	0.74%	
花园桥站	累计沉降（mm）	9.78	1.20	6.65	0.50	18.15
	所占比例	53.92%	6.64%	36.66%	7.78%	

由现场的数据统计情况分析得出：

1）洞桩法车站施工引起的地表沉降主要发生在导洞施工及扣拱施工阶段，所发生的沉降约占总沉降量的 90%，在梁、柱（桩）体系，土方开挖及主体二衬施工阶段所引起的地表沉降所占比例则相对较小，所发生的沉降约占总沉降量的 10%，因此应合理安排导洞及扣拱开挖顺序，减小群洞施工效应。

2）花园桥站、北海北站是采用 6 导洞施工的双拱单柱双层式车站，其中花园桥站导洞间距分别为 4.4 m 和 3.3 m，北海北站导洞间距分别为 5.6 m 和 5.8 m。从现场监测情况来看，在同种地层情况下，导洞尺寸及扣拱跨度相近的情况下，双拱单柱车站因开挖跨度小及导洞数量少，其沉降明显小于三拱两柱车站。但随着导洞间距增大，虽然导洞间相互影响变小，但扣拱跨度变大，扣拱阶段引起的地表沉降急剧增大，所以在设计时，应根据车站宽度，合理安排导洞间间距。

3）不同的地层在各个施工阶段所引起的地表沉降具有一定的差异，如表 5－28－7 所示。

表 5－28－7　不同地层各阶段施工所引起的地表沉降统计

地层 条件	导洞 数量	导洞间距 （m）	导洞施工	梁、柱（桩） 体系施工	扣拱施工	土方开挖 主体施工
粉土、粉 质黏土层	6导洞	5.5～6.0	45%～50%	5%～10%	40%～45%	0%～5%
	8导洞	边一中：3.5～4.0； 中一中：7.0～3.0	80%～85%	5%～10%	5%～10%	0%～5%
细砂及 中粗砂层	6导洞	5.5～6.0	30%～35%	5%～10%	60%～65%	0%～5%
	8导洞	边一中：3.5～4.0； 中一中：7.0～3.0	60%～70%	5%～10%	15%～30%	0%～5%
圆砾～卵石层	8导洞	边一中：3.5～4.0； 中一中：7.0～3.0	50%～55%	5%～10%	30%～40%	0%～5%

其中粉土、粉质黏土层在导洞施工过程中所引起的地表沉降所占比例最大，圆砾～卵石层最小。

4）地表沉降与施工工期关系密切，开挖支护施工工期越长，地层应力释放越充分，变形越大，变形的时空效应越明显。6号线一期的东四站车站施工工期都拉得比较长，其地表沉降明显要大于同种地层条件。因此，必须严格贯彻浅埋暗挖法"管超前、严注浆、短进尺、强支护、早封闭、勤量测"18字方针，突出时空效应对防塌的重要作用，加强在软弱地层的快速施工。

（3）地表沉降槽曲线分析

1）国内外研究现状

隧道开挖引起横向地表沉降槽曲线如图 5－28－32 所示。F. Martos 根据扁平矿洞开采引起的地表沉降统计结果首次提出沉降槽符合高斯分布。B. Schmidt 和 R. B. Peck 等学者相继证明了隧道开挖引起的横向地表沉降槽同样符合高斯分布，即：

$$S = S_{\max} \exp[-y^2/(2i^2)] \qquad (5-28-1)$$

式中　y ——地表点与隧道中线的水平距离，m；

　　　S ——距离隧道中线处的地表沉降量，mm；

　　　$S_{\max}$——最大地表沉降量（$y = 0$ 处），mm；

　　　i ——隧道中线到地表沉降槽反弯点距离，它定义了沉降槽的形状与范围，m。

对式（5－28－1）进行积分可得隧道掘进方向上单位距离的沉降槽体积 V_S 如式（5－28－2）所示（即地层损失）：

$$V_S = \int_{-\infty}^{\infty} S\mathrm{d}y = \sqrt{2\pi}\, i S_{\max} \approx 2.5 i S_{\max} \qquad (5-28-2)$$

单位距离内沉降槽体积占隧道开挖体积的百分比如式（5－28－3）所示：

$$V_1 = \frac{4V_S}{\pi D^2} \qquad (5-28-3)$$

式中　V_1 ——地层损失率（%）；

　　　D ——隧道等效直径，mm。

地表现降槽曲线如图 5－28－32 所示。

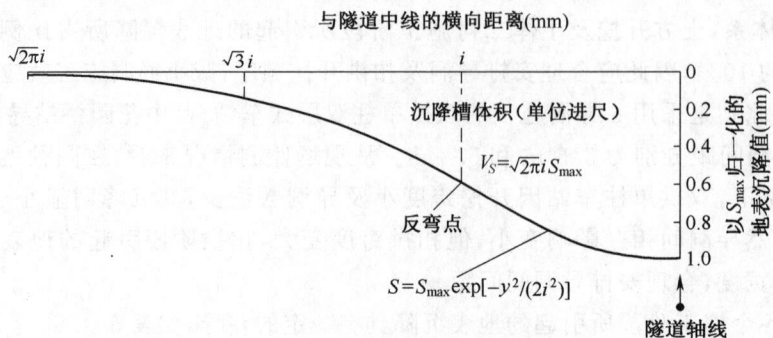

图 5－28－32　横向地表沉降槽曲线

关于沉降槽曲线反弯点距离 i，国内外已有较多研究：R. B. Peck 认为，i 与隧道埋深和跨度密切相关。许多学者也发现了同样的规律：M. P. O'Reilly 和 B. M. New 认为，i 仅与隧道埋深有关，而与隧道直径与开挖方法关系不大，如式（5－28－4）所示：

$$i = Kh \qquad (5-28-4)$$

式中 h——隧道轴线埋深，m；

K——沉降槽宽度参数，主要与地层条件和施工方法等因素有关。

M. P. O'Reilly 和 B. M. New 建议：黏性土的 K 值取 0.5，砂性土 K 值取 0.25。W. J. Rankin，R. J. MAIR 和 R. N. TAYLOR 通过大量的现场数据证实了式（5－28－4）的合理性。K. Fujitan，M. P. O'Reilly 和 B. M. New 认为，黏性土 K 值的变化范围为 0.4～0.6。R. B. Peck，W. Yoshikoshi 等总结出砂性土 K 值分布范围为 0.25～0.45。R. J. Mair 总结了伦敦黏土中新奥法隧道施工引起的地层损失率为 0.5%～1.5%。

国内关于地铁开挖引起地表沉降规律的研究较少，刘建航和侯学渊在总结延安东路隧道沉降分布规律的基础上，提出了"欠地层损失"的概念，并修正了 Peck 公式中预测纵向地表沉降的部分，针对盾构施工提出了纵向地表沉降的修正公式。侯学渊和廖少明结合上海地区饱和土地层的特点，提出了考虑施工间隙和固结影响的修正 Peck 公式。璩继立和葛修润分析了上海软土地区盾构隧道施工引起的地表沉降槽特征。吴波利用有限元模拟和离心试验的手段研究了复杂条件下隧道施工对地表沉降的影响。姚宣德和王梦恕运用模糊聚类分析方法对实地调研数据进行了统计分析，给出了地铁浅埋暗挖法施工引起的地表沉降控制标准的建议值。

2）沉降槽宽度系数 i 与地层损失率 V_1 的取值

地表沉降槽宽度系数 i 反映开挖对地表影响的范围，地层损失率 V_1 反映了开挖扰动地层的程度。这 2 个参数可完全确定横向地表沉降槽的特征。

①沉降槽宽度系数 i

国内外关于 i 值有多种计算公式，如表 5－28－8 所示。

表 5－28－8　宽度系数 i 计算公式

序号	计算公式	适用范围	备注
1	$i = \dfrac{h}{\sqrt{2\pi}\tan\left(45° - \dfrac{\phi}{2}\right)}$	各类土	
2	$i = R\left(\dfrac{h}{2R}\right)^n \ (n = 0.8 \sim 1.0)$	各类土（土越软，n 越大）	密实土 $n = 0.8$
3	$i = 1.06R\left(\dfrac{h}{2R}\right)^{0.94}$	各类土	
4	$i = KR\left(\dfrac{h}{2R}\right)^n$	黏土：$K=1$，$n=1$。砂土：地下水位以上 $K=0.82$，$n=0.36$；地下水位以下 $K=0.74$，$n=0.9$	
5	$i = Kh$	砂土：0.2～0.3。黏土：由软到硬取值为 0.7、0.5、0.4	
6	$i = 4.35 + 7.29\times10^{-9}h^8$	各类土	

注：h——地面到隧道轴线的深度；

　　ϕ——内摩擦角加权值，调研地铁车站均取值 30°；

　　R——隧道等效半径，m；

　　n——与隧道半径和土质有关的影响系数。

由表 5－28－8 可知，i 的计算公式主要有 2 种形式：

（A）线性函数

$$i = ah + b \qquad (5-28-5)$$

式中：a、b 均为系数，当 $b = 0$ 时，$a = K$。

(B)复合幂指数函数

$$i = ch^{a'} D^{(1'-a')} \qquad (5-28-6)$$

式中:a'、c 均为系数,$0<a'<1$。

②沉降槽曲线拟合

北京地铁 6 号线一期洞桩法施工车站的等效直径相差不大,难以考虑其对地表沉降槽反弯点的影响且等效轴线埋深分布范围集中,如采用式(5-28-6)拟合,可能会由于统计样本过少产生过大的偏差,为保证分析结果的可靠性,采用式 $i=kh$ 进行拟合。

拟合采用数据分析软件 Origin,拟合函数为高斯分布函数(见式 5-28-2),拟合参数为反弯点距离 i 与最大地表沉降值 $S_{\max}$。拟合具体过程为:

(A)剔除异常沉降点,绘制统一车站的所有有效测线 $y-S$ 散点图,横坐标为测点距离隧道中线的水平距离,纵坐标为地表测点的最终沉降量。

(B)建立形如式(5-28-2)的拟合函数,并设置函数参数 i 和 $S_{\max}$。

(C)设置参数初始值,其中最大沉降的初值采用各测线的均值,i 的初值采用等效轴线埋深的 $\frac{1}{2}$。

(D)进行非线性拟合,提取拟合参数。

各地铁车站沉降槽曲线拟合结果如图 5-28-33～图 5-28-35 所示。

采用高斯分布曲线进行拟合,满足程序的精度要求,拟合误差在允许范围内,表明隧道开挖引起的横向地表沉降槽曲线符合高斯分布。

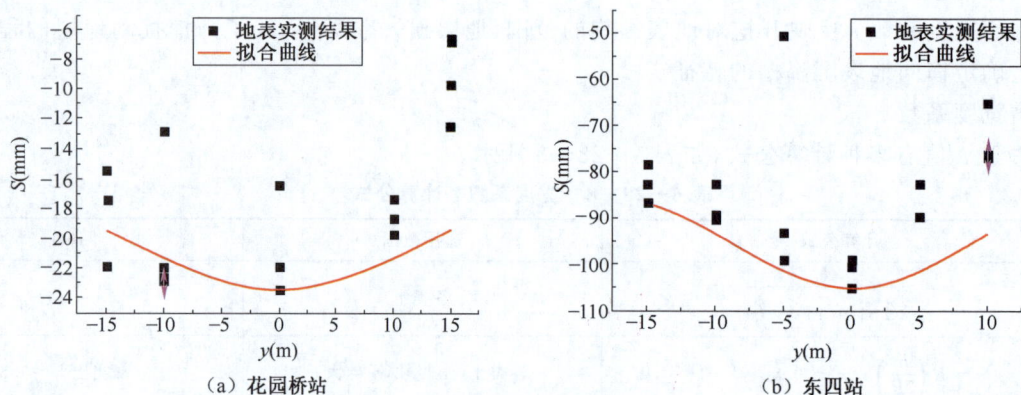

(a) 花园桥站　　　　　　　　　　(b) 东四站

图 5-28-33　圆砾～卵石层地铁车站沉降槽拟合曲线

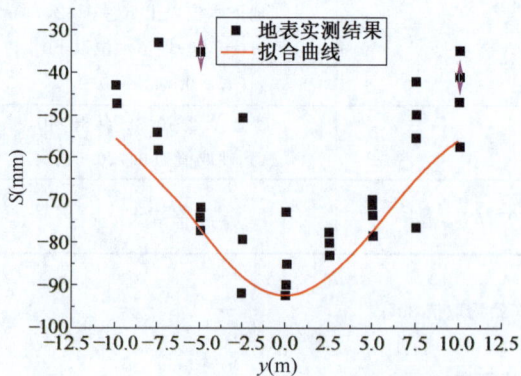

图 5-28-34　粉细砂及中粗砂层地铁车站沉降槽拟合曲线(朝阳门站)

③地层损失率 V_1

各地铁车站的沉降槽宽度系数 i 与地层损失率 V_1 的计算结果如表 5-28-9 所示。

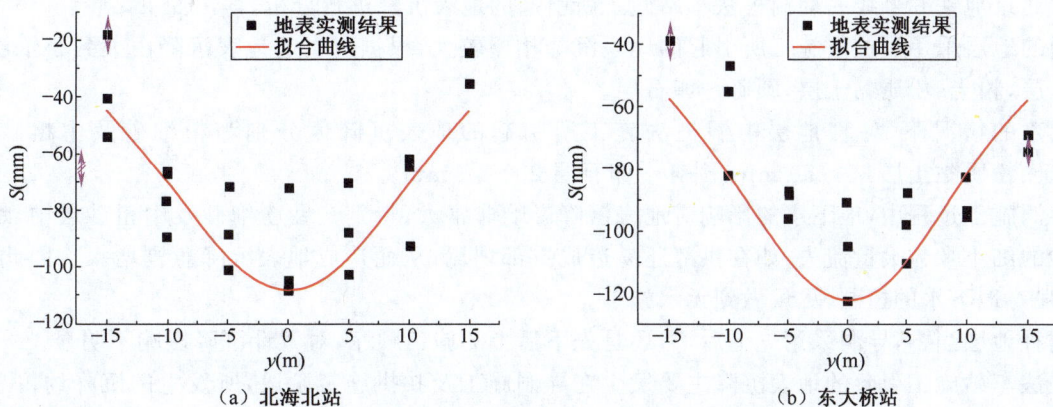

（a）北海北站　　　　　　　　　　　（b）东大桥站

图 5—28—35　粉土、粉质黏土层地铁车站沉降槽曲线

表 5—28—9　车站地表沉降统计分析结果

车站名称	隧道轴线埋深 h（m）	沉降槽宽度系数 i（m）	最大地表沉降值 S_{max}（mm）	地层损失率 V_1（%）
东四站	27.15	15.075	−89.11	1.53
朝阳门站	20.445	13.222	−97.48	1.50
东大桥站	14.94	9.41	−127.55	1.27
花园桥站	17.02	10.51	−27.47	1.22
车公庄西站	18.1	11.205	−57.72	1.29
车公庄站	15.785	10.892	−90.02	1.45
北海北站	19.43	17.24	−109.68	1.49

根据 M. P. O'Reilly 和 B. M. New 提出的经验公式 $i=Kh$ 及表 5—28—8，可得出沉降槽宽度参数 K 的取值范围，其值如表 5—28—10 所示。

表 5—28—10　沉降槽宽度参数 K 和地层损失率 V_1 的取值范围

地层条件	沉降槽宽度参数 K				地层损失率 V_1（%）			
	均值	取值范围	最小值	最大值	均值	取值范围	最小值	最大值
圆砾卵石层	0.63	0.61～0.68	0.61	0.68	1.35	1.22～1.67	1.26	1.67
粉细砂及中粗砂层	0.57	0.56～0.60	0.56	0.60	1.49	1.45～1.74	1.07	1.74
粉土、粉质黏土层	0.69	0.65～0.70	0.65	0.70	1.29	1.12～1.49	1.12	1.49

（3）隧道埋深对地表沉降规律的影响

隧道洞室的埋深对地表沉降有较大的影响。Attwell 认为隧道埋深和沉降槽宽度系数 i 及洞室等效直径 B 关系如式（5—28—7）所示：

$$\frac{i}{B}=\frac{K}{2}\left(\frac{h}{B}\right)^n \tag{5—28—7}$$

式中　h ——隧道埋深，m；

　　　B ——等效直径，m。

该式与计算沉降槽宽度系数 i 的计算式相似。通过该公式分析，在洞室半径相同的情况下，埋深越大，i 值越大，最大沉降值越小，沉降槽宽度越大，其影响范围也越大，但是总体影响值较小。

资料表明，隧道埋深与最大地表沉降量呈非线性关系。当隧道直径一定时，随着埋深增大，最大沉降值逐渐变小，变化速率也越来越小。

北京地铁 6 号线一期及 7 号线洞桩法暗挖车站埋深都相差不大，地表沉降又受多种因素影响，不同埋深情况下地表沉降规律并不十分明显。

（4）洞桩法施工引起的地表沉降规律小结

通过对北京地铁6号线一期洞桩法车站施工所引起的地表沉降进行分析,得出如下结论:

1)不同的地层采用洞桩法施工所引起的地表沉降相差较大,根据所引起地表沉降由大到小依次为粉细砂及中粗砂层,粉土、粉质黏土层,圆砾~卵石层。

2)在无水的情况下,各种地层中洞桩法施工所引起的地表沉降值分别为粉细砂及中粗砂层60~70 mm,粉土、粉质黏土层35~50 mm,圆砾~卵石层20~40 mm。

3)在导洞施工过程中,地下水的影响对地表沉降影响非常大,特别是在粉细砂及中粗砂层中,地下水更容易造成砂的细小颗粒大量流失,如在拱部还易造成拱部坍塌,从而造成地表沉降急剧增大。因此,施工过程中,应加强对地下水的控制,尽量做到无水施工。

4)在同种地层当中,导洞采用先上后下,还是先下后上的施工顺序,对累计沉降影响不明显。

5)洞桩法车站施工引起的地表沉降主要发生在导洞施工及扣拱施工阶段,所发生的沉降约占总沉降量的90%。在梁、柱(桩)体系,土方开挖及主体二衬施工阶段所引起的地表沉降所占比例则相对较小,所发生的沉降约占总沉降量的10%,因此应合理安排导洞及扣拱开挖顺序,减小群洞施工效应。

6)在同种地层情况下,一般双拱单柱车站扣拱施工阶段发生的沉降所占比例要远大于三拱双柱形式的车站,其原因为双拱单柱车站导洞间间距(扣拱跨度)比三拱双柱车站大,所以在设计时,应根据车站宽度,合理安排导洞间间距。

7)不同的地层在各个施工阶段所引起的地表沉降占累计沉降值的比例各不相同,其中粉土、粉质黏土层在导洞施工过程中所引起的地表沉降所占比例最大,圆砾~卵石层最小。

8)地表沉降与施工工期关系密切,并挖支护施工工期越长,地层应力释放越充分,变形越大,变形的时空效应越明显。因此,必须严格贯彻浅埋暗挖法"管超前、严注浆、短进尺、强支护、早封闭、勤量测"18字方针,突出时空效应对防塌的重要作用,加强在软弱地层的快速施工。

9)不同地层的沉降槽宽度系数 i 与隧道轴线埋深 h 之间的关系参数 K 的取值各不相同:圆砾~卵石层 $K=0.61~0.68$,地层损失率 V_1 平均值为1.35%;粉细砂及中粗砂层 $K=0.56~0.60$,地层损失率 V_1 平均值为1.49%;粉土、粉质黏土层 $K=0.65~0.70$,地层损失率 V_1 平均值为1.29%。

10)地层损失率均小于1.74%,相比国外经验值要小。其主要原因是:①相对于其他地区(如伦敦等)的软土地层,北京的地质条件较好,隧道开挖引起的地层损失相应较小;②统计地铁车站的开挖面积较大,一般为200~450 m²。

11)北京地铁6号线一期洞桩法暗挖车站埋深都相差不大,地表沉降又受多种因素影响,不同埋深情况下地表沉降规律并不十分明显。

28.3.1.5　复杂环境下暗挖地铁车站PBA法施工技术

(1)工程概况

花园桥站主体位于西三环花园桥主桥跨的下方,沿玲珑路和车公庄西路方向跨路口东西向设置。车站西端明挖三层,中部及东端暗挖双层。车站总长为233.6 m,其中暗挖段长为190.0 m,标准段宽度为19.70 m。车站有效站台中心里程处覆土厚度为8.67 m,明挖段顶板覆土厚度为4.6 m,底板埋深为25 m。车站共设置4个出入口通道及2组4个风亭。1、2号出入口位于车站北侧;3、4号出入口位于车站南侧;4个风亭设置在拆迁后的空地上;2个无障碍电梯分别设置在西北象限和东南象限的空地上。

1)地质条件

本站范围内土层自上而下主要包括以下土层:粉土填土①层、房渣土①₁层、粉土③层、粉质黏土③₁层、黏土③₂层、粉细砂③₃层、卵石⑤层、粉细砂⑤₂层、粉质黏土⑥层、黏土⑥₁层、粉土⑥₂层、粉细砂⑥₃层、中粗砂⑥₄层、卵石⑦层、粉细砂⑦₁层、中粗砂⑦₂层、粉质黏土⑧层、粉细砂⑧₃层、卵石⑨层及中粗砂⑨₂层等。

车站结构上覆土以粉土填土①层、房渣土①₁层、粉土③层、粉质黏土③₁层、黏土③₂层、粉细砂③₃层为主。车站结构顶拱主要位于粉质黏土③₁层中,中板和底板分别位于卵石⑤层、卵石⑦层。该段地层无不良地质作用。

2)水文情况

①潜水:含水层岩性为卵石⑤层,本层地下水分布不连续,含水层渗透系数大,为强透水层,该层水补给

来源主要为大气降水和侧向径流,以侧向径流和向下越流补给下层含水层方式排泄。

②层间潜水:含水层为卵石⑦层,本层地下水分布连续,含水层渗透系数大,为强透水层,该层水补给来源主要为越流补给和侧向径流补给,以侧向径流方式排泄,地下水流向为总体自西向东。如图5-28-36所示。

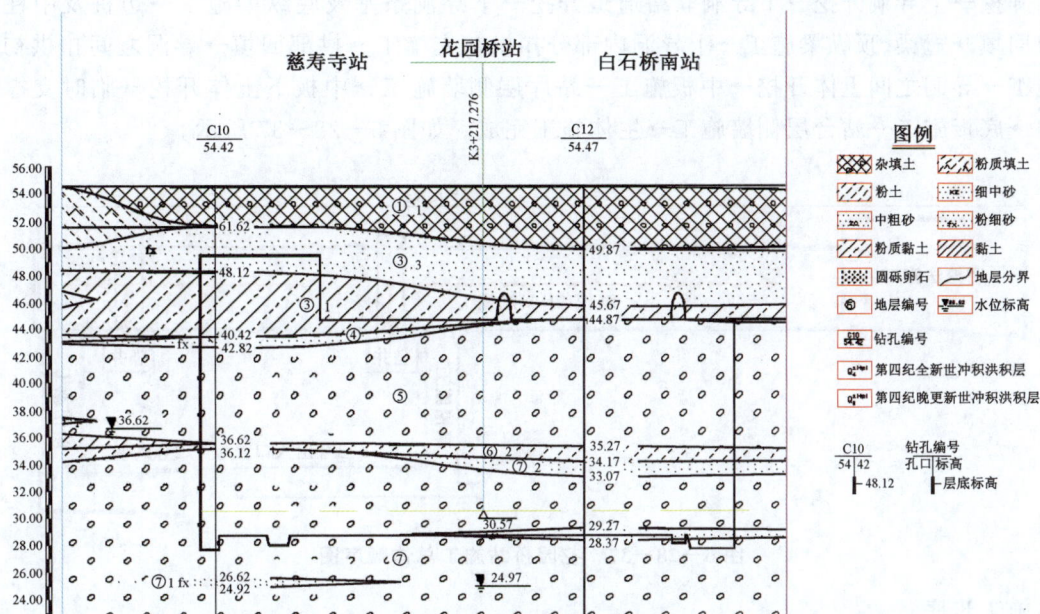

图5-28-36 车站主体地质剖面图(单位:m)

(2)重难点分析

1)花园桥站暗挖主体安全通过花园桥

花园桥站车站埋深较大、地质条件较差,且周围为道路、各种建(构)筑物和管线。花园桥站采取PBA暗挖法施工,并辅以降水施工措施。为保证施工质量,严格按照暗挖的施工工艺进行,严守"管超前、强支护、严注浆、短进尺、快封闭、勤量测"的18字方针。加强监控量测,严格按照施工监控量测方案进行施工监测,及时反馈监测结果指导工程施工。

2)地表沉降控制是施工控制的重点

花园桥站施工影响范围内分布有类型各异的建(构)筑物和地下管线。在车站施工破坏土体三相平衡后,地层将进行重新固结,必然存在地表沉降,加强施工过程控制,严格控制地表沉降是本车站施工控制的重点。对此,通过暗挖施工,摸索掌握在本车站暗挖工程段的最优施工参数。超前掌握地层情况,制定切实有效的施工技术方案,加强注浆控制,加强防水施工控制,及时进行防水处理,避免地下水影响导致地表沉降。

3)车站施工前期交通导改

花园桥站地处城市干道交叉路口,如何减少因施工占地围闭对城市交通的影响,保障道路通畅有序是工程施工的一大难点。

4)花园桥站主体暗挖施工下穿花园桥及侧穿热力小室

花园桥桥宽为28.3 m,基础为桩基,桩径为1.2 m,桩长为20 m,桩底标高为31.095 m。车站主体暗挖段要经过两组桥桩:主体结构外皮距桥桩为1.53 m,小导洞距桥桩为0.081 m;1号出入口结构距离桥桩外皮4 m左右。车站底板底部位于桥桩底下2 m。为减少桥基在车站开挖时的沉降量,地面采用注浆加固措施,用小导管对花园桥桥桩周围进行注浆加固。由于花园桥桥桩距离结构特别近,因此对花园桥采用预支顶措施。

暗挖段顶部有3个热力小室,4号出入口暗挖通道需从上、下2条热力沟间穿过,顶部距离为0.48 m,下部侵入结构0.3 m。为了保证热力管线在施工过程的正常使用,我公司采用超前支护工艺、超前钻探(加强预测)、细分开挖步骤、增加内支撑等措施,并且在侵入结构部分采用变断面通过,使变形满足管线的正常使

335

用要求。

（3）施工步序

根据车站总体施工安排，先进行暗挖主体结构的施工，然后进行出入口及风道处的暗挖施工。

1）主体施工顺序

下导洞开挖→上导洞开挖→下导洞联络通道开挖→下导洞条基及底纵梁施工→边桩及中柱施工→边桩桩间空隙回填→冠梁、顶纵梁施工→上导洞内部分扣拱初支施工→拱部回填→导洞之间扣拱初支施工→拱部二衬施工→导洞之间土体开挖→中板施工→站厅层侧墙施工→中板下土体开挖→临时支撑架设→继续土体开挖→底板施工→站台层侧墙施工→主体施工完成。如图 5-28-37 所示。

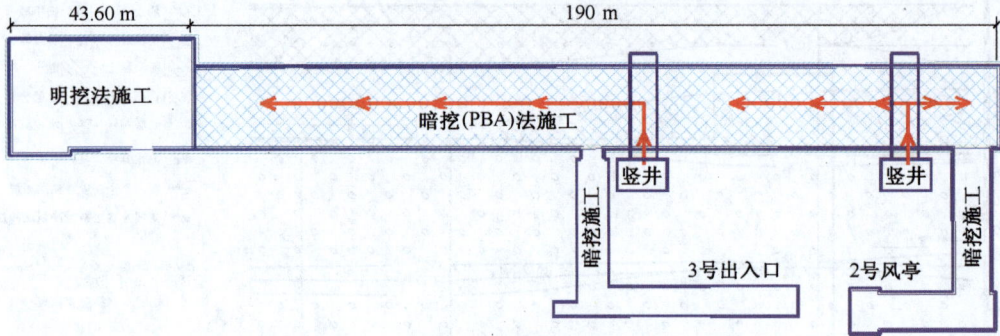

图 5-28-37 花园桥站施工总体顺序图

2）主体施工步序

施工步序如表 5-28-11 所示。

表 5-28-11 花园桥站主体双层暗挖结构施工步序图

步序	示 意 图	说 明
第 1 步		超前小导管注浆，施工导洞开挖、支护，先开挖下部导洞一段距离后，再开挖上部导洞。先开挖边导洞，再开挖中导洞，每个施工口施工到结构分界里程线就开始下导洞之间横通道施作
第 2 步		每个施工口施工到结构分界里程线后，后退施做条形基础，在中导洞中施作底板防水层，施作底纵梁，部分底板，预留钢筋接头，人工成孔施作柱桩回填边桩外侧与导洞间的混凝土

步序	示 意 图	说 明
第 3 步		施工边导洞内主体拱部格栅钢架拱脚,纵向间距为 0.5 m,并立模回填边导洞内拱架及其背后空隙。根据监测结果,当下导洞初支强度达到要求后,进行中导洞人工挖孔
第 4 步		施工钢管柱及回填土,上部中导洞内施作顶纵梁,回填中导洞内顶纵梁背后空隙
第 5 步		主体部分断面拱部超前小导管注浆加固地层,开挖并施作永久及临时支护,一部分土体开挖支护时,应相互拉开一定距离,间距不小于 10 m
第 6 步		待主拱初支达到设计强度后,拆除中隔壁,拆除永久结构断面范围内导洞格栅,局部铺设拱部防水层,浇筑拱部二衬。导洞格栅钢架,导洞格栅纵向拆除长度应根据监控量测严格控制,不应大于 9 m

步序	示　意　图	说　　明
第 7 步	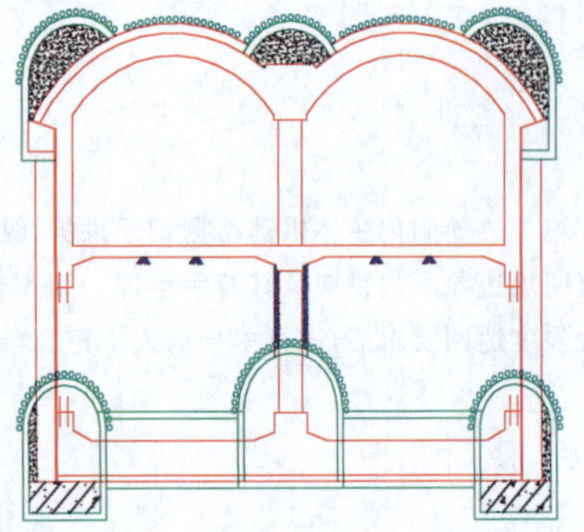	拆除永久结构断面范围内剩余导洞结构,向下开挖土体至中板下一定距离,铺设边墙防水层,及时施工站厅板及边墙,站厅层封闭成环,预留边墙钢筋
第 8 步		继续开挖土体到基底标高,并及时加设临时支撑,拆除永久结构断面范围内剩余下导洞结构,桩间喷混凝土,施作底板 C20 垫层、底板、防水板、内衬墙直至结构封闭
第 9 步	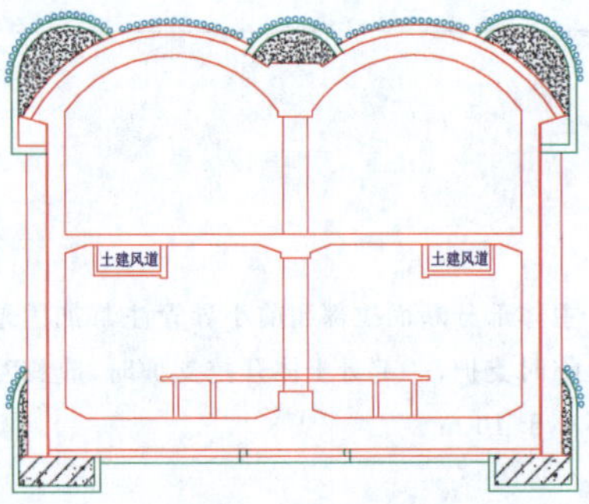	施作车站内部结构,车站土建施工完成

(4)施工关键技术

花园桥站结构底板以下为卵石层,卵石粒径一般为 2～6 cm,局部可达 20 cm 以上,粒径较大,机械成孔难度较大。在控制变形和施工难度相差不大的情况下,设计为全部 6 导洞的施工方法。超前支护采用 ϕ108 mm 大管棚(部分地段)＋ϕ32 mm 小导管超前注浆加固,浆液根据地层变化采用水玻璃、水泥—水玻璃双浆液或超细水泥浆液。

1)车站主体暗挖双层段结构过花园桥桥桩段施工技术要点

由于过花园桥桥桩段的车站结构距离桥桩较近,考虑到施工安全,在过花园桥桥桩前后 5 m 范围内取消近桥桩侧的下导洞,围护桩直接嵌入卵石层。

①超前小导管注浆,施工导洞开挖、支护。导洞开挖时先开挖下部导洞一段距离后,再开挖上部导洞,先开挖边导洞再开挖中导洞。每个施工口施工到结构分界里程线就开始下导洞之间横通道施作中导洞。

②当每个施工口施工到结构分界里程线后后退施做条型基础,在中导洞中施作底板防水层,施作中间立柱下底纵梁、部分底板,预留钢筋接头,人工成孔施作柱桩,回填边桩外侧与导洞间的 C20 混凝土。如图 5—28—38 和图 5—28—39 所示。

图 5—28—38　花园桥站暗挖段小导洞施工

图 5—28—39　花园桥站暗挖段桩顶冠梁钢筋绑扎

③施工边导洞内主体拱部格栅钢架拱脚，纵向间距0.5 m，并立模回填边导洞内拱架及其背后空隙。根据监测结果，当下导洞初支强度达到要求后，进行中导洞中人工挖孔。

④在中上洞内施作钢管混凝土柱：钢管柱成孔1.5 m，采用人工挖孔成孔，宜跳桩开挖，同时开挖的两桩净距不得小于3倍桩径。挖孔桩成孔采用C20早强钢筋混凝土护壁，每节长度为1 m，厚100～150 mm，上下节护壁钢筋搭接，如遇不良地质情况缩短护壁长度，必要时采用钢护筒。吊装钢管柱，作为钢管柱顶部定位锁定，孔与管空隙内填中粗砂，最后锁定钢管柱，管内灌注混凝土，施工顶纵梁，预留与拱相接的钢筋接头，铺设防水层，预留与拱相接的防水接头，回填梁顶空间。

⑤主体拱部断面超前小导管注浆加固地层，开挖主体结构拱部土体并施作永久及临时支护。土体开挖支护时，应相互拉开一定距离，间距不小于10 m。

⑥拆除永久结构断面范围内剩余导洞结构，向下开挖土体至中板下一定距离，铺设边墙防水层，及时施工站厅板及边墙，站厅层封闭成环，预留边墙钢筋。

⑦继续开挖土体到基底标高，加设临时支撑，拆除永久结构断面范围内剩余下导洞结构，桩间喷混凝土，施作底板C20垫层、底板、防水层、内衬墙直至结构封闭，此过程中要根据监测结果及时支设临时支撑确保结构安全。

⑧施工内部结构，主体结构施工完成。

2)车站主体暗挖双层段结构过热力小室段施工要点

由于车站结构南侧紧贴尺寸为7 400 mm×9 800 mm，埋深为16.3 m的热力小室，车站和小室之间没有足够的空间施作围护桩，因此过热力小室段采用局部处理措施：在上导洞内紧贴热力小室施作2个尺寸为3.1 m×1.7 m的竖井，在竖井内直接施作车站侧墙结构并架设临时支撑。具体步骤如下：

①导洞开挖、支护。导洞开挖时先开挖下部导洞一段距离后，再开挖上部导洞，先开挖边导洞再开挖中导洞。每个施工口施工到结构分界里程线就开始下导洞之间横通道施作中导洞。每个施工口施工到结构分界里程线就开始下导洞之间横通道施作。

②导洞开挖至热力小室影响范围内，开挖临时施工竖井，连通上下导洞。开挖过程中，按现场实际情况，架设支撑。

③及时施作远离热力小室一侧的导洞内边桩和上导洞内的部分初支，下导洞内的混凝土条基、结构垫层、防水层、结构部分底板、底纵梁及部分侧墙；同时近热力小室侧临时竖井内，施作结构边墙、冠梁、部分拱顶板。在施工过程中，预留钢筋接头并及时架设临时支撑，确保结构安全。

④待结构侧墙达到设计强度后，回填近热力小室侧临时竖井并夯实，再施工中导洞的中柱及拱顶纵梁，施工主拱初支，及时填充衬砌与初支间的空隙，架设临时中隔壁，进行结构内土体开挖。

⑤待主拱初支达到设计强度后，拆除中隔壁，拆除永久结构断面范围内局部导洞格栅钢架，导洞格栅纵向拆除长度应根据监控量测严格控制，不应大于6 m。铺设拱部防水层，浇筑拱部二衬。

⑥待主拱、临时竖井边墙、中柱、拱顶纵梁达到设计强度后，拆除永久结构断面范围内剩余局部导洞格栅钢架，向下开挖土体至中板下一定距离，铺设边墙防水层，及时施工站厅板及边墙，站厅层封闭成环，预留边墙钢筋。

⑦继续开挖土体到基底标高,并及时加设临时支撑,拆除永久结构断面范围内剩余下导洞结构,桩间喷混凝土,施作底板 C20 垫层、底板、防水层、内衬墙直至结构封闭。

⑧施作车站内部结构,热力小室部分主体土建施工完成。

(5)施工效果分析

随着城市快速发展,地下隧道(如地铁、电力、热力隧道)与既有桥梁的基础之间的空间交叉不可避免,周围环境或者既有设施等方面的限制使新建隧道不得不采用近距离或紧贴方式穿越既有桥梁。隧道穿越桥梁过程中,必须保证桥梁的各部分的形变、位移、应力变化等指标控制在允许范围内。在桥梁的基础附近(包括在基础之下附近)建造穿越桥梁的隧道时,如果设计或施工处理不当,桥梁结构的变形超过控制值,轻则可能降低桥梁使用耐久性,重则甚至影响到桥梁的正常使用或危及桥梁结构安全。因此在桥梁的基础附近建造隧道时,采用有效的技术防护措施,以减小隧道施工引起的既有桥梁结构变形,将隧道对桥梁结构的不利影响降到最低,保证既有结构安全,保证隧道施工安全和施工作业顺利是十分必要的。在花园桥成功运用的主动、动态保护桥梁综合施工技术通过对梁体的预判断、预调整可以使梁体始终处于允许的变形和受力状态,从而有效保护桥梁。

(6)结束语

花园桥站主体暗挖段施工要穿越花园桥的两组桥桩,近接施工难度较大,小导洞距桥桩为 0.081 m,车站底板底部位于桥桩底下 2 m。为减少桥基在车站开挖时的沉降量,地面采用注浆加固措施,用小导管对花园桥桥桩周围进行注浆加固,由于花园桥桥桩距离结构特别近,因此对花园桥采用预支顶措施。此站的建成为北京地铁车站穿越施工提供了理论及实践成功经验。

28.3.2　柱洞法暗挖地铁车站施工技术

28.3.2.1　概　　述

柱洞法在北京地铁 6 号线一期暗挖地铁车站施工过程中用得比较少,仅在东大桥站单层段得到使用。

柱洞法施工是先在立柱位置施作 2 个小导洞,当小导洞完成后,在洞内再做底梁,形成一个细而高的纵向结构,支护体系完成后,再进行中洞扣拱施工,开挖中间剩余土体,最后开挖两侧侧洞。该工法的关键是如何确保两侧开挖后,初期支护同步作用在顶纵梁上,而且柱子左右水平力要同时加上且保持相等。

柱洞法通常用于单层大跨段结构施工。开挖阶段和侧洞法类似,较为快捷和安全,二次衬砌阶段又比中洞法力学转换简单。不足之处是操作空间小,天梁和地梁施工难度大,中间土体受力比较大,稳定性不好。

28.3.2.2　东大桥站单层段洞柱法施工技术

(1)工程概况

东大桥站位于朝阳北路、工人体育场东路及东大桥路交叉口东北侧,东西走向。车站西北象限为工体东路及工体东路 13 号楼,东北象限为农丰里小区,西南象限为东大桥五叉路口及蓝岛大厦,东南象限为农丰里 6 号楼。

车站为岛式车站,有效站台宽为 13 m。车站主体总长为 255 m,其中西段 187.7 m 为暗挖双层,8 导洞"洞桩法"法施工,结构总宽为 22.1 m,总高为 15.55 m,覆土 6.59~7.74 m;东段 67.3 m 为暗挖单层,"柱洞法"施工,结构总宽为 23.6 m,总高为 11.2 m,覆土 11.32~12.46 m。车站顶拱由 ϕ108 mm 大管棚＋小导管注浆＋钢格栅＋喷射混凝土的初期支护和模筑钢筋混凝土的二次衬砌构成,初支与二衬之间设柔性防水层。

(2)工程地质与水文地质

1)工程地质

主体单层段拱顶所在土层主要为中粗砂④₄层、圆砾卵石⑤层。主体侧壁土层主要为粉土③层、粉质黏土③₁层、粉细砂④₃层、中粗砂④₄层、圆砾卵石⑤层、粉质黏土⑥层、粉土⑥₂层、中粗砂⑦₁层。主体底板土层主要为中粗砂⑦₁层、粉质黏土⑥层、粉土⑥₂层,单层段集水坑在圆砾卵石⑦层。

2)水文地质

本工程存在地下水类型分别为潜水(二)和承压水(三),圆砾⑤层为潜水(二)含水层,圆砾⑦层、中粗砂⑦₁层及粉细砂⑦₂层为承压水(三)含水层。如图 5-28-40 所示。

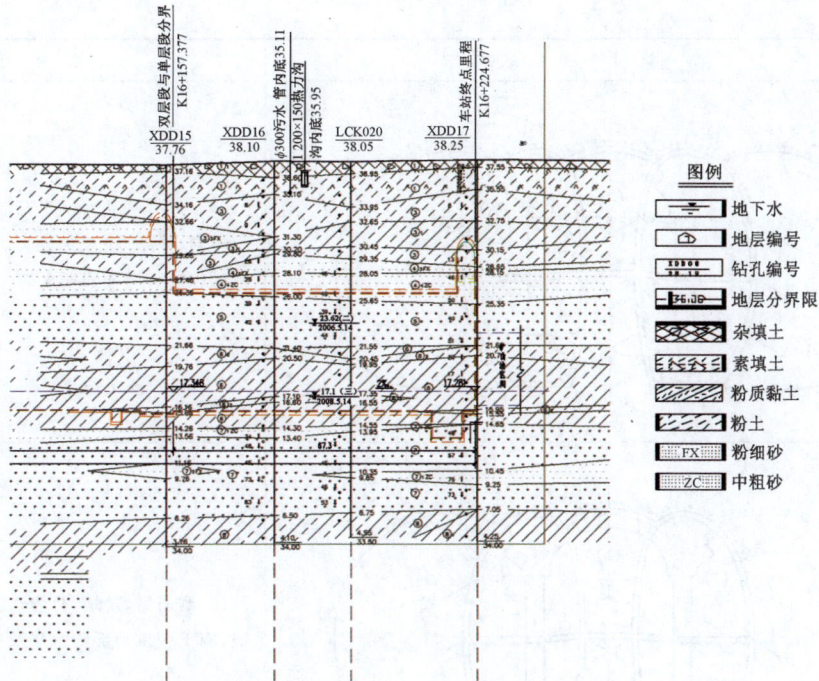

图5-28-40 东大桥站主体单层段地质剖面图（标高单位为m，其余为mm）

（3）施工步序

东大桥站柱洞法施工步序如表5-28-12所示。

表5-28-12 东大桥站柱洞法施工步序

步序	步序图	文字描述
第1步		从横通道沿开挖轮廓线施工超前大管棚，大管棚一般通长打设，如采用两侧对打，大管棚的搭接长度一般为2 m
第2步		管棚空当中施工超前小导管并注浆加固(1)、(2)部洞顶拱圈地层。正台阶法先后进行(1)、(2)、(3)、(4)部土体开挖及支护，各部前后拉开10～15 m
第3步		洞通后，封端，然后在导洞(3)、(4)内施工底板防水层、底纵梁，在临时仰拱钢管混凝土柱位置凿洞施工钢管混凝土柱，施工顶拱防水层及顶纵梁

341

步序	步　序　图	文　字　描　述
第4步		超前小导管注浆加固(5)洞顶拱圈地层,台阶法开挖(5)土体,并初期支护
第5步		(5)洞通后,封端,分段(不超过6 m)拆除临时隔壁,施工中拱顶部防水层及中拱顶部二次混凝土
第6步		开挖(6)土体,并支护
第7步		(6)通后,封端,分段(不超过12 m)拆除临时隔壁,施工中拱底板防水层及中拱底板二次混凝土
第8步		施工(7)、(8)洞顶超前小导管并注浆加固拱圈地层。正台阶法先后开挖(7)、(8)土体,并支护,各部前后拉开10～15 m

步序	步序图	文字描述
第9步	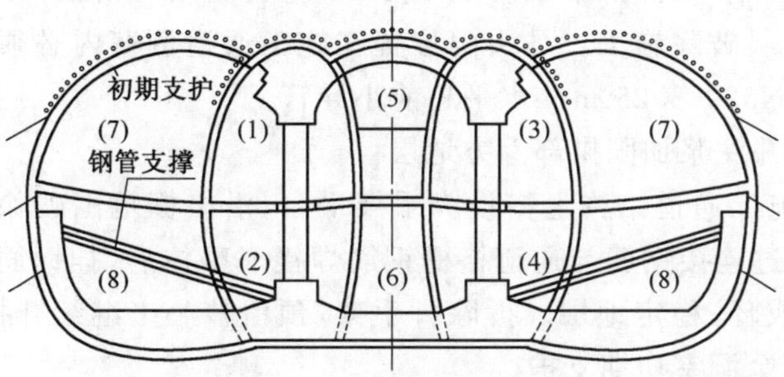 初期支护 (7) 钢管支撑 (1) (5) (3) (7) (8) (2) (6) (4) (8)	洞通后,封端。在(8)内分段(不超过6 m)拆除临时隔壁,施工边拱、底拱及部分侧墙防水层及二衬混凝土,并施工临时钢支撑
第10步	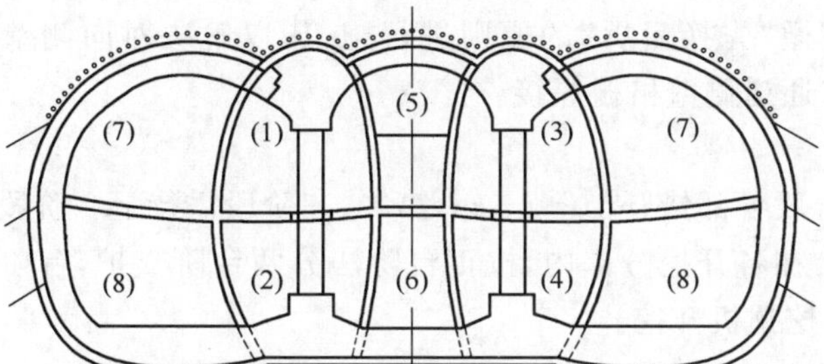 (7) (1) (5) (3) (7) (8) (2) (6) (4) (8)	分段(不超过6 m)拆除(7)、(8)洞间临时仰拱,施工侧墙及顶拱防水层及二衬混凝土
第11步	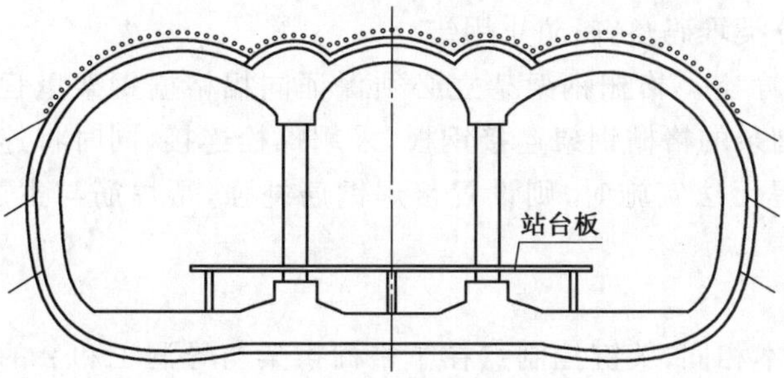 站台板	拆除临时仰拱及临时隔壁,完成车站结构,并施工内部结构

(4)施工主要风险分析

1)地质条件差、施工难度大

本段结构位于卵石圆砾、中粗砂、卵石等自稳性极差的地层内,单层段共分8部开挖,施工步序多,工序转换多,受力转换复杂。在单层段施工前,先行在拱部打设通长 $\phi108$ mm 大管棚,稳定地层。施工时每榀超前注浆支护,必要时对掌子面也进行注浆固结。施工时,防坍塌、快速封闭为保证施工安全质量的关键。

2)主体结构单层段垂直下穿 1.2 m×1.15 m 热力方沟,属2级风险。热力方沟为砖砌结构,钢筋混凝土顶板,单层暗挖结构顶部距离热力沟底约9.15 m。单层段施工不当,容易造成热力方沟沉降下沉,甚至破裂坍塌。

主体结构单层段垂直下穿 $\phi300$ mm 污水管。污水管为水泥管,单层暗挖结构顶部距离污水管底约8.3 m。单层段施工不当,容易造成污水管沉降下沉,甚至破裂坍塌。

3)主体结构单层段侧穿农丰里6号楼,该住宅楼地上15层、地下1层(人防地下室),筏板基础,基础埋深约5 m,与主体平面最小净距为15.4 m,属2级风险。

施工不当,容易造成住宅楼基础变形超标开裂甚或造成楼房倾斜,同时楼房对主体结构存在偏载,对结构整体受力不利。

(5)施工关键技术

1)超前支护

单层段管棚利用3B通道2部空间向东通长打设,侧壁上共布置91根管棚。$\phi108$ mm 大管棚全长为63.33 m,管壁厚5 mm,环向间距为300 mm。管棚施工采用水平定向钻机钻进,管节长度为1.5～2.5 m,

每节之间采用套管丝扣连接,管棚施工时严格控制管棚的各项参数,确保起到超前支护作用。

2)马头门施工

马头门施工分为三个阶段,第一阶段1、2部马头门,第二阶段5、6部马头门,第三阶段7、8部马头门。每个阶段按先后顺序对单个洞室自上而下分层破除施工。马头门位置在施工通道侧壁内必须架立第一榀通道格栅,进洞前三榀格栅密排,拱顶打设 DN32×3.25 mm 水平超前小导管。

①进洞马头门位置预先打设超前小导管并注浆加固拱部上方地层。

②按照单层段洞门初期支护轮廓线,在施工通道结构上搭设脚手架平台,沿格栅范围破除通道侧壁钢格栅与混凝土,然后架立第一榀格栅钢架,通过连接钢筋与通道格栅钢筋焊接成整体后,挂钢筋网喷射混凝土封闭。随着开挖,再并立两榀格栅并封闭成环,稳定地层。拆除脚手架,预留核心土继续开挖洞室土体。待洞室施工 10～15 m 后,开始破除并进行其余洞室初期支护。

③从施工通道进入主体施工前,应在通道内采取临时支撑,并对马头门拱部地层预加固,以确保通道安全。对开洞范围内通道临时仰拱的破除应遵循"先换后拆"的原则进行施工,以解决对向侧壁土压力的传递,临时对接采用 I20a 型钢,横撑型钢两端与通道侧壁格栅焊接。

3)土方开挖

单层段分为三阶段完成8步开挖,第一阶段各部错开 10～15 m,第二、三阶段需待上一阶段二衬施工完后施工。各部每次开挖进尺为一个格栅间距,在各开挖分部内,按正台阶法分两台阶支护,台阶长度不少于 3 m。上部采用人工环形开挖,下部考虑小型挖掘机开挖。

4)钢格栅安装

单层段洞室格栅分为 1～8 及中洞扣拱格栅等多种格栅,需按施工顺序分类分节成榀加工,首榀加工试拼验收合格后方可成批加工,并分类验收后分类堆码整齐,防止用错。

格栅架设过程中必须严格控制通道初支净空。格栅钢架架立必须保证同榀格栅钢架里程同步。由于单层段分次开挖,因此在相应位置预埋后期剩余的格栅钢架连接钢板,采用螺栓连接,同时将连接钢板三面围焊加固节点。当个别节点板缝隙过大,围焊无法实施时,则设置帮焊钢筋补强,帮焊筋与主筋同规格,与主筋间采用单面搭接焊。

5)扣拱施工

扣拱施工其主要施工工艺与导洞开挖基本相同,关键控制点在于格栅拱架与导洞1和2的连接及扣拱与导洞之间拱顶形成三角区域的沉降控制。

为了保证扣拱与导洞能够顺利连接,在导洞1和2开挖过程中严格控制每榀格栅的里程,后行导洞5格栅必须与先行导洞1和2格栅同步,同时认真做好预留接头格栅的保护工作。扣拱的一端脚板与导洞的预留钢板仍采用螺栓连接。考虑施工误差,对于原导洞预留螺栓孔位和扣拱脚板螺栓孔位存在施工偏差的部分,可采用"L"形钢筋与脚板帮焊连接,同时将扣拱脚板与导洞预留钢板三面满焊。

扣拱与导洞之间拱顶形成三角区域的沉降控制:首先加强超前支护注浆,特别是三角区域注浆,并在三角区域埋设回填注浆管,开挖完成后及时进行回填注浆加固。

6)防水施工

单层段结构采用防水混凝土抗渗等级为 P10,2.0 mm 厚 ECB 防水板全包处理;缓冲层及底板保护隔离层采用 400 g/m² 土工无纺布。

柱洞法施工结构防水存在先天隐患,具体为中隔墙天梁及底梁与侧洞二衬连接处防水处理。具体 2 个隐患如下:

①中洞与侧洞连接处为"V"形结构,地下水易积聚在此部位,同时此处也为初支施工缝,受空间狭小的制约,施工缝的清理无法达到很好效果,成为初支结构上的防水薄弱点。处理方法是,在中洞及侧洞初支施工完成后,分别在中洞及侧洞进行两轮注浆处理,注浆浆液根据现场情况,无水时可采用水泥浆,有水时采用水泥—水玻璃双液浆。

②中拱二衬施工后,在施工侧洞二衬前对中洞两侧格栅破除时,将极易损伤顶纵梁预留出的防水板搭接头。处理方法是在中拱顶部铺设防水板前,在顶纵梁部位初支面铺上 2 mm 厚钢板保护中拱防水板接头。同时将底纵梁两侧防水板接头全部浇筑 5 cm 厚砂浆保护层,在需要连接时再把防水板接头凿出。

7）钢筋施工

为了防止焊接时烧伤防水板,保证高质量的连接接头,加快施工进度,可根据钢筋的不同直径、不同部位而采用直螺纹套筒连接和人工绑扎相结合来施工。顶纵梁及底纵梁先于侧洞浇筑二衬混凝土,此两处钢筋需考虑甩筋与侧洞二衬钢筋连接。为保护防水板,此处钢筋连接采用直螺纹套筒连接与挤压套筒连接两种方式相结合。

8）模板施工

中洞和侧洞二衬采取纵向分段施工:将影响施工的临时支护分段拆除,自下而上施工二次衬砌,纵向分段长度为 6 m 左右,中、侧洞二衬环向施工缝在同一截面上;中洞二衬完成及侧洞开挖贯通后,逐段对称拆除中隔壁,每次拆除长度为一个衬砌循环的长度,严禁超前拆除,同步进行两侧洞二衬施工。

二衬需紧跟基面处理、防水板铺设施工,采取远程泵送混凝土至工作面。模板根据施工部位不同分别采用木胶板、钢模板、曲面钢模板、模板支架,支撑系统采用相适应管式脚手架和侧面台架。

①顶纵梁施工

顶纵梁铺设防水板时,预留接头距要破除中隔壁为 500 mm,边沿用双面胶带固定在防水垫层上,以防破除中壁混凝土时风镐碰破及割除格栅时烧伤防水板。顶纵梁的钢筋预留接头应远离防水板。施作顶纵梁钢筋时,在顶纵梁中预埋钢拉杆。

模板支撑体系,底部竖向脚手架坐在临时仰拱上,同时设置扫地杆和剪刀斜撑,确保整体刚度,以免失稳。顶纵梁模板支撑体系如图 5－28－41 所示。

顶纵梁采取分段施工,分段长 15 m 左右。混凝土浇筑口设在端头板上部,同时在纵梁侧面上方间隔设置排气孔,采用高性能免振自密实混凝土。

②中洞二衬扣拱施工

中洞模板支撑系统:定制曲面模板(104 型:肋板宽为 10 cm,面板厚为 4 mm)＋型钢(14 号工字钢)拱架龙骨＋钢管(φ48 mm×3.5 mm)脚手架。为防止混凝土灌注对顶纵梁形成偏压,在顶纵梁下部侧面提前预埋钢板设置钢拉杆和加塞钢楔块。中洞拱顶模板支撑体系如图 5－28－42 所示。

灌注口设在拱部,端头堵头板埋设回填注浆管兼作排气管,混凝土采用高性能免振商品混凝土,对称浇筑以免偏压。

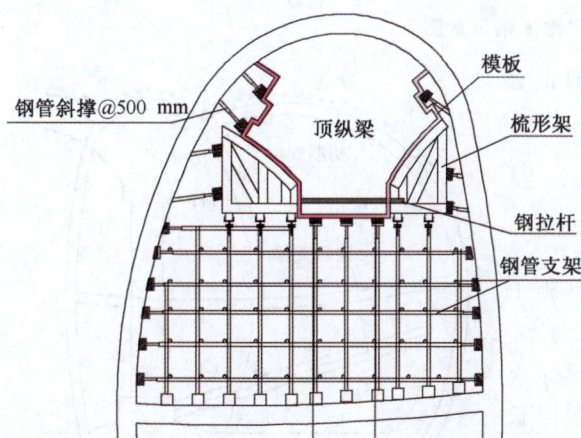

图 5－28－41 顶纵梁模板支撑体系示意图

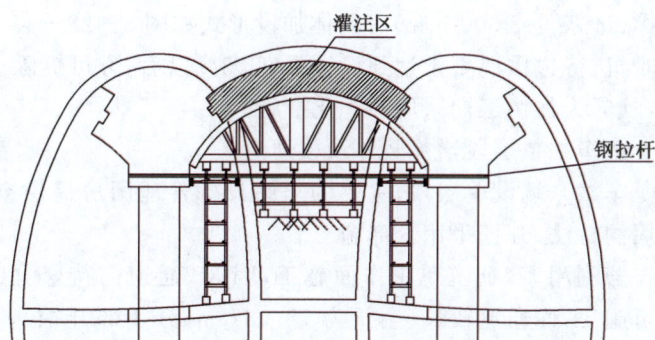

图 5－28－42 中洞拱顶模板支撑体系示意图

③侧洞边墙施工

侧洞边墙模板支撑系统:采用可调曲面模板＋梳形架＋脚手架体系,纵向分段长度为 6 m。由于存在侧压,浇筑速度不能过快。侧洞边墙模板支撑体系如图 5－28－43 所示。

④侧洞边拱施工

侧洞边拱模板支撑系统:采用可调曲面模板＋梳形架＋脚手架体系,纵向分段长度为 6 m。边跨的拱部与下部侧墙分次浇筑成形。侧洞边拱模板支撑体系如图 5－28－44 所示。

⑤加撑施工

在 8 部洞室底板及边墙二衬施工完成后,进行 7 部洞室的边墙及拱部二衬施工,需分段拆除 7、8 部洞间

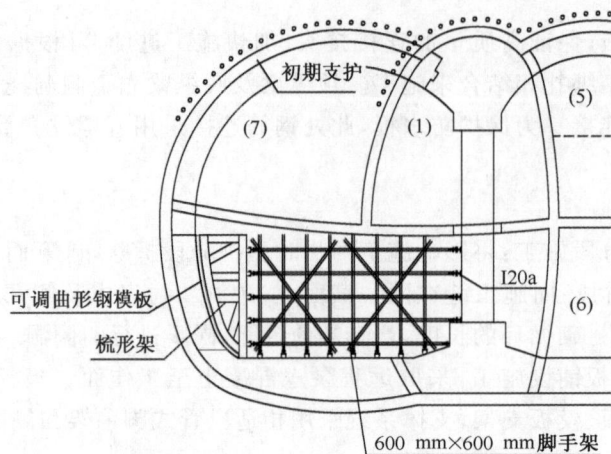

图 5－28－43　侧洞边墙模板支撑体系示意图

可调曲形钢模板
梳形架
初期支护
I20a
600 mm×600 mm脚手架
(7) (1) (5) (6)

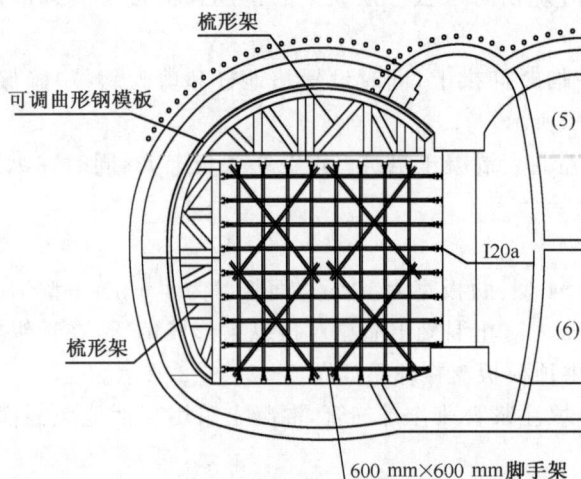

图 5－28－44　侧洞边拱模板支撑体系示意图

梳形架
可调曲形钢模板
梳形架
I20a
600 mm×600 mm脚手架
(5) (6)

临时仰拱。拆除过程中为了抵消侧压力,在8部洞室加设临时钢管支撑(I45 c @3 000 mm)。具体加设形式如图5－28－45所示。拆撑时机:待边拱混凝土达到设计强度75%以后,方可拆除。

（6）为加快工期采取的优化措施

1)车站单层段增加竖井及横通道

车站东端设单层段,主要为车站设备管理用房提供空间,施工采用洞柱法,开挖采用8部施工。

若利用3B通道单工作面施工,因3B通道需待竖井二衬完成方可施工,而通道较长(全长为78.067 m,分4部开挖),单层段长为67.3 m,工序繁杂,以上一系列原因将导致单层段无法按期完成。通过新增竖井及横通道使车站工期压力得以缓解。而3B通道可以兼作双层段的工作面之一,减轻双层段的施工压力。新增竖井及横通道位置如图5－28－46所示。

2)横通道提前进正洞施工措施

单层段梁柱体系已基本施工完成,基本具备中洞5部开挖初支施工条件。但因现场条件限制,单层段东端顶纵梁施工端头距站端剩余4.7 m尚未施作(顶纵梁施工端头距离4号横通道西侧初支侧壁1.5 m)。根据设计要求,顶纵梁贯通后方可进行单层段5部(中跨)开挖初支施工。鉴于工期紧张,采取如下优化措施:先行施工5部开挖初支,同时进行站端方柱和剩余顶纵梁的施工。为确保横通道结构安全,4号横通道位于

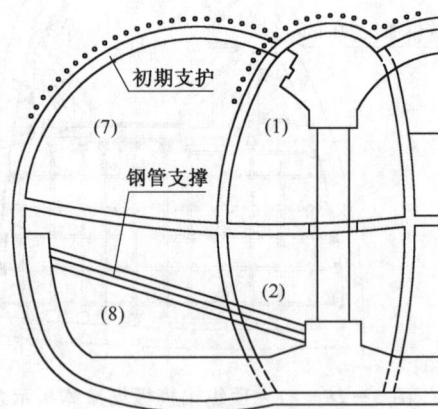

图 5－28－45　加设临时钢管支撑示意图

初期支护
钢管支撑
(7) (1) (8) (2)

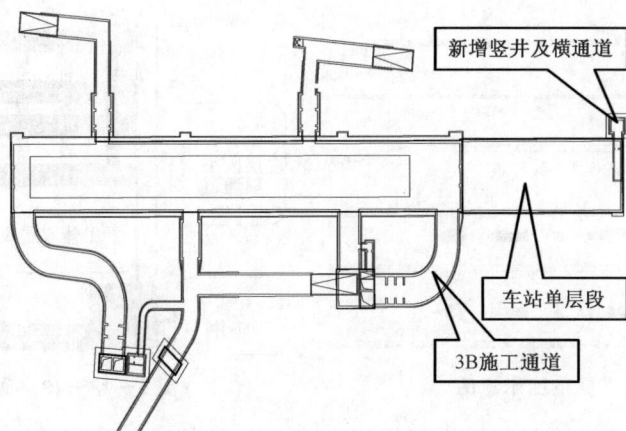

图 5-28-46　新增竖井及横通道位置平面示意图

5部马头门位置施工前采取如下加强措施：

①为保证1、3部洞室初支结构稳定（未施作顶纵梁部分），在顶纵梁端头距5部马头门1.5 m范围对应顶纵梁中部和底部位置各增设一根I22a工字钢横撑，横撑与1、3部初支格栅连接牢固。

②为保证1、3部靠5部侧墙及4号横通道西侧壁初支稳定，5部开挖高度在洞口纵向3 m范围并限制在3 m之内，增设临时仰拱及两侧竖撑。

③加强对5部马头门范围的洞内及地表监测，信息化指导施工。

④5部开挖初支施工的同时加紧进行站端方柱和剩余顶纵梁的施工，在中跨二衬扣拱前必须实现顶梁贯通。

3）施工步序优化调整

原设计施工步序为6部洞室开挖初支贯通后，分段（不超过12 m）拆除临时隔壁，施工中拱底板二衬，然后施工7、8部洞室。鉴于单层段工期异常紧张，综合考虑结构受力特点和工期等因素，将7部洞室施工步序作如下调整：在满足5部洞室贯通、中拱顶部二衬贯通并达到设计强度，6部洞室超前10 m以上即可施工。将8部洞室施工步序作如下调整：6部及7部洞室开挖初支贯通且中拱底板二衬超前10 m以上且达到设计强度的75%以上时即可施工。施工步序调整后，应加强施工过程中的监控量测，做到信息化施工。

4）边跨二衬施工相关措施

8部洞室开挖完成后，原设计步序要求在8部洞室内分段（不超过6 m）拆除临时隔壁，施工边拱底拱及部分侧墙防水层及二衬混凝土，并施工临时钢支撑（I45c@3 000 mm）。为加快施工，结合二衬施工顺序，作如下调整：边跨二衬纵向分段长度为6 m（考虑钢筋接头及防水板甩头，临时隔壁拆除长度可适当加长），8部洞室内部分侧墙二衬混凝土浇筑完成后，模板支架体系不拆除（取消侧墙临时钢支撑），待边跨剩余二衬施工完毕且符合拆模条件后再行拆除。

经过技术措施的优化及合理的施工组织，单层段施工满足了规定的节点工期，为按期铺轨创造了条件。

（7）施工遇到的问题及解决措施

1）涌水坍方

2011年4月26日14:05，单层段2部洞室开挖至K16+168.477（开挖总进尺为11.1 m）时，掌子面突然出现涌水，水流由小到大，掌子面突然失稳，发生大量突水和大面积塌方。根据事态的最后发展，涌水涌泥漫流至3B施工通道3部、4部洞室，并由4部洞室涌至已开挖完成的车站双层段下层小导洞。根据涌水塌方范围及体积推算，涌水量总计约2 248 m³，坍塌、涌泥总计约868 m³。根据管线资料和水文地质资料，涌水塌方部位附近无有水管线，且不受地下水影响，故本次事件属意外突发事件，事故造成已完成的部分初支结构严重变形，造成地层大面积空洞及大范围的土体疏松。如图5-28-47和图5-28-48所示。

2）应急措施

①封闭塌方影响区域的地面交通并覆盖钢板，实行交通导流，确保路面安全。现场安排专人对车辆和行人进行警戒和交通疏解。

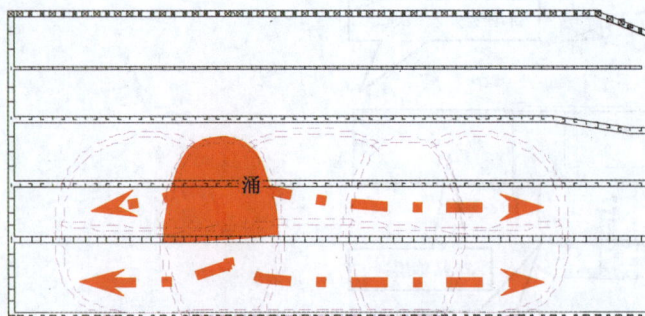

图 5－28－47　涌水、涌泥范围示意图

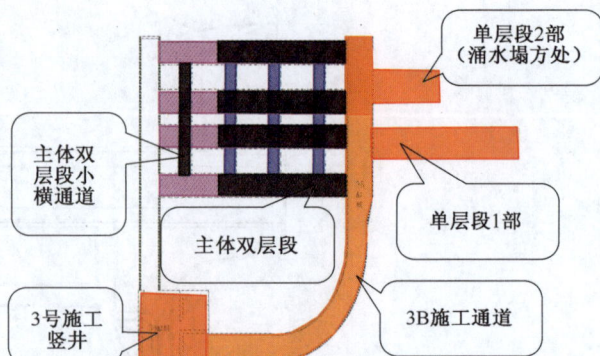

图 5－28－48　涌泥范围平面示意图

②涌水 2 部洞室塌方处掌子面封闭采用编织袋内装 C20 喷混凝土料(干料)封堵(5 m 厚)＋I22a 工字钢(间距为 0.5 m)＋φ22 mm 连接筋(间距为 0.5 m)＋φ6.5 mm 网片＋喷射混凝土(1.0 m 厚)。在封闭后的掌子面后方 1.5 m 处搭设脚手架,对 2 部洞室侧壁及拱顶纵向 5 m 范围进行支撑,避免地表回灌施工时回灌混凝土的冲击力对洞室造成挤压变形。同时在单层段 1 部对应 2 部塌方位置设置相同的脚手架支撑(5 m 范围)。

③从地面钻孔至塌方范围,孔距为塌方中心前后左右各 3 m 范围。施作地面钻孔时遵循先探后钻的原则探明地下管线位置。回灌采用 C10 混凝土及 C10 砂浆交叉回灌。

④成立应急处理小组,统一协调指挥。

⑤加强地表及洞内监控量测,并及时反馈信息。同时派专人做好路面巡视工作。

⑥组织人员尽快清理洞内淤泥、积水,以减小施工损失和降低对其他工作面的影响。

洞内封闭掌子面如图 5－28－49 所示。

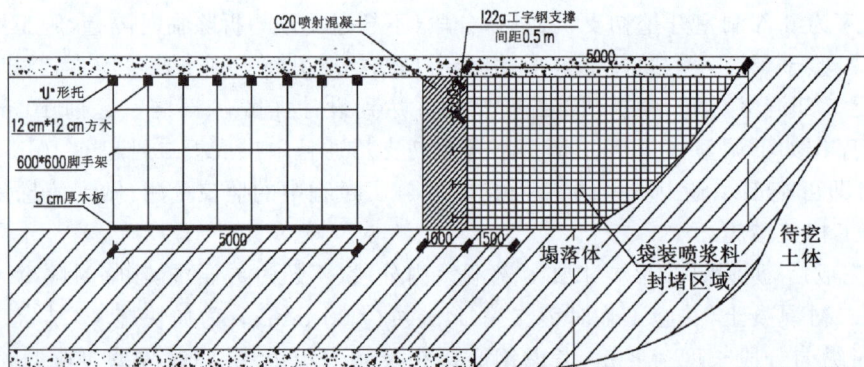

图 5－28－49　洞内封闭掌子面示意图(单位:mm)

3)后续处理措施

应急处理完毕,需进行后续处理,根据专家意见采取了如下措施:

①对东大桥站涌水塌方加固处理分三个区域进行:

(A)对地面下疏松区域(根据探地雷达监测报告确定)进行加固处理,考虑到雷达探测的局限性,加固深度为路面结构下 3 m。同时考虑到该路段交通繁忙,为减少加固对地面交通的影响,尽可能利用洞内空间分次分片尽早进行深孔注浆加固。

(B)对塌方直接影响区域(根据现场涌水塌方实际规模和回灌情况判定塌方体范围)在恢复施工前进行加固处理。

(C)对涌水塌方间接影响区域(纵向为塌方处掌子面后方 5 m、塌方体前方未开挖地段 20 m,横向为单层段结构宽度外延 2.5 m 范围,竖向为临时仰拱以上、地面下 5 m(雷达探测深度)之间范围)进行径向或超前深孔注浆加固。塌方掌子面后方 5 m 范围的加固在恢复施工前进行,塌方体前方 20 m 范围的加固在通过塌方体后进行。

②严格深孔注浆工艺,并对注浆浆液分不同区域合理选用。地表下疏松区域选用微膨胀水泥浆,塌方体范围选用超细水泥浆,涌水塌方间接影响区域选用水泥—水玻璃双液浆,浆液配比应根据实际水文地质条件经试验确定,以确保地层加固效果和地面及管线安全。

③破除封堵的掌子面之前,应先进行探测,并将前方积水引出。

④逐榀破除变形侵限的格栅并重新架设,对 5 m 恢复段初支结构增设临时仰拱。

⑤开挖过程中,时刻注意观察深孔注浆效果及掌子面渗水情况,及时采取措施进行引排或封堵。

⑥施工过程中加强现场巡视和监控量测。

4)5 部初支扣拱格栅连接调整

单层段 5 部初期支护扣拱格栅原设计为 2 节,跨中位置设连接角钢通过螺栓进行连接,同时采用连接角钢与在 1、2 部侧壁预埋的连接钢板通过螺栓进行连接。由于 1、2 部施工时,1、2 部及预埋连接钢板均存在一定施工误差,导致 5 部格栅与 1、2 部预留钢板螺栓连接困难。将初支扣拱格栅连接方式进行适当调整,调整方式如下:

①5 部格栅两端连接方式维持原设计连接方式,即采用钢板与角钢螺栓连接。在保证节点板螺栓连接到位的前提下,取消原设计跨中角钢节点,在距跨中 1 m 即在跨距约 1/3 m 处设置分节,采用格栅主筋搭接焊连接方式,同时分节格栅主筋在断口处延长 15 cm,主筋断口左右两侧 15 cm 位置四面设置"U"形筋与主筋满焊。

②施工时应确保单面搭接焊连接部位的焊缝长度满足 10d,纵向相邻两榀格栅搭接焊连接部位应左右相互错开。

③5 部初支扣拱时,若 1、2 部预留节点钢板施工误差较大,初支扣拱格栅两端连接螺栓不能保证带齐的情况下,将初支格栅两端角钢与 1、2 部预埋钢板采用三面钢筋围焊补强,保证初支格栅的连接质量。

(8)施工经验总结与建议

1)合理工期是安全质量的首要保证。在保证安全质量的前提下,围绕工期问题,集思广益通过采取系列优化方案措施,是加快施工进度最有效、最经济的途径。

2)加强地质预报和超前探测是暗挖工程的不可或缺的工序,必须高度重视并加强管理。

3)洞内出现较大险情,最重要的是人的安全,洞内人员要合理疏散,地面涉及交通安全时必须毫不犹豫地进行临时封闭。

28.3.3　中洞法暗挖地铁车站施工技术

28.3.3.1　概　述

中洞法在北京地铁 6 号线一期暗挖地铁车站主体施工过程中,仅用于呼家楼站暗挖段施工。

中洞法施工的工艺原理:把大跨地质较差的隧道分成三部分,各部分条块分割,保证开挖期间安全,先形成中洞初期临时结构,在临时结构内施作永久衬砌结构,形成中部稳定支撑,承受围岩主要荷载,然后对称开挖边洞部分的各分块,最后形成整体结构。

此工法是以新奥法的基本原理为依据,在开挖中尽量减少对围岩的扰动,通过超前管棚、锚(网)喷洞壁、钢拱架或格栅拱架支护系统和临时支撑联结,使断面及早闭合,控制围岩变形,并使之趋于稳定。同时,建立围岩支护结构监控量测系统,随时掌握施工过程中围岩的变化,合理安排,及时调整施工工艺和设计参数,确保施工安全。

28.3.3.2　呼家楼站暗挖段中洞法施工技术

(1)工程概况

6 号线呼家楼站位于朝阳北路和东三环路的交叉口处,车站东西向设置,与既有地铁 10 号线在此实现换乘。既有 10 号线呼家楼站为两个分离的双层单跨断面,洞桩法施工,6 号线车站站台接入既有 10 号线车站站厅层。6 号线车站站位在平面位置上与京广桥垂直相交。京广桥位于东三环北路,南北方向以高架桥方式跨越朝阳北路和朝阳路。

6 号线呼家楼为端进式车站,东西两端为双层双跨结构,采用盖挖法施工,中间段上穿已运营的地铁十号线为单层双跨结构,采用中洞法施工。该段共分成 A、B、C 三个区进行施工,其中 A 区长为 14.5 m,B 区长为 11.6 m,C 区长为 29.1 m。如图 5-28-50 所示。

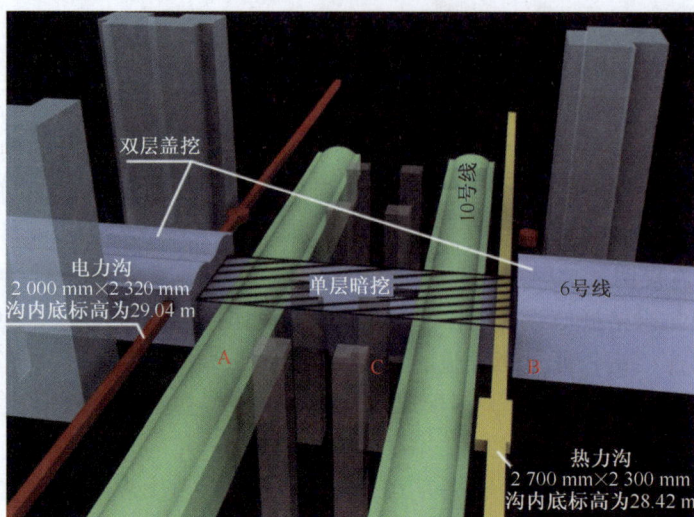

图 5-28-50　6 号线呼家楼站结构立体示意图

(2)工程地质与水文地质

1)工程地质

本站范围内土层自上而下主要包括以下土层:粉土填土①层、粉土填土①₁ 层、粉质黏土③₁ 层、粉土④₂ 层、粉细砂④₃ 层、中粗砂④₄ 层、圆砾卵石⑤层及粉质黏土⑥层等。

暗挖结构主要通过的地层为粉细砂④₃ 层、中粗砂④₄ 层、圆砾卵石⑤层,结构底板主要位于厚度约为 2~3 m 的圆砾卵石⑤层和较厚的中低压缩性粉质黏土⑥层中。地基基本承载力较高,可以作为天然地基使用。

2)水文地质

场区范围内主要赋存二层地下水,分别为潜水(二)和层间潜水(三)。潜水(二):含水层岩性为圆砾卵石⑤层,水位标高为约为 26.4 m,水位埋深约为 15.3 m。层间潜水(三):含水层岩性为圆砾卵石⑦层,水位标高为 15.2 m,埋深为 26.5 m。本站底板进入潜水(二)层地下水,施工前需做降水处理。地勘资料显示,地下水对结构有弱腐蚀性。呼家楼站地质剖面如图 5-28-51 所示。

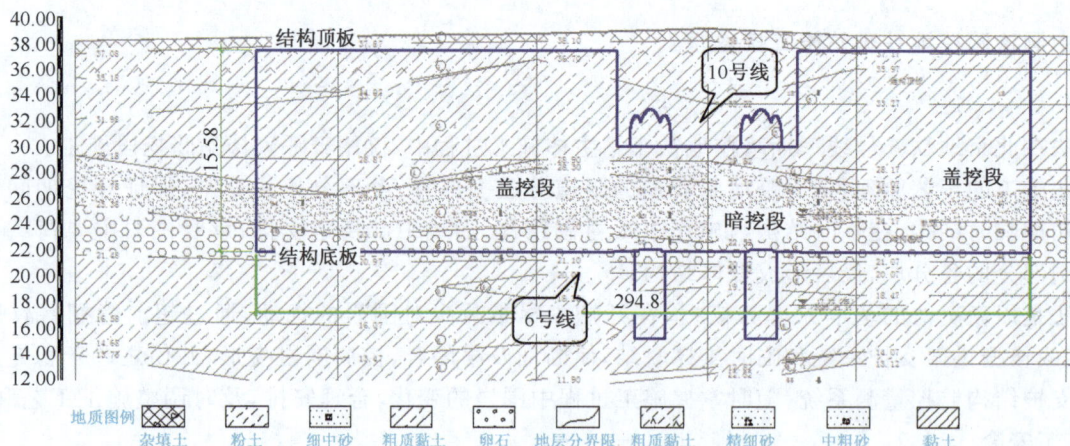

图 5-28-51　车站主体地质剖面图(单位:m)

(3)施工步序

1)中洞法工艺流程为:

施工准备→超前管棚→注浆加固→中洞各部开挖→防水层铺设→中洞底板、底梁→立柱→中洞中板→顶梁、中拱→超前管棚→注浆加固→边洞各部开挖→临时隔壁拆除→防水层铺设→边洞底板→边墙、中板→边拱→二次衬砌背后注浆。

2)中洞法施工步序

呼家楼站暗挖段中洞法施工步序如表 5-28-13 所示。

表5－28－13　呼家楼站暗挖段中洞法施工步序

步序	步 序 图	文 字 描 述
第1步	小导管注浆　超前大管棚　开挖轮廓线	沿开挖轮廓线外采用小导管注浆加固地层,施作管棚
第2步	(1) (2)	正台阶法开挖(1)、(2)导洞并施做初期支护,上下导洞初支格栅上预留相邻近格栅的节点板,导洞开挖时,先开挖上导洞,导洞贯通后再开挖下导洞
第3步	顶板防水层　底板防水层	(1)、(2)洞贯通后,在导洞内分段拆除临时仰拱,施工导洞范围内的顶、底板防水层及中墙结构,保留满堂红脚手支架,作为竖向支撑体系
第4步	侧墙防水层　(3) (4)	待中墙二次结构达到设计强度,与既有结构接口施做完成后,再施做(3)、(4)导洞支护。待导洞贯通后,在导洞内分段拆除临时中仰拱,分段施工顶、底板防水层及侧墙结构,保留满堂红脚手支架,作为竖向支撑体系
第5步	(5) (6)	同步骤四,开挖右侧(5)、(6)号导洞,架设初期支护,铺设导洞内防水,浇筑右侧侧墙结构,保留满堂红脚手支架,作为竖向支撑体系
第6步	(7) (8)	依次开挖(7)、(8)导洞,架设初期支护,铺设导洞内防水,浇筑导洞内二次衬砌结构,保留满堂红脚手支架,作为竖向支撑体系
第7步	(9) (10)	依次开挖(9)、(10)导洞,架设初期支护,铺设导洞内防水,浇筑二次衬砌结构,保留满堂红脚手支架,作为竖向支撑体系

续上表

步序	步　序　图	文　字　描　述
第8步		待结构全部达到强度后,拆除初期支护结构中隔板及中隔壁,完成车站主体结构,施工内部结构

（4）工程重难点分析及对策

1）确保暗挖结构施工下穿管线安全是本工程重点之一

呼家楼站平顶直墙暗挖段和暗挖换乘通道需下穿众多管线,包括 D700 和 D1 250 污水管、D1 000 上水管、D500 中压燃气、热力沟(2.7 m×2.3 m)、中水管沟(1 280 mm×700 mm)等,如何减小施工对管线的影响,确保施工安全是本工程的重点之一。

施工对策:

①暗挖施工应严格贯彻"管超前、严注浆、短进尺、强支护、早封闭、勤量测"的18字方针,做到随挖随支。隧道开挖掌子面留出核心土,上下台阶分部开挖。

②为保证注浆效果,防止注浆过程中工作面漏浆,小导管超前注浆前封闭开挖工作面。遇到较差地层时,为了保证工作面稳定,应及时喷射混凝土封闭工作面。较长时间的停工或工序转换,应喷射混凝土封闭工作面。

③隧道开挖时采用超前小导管注浆加固地层,注浆加固拱部、侧墙、开挖掌子面,改良工作面前方地层,保证开挖工作面的稳定。拱部及侧墙注浆在砂层一般采用改性水玻璃浆,有水情况下采用水泥—水玻璃双液浆,掌子面注浆采用水泥浆。

④根据施工步序,每榀拱架设置锁脚锚管,以防止格栅钢架下沉。

⑤初期支护完成后及时进行初支背后回填注浆,保证初支背后密实。二衬完成后及时进行二衬背后回填注浆。

⑥施工过程中加强监控量测工作,根据监控量测数据指导施工。

2）确保暗挖段京广桥的安全是本工程的重难点之一

呼家楼站平顶直墙暗挖段结构距京广桥桥桩仅 3.8 m,土体曾经受周边施工的扰动,为了保护桥桩,减少施工引起的沉降影响,保证京广桥安全,采取以下措施:

①施工前对桥梁现状进行评估,根据评估结果制定详细的桥梁保护措施。

②暗挖过桥桩前,对邻近车站结构桥桩打设双排或竖向隔离桩,或从地面注浆加固。

③开挖时加强超前支护,在靠近桥桩侧侧墙结构范围内打设超前小导管,进行超前支护和注浆加固,同时加强掌子面的注浆。

④采用 CRD 法分部开挖,严格贯彻"管超前、严注浆、短进尺、强支护、早封闭、勤量测"的18字方针。

⑤施工期间应加强监测,根据监测结果及时修正方案。必要时可采取增加支护强度、减小开挖进尺、对桥桩周围土体进行注浆加固等措施对周围土体变形进行有效控制。

⑥工程施工完成后,对桥梁进行评估,评估结果如存在问题,及时处理,确保桥梁安全。

3）确保暗挖段 10 号线的安全运营是本工程的重难点之一

6 号线呼家楼站暗挖段需上穿既有 10 号线,并破除 10 号线车站结构,属一级风险源,施工期间应减少对 10 号线的影响,保证 10 号线的安全运营,施工对策如下:

①开凿结构前,在主体结构拱部的拱脚之间的预留环梁上拉一道水平型钢连梁,使拱顶和连梁成三角形稳定结构。

②为减少对既有 10 号线车站影响,破除既有 10 号线呼家楼站侧墙时,把需破除结构分小断面破除,破除先用水钻沿划分的小断面轮廓线钻孔,再取出混凝土,以减小震动,对破开的土体要及时注浆。

③为确保既有站运营安全,对原轨道做专项保护,具体措施有:

(A)对钢轨、扣件及道床等进行全面检查,调整后轨道状态满足相关要求;

(B)变形最大部位设置轨距拉杆防护措施,并在下穿作业开始后即采取限速运行;

(C)制定周密的监测方案,加强对既有站内监测,如有异常立即暂停施工,及时邀请专家研究沉降控制措施;

(D)过轨施工中加强与运营单位联系,运营单位巡查中发现异常能及时反馈;

(E)过既有线施工期间及结束后一段时间内,安排专人对轨道结构进行监测,如轨道结构变形超过相关指标,及时采取相应措施。

(5)施工关键控制技术

1)超前预加固

①深孔注浆

在开挖 A 区和 B 区前,自两侧盖挖端沿开挖轮廓线对 A、B 区进行超前深孔预注浆,注浆加固范围如图 5-28-52 所示。

深孔注浆 WSS 后退式分段注浆。注浆浆液采用 $W:C=1:1$ 单液水泥浆,注浆压力 $P=0.15\sim 0.6$ MPa。在对电力沟、热力沟底部土体进行注浆时

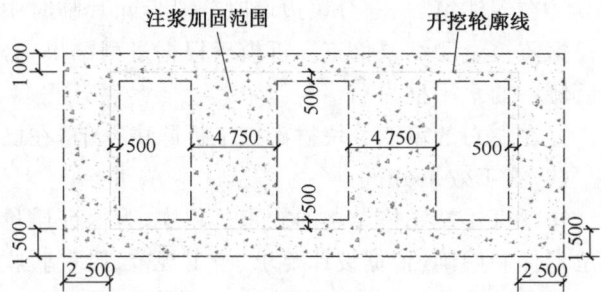

图 5-28-52 A、B 区深孔注浆范围平面图(单位:mm)

采取小压力值,同时严格监控管线的变形,防止压力过大,造成管线破坏。注浆完成后应对注浆效果进行检查,注浆后形成的水泥土混合物无侧限抗压强度不小于 0.8 MPa。

②超前小导管支护

小导管选用 $\phi 42$ mm×3.25 mm 的焊接钢管,长为 2.5 m,每榀格栅打设 1 排,环向间距为 0.3 m,外插角为 15°~25°,小导管注浆浆液选用 $W:C=1:1$ 单液水泥浆,注浆压力 $P=0.5\sim 1.0$ MPa。

③超前大管棚支护

原 10 号线车站预留部分 DN108 mm 大管棚,暗挖段施工时只需要补打缺失管棚,并加固洞顶拱圈地层。大管棚施工工艺流程:施工准备→安装导向架→安装钻机、钻机就位→钻孔→插入管棚钢管→孔口密封处理→管棚钢管注浆→移机。

2)导洞开挖及支护

①施工顺序

先施工两侧的 A、B 区,后施工中间 C 区。

②土方开挖及支护

小导洞采用台阶法开挖、预留核心土施工,上下台阶每次开挖进尺控制在一榀格栅宽度,台阶长度一般为 d(d 为分块宽度)。

每次开挖完成后,应及时安设格栅、挂网、锁脚锚杆、喷射混凝土支护。初期支护一般采用挂网喷射混凝土+钢拱架+纵向连接筋联合支护。上部导洞的初期支护开挖至既有线结构处,补充节点板,与既有的 10 号线导洞钢筋焊接牢靠;下部导洞开挖至既有线结构处,首先凿除原结构的边桩,补充节点板,初支与边桩钢筋焊接牢靠。同时,为了保证后续导洞与前期施工导洞格栅能够顺利连接,在导洞施工过程中,应严格控制每榀格栅的里程,同时认真做好预留接头格栅的保护工作,对于原导洞预留螺栓孔位和后续导洞螺栓孔位存在施工偏差的部分,可采用"L"形钢筋与脚板帮焊连接。

③背后回填注浆

(A)初期支护完成后应及时进行初支背后注浆,保证初支背后密实。注浆在距开挖面 5 m 的地方进行。

(B)注浆管采用 $\phi 42$ mm 钢焊管,注浆孔沿隧道拱部及边墙呈梅花形布置,注浆深度为初支背后 0.5 m。

④上穿 10 号线施工

(A)在开凿工程施工前,首先对主体结构顶板拱角之间的预留环梁上拉一道水平钢绞线(或型钢连梁),使得拱顶和连梁之间成为三角形稳定结构。有效地减小顶板的水平的位移趋势,加强结构稳定性。

(B)采用合理、安全的开凿和加固步序。严格按照施工步序图依次施工。把需破除结构分小断面破除,

破除先用水钻沿划分的小断面轮廓线钻孔,再取出混凝土,以减小振动,对破开的土体要及时注浆。

(C)为确保10号线运营正常,对原轨道做专项保护,制定周密的监测方案。

3)暗挖段二次衬砌施工

由于暗挖段较短,各分块衬砌采用单工序作业,即将该分块全段开挖完成后才开始该分段的衬砌。各分段衬砌的施工顺序是先底板、边墙或中柱,后顶板。各分段间的施工顺序同开挖分块顺序。

二衬施作时,应做好力的传递工作。

①在灌注第一分块的中柱时不拆除临时中板,仅破换中柱施工部分。

②在灌注第二、三分块边墙时分段拆除其临时中板,每段衬砌长度以6 m为宜,拆除长度不超过14 m,并根据监控量测结果修正。拆模后根据量测结果,必要时在底板和顶板的端头增加横撑以抵抗拆除临时中板后侧墙的水平推力。

③在左右的第四分块衬砌施工拆除中壁前,在已施工的分块顶板下设临时竖撑。

(6)施工效果分析

在呼家楼站主体结构的施工过程中,为保证质量控制体系健全并运行正常,项目部各项管理制度齐全,岗位责任制明确,依据设计要求、施工规范、质量验收标准,在工程开工前编制了切实可行的施工组织设计,并经监理公司监理工程师审批,施工中能够落实"三检制度"并履行了技术交底手续,质量保证体系健全、有效。同时,对所有进场材料全部实施"见证取样"制度,无合格证的材料严禁进场,对关键部位、关键工序进行技术复核,并且每道工序都经监理验收合格后才进行下道工序的施工。施工过程中,采用自检、互检、专检的手段,保证了工程质量。最终,工程质量始终处于非常有效的受控状态,工程如期完成,并获得了北京市"结构长城杯"的荣誉。

(7)结束语

呼家楼站主体结构东西两侧采用盖挖法施工,中间部分采用中洞法施工。工程施工难点在于穿越京广桥,属近接施工,难度较大。由于京广桥桥桩距离结构特别近,为减少京广桥桥桩在车站开挖时的沉降量,采用微型高压隔离桩进行隔离施工。在微型高压隔离桩施工过程中,采用钻机结合跟进式套管成孔,钢筋笼安装完毕后,实施分层高压注浆。此站的建成为在北京地铁车站穿越施工提供了理论及实践成功经验。

28.3.4 CRD法暗挖地铁车站施工技术

28.3.4.1 概 述

CRD法在北京地铁6号线暗挖地铁车站施工中应用较少,仅在车公庄西站和南锣鼓巷站使用。在车公庄西站的施工过程中,CRD法仅用于完成该车站主体结构的单层部分;在南锣鼓巷站的施工过程中,CRD法仅用于完成该车站东端两层主体结构(叠落站台层)。

CRD法,也叫作交叉中隔法,是大跨度、软弱围岩隧道分部开挖、钢架支撑、仰拱先行施工方法的一种,一般根据断面大小可分为2层或多层施工。施工时,先进行隧道一侧的一部分或两部分的开挖作业,然后进行中隔壁和临时仰拱的施工,再进行隧道另一侧的一部分或两部分的开挖,施工中隔壁和临时仰拱。然后再进行最先施工一侧的最后部分的开挖,并延伸中隔壁,最后开挖剩余部分的施工方法。

28.3.4.2 南锣鼓巷站双层段CRD法施工技术

(1)工程概况

南锣鼓巷站为地铁6号线与8号线的换乘车站,是北京地铁中首次采用左右线叠落侧式站台的异形大跨度车站。车站主体结构采用明、暗挖结合施工,暗挖段位于车站东端,为地下两层结构(地下二、三层站台层),暗挖段长约51 m(设备区和轨行区),覆土约10 m,采用CRD法分5层10导洞施工。

(2)工程地质与水文地质

1)工程地质

车站场地开挖范围内黏土、粉土层属于中压缩性土层,整体土质较为均匀。车站暗挖主体底板(标高为19.013 m)地基土为圆砾卵石⑦层、粉质黏土⑧层、黏土⑧$_1$层,属于中压缩性~低压缩性土层,下卧低压缩性粉土⑧$_2$层、粉细砂⑨层、中粗砂⑨$_1$层,场地地基稳定性较好。

2）水文地质

东侧暗挖段结构施工受潜水（二）、层间潜水（三）及承压水（四）影响。

南锣鼓巷站地质剖面如图5-28-53所示。

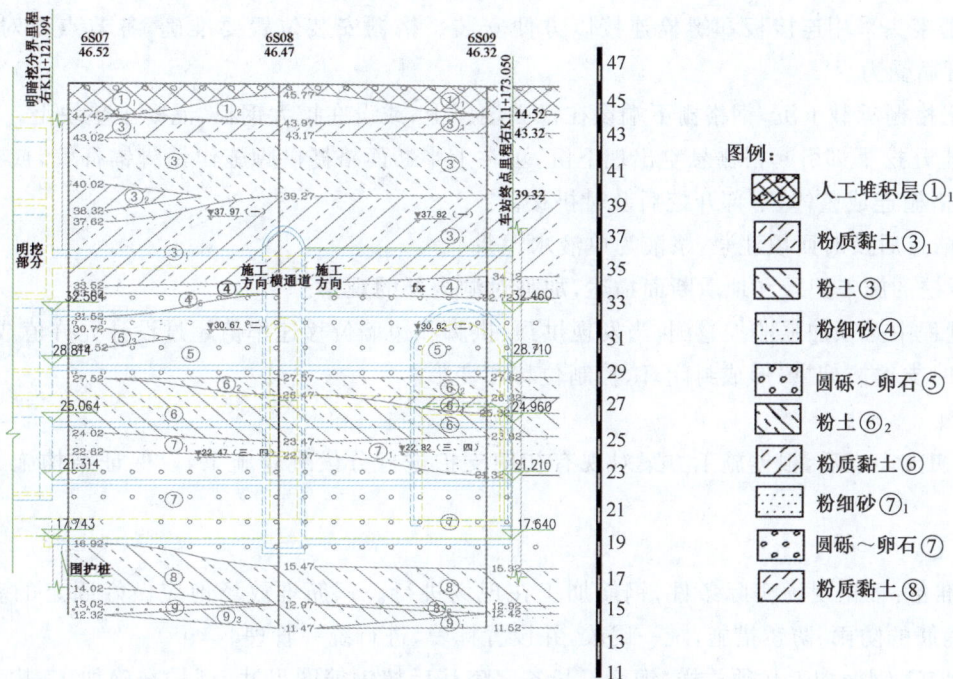

图5-28-53 车站暗挖段地质剖面图（单位：m）

（3）施工主要风险分析

南锣鼓巷站是北京地铁中首次采用左右线叠落侧式站台的异形大跨度车站，施工难度和技术要求较大。

车站附属结构暗挖换乘通道下穿地安门东大街，换乘通道部分主要下穿如下管线：φ1 550 mm污水管，该管线埋深约9.6 m，拱顶与沟底垂直净距约3.2 m，材质为混凝土；2 000 mm×2 350 mm电力管沟管线，埋深约2.8 m，拱顶与沟底垂直净距约9.2 m，材质为混凝土；φ1 200 mm雨水管，管线埋深约5.8 m，拱顶与沟底垂直净距约6.9 m，材质为混凝土；3 700 mm×1 700 mm热力方沟，管线埋深约3.7 m，拱顶与沟底垂直净距约8.3 m，材质为混凝土；3 000 mm×3 100 mm污水管，埋深约4.2 m，拱顶与沟底垂直净距约7.8 m，材质为混凝土。

该区域位于北京市东城区地安门大街，地面交通十分繁忙，周边老旧建筑物多，且房屋建筑年限久远。管线繁多，多数属一级风险源工程，各种管线对结构施工安全的影响，以及暗挖结构对各种管线及周边建筑物的安全控制影响是本工程的难点。

（4）施工关键技术

1）导洞开挖施工技术

①施工顺序

南锣鼓巷站轨行区及设备区采用CRD法分10步进行开挖，断面如图5-28-54所示，先开挖轨行区向西部4个小导洞，然后开挖向东作业面。待轨行区向东作业面开挖8 m后，然后设备区向东开挖上层4个小导洞，最后开挖设备区向东作业面。待轨行区和设备区开挖支护完成后，再施工联络通道初期支护。

②开挖施工要点

（A）采用"正台阶法"施工，开挖循环进尺宜为每榀格栅间距。

（B）严格控制隧道开挖的中线和水平，开挖轮廓要圆顺，防止超

图5-28-54 轨行区及设备区断面示意图

挖,局部欠挖处人工修凿,但要充分考虑施工误差及预留变形。

(C)隧道开挖时保留核心土,待拱部初支完成后再开挖核心部分土体。下半部采用机械开挖时注意避免超挖,底部土方留 30 cm 人工清理。

(D)当隧道围岩自稳能力较差时,应尽可能缩短开挖台阶长度,尽快使初期支护闭合。

(E)钢格栅接头采用连接板和螺栓连接以方便安装。格栅安装位置要准确,各节点要对齐,连接要牢固,确保格栅可靠受力。

(F)为防止格栅承载下沉,钢格栅下端设在稳固地层上,或设在扩大钢板、混凝土垫块上。

(G)为防止开挖下部引起格栅悬空出现下沉,可在上半断面格栅拱脚施作锁脚锚杆管,或在拱脚下设纵向托梁把几排格栅连成整体,下部开挖后及时拼接。

(H)初支结束后及时回填注浆,浆液为单液水泥浆。

(I)做好开挖的施工记录和地质断面描述,加强对洞内外的观察。

(J)开挖过程中必须加强监控量测,当发现拱顶、拱脚和边墙位移速率值超过设计允许值或出现突变时,应及时施工临时支撑或仰拱,形成封闭环,控制位移和变形。

2)结构施工

暗挖开挖初支完成后,根据施工方案对现有初期支护进行分段跳仓施工,以保证结构施工期间初支的稳定性。

①钢筋加工

(A)施工准备:根据现场实际条件,钢筋加工在现场进行。钢筋堆放场地应做好固定的基础和平整场地,同时做好钢筋的防雨、防锈措施,统一码放,并设置标牌,进行统一管理。

(B)钢筋加工:钢筋加工必须放样,钢筋工长签字确认后按钢筋图尺寸、型号准确加工,按不同部位码放整齐并做好标识牌等。

(C)钢筋绑扎:顶拱及底板钢筋为双层双向钢筋,顶拱上层筋的短向筋在下,长向筋在上,底板下层筋的短向筋在上,长向筋在下。绑扎完毕后设置铁马凳,用 B25 沿纵向间距 3 m 布置,再绑扎上层钢筋。钢筋连接采用套筒连接,加工时用直螺纹套丝机将钢筋的连接端头加工成直螺纹,然后通过直螺纹连接套,用力矩扳手按规定的力矩值把钢筋和连接套拧紧。

②模板安装

侧墙模板采用木模板,模板厚度为 18 mm,长为 2 440 mm,宽为 1 220 mm。模板安装时,外顶内撑。模板外侧采用满堂红脚手架支撑,支架采用碗扣式钢管脚手架。支架竖直方向步距为 600 mm,横杆步距为 600 mm×600 mm。支架设置可调节底托调平,利用可调顶托顶在模板主龙骨之上。平面上每榀设置一道剪刀撑,剪刀撑设置如图 5－28－55 所示,利用万向接头与支架立杆及横撑相连。

顶拱模板采用组合钢模板,支撑体系采用拱架＋型钢内支撑体系。拱架外弧与顶拱弧面相吻合,间距按 75 cm 布设,如图 5－28－56 所示,拱架每段分别由 2 块厚度 8 mm 和 1 块 16 mm 的钢板焊接而成,每段端头焊接 240 mm×200 mm,$\delta=10$ mm 的钢板,钢板上打设 4 个 ϕ26 mm 的孔,作为拱架之间的连接法兰,如

图 5－28－55 侧墙模板及支撑示意图(单位:mm)

图 5－28－57 所示,法兰连接允许偏差≤8 mm。支撑体系采用 I22 工字钢,步距为 1.5 m×1.5 m,支撑沿结构中线两侧对称布置,支撑架设过程中采用先竖撑再横撑,由下自上的施工顺序施作。

③混凝土施工

(A)混凝土供应和运输

二衬结构为 C40,P10 商品混凝土,泵送至作业面浇筑。结合实际情况做好预埋墙体(集水槽、废水池等)及接地体工作。

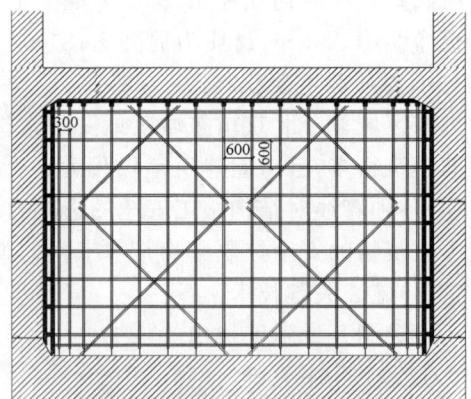

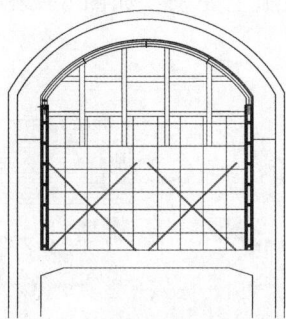

图 5－28－56 轨行区顶拱模板及支撑图

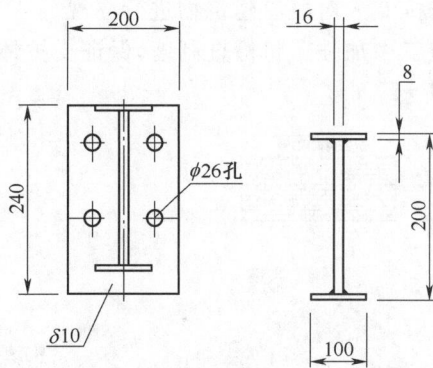

图 5－28－57 拱架结构和连接法兰大样图（单位：mm）

(B)混凝土浇筑和振捣

混凝土浇筑采用泵送的方式,通过输送泵管将混凝土输送至施工面。混凝土浇筑前应对输送泵进行检查保养,确保处于最佳工作状态,并准备好小型机具设备和材料,以应对随时发生的堵管现象。

混凝土在振捣动力作用下,破坏了水泥浆的絮凝结构,降低了颗粒间的摩阻力及黏结力,提高了混凝土的流动性。粗骨料在本身重力作用下相互滑动,其空隙被水泥砂浆填满,拌和物中的空气和部分游离水被排挤出来,拌和物充满模板的各个角落,从而获得较高密实度的混凝土。

混凝土浇筑和振捣过程应注意如下要求：

(a)支立模板前应对施工缝处凿毛,凿去混凝土表面的浮浆和薄弱的混凝土层,直至露出石子。

(b)混凝土振捣采用插入式振动器。振捣时要"快插慢拔"。振动器插点要均匀排列,防止漏振,间距为50～60 cm。插入点距离模板为20 cm。

(c)每一插点的振捣连续时间,应使混凝土表面呈现不再冒气泡并开始浮浆且不再沉落为标准。一般每点振捣时间为20～30 s。

(d)混凝土应振捣密实,灌注混凝土的自落高度不应超过2 m,否则应增加软式橡胶输送管。分层灌注时,每层厚度不宜超过300 mm。

(e)严格控制混凝土的入模温度,混凝土的内外温差值应不大于28 ℃。严禁混凝土在运输和浇筑过程中加水。

(f)混凝土分层浇筑时,在振捣上一层时应插入下层混凝土的深度不应小于5 cm,以消除两层间的接缝,同时要在下层混凝土初凝前进行。在振捣过程中,宜将振动棒上下略为抽动,使上下振捣均匀。

(g)振捣器应避免碰撞钢筋、模板等。

(h)混凝土浇筑应连续进行,不得出现水平和倾斜接缝。如混凝土浇筑因故中断,则在继续浇筑施工前,必须凿除已硬化的前层混凝土表面松软层及水泥砂浆薄膜,并将表面凿毛,高压水冲洗干净。

(i)由于拱顶混凝土灌注往往会产生拱顶混凝土不密实、灌不满等现象。故灌注混凝土时先从新旧混凝土接触面处均匀分布灌注,最后在单元体中间位置进行挤压泵送灌注。待混凝土自挡头板挤出浆来时,稳压持续几分钟,看混凝土是否灌满,如稳定压力不能再灌入时,说明拱顶已灌满。

(C)混凝土的养护

混凝土浇筑成形后应及时进行养护。养护的目的是为混凝土的正常硬化创造必要的温度、湿度条件,防止收缩开裂,保证混凝土达到设计要求的强度。

(5)安全保证措施

暗挖主体采用分离导洞开挖,每个导洞均采用CRD法,10导洞开挖,施工时对周边建筑物的沉降控制及隧道暗挖施工安全控制是本工程的一大难点。

针对下穿房屋环境风险的施工措施：

1)车站主体暗挖施工过程前,严格按照设计要求对轨行区向东、设备区向西拱部地层进行超前管棚＋深孔注浆加固,确保加固效果。

2)严格按照设计要求埋设监测点,加强对既有建筑物的监测。

3)安排专人对既有建筑物进行巡视。

4)施工中加强质量检查制度,保证支护体系的强度,以工程质量保施工安全。如图5－28－58和图5－28－59所示。

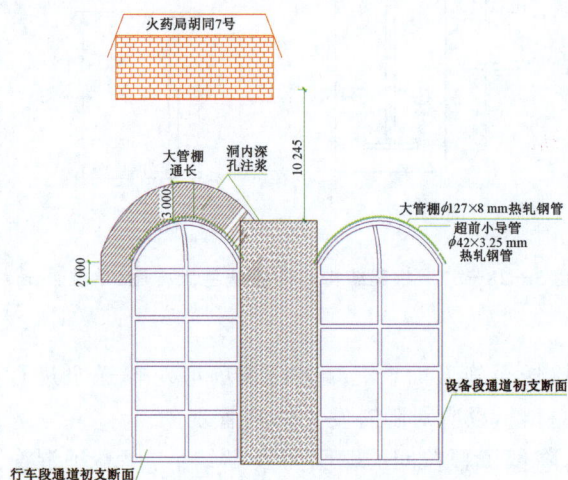

图5－28－58 1－1剖面图(单位:mm)

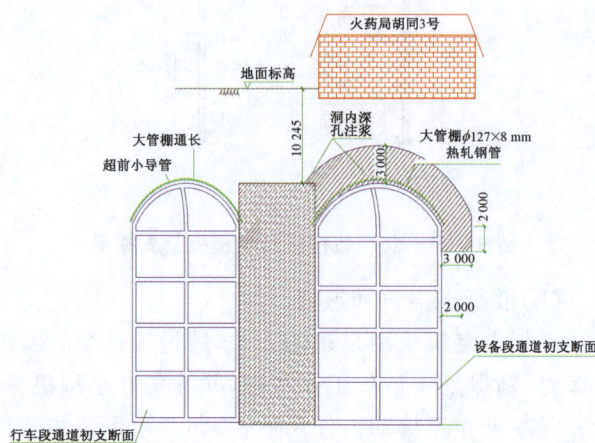

图5－28－59 2－2剖面图(单位:mm)

针对暗挖主体自身风险的施工措施:

1)土体开挖后及时施作初期支护。

2)矿山法严格按照开挖步序开挖,相邻导洞保持一定的纵向安全距离。

3)严格按设计要求打设锁脚锚管,保证锁脚锚管长度和角度。

4)初期支护封闭成环后及时进行背后回填注浆,控制注浆压力,保证初支和土体之间填充密实,减小由于存在空隙造成的土体沉降。

28.3.5 车站附属仰挖施工

28.3.5.1 概　述

6号线一期线路穿过繁华中心城区,周边环境复杂。在众多车站附属结构施工过程中,存在建筑物拆迁或管线改移困难,严重制约着工期。为了不影响按时通车的终极目标,很多地段都采取了从车站内往外仰挖施工,为地面建筑物拆迁或管线改移赢取时间。6号线一期车站附属结构仰挖作业面统计如表5－28－14所示。

表5－28－14　附属结构仰挖作业面统计表

站名	暗挖通道	数量	含仰挖通道	数量
青年路站	1、2、3号出入口	3	无	0
十里堡站	1、2号出入口	2	无	0
呼家楼站	1、2、3号出入口	3	无	0
	1、2、3、4号换乘通道	4	1、2、3、4号换乘通道	4
金台路站	1、2、3号出入口	3	无	0
东四站	1、2号出入口	2	无	0
	1、2号换乘通道	2	1、2号换乘通道	2
朝阳门站	1、2、3、4号出入口	4	2、3、4号出入口	3
	1、2、3号换乘通道	3	2号换乘通道	1
东大桥站	1、2、3号出入口	3	1号出入口	1
五路居站	3、4号出入口	2	无	0
花园桥站	1、2、3、4号出入口	4	1号出入口	1
褡裢坡站	1、2号出入口	2	无	0

站名	暗挖通道	数量	含仰挖通道	数量
黄渠站	1、2 号出入口	2	无	0
常营站	1、2、3 号出入口	3	无	0
草房站	1、2、3、4 号出入口	4	无	0
车公庄西站	1、2、3、4 号出入口	4	3、4 号出入口	2
车公庄站	1、2、号 6 出入口	3	1、2 号出入口	2
	1、2 号换乘通道	2	1、2 号换乘通道	2
平安里站	1、2 号出入口	2	无	0
	1 号换乘通道	1	无	0
北海北站	1、2、3 号出入口	3	2 号出入口	1
合计		61		19

从上表可以看出,含仰挖通道约占附属暗挖通道总数的 31%,结合线路图可以看到,仰挖通道基本上都位于地面建筑物复杂、管线众多的主城区。

在出入口及换乘通道仰挖参数设置方面,出入口仰挖段仰挖角度基本以 30°为主,挑高高度在 5～11 m,换乘通道挑高高度及角度则受制于换乘车站平面位置及高差,参数设置差异较大。附属仰挖结构参数设置统计如表 5-28-15 所示。

表 5-28-15　附属仰挖结构参数设置统计表

站名	仰挖通道	仰角	高度(mm)	地 质 情 况
朝阳门站	2 号出入口	30°	5 950	粉细砂层和圆砾卵石层
	3 号出入口	30°	6 600	
	4 号出入口	30°	11 550	粉细砂层
	2 号换乘通道	30°	5 900	粉细砂层和圆砾卵石层
东四站	1 号换乘通道	30°	8 050	由下到上依次穿越卵石层、砂层、粉质黏土层
	2 号换乘通道	30°	8 000	
东大桥站	1 号出入口	30°	14 900	粉细砂层
花园桥站	1 号出入口	30°	7 800	中粗砂层
车公庄西站	3 号出入口	26°	7 800	圆砾卵石层
	4 号出入口	30°	9 000	
车公庄站	1 号出入口	24.5°	4 860	砂卵石层、粉质黏土层
	2 号出入口	26.6°	7 800	
	2 号换乘通道	24.5°	7 095	
北海北站	2 号出入口	30°	10 800	砂层、粉质黏土层
呼家楼站	1、2、3、4 号换乘通道	3°～5°	1 000～2 000	中粗砂层

28.3.5.2　仰挖施工重难点分析

(1)坍塌风险大

仰挖施工中由于开挖土体自重作用产生的下滑分力,隧道存在极大的坍塌风险,一旦出现坍塌事故,人员无法及时撤离。

(2)常规小导管超前支护方式失效

出入口爬坡段仰角基本为 30°,超前小导管支护按照常规外插 15°计算,可见隧道前方水平向上 45°范围内土体仍然无法有效加固。

28.3.5.3　仰挖法施工关键技术

(1)超前深孔预注浆

仰挖段所穿越的地层主要以粉细砂层、中粗砂层及圆砾卵石层为主,地层稳定性差,在土体自重作用力产生的下滑分力影响下,极易发生坍塌,施工前需对开挖面前方土体进行深孔预注浆,以增加土体的自稳能力。

6 号线一期车站附属仰挖段超前深孔预注浆注浆方式一般都采用 WSS 后退式分段注浆,注浆材料为水泥—水玻璃双液浆。注浆加固每循环长度根据仰挖段设计长度、地层条件、钻机性能等不同,大多在 8～13 m 之间,每循环之间预留 2 m 作为止浆墙,横向加固范围根据地层条件不同可采用全断面或拱部注浆,如车公庄西站 3、4 号出入口横向加固范围为拱部 120°范围内开挖轮廓线外 1.5 m,开挖轮廓线内 0.5 m;东四站换乘通道仰挖段为全断面预注浆,加固范围为开挖面＋轮廓线外 1.5 m 等,注浆压力一般在 0.5～2 MPa。当周边有重要建(构)筑物时,应采用低压注浆,防止注浆压力过大,造成周边建(构)筑物破坏。注浆完成后,应对注浆效果进行检查,一般要求注浆加固体无侧压强度不小于 0.5～0.8 MPa,对于注浆效果没有达到要求区域,应进行补注或通过小导管注浆进行补强。

(2)土方开挖及支护

出入口和换乘通道仰挖段断面形式为直墙拱顶结构,采用 CRD 法进行施工,根据断面的大小分成 3 层 6 步进行开挖,其施工步序如图 5－28－60 所示。

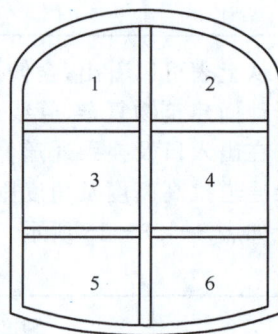

图 5－28－60　仰挖段 CRD 法
(3 层 6 部)施工步序图

主要施工步骤(6 导洞):左侧上层导洞(1 部)施作超前小导管注浆→左侧上层导洞(1 部)采用台阶法进行开挖,并预留核心土,进尺 0.5 m→挂钢筋网,架立格栅钢架、临时隔壁及临时仰拱,喷混凝土→右侧上层导洞(2 部)施作超前小导管注浆→右侧上层导洞(2 部)采用台阶法进行开挖,并预留核心土,进尺 0.5 m→挂钢筋网,架立格栅钢架、临时隔壁及临时仰拱,喷混凝土→初支背后注浆→上导洞(1、2 部)开挖完成后,开挖下层导洞(3 部),按相同施工方法使初支封闭成环→下层导洞(3 部)进洞 10 m 后,开挖下层导洞(4 部),初支封闭成环→初支背后注浆→中导洞(3、4 部)开挖完成后,开挖下层导洞(5 部),按相同施工方法使初支封闭成环→下层导洞(5 部)进洞 10 m 后,开挖下层导洞(6 部),初支封闭成环→初支背后注浆。

为了抵抗开挖面前方土体自重作用力产生的下滑分力影响,应适当增长台阶长度。在北京地铁 6 号线工程施工中,CRD 导洞的台阶长度基本都不小于 5 m,且台阶开挖高度基本都小于 2 m,以提高核心土的自稳性。土方开挖时,应先开挖上层导洞,必须等上层导洞开挖完成后,方能进行下层导洞开挖。施工时,应严格按照一榀一立的原则进行,并按设计要求打设锁脚锚管,保证锁脚锚管长度和角度,保证纵向连接筋和钢筋网的焊接和搭接质量,及时封闭成环。同时,仰挖段施工应严禁带水作业,在每层导洞开挖完成后,都应及时进行初支背后回填注浆。

(3)临时支撑拆除

临时支撑采取分段间隔拆除,拆除的顺序自下而上,拆撑的步距应严格控制,北京地铁 6 号线的拆撑步距一般为 4～6 m。在临时支撑拆除的过程中,应加强洞内巡视及监测,根据监测结果,随时调整拆撑长度,以确保施工安全,必要时应进行换撑。

28.3.5.4　施工中存在的问题及建议

(1)台阶及核心土留设困难

仰挖段仰角非常大,仰挖角度基本以 30°为主,加上地层条件比较差,在土体自重作用力产生的下滑分力影响下,部分地段台阶及核心土留设非常困难,存在溜坡现象。建议在施工时,对于开挖面稳定性比较差的地段,除应对拱部进行超前深孔预注浆外,还应对开挖面进行全断面超前预注浆,同时适当调整台阶开挖高度,以增强开挖面的稳定性。如图 5－28－61 所示。

(2)注浆效果较差

仰挖段深孔注浆普遍存在注浆效果较差的现象,分析

图 5－28－61　仰挖段台阶及核心土留设困难

其原因主要表现在:①仰挖角度比较大,钻机在定位及钻孔过程中角度控制难度相对较大;②注浆队伍专业化程度不高。建议在注浆施工过程中,应配置专业技术人员进行现场跟班指导,严格控制钻机定位及钻孔角度的精准度,对注浆过程中的异常现象及时进行处理,并做好详细记录。对于注浆材料的选择,建议在无水的情况下采用普通水泥单液浆,有水的情况下,采用普通水泥—水玻璃双液浆。注浆应采取跳孔施作,注浆结束标准应严格按照定量—定压相结合原则进行,即前序孔达到设计单孔单段注浆量1.2～1.5倍,后序孔应达到设计终压,注浆速度小于5～10 L/min。

注浆完成后,必须进行注浆效果检查,现场监理工程师应旁站。根据现有注浆效果检查手段,建议在开挖前,首先采用 $P-Q-t$ 曲线法通过对注浆施工中所记录的注浆压力 P、注浆量 Q 及注浆时间 t 进行分析,找出注浆施工的薄弱区域,并通过钻孔取芯法对注浆薄弱区域和拱部、拱腰的位置进行效果检查,只有达到要求后,才能进行开挖,对于检查不合格区域应进行补注浆,至到达到要求为止。在隧道开挖过程中,监理单位应每隔2 m,组织第三方监测、设计、施工单位对开挖面注浆效果进行一次评价,在各方对注浆效果都认可的情况下,才能继续向前开挖,否则应立即封闭开挖面,进行下一循环注浆。如图5－28－62和图5－28－63所示。

图5－28－62 朝阳门站2号出入口斜坡注浆

图5－28－63 车公庄西站3号出入口斜坡注浆

28.3.5.5 施工经验总结与建议

6号线一期共计19个仰挖作业面,施工期间未出现严重安全事故,总体较为顺利。

1)当车站设置在地面建筑复杂及管线密集的区域时,调整附属结构设计图纸,明确仰挖技术措施。当前暗挖工法设计图纸均采用预设计思路,暗挖出入口设计是在地面明挖进暗挖的思路指导下进行,如施工过程中调整开挖方向,相应开挖方式、接口连接形式及辅助支护措施必然要进行较大调整。对仰挖作业来说,设计阶段明确地层超前处理措施是极其必要的。

2)控制爬坡仰角。目前出入口爬坡段仰角基本为30°,初支期间格栅单榀挑高达到30 cm,施工风险较大,建议当采用仰挖作业时,适当减小爬坡角度,减小施工风险。

3)控制导洞断面高度,导洞开挖高度建议上面第一层控制在2.5 m以内,下面各层控制在3.5 m以内,以减小掌子面滑塌风险。同时连续施工爬高高度宜控制在10 m以内。

4)仰挖施工应对上部导洞采取深孔注浆措施,对前方地层进行预加固,并切实保证深孔注浆质量,如洞内没有注浆条件,应考虑从地面进行注浆加固。

5)CRD工法进行仰挖施工,应先开挖上部导洞,待上部导洞全部开挖完毕后,再进行下部导洞开挖。

6)爬坡段仰挖施工是在工期进度等压力下被动采用的,虽然从结果上看相对顺利,但从过程来看,施工难度大、风险高,各项施工措施很难真正落实到位,后续施工中应尽量避免此类施工方案。

28.3.5.6 车公庄西站3号出入口仰挖法施工

(1)工程概况

车公庄西站位于车公庄大街与展览馆路交叉口沿车公庄大街方向的路面下。车站总长为237.9 m,全部采用洞桩法施工,主体结构覆土为8.0 m,车站底板埋深约22.9 m。

3号出入口位于车站南侧,平直段由车站中板向外挖,爬坡段由车站内向外开挖。3号出入口为东西走向,出入口北邻车公庄大街,南侧为5层住宅楼。口部基坑深2.7～10.26 m,与住宅楼水平距离为4.5 m。明暗挖分界处基坑深为10.26 m。3号出入口结构平、剖面如图5－28－64和图5－28－65所示。

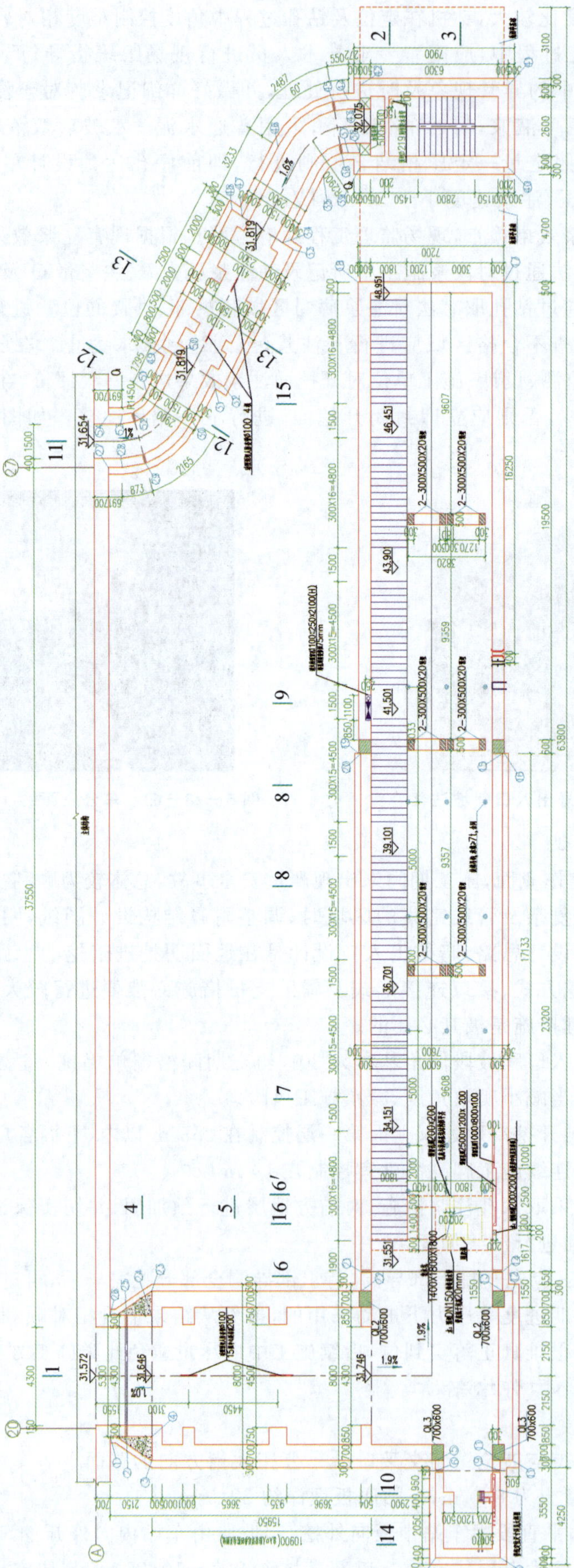

图 5-28-64　车公庄西站 3 号出入口及安全出入口平面图（标高单位为 m，其余为 mm）

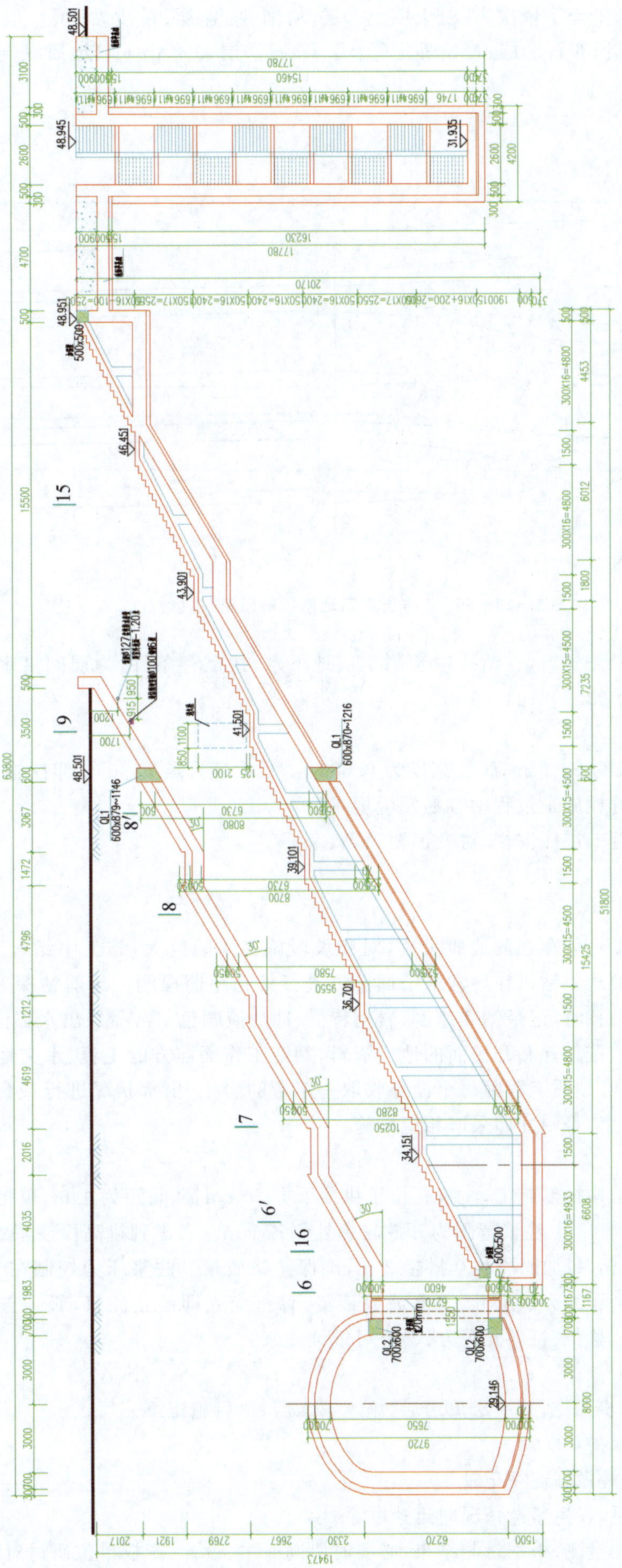

图 5-28-65 车公庄西站 3 号出入口及安全出入口 2-2 剖面图（标高单位为 m，其余为 mm）

3 号出入口地层范围由上至下依次为:粉土填土①层、粉细砂③₃ 层、粉质黏土③₁ 层、粉土③层、粉细砂④层、卵石⑤、粉质黏土⑥层、卵石⑦层、粉质黏土⑦₄ 层、卵石⑦层,3 号出入口地质纵剖面图如图 5－28－66 所示。

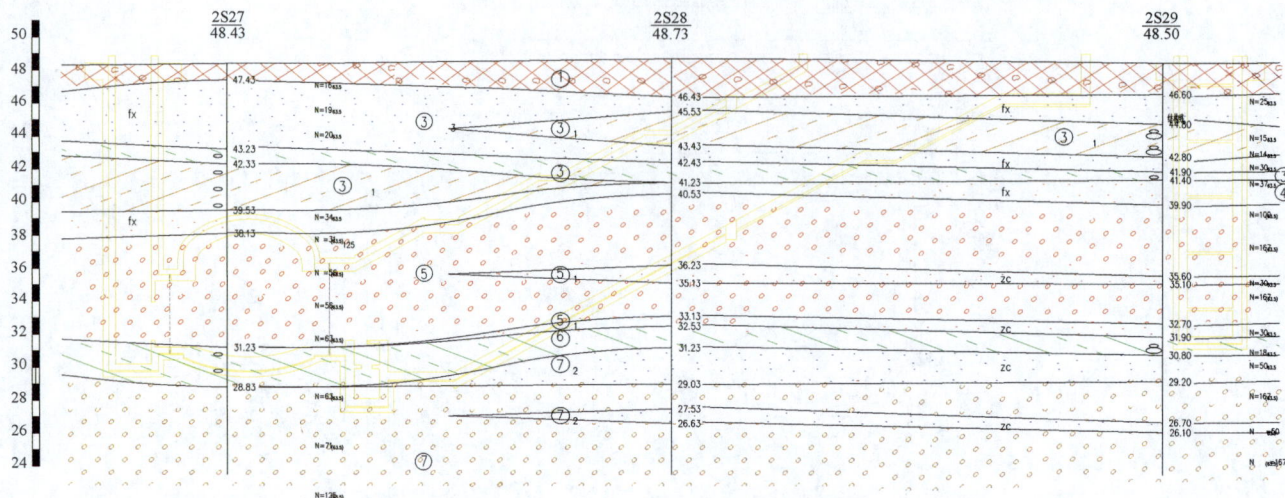

图 5－28－66　3 号出入口地质纵剖面图(单位:m)

根据勘察单位提供的勘测资料,在钻孔中实测 1 层地下水,按赋存条件,为层间潜水(三),水位埋深为 24.5～28.1 m,水位标高为 23.59～24.56 m。

(2)重难点分析

1)3 号出入口斜坡段长为 23.5 m,爬坡高度为 9.686 m,最大爬升坡度 30°。仰挖施工段穿越的地层主要为砂卵石层,稳定性差,仰挖施工过程中容易发生坍塌。

2)下穿止水管线并邻近 5 层住宅楼,对变形要求高。

(3)主要施工技术

1)超前地质探查

空洞、水囊、废弃管线等可能存在的地质灾害,对爬坡段施工风险巨大,施工中结合工程特点采用超前探孔方法,施工前,采用轻型地质钻机在导常掌子面前方进行钻孔超前探测。超前钻探采用 ϕ50～100 mm 孔,每断面布置 1～3 孔。钻孔时,记录钻孔速度、岩土特征、冲洗液颜色、含泥量、出水部位、钻杆是否突进等情况,探明水量和水压情况,按设计和开挖面的地质资料,判定工作面前方的工程、水文地质情况,以采取必要的预防措施。施工过程中,地质工程师每个循环收取一定量的岩土,出水状况进行观察、记录、分析,若无异常变化,则可进行正常施工,否则立即采取相应措施。

2)深孔注浆加固土体

深孔注浆考虑在附属结构拱部施工,注浆孔位于拱顶下方 50 cm,孔间距为 1 m,单排布置,每个孔位打设 3 根,角度分别为 35°、40°、45°。注浆范围为开挖轮廓外侧各 1 m。考虑到挑高段注浆难度较大,拟定 8 m 为一加固段,扩散半径约 1 m,每加固段相互搭接 2 m,确保注浆质量。注浆压力控制在 1～3 MPa,并根据现场实际情况随时调整。当压力突然上升、下降或浆液溢出时,应立即停止注浆,必须查明异常原因,采取必要的措施(调整注浆参数、移位、打斜孔等方式)方可继续注浆。

3)土方开挖及初期支护

采用 CRD 法分 3 层 6 步开挖,第一层贯通后,施工第二层,最后施工第三层。

4)周边建筑物与管线保护

①做好地面巡视工作,并做好巡视记录。

②与产权单位取得联系,发生紧急情况时迅速联系。

③施工过程中加强监控量测,根据量测结果,必要时协同业主、设计、产权单位研讨对策,调整施工方案。

④具体施工中,拱部施作 2.5 m 长、ϕ42@300 mm 每榀设置一环超前小导管,超前支护土体,紧随初期支护开挖面 5 m,加强回填注浆填充土体空隙,减少围岩变形量。

5)施工监测及成果分析

①监测项目及测点布置

监测项目及控制标准如表 5-28-16 所示,测点布设如图 5-28-67 所示。

表 5-28-16 3 号出入口监测项目表

序号	监测对象	监测项目	监测仪器	控制值(m)
1	地表沉降	地表沉降	水准仪	60
2	上水管线沉降	管线沉降	水准仪	10
3	建筑物沉降	建筑物沉降	水准仪	10
4	初支变形	拱顶下沉	水准仪	40
5	初支变形	净空收敛	收敛计	20

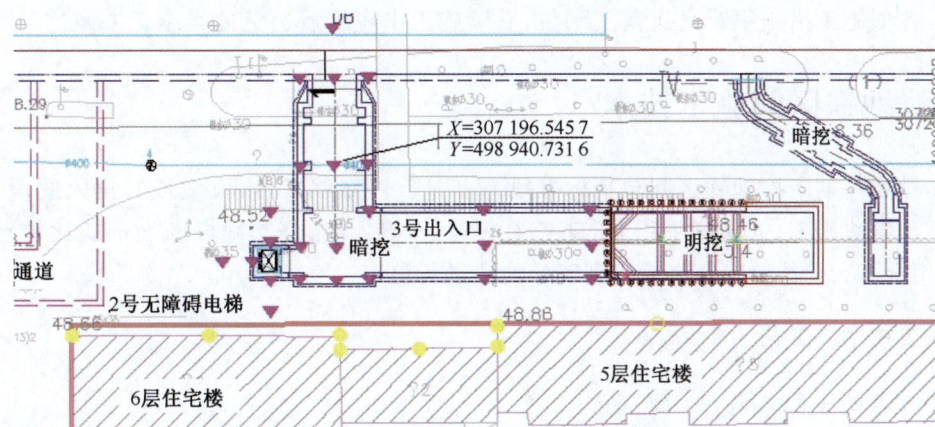

图 5-28-67 3 号出入口测点布置图

②监测成果统计及数据分析

从现场监测数据来看,各项变形累计值均未超标,处于安全可控范围之内。监测成果统计如表 5-28-17 所示,沉降历时曲线如图 5-28-68 所示。

表 5-28-17 3 号出入口暗挖段周边环境监测最大值统计

序号	监测对象	累计沉降量(mm)	变形速率(mm/d)	控制值(mm)	状态
1	地表	-12.95	-0.00	60	正常
2	上水管线	-5.07	-0.16	10	正常
3	建筑物	0.26	0.35	10	正常

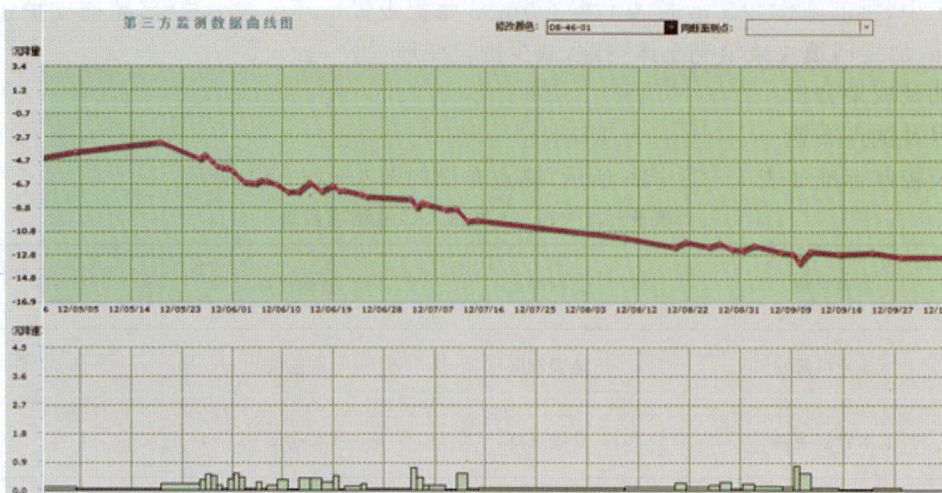

图 5－28－68　3 号出入口上方 DB－46－01 沉降历时曲线图

从监测数据及典型测点沉降历时曲线图来看,施工对周边环境影响相对较小,未出现异常情况。

（4）施工经验总结与建议

1）车公庄西站 3 号出入口爬坡角度较大达到 30°,开挖面地层主要为砂卵石层,稳定性差,施工时台阶设置及核心土留设困难,超挖量大,应对开挖面采取全断面注浆,提高开挖面的稳定性,以减小施工风险。

2）爬坡段仰挖工法是在工期进度等压力下被动采用的,虽然从结果上看相对顺利,但从过程来看,施工难度大,风险高,各项施工措施很难真正落实到位,后续施工中应尽量避免此类施工方案。

28.4　矿山法地铁区间施工技术

北京地铁 6 号线一期暗挖地铁区间包括标准段、人防段、停车线段（含渡线段）、出入线段等。其中标准段一般采用上下台阶法施工,人防段采用 CRD(CD)法施工,出入线、停车线段断面形式比较复杂,根据断面的大小,一般选用上下台阶法、CRD 法或双侧壁导坑法进行施工。

28.4.1　主要施工技术及工艺

28.4.1.1　主要施工方法及步骤

（1）台阶法

台阶法施工是将结构断面分成两个或多个部分,具有上下断面两个工作面或多个工作面,分步开挖。其优点是灵活多变、适用性强,有足够的作业空间和较快的施工速度,能较早地使支护闭合,有利于开挖面的稳定性和控制其结构变形及由此引起的地面沉降;缺点是上下部作业有互相干扰,应注意下部作业时对上部稳定性的影响,台阶开挖会增加对围岩的扰动次数等。

台阶法施工步骤为:

施作超前小导管注浆→开挖,进尺一榀格栅间距(0.5 m 或 0.75 m)→挂钢筋网,架立格栅钢架,喷混凝土→上下台阶错开 4～6 m,进行下台阶开挖及支护,初支封闭成环→初期支护背后注浆→各段初支贯通后,防水层施作→架立二衬钢筋→进行二衬混凝土浇筑,每组环向施工缝及纵向间距(标准断面二衬支护采用台车支护,环向施工缝为 9.0 m 一道,仰拱施工缝为 15 m 一道)→二衬背后注浆。施工工艺流程如图 5－28－69 所示。

（2）CRD(CD)法

CD 法主要适用于地层较差,且地表下沉要求严格的地段施工,当 CD 法仍不能满足要求时,可在 CD 法的基础上加设横隔墙,即所谓的 CRD 法。

CRD 法主要施工步骤:左侧洞施作超前小导管注浆→左侧上台阶开挖,上下台阶错开 4～6 m,进尺0.5 m→挂钢筋网,架立格栅钢架,喷混凝土→初支背后注浆→左、右侧洞拉开约 6 m,同样施工步序施工右侧洞,初支封闭成环→纵向分段(第一环拆除长度短一些,约 6～7 m,后续拆除长度根据洞内变形监测情况

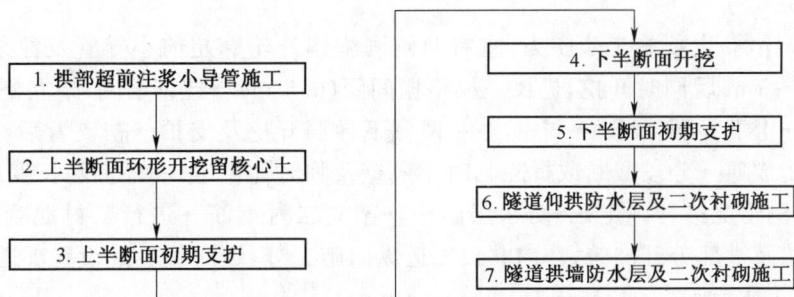

图 5－28－69　上下台阶法施工工艺流程图

进行确定)截断临时中隔壁→防水层施作→架立二衬钢筋→进行二衬混凝土浇筑(采用人工支模方法施工，结构边墙及拱部分开浇筑，环向共设 4 道纵向施工缝，纵向每 6 m 设置 1 道施工缝)→二衬背后注浆。

CRD 法(4 导洞)主要施工步骤：左侧洞施作超前小导管注浆→左侧上导洞开挖，并预留核心土，进尺 0.5 m→挂钢筋网，架立格栅钢架、临时隔壁及临时仰拱，喷混凝土→左侧上导洞与下导洞错开 3～5 m 后，进行左侧下导洞开挖及支护→初支背后注浆→左、右侧洞拉开 6 m，同样施工步序施工右侧上、下洞，初支封闭成环→环向分次、纵向分段(第一环拆除长度 6～7 m，后续拆除长度根据洞内变形监测情况进行确定)，截断临时中隔壁、临时仰拱→防水层施作→架立二衬钢筋→进行二衬混凝土浇筑(采用人工支模方法施工，结构边墙及拱部分开浇筑，环向共设 4 道纵向施工缝，纵向每 6 m 设置 1 道施工缝)→二衬背后注浆。施工步序如图 5－28－70 所示。

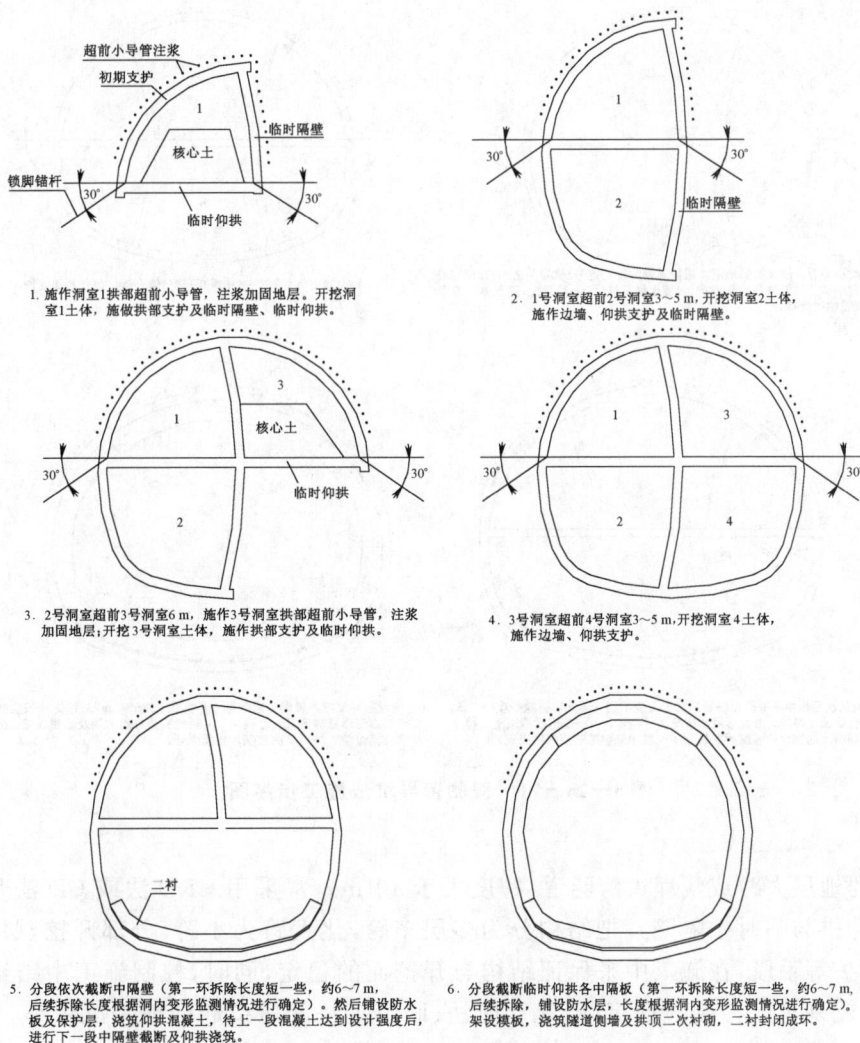

1. 施作洞室1拱部超前小导管，注浆加固地层。开挖洞室1土体，施做拱部支护及临时隔壁、临时仰拱。

2. 1号洞室超前2号洞室3～5 m，开挖洞室2土体，施作边墙、仰拱支护及临时隔壁。

3. 2号洞室超前3号洞室6 m，施作3号洞室拱部超前小导管，注浆加固地层；开挖3号洞室土体，施作拱部支护及临时仰拱。

4. 3号洞室超前4号洞室3～5 m，开挖洞室4土体，施作边墙、仰拱支护。

5. 分段依次截断中隔壁(第一环拆除长度短一些，约6～7 m，后续拆除长度根据洞内变形监测情况进行确定)。然后铺设防水板及保护层，浇筑仰拱混凝土，待上一段混凝土达到设计强度后，进行下一段中隔壁截断及仰拱浇筑。

6. 分段截断临时仰拱各中隔板(第一环拆除长度短一些，约6～7 m，后续拆除长度根据洞内变形监测情况进行确定)。架设模板，浇筑隧道侧墙及拱顶二次衬砌，二衬封闭成环。

图 5－28－70　CRD 工法施工步序图

（3）双侧壁导坑法

双侧壁导坑法（6 导洞）主要施工步骤为：左右两侧洞施作外轮廓超前小导管及注浆→左右两侧上导洞根据量测情况错开 3～5 m 后同时开挖，进尺一榀格栅间距（0.5 m）→挂钢筋网，架立格栅钢架、临时隔壁及临时仰拱，喷混凝土→上下导洞拉开 4～6 m，左右两侧下导洞开挖及支护→初支背后注浆→同样施工步序施工中侧洞，初支封闭成环→分段截断或拆除临时中隔壁及临时仰拱（第一环拆除长度约 6～7 m，后续拆除长度根据洞内变形监测情况进行确定）→防水层施作→架立二衬钢筋→进行二衬混凝土浇筑（采用人工支模方法施工，结构边墙及拱部分开浇筑，环向共设 4 道纵向施工缝，纵向每 6 m 设置 1 道施工缝）→二衬背后注浆。如图 5－28－71 所示。

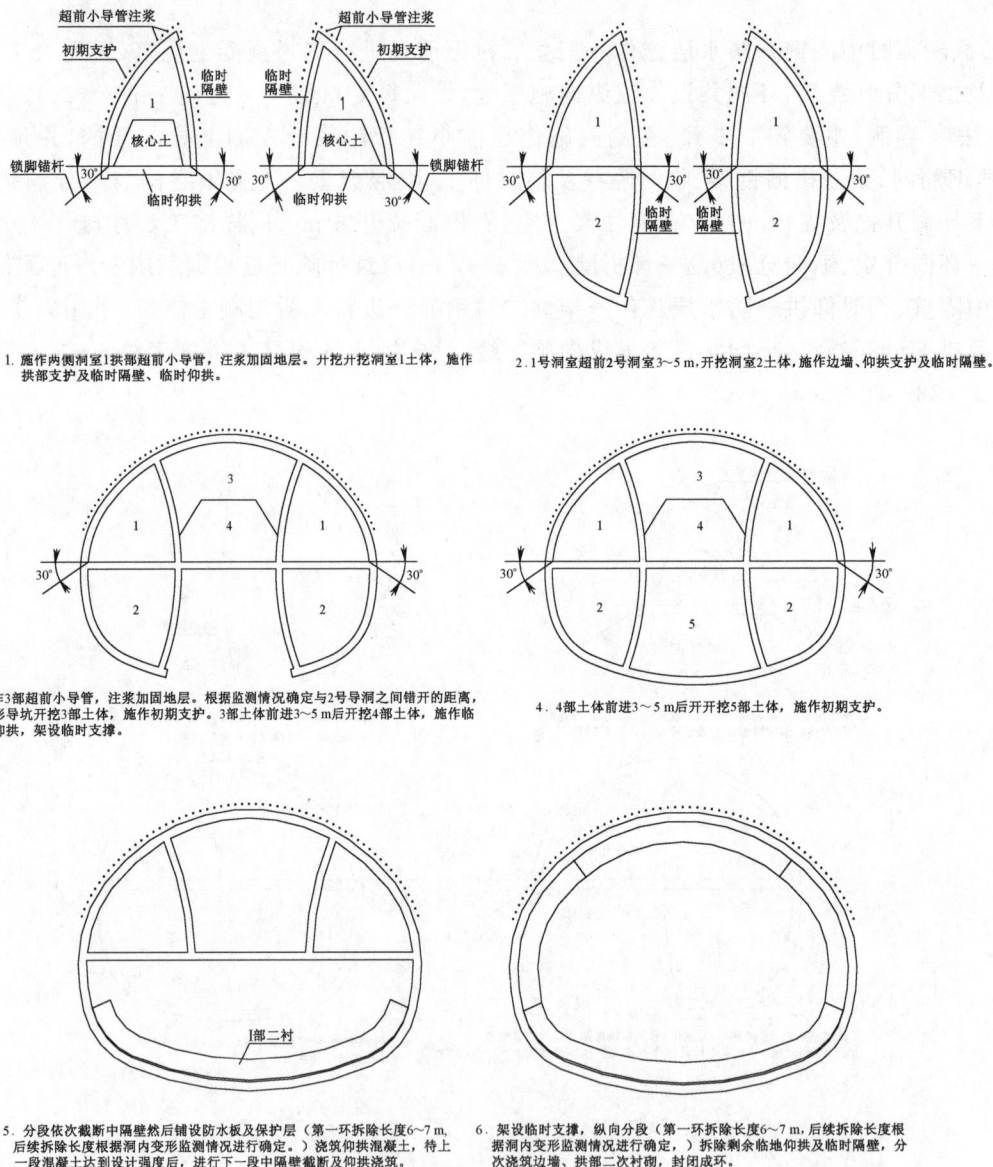

1. 应作两侧洞室 1 拱部超前小导管，注浆加固地层。开挖并挖洞室 1 土体，施作拱部支护及临时隔壁、临时仰拱。

2. 1 号洞室超前 2 号洞室 3～5 m，开挖洞室 2 土体，施作边墙、仰拱支护及临时隔壁。

3. 施作 3 部超前小导管，注浆加固地层。根据监测情况确定与 2 号导洞之间错开的距离，弧形导坑开挖 3 部土体，施作初期支护。3 部土体前进 3～5 m 后开挖 4 部土体，施作临时仰拱，架设临时支撑。

4. 4 部土体前进 3～5 m 后开挖 5 部土体，施作初期支护。

5. 分段依次截断中隔壁然后铺设防水板及保护层（第一环拆除长度 6～7 m，后续拆除长度根据洞内变形监测情况进行确定。）浇筑仰拱混凝土，待上一段混凝土达到设计强度后，进行下一段中隔壁截断及仰拱浇筑。

6. 架设临时支撑，纵向分段（第一环拆除长度 6～7 m，后续拆除长度根据洞内变形监测情况进行确定，）拆除剩余临时仰拱及临时隔壁，分次浇筑边墙、拱部二次衬砌，封闭成环。

图 5－28－71　双侧壁导坑法施工步序图

（4）对比分析

一般地，在软弱地层大跨或浅埋大跨隧道（跨度大于 10 m），常采用 CRD 法或 CD 法开挖，就是通过增加临时支撑（临时仰拱与临时中隔壁），把结构分为多层多跨，化大跨为小跨，分部开挖，层层封闭。并结合地层改良与超前支护等手段，在施工中来保证结构与开挖面的稳定，同时，控制施工中结构及地层的位移。该工法最大的特点就是有效控制地面沉降，比台阶法、眼睛工法等所引起的地表沉降小。如表 5－28－18 所示。

表 5-28-18　施工方法对比表

对比 ＼ 工法名称	台阶法	双侧壁导坑法	CD 法	CRD 法
工法特点	环形开挖留核心土	变大跨为小跨	变中跨为小跨	步步封闭
施工难度	不复杂	最复杂	一般	复杂
技术条件	低	高	较高	最高
预测地表沉降	大	较小	小	最小
施工速度	快	最慢	一般	慢
工程造价	低	最高	中等	高
适用范围	跨度≤12 m 地质较差	小跨度,连续使用 可扩成大跨度	跨度≤18 m 地质较差	跨度≤20 m 地质较差

28.4.1.2　开挖与初期支护

6 号线一期标准段一般都采用上、下两台阶进行施工,开挖每循环进尺为 0.5/0.75 m。上台阶开挖留核心土,其正面投影面积不少于上台阶开挖面积的 1/2,纵向长度以 2 m 为宜。上台阶采用人工开挖,台阶长度一般控制在 1～1.5 倍洞径(D)以内,4～6 m 为宜,下台阶根据断面大小,可以选用人工或小挖机开挖。出渣一般采用农用三轮车进行出渣。如图 5-28-72 和图 5-28-73 所示。

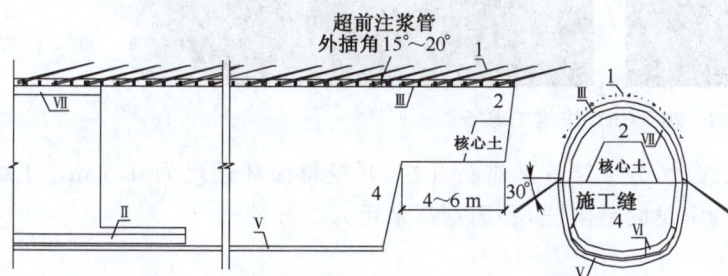

图 5-28-72　上下台阶法施工工序示意图

图 5-28-73　上下台阶法施工现场

部分地段,当地层条件较差,下台阶自稳能力差时,可在下台阶中间拉槽,达到降底下台阶高度,增加下台阶的自稳能力。当隧道下穿重要建(构)筑物,对变形控制要求较高地段(如平安里站～北海北站区间下穿 3 层游泳馆段、朝阳门站～东大桥站下穿盖板河段等),通过增加临时仰拱,约束初支变形,减小地表及周边建(构)筑物变形。

CD 法主要用于人防段施工,分左右 2 步进行开挖,开挖每循环进尺为 0.5 m。各洞室均采用预留核心土台阶法进行开挖,核心土和台阶留设同台阶法,左右洞室开挖面距离约 6 m,其施工工序如图 5-28-74 所示。

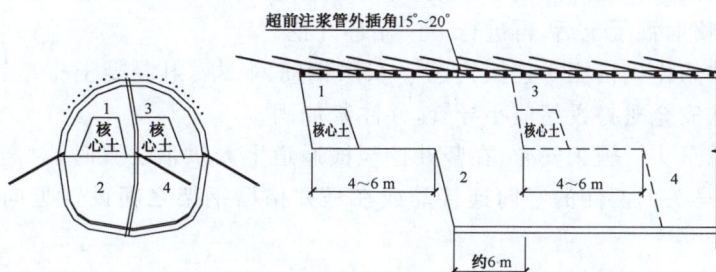

图 5-28-74　CD 法施工工序示意图

CRD 法主要用于人防段和停车线段施工,一般分 4 步进行开挖,开挖每循环进尺为 0.5 m。上面两导洞采取预留核心土进行开挖,核心土和台阶留设同台阶法,各洞室都采用人工开挖,如图 5-28-75 和图 5-28-76 所示。

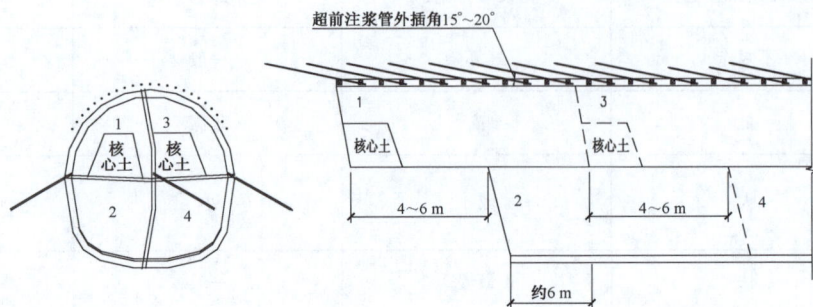

图 5-28-75　CRD 法施工工序示意图

图 5-28-76　CRD 法施工现场

6 号线双侧壁导坑法用于停车线段和出入线段,分 2 层 6 部进行开挖,开挖每循环进尺为 0.5 m。上面 3 导洞采取预留核心土进行开挖,核心土和台阶留设同台阶法,各洞室都采用人工开挖。

28.4.2　区间竖井与横通道施工

(1)竖井施工

1)锁口圈施工

根据设计位置进行测量放线,定出锁口圈的各个角点及开挖轮廓线。采用人工"十"字探槽法开挖管线探沟,探沟必须开挖至原状土或者该场区周边已知埋深最深管线的管底标高,只有确认竖井范围内没有其他管线时才可以人工配合挖掘机械进行开挖,同时人工对井壁进行修整,以保证竖井断面尺寸符合设计要求。土方开挖完成后进行钢筋绑扎、预埋件埋设、支模及混凝土浇筑,以及防护栏安装。

2)竖井井身开挖及支护

在提升架安设完成及降水满足开挖要求后,进行竖井井身开挖及支护。竖井采用人工开挖,抓斗提升出渣。开挖进尺同钢格栅间距。竖井开挖支护遵循"垂直分层、环向分部开挖,随开挖随支护,及时封闭成环"原则。待每环封闭且喷射混凝土后,再进行下一循环开挖。

竖井初期支护结构体系由钢格栅+连接钢筋+双层钢筋网+喷射混凝土+型钢支撑。竖井开挖过程中如遇砂层无法满足结构安全时打设超前小导管,并注浆加固。

为了保证后续横通道马头门施工安全,在竖井挖至横通道上方拱顶位置时,对竖井格栅进行加强,一般为三榀格栅密排,并加密马头门两侧的竖向连接筋或在竖井格栅钢架之间设置竖向暗梁,增强洞门上方的水平及两侧竖向约束力。

3)竖井封底

封底采用钢格栅+连接筋+钢筋网+喷混凝土,厚度一般至少为 30 cm。竖井开挖至设计标高后,先喷一层混凝土垫层,再架设钢格栅,钢筋网片仅迎土面设置,然后喷射混凝土。如果有渗漏水时可根据现场实际情况分块、分侧施工。如图 5－28－77 所示。

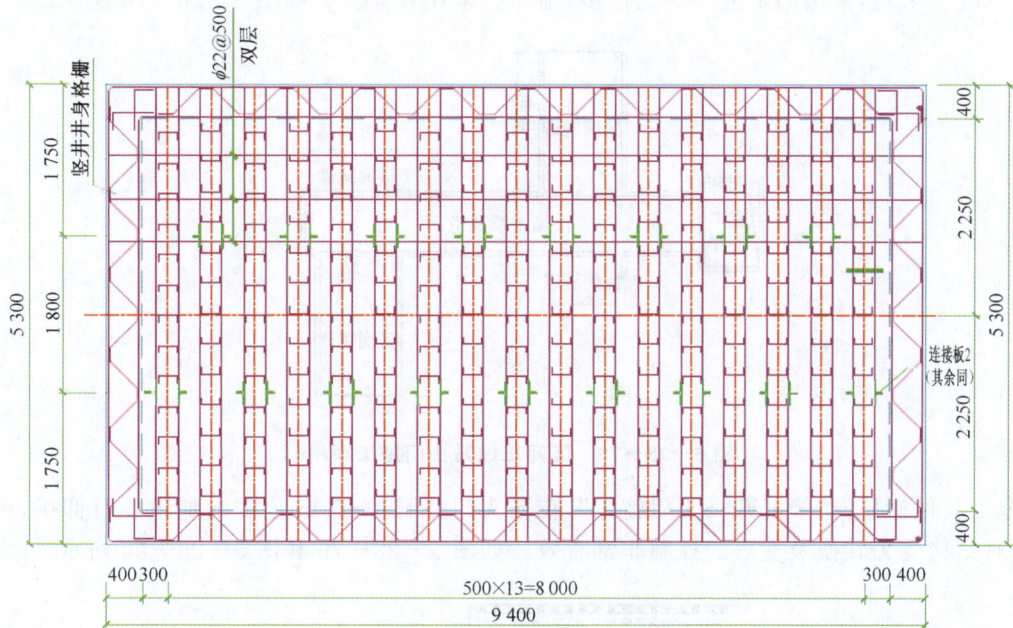

图 5－28－77　东四站 1 号竖井封底格栅布置图(单位:mm)

(2)横通道施工

1)竖井开设马头门施工

马头门处竖井井壁破除必须根据横通道开挖分部,分部破除和挂设洞门,严禁大面积破除。

①打设超前管棚及超前小导管并注浆加固拱部土体。当地层较差时,可采用超前管棚配合超前小导管进行超前支护。

②按照横通道拱部初期支护内外轮廓线,破除井壁喷射混凝土,破除范围以具备架设横通道格栅钢架所需操作空间即可。混凝土破除时,迎土面应留设一层混凝土(3～5 cm),保护掌子面土体不发生坍塌。中部留一定范围的混凝土不破除,以保证开挖时掌子面的稳定。架拱范围内的混凝土破除完毕后再割除原有格栅钢架。架立横通道首榀格栅钢架,通过"L"形钢筋将竖井井壁初支钢筋与横通道格栅钢筋焊接牢固以后挂钢筋网喷射混凝土封闭。

③破除第一层竖井井壁喷射混凝土,进行上半断面隧道施工,靠近井壁需连立 3 榀横通道格栅钢架,如横通道断面高度较大,则在第一层隧道进尺 3～5 m 后加设临时仰拱或临时横撑。

④在上半断面隧道进尺 5 m 后,临时封闭掌子面,开始破除第二层洞门并施作第二层隧道,后续施工同上。

2)横通道施工

横通道各层导洞采用上下台阶法进行开挖,第一层导洞预留核心土。施工中必须严格贯彻"管超前、严注浆、短开挖、强支护、早封闭、勤量测"的 18 字方针。其施工流程:超前支护—土方开挖—拱架架设—打设锁脚锚杆—喷射混凝土封闭成环—回填注浆。

28.4.3　区间正线马头门施工

(1)区间竖井与正线位置关系

6 号线一期区间竖井与正线位置关系有三种形式:

1)施工竖井设置于区间隧道外侧,是最常见的一种形式。

2)施工竖井设置于区间隧道左右线之间,如东四站～朝阳门站区间 3 号竖井。

3)施工竖井设置于区间一条线路隧道正上方,如东四站～朝阳门站区间 1 号竖井及新增 2 号竖井。

(2)区间正线标准马头门施工

在横通道进行区间正线马头门施工应对角进行,不可对侧同时进洞,待一侧进洞且初衬成环 10 m 以后,方可进行剩余2个对角马头门施工。在马头门施工前应施作加强梁,以便完成马头门破除时接口部位的受力转换,现阶段加强梁常见的有两种形式,一种是贴口梁,另一种是门形框架,从受力转换来看,贴口梁更加稳妥,从现场施工来看,采用门形框架的比较多,施作起来比较简便。如图5—28—78所示。

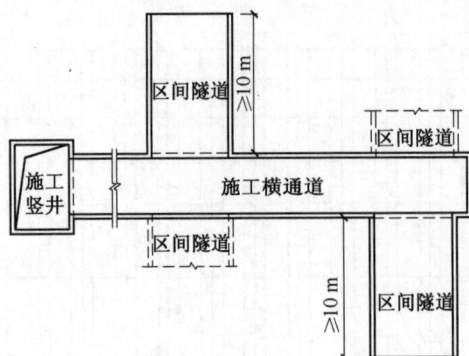

图5—28—78　区间正线马头门施工顺序

马头门施工其他措施同"竖井开马头门施工",在马头门井洞3~5 m范围内加设临时仰拱,可使上半断面及时封闭,对结构受力转换及变形的控制非常有效。如图5—28—79和图5—28—80所示。

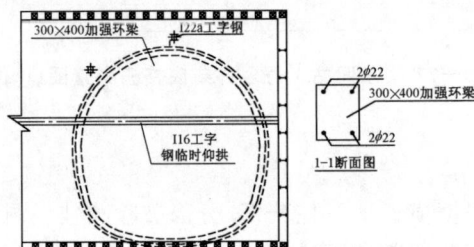

图5—28—79　临时对撑示意图(单位:mm)

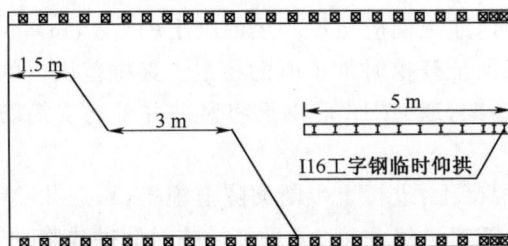

图5—28—80　临时仰拱布设示意图

对施工竖井设置于区间左右线隧道之间和施工竖井设置于区间一条线路隧道正上方的情况,宜在横通道内施作完成二次衬砌之后再施作正线马头门工程,也可采取在竖井和横通道内架设钢支撑体系后再施作马头门工程,以解决结构受力转换和马头门工程的施工安全问题。

28.4.4　东四站～朝阳门站区间停车线段大断面施工

28.4.4.1　工程概况

6号线一期东四站～朝阳门站区间停车线段西起朝内大街与朝阳门南小街相交路口东侧的停车线终点,沿朝阳门内大街路中向东敷设,止于6号线朝阳门站。区间隧道覆土为17.7~19.7 m,右线标准停车线(不含渡线段)隧道开挖跨度为11.5 m,开挖高度为9.425 m,渡线段最大断面开挖跨度为14.5 m,开挖高度为11.386 m。左线分岔段开挖跨度为7.6~14.1 m,开挖高度为7.276~10.853 m。停车线段区间沿线两侧多为中高层居民住宅楼和商业楼,在阳光酒店处下穿一座过街天桥,沿线道路下市政管线众多,隧道顶距管线底距离为12.4~17.3 m。如图5—28—81所示。

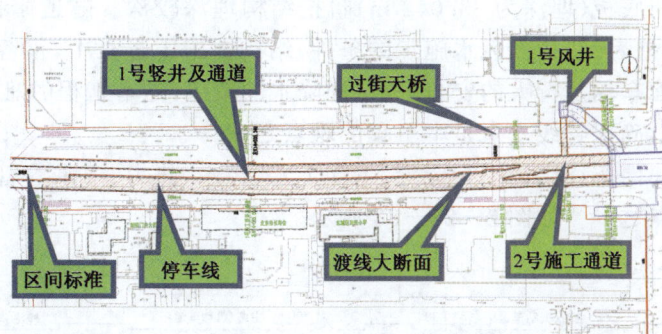

图 5－28－81　东四站～朝阳门站区间停车线平面位置图

东四站～朝阳门站区间停车线(含渡线段),共包含有10种不同的断面形式,各种断面交错分布,主要采用CRD法和双侧壁导坑法施工。

28.4.4.2　工程地质与水文地质

隧道主体结构顶拱所在土层主要为粉质黏土⑥层、粉土⑥$_2$层、局部粉细砂⑦$_1$层,均属Ⅵ级围岩;侧壁土层主要为粉质黏土⑥层、卵石～圆砾⑦层、粉细砂⑦$_1$层、中粗砂⑦$_2$层,局部为黏土⑥$_1$层及粉土⑥$_2$层,修正后围岩分级均属Ⅵ级;结构底拱所在土层主要为卵石～圆砾⑦层,局部为粉细砂⑦$_1$层、中粗砂⑦$_2$层。

场地所处地层赋存4层地下水,分别为分别为上层滞水、潜水、层间潜水、承压水,各层地下水水位特征如表5－28－19所示。其中结构顶拱位于层间潜水(二)水位以下,粉土、粉细砂层易发生潜蚀、流砂现象,导致顶拱脱落;侧壁位于层间潜水(三)含水层中,易使侧壁的粉土、砂类土产生潜蚀、管涌、流砂等破坏现象;结构底拱位于层间潜水(三)水位、承压水(四)水头以下,易发生基坑底鼓、突涌等破坏现象。施工时,采用封闭式管井降水,疏干结构施工范围内的潜水,并将层间潜水(三)的水位、承压水(四)的水头降低至结构底拱底以下1.0 m。如图5－28－82所示。

表 5－28－19　拟建车站地下水特征表

地下水性质	水位埋深 (m)	含水层岩性
上层滞水	2.60	房渣土①$_1$层及粉质黏土③$_1$层
潜水	14.30～16.90	圆砾～卵石⑤层、中粗砂⑤$_1$层、粉细砂⑤$_2$层
层间潜水	21.80～23.60	卵石～圆砾⑦层、粉细砂⑦$_1$层、中粗砂⑦$_2$层
层间水(五)	22.50～24.20	卵石～圆砾⑨层、粉细砂⑨$_1$层、中粗砂⑨$_2$层

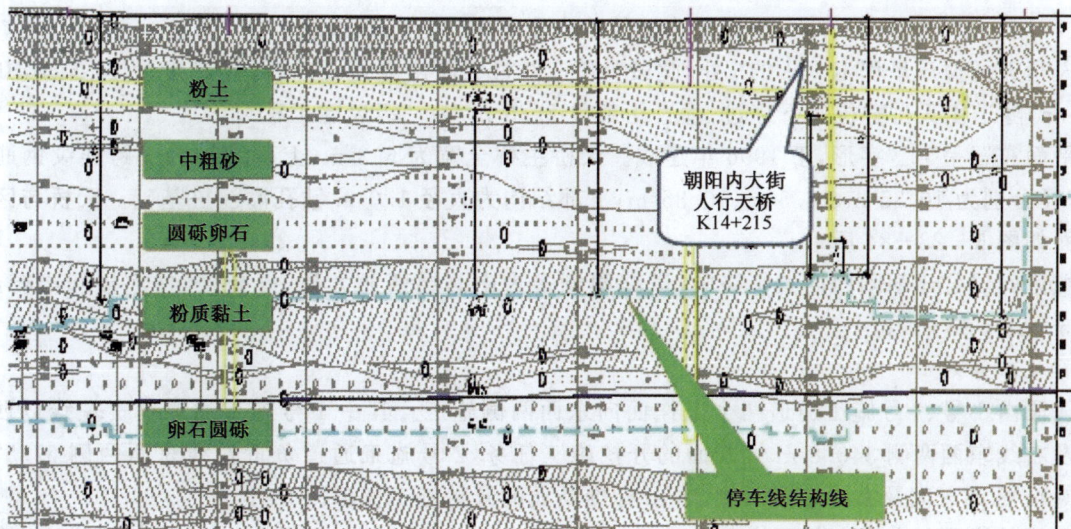

图 5－28－82　东四站～朝阳门站区间停车线段地质剖面图

28.4.4.3　施工难点分析

(1)暗挖结构埋深较深,结构进入潜水层,保证降水效果是本工程的难点之一。

东四站~朝阳门站区间底板(埋深为 33.042 m)暗挖结构埋深较深。隧道暗挖施工必须在无水条件下施工,如果由于降水效果较差,无法达到无水施工的条件,结构在施工过程中,很容易造成坍塌,严重影响到地下管线、周边建筑物、路面车辆及行人的安全,故保证降水的效果,是本工程的难点之一。

(2)工程沿线管线众多,确保管线安全是本工程的难点之一。

东四站~朝阳门站区间停车线结构平行旁穿、下穿上水、污水、热力、雨水等管线,确保沿线周边建筑物及管线安全是本工程的难点之一。如图 5-28-83 所示。

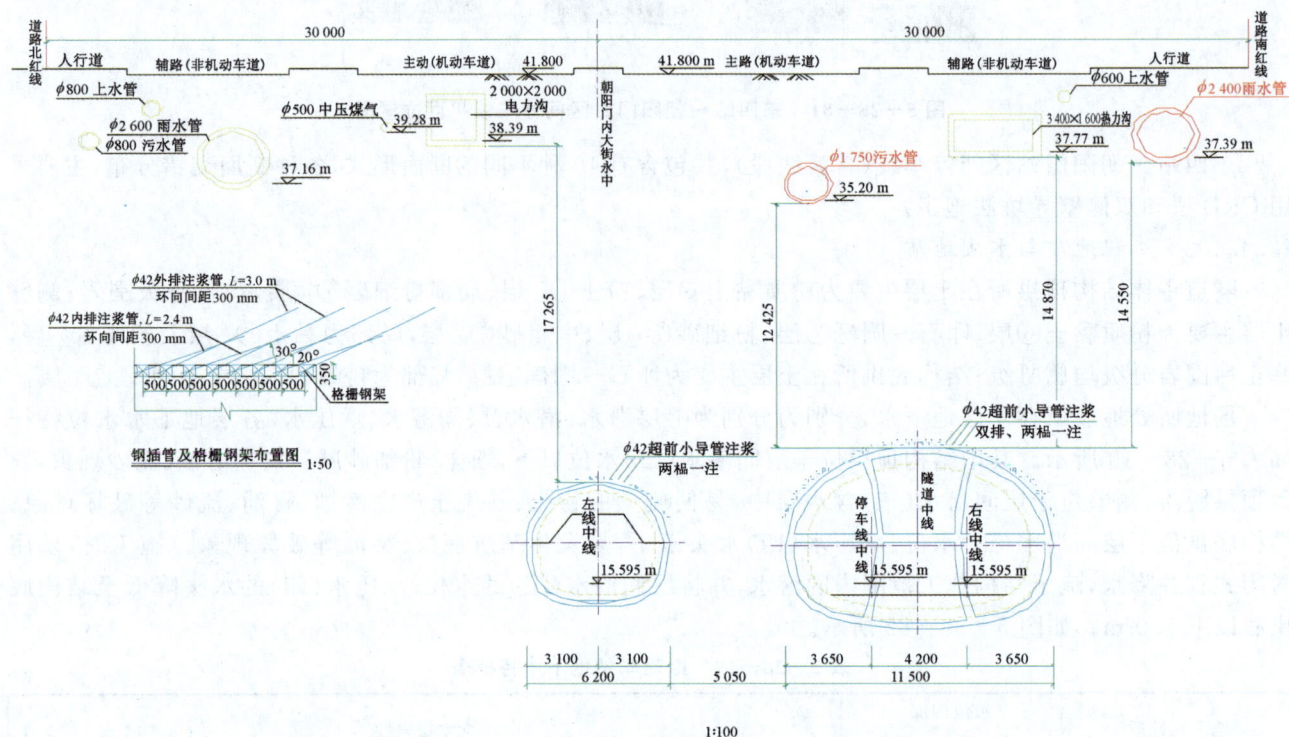

图 5-28-83　停车线段隧道下穿市政管线保护措施图(单位:mm)

(3)各种断面和工法转换既是技术难点又是施工组织的关键和重点。

停车线段(含渡线段)共包含有 10 种不同的断面形式,各种断面交错分布,频率变化。区间工法较多,有台阶法、中隔壁法、双侧壁导坑法。各种断面和工法转换既是技术难点又是施工组织的关键和重点。

(4)工程周边建(构)筑物林立,确保周边建筑物安全是本工程的难点之一。

朝内人行天桥位于里程 K14+215 处,此段为停车线最大跨度隧道,隧道开挖跨度为 14.5 m,开挖高度为 11.386 m,隧道由天桥桥桩底下穿过,垂直距离仅 2.38 m,为一级风险工程。

天桥平面布置呈“工”字形,于 1996 年建成。天桥主桥全宽为 5.3 m,上部结构为三跨连续钢筋混凝土组合梁,跨径分别为 10.35 m、28.5 m、10.35 m;下部结构为直径 1.0 m 钻孔灌注桩基础。天桥与区间停车线关系剖面如图 5-28-84 所示。

停车线区间段位于朝阳门内大街路中,道路两侧多为中高层商业大厦、办公楼、住宅楼和学校,其平面关系如图 5-28-85 所示。

28.4.4.4　施工筹划

停车线段由 1 号、2 号施工通道两个工作面向东西两侧施工。其中 1 号施工通道负责左线以西 128 m 标准区间及右线东西两侧 340.8 m 大断面的开挖施工任务,2 号施工通道负责左线东西两侧 67.5 m 大断面、西侧 60 m 标准区间及右线东西两侧 78 m 标准断面的开挖施工任务。

对于左线单线段与右线大断面停车线段,根据施工组织安排,按“先单线隧道后大断面隧道”的原则进行施工,单线隧道全断面超前 15 m 后方可开挖大断面隧道,对于两线结构净距小于 4 m 的区段,由先施工隧道内提前对两线间土体进行注浆加固。

由施工通道进正线破马头门施工应对角进行,不可对侧同时进洞,待一侧进洞且初衬成环 2 倍正线开挖

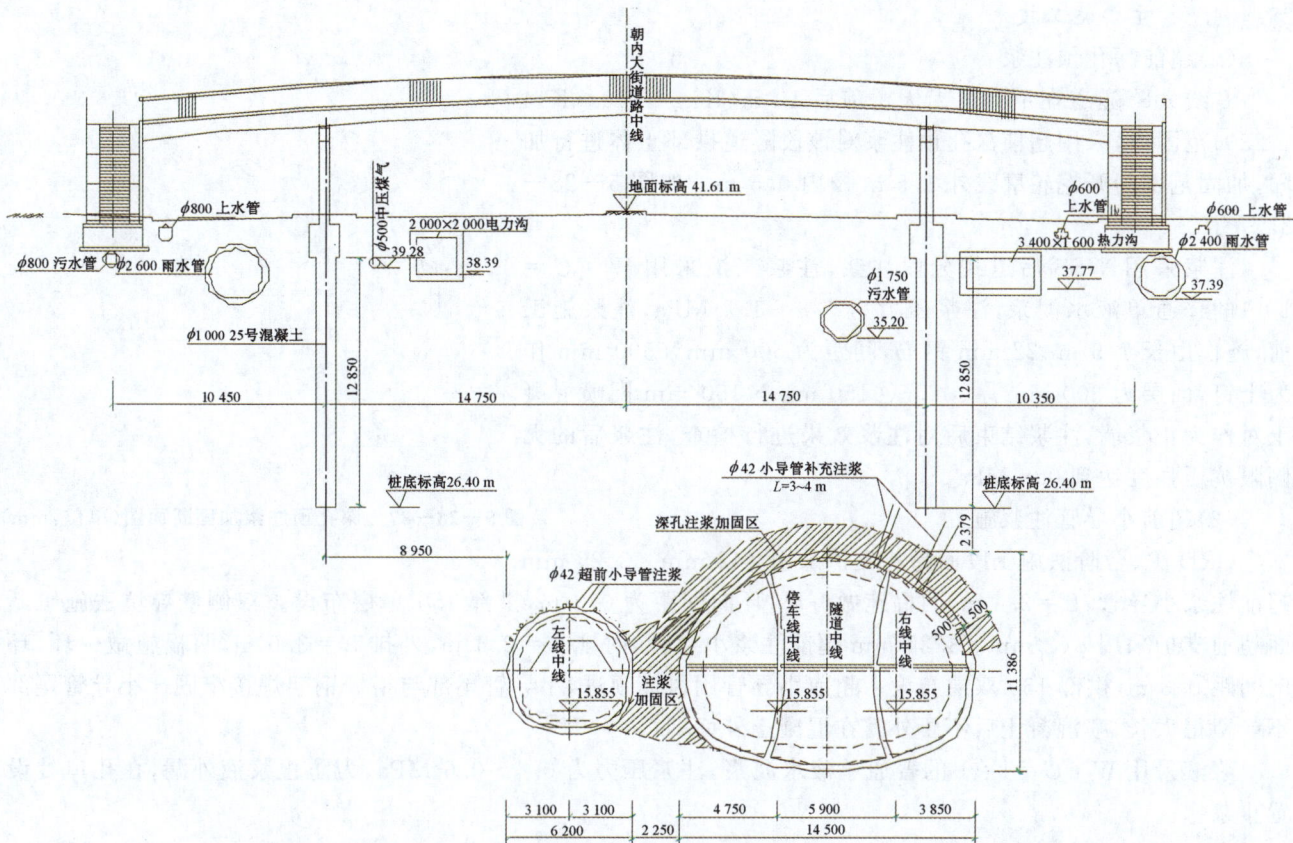

图 5—28—84 天桥与区间停车线关系剖面图(标高单位为 m,其余为 mm)

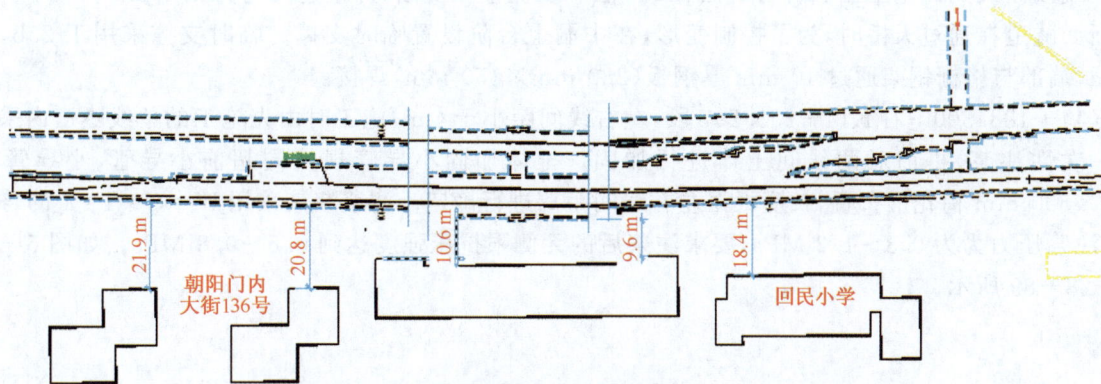

图 5—28—85 停车线段隧道与周边建筑物位置关系平面图

跨度以上,方可进行对侧马头门施工。如图 5—28—86 所示。

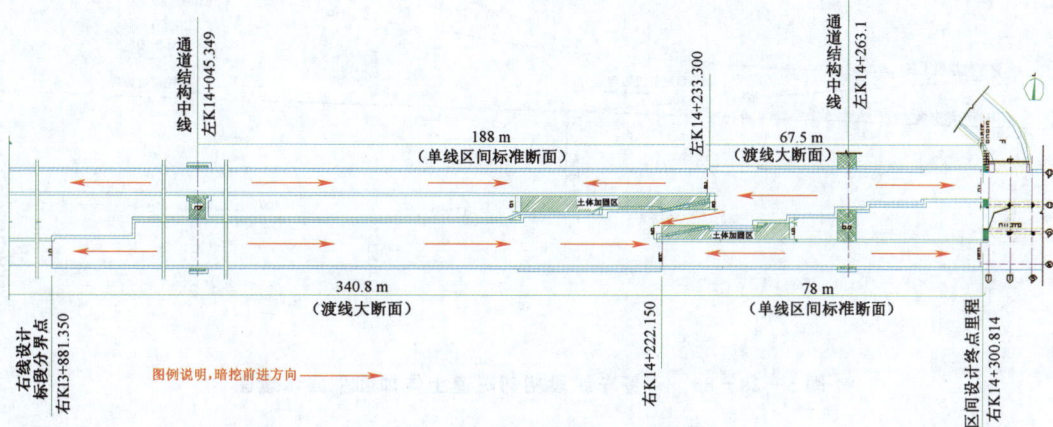

图 5—28—86 停车线段施工顺序示意图

375

28.4.4.5 主要施工技术

(1)超前深孔预注浆

右线大跨隧道在下穿过街天桥前后 10 m(K14＋210～K14＋220)范围内,采用超前深孔预注浆对该段隧道拱部土体进行加固,加固范围为开挖轮廓线外 1.5 m 及内 0.5 m。如图 5－28－87 所示。

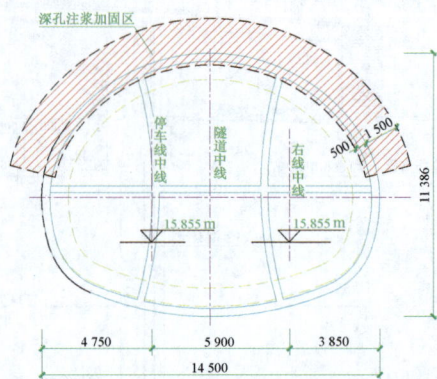

图 5－28－87　深孔预注浆加固断面图(单位:mm)

注浆采用 WSS 后退式分段注浆,注浆浆液采用 $W:C=1:1$ 的普通单液水泥浆,注浆压力为 0.8～1.2 MPa,注浆施工前,施作由长 1.5 mϕ22 mm 钢筋,间距为 500 mm×500 mm 作为土钉,面层为 300 mm 厚、ϕ6.5@150 mm×150 mm 网喷混凝土对作为止浆墙,注浆结束后对注浆效果进行检查,注浆后的无侧限抗压强度达到 0.8 MPa。

(2)超前小导管注浆施工

CRD 法、台阶法施工段面超前支护采用 ϕ42 mm×3.25 mm 超前注浆小导管,$L=2.4$ m,两榀施做一环,环向间距为 0.3 m,拱部 150°单层布设。双侧壁导坑法施工断面超前支护采用 ϕ42 mm×3.25 mm 超前注浆小导管,内排 $L=2.4$ m,外排 $L=3.0$ m,两榀施做一环,环向间距 0.3 m,拱部 150°双层布设。超前小导管用风镐顶进,小导管尾部与格栅钢架焊接牢固。小导管尾部不能留得太长,喷混凝土后不要外露在混凝土外面即可。

浆液采用 $W:C=1:1$ 的普通单液水泥浆,注浆压力为 0.4～0.6 MPa,为防止浆液外漏,在孔口处设置止浆塞。

(3)土方开挖与支护

停车线段涉及到的施工工法有台阶法、CRD 法和双侧壁导坑法,开挖进尺均为 0.5 m。

大断面隧道在通过天桥时,为了控制变形,在中洞上台阶设置临时支撑。临时支撑采用工 25b,纵向间距为 1 m,端部与格栅钢架通过 10 mm 厚钢板(280 mm×150 mm)焊接。

右 K14＋188.300～右 K14＋253.297 段,左右线间距小于 4 m,施工时由先施工的单线隧道内采用小导管全孔一次性注浆,提前对两线间土体进行加固。土体加固小导管规格同超前小导管,小导管间距为 500 mm×500 mm 梅花形布置,长度根据左右线间距离进行确定。注浆浆液采用 $W:C=1:1$ 的普通单液水泥浆,注浆压力为为 0.8～1.2 MPa,要求注浆后的无侧限抗压强度达到 0.5～0.8 MPa。如图 5－28－88 和图 5－28－89 所示。

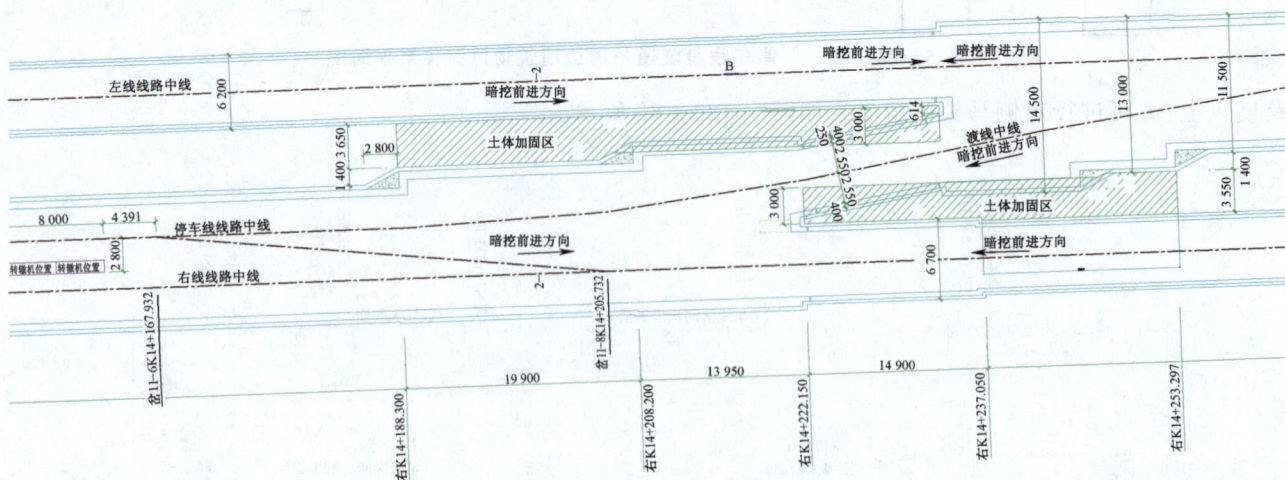

图 5－28－88　停车线段相邻隧道土体加固平面示意图

土方开挖完成后,应及时进行支护,打设锁脚锚杆,锁脚锚杆采用 ϕ42 mm×3.25 mm 钢管,$L=2$ m,与

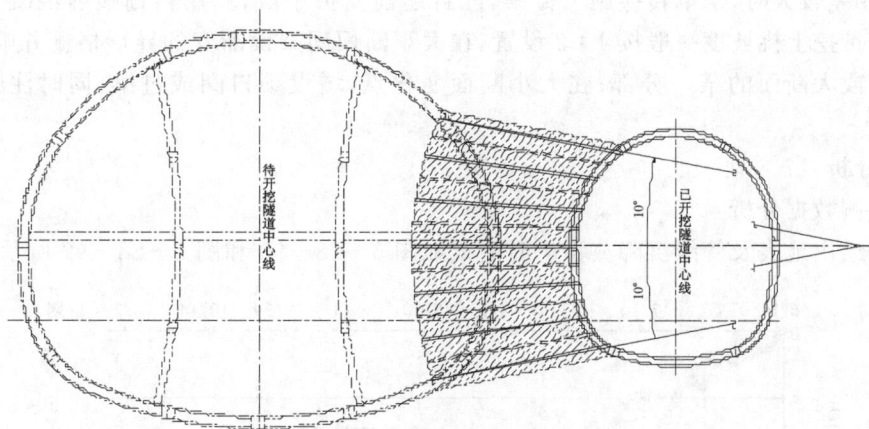

图 5-28-89 停车线段相邻隧道土体加固横断面示意图

水平成 30°夹角,每榀打设并注 1：1 水泥浆加固。初支封闭成环后及时进行背后回填注浆。

(4)临时支撑拆除

CRD 法和双侧壁导坑法施工时,通过增加临时支撑,将断面化大为小,从而增加开挖的安全性。但在二衬施工时,需要将这些临时支撑进行拆除,如果支撑拆除时机和方法不当,会引起大的变形,甚至坍塌。

大量实践证明,过早拆除临时支撑对控制结构变形非常不利,会影响到结构的稳定性。因此临时支撑拆除要等到初支结构变形稳定后,方可进行。临时支撑应采取分段间隔拆除,拆除的顺序为自下而上,分段长度为 6~8 m。分段拆除过程中,分 3 次进行,即底板、边墙及拱部。

(5)断面转换施工

停车线(含渡线段),共包含有 10 种不同的断面形式,各种断面交错分布。为确保安全过渡,在施工中需要紧扣浅埋暗挖法基本原则,根据断面间相互关系和采用工法情况,合理设置变坡坡度,充分利用超前支护手段加固围岩,利用格栅挂网喷射混凝土支护实现断面过渡,及时模铸混凝土。

为了降低施工难度,北京地铁 6 号线东四站～朝阳门站区间渡线段在施工过程中,在断面最大处施作临时竖井,形成了渡线段从大断面向小断面转换施工的格局。

1)大断面向小断面转换施工方法

将大断面全部施作到设计位置后,先施作钢格栅喷射混凝土封端墙,再破除混凝土进入小断面施工。当大断面或大断面的某一分部开挖至设计位置,自上而下架设格栅挂网喷混凝土封端,同时架设小断面或小断面某一分部的格栅,作为开口的环框,直接过渡到小断面或小断面的某一分部。为方便架设,将小断面格栅分成若干片适当加强,作为开口圈梁,用焊接方式连接在一起,喷射混凝土封闭。

施工流程主要包括以下几点:

①大断面或大断面的某一分部开挖至设计位置,密排两榀钢格栅,后面的一榀喷射混凝土,前面的一榀留下不喷,为施作大、小断面间的封端墙做准备。

②准确定出小断面的位置,架设加强的小断面格栅,作为小断面开挖的加强环。

③采用水平格栅连接大、小断面格栅,确保焊接质量。

④打设小断面范围的超前小导管/大管棚。

⑤封端墙喷射混凝土,同时施作超前注浆的止浆墙。

⑥小导管/大管棚注浆。

⑦重复以上步骤,直至小断面具备开挖条件。

⑧短进尺开挖小断面,深度以能够密排架设一榀钢格栅为宜,小断面开口部分两榀格栅密排,作为锁扣圈。

⑨按照小断面施工步序开挖,完成断面转换。

2)小断面向大断面转换施工方法

小断面转换到大断面,通过上挑、拓宽实现。当两断面相差不大的情况下,直接采用错台方式实现断面转换；当断面尺寸相差较大时，采取转换施工方案，配合超前支护手段，利用格栅喷射混凝土逐渐加高加宽断面的渐变扩挖。扩挖上挑坡度一般按 1：2 设置，在大小断面间架设渐变的异形格栅并喷射混凝土支护，逐渐过渡到大断面或大断面的某一分部；在大小断面变化点，增设锁口圈或过梁，同时注浆加固该段拱墙土体。

（6）监测成果分析

1）地表沉降监测数据分析

根据监测数据绘出地表及管线沉降典型历时曲线如图 5－28－90 和图 5－28－92 所示。

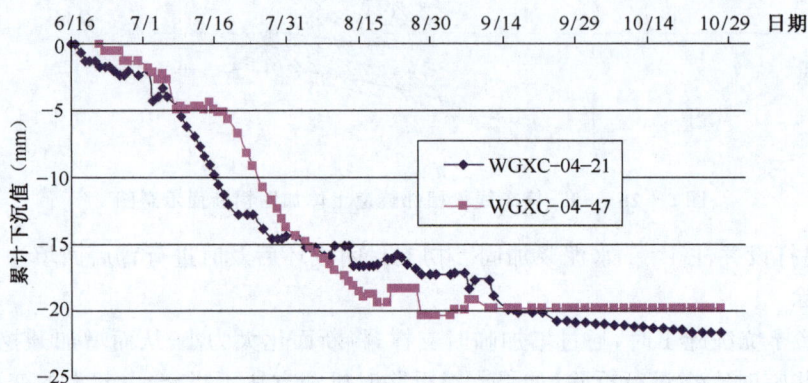

图 5－28－90　台阶法施工引起的地表沉降历时曲线

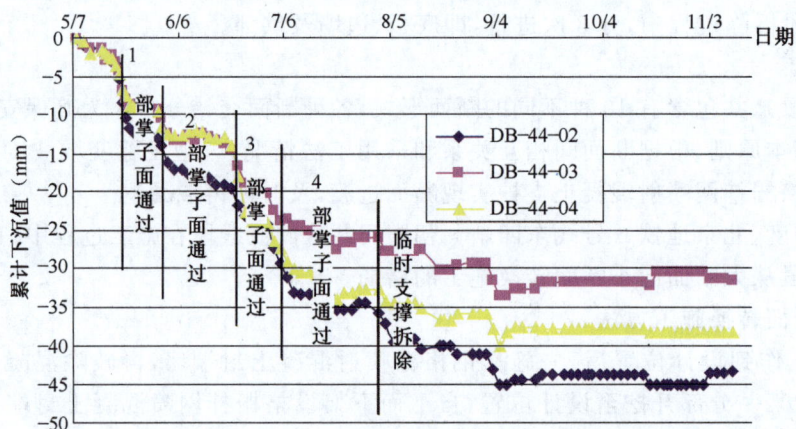

图 5－28－91　CRD 法施工引起的地表沉降历时曲线

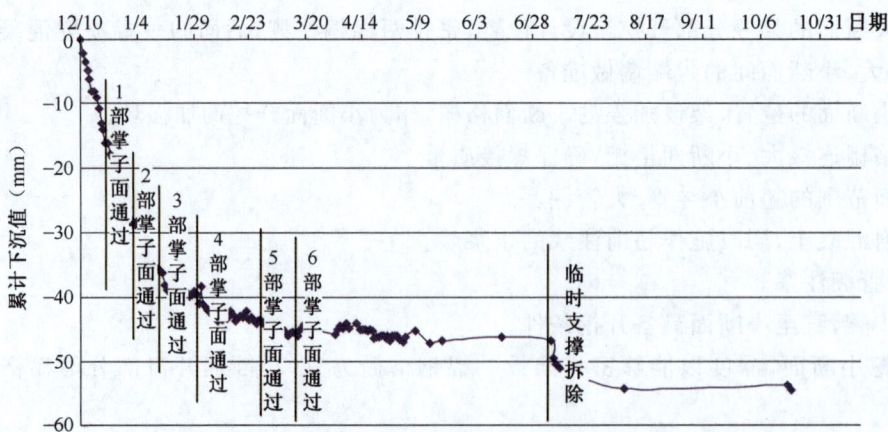

图 5－28－92　双侧壁导坑法施工引起的地表沉降历时曲线

从监测数据统计及沉降历时曲线可以看出：

①根据沉降历时曲线,施工阶段的沉降基本经历了微小变形、急剧变形、缓慢变形和趋于稳定四个阶段。开挖面通过时沉降量和速率较大,是沉降的主要阶段。

②台阶法施工引起的地表沉降值基本都在 20～50 mm 之间。

③CRD 法施工引起的隧道上方地表沉降值基本都在 30～60 mm 之间,最大沉降值为－62.46 mm(DB-36-04),里程为 K14+75 处。从其沉降发展的历程来看,开挖引起的沉降约占 80%～90%,临时支撑拆除阶段引起的变形约占 10%～20%。

双侧壁导坑施工引起的隧道上方地表及管线沉降值基本都处在 50～70 mm 之间,最大沉降值为－93.51 mm(DB-18-03),位于里程 K14+202 处,该段断面比较大,跨度为 14 m 多,且地层比较差所致。另从其沉降历时曲线来看其沉降主要发生在 1、2、3、4 部开挖施工阶段,该阶段施工引起的地表沉降值约占累计沉降值的 65%～85%左右,5、6 部开挖施工引起的地表沉降值约占累计沉降值的 5%～10%左右,中隔壁破除及二衬施作阶段引起的地表沉降值约占累计沉降值的 15%～25%左右。因此在施工过程中,应加强边导洞的施工控制,以控制沉降的发展。

④三种工法引起的地表沉降值为:双侧壁导坑法＞CRD 法＞台阶法

根据现场监测数据绘出其横向沉降典型曲线如图 5－28－93 所示。

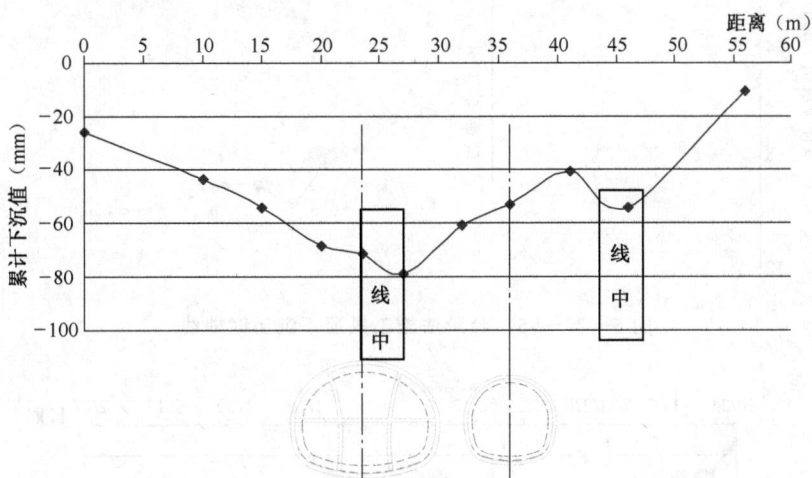

图 5－28－93　停车线段地表横断面(K14＋244)沉降曲线图

(A)停车线段沉降槽宽一般在 60～70 m 左右。

(B)沉降曲线以隧道中线为轴线,0～0.5D 范围为主要沉降区,这一部分的沉降约占总沉降的 70%～80%,(0.5～1.5)D 范围为次要沉降区,这一部分的沉降约占总沉降的 10%～20%。

2)建(构)筑物沉降监测

①建筑物沉降监测

隧道施工引起的两侧建筑物沉降最大值为－17.40 mm(JCJ-07-01),位于朝内大街 136 号建筑物上方。建筑物的沉降主要受建筑物的基础、距隧道的远近及隧道所处地质所影响。

②人行天桥沉降监测

朝内过街天桥最大累计沉降值为－63.03 mm(JCJ-04-04),该测点位于停车线段大断面上方桥柱上,其沉降历时曲线如图 5－28－94 所示。

从其沉降历时曲线来看,其沉降在 2、3、4、5、6 部通过时,变化比较大,其主要原因为隧道开挖对周围地层产生扰动,引起应力重分布,会引起桥柱与周边土体接触面摩擦系数减小,当摩擦力不足以平衡上方重量时,桥柱沉降速率就会大于地层沉降速率,以形成新的平衡。在施工过程中,应注意对桥柱周边的土体进行加固,增大土体与桥柱的摩擦力,从而减小桥柱沉降。

3)拱顶下沉监测

根据监测数据绘出拱顶下沉典型历时曲线如图 5－28－95 和图 5－28－96 所示。

从监测数据统计及拱顶下沉历时曲线可以看出:

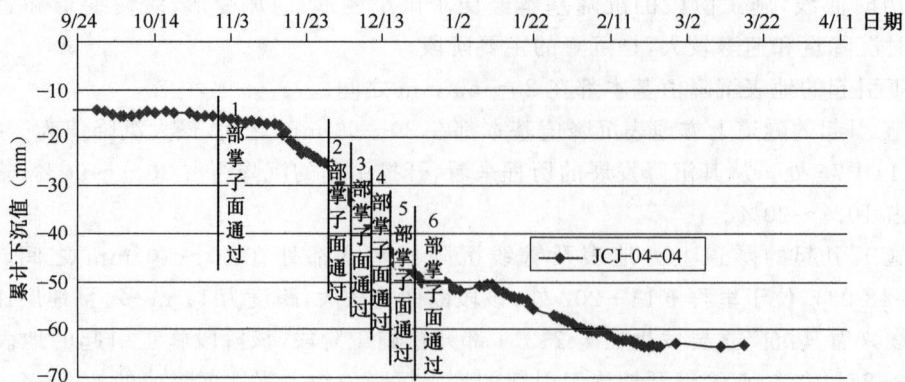

图 5－28－94　朝内过街天桥（JCJ-04-04）沉降历时曲线

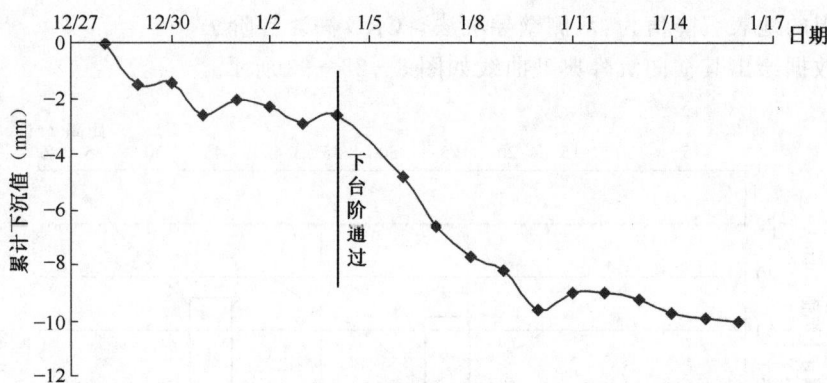

图 5－28－95　台阶法施工拱顶下沉历时曲线

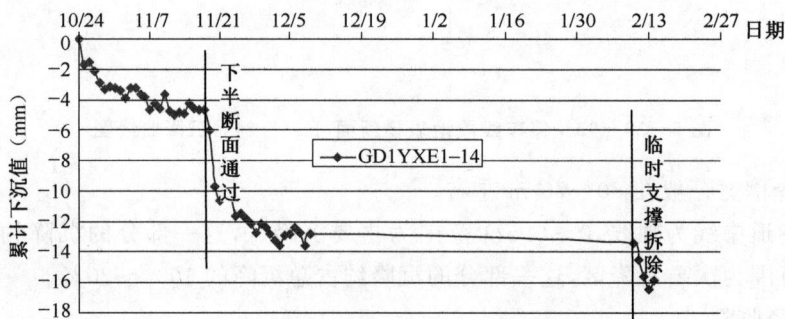

图 5－28－96　双侧壁导坑段施工拱顶下沉历时曲线

①拱顶下沉主要有三部分组成：一是支护结构本身的变形引起的拱顶下沉，这主要与设计支护参数有关，一般情况下只要支护结构的强度、刚度满足设计要求，由结构本身的变形引起的拱顶下沉值较小；二是由结构整体沉陷引起的拱顶下沉，主要与结构的基础形式（如仰拱的设置）和地质条件有关；三是由施工开挖引起的拱顶下沉，主要与施工技术水平及施工方法有关，是影响下沉的主要因素。根据实际监测结果和施工情况，除部分地段由于拱脚不密实引起部分沉降外，沉降大小主要是由施工因素引起的，如开挖进尺、支护时间等。在下半断面施工阶段，控制沉降的关键是控制下半断面初支封闭成环时间，应避免上半断面初支长时间悬空。

②各施工阶段（上、下部开挖等）拱顶下沉历时曲线基本经历了急剧变形、缓慢变形、微小变形和趋于稳定四个阶段。各施工阶段的开挖初期（急剧变形阶段），开挖面距测点 5 m 左右，拱顶下沉速率较大，初期下沉速度约 1～3 mm/d，是下沉的关键控制阶段。1 倍洞径范围内为快速沉降区，这一阶段的位移量约为总下沉量的 60%～80%。开挖面距测点 10～20 m 左右位移趋于稳定，由此可推断开挖的纵向影响范围约在（2～3）D 范围内。

③双侧壁导坑法施工引起的拱顶下沉值一般大于CRD法施工引起的拱顶下沉,而CRD法施工引起的拱顶下沉一般大于台阶法施工引起的拱顶下沉。其主要原因为:双侧壁导坑段隧道断面大,CRD法次之,台阶法施工段最小;双侧壁导坑法、CRD法施工工序多,对地层的扰动也多。

部分地段台阶法施工引起的拱顶下沉值比较大,如里程K13+550处,其拱顶下沉值为−19.86 mm(GD3YXW1-1),该段仰拱位置地下水比较丰富,仰拱施作困难,造成拱顶沉降比较大。

④CRD法施工地段临时支撑拆除阶段引起的拱顶下沉值约占总下沉值的15%~20%。双侧壁段临时支撑拆除引起的拱顶下沉值约占总下沉值的20%~30%。

⑤实测拱顶下沉值小于其上方的地表沉降值,主要是由于数据测试滞后引起的。

从理论上来说,在隧道开挖后,隧道周边即会产生位移,其位移零点约在开挖面前方(1.5~2.0)D附近。一般情况下,在测点处已产生总位移的25%~35%左右,在距开挖面后方(2.5~3.0)D达到最大值,随着开挖面的向前推进,位移逐渐增大。

4)隧道周边收敛监测

根据监测数据绘出隧道周边收敛变形历时曲线如图5−28−97所示。

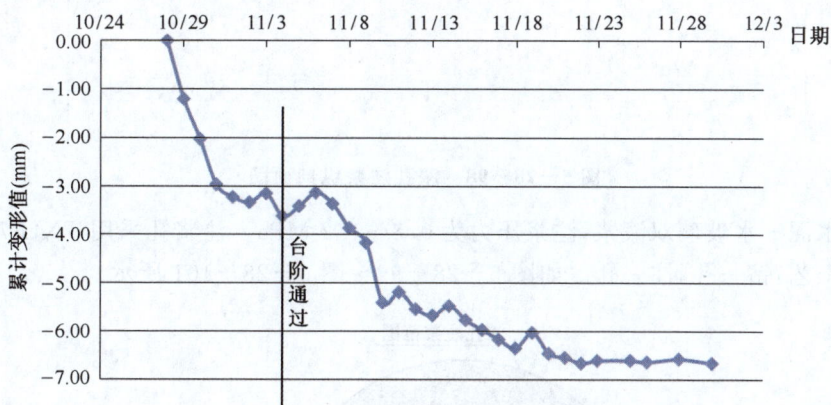

图5−28−97 台阶法施工隧道周边收敛变形历时曲线

从现场隧道收敛变形情况来看:

①隧道施工引起的隧道周边收敛变形一般都较小,其变形基本都在2~10 mm之间。这一方面说明围岩侧压力小,另一方面也说明在监测的反馈指导下施工过程中采取的措施及时、可靠。总体上除个别地段外,大部分开挖控制较好,支护及时,支护质量较好,步序控制合理。收敛数值小也从另一面说明初支结构是较为安全的。

②不同施工方法在各施工阶段(上、下部开挖等)收敛历时曲线基本经历了急剧变形、缓慢变形、微小变形和趋于稳定四个阶段。开挖初期(急剧变形阶段),开挖面距测点5 m左右,收敛变形速率较大,初期变形速度约1~2 mm/d,是关键控制阶段。1倍洞径范围内为快速变形区,这一阶段的位移量约为总下沉量的40%~60%。开挖面距测点10~20 m左右位移趋于稳定,由此可推断开挖的纵向影响范围约在(2~3)D范围内。

③虽然总体上施工控制较好,但部分地段施工也存在着不足,留有安全隐患。如停车线段3部在施工至里程K14+187时,进行超前深孔预注浆,注浆压力过大,导致先行的1部洞室K14+187~K14+208段收敛变形急剧增大,最大变形值达到−120.14 mm(SL1YXE1-13)。根据监测数据,现场临时对靠近3部的边墙采用了斜撑加固的办法,防止初期支护失稳。

因此在施工过程中,应严格控制注浆压力,防止注浆压力过大,对初支产生破坏。

28.4.4.6 施工中出现的问题及对策

由于东四站~朝阳门站区间大断面右线在K13+901.7~K14+221范围内施工时要平行下穿φ1 750 mm污水管线,污水管为钢筋混凝土结构,接头方式为撞口,管底标高约35.20 m,位于隧道正上方,距停车线隧道结构顶12.16 m故在进行停车线区间1号施工通道右线向东段开挖施工过程中,掌子面拱顶范围经常出现渗漏水,从而造成拱顶坍塌。在开挖至K14+150时,由于停车线结构逐步抬高,隧道结构拱顶上方黏土隔水层减小,且结构上方的 D1750 污水管线(原设计 D1750 管线需改移或导流,但因现场实际条件制约,无法进行改移)由于修建年代久远,可能存在渗漏水,导致无法继续开挖施工。

对该段 K14+150～K14+210(至停车线段隧道下穿过街天桥起点)共 60 m 范围采取深孔注浆堵水加固措施。深孔注浆横断面范围为起拱线以上、开挖轮廓线外 1.5 m,纵向 10～12 m 为一注浆段,首段施作止浆墙,若分段进行,纵向每段之间预留 2 m 做下一段止浆墙。止浆墙在注浆前施作,由长 1.5 m、ϕ22 mm 钢筋间距 500 mm×500 mm 作为土钉,面层为 300 mm 厚、ϕ6.5@150 mm×150 mm 网喷混凝土,核心土部分采用 50 mm 厚喷射混凝土封闭。其余段预留 2 m 做止浆墙。

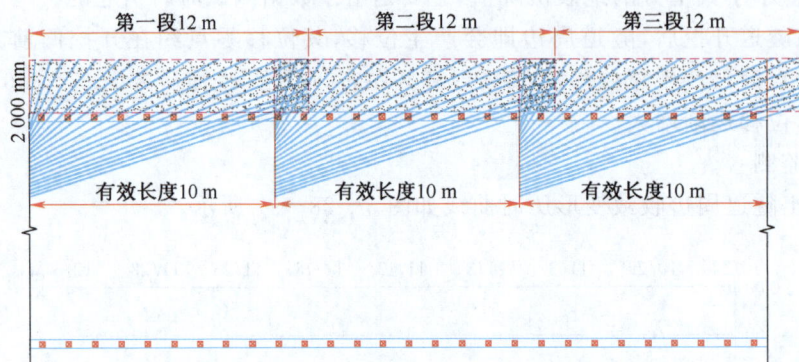

图 5-28-98　深孔注浆纵剖面图

注浆浆液选用水泥—水玻璃双液浆,注浆压力为 0.8～1.2 MPa。注浆孔采用 TXU-750 型钻机成孔,采用后退式劈裂注浆工艺,钻一孔,注一孔。如图 5-28-99～图 5-28-101 所示。

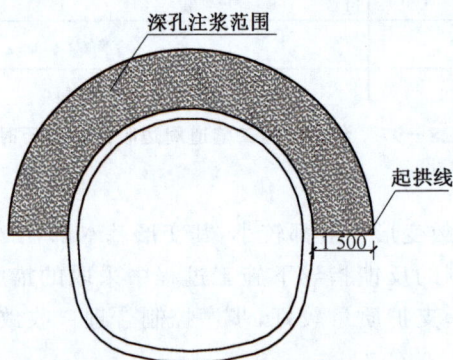

图 5-28-99　深孔注浆横断面图(单位:mm)

图 5-28-100　右线渗漏水

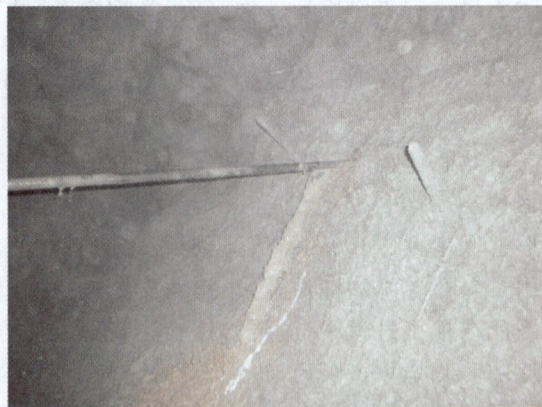

图 5-28-101　右线深孔注浆

针对右线大断面在开挖过程中,边墙初期支护发生开裂从而造成部分地方受压变形,分析认为主要原因是现场在进行机械开挖边墙土体过程时,未按照一榀一支的设计原则和技术交底要求进行施工,而直接开挖了三榀初期支护的土体,作业班组存在麻痹大意的思想。

28.4.5　区间隧道穿越既有线施工

28.4.5.1　概　述

新建地铁线路穿越地铁既有结构,根据其相互位置关系可分为下穿、上穿和侧穿三种形式,其中应以下穿既有线结构的技术难度最大。下穿既有线工程根据新建地铁线路距既有地铁结构的距离又可分为零距离下穿、近距离下穿和远距离下穿三种形式。新建地下结构对既有线的影响大小取决于新建结构与既有线结构的距离、空间位置关系、新建结构的规模、施工方法、地质条件和既有线现状等因素。

6 号线一期工程区间隧道共有 4 处需穿越既有线,线路自东向西依次下穿既有地铁 2 号线车公庄站、4 号线平安里站南端盾构区间隧道、5 号线东四站、2 号线朝阳门站。其中车公庄站～平安里站区间下穿既有地铁 2 号线车公庄站、平安里站～北海北站区间下穿既有地铁 4 号线平安里站南端盾构区间隧道为近距离下穿,东四站～朝阳门站区间下穿既有地铁 5 号线东四站、朝阳门站～东大桥站区间下穿既有地铁 2 号线朝阳门站为零距离下穿,其具体情况如下:

(1)车公庄站～平安里站区间近距离下穿既有地铁 2 号线车公庄站

既有地铁 2 号线车公庄站为箱型双柱三跨单层钢筋混凝土矩形框架结构,车站结构总长为 181.3 m,宽为 22.3 m,高为 11 m;底板厚度为 1.3 m,侧墙厚度为 1.1 m,顶板厚度为 1.5 m,结构顶覆土为 4.7 m。沿车站纵向每 25 m 设置一条变形缝。该线于 20 世纪 70 年代竣工并投入运营,距今已 40 多年。既有车站上方官园桥为扩大基础,基础埋深为 2.1 m,基础底面距离 2 号线车公庄站结构顶为 2.5 m,桥梁上部为 6 跨连续梁结构。

车公庄站～平安里站区间自车公庄站东端右 K7+040.479 到右 K7+082.714 段近距离下穿既有 2 号线车公庄站,为特级风险段。新建区间隧道右线位于既有 2 号线车公庄站中心南侧 20 m 处,左线隧道位于中心北侧 30 m 处。初支结构顶至车站底距离为 2.469 m。下穿段长为 42.235 m,下穿段隧道采用矿山法施工,设临时仰拱,线间距约 50 m。如图 5-28-102 所示。

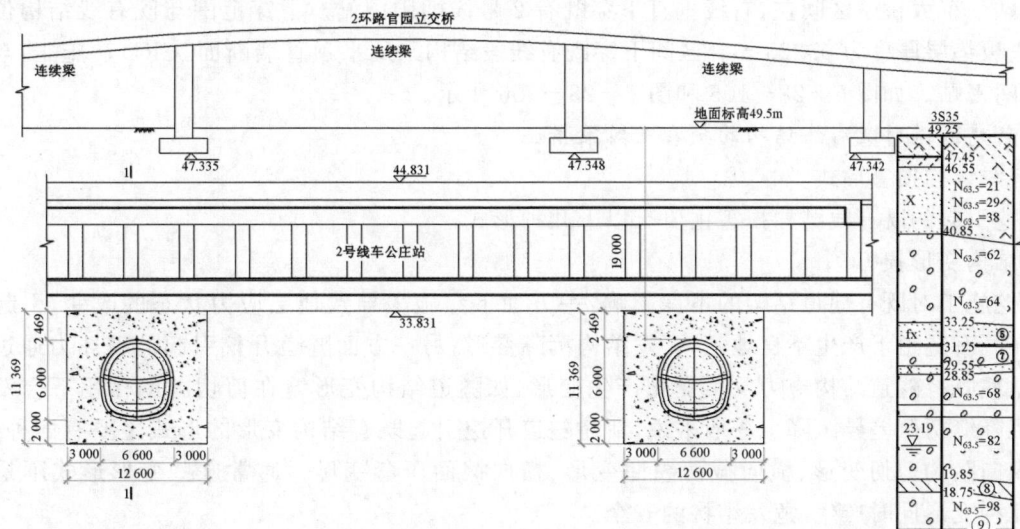

图 5-28-102　车公庄站～平安里站区间隧道与 2 号线车公庄站剖面关系图(标高单位为 m,其余为 mm)

(2)平安里站～北海北站区间近距离下穿既有地铁 2 号线平安里站南端盾构区间隧道

平安里站～北海北站区间自平安里站向东,在 K8+495～K8+510 处近距离下穿 4 号线平安里站南端盾构区间,为特级风险工程。既有 4 号线盾构区间左右线中线间距为 15 m,新建隧道顶板至 4 号线盾构区间底板净间距约 4 m,采用矿山法施工,设临时仰拱。如图 5-28-103 所示。

(3)东四站～朝阳门站区间零距离下穿既有地铁 5 号线东四站

既有地铁 5 号线东四站南北向布置,南北两端为单层三跨明挖结构,中部为单层三连拱暗挖结构,结构

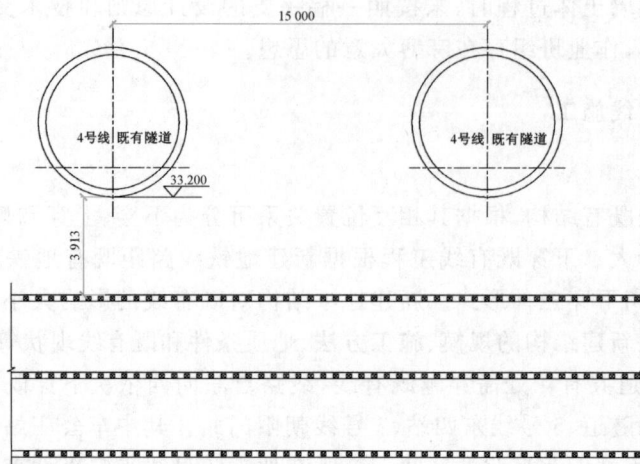

图 5－28－103 平安里站～北海北站区间隧道与 4 号线平安里站南端盾构区间剖面关系图(单位:mm)

最大高度为 10.61 m,结构最大宽度为 23.86 m,结构顶覆土为 12.68 m。

东四站～朝阳门站区间东西向下穿 5 号线东四站,起讫里程为 K13＋122.493～K13＋156.355,总长为 33.862 m,左右线中心线线间距约 17 m,为特级风险工程。隧道与既有车站平面交角为 91°1′20″,下穿既有线段采用平顶直墙断面,CRD 法施工,隧道顶部紧贴既有车站底部。区间隧道下穿既有线段结构与既有线平面关系如图 5－28－104 所示。

(4)朝阳门站～东大桥站区间零距离下穿既有地铁 2 号线朝阳门站

既有 2 号线朝阳门站位于东二环朝阳门立交桥下,南北向设置,全长为 141.18 m,宽为 22.7 m,底板高程为 24.142 m。车站于 1973 年施工,主体为三跨矩形框架结构,横向柱距为 7.2 m,纵向柱距为 5.0 m,单层段与双层段总高均为 11.00 m;底板厚为 1.3 m,侧墙厚为 1.1 m,顶板厚为 1.5 m,中柱为直径 1.2 m 的 C30 混凝土圆柱;每 25 m 设置一条变形缝,共设有 4 道沉降缝,将车站分成 5 段。轨道采用整体道床,道床为外露混凝土结构,龄期均大于 10 000 天。

朝阳门站～东大桥站区间左、右线垂直下穿既有 2 号线朝阳门站。下穿范围与既有线结构位于同一段变形缝内,底板垫层厚度为 0.225 m。区间下穿既有线段结构采用平顶直墙断面,CRD 法施工,与既有线底板垫层底之间密贴。如图 5－28－105 和图 5－28－106 所示。

28.4.5.2 新建隧道对既有线结构的损害及对策措施

(1)既有线结构损害形式

隧道开挖引起的既有线结构损害主要有以下几种形式:

1)隧道结构变形损害

隧道开挖施工对既有隧道结构的不良影响:一方面下穿施工导致地层应力状态的改变,引起地层的移动和变形,在既有隧道下产生不良地基,引发结构沉降变形;另一方面隧道开挖引起的破坏力通过地层传递到既有结构,使既有隧道结构应力发生变化产生变形,如隧道结构变形缝在剪切力的作用下会发生错动变形,并导致沉降缝两侧差异沉降。一般来说,新建隧道开挖引起既有结构变形的形式主要有四种:纵向结构挠曲变形、纵向结构剪切变形、横向截面翘曲变形、横向截面压弯变形。通常这些变形形式不是单独出现的,往往是几种变形同时产生,危及结构的安全。

2)轨道结构损害

既有线轨道结构不同于一般的工程结构物,其几何形状、空间位置关系和尺寸受外力影响较大。当隧道开挖产生的破坏力及形变传递给既有线轨道结构时,既有线轨道结构会发生变形,使整个线路方向产生不平顺。轨道不平顺会使运营车辆产生振动,加大轮轨间磨耗,既影响旅客乘车舒适度,降低了列车运行质量,又影响了轨道部件的使用寿命,增加了养护维修成本,在轨道变形较大地段甚至会引发列车爬轨、脱轨事故,对线路的安全运营造成影响。

3)轨道与结构剥离损害

在既有隧道内,轨道道床与隧道结构接触。当下穿工程施工对既有隧道结构产生扰动时,其应力应变

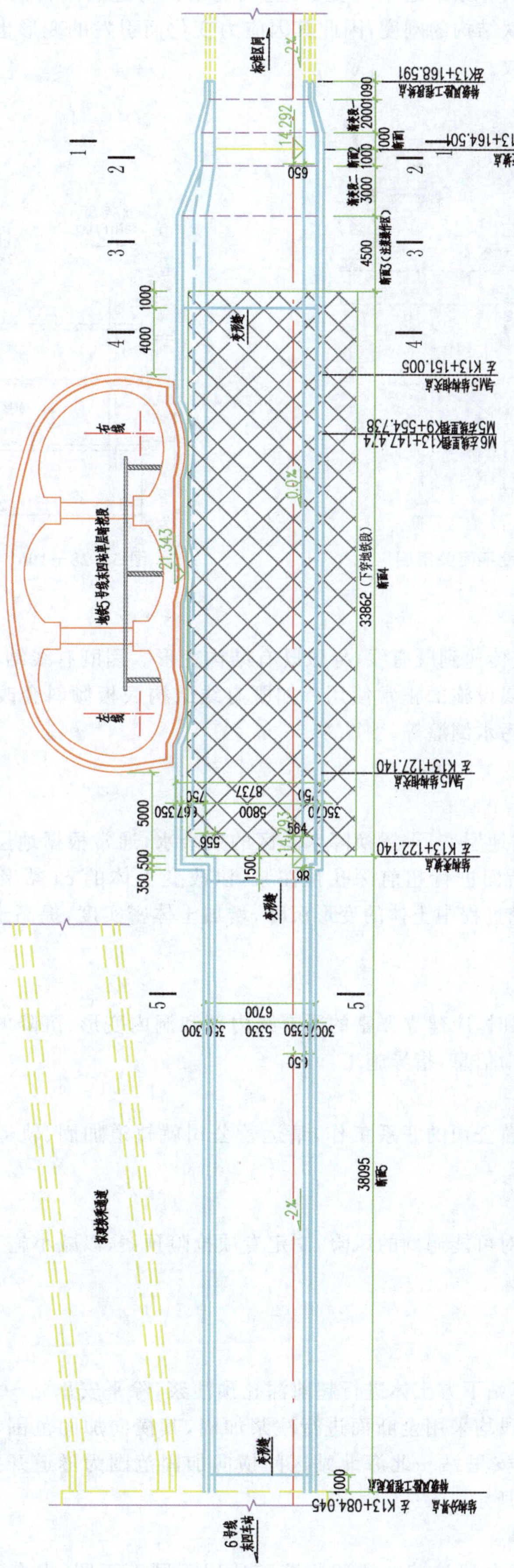

图 5-28-104 东四站~朝阳门站区间隧道与 5 号线东四站剖面关系图(标高单位为 m,其余为 mm)

会通过接触面传递到轨道结构,导致轨道结构变形,但轨道结构与隧道结构两者的材料属性和刚度差异较大,轨道的刚度远小于既有地铁结构的刚度,因此其因应力变化而引发的变形也有所差异,轨道可能会与隧道结构发生剥离,引发安全事故。

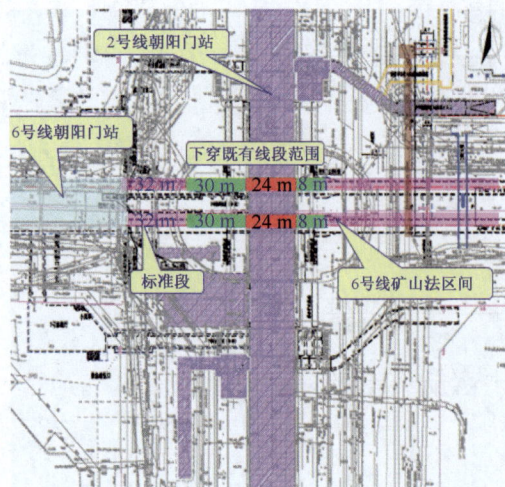

图5-28-105 下穿段平面关系图

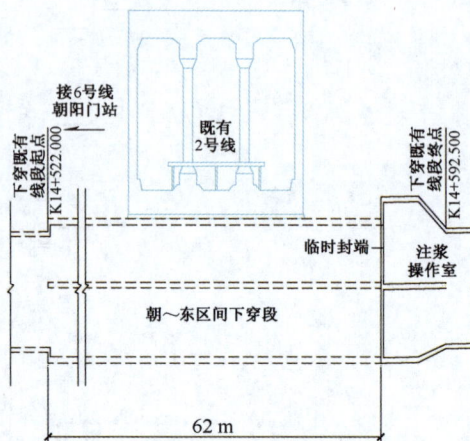

图5-28-106 下穿段纵断面关系图

4)既有线附属设施损害

新建隧道开挖的应力应变传递到既有线,导致既有结构变形。因既有线结构不均匀沉降而引起的结构底板倾斜,会影响既有线内附属设施的正常使用。如既有线结构底板倾斜会改变排水系统坡度,影响正常排水功能,严重时甚至会造成污水倒灌等。

(2)施工对策

1)对地层进行加固

为补偿施工过程中引起的地层变形,置换降水盲区的残余水,通常根据地层条件,对新建隧道开挖面及周边地层采用全断面或上半断面进行超前深孔预注浆,以改变土体的 c(黏聚力)、μ(泊松比)、E(弹性模量)、φ(内摩擦角)值,减小开挖过程中土体的变形沉降,增加土体密实度,提高土体承载力,以减小开挖过程中沉降变形。

2)做好信息化施工

在进行既有线段工程施工时,应建立严密的既有线内部和洞内变形、沉降的监控量测体系,对施工过程进行全面的监控量测,随时反馈信息,指导施工。

3)加强与运营公司的联系

施工过程中,应做好与运营公司的联系工作,请运营公司就轨道加固、轨道应力释放等工作提供帮助,并请运营公司加强线路巡查。

4)制定专项抢险预案

新建隧道施工过程中,针对可能遇到的风险,制定专项抢险预案,以减小施工风险。

28.4.5.3 主要施工技术措施

(1)超前深孔预注浆

1)注浆加固范围

在注浆作业区内对既有车站下方土体进行超前深孔预注浆,除平安里站~北海北站区间穿越段采用上半断面注浆外,其他区间穿越段均采用全断面进行注浆加固,其横向加固范围一般是隧道开挖面内及开挖轮廓线外2~3m宽范围。平安里站~北海北站区间横向加固范围为隧道开挖上半断面及开挖轮廓线外2m宽范围,如图5-28-107所示。

2)注浆施工

注浆方式一般采用前进式分段注浆。注浆浆液随地层不同而不同,大多为普通水泥单液浆和普通水泥—水玻璃双液浆,少数地段采用硫酸铝水泥单液浆。注浆完成后,应对注浆效果进行检查。注浆后无侧

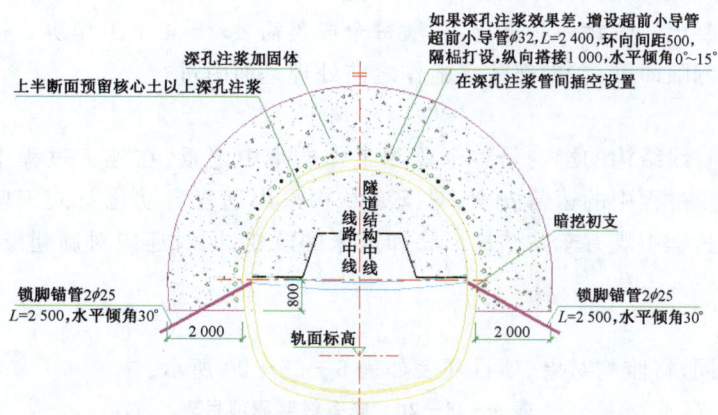

图 5-28-107　平安里站～北海北站区间穿越段加固断面示意图（单位：mm）

限抗压强度：开挖面不小于 0.5 MPa，周边不小于 1.2 MPa，渗透系数不大于 $1×10^{-6}$ cm/s。如果深孔注浆效果未达到设计要求，增加设置小导管补充注浆。

（2）土方开挖及支护

近距离下穿段隧道断面采用马蹄形结构，初支采用格栅钢架进行支护，零距离下穿段隧道断面采用平顶直墙矩形结构，初支采用型钢钢架＋千斤顶进行支护。隧道开挖除车公庄站～平安里站区间下穿段采用台阶法＋临时仰拱外，其他三个地段均采用 CRD 法分 4 步进行开挖，单个导洞的开挖采用台阶法留核心土施工，开挖进尺为 0.5 m。

（3）CRD 法拆撑施工

1）拆撑时机

把握好临时支撑拆除时机是控制由拆撑引起地表沉降的重要因素。同时，根据对实施过程中结构受力、变形进行模拟分析，发现临时支撑系统过早拆除对控制施工过程中结构变形极为不利，对中墙结构的稳定也有影响。因此，决定在全部开挖和初期支护完成后，各断面位移充分稳定后，开始洞内临时支撑拆除。

2）辅助施工

隧道下部的临时支护在拆除前，应对上部临时支护进行稳定性检查，必要时应进行加固处理（增设临时支撑）。同时，破除临时仰拱时需对其下的防水板、钢筋及混凝土采取保护措施。

3）拆撑方法

临时支撑结构的拆除应根据施工顺序分段进行，按照由下而上的顺序分次拆除，拆除里程段要对称。

拆除方法应视具体施工条件确定，一般有两种方法可供选择：一是分段拆除、跳仓换撑；二是分段拆除、托梁换撑。

第一种方法：分段破除施工影响范围的临时支撑的混凝土后，每隔 1～2 m 留一根竖向支撑，在已成形的防水板保护层上换撑。该种方法适用于一般结构形式和沉降标准不十分严格的结构。

第二种方法：分段破除施工影响范围的临时支撑的混凝土后，对应临时中隔墙位置增设纵向托梁，将临时支撑的竖向力转换至纵向托梁上，为底板施工提供作业空间，待底板施作完成后每隔 1.5 m 左右恢复 1 道竖向支撑。该种方法适用于平顶直墙结构及沉降标准严格的结构。

4）换撑施工

在第一次防水保护层混凝土达到预期强度后，及时对割除后的工钢进行换撑。换撑一般为每隔 1～2 m 留 1 根竖向支撑，留设的支撑一般在已成形的防水板保护层上进行换撑。

5）后续工序紧跟

纵向每拆除一段后（一次拆除长度），应立即对因拆除而在初期支护上留下的空洞进行回填注浆。并立即进行铺底，铺底达一定长度（可选定为 30 m）后，即进行仰拱、边墙、中隔板和拱顶二次模注。

6）拆除进度的控制

分段拆除过程中，一般分两到三次进行，即底板、边墙及拱部。底板范围临时中隔墙拆除一般每个段落需要1个工作班,底板施工范围防水板完成后,换撑与防水板保护层同步进行;边墙施工时对临时仰拱的拆除与剩余临时中隔墙混凝土的破除一并进行,一般每个段落需要2～4个工作班。拱部施工时,将拱部影响范围剩余竖向临时支撑割除即可,在拱部防水施作之前处理基面时进行。

(4)监控量测

新建隧道施工对既有线结构的影响是整个监测工作的重中之重,在施工过程中,应对既有线结构进行严密的监测。为保证施工过程中的运营安全,对既有结构采用远程自动化及人工监测两种手段,以便及时掌握穿越既有车站施工过程中既有车站结构形状和道床的改变,同时还应对新建隧道洞内及周边环境进行监测。

1)监测项目

根据监测手段的不同,将监测对象、项目列表如表5-28-20所示。

表5-28-20 既有线监测项目表

序号	监测对象	监测项目		监测仪器
1	既有线	自动化远程监测	既有结构沉降、差异变形	静力水准仪
2			轨道结构沉降、差异沉降	静力水准仪
3			轨道水平间距	轨距仪
4		人工静态监测	既有结构沉降、差异变形	精密水准仪
5			轨道结构沉降、差异沉降	精密水准仪
6			隧道结构变形缝开合度监测	游标卡尺
7			道床与结构剥离	分析计算
8			轨道与轨距位移	轨道尺
9	新建隧道	拱顶下沉		精密水准仪
10		隧道收敛		收敛计
11	周边环境	地表沉降		精密水准仪
12		管线沉降		精密水准仪

2)既有线控制标准

施工前应对既有线结构及轨道安全性进行评估,一般来说既有车站结构底板及轨道最大沉降控制值为2.5～3mm,既有区间隧道结构及轨道最大沉降控制值为10mm。沉降缝两侧的结构段最大沉降值不均匀沉降差为±2.0mm,每天沉降或隆起变形增量不超过±1.0mm,每天沉降缝最大变形控制值为±1.0mm。

28.4.5.4 东四站～朝阳门站区间零距离下穿既有5号线东四站

(1)工程概况

1)站位及设置

既有地铁5号线东四站南北向布置,南北两端为单层三跨明挖结构,中部为单层三连拱暗挖结构,结构最大高度为10.61m,结构最大宽度为23.86m,结构顶覆土为12.68m。根据原设计文件说明,该车站通过纵向钢筋加强了二衬,预留了6号线下穿的条件。如图5-28-108和图5-28-109所示。

6号线一期东四站～朝阳门站区间东西向下穿5号线东四站,起讫里程为K13+122.493～K13+156.355,总长为33.862m,左右线中心线线间距约17m。隧道与既有车站平面交角为91°1′20″,下穿既有线段采用平顶直墙断面,CRD法施工,隧道顶部紧贴既有车站底部。

2)工程地质与水文地质

区间下穿既有线段地层情况:隧道顶部及上半断面为粉细砂⑦$_1$层、中粗砂⑦$_2$层,下半断面为圆砾～卵石⑦层,底板局部穿越粉质黏土⑧层、黏土⑧$_1$层及粉土⑧$_2$层。

根据地质勘查实测资料,本段线路赋存四层地下水,地下水类型分别为上层滞水(一)、潜水(二)、层间潜水(三)及承压水(四),本段区间隧道结构底板位置处承压水水头高达6～7m。层间潜水、承压水含水层水量补给较充分,且含水层透水性较好,区间结构大部分位于承压水含水层内。

（2）施工步序

东四站～朝阳门站区间穿越段隧道施工步序如表5－28－21所示。

图5－28－108　既有5号线东四站现状

图5－28－109　轨道外观

表5－28－21　东四站～朝阳门站区间穿越段隧道施工步序

步序	步 序 图	文 字 描 述
第1步		开挖前，从隧道及注浆作业区对既有地铁下方土体进行超前注浆加固，横断面注浆范围为隧道两侧及底板下各2 m，以及左、右线隧道间土体，纵向加固长度约34 m。注浆加固后要求：开挖面土体无侧限抗压强度达0.5 MPa，周边达1.2 MPa。注浆浆液上半断面（粉细砂地层）采用超细水泥浆，下半断面（卵石地层）采用普通水泥浆
第2步		采用台阶法开挖右线右侧上导洞，施作初支及临时中隔壁、中隔板，初支顶部需与既有车站结构底板紧贴。在上台阶脚部设置锁脚锚管。按照千斤顶布置图中千斤顶位置，在导洞内安装千斤顶

步序	步 序 图	文 字 描 述
第 3 步	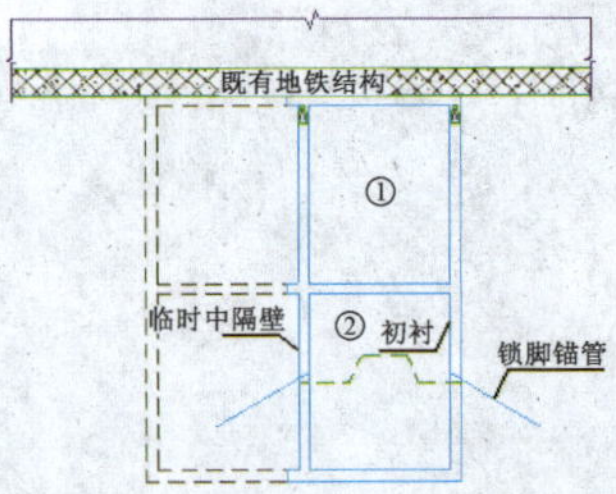	采用台阶法开挖右线右侧下导洞,施作初支及临时中隔壁。在上台阶脚部设置锁脚锚管。 　　右侧初衬封闭后,即按 5 t 分级加载的方式对千斤顶施加初顶力 30 t,并根据地铁结构沉降监测情况,调整千斤顶顶力
第 4 步	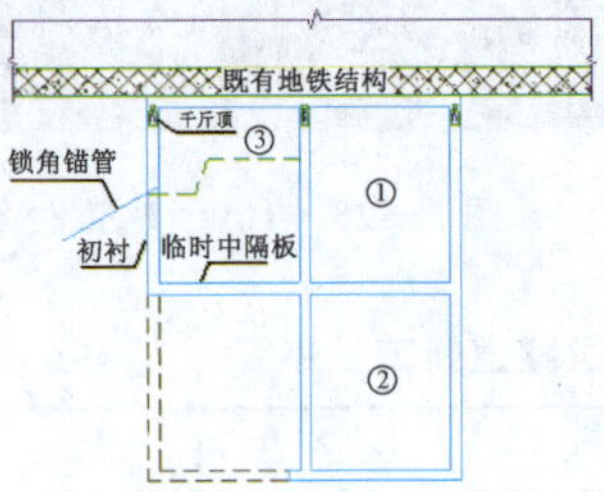	待右侧导洞贯通后,再采用台阶法开挖右线左侧上导洞,施作初支及临时中隔板,初支顶部需与既有车站结构底板紧贴。在上台阶脚部设置锁脚锚管。 　　按照千斤顶布置图中千斤顶位置,在导洞内安装千斤顶
第 5 步	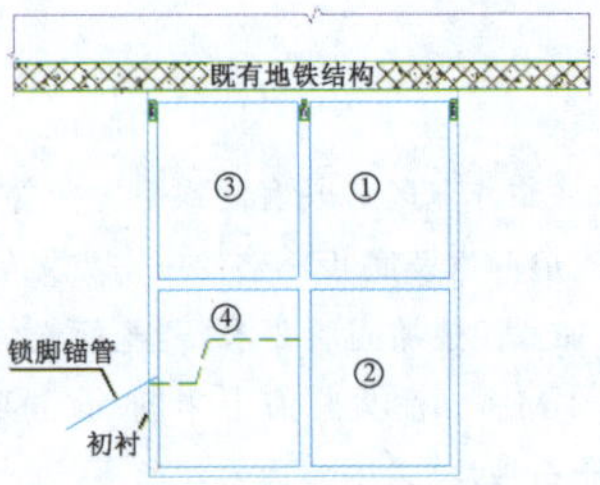	采用台阶法开挖右线左侧下导洞,施作初支结构。在上台阶脚部设置锁脚锚管。 　　左侧初衬封闭后,即按 5 t 分级加载的方式对千斤顶施加初顶力 30 t(最大 80 t),并根据地铁结构沉降监测情况,调整千斤顶顶力。当顶部型钢与立柱型钢出现缝隙时,适时采用钢板垫片楔紧。待该段隧道左右洞都贯通后,监测数据显示地铁结构稳定,则开始下一步施工
第 6 步	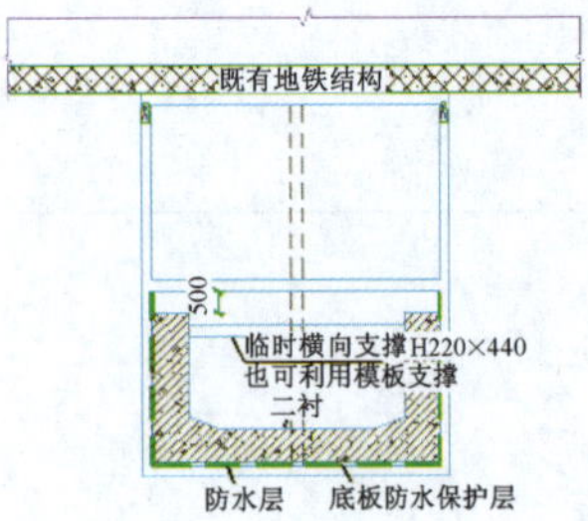	从东西两侧逐步分段(长度不超过 6 m)拆除临时中隔壁。敷设底板和部分侧墙防水层,施作底板防水保护层,绑扎钢筋,浇筑二衬。必要时可增设临时横撑。拆除临时中隔壁及其千斤顶时,应边拆除、边向初衬背后进行补充填充注浆
第 7 步	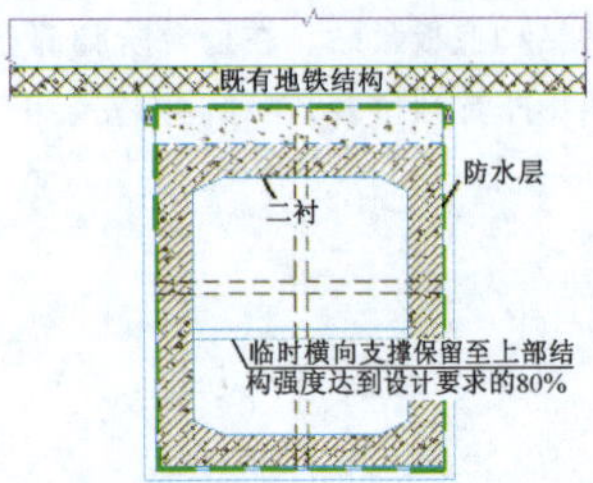	待浇筑完的二衬达到设计强度的 80% 后,从东西两侧逐步分段(长度不超过 6 m)拆除临时中隔板(两侧侧墙初支内的千斤顶锁死后留在初支结构内)。敷设剩余部分侧墙和顶板防水层,绑扎钢筋,浇筑二衬

东四站～朝阳门站区间穿越段隧道二衬纵向施工步序如表5－28－22所示。

表5－28－22 东四站～朝阳门站区间穿越段隧道二衬纵向施工步序

步序	步 序 图
第1步	 由东向西开挖并初衬施工至下穿段结束为止,立即临时封闭掌子面2(临时封闭采用I20b工字钢横撑,竖向间距为600 mm,工字钢间采用双层φ18@500 mm钢筋连接,工字钢与格栅间做可靠连接)。然后由东西两侧向中间分段同步拆除临时中隔壁,进行底板和部分侧墙的二衬施工。最后同步拆除临时中隔板,进行部分侧墙及顶板的二衬施工
第2步	 由东西两侧继续向中间分段同步拆除临时中隔壁,同时拆除两端临时型钢中隔壁顶部各2个断面的千斤顶,进行底板和部分侧墙的二衬施工。再同步拆除临时中隔板,进行部分侧墙及顶板的二衬施工
第3步	 由东西两侧继续向中间分段同步拆除临时中隔壁,同时拆除两端临时型钢中隔壁顶部各3个断面的千斤顶,进行底板和部分侧墙的二衬施工。再同步拆除临时中隔板,进行部分侧墙及顶板的二衬施工

步序	步 序 图
第 4 步	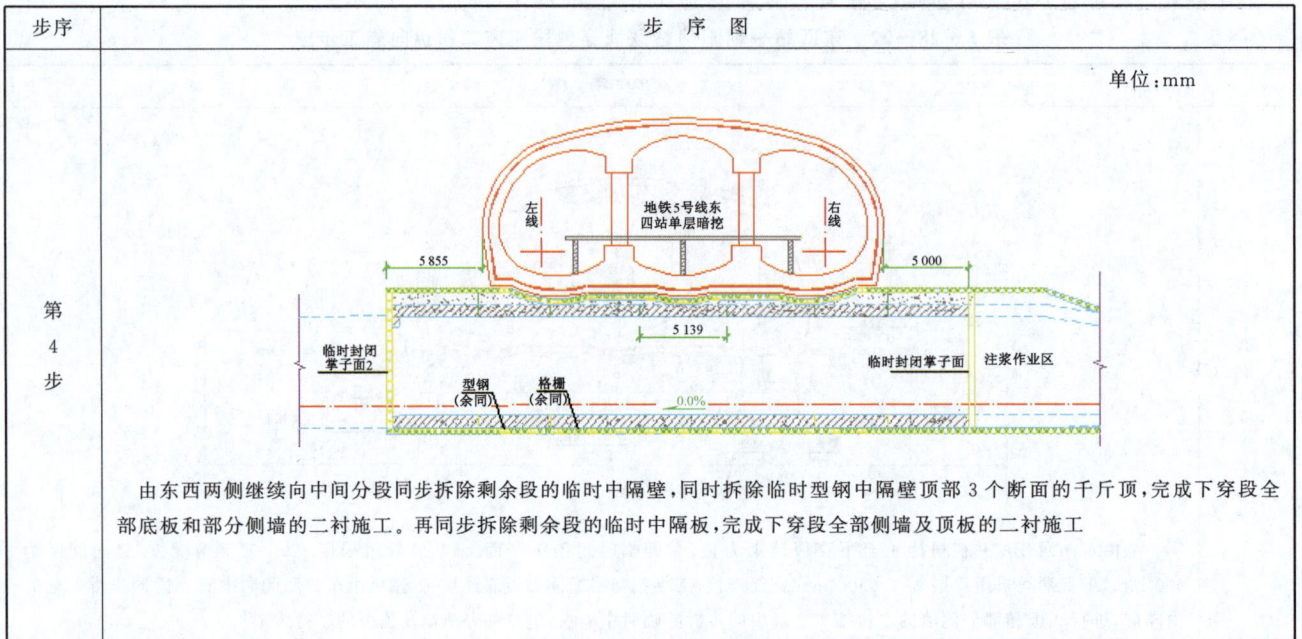 由东西两侧继续向中间分段同步拆除剩余段的临时中隔壁,同时拆除临时型钢中隔壁顶部3个断面的千斤顶,完成下穿段全部底板和部分侧墙的二衬施工。再同步拆除剩余段的临时中隔板,完成下穿段全部侧墙及顶板的二衬施工

(3)主要施工技术

1)超前深孔预注浆

深孔注浆加固范围主要是开挖面及其轮廓线外2 m,纵向为34 m。如图5－28－110～图5－28－113所示。

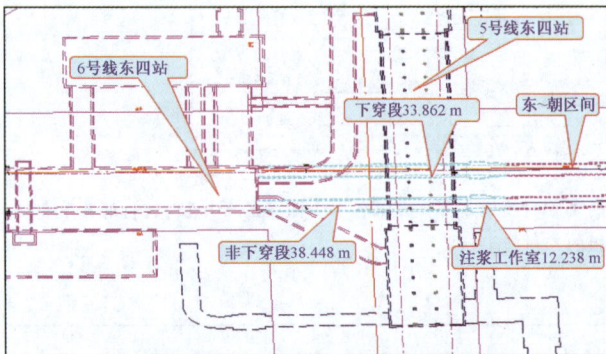

图5－28－110　下穿段平面关系图

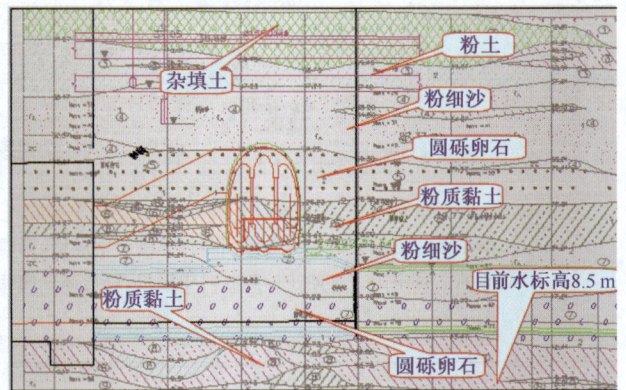

图5－28－111　区间下穿既有线地质剖面图

（标高单位为 m,其余为 mm）

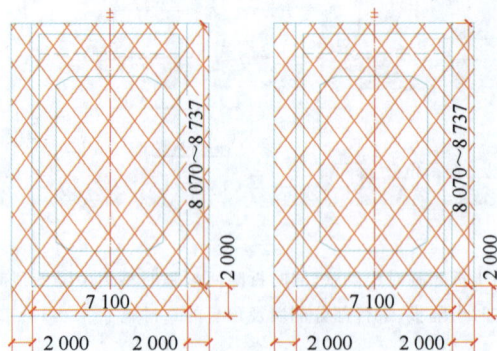

图5－28－112　注浆加固范围平面图(单位:mm)

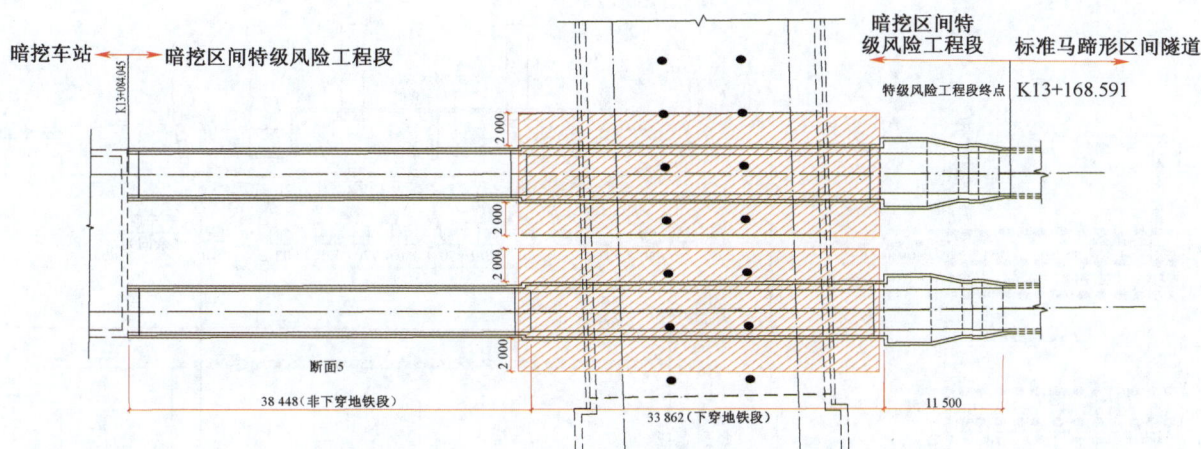

图 5－28－113　注浆加固范围横断面图（单位：mm）

上半断面（粉细砂地层）采用超细水泥，下半断面（卵石～圆砾地层）采用普通水泥。布孔间距为 0.8 m×0.8 m，梅花形布置，注浆压力为 0.5～0.6 MPa；扩散半径为 0.5 m。加固后隧道外侧土体无侧限抗压强度达到 1.2 MPa，隧道内土体无侧限抗压强度达到 0.5 MPa。

2）隧道开挖施工

为确保初支结构与地铁 5 号线底板刚性接触，控制既有结构沉降，区间隧道下穿地铁 5 号线段采用 CRD 法＋千斤顶支护法。

①开挖及支护施工

开挖轮廓修正合格后，及时铺设结构外层钢筋网片，进行格栅钢架架立。施工步骤为按格测量放样安设格栅钢架，拧紧螺栓，满铺网片，沿格栅环向设内外双排 φ22 mm 纵向连接筋，单面焊接连接 22 mm，然后施工 φ25 mm 锁脚锚管，其尾端与格栅钢架焊接牢固，最后预埋 φ42 mm 注浆钢管，用棉纱封堵管口。为了保证格栅与既有车站密贴，在架设前采用喷射混凝土找平，无法密贴的部位应填充混凝土。如图 5－28－114 和图 5－28－115 所示。

图 5－28－114　掌子面开挖

图 5－28－115　初支型钢钢架连接

②千斤顶顶撑

（A）千斤顶布置

为补偿区间初支结构本身的沉降变形造成的初支顶部出现空隙，采用在初支结构型钢钢架内设置千斤顶的方案，左、右线每条隧道共设置 13 组千斤顶，隧道每个断面设置 3 台千斤顶。如图 5－28－116 和图 5－28－117 所示。

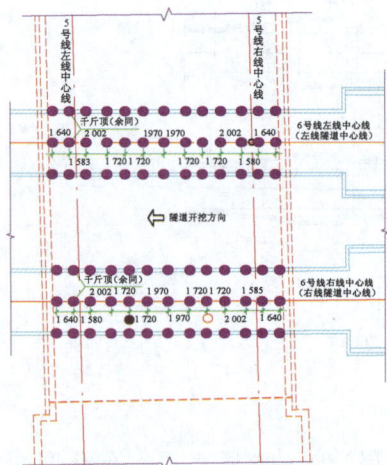

图 5-28-116 千斤顶设置
纵剖面图(单位:mm)

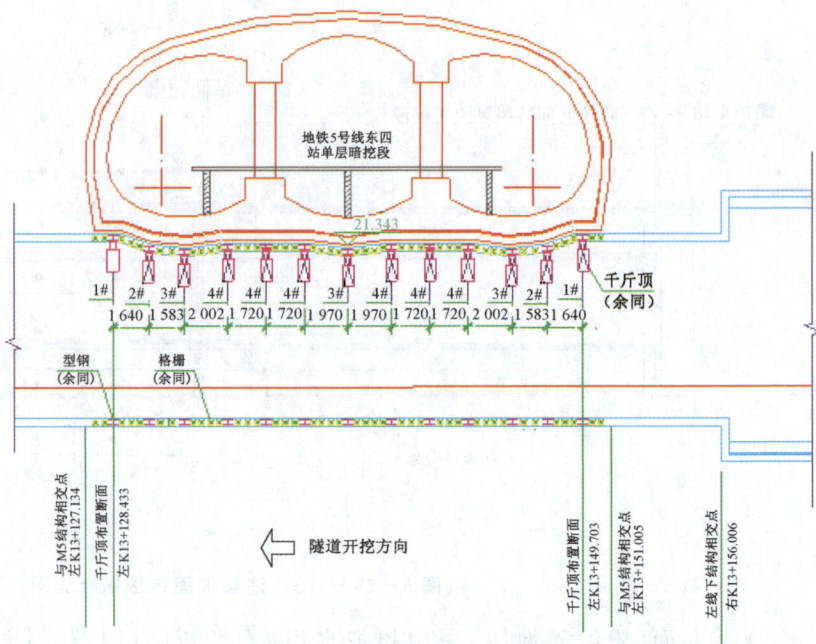

图 5-28-117 千斤顶平面布置图(单位:mm)

(B)千斤顶顶力施加顺序

千斤顶采用 80 t,行程不小于 100 mm 的液压自锁式千斤顶,随型钢架架立,封闭下部初支后,进行预加顶力,单个断面设置 3 台。当工钢架立到位后施加 30 t 顶力,根据监测情况分级施加,每次施加 5 t,千斤顶喷入初支混凝土内,二衬施工时,外侧墙上的千斤顶不拆除,浇入结构内。

(C)严密初支开挖方案

第 1 步:采用台阶法开挖左线右侧上导洞,施作初支及临时中隔壁、中隔板,初支顶部需与既有车站结构底板紧贴。在上台阶脚部设置锁脚锚管。如遇到千斤顶布置段应按照千斤顶布置图中千斤顶位置,在导洞内安装千斤顶。

第 2 步:右侧上导洞进深 1 倍洞深后,采用台阶法开挖左线右侧下导洞,施作初支及临时中隔壁。在上台阶脚部设置锁脚锚管。如遇到千斤顶布置段应待右侧初衬封闭后,即按 5 t 分级加载的方式对千斤顶施加初顶力 30 t,并根据地铁结构沉降监测情况,调整千斤顶顶力。

第 3 步:左侧下导洞进深 1 倍洞深后再采用台阶法开挖左线左侧上导洞,施作初支及临时中隔板,初支顶部需与既有车站结构底板紧贴。在上台阶脚部设置锁脚锚管。

第 4 步:左侧上导洞进深 1 倍洞深后,采用台阶法开挖左线左侧下导洞,施作初支结构。在上台阶脚部设置锁脚锚管。如遇到千斤顶布置段应待左侧初衬封闭后,即按 5 t 分级加载的方式对千斤顶施加初顶力 30 t(最大 80 t),并根据地铁结构沉降监测情况,调整千斤顶顶力。当顶部型钢与立柱型钢出现缝隙时,适时采用钢板垫片楔紧。待该段隧道左右洞都贯通后,监测数据显示地铁结构稳定,则开始下一步施工。如图 5-28-118 和图 5-28-119 所示。

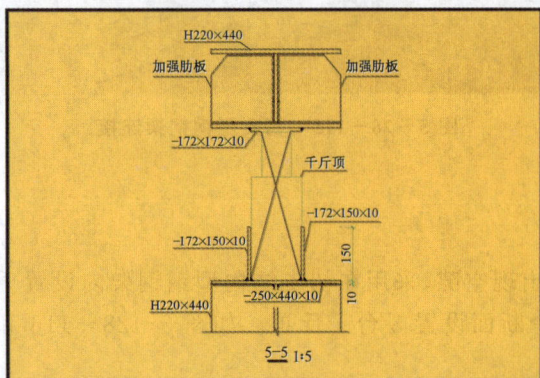

图 5-28-118 千斤顶安放位置图(单位:mm)

图 5-28-119 千斤顶现场施工

③初支背后回填注浆

背后回填注浆采用全断面注浆,顶板与底板分别埋设 4 根 $\phi42$ mm 注浆管,边墙埋设 4 根 $\phi42$ mm 注浆管,下台阶进尺 2 m 进行一次回填注浆。注浆采用注浆量与注浆压力双控制方法控制注浆效果,防止压力过大造成既有线抬高,注浆压力控制在 1.0 MPa 以内。如图 5-28-120 和图 5-28-121 所示。

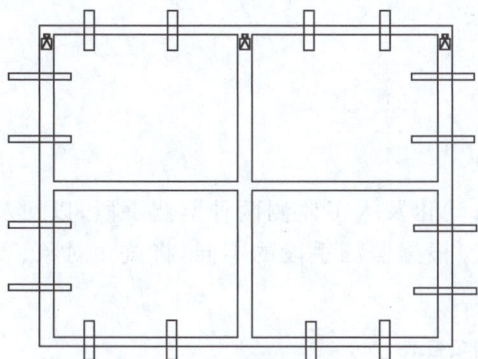

图 5-28-120　初支背后回填注浆管布置图

图 5-28-121　初支背后回填注浆现场

④严格控制支撑受力转换

二衬施工支撑体系采用 $\phi42$ mm 十字夹脚手架,步距为 600 mm,层距为 600 mm,高度为 800 mm,利用托杆支撑模板。模板采用 600 mm×1 500 mm、500 mm×1 500 mm 及 100 mm×1 500 mm 钢模板拼装而成。定型钢模,面板钢板厚度 $\delta=5$ mm,背肋为 40 mm 槽钢,间距不大于 50 cm,木模主要用于边墙与梁下阴角部位。

第 1 步:由东西两侧向中间分段同步拆除临时中隔壁,进行底板和部分侧墙的二衬施工。最后同步拆除临时中隔板,进行部分侧墙及顶板的二衬施工。

第 2 步:由东西两侧继续向中间分段同步拆除临时中隔壁,同时拆除两端临时型钢中隔壁顶部各 2 个断面的千斤顶,进行底板和部分侧墙的二衬施工。再同步拆除临时中隔板,进行部分侧墙及顶板的二衬施工。

第 3 步:由东西两侧继续向中间分段同步拆除临时中隔壁,同时拆除两端临时型钢中隔壁顶部各 3 个断面的千斤顶,进行底板和部分侧墙的二衬施工。再同步拆除临时中隔板,进行部分侧墙及顶板的二衬施工。

第 4 步:由东西两侧继续向中间分段同步拆除剩余段的临时中隔壁,同时拆除临时型钢中隔壁顶部 3 个断面的千斤顶,完成下穿段全部底板和部分侧墙的二衬施工。再同步拆除剩余段的临时中隔板,完成下穿段全部侧墙及顶板的二衬施工。如图 5-28-122 和图 5-28-123 所示。

图 5-28-122　右线底板二衬施工

图 5-28-123　左线边墙二衬施工

3)监控量测

①控制标准

根据《北京地铁 6 号线穿越既有地铁 5 号线东四站结构及轨道安全性影响评估》报告,既有车站结构底板及轨道最大沉降控制值为 -3.0~2.0 mm。在施工的任何阶段提出其预警值为 -2.1~1.4 mm,警告值为−2.4～1.6 mm,变形缝张合度控制标准为3.0 mm,差异沉降不超过1.5 mm。

新建隧道初期支护拱顶下沉和净空收敛最大控制值为5 mm,最大允许变形速率为1 mm/d。

周边环境:地表沉降一般最大控制值为30 mm,最大允许平均速率为2 mm/d,最大允许变形速率5 mm/d;燃(煤)气、上水管线一般最大控制值为10 mm,倾斜0.2%,最大允许变形速率为2 mm/d;雨、污水、热力管线最大控制值为20 mm,倾斜0.25%,最大允许变形速率为3 mm/d;其他管线一般最大控制值为30 mm,倾斜0.3%,最大允许变形速率为4 mm/d。

②监控量测范围

沿车站纵向为区间上方总宽度45 m的范围。

③监测项目及测点布置

(A)既有结构监测项目及测点布置

为保证施工过程中的既有线运营安全,对既有车站采用自动化及人工监测两种监测手段,以便及时掌握穿越既有车站施工过程中既有车站结构形状和道床的改变。根据监测手段的不同,将监测对象、项目列表如表5−28−23所示。

表5−28−23　既有线监测项目表

序号	监测对象	监测项目	监测仪器
1	车站结构及道床	自动化监测	静力水准系统
2	隧道结构	隧道沉降	精密水准仪
3	轨道	轨道沉降	精密水准仪
4	轨道	轨距变化	轨距尺
5	地铁结构	开合度	游标卡尺
6	轨道	轨道水平	轨距尺
7	中柱	中柱变形	全站仪

测点布置如图5−28−124所示。

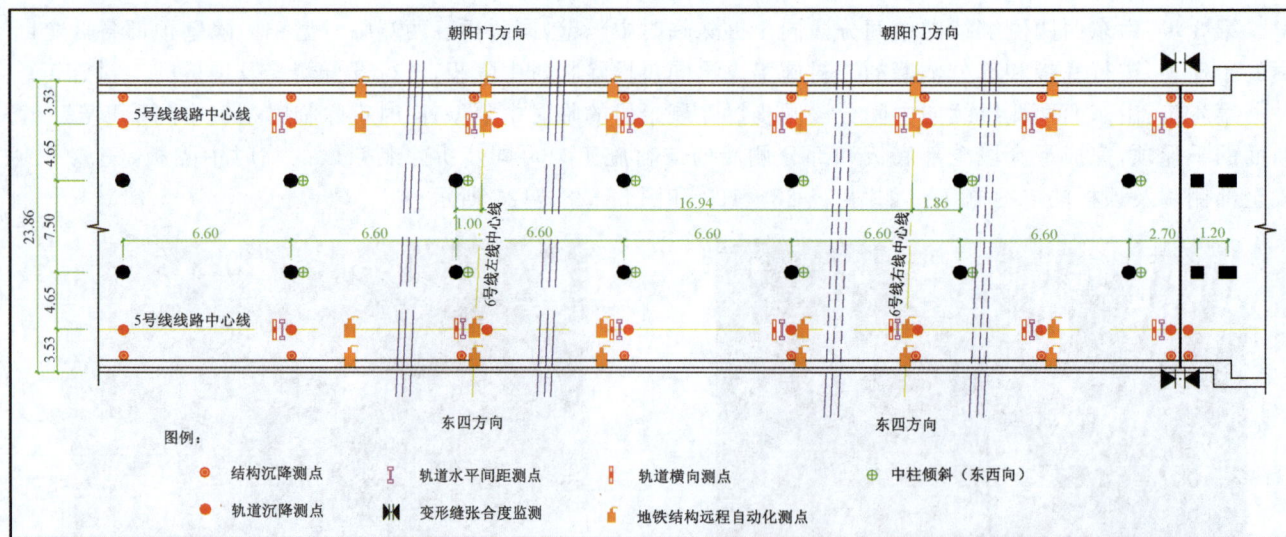

图5−28−124　既有车站布点图(单位:m)

(B)新建隧道自身结构及周边环境监测项目及测点布置

地表测点为沿线路中线每10 m布置一个测点,拱顶下沉、隧道收敛与地表沉降测点布置在同一里程。

④监测数据统计与分析

(A)既有结构数据统计与分析

在新建隧道施工过程中,既有5号线东四站主体结构轨行区各项监测项目累计变形均在可控范围内,没有出现报警现象,变形控制较好,既有站监测情况如表5−28−24所示。

表 5-28-24 既有 5 号线东四站监测最大值统计

监测项目		测点编号	累计沉降值（mm）	变形速率（mm/d）	预警值70%控制值(mm)	报警值80%控制值(mm)	控制值（mm）	监测结论
结构沉降		XZJ03	-2.35	-0.07	-2.10	-2.40	-3.00	正常
结构沉降		XJG105	-2.36	-0.05	-2.10	-2.40	-3.00	正常
道床沉降		XZD04	-2.31	0.07	-2.10	-2.40	-3.00	正常
道床沉降		XDC106	-2.32	0.00	-2.10	-2.40	-3.00	正常
变形缝差异沉降		SJG101~SJG102	0.56	0.10	-2.10	-2.40	-3.00	正常
变形缝开合度		XLF01	0.69	0.01				正常
中柱倾斜		SQX06	-0.68	0.02				
几何形位	轨距	SGJ-2	-1.0	-0.04	+2.8，-1.4	+3.2，-1.6	+4，-2	正常
	水平	SSP-5	-2.0	-0.5	2.80	3.20	4.00	正常

注：1. 轨面、道床、隧道壁沉降，+为上升，一为沉降；

  2. 轨距测量，以 1 435 mm 为标准，距离大于 1 435 mm 为"+"，小于为"—"；

  3. 水平测量，背西向东，以左轨为基准，右轨高于左轨为"+"，低于左轨为"—"。

(B)周边环境数据统计与分析

下穿既有线段地表及管线最大沉降数据统计如表 5-28-25 所示。

表 5-28-25 下穿既有线段地表及管线最大沉降数据统计

序号	监测对象	累计沉降值(mm)	变形速率(mm/d)	控制值(mm)	状态
1	地表	-24.69	-0.01	-30	正常
2	污水管线	-18.79	-0.22	-15	橙色预警
3	上水管线	-6.30	0.74	-10	正常
4	燃气管线	-15.73	-0.69	-10	橙色预警
5	热力管线	-23.56	-0.08	-20	橙色预警

典型测点沉降历时曲线如图 5-28-125 所示。

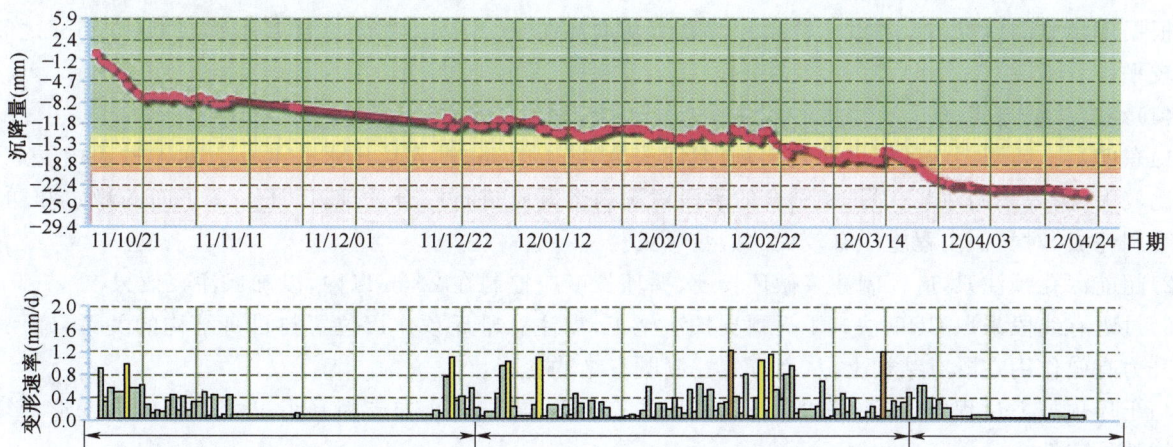

图 5-28-125 右线上方 RLXC-04-51 沉降历时曲线图

根据监测数据统计及典型测点沉降历时曲线图来看，虽然管线沉降超过控制标准，但由于变形速率一直比较平稳，在预警后，同时也加强了洞内回填注浆，总体处于可控范围内，说明施工措施基本到位。

(C)隧道拱顶下沉监测数据统计与分析

根据现场监测情况，左线 1 部拱顶沉降值基本都在 6~10 mm 之间，3 部基本都在 1~3 mm 之间；右线 1 部基本都在 8~10 mm，3 部基本都在 2~5 mm 之间。洞内拱顶沉降最大值统计如表 5-28-26 所示。

表 5−28−26 下穿既有线段拱顶下沉监测数据统计

位 置		测点编号	累计沉降最大值（mm）	控制值（mm）
左线	1 部	GDJ2ZXW1−6	−9.3	5
	3 部	GDJ2ZXW3−6	−6.0	
右线	1 部	GDJ2YXW1−4	−13.3	
	3 部	GDJ2YXW3−11	−5.4	

典型测点沉降历时曲线如图 5−28−126 所示。

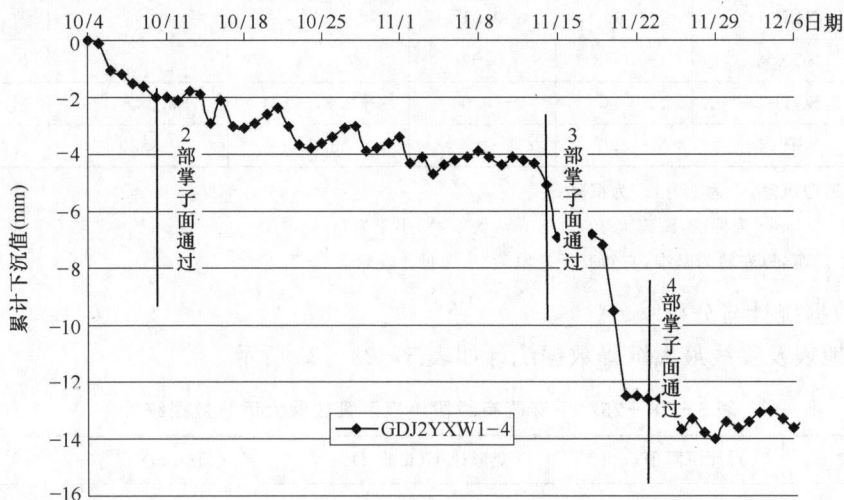

图 5−28−126 GDJ1YXW1−4 沉降历时曲线图（1 部）

从现场监测数据及典型测点沉降历时曲线来看,1 部拱顶下沉值基本都超过控制标准值,特别是在下半断面通过时沉降尤其明显。主要是由于该段进入承压水较深,约 8 m,在注浆段较长的情况下,注浆效果未达到预期效果,在底板位置开挖施工受地下水影响较大,初支封闭不及时,造成拱顶下沉偏大。但因在初支封闭完成后,及时对千斤顶进行加力,并对隧道周边进行回填注浆,这对减小既有结构的沉降控制起到了积极的作用。

(D)隧道净空收敛监测数据统计与分析

根据现场监测情况,左、右线 1 部拱顶沉降值基本都在 0~6 mm 之间,3 部基本都在 0~5 mm 之间,变形比较平稳。

(4)经验总结与建议

1)东四站~朝阳门站区间埋深较大,最大埋深为 33.042 m,进入承压水约 8 m。施工过程中受地下水影响比较大,洞内采用注浆、引排相结合的手段对洞内渗漏水进行综合处理,保证了掌子面的稳定和初支开挖的顺利完成,对类似工程施工有较大的借鉴意义。

2)超前深孔预注浆,应控制注浆循环长度,循环长度应控制在 20 m 以内,以确保注浆效果。

3)过既有线段采取 CRD 法＋千斤顶支护法施工,需注意千斤顶作用位置与自身结构的关系,确保千斤顶顶升力有效作用在既有结构上,从而有效控制既有结构变形。

4)千斤顶加力过程中,需注意加强新建结构的稳定性监测,防止初支因受力过大引起较大变形,影响新建结构的稳定性。

5)施工过程中,要注意做好初支背后回填注浆工作,确保围岩与结构始终密贴。

28.5 矿山法车站及区间下穿铁路、桥梁等施工

28.5.1 概 述

6 号线一期矿山法地铁车站及区间隧道多处下穿铁路及桥梁。对建(构)筑物采取治理措施的原则是,

使建筑物在隧道开挖过程中能够正常使用。治理措施以"控制隧道变形为主、地基加固为辅"为原则,在保证建筑物安全的前提下,必须严格控制隧道开挖引起的地层变形。6 号线一期矿山法穿越铁路、桥梁统计情况如表 5—28—27 所示。

表 5—28—27　6 号线一期矿山法穿越铁路及桥梁情况统计

序号	车站/区间	风险工程	风险级别	采取的主要技术措施
1	五路居站～慈寿寺站区间	下穿京门铁路线	特级	线路及路基加固、附属设备改造等
2	花园桥站	下穿花园桥	一级	地面预支顶
3	车公庄西站～车公庄站区间	下穿官园立交桥西天桥	一级	洞内双排小导管
4	车公庄站～平安里站区间	下穿地铁 2 号线车公庄站上方官园立交桥	一级	洞内超前深孔预注浆
5	东四站～朝阳门站区间	下穿外交部过街天桥	一级	洞内超前深孔预注浆,双排小导管并增设临时仰拱
6		下穿朝内小街人行天桥	一级	洞内双排小导管并增设临时仰拱
7		下穿朝内过街天桥	一级	洞内超前深孔预注浆、地面预支顶
8	朝阳门站～东大桥站区间	下穿丰联广场天桥	一级	左线设置临时仰拱并在靠近桥桩一侧的侧墙进行径向注浆,对桩周及桩底土体进行跟踪注浆
9		下穿朝阳门立交桥	一级	洞内超前深孔预注浆
10	呼家楼站	下穿京广桥	一级	隔离桩、洞内超前深孔预注浆

28.5.2　五路居站～慈寿寺站区间下穿京门铁路线

(1)工程概况

五路居站～慈寿寺站区间线路起点为玲珑路与西四环北路交叉路口东侧,沿玲珑路东行,止于蓝靛厂南路与玲珑路相交路口的西北角。线路在里程 K0+900.0～K1+050.0 段东西向下穿京门铁路。

1)出入段线与既有铁路线关系

北京地铁 6 号线一期出入线为地铁 6 号线通往五路停车场间联络线,出入线在 YK0+482 处下穿铁路大台线,与大台线交角为 23.9°,相交处大台线里程为 K0+374。下穿铁路处采用暗挖法施工,结构形式为双线单洞、单线双洞马蹄形复式衬砌,下穿铁路处隧道埋深约 6 m。下穿铁路工程设计范围为出入段线左线 ZK0+391.920(右线 YK0+428.416)至 YK0+528.300,其中双线单洞隧道长为 81.88 m,单线双洞隧道左线长为 53.66 m、右线长为 18.00 m。在铁路北侧开挖竖井,隧道从竖井内向西侧开挖,竖井净空尺寸为 13.5 m×12.7 m,竖井壁厚为 0.4 m,竖井四角及对边采用钢支撑。如图 5—28—127 和图 5—28—128 所示。

图 5—28—127　既有铁路大台线

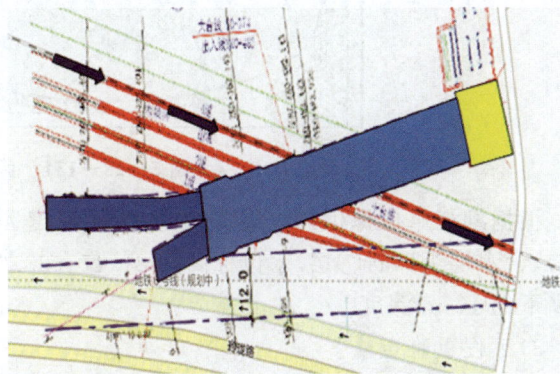

图 5—28—128　下穿段平面关系图

区间隧道下穿既有线段结构与既有线平面关系及纵断面关系如图 5—28—129 和图 5—28—130 所示。

暗挖隧道下穿处铁路为大台线五路车站,地表共有 4 股道,自南向北依次为 1 道、2 道、3 道、4 道,其中 3 道为 50 kg/m 钢轨,其余 3 股道为 43 kg/m 钢轨,非电气化铁路,木枕。拱顶垂直距离地表铁路平均埋深为

6 m。铁道路基两侧埋设有铁路通信、信号电缆和光缆。

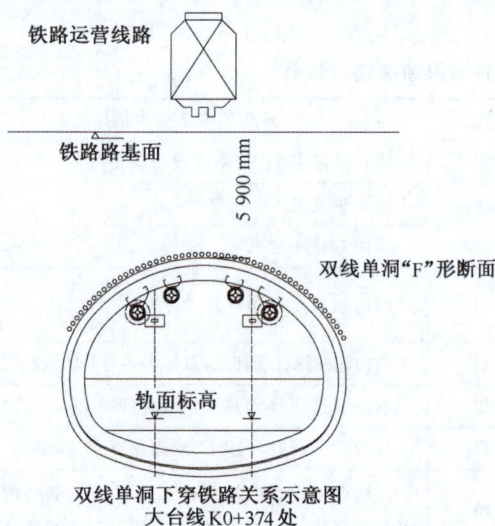

图 5－28－129　下穿段纵断面关系图（一）

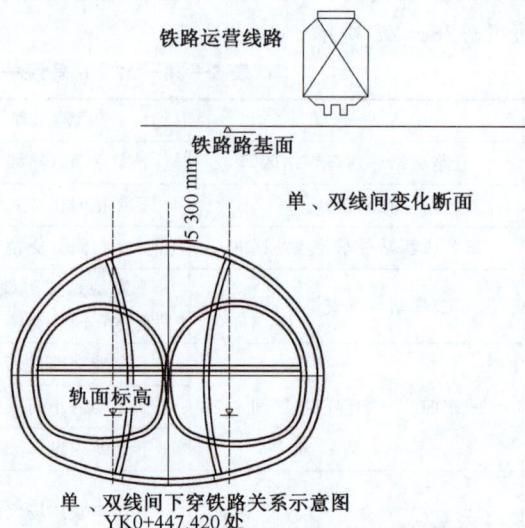

图 5－28－130　下穿段纵断面关系图（二）

2）工程地质与水文地质

暗挖隧道埋深约 6 m，地层可划分为人工堆积层、新近沉积层及第四纪沉积层。出入段线下穿铁路五路居站主体结构拱顶主要为杂填土①层及粉土填土①层，拱部结构主要穿越粉土填土①层和粉细砂②层，洞身主要穿越粉细砂②层和卵石⑤层，拱底主要穿越卵石⑤层，如图 5－28－131 所示。

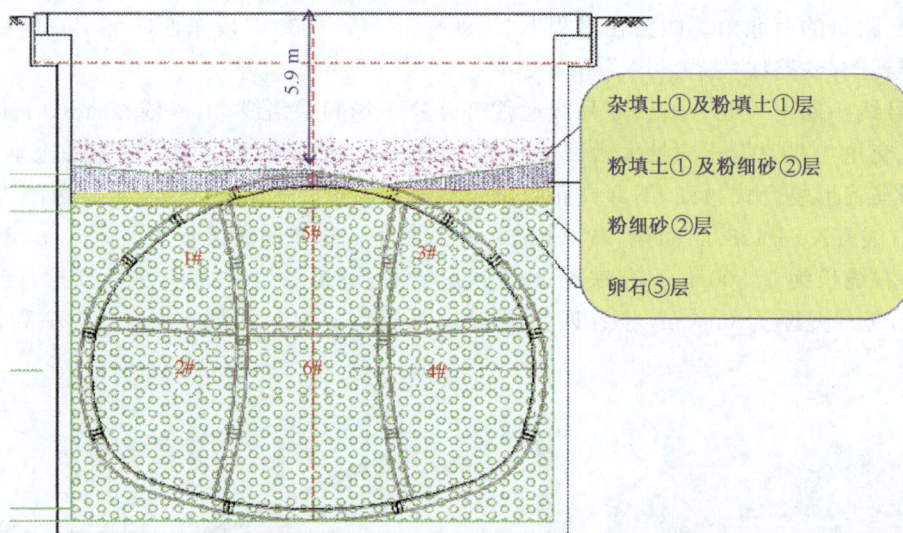

图 5－28－131　区间下穿既有线地质剖面图

根据勘察单位提供的成果资料，在钻孔深度 45 m 范围内实测 1 层地下水，按赋存条件属于层间潜水（三），含水层为卵石⑦层，水位标高为 21.47～23.06 m，埋深为 31.20～32.10 m，距离下穿铁路处隧道仰拱标高下约 17 m 深度。

3）工程重难点

下穿大台线五路车站属于特级风险工程。

①地铁大断面隧道施工下穿既有运营铁路，环境对变形及其敏感，变形控制标准严格，施工时风险较大，是本暗挖工程的施工重点。

②大断面施工步序多，工艺复杂，对围岩多次扰动，变形控制困难。

③出入段双线单洞结构形式多样的大断面、衔接断面、单、双线间过渡衔接施工是本工程的难点。

（2）主要技术措施

1）线路加固

线路加固采用纵横梁及3-5-3扣轨加固，线路加固里程为大台线K0+324～K0+424，全长为100 m，加固前将加固范围内的43 kg/m钢轨更换为50 kg/m钢轨，枕木全部更换为长木枕。纵横梁下按照设计要求设置混凝土支墩防护结构，扣轨形式采用3-5-3扣，轨型为43 kg/m钢轨，要求道心扣轨间隔均匀，并在主轨与扣轨腰间放置间隔木，防止连电。钢轨接头应错开1.0 m以上，扣轨完成后扣轨两端钉固临时木梭头。隧道施工期间，对线路的方向、高低、轨距、水平及各部螺丝进行检查并随时调整，检查在列车经过前后各进行一次，以保证列车的行车安全。扣轨施工完成后以及拆除扣轨和恢复线路正常运营前，均应对道床进行捣固，以保证道床的稳定。线路加固期间，应报计划申请慢行点，要求行车速度不超过45 km/h。如图5-28-132和图5-28-133所示。

图5-28-132 换钢轨

图5-28-133 扣轨

2）路基加固

①加固范围

为保证隧道穿越铁路后路基的稳定，保证行车安全，要求对线下的路基土进行注浆加固处理。路基注浆加固里程为大台线K0+334～K0+434，全长80 m。宽度为线路中心以外各5.0 m，加固深度为路基下1 m至隧道顶。如图5-28-134所示。

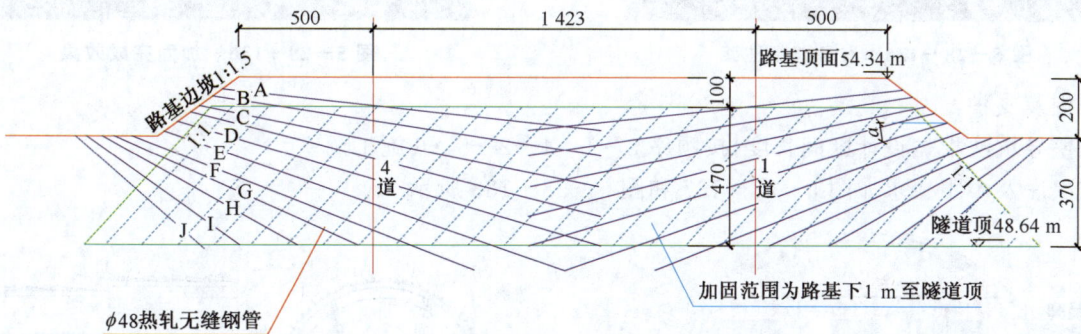

图5-28-134 注浆加固范围断面图（单位：mm）

②注浆工艺及参数

注浆采用ϕ48 mm长导管，间距为0.8 m梅花状布置，管头设30°锥体，管身设注浆孔，孔间距为150 mm，浆液采用水泥—水玻璃浆液，注浆压力控制在0.3～0.5 MPa，要严格控制注浆压力以保证路基不发生隆起。结合既有线施工的要求，将选择重量较轻，操作灵活，角度可0～360°任意调节的TXU-75型地矿钻机置于距离较大的线间和两侧路肩处作业，并确保施工设备不得侵线。采取先外后内，隔孔跳注顺序进行施工，为了减小注浆施工对行车安全的影响，在线路两侧对称分布设备。同时钻孔、同时注浆、保证注浆液扩散的相对均匀，外围先注入水泥—水玻璃双浆液来调节凝结时间以便有效的控制浆液跑、冒、漏现象发生，提高加固效果。

3)铁路附属设备改造及防护

①通信及信号设备

挖出电缆,将电缆顺延出施工影响范围,采用电缆槽及槽钢进行防护,施工完毕后,对电缆复位,恢复埋地保护。施工期间应24小时进行监护和测试,恢复埋地后,对终端设备运用情况进行测试,确保光电缆及设备的良好使用。

②电力设备

隧道施工影响范围内电线杆及灯塔,施工期间加强对其的监测,针对其设备布置固定或监测点,发生沉降和偏移过大时,采取拉线等有效的加固及防范措施,确保铁路设备的安全和正常使用。

4)开挖及支护

①施工工艺参数

双侧壁导坑法断面隧道线路总长为81.88 m,隧道断面结构形式按照施工顺序分别为 G 型、F′型、F 型、E 型。拱部150°范围小导管超前支护并预注浆加固地层,小导管长为2.5 m,采用 φ25 mm×2.75 mm 的焊接钢管,外插角10°~15°,环向间距为0.3 m,纵向间距为0.5 m。超前小导管采用水泥—水玻璃双浆液注浆加固地层,初期支护背后采用水泥浆回填注浆。马头门处打设大管棚,超前管棚长度为6 m,水平仰角为1°~3°,管棚布设范围为拱顶120°范围内,环向间距为220 mm,管棚采用 φ70 mm 焊接钢管,采用1∶1纯水泥浆注浆加固地层,注浆压力为0.5~0.1 MPa。

初期支护钢筋网采用钢筋焊接网,φ6.5@150×150 mm,钢架采用 HPB235、HRB335,钢架间距为0.5 m。每榀格栅钢架侧墙节点处各设1根锁脚锚管。如图5−28−135和图5−28−136所示。

图5−28−135 准备路基注浆

图5−28−136 加固完成效果

②开挖及支护

双侧壁导坑法根据设计区间长度,按顺序 3→1→4→2→5→6 施工洞室。

开挖次序及步距要求如图5−28−137和图5−28−138所示。

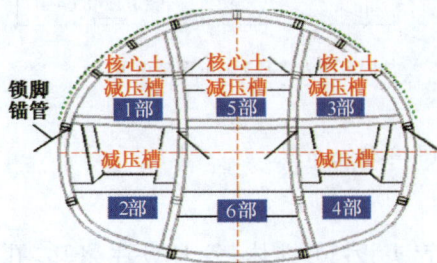

图5−28−137 开挖支护示意图

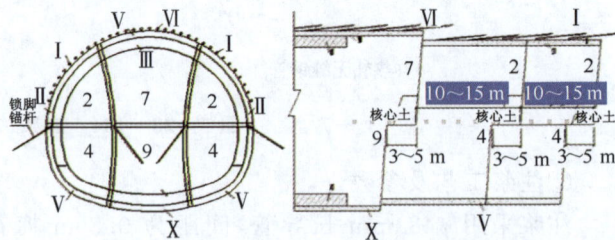

图5−28−138 开挖次序示意图

5)断面衔接控制

①双侧壁导坑法断面间变化衔接施工

双侧壁导坑法开挖断面变化共分为4种断面尺寸,最小断面尺寸为12.27 m×9.75 m,最大断面尺寸为14.6 m×11.47 m,施工过程中依次逐渐扩大、抬高施工。每次断面过渡均采取外扩挑高方式,至衔接断面处扩够宽度、挑够高度。由于拱顶埋深较浅,每次考虑挑高、外扩量控制在200 mm内,防止因施工难度造成拱顶及侧墙坍塌隐患。格栅钢架随外扩挑顶逐榀放样加工。超挖部分在二次衬砌时用同级混凝土回填。

②双侧壁导坑法向台阶法断面变化衔接施工

单、双线间隧道衔接,采用分部洞室、分部封堵方法,完成单、双线间隧道转换。即先从3部洞室施工至单线衔接洞室断面时,依据现场放样的标准洞室轮廓线及控制尺寸,进行封闭堵头墙,并按照单线标准洞室台阶法继续向前开挖进尺。其他洞室按照施工步骤,控制台阶距离,逐渐完成单、双线间隧道断面的转换。施工过程中,应注意左、右线施工距离错开不小于15 m。

6)监控数据分析

①变形控制标准

(A)下穿铁路地面沉降控制标准:累计沉降不得大于30 mm。

(B)铁路线限制标准:

轨面沉降要求为-5~+5 mm;

每股轨线的两条轨道高差不得大于4 mm;

轨距水平控制标准为-2~+4 mm。

(C)板梁桥限制标准:总沉降不得大于10 mm,差异沉降不得大于10 mm。

②监测项目及测点布置

为保证施工过程中的运营安全,对既有铁路采取多种监测手段,以便及时掌握穿越既有车站施工过程中既有车站结构形状和道床的改变。根据监测手段的不同,将监测对象、项目列表如表5-28-28所示。

表5-28-28 隧道结构及周边环境监测项目表

序号	观测名称	方法及工具	断 面 距 离
1	洞内外观察	现场观察及地质描述	每次开挖后立即进行
2	地表沉降	精密水准仪	每次开挖后立即进行
3	拱顶下沉	精密水准仪	每次开挖后立即进行
4	净空收敛	收敛仪	每次开挖后立即进行
5	底部隆起	精密水准仪	每次开挖后立即进行
6	建构物下沉	水准仪和水平尺	每10~50 m一个断面,每断面7~11个测点
7	地层位移	多点位移计	铁路两侧各1个断面

③监测数据分析

从现场监测数据来看,施工对既有铁路线影响较小,沉降控制在允许范围内。

(3)经验总结与建议

1)五慈区间出入段线下穿大台铁路,下穿段为大断面矿山法隧道,采取双侧壁导坑法施工,既有运营铁路对变形敏感,因此,要求施工过程中在洞内、洞外采取措施控制既有运营铁路变形。现阶段施工已经完成,铁路变形控制在要求范围内,表明所采取洞内及轨道路基加固措施有效地控制了既有运营铁路变形。

2)穿越铁路采取扣轨及路基注浆加固措施是控制铁路线变形的关键措施,确保了施工的顺利实施。

3)大断面矿山法隧道施工开洞门处要注意竖井的稳定性,开洞门前可采用增设环梁、对撑等方式平衡受力,加强竖井稳定性。

4)采用双侧壁导坑法施工,导坑施工阶段要严格控制每榀格栅的同步及高程,确保中洞施工时格栅连接的质量。

5)大断面隧道施工时,要严格控制临时支撑拆除的长度及步骤,加强洞内初期支护变形的监测,指导施工顺利进行。

28.5.3 呼家楼站下穿京广桥

(1)工程概况

呼家楼站,位于朝阳北路和东三环路的交叉口处,车站东西向设置,与京广桥垂直相交。京广桥位于东三环北路,南北方向以高架桥方式跨越朝阳北路和朝阳路。车站紧邻京广桥桩,车站周边有大量雨污水管线及管沟,增加了施工风险。

(2)主要技术措施

1)洞外加固

6 号线车站主体暗挖初支外皮与京广桥桥桩水平净距为 4.5 m,暗挖底部距离桥桩桩底为 13.1 m。为保证京广桥的安全使用,对影响范围内的京广桥桥桩采用微型高压隔离桩进行隔离。微型高压隔离桩如图 5-28-139 所示。

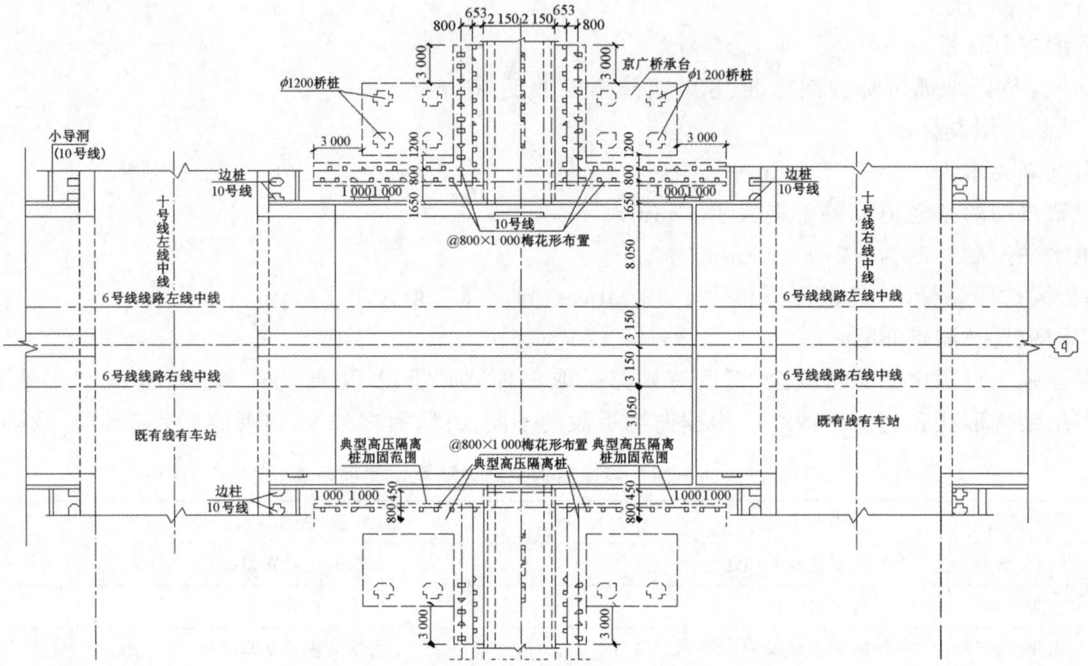

图 5-28-139 微型高压隔离桩示意图(单位:mm)

微型高压隔离桩共有 152 根,直径为 200 mm,沿 4 个桥墩布置,采用内外双排,桩长为 20 m,间距为 0.8 m,梅花形布置。桩钢筋笼由 3 根 20 mm 螺纹钢构成。采用钻机结合跟进式套管成孔,钢筋笼安装完毕后,实施分层高压注浆。

①微型高压隔离桩施工工艺

微型高压隔离桩施工工艺流程如图 5-28-140 所示。

②现场施工

由于受桥桩空间(最低处净空为 4.5 m)及设备本身高度的限制,微型高压隔离桩在施工前,先开挖 1 m 宽、1.5 m 深的导沟(施工完成后回填无机料,恢复至原地面高程),以加大操作空间,便于施工作业。成孔后竖向钢筋笼及支撑采用分节连接,每节长 2.5 m,用接驳器连接。

(A)施工准备。根据设计要求做好桩位的轴线标记和测量放样,按桩位施工。

(B)钻机夯进。采用 SH-30 型钻机成孔。钻机在设计桩位安装就位后,检查冲击杆是否垂直,钻机就位要支垫平稳并保证钻具垂直后方可开钻,然后用钻头开口后旋开挖成孔。当套管跟进到设计深度后终孔,钻至设计孔深后清理渣土 3～5 min 即可提拔钻具。

(C)钢筋笼制作和安装。先用 3 根 φ20 mm 螺纹钢组成一个钢筋笼。另由 φ10 mm 钢筋围成一个内径 60 mm 的钢筋笼隔离环,纵向每 0.5 m 钢筋及定位支撑焊接。定位支撑由 φ10 mm 螺纹钢筋弯成宽40 mm、高 200 mm 的环形。钢筋笼如图 5-28-141 所示。在钢筋笼吊放时,采用简易支撑架吊放,人工配合就位。

③注浆加固

孔内布设 3 根注浆管,注浆管直径为 20 mm,分 3 次注浆:第 1 次注浆管为全孔长,不设置注浆孔,采用底部注浆、孔口溢浆方式;第 2、3 次注浆管按照目标地层的深度和厚度确定长度和注浆孔的布置,注浆段打设出浆孔,出浆孔直径为 4 mm,间距为 100 mm,十字对打。孔眼部位下管前必须封严,四孔竖向错开

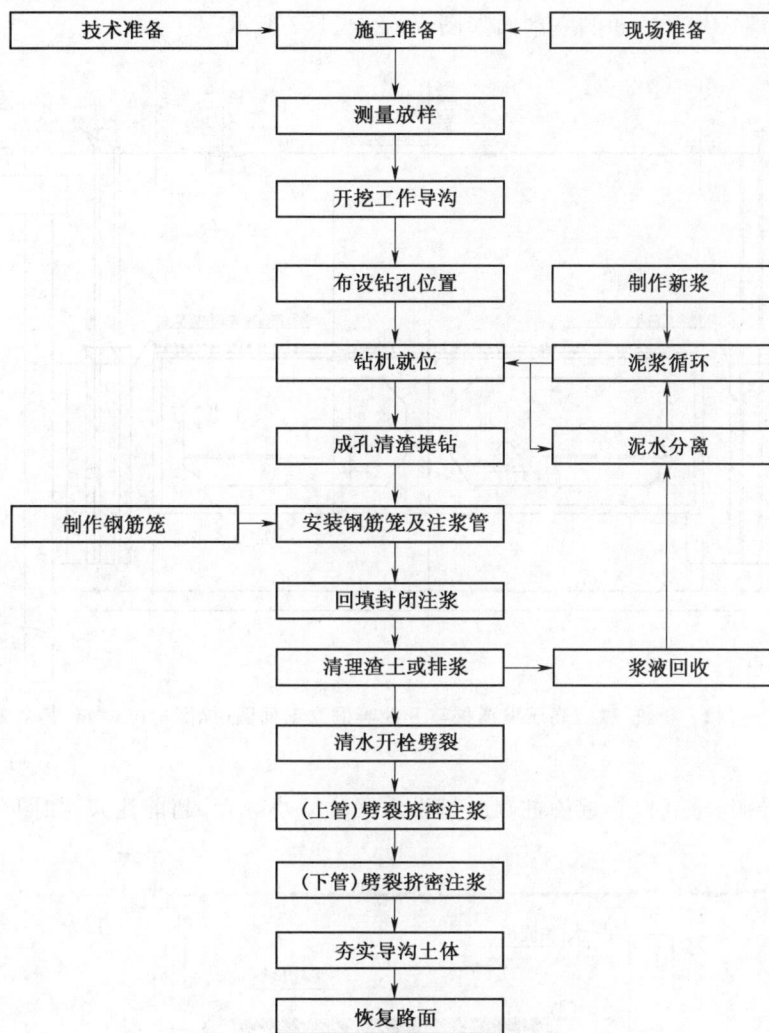

图 5—28—140　微型高压隔离桩施工工艺流程

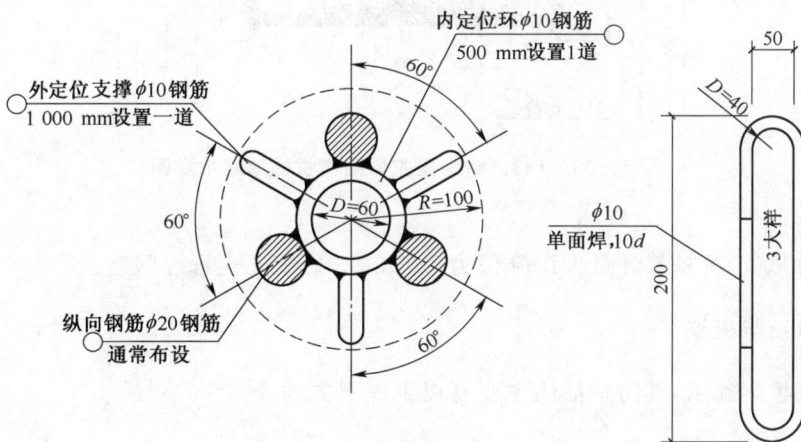

图 5—28—141　隔离桩钢筋笼示意图（单位：mm）

150 mm。钢筋笼及注浆管安放好后,应即刻进行回填注浆。

注浆采用 BW150 型注浆机进行。注浆分 3 次进行施工:第 1 次注浆采用常压注浆,注浆压力为 0.4～0.6 MPa,孔口溢浆时结束本次注浆,水泥浆水灰比为 0.5：1;第 2 次注浆采用中高压注浆,注浆压力为 1.0～1.5 MPa,在第 1 次注浆完成后 10～15 h 进行,首先采用高压水对加固范围的水泥浆液进行劈裂,完成之后对其加固范围内进行注浆,水泥浆水灰比为 0.75：1;第 3 次采用高压注浆,注浆压力为 1.5～2.0 MPa,在第 2 次注浆完成后 5～10 h 进行,水泥浆水灰比 0.75：1。所有注浆材料采用普硅 525 水泥,均掺加 0.04％的微膨胀剂。成孔和注浆工艺,严格按照操作进行,并对全过程进行跟踪记录。

桥桩、微型高压隔离桩与开挖导洞立剖面如图5-28-142所示。

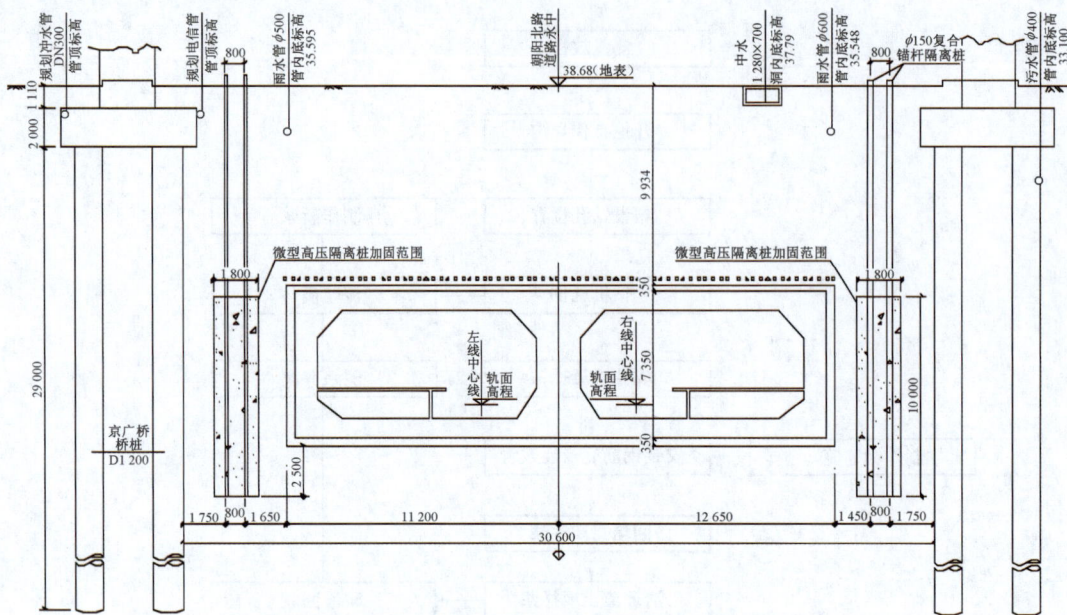

图5-28-142 桥桩、微型高压隔离桩与开挖导洞立剖面图(标高单位为 m,其余为 mm)

2)洞内加固

在进行暗挖段小导洞开挖时,邻近桥桩侧向打设水平注浆小导管,超前注浆,如图5-28-143所示。

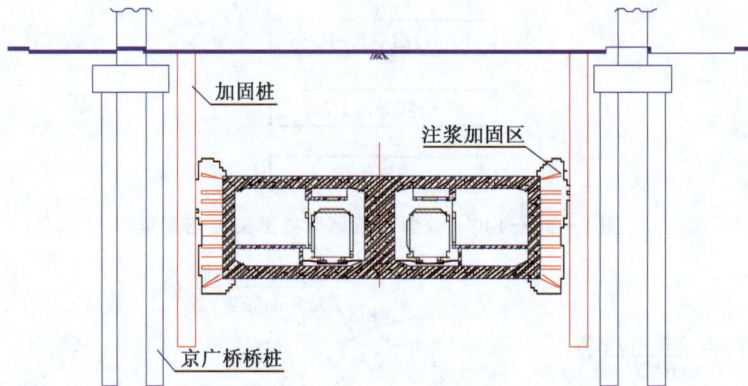

图5-28-143 暗挖段主体结构桥桩加固示意图

3)效果评价

车站施工完成时,京广桥桥桩累计最大沉降值为 1.4 mm,处于安全可控状态。

28.5.4 施工经验总结与建议

隧道下穿铁路及桥梁施工,其防护措施主要有以下三个方面:

(1)隧道自身防护措施

在隧道施工过程中,所有在隧道内采取的用来减小地层沉降的措施,都是隧道自身的防护措施,具体的有:

1)施工方法的选择

为缩短断面封闭时间,通常对大直径隧道要求限制隧道开挖面的最大尺寸,如全断面法改为超短台阶法,或将横隔断墙法改为交叉中隔壁法。

①横隔墙施工方法(CD法)是通过中隔墙施工把开挖分为几部分,从而加强地层结构的稳定性。

②交叉中隔壁法(CRD法)会对基底隆起产生更好的阻力,并且在整个开挖深度内,对墙的运动提供附加的约束。

2)缩短开挖进尺

为了减小地层损失,浅埋暗挖法开挖隧道中,围岩"支护曲线"与"支护结构补给曲线"表明:假设在相同刚度的支护结构下,时间越早,支护结构与围岩达成最终应力平衡时间则越短,即支护结构参与围岩土体相互作用时间越快,从而就能更好的控制围岩纵向变形大小与横向变形范围。因而隧道施工初期支护必须贯彻"宁强勿弱"、"宁早勿迟"的作业指导方针。

3)掌子面加固及核心土留设

掌子面超前加固和预留核心土为对掌子面施加支撑,以减小地层运动。其中,当工作面留设核心土时,工作面的土体易于维持三应力状态,使工作的大、小主应力的分布得到显著的改善,从而保证工作面土体的稳定。工作面留设核心土,能够明显地抑制向隧道内空运动的水平位移。工作面核心土的留设不仅能有效地降低松弛区的范围,而且能够在工作面前方产生压密区。

4)严格控制超挖

(2)地层加固技术

地层技术处理措施,包括所有通过提高或改变地层响应,从而减小或者改变隧道施工产生的地层运动的方法。常用的辅助工法有小导管超前注浆、深孔预注浆和初支背后的回填注浆等。

(3)铁路及桥梁等自身防治措施

铁路及桥梁自身防治措施主要有自身加固、预支顶、隔离桩、跟踪注浆等。

28.6 盾构区间废水泵房设计与施工

盾构区间废水泵房是地铁排水系统的一部分。根据排水类型,泵房可分为雨水泵房、污水泵房和废水泵房,广泛设置于车站、区间、隧道洞口及其他有排水需求的部位。由于盾构区间废水泵房多位于线路最低点,进入承压水层,周边又无地面降水配合作业,地下水处理难度很大,涌水涌砂风险很高,如6号线黄渠站~常营站区间泵房施工时曾经发生过涌水涌砂事故。

28.6.1 泵房设计与施工现状

28.6.1.1 泵房结构设计

泵房尺寸及容积统计如表5-28-29所示。

表5-28-29 泵房尺寸及容积统计表

工点	泵房开挖尺寸(长×宽×深,m)	泵房结构尺寸(长×宽×深,m)	有效容积(m³)
金台路站~十里堡站区间	4.3×3.5×4.15	3.2×2.4×3.5	27
十里堡站~青年路站区间	4.3×3.5×4.15	3.2×2.4×3.5	27
青年路站~褡裢坡站区间	4.3×3.5×4.15	3.2×2.4×3.5	27
黄渠站~常营站区间	4.3×3.26×4.15	3.2×2.1×3.5	23.5
南锣鼓巷站~东四站区间(外挂)	4.3×2.6×4.15	3.2×2.2×3.6	25.5
南锣鼓巷站~东四站区间(3号)	3.5×3.3×5.5	2.4×2.2×4.5	24

注:初支结构厚度基本为250 mm,二衬厚度大部分为400 mm,个别为300 mm。

从上表中可以看出,各区间联络通道兼泵房结构中,泵房开挖宽度与联络通道宽度相近,一般控制在3.5~3.8 m,开挖深度一般控制在4.2~4.5 m之间。泵房有效容积在20~25 m³范围内的工点占20%,有效容积在26~30 m³范围内的工点占60%,有效容积在31~35 m³范围的工点占10%,有效容积大于35 m³的工点占10%。泵房有效容积集中在20~30 m³范围内,占总量的80%。如图5-28-144所示。

28.6.1.2 泵房地下水控制

富水区域修建盾构泵房需对地下水进行有效的控制,采取辅助措施达到无水开挖的施工条件,目前泵房施工地下水控制主要采取地面降水、注浆止水、冻结止水等辅助措施。6号线一期泵房施工地下水处理主要采用的是地面降水和注浆止水措施,并在区间联络通道二衬施工完成后才能进行。

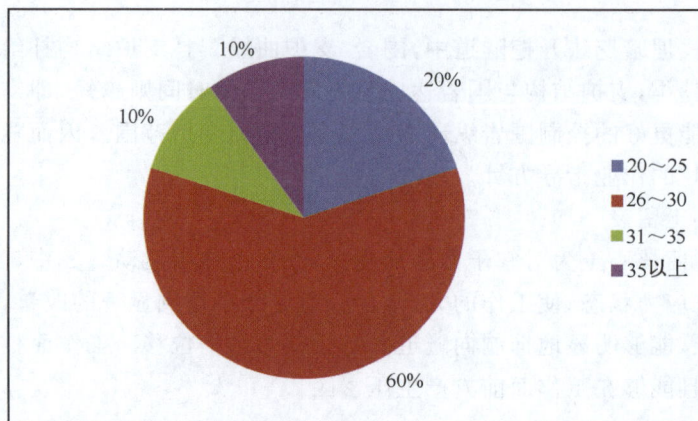

图 5－28－144　泵房有效容积（单位：m³）范围所占百分比

（1）地面降水

主要是以常用的地面管井降水为主，洞内深孔注浆加固为辅的加固方案。降水井应沿暗挖联络通道周边封闭式布置，疏干暗挖联络通道及泵房施工范围内潜水含水层，降低承压水层水位。

降水施工应提前筹划，预留足够降水周期，保证降水效果。具体实施过程中，降水井中心距隧道结构外皮一般按≥2.80 m 控制，相邻降水井间距离应≤6.0 m。成井方法可采用反循环钻机成孔，人工开挖探孔，当确认地下无各种管线后方可施工。降水井内充填滤料按 2 种粒料；外层滤料为引渗砂井核心粒料，应具有一定的磨圆度，滤料含泥量（包括含石粉）≤3％，砾料砾径为 2～4 mm；中心部位填充天然级配砾石，砾径为≤100 mm，含泥量≤5％。要求实际填料量不小于 95％理论计算量。

地面降水井处理地下水稳定可靠，效果直观可控，对地表有条件施工降水井，并能达到区域降水目的的工点，能够保证施工安全。但降水井施工要求地面占地，地面交通环境复杂，外部协调难度较大，周期长，东部地区只有物北区间 3 号通道真正有条件采取了地面降水措施，青塔区间泵房是在洞内深孔注浆无法有效止水、黄渠站～常营站区间出现涌水涌砂后才增设了地面降水措施，辅助洞内注浆止水达到了作业条件。从实施效果、经济效益分析，地表降水应为地下水控制首选方案。

（2）洞内深孔注浆

当地面不具备设置降水井条件或仅能布置少数几个降水井时，可采用以洞内深孔注浆为主的止水方案，主要应用于金台路站～十里堡站区间、黄渠站～常营站区间等。

深孔注浆应分为两个阶段：

第 1 阶段主要是联络通道及泵房施工前对结构初支和隧道周围 3.5 m 或 3 m 范围内的地层进行加固。如图 5－28－145 所示。

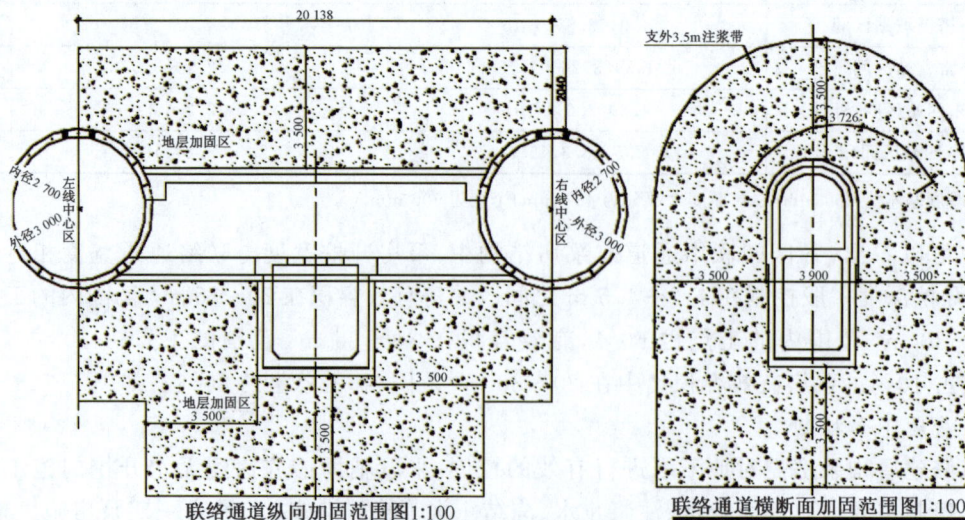

联络通道纵向加固范围图1:100　　　联络通道横断面加固范围图1:100

图 5－28－145　盾构区间泵房设计加固范围（单位：mm）

注浆施工从左右隧道内对称进行,左右隧道分别进行钻孔,钻孔孔径一般为 80 mm。在螺栓口、注浆口及管片相交处可适当调整钻孔位置。钻孔位置错开进行,钻孔深度应要满足加固范围要求。如图 5－28－146 所示。

第 2 阶段为竖向二次补充注浆,以防止注浆盲区等地下水头对泵房的施工产生不利影响。注浆时采用前进式注浆,防止地下水压过大通过注浆孔产生涌水,注浆施工的同时可以探明地下水压的大小。

注浆工艺方面,基本以二重管钻机后退式注浆为主,个别工点采用了前进式,黄渠站～常营站区间采用了旋喷桩加固的方式。

各工点注浆工艺、注浆浆液如下表 5－28－30 所示。

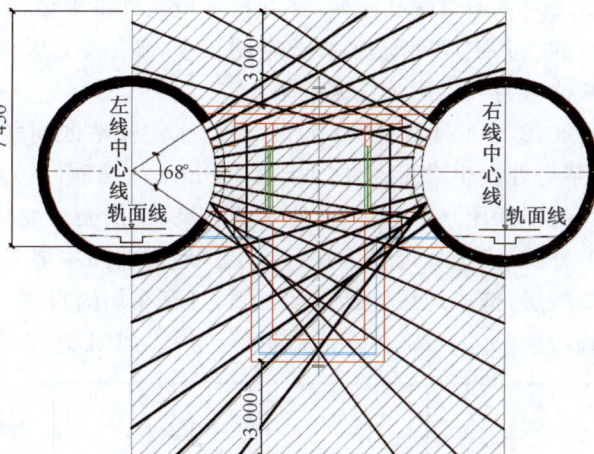

图 5－28－146　盾构区间泵房注浆示意图(单位:mm)

表 5－28－30　各工点注浆情况统计

工　点	注浆工艺	注浆浆液
金台路站～十里堡站区间	二重管钻机注浆	水泥—水玻璃双液浆
十里堡站～青年路站区间	二重管钻机注浆	水泥—水玻璃双液浆
青年路站～褡裢坡站区间	二重管钻机注浆	水泥—水玻璃双液浆
黄渠站～常营站区间	高压旋喷	纯水泥浆液
南锣鼓巷站～东四站区间(外挂)	二重管钻机前进式注浆	水泥—水玻璃双液浆
南锣鼓巷站～东四站区间(3 号)	二重管钻机前进式注浆	水泥—水玻璃双液浆

28.6.2　泵房设计与施工中存在的问题

28.6.2.1　泵房尺寸设计偏于保守

区间隧道的排水泵站主要用于排除隧道结构渗水、冲洗废水及消防废水。泵房的设计满足实际工程需要即可,尺寸设计过大,埋深过深,势必增加承压水头高度,人为增大了地下水处理难度和施工风险。

泵房的尺寸设计主要考虑到了如下方面:

(1)泵房的有效容积

泵房的有效容积应根据具体工点的设计参数(结构渗水量、轨道冲洗水量、消防废水量及排水泵的排水能力)经计算综合确定。《地铁设计规范》(GB 50157—2013)规定区间泵房废水池"有效容积不应小于最大一台泵的 15～20 min 的出水量"(根据不同排水设备标准,出水量约为 25～30 m^3/h),以此计算实际区间废水泵房的有效容积达到 6～10 m^3 即可满足规范要求。实际设计中,设计单位一般有参考性的取值范围,有的设计单位稍小,为 15 m^3,有的设计单位取值较大,为 30 m^3,标准不一。从前述统计可以看出北京地区区间废水泵房有效容积主要集中在 20～30 m^3,偏于保守。根据文献资料,上海地铁 9 号线的设计中,考虑到地质情况的极大风险,对区间废水泵站的集水池有效容积均按照 6～8 m^3 设计,目前全线均正常运营。

(2)排水设备的最小深度

排水设备主要分为立式水泵和卧式水泵等类型,立式水泵的体积较大,目前已经较少采用。卧式水泵及其他类型水泵,根据相关要求,排水管底部的最小深度应大于 1.5 m。

因此根据泵房的实际需要及在抵御风险事件中的作用,建议泵房的设计有效容积可以取为 10～15 m^3,泵房净深 1.5～2 m,净宽按现有的联络通道开挖跨度控制,取 2～2.5 m,这样净长度则为 4～5 m 之间,完全在区间隧道的线宽度之内。增加结构开口长度后,由于开口边长变长,结构应根据开口长度,调整相应的结构设计。

28.6.2.2　洞内深孔注浆止水效果不理想

洞内深孔注浆是堵水方式处理地下水,满足于当地面不具备设置降水井条件或仅能布置少数几个降水井时采用。通过深孔注浆,在开挖区域及外围形成稳定的加固体。深孔注浆主要是在联络通道二衬完成后进行的。其主要问题是:作业空间较小,施工工艺及设备受限;距离区间轨道较近,深孔注浆压力受限;成本及其他人为因素影响注浆效果。

2012 年 4 月 2 日 7:00,黄渠站～常营站区间联络通道泵房开挖至 2.5 m 时,在开挖东北角剩余土体时,泵房处发生大量涌泥(涌砂)。2 min 内涌砂(泥)量约 70 m³,部分泥沙流入隧道内。其原因为黄常区间泵房位于承压水(三)中,承压水头较高,地层交错变化复杂,施工前采取 4 口降水井降水,未能有效降低承压水位,施工开挖地层仍为富水地层。地层加固主要是联络通道道内的水平高压旋喷注浆,由于地层中存在粉细砂层,造成地层固结强度有限,且存在加固盲区,因此开挖过程中遇到薄弱点即出现了情况严重的涌泥(涌砂)现象,大量泥沙灌入成形隧道内。如图 5-28-147 和图 5-28-148 所示。

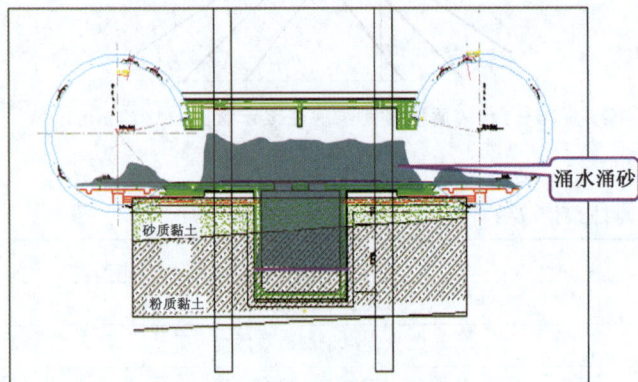

图 5-28-147　涌水涌砂示意图

图 5-28-148　涌水涌砂后盾构正线

主要处理措施:

1)对联络通道所处地层进行了补勘,并对空洞回填混凝土约 150 m³。

2)增设降水井由 4 眼至 18 眼,将地下水位降至泵房底板以下。

3)对管片背后进行物探检查。

4)会同设计单位对泵坑进行设计变更,将泵房的底板在原设计基础上提高 0.65 m,由 3.2 m×2.1 m×3.8 m 调整为 3.2 m×1.9 m×3.15 m,缩小开挖断面和深度。如图 5-28-149 和图 5-28-150 所示。

图 5-28-149　地面探孔勘探

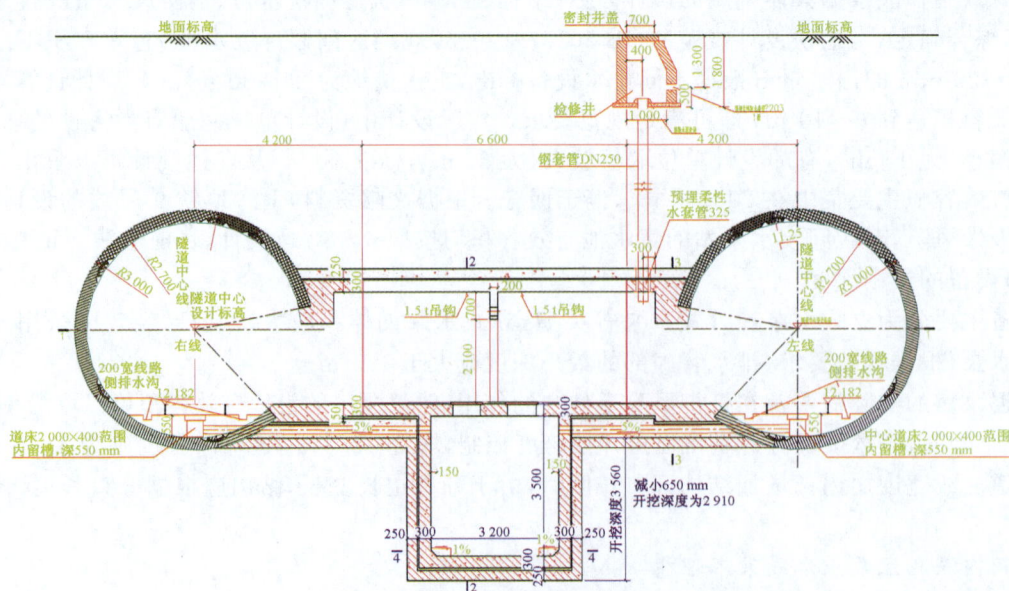

图 5-28-150　开挖深度减小示意图(单位:mm)

泵房后续开挖施工情况:

1)施作通道内浮土水平探孔,提前进行超前探测,探测通道内淤泥的含水情况,清理洞口处封堵的水泥袋,拆除清理通道内的浮土。清至泵坑处停止施工,对泵坑进行超前探测,探测深度要位于泵坑底板以下3 m,查明是否有地下水,然后再清理泵坑上方淤泥。清理泵坑上部土体时,如果土体湿软,首先要施工 2 根纵向工字钢,每推进 60 cm,垫上工字钢和大板,I20a 工字钢 60 cm 一道,大板采用 8 cm 厚,满铺施工。如图 5-28-151 和图 5-28-152 所示。

图 5-28-151　水平探孔示意图

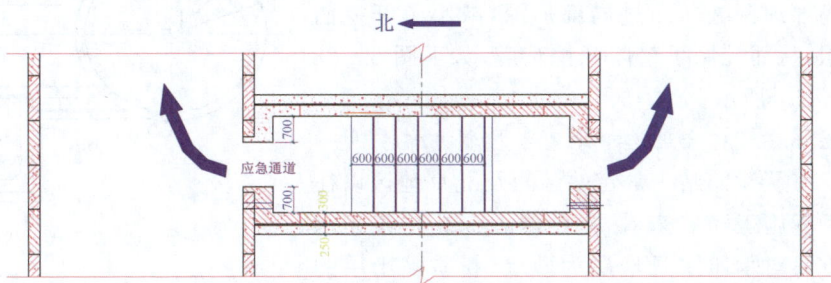

图 5-28-152　工字钢布置示意图(单位:mm)

2)对泵坑进行加固注浆,加固范围为泵坑底下 2 m、泵坑周围 2 m 及泵坑内部土体。注浆浆液为水泥水玻璃,注浆压力为 0.2~0.5 MPa,采用重复注浆的方式进行。如图 5-28-153 和图 5-28-154 所示。

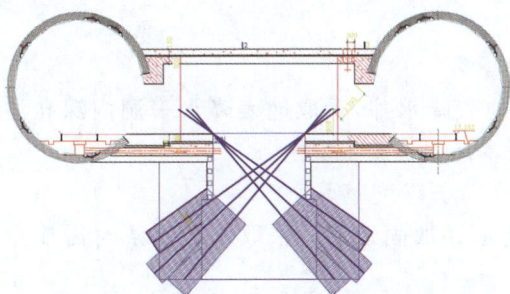

图 5-28-153　第 1 步纵向注浆示意图

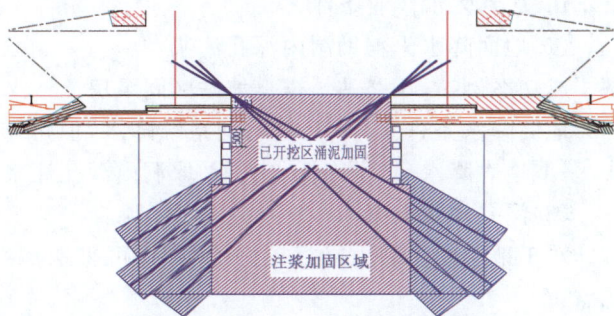

图 5-28-154　第 2 步注浆示意图

3)对泵房竖井已完成的部分进行初支背后进行注浆加固地层。注浆完成后再进行下一榀土方的清理,依次完成前 3 榀的处理。第 4 榀破除后重新施工。完成前 4 榀格栅喷混后,继续分层对角开挖泵坑土体,架设格栅并喷混,直至设计泵坑底部。如图 5-28-155 和图 5-28-156 所示。

图 5-28-155　泵房重新开挖施工

图 5-28-156　泵房二衬施工

28.6.3　经验总结与建议

28.6.3.1　适当调整泵房尺寸,控制泵房开挖深度

(1)控制泵房有效容积

在富水区域控制泵房设计容积,泵房的设计有效容积可以取为 $10\sim15\ m^3$,泵房净深 $1.5\sim2\ m$,净宽按现有的联络通道开挖跨度控制,取 $2\sim2.5\ m$,净长度则为 $4\sim5\ m$ 之间,完全在区间隧道的线宽度之内。通过增加泵房的长度,减小泵房的深度,满足泵房容积的同时减小带水地层泵房施工难度。

(2)通过局部加深,控制泵房开挖面积

为控制开挖难度,可考虑泵房局部加深,为排水设备专门设置集水槽,将水泵放置在局部加深处。通过局部加深,减小了开挖面积,从而控制了整体开挖难度,如下图 5-28-157 所示。

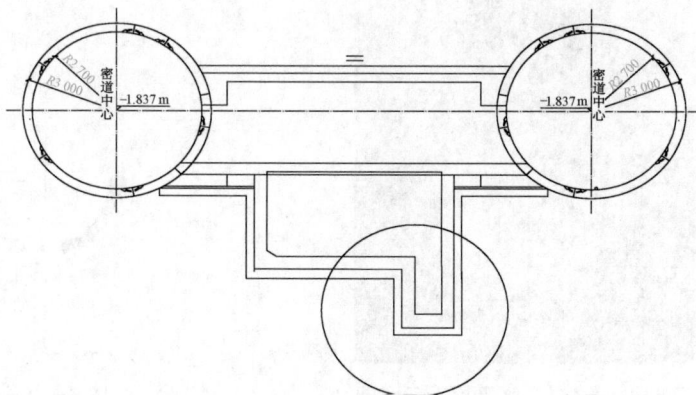

图 5-28-157　排水设备集水槽示意图(单位:mm)

28.6.3.2　合理选择地下水控制方案

从黄渠站~常营站区间及北京地区以往工程施工经验来看,单纯洞内深孔注浆止水方案对承压水且地层为砂层、粉质黏土层的地层存在较大风险隐患,地层为黏土层,可采取深孔注浆止水。

(1)地面降水

地表如具备降水条件,可以实施降水施工的,建议采取地面降水措施为主,将地下水降低到泵房底板以下 $1\ m$,达到无水作业条件。

(2)地面降水+辅助洞内深孔注浆

成功案例:青年路站~褡裢坡站区间泵房。

地面降水条件有限,无法达到系统降水,但可布设有限地表降水井,采取地表降水+洞内深孔注浆模式,采取地表降水,尽量降低水头,采取洞内深孔注浆止水,基本能保证施工安全。

(3)深孔注浆方案

对于地层处于黏土层等较好地层时,可采取深孔注浆止水并加固地层。采取深孔注浆时需注意以下几点:

1)渗水源的区分

潜水:盾构区间没有降水措施,所以联络通道与泵房周边开挖后会形成汇水区,潜水丰富且地层渗透性较好的情况下,侧壁渗水会严重影响施工安全。深孔注浆应注意杜绝注浆盲区,发现渗水后及时封闭掌子面补充注浆。

承压水:承压水处理对施工安全重大,深孔注浆设计方案应对注浆抗水压厚度,强度预留充分。注浆后应对注浆效果认真检查,达不到条件严禁开始施工。

2)注浆时机的选择

泵房侧向注浆应在联络通道二衬施工前进行,尽量加大侧向注浆的作业空间,同时方便调整注浆较大,保证注浆效果。注浆完成后,及时系统进行效果检查,发现盲区后及时补充注浆,同时加强注浆压力控制,加强对联络通道、管片的变形监测,保证成形隧道变形稳定。轨道铺设应在泵房注浆完成后进行,防止注浆对道床及轨道造成影响。

3)泵房的开挖方式

采取深孔注浆止水方式开挖泵房,应坚持小断面分部开挖。对于涌水严重泵房施工,可考虑泵房二衬逆作施工,开挖一段、施工一段二衬,从而确保已开挖段安全。

第 29 章 盾 构 法

29.1 盾构区间基本情况

29.1.1 工程概况

6 号线一期全线共 7 个盾构区间,分布在 4 个标段,依次为 01 标金台路站~十里堡站区间(以下简称"金~十")、01 标十里堡站~青年路站区间(以下简称"十~青")、01 标青年路站~褡裢坡站区间(以下简称"青~褡")、04 标慈寿寺站~花园桥站区间(以下简称"慈~花")、06 标褡裢坡站~黄渠站区间(以下简称"褡~黄")、06 标黄渠站~常营站区间(以下简称"黄~常")、09 标南锣鼓巷站~东四站区间(以下简称"南~东")。各盾构区间在 6 号线一期的平面位置如图 5-29-1 所示。

图 5-29-1 北京地铁 6 号线一期盾构区间平面示意图

北京地铁 6 号线一期 7 个盾构区间共投入盾构设备 12 台,其中 01、06 标各投入 4 台,04、09 标各投入 2 台。截至 2012 年 4 月,全线盾构区间均已贯通。各标段盾构区间概况如表 5-29-1 所示。

表 5-29-1 北京地铁 6 号线一期盾构区间概况

序号	标段/区间	区间长度/管片环数	盾构厂商	备注
1	01 标 金~十	左线:1 696 m/1 413 环	德国海瑞克	投入盾构 2 台,土压平衡式盾构, 面板式刀盘
		右线:1 764 m/1 470 环	日本小松	
2	01 标 十~青	左线:1 051 m/876 环	日立	投入盾构 2 台,土压平衡式盾构, 辐条式刀盘
		右线:1 051 m/876 环	日立	
3	01 标 青~褡	左线:3 372 m/2 810 环	日立	
		右线:3 371 m/2 809 环	日立	
4	04 标 慈~花	左线:1 141 m/951 环	德国海瑞克	投入盾构 2 台,土压平衡式盾构, 面板式刀盘
		右线:1 140 m/950 环	德国海瑞克	
5	06 标 褡~黄	左线:920 m/767 环	日立	投入盾构 2 台,土压平衡式盾构, 辐条式刀盘
		右线:922 m/769 环	日立	
6	06 标 黄~常	左线:1 512 m/1 260 环	德国海瑞克	投入盾构 2 台,土压平衡式盾构, 面板式刀盘
		右线:1 512 m/1 260 环	德国海瑞克	
7	09 标 南~东	左线:1 590 m/1 325 环	日立	投入盾构 2 台,土压平衡式盾构, 辐条式刀盘
		右线:1 644 m/1 370 环	日立	

(1)01标金～十区间

金～十区间左线长为 1 695.6 m,右线长为 1 763.8 m,双线共计 3 459.4 m。隧道顶板覆土厚度在 10.3～19.3 m 之间。本区间沿现状朝阳北路南侧道路下敷设,呈东西走向,西段区间起于朝阳北路与西大望路相交路口的金台路站,出站后沿朝阳北路路中向东敷设,线路经过红领巾桥、人行天桥,止于朝阳北路与星火路相交路口的十里堡站。区间共设置 2 处联络通道。

本区间左线、右线盾构分别于 2011 年 4 月、2011 年 5 月始发,分别于 2011 年 9 月、10 月掘进完毕,工程实施示意图如图 5－29－2 所示。

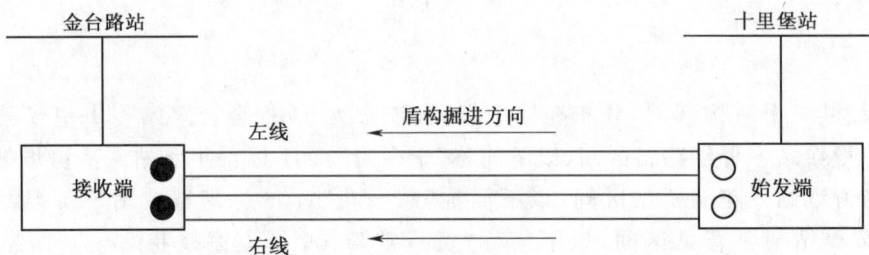

图 5－29－2　金～十区间工程实施示意图

(2)01标十～青区间

十～青区间隧道左、右单线长度均为 1 051 m,双线共计 2 102 m。隧道覆土约为 11.9～20.3 m。本区间沿朝阳北路道路南侧地下敷设,线路呈东西走向,西段区间起于朝阳北路与星火路相交路口的十里堡站,出站后沿朝阳北路路中向东敷设,线路经过一个人行天桥、京包铁路及箱涵,止于朝阳北路与青年路相交路口的青年路站。在区间隧道的中部处设防灾联络通道兼废水泵房。

本区间右线、左线盾构分别于 2010 年 3 月、2010 年 4 月始发,分别于 2010 年 7 月、8 月掘进完毕,工程实施示意图如图 5－29－3 所示。

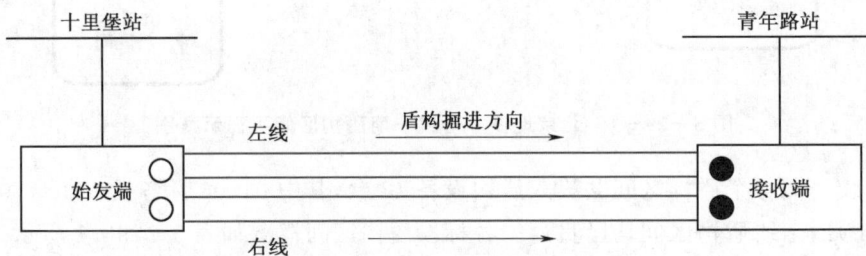

图 5－29－3　十～青区间工程实施示意图

(3)01标青～褡区间

青～褡区间隧道左线长度为 3 372 m,右线长度为 3 371 m,双线共计 6 743 m。区间覆土约为 7～16 m。区间西起于青年路,沿朝阳北路敷设,迄于褡裢坡东路,呈东西走向。穿越的现状及规划城市道路主要有黄杉木店东路、平房西路、大黄庄路、东五环、大黄庄东路、金星制笔厂西路、定福庄西路、褡裢坡西路、褡裢坡东路。

本区间左线、右线盾构分别于 2010 年 10 月、2010 年 11 月始发,于 2011 年 12 月、11 月掘进完毕,工程实施示意图如图 5－29－4 所示。

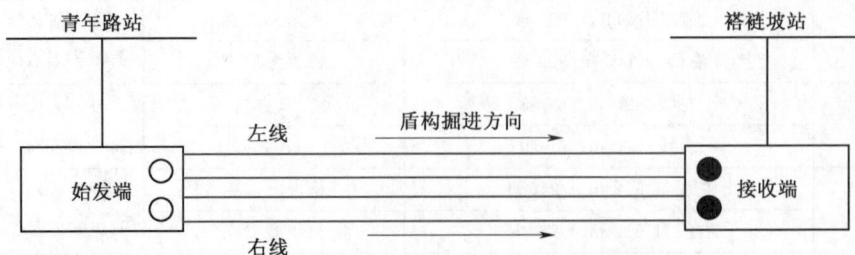

图 5－29－4　青～褡区间工程实施示意图

(4)04 标慈～花区间

慈～花区间隧道左线长度为 1 141 m,右线长度为 1 140 m,双线共计 2 281 m。隧道结构覆土约 16.6～23.9 m。本区间西起蓝靛厂南路与玲珑路相交路口西北角的慈寿寺站,出慈寿寺站(五路居站)后以 $R=400$ m 的平曲线下穿京密引水渠,从慈寿寺桥桥台与颐安家园商务楼间穿过,然后以 $R=650$ m 平曲线转入玲珑路下方,沿玲珑路永中向东敷设,然后以 $R=3 000$ m 的平曲线调整到与到达西三环北路路口的花园桥站线路相接。设置区间联络通道兼泵房 1 个。

本区间左线、右线盾构分别于 2011 年 8 月、2011 年 10 月始发,分别于 2012 年 2 月、4 月掘进完毕,工程实施示意图如图 5－29－5 所示。

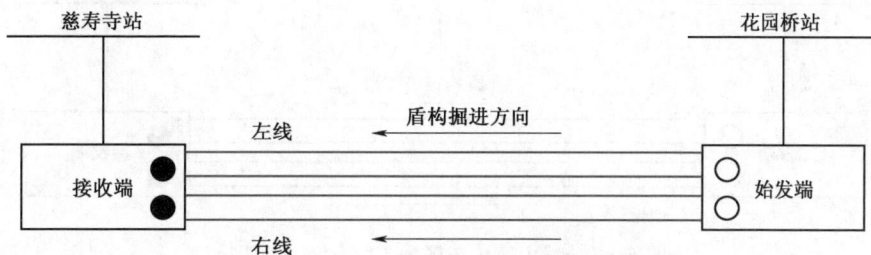

图 5－29－5 慈～花区间工程实施示意图

(5)06 标褡～黄区间

褡～黄区间隧道左线长度为 920 m,右线长度为 922 m,双线共计 1 842 m。隧道结构覆土约 8～11 m。本区间西起定福庄路,沿朝阳北路敷设,迄于三间房东路,呈东西走向,全线均敷设于朝阳北路规划道路红线范围内。

本区间右线、左线盾构分别于 2011 年 5 月、2011 年 6 月始发,分别于 2011 年 9 月、10 月掘进完毕,工程实施示意图如图 5－29－6 所示。

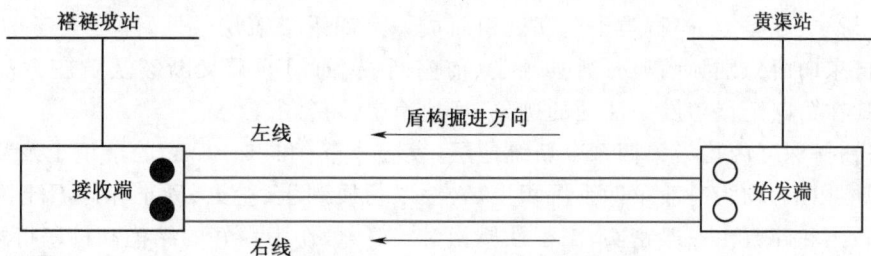

图 5－29－6 褡～黄区间工程实施示意图

(6)06 标黄～常区间

黄～常区间隧道左、右线单线长均为 1 512 m,双线共计 3 024 m。覆土约为 10.5～19 m。本区间沿现况朝阳北路敷设,线路呈东西走向,西起于朝阳北路与制药三厂西路相交路口的黄渠站,沿现况朝阳北路向东至双桥东路路口的常营站。

本区间右线、左线盾构分别于 2011 年 2 月、2011 年 3 月始发,于 2011 年 9 月掘进完毕,工程实施示意图如图 5－29－7 所示。

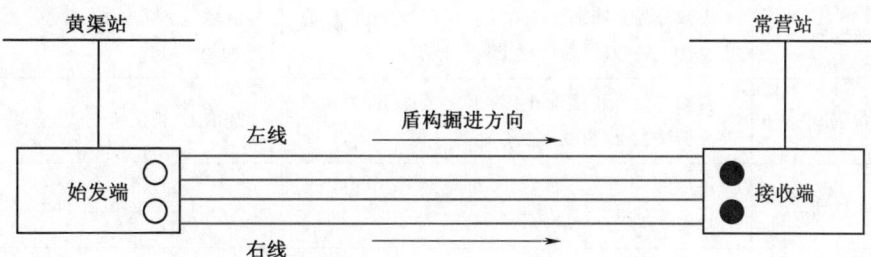

图 5－29－7 黄～常区间工程实施示意图

(7)09 标南～东区间

区间由南锣鼓巷站东端向东至盾构始发井之间为暗挖区间,由盾构始发井向东至东四站西端盾构接收井为盾构法区间。左、右线隧道叠落状向东出盾构始发井,左线在上右线在下。平面上隧道向东出发后接 $R=300$ m 曲线折向南,沿北河沿大街南行,再接 $R=300$ m 曲线折向东,与东四西大街顺行至东四站西端盾构接收井。左、右线隧道逐渐分离,最终并行。左线埋深为 18.8～26.8 m,右线埋深为 13.7～26.8 m。本区间在南锣鼓巷站东设 1 个盾构始发井、中间 3 个联络通道和 2 个泵站、东四站西侧设盾构接收井。右线长为 1 644 m,左线长为 1 590 m,双线共计 3 234 m。

本区间右线、左线盾构分别于 2011 年 4 月、2011 年 9 月始发,于 2012 年 3 月掘进完毕,工程实施示意图如图 5－29－8 所示。

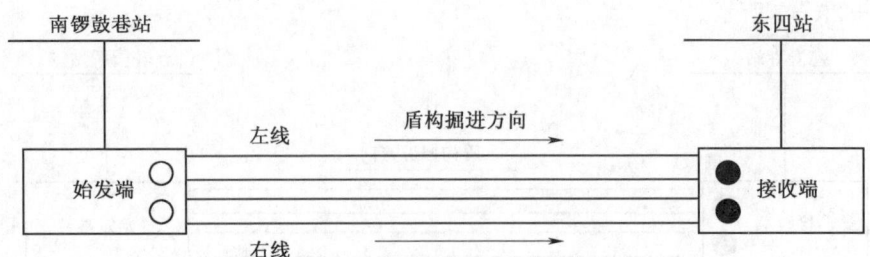

图 5－29－8 南～东区间工程实施示意图

29.1.2 工程地质、水文地质条件

(1)工程地质条件

北京地铁 6 号线一期全线地形基本平坦,地势起伏不大,全线地势西高东低。其中,01 标金～十区间、十～青区间、青～褡区间和 06 标褡～黄区间、黄～常区间地貌上属于永定河冲洪积扇的轴部,受古金沟河故道影响,所处地貌类型主要为古金沟河故道及河道两侧台地;04 标慈～花区间、09 标南～东区间地貌特征主要属于永定河冲洪积扇的中上部,同时受地表水系(如水塘、水潭、沼泽等)影响。第四纪沉积规律较为明显,地层有黏性土、粉土、砂类土、碎石类土交互沉积而成。第四系覆盖层较厚,厚度大于 50 m,分布基本稳定,所经过的断裂自东向西分别为南苑～通县断裂、前门断裂、前门～顺义断裂及黄庄～高丽营断裂,均为隐伏断裂,未发现其在第四纪覆盖层中活动的迹象,场地稳定性良好。

盾构区间线路钻探深度内均为第四系全新统地层,表层分布有 1.5～6 m 的杂填土及粉土填土,工程性质较差。新近沉积层以下,均为一般第四系沉积土,岩性以粉质黏土、粉土、砂土和碎石土为主,黏性土和粉土工程性质一般,砂土和碎石土一般密实,工程性质相对较好,可作为良好的结构和桩基持力层。

本线各盾构区间洞身穿越地层及结构顶板附近(或上层)土层概况如表 5－29－2 所示。

表 5－29－2 盾构区间地层地质条件简介

标段	区间	盾构穿越地层	结构顶板上部地层
01 标	金～十区间	主要为粉质黏土、中粗砂、黏土、圆砾卵石的混合地层,局部含粉土和粉细砂	杂填土、粉土填土、粉土、粉细砂、粉质黏土
	十～青区间	主要为卵石⑤、粉质黏土、中粗砂的混合地层	杂填土、粉土、粉质黏土、粉细砂、黏土、中粗砂
	青～褡区间	粉细砂、粉质黏土、中粗砂、卵石⑤	杂填土、粉土填土、粉土、粉质黏土
04 标	慈～花区间	大部分为全断面卵石⑦层,局部为中粗砂、黏土、粉土、粉细砂、粉质黏土复合地层	杂填土、粉土填土、粉土、粉质黏土、卵石、中粗砂
06 标	褡～黄区间	两端主要为粉质黏土、粉土复合地层,中间主要为粉质黏土、粉细砂复合地层	杂填土、粉土填土、粉土、粉质黏土
	黄～常区间	粉细砂、中粗砂、卵石⑤、粉质黏土、中粗砂复合地层	杂填土、粉土填土、粉土、粉质黏土、粉细砂
09 标	南～东区间	两端分别为全断面卵石⑤及⑦层,中间主要为粉质黏土、粉细砂、中粗砂复合地层及卵石⑦、中粗砂、粉质黏土复合地层	杂填土、粉土填土、粉土、粉细砂、粉质黏土、卵石、中粗砂

(2)沿线水文地质条件

对 01 标段及 06 标段盾构区间线路影响最大的主要为上层滞水(一)、潜水(二)及层间潜水(三)。这三层地下水水位分别位于结构顶板和底板层位上,对盾构施工影响不大,主要是风井、联络通道兼废水泵房处。地下水可能产生潜蚀作用,并造成流砂、涌土、坍塌现象,还会产生基底的管涌和隆起现象,影响施工安全。

04 标慈~花区间盾构隧道顶板位于潜水(二)以下,隧道底板位于层间潜水(三)附近或以下,其中层间潜水(三)对盾构施工影响相对较大。

09 标段南~东区间地下水位较高,隧道结构主体及联络通道、泵站等均位于地下水位以下,上层滞水、潜水、承压水相互之间水力联系密切,对结构外墙将产生较大的侧压力。粉土、砂土受地下水影响在施工中易出现潜蚀、流砂、坍塌现象,导致结构失稳。泵站及局部隧道结构底板位于承压水头以下,上覆土层较薄,易发生基坑突涌,引发安全事故。

(3)风险识别

施工准备期,盾构组研读了各区间勘察、设计资料,并进行了沿线考察,进行了图纸与实地的核实,明确了风险工程的分布和其与隧道结构的相对位置关系等,为区间隧道的组段划分工作提供了素材。

1)01 标金~十区间

金~十区间双线沿朝阳北路南侧道路下敷设,区间自金台路站出发后依次穿越北京联合大学商学院教学楼、红领巾桥、双兴小区居民楼、中国音乐学院附中、八里庄南里小区、人行天桥及热力管线、上水管线、红领巾桥退水渠箱涵等,如图 5-29-9~图 5-29-14 所示。

图 5-29-9　北京联合大学商学院教学楼

图 5-29-10　红领巾桥

图 5-29-11　双兴小区居民楼

图 5-29-12　中国音乐学院附中

2)01 标十~青区间

十~青区间双线沿朝阳北路南侧道路下敷设,区间自十里堡站始发后依次穿越人行天桥、十里堡北里 21 层高楼、京包铁路及箱涵、青年会所楼群及多条市政管线等,如图 5-29-15~图 5-29-20 所示。

图 5－29－13　八里庄南里小区

图 5－29－14　人行天桥

图 5－29－15　人行天桥

图 5－29－16　十里堡北里高楼

图 5－29－17　京包铁路及箱涵

图 5－29－18　青年会所楼群

图 5－29－19　下穿 $\phi2\,150$ mm 雨水管

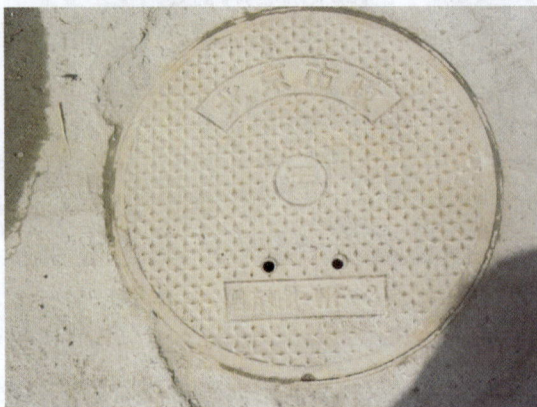

图 5－29－20　下穿 $\phi1\,200$ mm 污水管

3)01标青~裙区间

青~裙区间为6号线一期工程中区间最长的盾构区间,盾构出青年路站依次穿越白家楼桥、商业用房、居民用房、青年路排水沟及多条重要的市政管线,如图5－29－21～图5－29－24所示。

图5－29－21 白家楼桥

图5－29－22 商业用房

图5－29－23 居民用房

图5－29－24 青年路排水沟

4)04标慈~花区间

本区间自花园桥站始发后依次穿越颐安嘉园商务楼、京密引水渠、慈寿寺桥、热力小室等,如图5－29－25～图5－29－28所示。

图5－29－25 颐安嘉园商务楼

图5－29－26 京密引水渠

5)06标裙~黄区间

裙~黄区间西起定福庄路,沿朝阳北路敷设,讫于三间房东路,全线均敷设于朝阳北路规划道路红线范围内。本区间沿线地面无重要环境风险,地下管线分布较为集中。

6)06标黄~常区间

本区间沿现况朝阳北路敷设,线路呈东西走向,沿线地面除一个通信塔之外无其他重要环境风险,地下管线分布较为集中,如图5－29－29所示。

图 5—29—27　慈寿寺桥

图 5—29—28　热力小室

图 5—29—29　通信塔

7)09 标南～东区间

本区间自南锣鼓巷站始发后依次穿越 2、4、5、6 层居民楼、2 处老旧房屋建筑群、东四天桥桥桩,如图 5—29—30～图 5—29—33 所示,同时地下管线也较为集中。

图 5—29—30　2、4、5 层居民楼

图 5—29—31　6 层居民楼

图 5—29—32　老旧房屋

图 5—29—33　东四天桥桥桩

29.1.3　风险工程清单

6 号线一期盾构区间风险工程分级清单如表 5—29—3 所示。

表 5—29—3　6 号线一期盾构区间风险工程分级清单

标段	区间	各级风险工程统计				风　险　工　程
		特级	一级	二级	三级	
01 标	金~十区间	—	—	12	3	二级:盾构始发到达、北京联合大学商务学院教学楼、红领巾桥、人行天桥、双兴小区居民楼、中国音乐学院附中、八里庄南里小区、热力沟(3 条)、上水管线及红领巾桥退水渠箱涵 三级:侧穿金台路站、侧穿十里堡风道、上水、电力、燃气管线等
	十~青区间	1	—	7	1	特级:京包铁路及箱涵 二级:盾构始发到达、联络通道、下穿人行天桥、侧穿十里堡北里 21 层高楼、侧穿青年会所楼群、下穿雨水管、污水管 三级:盾构下穿上水、电力、燃气等市政管线
	青~褡区间	—	5	9	4	一级:商业用房、上水管、污水管、白家楼桥 二级:盾构始发到达、中间风井、青年路排水沟、雨水管线、污水管线(2 个)、雨水箱涵、雨水沟(2 个) 三级:联络通道(4 个)
04 标	慈~花区间	—	2	4	2	一级:下穿京密引水渠、热力小室 二级:盾构始发到达、联络通道、侧穿颐安嘉园商务楼、邻近热力小室 三级:区间隧道近距离施工等
06 标	褡~黄区间	—	7	1	1	一级:雨水管线(2 个)、上水管线(2 个)、雨水箱涵(2 个)、雨水沟 二级:盾构始发到达 三级:联络通道
	黄~常区间	—	3	7	1	一级:污水管线、上水管线(2 个) 二级:盾构始发到达、联络通道、雨水沟、雨水管线(2 个)、雨水箱涵、通信塔 三级:联络通道
09 标	南~东区间	—	12	10	2	一级:盾构始发到达、2、4、5 层居民楼、污水管线、上水管线、雨水管线 二级:联络通道、东四天桥桥桩、民房建筑群、6 层居民楼、雨水沟(3 个)、热力管沟(2 个)、通信管沟 三级:联络通道(2 个)
合计		1	29	50	14	—

注:06 标黄~常区间通信塔为盾构施工前新建环境风险,建议风险等级为二级。

29.2　盾构选型

29.2.1　盾构选型原则及依据

(1)盾构选型原则

盾构选型应从安全适应性、技术先进性、经济合理性等方面综合衡量,在安全可靠的前提下考虑技术先进和经济合理。一般原则如下:

1)盾构技术水平先进可靠,性能优良,技术参数有一定裕度,保证基本的安全储备。

2)所选盾构应充分满足区间隧道穿越地层条件的施工需要,若遇地层变化较复杂、盾构施工不可能适宜所有组段的情况,应加强可行性对比分析,并以设备适宜主要组段、不适宜组段能够依靠相关技术措施弥补的原则择优选取。

3)适应周围环境条件和曲线施工,能够满足浅埋或超浅埋地铁隧道施工以及穿越建/构筑物施工的需要,即要求盾构能够有效控制地表沉降,并具有良好的操作性能。

4)能够满足在隧道内清除或撤换地下障碍物的施工要求。

5)盾构在设计方面应考虑需要多次拆卸、多次组装和可能应用于多项隧道工程的实际特点。若为旧机改造设备,应了解其历史使用情况。

6)后配套设备的能力与主机配套,生产能力与主机掘进速度相匹配,具有布置合理、易于维护保养的特点。另外,在盾构厂商信誉和业绩有所保证的前提下,尽量选择国内可配套生产配件的厂家,以减少购置费用。

(2)盾构选型依据

盾构选型应以工程地质、水文地质为主要依据,综合考虑隧道断面尺寸、施工长度、隧道埋深、线路曲率、沿线地形、地面及地下建(构)筑物等环境条件及各条件对地面变形的控制要求,同时考虑工期、环保等因素,并参考国内外已有盾构工程实例及相关的技术规范、施工规范及相关标准,对盾构类型、驱动方式、功能要求、主要技术参数,辅助设备的配置等进行研究。主要依据如下:

1)地质条件

包括隧道穿越地层的颗粒级配及粒度分布、抗压/抗拉强度、压缩性能、渗透系数、黏聚力、内摩擦角、孔隙水压,地下水情况(水位、流速、流向、有无侵蚀性)等。

2)设计参数

包括隧道长度、线形、坡度、隧道平纵断面及横断面形状及尺寸等参数。

3)环境条件

①隧道埋深及上覆土层情况。

②地上及地下建(构)筑物、地下管线分布情况及其结构特性,沿线河流、湖泊、海洋分布情况,沿线交通情况、施工场地条件、气候条件、水电供应情况等。

4)辅助工法

5)隧道施工工程筹划及工期要求

6)技术经济条件

依据上述条件进行分析研究,确定相对可行的方案,通过排除、比选选择最适宜的盾构和最佳的辅助工法,以确保盾构施工的安全可靠。

29.2.2　盾构类型与地层关系

目前在国内地铁工程中应用比较广泛的是土压平衡盾构和泥水平衡盾构,敞开式盾构在地铁工程中应用比较少见,因此本节主要讨论土压平衡盾构和泥水平衡盾构与地层的关系。

(1)土压平衡盾构与地层关系

土压平衡盾构要求土体具备良好的塑性变形特性、优良的黏稠性能、较小的内摩擦力和较低的渗透性。适用于含水量和粒度组成比较适中的粉土、淤泥质粉土、黏土、砂质粉土、砂质黏土、夹砂粉黏土等黏稠土壤的施工。在黏性土壤中掘进时,由刀盘切削下来的土体进入土舱后由螺旋机输出,在螺旋机内形成压力梯降,由排土量同开挖量的等量控制,保持土舱压力和掘削面地层的稳定。

当含砂量超过一定限度时,泥土流塑性明显变差,土舱内土体因固结作用被压密,导致渣土难以输出。砂性土流动性差、摩擦力大、渗透系数高,在地下水丰富地段舱内压力更不易稳定,需进行改良,从而使泥土压力可以很好地传递到掘削面。此类盾构适用于冲积砂砾、砂、粉土、黏土等固结度比较低的软弱地层、洪积地层、软硬不均地层,适用性最为广泛。

(2)泥水平衡盾构与地层关系

泥水平衡盾构适用于冲积形成的砂砾、砂、粉砂、黏土层、弱固结的互层以及含水率高、掘削面不稳定的地层,洪积形成的砂砾、砂、粉砂、黏土层及含水率很高、固结松散、易于发生涌水破坏的地层,常用于河底、江底、海底等高水压条件下的隧道施工。对于难以维持掘削面稳定的高透水地层、砾石地层,有时需考虑辅助工法。在开挖断面较大时,控制地表沉降性能优于土压式盾构。

虽然经过过筛、旋流、沉淀等程序,可将弃土浆液中的一些粗颗粒分离,但泥浆中的悬浮或半悬浮的细颗粒仍不能完全分离,又不能随意处理。而降低污染往往造成工程投资增加、场地占用面积较大、处理时间较长等,是采用泥水盾构时应该慎重考虑的重要课题。

(3)土压平衡盾构和泥水平衡盾构比较

土压平衡盾构和泥水平衡盾构的应用条件各有侧重,当确定采用封闭式盾构时,可依据国内外施工经验,参考如下土体参数的定量标准:

1)地层渗透系数:根据欧美及日本的施工经验,通常,当渗透系数小于 10^{-7} m/s 时,采用土压平衡盾构;当渗透系数大于 10^{-4} m/s 时,宜选用泥水平衡盾构;渗透系数位于 $10^{-7}\sim10^{-4}$ m/s 时,两者均可选用。即地层以各种级配富水的砂层、砂砾层为主时,泥水平衡盾构为宜,其他宜用土压平衡盾构,如图 5-29-34 所示。

2)地层颗粒级配:一般来说,细颗粒含量多,渣土易形成不透水的塑流体,容易充满土舱,在土舱中可以建立压力,平衡掘削面的土体。粗颗粒含量高的渣土塑流性差,实现土压平衡困难。盾构类型与颗粒级配的关系如图 5-29-35 所示,图中右侧为淤泥黏土区,为土压平衡盾构适应范围,中部为粗砂、细砂区,即可使用泥水盾构,也可经土质改良后使用土压平衡盾构,左侧为卵石砾石粗砂区,为泥水平衡盾构适用的颗粒级配范围。

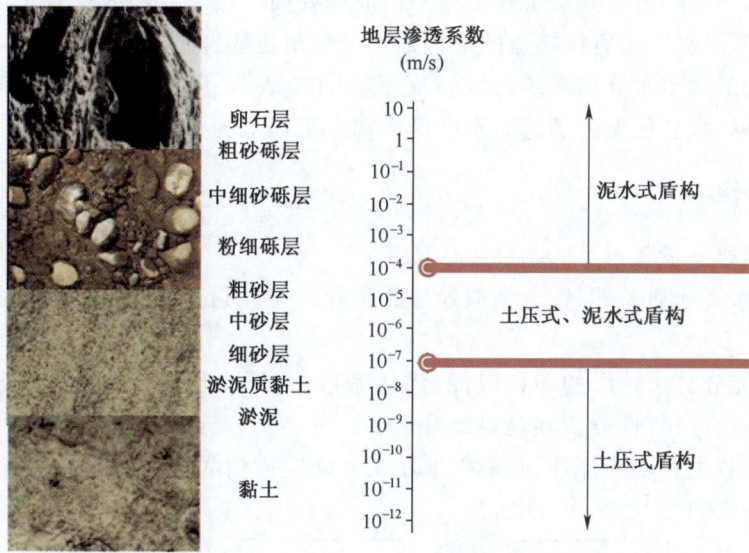

图 5-29-34　地层渗透系数与封闭式盾构类型的适用关系

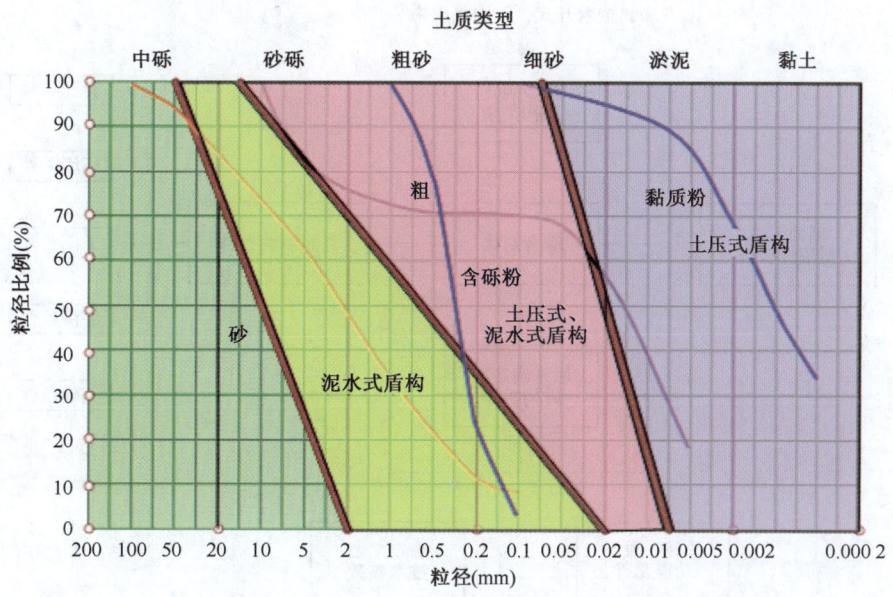

图 5-29-35　地层类型及颗粒级配与封闭式盾构的适用关系

3）地下水压：当水压大于 0.3 MPa 时，宜采用泥水盾构。如采用土压平衡盾构，螺旋输送机难以形成有效的土塞效应，易产生渣土喷涌现象，引起土舱内压力下降，导致掘削面坍塌。若由于其他原因需要采取土压平衡盾构，则必须采取相应措施，增大螺旋输送机长度或采用二级螺旋输送机，或采用保压泵（高水压地层防止喷涌）等。

4）土体黏稠度：一般情况下，土质黏稠度系数介于 0.25～0.50 之间的柔软土和 0.50～0.75 之间的软土宜采用土压平衡盾构。

北京地铁区间隧道除 7 号线 08 标百子湾站～化工路站区间，由于隧道穿越污染地层选用泥水平衡盾构施工，其他均采用土压平衡盾构施工，主要原因有以下几个方面：

1）北京地铁工程区间隧道目前的埋深都在 30 m 以内，基本没有高水压地层，土压平衡即可满足要求。

2）北京地区盾构隧道穿越的地层主要为卵石层、砂层（包括粗砂、中砂、细砂、粉细砂等）、土层（包括粉土、粉质黏土、黏土等），土压平衡对砂层和土层具有良好的适应性，对于卵石层通过优化设备参数、盾构设备改造、加强土体改良等其他辅助措施增强土压平衡盾构的适用性，从而顺利、安全完成土压平衡盾构在卵石地层施工。

3）泥水平衡盾构施工区间隧道其造价较土压平衡盾构要高，以 7 号线 08 标百子湾站～化工路站泥水平衡盾构隧道为例，每延米泥水平衡盾构隧道的造价是土压平衡盾构隧道的 1.3 倍。

4）泥水平衡盾构施工其泥水分离系统需要占据很大的场地，一般的城市地铁工程，都处于交通繁华地带，施工场地占用越小越好，往往无法满足泥水平衡盾构施工场地的要求。

29.2.3　盾构选型的步骤

盾构选型一般遵循如下步骤：

1）根据工程地质、水文地质条件，结合类似地层的工程经验，通过比选敞开式、封闭式盾构的适应条件，初步确定盾构的类型。

2）依据地勘资料，充分分析地层的颗粒级配、渗透系数、地下水压等，并结合辅助工法和其他非地层条件，对初步确定的机型进行可行性分析并确定最终机型。

3）选择和设计盾构各主要功能部件，并根据地质条件确定盾构的主要技术参数和配套施工设备。

盾构选型的基本步骤如图 5－29－36 所示。

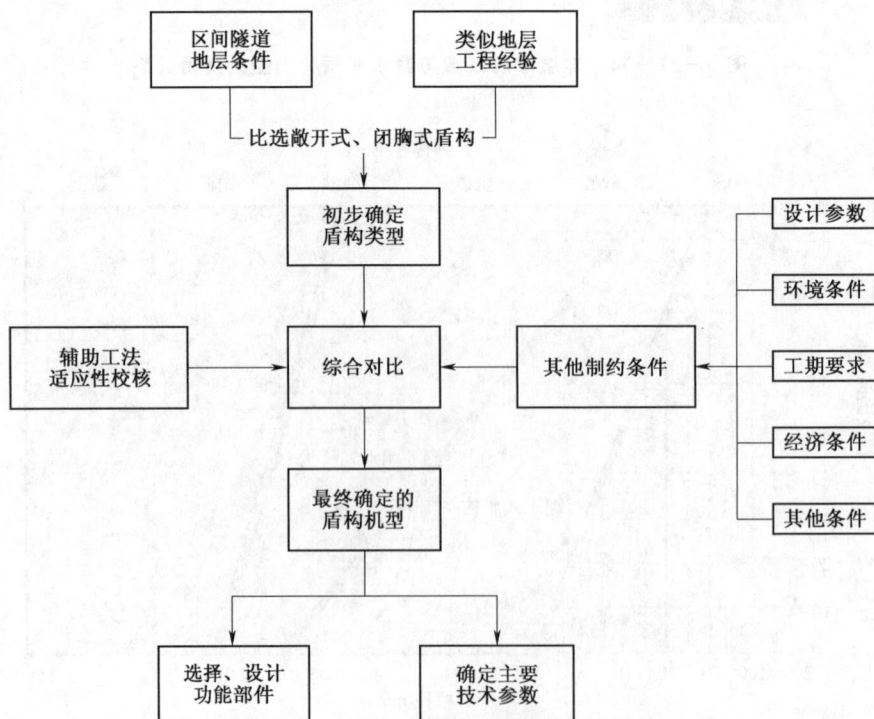

图 5－29－36　盾构选型的基本步骤

29.2.4　盾构选型基本技术要求

(1)盾构主机技术要求

1)盾构主机由前盾、中盾和盾尾三部分组成,且具备足够的强度和刚度。

2)主轴承设计寿命不低于 10 000 h。

3)土舱内土压力计不少于 3 个,且应该按上、中、下不同区位布置在土舱隔板内。

4)土舱内土体改良剂注入口不少于 4 个,且应合理分散布置在土舱隔板上的相应位置。

5)盾尾至少具备 3 道密封刷,2 道密封舱,且能够承受土压、水压及同步注浆产生的压力,不低于 0.5 MPa。

6)每道盾尾密封舱密封油脂注入口不少于 6 个,且应能监测到每个注入口油脂注入压力,及总油脂注入量。

(2)刀盘与刀具技术要求

1)刀盘形式、开口率应根据开挖地层的特性来确定,以保证渣土顺利进入土舱内,适应快速掘进和建立土压的要求。

2)刀具布置应充分考虑地质条件并具有一定高差,且为满足正反方向旋转的要求,每条轨迹内布置的刮刀不少于 2 把,对于磨蚀性较强的砂卵石地层和砂层,刀具应增加耐磨性。

3)刀盘前方土体改良剂注入口不少于 5 个,应合理分散布置,且刀盘中心须至少设置 1 个注入口。

4)刀盘扭矩应根据开挖地层的特点来确定,对于砂卵石地层,刀盘额定扭矩不低于 5 000 kN·m,脱困扭矩不低于 6 500 kN·m。

5)刀盘背面应设置搅拌棒,通过刀盘的旋转带动搅拌棒对渣土进行搅拌改良。

6)砂卵石地层和砂层,刀盘正面及侧面应具有足够的耐磨性。

(3)推进系统

1)推进系统提供的最大推力应能满足盾构推进过程中所遇到的最大阻力,最大推力不低于 30 000 kN。

2)推进油缸行程应根据管片的环宽和 K 块管片插入的长度来综合确定。

3)推进系统提供的最大推进速度不低于 10 cm/min。

4)推进油缸撑靴在与管片接触时能保证推力缓和均匀地作用在管片上,且应防止撑靴直接作用在密封止水橡胶条上。

(4)螺旋输送机

1)排土能力应满足盾构最大推进速度时的出土要求,且应留有一定余量。

2)最大排土粒径应根据刀盘最大进土粒径来确定。

3)对于有水地层,螺旋输送机在土舱进土口处设置可开闭闸门且整体具有伸缩功能,可回缩螺旋输送叶片。

4)螺旋输送机底部(渣土入口处)应设置土压力计,观察螺旋输送机内的排土压力。

5)对于磨损较大的地层(如砂卵石层、砂层)螺旋输送机叶片和筒壁应做耐磨处理。

(5)皮带机

1)出渣能力应与盾构掘进最大速度和螺旋机最大排土能力相匹配。

2)长度和出土位置应满足一次性出土列车编组要求。

(6)管片运输及拼装系统

1)双轨梁应满足隧道最小转弯半径要求。

2)管片拼装机应配有警笛和警灯系统。

(7)铰接系统

1)铰接水平最大转动角度不小于 1.5°,竖直最大转动角度不小于 1°。

2)铰接密封至少装有防水密封 2 层,挡土密封 1 层,正常耐水压力不低于 1.0 MPa。

3)铰接油缸至少装有 4 个行程检测装置。

(8)同步注浆系统

1)同步注浆能力与最大推进速度相匹配,确保掘进速度为 10 cm/min 时注入率为 150%。

2）盾尾同步注浆口不少于2个。

3）应安装相应传感器,确保能监测到每个注浆口的压力、注浆量和总注浆量。

4）配备注浆管路清洗装置,在注浆完成后对注浆管进行清洗。

5）后配套台车上储浆罐的容量不低于6 m³。

（9）人闸系统

1）人闸应由主舱和副舱组成,主舱和副舱均应满足2人空间需求。

2）盾构后配套台车上配有人闸储气罐及空气净化滤器以满足人闸用气。

3）人闸进入土舱的门宜向人闸方向开启。

（10）盾构施工数据采集及监控系统

1）盾构具有完备的数据采集系统,对盾构施工参数进行实时采集、记录,所有数据都应实现数据库实时保存,并可转移存储。

2）盾构施工数据应能传输至地面监控中心,并能够在地面监控室对盾构施工进行实时监控。

（11）导向系统

1）满足测量精度要求,能够实时正确显示盾构姿态、方位及里程。

2）具备报警功能。

29.2.5　盾构选型情况

（1）北京地铁6号线各盾构标段选用盾构情况

1）01标金台路站～十里堡站区间

金十区间隧道穿越的地层主要为粉质黏土、中粗砂、黏土、圆砾卵石的混合地层,局部含粉土和粉细砂,左线选用德国海瑞克公司生产的面板式土压平衡盾构,设备参数如图5－29－37所示,右线选用日本小松公司生产的辐条面板式土压平衡盾构,设备参数如图5－29－38所示。金十区间盾构选型合理,施工速度快,施工过程安全可控。

盾构生产商:德国海瑞克		
刀盘型式	面板式	刀盘开口率	32%
刀盘直径	6 260 mm	前盾直径	6 250 mm
中盾直径	6 240 mm	尾盾直径	6 230 mm
盾构主机长	7 900 mm	最大推力	42 575 kN
脱困扭矩	6 900 kN·m	最大扭矩	5 300 kN·m
螺旋机形式	带式	螺旋机直径	800 mm
螺旋机最大通过粒径		500 mm×500 mm
刀具布置	中心双刃滚刀:2把	贝壳刀:18把
	中心仰角刀:1把	边刮刀:28把

图5－29－37　金十区间左线盾构设备参数

盾构生产商:日本小松		
刀盘型式	面板式	刀盘开口率	45%
刀盘直径	6 270 mm	前盾直径	6 250 mm
中盾直径	6 250 mm	尾盾直径	6 240 mm
盾构主机长	9 055 mm	最大推力	38 000 kN
脱困扭矩	6 000 kN·m	最大扭矩	4 800 kN·m
螺旋机形式	轴式	螺旋机直径	800 mm
螺旋机最大通过粒径		300 mm×500 mm
刀具布置	中心刀:1把	刮刀:35把
	先行刀:60把	仿形刀:2把

图5－29－38　金十区间右线盾构设备参数

2）01标十里堡站区间～青年路站区间～褡裢坡站区间

十～青～褡区间盾构区间隧道穿越地层主要为卵石⑤、粉质黏土、中粗砂的混合地层,2个区间选用2台华遂通公司(采用日本日立造船公司技术)的辐条式土压平衡盾构,2台盾构设备参数一样,设备参数如图5－29－39所示。所选盾构与地层适应性较强,满足施工要求,选型合理。

3）04标慈寿寺站～花园桥站区间

04标慈花区间左右线采用2台德国海瑞克公司生产的辐条面板式土压平衡盾构,2台盾构同期生产,设备参数一样,详细参数如图5－29－40所示。慈花区间穿越地层大部分为全断面卵石⑦层,局部为中粗砂、黏土、粉土、粉细砂、粉质黏土复合地层,卵石粒径大,地层磨蚀性强,所选盾构设备开口率较大,适应性良好。

盾构生产商：华隧通（日立造船）			
刀盘型式	辐条式	刀盘开口率	63.6%
刀盘直径	6 180 mm	前盾直径	6 160 mm
中盾直径	6 155 mm	尾盾直径	6 150 mm
盾构主机长	8 640 mm	最大推力	38 500 kN
脱困扭矩	7 300 kN·m	最大扭矩	5 730 kN·m
螺旋机形式	带式	螺旋机直径	800 mm
螺旋机最大通过粒径	300 mm×500 mm		
刀具布置	中心刀:1把 先行刀:30把	刮刀:102把 仿形刀:2把	

图 5—29—39　十~青~褡区间双线盾构设备参数

盾构生产商：德国海瑞克			
刀盘型式	面板式	刀盘开口率	43%
刀盘直径	6 260 mm	前盾直径	6 250 mm
中盾直径	6 240 mm	尾盾直径	6 230mm
盾构主机长	7 900 mm	最大推力	36 000kN
脱困扭矩	5 300 kN·m	最大扭矩	4 900 kN·m
螺旋机形式	带式	螺旋机直径	800 mm
螺旋机最大通过粒径	500 mm×500 mm		
刀具布置	中心刀:1把 先行刀:86把	刮刀:72把 仿形刀:1把	

图 5—29—40　慈花区间双线盾构设备参数

4）06标褡裢坡站~黄渠站~常营站区间

褡~黄区间左右线采用2台华遂通公司（采用日本日立造船公司技术）的辐条式土压平衡盾构，该区间盾构与6号线01标十里堡区间~青年路站区间~褡裢坡站区间的盾构为同期生产，设备参数一样，参数如图5—29—39所示。褡黄区间隧道穿越地层两端主要为粉质黏土、粉土复合地层，中间主要为粉质黏土、粉细砂复合地层，所选盾构适应性良好。

06标黄渠站~常营站区间左线和右线均采用德国海瑞克公司生产的面板式土压平衡盾构，左线盾构设备参数如图5—29—41所示，右线盾构设备参数如图5—29—42所示。黄常区间隧道穿越地层为粉细砂、中粗砂、卵石⑤、粉质黏土、中粗砂复合地层，盾构适应性良好。

盾构生产商：德国海瑞克			
刀盘型式	面板式	刀盘开口率	27%
刀盘直径	6 260 mm	前盾直径	6 250 mm
中盾直径	6 240 mm	尾盾直径	6 230mm
盾构主机长	7 900 mm	最大推力	38 000 kN
脱困扭矩	5 600kN·m	最大扭矩	4 800 kN·m
螺旋机形式	轴式	螺旋机直径	800 mm
螺旋机最大通过粒径	350 mm×500 mm		
刀具布置	中心齿刀:3把 铲刀:14把	齿刀:10把 刮刀:60把	

图 5—29—41　黄常区间左线盾构设备参数

盾构生产商：德国海瑞克			
刀盘型式	面板式	刀盘开口率	39%
刀盘直径	6 260 mm	前盾直径	6 250 mm
中盾直径	6 240 mm	尾盾直径	6 230mm
盾构主机长	8 100 mm	最大推力	34 000kN
脱困扭矩	5 200 kN·m	最大扭矩	4 350 kN·m
螺旋机形式	轴式	螺旋机直径	800 mm
螺旋机最大通过粒径	350 mm×500 mm		
刀具布置	中心齿刀:3把 铲刀:12把	齿刀:10把 刮刀:52把	

图 5—29—42　黄常区间右线盾构设备参数

5）6号线09标南锣鼓巷站~东四站区间

南~东区间采用2台华遂通公司（采用日本日立造船公司技术）的辐条式土压平衡盾构，该区间盾构与6号线01标十里堡站区间~青年路站区间~褡裢坡站区间的盾构为同期生产，设备参数一样，设备参数如图5—29—39所示。南东区间穿越的地层两端分别为全断面卵石⑤及⑦层，中间主要为粉质黏土、粉细砂、中粗砂复合地层及卵石⑦、中粗砂、粉质黏土复合地层，所选盾构对地层适应性良好，选型正确。

（2）盾构选型实例（南锣鼓巷站~东四站区间）

南锣鼓巷站~东四站区间线路出南锣鼓巷站后沿曲线下穿北河胡同院落群及北河胡同后折向南，沿北河沿大街敷设，下穿皇城根遗址公园至五四大街附近折向东，沿东四西大街南侧至东四站。右线长为1 658.694 m，左线长为1 643.891 m。区间采用暗挖法与盾构法进行施工，其中南锣鼓巷站东端向东至盾构始发井之间为暗挖区间，由盾构始发井向东至东四站西端盾构接收井为盾构区间。左右线隧道叠落状向东出盾构始发井,左线在上,右线在下,平面上逐渐分离,最终并行;纵剖面上,随着平面上两线分离,左线逐渐降低,右线先降低后抬高,最终两线基本等高前进。左线埋深为 18.8~26.8 m,右线埋深为 13.7~26.8 m。

区间隧道两端分别为全断面卵石⑤及⑦层,中间主要为粉质黏土、粉细砂、中粗砂复合地层及卵石⑦、中粗砂、粉质黏土复合地层。区间地下水位较高,隧道结构主体及联络通道、泵站等均位于地下水位以下,盾构区间施工无需降水,区间泵站和联络通道需采取降水措施。

1)刀盘结构形式及选型原则

刀盘作为掘削系统的主要组成部分,其主要结构形式有面板式和辐条式两种,具体应用时应根据施工条件和地质条件等因素决定,如图 5−29−43 所示。任何刀盘的设计必须满足本工程施工和地质条件下的土体开挖、渣土排出及掌子面稳定的功能。

本区间长达 700 m 的全断面卵石圆砾⑦地层作为选型主要依据,选择辐条式刀盘的原因如下:

①辐条式刀盘符合砂卵石地层中以剥落为主的施工理念;

②砂卵石地层有一定的自稳性,辐条式刀盘满足稳定掌子面要求;

③刀盘拥有较大开口率,有利于渣土的流动;

④刀盘设计考虑了对大粒径孤石的限制,与螺旋排土机相匹配;

⑤辐条式刀盘有利于土压平衡的建立和控制,对沉降控制有利;

⑥该刀盘设计强度及整体性较好;

⑦该刀盘边缘刀具的加强设计确保了刀盘的切削直径;

⑧该刀盘设计有在类似全断面砂卵石地层长距离不换刀的业绩。

2)螺旋输送机选择依据

根据结构形式不同,螺旋输送机主要有无轴带式和有轴叶片式两种。无轴带式允许通过粒径较大,但栓塞效果较差,抵抗水压力能力低。考虑到区间穿越承压水层,本盾构采用有轴叶片式螺旋输送机,如图 5−29−44 所示。

图 5−29−43　南～东区间刀盘

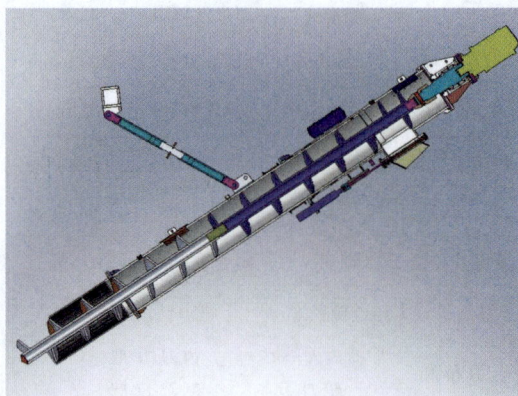

图 5−29−44　螺旋输送机

3)铰接系统

考虑到曲线段施工要求,盾构中盾与盾尾连接采用铰接,在周圈设置 20 根铰接千斤顶。最大铰接度数为 20°,铰接油缸最大行程为 220 mm,如图 5−29−45 所示。

4)同步注浆系统配置

日系盾构由于开挖直径较小,同步注浆管无法集成在盾尾之中,采用外置式注浆管。注浆采用双液型注浆系统,注浆和清洗管路集成在一起,共设置 4 处。为防止周边土体对注浆管产生大的磨损,在注浆管前端设置保护刀,保护刀外径为 6 150 mm。

5)盾构控制系统

本盾构的控制系统是基于三菱 PLC 为核心的单 PLC 电气控制系统。

6)渣土改良系统

土压平衡式盾构施工,成功的关键是要将开挖面开挖下来的土体在压力舱内调整成一种"塑性流动状

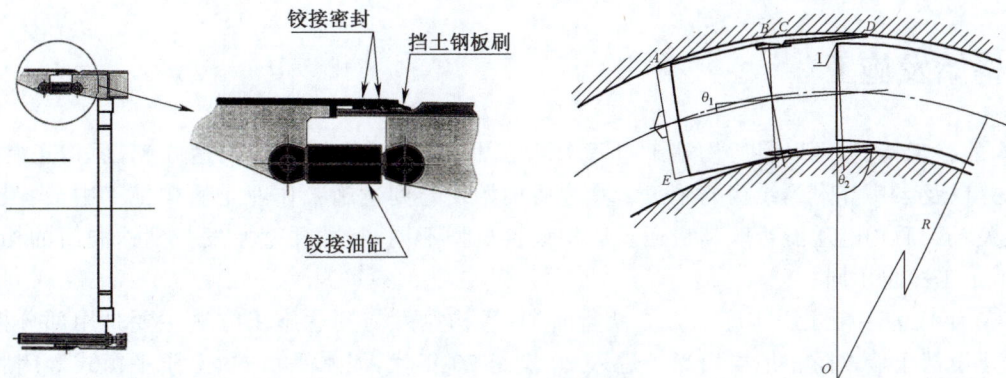

图 5—29—45 铰接油缸

态"。在黏粒含量较少的卵石层、砂土地层、风化岩地层,进入压力舱的土体就很难形成这种"塑性流动状态",从而影响盾构的排土特性,影响推进扭矩,以及引起机件磨损,也给施工带来困难。压力舱闭塞、压力舱结饼或者螺旋排土器出口处的喷涌就是施工中因为土性不良导致的常见故障。

一般地层中细颗粒的含量低于 30% 时需注入泥浆以补充细颗粒含量。颗粒分析试验结果表明北京砂卵石中细颗粒含量远低于 30%,因此需注入黏土泥浆以补充细颗粒。但是施工发现,加入大量泥浆虽然可以增加掘削土渣的流动性,对盾构掘进时刀盘扭矩过高的情况也略有改善。可是,当加泥量过大时,土仓内较大的卵砾石会在重力作用下沉至土仓底部,土仓内土体不能均匀混合,产生"离析"现象;当刀盘停止一段时间后重新启动时,产生刀盘被"抱死"而不转动的现象。因此,在添加大量泥浆的基础上需加入其他的添加剂才能满足土压平衡盾构施工的要求。本工程选择泥浆和泡沫混合剂作为砂卵石地层的添加剂。

7)推进系统配置

本盾构配置 22 根 1 750 kN 推进千斤顶完成盾构推进作业,总推力达 38 500 kN。推进行程为 2 150 mm,拼装模式单独伸缩,满足 1 200 mm、1 500 mm 管片施工的要求。推进千斤顶分为上、下、左、右四组,推进时分别控制压力,以满足盾构转弯及纠偏的要求,如图 5—29—46 所示。

8)盾尾密封装置

盾尾密封使用 3 道钢丝刷的结构,并在盾尾刷之间的腔室内各设置 6 处(2 环共 12 处)油脂注入口,可承受 0.4 MPa 的土压、水压和注浆压力。在盾构掘进时盾尾密封油脂由泵压送到盾尾密封刷与管片之间腔室中,以防止注射到管片背后的浆液或其他物质进入盾体内,保证盾尾在动态平衡压力下不渗漏。

图 5—29—46 推进油缸

9)运输系统

盾构掘进渣土外运,管片、轨道及耗材的运输采用有轨运输。考虑到施工效率的问题,拟采用一台 45 t 电瓶车拖拽 3 个渣土车+1 节砂浆车+2 节管片车组成机车编组。电瓶机车编组总长为 42.5 m,进入隧道时,管片车及砂浆车在最前,3 节土斗在后,最后是电瓶机车。每台盾构配备 2 组。电瓶机车编组选定后,必须保证台车出土口到前端的距离与电瓶机车的长度向匹配,并留有 6~10 m 轨道安装的空间。同时,要求车站结构内布轨长度足够,以及配套的龙门吊和渣土池。

29.3　盾构始发施工

根据盾构的施工特点,可以将盾构施工过程分为三大部分:盾构始发与到达施工,盾构正常掘进施工,联络通道、风井以及泵房等附属结构的施工。其中盾构始发与到达施工作业是盾构施工中最容易产生事故的工序,直接关系到盾构隧道能否顺利贯通。盾构设备机型不同,竖井井壁始发与到达洞门的构造不同,始发与到达的施工工序也不同。

20世纪60年代为手掘式盾构施工方法鼎盛时期,盾构始发与到达施工方法主要是用部分拆除的竖井临时墙,顺次建设挡土墙以防止地层坍塌。进入20世纪70年代,泥水平衡式、土压平衡式等闭胸型盾构得到了广泛的应用。这类盾构的前面为封闭结构,不能像手掘式盾构施工方法那样施工,为此,必须全断面让盾构贯入地层,通过泥浆循环或渣土的塑性流动进行开挖。盾构工法施工的进步在于对地层进行了很好的保护,减少了施工对地层的扰动,但是盾构始发与到达施工过程并没有得到简化,相反却使得始发与到达施工过程变得更为复杂。

目前,盾构隧道的直径和埋深不断加大,地层和环境条件越来越复杂,由此引起盾构隧道的始发与到达必须借助相关的辅助工法进行施工作业,且对辅助工法的依赖性越来越大,很多工程已经到了没有辅助工法就不能进行盾构始发与到达施工的状况。同时,与此相应的辅助工法也在不断的发展进步,从最初的单一式到如今的复合式地层改良方法,辅助工法也在随着盾构技术的发展日新月异。

盾构始发,是指在盾构始发工作竖井内利用反力架和临时组装的负环管片等设备或设施,将处于始发基座上的盾构推入端头加固土体,然后进入地层原状土区段,并沿着设计线路掘进的一系列作业过程。盾构始发是盾构施工中风险较大的环节之一,极易发生安全事故。

盾构始发时,在反力架和洞内正式管片之间会安装负环管片,负环管片外侧支撑。在每环管片推出盾尾后,在管片外的支撑三脚架纵向工字钢及始发台轨道上用木制或铁制的楔子及时进行支垫,将管片压力均匀地传递给三脚架。

29.3.1　盾构始发流程

盾构始发是盾构施工中的关键技术环节之一,其主要内容包括始发前竖井周围端头地层加固、安装盾构始发基座、盾构组装与调试、安装反力架、安装洞门密封、凿除洞门临时墙及围护结构、盾构姿态复核、拼装负环管片、盾构贯入开挖面建立土压和试掘进等。归纳起来,盾构始发流程可以分为准备作业、临时围护结构拆除、始发掘进三个过程。

(1)盾构始发准备作业

采用泥水平衡盾构时,需配备泥水处理设备、泥水输送设备、壁后注浆设备、搬运设备等。如为土压平衡盾构,需配备出土设备、壁后注浆设备、搬运设备等。在进行这些作业的同时,还要进行其他相关的始发准备作业。

始发准备作业包括始发架设置、盾构组装、入口密封系统安装、反力架设置、后配套台车设置、盾构试运转等。如采用拆除临时挡土墙随后盾构掘进的始发方式,则需对地层加固。要注意作业规划和进度管理的科学性。

(2)破除洞门围护结构

因为盾构始发洞门的破除作业易造成地层坍塌、地下水涌入等事故,故拆除前要确认地层自稳性、止水性等的完好状况。随后本着对土体扰动尽可能小的原则,把围护结构分成多个小块,按照先两边后中间、先下边后上边的原则依次拆除(如果是围护桩,可视情况采取整桩吊出的方案)。拆除时应注意掌子面的稳定及采取必要的临时支护,拆除作业要迅速连续。

(3)盾构始发掘进

围护结构破除后,立即推进盾构,如采用泥水平衡盾构,由于临时围护结构残渣堵塞泥水循环,故必须在确认障碍物已清楚干净后才能推进。

盾构进入地层后,对掘削面加压,同时密切观测与监控洞门处密封装置(一般为橡胶帘布和压板,根据压力不同而有不同的结构设计)状况,缓慢提高压力,直到预设压力值。盾尾通过洞门密封装置时,因密封装置容易改变状态,所以应引起高度重视,同时盾构应低速推进。盾构整体进入洞门后即可进行壁后注浆,密封稳定洞门。

29.3.2　盾构始发关键技术

(1)端头加固

洞门破除后,端头土体暴露,端头地层受力平衡被打破,端头土体的结构、作用荷载和应力将发生变化,端头土体有可能发生潜在滑移破坏。对于自稳时间较短的土体,如松散砂土、粉土及饱和的软黏土,始发掘进前端头加固非常必要。

端头地层加固的目的是防止拆除临时围护结构时的振动影响,在盾构刀盘顶到掌子面并建立土压之前,能使得围岩自稳及防止地下水流失,防止开挖面坍塌,出现地表沉降过大、塌方等。总结起来端头加固的目的主要有以下几点:

1)加固土体满足强度的要求。

2)加固土体满足整体稳定性的要求,其中整体稳定性包括:①加固土体的静态稳定,包括施工期稳定和长期稳定性;②加固土体在振动作用下的稳定,亦即破洞门时振动对加固土体的扰动影响。

3)加固土体满足堵水和渗透性的要求,特别对于富水沙土地层(地层中同时有水有沙有压力的情况)。

4)加固土体满足变形特征的要求,通常指盾构土舱内土压建立前。

盾构法隧道施工中,端头土体加固是盾构始发、到达技术的一个重要组成部分。端头失稳、坍塌是盾构始发、到达施工的常见事故,端头土体加固成功与否直接关系到盾构能否安全始发、到达。因此,端头加固方法的选取,端头加固范围的确定,以及端头加固效果的检测是保证盾构顺利始发与到达的关键环节。

端头加固与一般地基加固的不同之处是,端头土体加固后不仅仅有强度与稳定性的要求,还要满足渗透(止水)的要求。同时在此基础上根据盾构工法的自身施工特点,端头加固还必须考虑设备几何构造特征对端头加固的影响。

由于冻结法造价高、解洞后存在沉降问题等缺点,冻结法应用较少,通常是端头加固最后的选择。目前端头加固中最常用的主要有高压旋喷桩和深层搅拌桩两种。但是当端头地层和施工环境条件较为复杂时,旋喷桩与搅拌桩加固效果不甚理想,目前国内影响较大的始发与到达事故,均与旋喷桩和搅拌桩加固未能取得理想的加固效果有关。

当前,国内盾构法隧道建设中,一种新型的端头加固方法——全断面前进式水平深孔注浆加固技术逐渐被认为是一种高效、安全的端头加固方法,并已在广州、天津、深圳、北京等城市复杂地层端头加固工程中已经得到广泛的应用,取得了很好的效果。

目前,国内端头加固最常见的问题主要有两个:

1)端头加固范围设计不当,造成始发、到达时水土流失,出现透水、淹井、塌方等工程事故。以前国内对端头加固范围的研究较少,端头加固范围选取一般凭借工程经验,理论基础薄弱。端头加固设计的加固范围通常为隧道衬砌轮廓线外左右两侧各 3.0 m,顶板以上 3.0 m,底板以下 3.0 m,纵向加固长度通常取为 6 m。

合理的端头加固范围应根据地层条件确定,应该能够同时满足强度、稳定性要求,同时富水流沙地层中还应该满足盾构几何构造(纵向加固长度大于盾构主机长度)和渗透性的要求。

2)端头加固方法选择不合理,地层适应性较差,端头加固效果不理想,破除洞门时造成端头地层塌陷。

为了保证盾构能够安全地始发,必须解决以上两个方面的问题,使得加固后地层应该具有良好的均匀性和整体性,在凿除洞门后地层能自稳,且具有较好的堵水和防渗透功能。

端头加固完成后,应进行钻孔取芯试验以检查加固效果,取芯试样的无侧限制抗压强度 q_{cu} 应达到 0.8 MPa 以上。在加固区钻水平孔和垂直孔检查渗水量,水平孔分布于盾构隧道上下左右和中心处各一个。渗透系数不大于 1.0×10^{-5} cm/s,其渗水量总计不大于 10 L/min。

(2)洞门破除

当盾构始发端头地层条件较差时,破除洞门围护结构时容易造成端头地层塌陷、地下水涌入盾构工作井等工程事故。因此破除洞门前要根据端头土体的自稳能力、地下水状况等因素制定相关的洞门破除施工方案,提前对端头土体进行加固。同时为了减少洞门破除对端头土体的扰动,把挡土墙分成多个小块,盾构始发工作井洞门混凝土凿除前,端头加固土体必须达到设计所要求的强度、稳定性和渗透性后,方可开始凿除洞门。洞门破除时应注意在盾构前面及时进行支护设置,破除作业工作要迅速、连续。

洞门壁混凝土采取人工用高压风镐凿除,凿除工作通常分为 2 步进行:

1)先凿除内层混凝土并割除钢筋及预埋件,保留最外层钢筋。内层凿除工作先上部后下部,钢筋预埋件割除需彻底,以保证预留洞门的直径。

2)当盾构组装调试完成,并推进至距离洞门处约 1.0~1.5 m 时,凿除外层围结构,外层凿除方法根据断面大小的不同将其分割成 9~20 块不等。通常将洞门分割为 12 块或 9 块(一般地铁盾构地连墙洞门,分为 9 块的情况较多),具体操作时首先在洞门中心位置上凿 3 条水平槽,沿洞门周围凿 1 条环槽,然后开 2 条竖槽,如图 5—29—47 所示。

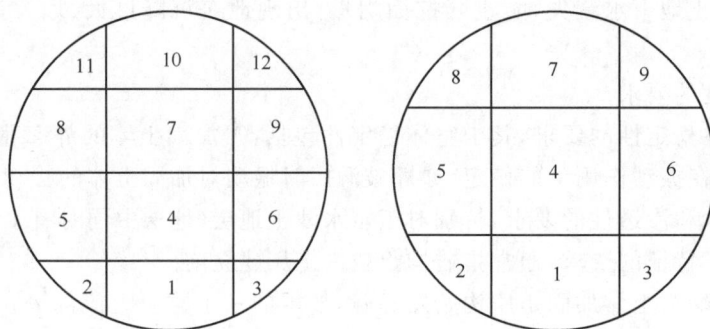

(a)洞门分12块破除　　　　　(b)洞门分9块破除

图 5—29—47　洞门凿除顺序

(3)洞门密封设置

为了防止盾构始发时泥土、地下水从端头地层透过盾壳和土体之间的间隙涌入盾构工作竖井,以及注浆浆液通过盾尾的流失,盾构始发时均需安装洞门密封。

洞门密封的施工分 2 步进行:

1)洞门结构(包括临时结构和永久结构)施工时,做好洞门预埋件工作,预埋件必须与结构的钢筋连接在一起。

2)盾构正式始发前,应先清理洞门处的渣土,然后进行洞门密封装置的安装。

洞门密封装置由帘布橡胶、扇形压板或翻板、垫片和螺栓等组成。安装洞门密封之前,应对帘布橡胶的整体性、硬度和老化程度等进行检测,对圆环板的成圆螺栓孔位等进行检查定位,并提前把帘布橡胶的螺栓孔加工好,然后将洞门预埋件的螺栓孔清理干净,最后按照帘布橡胶板、圆环板、扇形压板或翻板的顺序进行安装。

为了防止盾构进入洞门时刀盘损坏帘布橡胶,可在帘布橡胶板外侧涂抹一定量的黄油。随着盾构向前推进需根据情况对洞门密封压板进行调整,以保证密封效果。

泥水盾构始发时,除防止泥水盾构始发掘进时泥土、地下水从盾体和洞门的间隙处流失外,还要防止循环泥浆的流失。同时为建立一定的泥水压力,在盾构始发时一般需要安装 2 道相同密封组成的洞门临时密封装置,适当时配以人工钢丝刷密封等结构,如南水北调穿黄工程、铁路地下直径线工程、狮子洋隧道工程等的始发,均在 2 道临时密封装置外侧采用了人工钢丝刷结构进行密封,确保了盾构始发的安全。这种非常规的临时结构,一般都在泥水压力较大的泥水平衡盾构中采用。

盾构进入预留洞门前,须在刀盘周边和帘布橡胶板外侧涂润滑油,当盾构刀盘全部通过第 1 道密封后,开始向泥水舱内加压,压力仅满足泥浆循环即可,然后在两道密封间利用预留注脂孔向内注油脂,使油脂充满两道帘布橡胶间的空隙。当盾尾通过第 1 道密封且压板下翻后,进一步加注油脂,使洞门临时密封起到很好的防水效果。当盾尾通过第 2 道密封且压板下翻后,要及时利用注脂孔向内继续注油脂,使油脂压力始终高于泥水压力至少 0.1 MPa 以上,从而使盾构顺利始发并减少始发时的地层损失。

（4）负环管片的拼装

当完成洞门凿除、洞门密封装置安装及盾构组装调试等工作完成后，组织相关人员对盾构设备、反力架、始发基座等进行全面检查与验收。验收合格后，开始将盾构向隧道方向推进，并开始安装负环管片：

1）在盾尾处盾壳内安装管片支撑垫块，为管片在盾尾内的定位做好准备。

2）从下至上一次安装一环管片，注意管片的转动角度一定要符合设计要求。

3）安装拱部的管片时，由于管片支撑不足，一定要及时稳固管片。

4）第一环负环管片拼装完成后，用推进油缸把管片推出盾尾，并施加一定的推力把管片压紧在反力架上。

5）管片在被推出盾尾时，要及时支撑加固，防止管片下沉或失圆。同时也要考虑到盾构推进时可能产生的偏心力，因此支撑应该尽可能的稳固。

29.3.3 盾构始发施工要点

盾构的始发施工在施工中占有相当重要的位置，盾构始发掘进施工要点主要有：

1）盾构始发前必须对工作井周围的端头土体进行提前加固处理，确保端头土体加固后能满足强度、稳定性和渗透性的要求。端头加固是盾构始发技术中最为重要的环节，必须加以重视。

2）盾构始发掘进时的总推力应控制在反力架所能承受的范围内，同时确保在此推力下刀具切入地层所产生的扭矩小于始发基座所能提供的反扭矩。

3）在盾构推进建立土压过程中应该注意洞门密封、始发基座、反力架及反力架支承的变形，对渣土状态等情况进行认真观察，严格控制盾构的施工参数，发现异常，应该迅速调整土压力（泥水压力）、盾构推力、推进速度、刀盘扭矩等相关施工参数，或马上停止掘进，查清原因，寻找解决办法。

4）由于始发基座轨道与管片存有一定空隙，为了避免负环管片全部脱离尾盾后下沉，可在始发基座导轨上焊接外径与理论间隙相当的圆钢，使圆钢将负环混凝土管片拖起。

5）随着负环管片的拼装，应该不断用准备好的木楔填塞负环管片与始发基座轨道及三角支撑之间的间隙，待洞门围护结构拆除后，盾构应快速地通过洞门进行始发掘进施工。

6）当盾构掘进至第 60～100 环时（视地层、设备总长度与同步注浆情况确定具体数值），可拆除反力架及负环管片。盾构施工中，始发掘进长度应尽可能缩短，但不短于以下两个长度中较长的一个：一是管片外表面与同步注浆浆液（凝固后）之间的摩擦力应大于盾构的推力，根据管片环的自重及管片与浆液之间的摩擦系数，计算出此长度；第二是盾构的始发长度应至少能容纳盾构及后配套台车。

7）盾构始发过程中，严格控制同步注浆浆液的质量和严格进行渣土管理，防止由于浆液质量问题或者由于渣土管理控制不当造成地表沉降或隆起。盾构始发过程中必须加强监控量测，及时调整盾构掘进参数。

8）盾尾完全进入洞门密封后，调整洞门密封，及时通过同步注浆系统对洞门进行注浆，封堵洞门圈，防止洞门密封处出现漏泥水和所注浆液外漏现象发生。

9）盾构始发阶段也是盾构设备的磨合阶段，要注意推力、扭矩、土压力等参数的控制，同时要注意各部位油脂（特备是各种润滑油脂系统是否正常的检验）的有效使用。

10）洞门破除以后，应该立即推进盾构。若采用泥水平衡盾构，由于临时洞门破除过程留下的混凝土残渣容易堵塞泥水循环管路，因此，必须在确定障碍物已经完全清楚干净后才能继续掘进。

11）盾构刀盘完全进入地层后，逐渐开始对掘削面加压，在监控洞门密封状况的同时缓慢提高土压力，直到达到预设压力值。盾构刀盘和尾部通过洞门密封装置时，易造成密封装置状态不正从而导致密封装置局部破坏，此时应更加密切注意监控，如有局部破坏，应立即采取相应处理措施，尤其是对泥水盾构或土压平衡盾构洞门处存在水沙情况时。同时盾构宜保持慢速推进，待整个盾构主机完全进入洞门后，及时进行壁后同步注浆封堵洞门，确保端头土体的稳定性。

29.3.4 慈寿寺站～花园桥站区间盾构分体始发

慈寿寺站～花园桥站西起蓝靛厂南路与玲珑路相交路口西北角的慈寿寺站，在线路平面上，线路出慈寿寺站后，下穿京密引水渠，从慈寿寺桥桥台与颐安家园商务楼间穿过，然后转入玲珑路下方，沿玲珑路永中向东敷设,然后以 $R=3\,000$ m 的平曲线调整到与到达西三环北路路口的花园桥站线路相接。

区间隧道穿越地层大部分为全断面卵石⑦层,局部为中粗砂、黏土、粉土、粉细砂、粉质黏土复合地层。盾构隧道顶板位于潜水(二)以下,隧道底板位于层间潜水(三)附近或以下,其中层间潜水(三)对盾构施工影响相对较大。

(1)始发方式的确定

受场地条件限制,本次始发采取了分体始发的方式,即盾体摆放在始发井底部,后备台车摆放在地面上,两车之间通过加长的管线连接。

(2)始发阶段的划分

本次始发共推进负环 10 环,钢制负环 1 环,正环 55 环。负环掘进段共 12.65 m,正环掘进段共 72 m,长于本盾构总长 68 m,将始发掘进分为 2 个阶段,即:

1)第 1 阶段是指盾构负环掘进阶段,此时盾构机在始发基座上。

2)第 2 阶段是指 +1 环~+55 环的掘进,此时盾体穿过洞门,+4 环掘进完成后,盾位脱离连续墙外侧约 1.05 m,在此阶段盾尾逐渐进入到土体内。如图 5-29-48 和图 5-29-49 所示。

图 5-29-48　后备台车

图 5-29-49　加长管线

(3)盾构始发工艺流程

1)确定始发轴线

本工程左右线盾构均在直线上始发,始发前须对盾构的洞门中心位置进行复核,之后综合考虑洞门中心的实际偏差和规范要求,确定始发轴线。

2)安装始发基座

根据始发竖井的长度,盾构始发基座设计为两段,分别为 7.5 m 和 4.5 m。始发基座依据始发轴线进行定位。考虑始发基座在盾构始发时要承受纵向力、横向力及抵抗盾构的反向扭矩,所以在盾构始发之前,对始发基座两侧用 H 型钢进行加固。

盾构始发基座的高度设计为在盾构安装在基座上后,刀盘的中心比盾构洞门的理论中心略高 20 mm,防止盾构机向下扎头。每段基座都设计为两侧螺接的方式,解体下井后再从井下拼接。基座连接、调平后沿设计轴线焊接在底板预埋件上。

3)盾体下井组装

本工程所用的德国海瑞克盾构盾体全重约 300 t,由 6 大块部件组成,最大的部件重约 83 t。考虑到场地条件和吊车的工作半径,盾体下井采用 SANY 公司的 SCC2500C 型履带吊。

吊装中、前体时,需要进行空中翻转,SCC2500C 配有起重能力为 80 t 的副钩,主、副钩配合能实现中、前体空中翻转。在安装拼装机和螺旋机时,需要手拉葫芦与履带吊配合作业,此外需要外加的液压泵站前后移动中前体进行组合。如图 5-29-50 和图 5-29-51 所示。

4)安装洞口密封

洞口密封采用橡胶帘布和折页密封压板,施工分两步进行:第一步在始发井端墙施工过程中,做好始发洞门预埋件的埋设工作,预埋件必须与端墙结构钢筋紧密相连;第二步在盾构正式始发之前,清理完洞口的渣土、完成洞口密封压板及橡胶帘布板的安装。

图 5－29－50　始发基座 H 型钢加固

图 5－29－51　盾构吊装

5）安装反力架

反力架分为 5 部分，即下横梁左、右立柱，上横梁及斜撑。拼装顺序为先定位下横梁，左、右立柱与下横梁连接，最后连接上横梁。待全部螺栓紧固完毕后，反力架与预埋钢板焊接牢固。反力架框架安装完毕后，安装斜撑。将斜撑与预埋钢板焊接牢固，之后在反力架框架上面安装固定反力环。反力架及斜撑安装如图 5－29－52 和图 5－29－53 所示。

图 5－29－52　洞门密封装置

图 5－29－53　反力架及斜撑安装

6）安装负环支撑

始发基座及负环管片在盾构始发时会承受纵向力、横向力及盾构的反向扭矩，所以在盾构始发之前，对始发基座及负环管片（露出盾尾部分）两侧用 H 型钢和木楔进行加固，如图 5－29－54 所示。

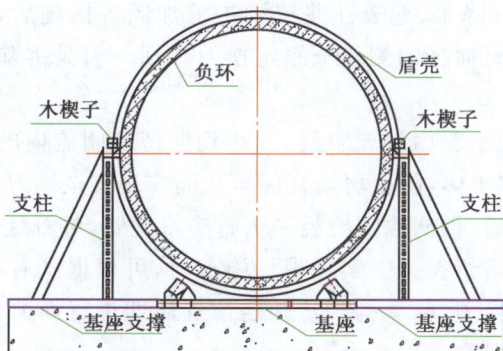

图 5－29－54　负环支撑环

7）悬吊、连接加长管线

为方便盾构机始发过程中管线随盾构机的前进而延长，将加长管线通过手拉葫芦悬吊在始发井内。隧道内的延长管线通过滑车悬吊在隧道内的横梁上,盾构机拖拽延长管线向前移动。

8)盾构调试和验收

管线连接完毕后,盾构机经过空载调试和负荷调试,并经验收合格后再进行下一步工作。

9)安装负环管片

负环管片由 10 环 1.2 m 宽直线环管片组成。负环采用在盾壳内拼装后再整体推出盾壳的方式。为保证负环的拼装质量,在拼装负环之前,在盾尾内焊接槽钢以保证合适的盾尾间隙。

10)盾尾通过洞口密封后进行注浆回填

盾尾通过洞口密封后,开始同步注浆,此时盾构的注浆压力不宜超过 0.2 MPa。当同步注浆漏失严重时,可用洞口预埋的注浆管注入双液浆进行封堵。

由于采用分体始发,注浆泵和浆液罐位于第一节台车之上,因此浆液拌和后直接泵送到一号台车上的浆液罐,再由同步注浆泵注浆。由于出渣和管片运输时间较长,且临时注浆管较长,应注意及时清洗注浆管线。

11)始发掘进阶段的列车编组

由于始发井长度条件的限制,因此始发阶段的出渣、运输采用特殊的编组形式,采用 1 节电瓶车、1 节渣车、1 节小管片车。小管片车与机车共用轨道,管片横向放置,每次运送 1 片管片。

12)盾构始发掘进阶段轨道转换

由于皮带运输机以及桥架取消,排渣时需将渣土车运送到螺旋输送器下方,拼装管片时需将管片直接运送到管片拼装机下方。因此,在分体始发阶段,将电瓶车运输轨道降低 300 mm,同时制作管片滑板及 6 m³ 的小渣土车。待始发掘进结束后,将轨道转换为正常掘进轨道。

13)后备台车转换、正常掘进

掘进完成 55 环后(72 m),进行拆除加长管线、拆除负环及反力架、拆除低轨道、铺设正常轨道、台车移入隧道等工作。

29.4　盾构正常段施工技术

29.4.1　盾构换刀施工

承担盾构掘进功能的刀具是损耗件,尤其在砂卵石地层中进行掘进,刀具磨损尤为严重,因此,在施工中需经常检查、维修、保养和更换刀具。刀具的检查与更换需在确保安全的前提下进行,当更换刀具停机时间较长时,容易造成盾构整体下沉,从而引起地层及地表沉降,进而危及到周围环境的安全,因此更换刀具前应做好充分准备工作,尽量减少停机时间。通常盾构换刀的方式有常压开舱换刀、带压换刀和地面挖竖井换刀。

1)常压开舱换刀,是在地基承载力较高、掌子面稳定性比较好的条件下,直接排空土舱内土体,进入土舱更换刀具;或者在地层稳定性不好的情况下,首先进行降水、地表注浆或围护桩加固等措施后,再进入土舱进行换刀。刀具更换程序为:刀盘清理→刀具检查和磨损量的测量→制定换刀计划→刀具拆除→安装新的刀具→做好详细的刀具更换记录→整体检查。

2)带压换刀,是指在盾构换刀时,持续向密闭的盾构土舱内补充空气,以达到保持密闭舱内的空气压力至一定的标准值后,气体压力作用于施工掌子面,以稳定土体,防止坍塌、沉降,从而实现安全换刀。

3)地面挖竖井换刀,即首先对换刀处地层进行加固后,再从地面挖竖井至盾构刀盘处,对刀盘进行换刀。

在地面条件允许的情况,目前一般采取地面挖竖井进行换刀。实际现场施工时,可根据既有经验,提前施作好检修竖井,合理选择盾构停机位置进行主动开舱换刀,待盾构到达预定位置后即进行换刀作业,可在一定程度上缩短换刀耗时,取得良好的经济效益和工期保障。

(1)慈寿寺站～花园桥站区间换刀技术

在本工程施工过程中左、右线各进行了 2 次刀具检查和更换工作,整个区间实施了 4 次检查、换刀作业。刀具的检查、更换是采用从地面开挖竖井到达刀盘的方式,作业地点均位于玲珑路上。

1)刀具检修方法

为节省工期,盾构到达刀具检修位置之前,先行在拟定的换刀位置人工开挖直径为 2 200 mm(竖井外径,护壁为 200 mm)的小竖井,至拱顶 3 m 时停止开挖。盾构刀盘掘进至换刀位置停机,继续开挖竖井至盾构刀盘拱顶下约 2.5 m 左右,露出刀盘后清理泥土,清理完毕后进行刀盘刀具检修和更换。竖井作业面上的刀具检修完毕后转动刀盘检查下一批刀具,直至完成全部的刀具检修。刀盘修理采用的焊条、焊丝和钢板的强度均不小于刀盘的原有值。

2)刀具检查位置的确定

刀具检查和更换的频率由刀具的磨损量来确定。最外圈的刀具磨耗量的推测值可按式(5-29-1)计算:

$$\delta = K \cdot \pi \cdot D \cdot N \cdot L / v \qquad (5-29-1)$$

式中:δ——磨耗量,mm;

　　K——磨耗系数,mm/km;

　　D——盾构外径,m;

　　N——刀盘转速,r/min;

　　L——刀具切削长度,km;

　　v——掘进速度,m/min。

按以上公式推算出掘进约 320 环需要进行 1 次刀具检修作业。结合类似地层的施工经验,决定每掘进 315 环左右检查换刀 1 次。

3)刀具检修位置的地质状况

由于左线 2 次换刀位置与右线相应 2 次换刀位置相差仅差 10 m,地层状况相差不大,故合并为 2 张地质图加以说明,如图 5-29-55 和图 5-29-56 所示。竖井开挖和换刀作业受层间潜水层(二)的影响,其水位标高位于刀盘上方约 2 m 处。

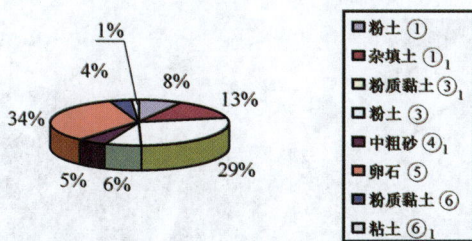

图 5-29-55　第 1 次刀具检修处岩土组成

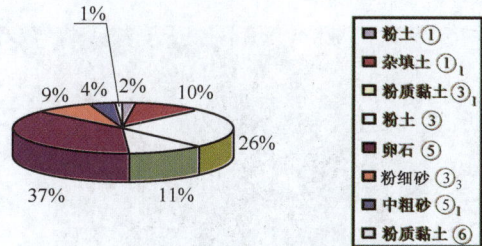

图 5-29-56　第 2 次刀具检修处岩土组成

4)刀具检查及刀具更换施工

刀具检查及更换施工步骤如图 5-29-57 所示。

①竖井内检查

(A)竖井内及作业面状态的确认

竖井施工完毕后必须由土建工程师对整个结构及工作面进行检查,确认安全后才可进行下一步施工。

(B)照明装置检查确认

竖井及工作面内要保证足够的照明亮度,同时还要检查照明装置的防水、防爆性能。

(C)有毒有害气体的检测

人员下井前先通风 30 min,再用空气质量检测仪检测竖井内的空气质量,确认气体合格后人员才可下井。

②换刀检查准备

换刀作业处于含水地层,需要做好持续的排水工作。露出刀盘后,对刀盘进行清理以便进行后续工作。随后进行空转刀盘,刀盘旋转前人员及工具要撤离工作面及竖井,以低于 0.5 r/min 的速度转动刀盘。刀盘旋转结束后由土建工程师对刀盘位置、工作面及竖井的安全性进行重新评估。

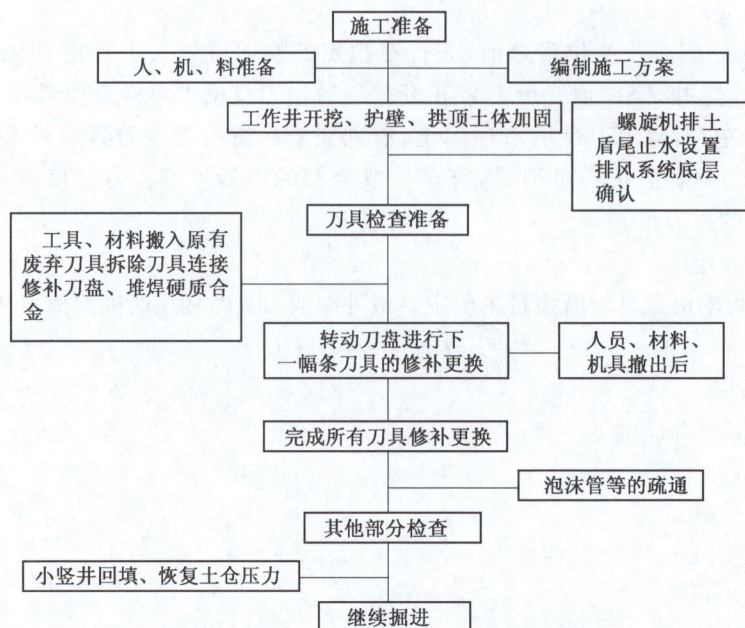

图 5—29—57　刀具检查及更换施工步骤图

③刀具更换、修复

一般刀具磨损的标准：周边切削刀耐磨块磨损超过 15mm 即需要更换；边切削刀的刀座受损现象严重即需要补焊；齿刀磨损超过了 10mm 需即要更换；刀盘硬质合金保护层磨损严重即需要堆焊。

每次更换时，工作人员先将刀具周围的泥土清掉，保证有一定的工作空间。之后检查、更换刀盘外侧的周边刀，再向内逐个检查齿刀、先行刀等刀具的磨损情况，确定需要更换时作好记录。如图 5—29—58 和图 5—29—59 所示。

图 5—29—58　检修井施工

图 5—29—59　检修井钢板护壁

周边刀更换时用套筒及加力杆卸下固定螺栓，将拆下的螺栓及附件放入随身携带的工具袋内，以防丢失。同时将固定螺栓和固定座清洗干净，将新的刀具按原来的位置安装好，并将固定螺栓拧紧，采用 506 焊条焊接齿刀。刀盘表面的硬质合金层磨损严重时需要进行堆焊，采用 600、700 焊条堆焊。

④其他部分的检查和清理

刀盘、刀具检修完成后清理疏通刀盘上的添加剂注入口，清理完成进行测试。

（2）南锣鼓巷站～东四站区间换刀技术

1）检修井设置

为方便区间换刀作业，区间设置 4 个直径为 2m 的刀具检修井。结合联络通道加固，检修井位置取在加固区域。加固后从地面施工人工挖孔至刀盘中心下 1m。

检修井位于皇城根遗址公园内。检修井直径为 2000mm，开挖深度至隧道中心以下 1000mm，采用钢筋混凝土护壁，护壁厚度为 200mm。拱顶 1000mm 以上护壁配筋采用钢筋；拱顶上 1000mm 以下至隧道中心下 1 000 mm 护壁使用玻璃纤维筋。人工开挖锁口圈处,开挖深度 1 m,开挖直径为 2 600 mm。从始发到 1 号刀具检修井掘进 566 m。从 1 号刀具检修井到 2 号刀具检修井掘进 325 m。2 号刀具检修井到东四站吊出井掘进 767 m。

2)换刀情况说明

根据换刀情况分析,地层为卵石地层时合理换刀距离在 500～600 m。本区间刀具磨损情况比较严重,主要为刀具合金钢崩掉,磨出凹槽。如图 5—29—60 所示。

图 5—29—60　刀具磨损

29.4.2　砂卵石地层施工土体改良技术

在盾构施工过程中,渣土的流动性、止水性及流塑性对盾构掘进效率及经济效益的影响很大,土体改良效果不佳,大大增加盾构掘进的负荷,影响盾构的使用寿命。尤其是对于 6 号线一期慈～花与南～东区间砂卵石地层,土体改良效果的好坏直接影响着工程能否顺利进行。

(1)土体改良的目的及意义

1)使渣土具有较好的土压平衡效果,稳定开挖面,较好的控制地表沉降;

2)使得渣土具有良好的止水性,以控制地下水流失;

3)使得切削下来的渣土快速进入土舱,并顺利通过螺旋输送机排出;

4)可以有效防止土舱结饼现象发生;

5)可以防止或减轻螺旋输送机排土时的喷涌现象;

6)可以有效降低刀盘扭矩及螺旋输送机扭矩,降低地层中卵砾石对刀具及螺旋输送机的磨损,有效提高盾构掘进效率。

(2)常用土体改良剂与土体的匹配关系

1)泡沫剂适用于改良的地层

①泡沫更适合于颗粒级配相对良好的土体

对于颗粒级配良好的土体,其粒径分布范围较广,泡沫本身的尺寸也不均一,这样更容易落到土粒间的空隙中,与土颗粒接触更紧密。相关文献指出,泡沫在单纯的两项(水+气)中消散的速度远远高于它在三项(水十土十气)中消散的速度。这是因为在土体中,泡沫和土颗粒的充分接触可以使液膜的流动受阻,减少液膜脱水泡沫破灭的可能性。在级配相对良好的土体中,因为泡沫会与土体颗粒结合得更完整和致密,能更充分的置换土体中的空隙水进而填充原来的空隙,所以容易形成更多封闭的泡沫。正是由于大量封闭泡沫的存在,才使得土体的渗透系数降低,止水性增强。

②泡沫更适合平均粒径较大的土体

土体的颗粒越细,越接近于黏性,矿物的亲水性越强,它们的吸力就越大。显然,颗粒越细的粉黏性土会对泡沫表面内所含的自由水分产生吸附,导致液膜脱水后泡沫就会破灭,降低混合土体的止水性能。

③泡沫更适合于水量较高的土体

相对于干燥的土体具有较大的基质势,泡沫与自由水接触时会将自由水吸引到干土中来。显然,含水量很低的粉砂或黏土也会对泡沫表面液膜所含的自由水分产生吸附,吸附力导致液膜表面压力不均使得液膜表层的水流动,从而造成液膜的稀释,也会导致泡沫的破灭,混合土体的渗透系数增大。

2)膨润土适用于改良的地层

①细粒含量少的土体

根据国内外众多的施工经验,在土压平衡盾构施工中,为了使开挖下来的渣土具有一定的流动性和止水性,保证盾构的正常推进,盾构压力舱内土体必须保证一定含量的微细颗粒,相关资料显示这种微细颗粒的含量应该在35%以上。所以膨润土泥浆适用于颗粒含量少的中粗砂土、砂砾土、卵石漂石地层等等,主要原因就在于膨润土泥浆能够补充砂砾土中相对缺乏的微细粒含量,提高和易性,调整级配,从而可以提高其止水性。

②透水性高的土体

膨润土泥浆这种添加材料适用于高透水性的土体,这主要是因为在透水性较低的地层中,膨润土泥浆较难掺入土体并填充空隙,渗入的距离短,因此难以和土体大范围结合从而包裹土体颗粒。土体的低透水性最终导致土颗粒周围的低渗透性的膨润土泥膜非常难以形成。

(3)土体改良对刀盘、刀具磨损的影响

1)泡沫剂对刀盘、刀具磨损的改良作用

泡沫剂主要由空气、水、活性剂、聚合物等组成。其中活性剂有助于形成大量泡沫,在工程中起到改良土质、轮滑冷却和减少磨损作用。在实际施工中,泡沫在渣土改良中主要从以下几个方面降低刀盘、刀具的磨损:

①降低砂卵石地层的内摩擦角,减少刀盘、刀具与土体的摩擦。

②对刀盘及刀具起一定的润滑和冷却作用。盾构隧道施工过程中,刀盘在一定转速和压力条件下进行地下挖掘,刀具承受非常高的工作压力和温度,恶劣的工作条件大大降低刀具的使用寿命。因此,注入泡沫剂对刀盘面板及刀具起到一定的冷却作用,防止切削下来的砂卵石和碎石对刀盘的堵塞,可以减少刀盘面板和刀具的磨损。

③调整土舱内土体的塑性流动性。土舱内土体性质直接影响盾构的顺利掘进,切削后渣土具有良好的塑性流动性,不仅可以使得开挖面维持较好的支护压力,使得开挖面土体快速进入土舱,而且保证排土顺利。连续的工作程序可以有效降低土体与刀盘面板、刀具的二次或多次接触摩擦,避免发生"泥饼"、"堵塞"等问题,提高盾构掘进效率。

2)膨润土对刀盘、刀具磨损的改良作用

加入膨润土是土体改良的另外一种重要有效的方法,主要以向土舱内添加为主,以向刀盘及螺旋输送机上添加为辅。特别是砂卵石地层,加入膨润土后土体改良效果更加明显。加入膨润土进行土体改良,有效改善了砂卵石的颗粒级配,使土舱内土体塑性流动性大大提高,提高渣土排出的效率;同时,加入膨润土后,可以在卵石表面形成泥浆保护层,降低了渣土的透水性和对刀盘、刀具、螺旋输送机的磨损,增加了盾构掘进长度,减少换刀次数,即保证了施工顺利进行,又节约了成本。

砂卵石地层中,通常将膨润土与泡沫一起使用,通过向掌子面及土舱内注入优质泡沫、优质膨润土及水(适当加入)的综合措施,进行全断面大粒径砂卵石地层土体改良。

(4)土体改良对开挖面稳定性的影响

砂卵石地层结构松散、胶结性差、颗粒之间的传力方式主要为点对点,通过泡沫及膨润土对掌子面及土舱内土体进行改良后,泥浆包围在颗粒周围,形成一层泥膜,增加了砂卵石颗粒之间的黏聚力,使得颗粒之间的传力范围得到有效的扩大,改善了土体的受力状况,增强了开挖面土体的强度和刚度,有利于开挖面的稳定。利用加入的泡沫剂可以改善卵石颗粒构造,同时吸附在颗粒之间的气泡可以减少土体颗粒与刀盘、刀具的直接摩擦,降低土体的渗透性。又因其相对密度小,搅拌负荷轻,容易将土体搅拌均匀,不仅可以有效平衡开挖面,还能连续向外顺畅出土。

(5)土体改良对盾构施工参数影响

砂卵石地层,土体改良对盾构的正常掘进有着重大影响,特别对于土压平衡盾构而言,在砂卵石地层开挖隧道,土体改良效果好坏直径影响盾构施工的成败,严重影响施工质量、施工进度及施工成本控制。土体改良不仅影响刀盘、刀具磨损,开挖面稳定,土体改良的效果好坏,还对盾构施工参数控制有着重大的影响。在大粒径砂卵石地层开挖隧道,土体改良不好,容易出现土压平衡无法建立及刀盘扭矩、推力异常的现象。因此,为了确保盾构施工参数合理,提高盾构掘进效率,降低盾构隧道修建成本,选用优质的土体改良材料对土体进行流塑性改造是十分必要的。

(6)慈寿寺站~花园桥站区间砂卵石地层施工

区间卵石层最大直径超过 120 mm,一般为 20~60 mm。受卵石层的影响,盾构刀盘、刀具将受到不均匀的作用力,增加了刀盘、刀具和螺旋输送机的磨损,且为盾构姿态调整与控制增加了难度。

1)土压管理

砂卵石地层是一种典型的力学不稳定地层,其基本特征是地层结构松散、无胶结,呈大小不等的颗粒状。若土仓内土压过低,开挖面撑压力不足,在刀盘前上方会产生较大的松散区域,卵石或砾石将相继松动,在开挖面上方引起较大的塌落区。

在砂卵石地层中进行盾构施工时,土压控制值必须综合考虑刀具磨损和地层沉降两个因素。通过掘进过程中的监控量测,不断对土仓内的土压控制值进行修正,找出合理的控制土压值。

2)添加剂的使用

盾构穿越砂卵石地层,采取同时向刀盘切削面加注膨润土液和泡沫的措施来改善土体的流动性。在大粒径卵石含量高的地层还需要向土仓内加注膨润土液,进一步增加土体中黏性颗粒、细颗粒的含量来改善渣土流动性和减磨。膨润土液和泡沫的加注量以刀盘扭矩不高、螺旋输送机能够将卵石和砂子顺畅排出为宜。

3)同步注浆控制

砂卵石地层中,由于土体渗透系数较大,注入的浆液容易渗入土层的空隙中,应适当加大同步注浆量,单液浆的注入系数取 1.7 左右。

4)其他控制措施

砂卵石地层掘进时,在盾构长时间停机后可能会发生刀盘卡死现象,因此掘进应保持均衡连续。开始掘进前先向掘削面和土仓内加注一定量土体改良材料,搅拌均匀后再开始掘进;每次停止掘进前向掘削面和土仓内加注一定量土体改良材料,搅拌均匀后再停机。

砂卵石地层,膨润土液消耗量很大,在施工部署时需充分考虑。膨润土使用配制好的速溶型桩基膨润土,缩短膨润土的浸泡膨化时间。砂卵石地层中进行盾构施工必须严格控制刀盘扭矩及掘进速度,推进速度不易太快,否则会加剧刀具的磨损。

29.4.3 南锣鼓巷站~东四站区间叠落段施工

南锣鼓巷站~东四站区间设计线路始发段 280 m 为叠落施工,施工风险大,极易造成施工事故,为确保叠落施工安全采取以下措施:

1)下线施工时保证盾构掘进不超排土,严格控制掘进参数,减小对上方土体的扰动,控制同步注浆量及注浆压力满足设计要求,跟进二次补偿注浆,增大土体自稳性。为减小下线盾构通过后可能引起的地层沉降或空洞对上线盾构掘进产生影响,在下线盾构通过后,从下线盾构向中间土体打设注浆管对两条线之间的土体进行加固。

2)下线安装液压支撑台车,如图 5－29－61 所示,支撑下线已成型管片,确保管片不发生局部变形。液压支撑台车利用推进千斤顶可自行前移,上线盾构施工时,根据其施工进度,支撑台车同步前移,使影响段管片全部处于支撑受力保护中。

图 5-29-61　叠落段液压支撑台车

29.4.4　盾构主要施工参数控制

(1)土压力控制

土压力是土压平衡盾构施工最为关键的控制性参数。土压力控制是否合理与地表变形密切相关,而且土压力不受其他施工参数的影响,是首先需要确定的参数。只有在确定土压力的情况下才能根据地层条件、盾构设备条件、渣土改良状况、施工状况等进行刀盘扭矩、推力、同步注浆压力等其他参数的计算和设定,因此土压力的合理设定和控制对于盾构施工的安全具有决定性的意义。

1)土压力控制原则

土压平衡盾构施工土压力控制应遵循以下几个原则:

①土压力应能维持开挖面的稳定,不会出现因土压力过低导致开挖面失稳,或者出土量增加导致地表沉降超限的情况。

②在满足地表沉降要求的前提下,土压力应尽可能的低,以降低刀盘扭矩和推力,提高掘进速度,减小刀具、刀盘的磨损,降低盾构施工能耗,降低工程成本。

③土压平衡盾构推进过程中为维持土舱内压力,需调节螺旋输送机的排土速度以匹配盾构掘进速度,因此土压力处于动态的波动状态,应充分考虑压力的波动范围,确保土压力控制在设定的最小值以上。

④盾构推进过程中会向刀盘前方和土舱内注入泡沫等土体改良材料,这些改良材料注入后会在土舱内产生虚压,造成土舱内压力较高的假象,因此土压力控制时应考虑这部分虚压的不利影响。

2)土压力计算方法

土压平衡盾构土舱压力设定目前还缺少足够的理论依据,大多根据经验选取。目前比较常用的计算方法主要有:

①静止土压力理论

$$p_0 = K_0 \sum_{i=1}^{n} \gamma_i H_i \qquad (5-29-2)$$

式中　K_0——侧压力系数,大小可根据试验测定,也可根据经验公式 $K_0 = 1 - \sin\phi'$,也可根据施工经验选取;

　　　ϕ'——土体的有效内摩擦角;

　　　γ_i——第 i 层上覆土层容重;

　　　H_i——第 i 层上覆土层厚度。

静止土压力没有考虑隧道开挖后地层的成拱效应,适合于浅覆埋深隧道和软土、黏性土等难以成拱的地层。

②朗肯主动土压力理论

$$p_a = \gamma H \tan^2\left(45° - \frac{\phi}{2}\right) - 2c\tan\left(45° - \frac{\phi}{2}\right) \qquad (5-29-3)$$

式中　ϕ——土体内摩擦角;

　　　c——土体黏聚力;

　　　γ——上覆土层的加权平均容重;

　　　H——隧道覆土厚度。

朗肯主动土压力理论适用性较广,适合各种地层。

③泰沙基松弛土压力理论

泰沙基松弛土压力理论假设隧道开挖后地层存在一定的拱效应,其拱形结构如图 5—29—62 所示。泰沙基松弛土压力理论适用于砂层和砂卵石层等易于成拱的地层。根据泰沙基松弛土压力理论可以把松弛土压力 p_e 当作竖直土压力,然后确定泰沙基松弛土压力理论下的开挖面的水平主动土压力 p_a^T 和静止土压力 p_0^T,相关计算公式如下:

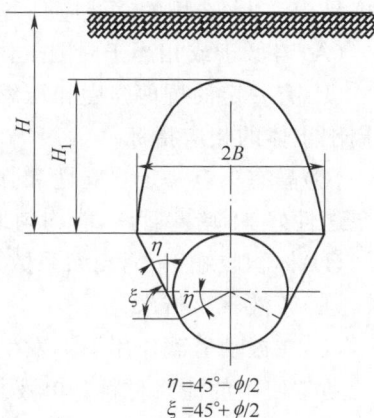

$$p_e = \frac{B(\gamma - c/B)}{k\tan\phi}(1 - e^{-k\tan\phi \cdot H/B}) \tag{5-29-4}$$

$$B = \frac{D_c}{2}\cot\left(\frac{\pi/4 + \phi/2}{2}\right) \tag{5-29-5}$$

$$H_1 = \frac{B - c/\gamma}{k\tan\phi}(1 - e^{-k\tan\phi \cdot H/B}) \tag{5-29-6}$$

$$p_a^T = K_a p_e \tag{5-29-7}$$

$$p_0^T = K_0 p_e \tag{5-29-8}$$

$\eta = 45° - \phi/2$
$\xi = 45° + \phi/2$

图 5—29—62　泰沙基松弛土压力
理论拱形结构图

式中　H——隧道覆土厚度;

　　　H_1——松弛层的高度;

　　　D_c——盾构刀盘开挖直径;

　　　k——滑动面上的侧压力系数(即水平土压力与垂直土压力之比,通常取 $k = 1$);

　　　K_a——主动土压力系数,$K_a = \tan^2\left(45° - \dfrac{\phi}{2}\right) - 2\dfrac{c}{\gamma H_1}\tan\left(45° - \dfrac{\phi}{2}\right)$。

(2)壁后注浆

盾构管片壁后注浆按与盾构推进的时间和注浆目的不同,可分为同步注浆、二次补强注浆和堵水注浆。盾构推进时,盾尾空隙在土体坍落前及时进行注浆、充填空隙、稳定地层,不但可防止地面沉降,而且有利于隧道管片的防水。选择合适的浆液、注浆参数、注浆工艺,在管片外围形成稳定的固结层,将管片包围起来,防止地下水侵入隧道中。管片壁后注浆的目的如下:

①使管片与周围土体的环形空隙尽早建立注浆体的支撑体系。

②尽快获得注浆体的固结强度,确保管片的尽早稳定,防止管片背后处于无支承力的浆液环境内,使管片发生移位变形。

③充填密实的注浆体将地下水与管片相隔离,避免或大大减少地下水直接与管片的接触,从而作为管片的保护层,避免或减缓了地下水对管片的侵蚀,提高管片的耐久性。

1)同步注浆

同步注浆与盾构推进同时进行,是通过同步注浆系统以及盾尾的注浆管。在盾构向前推进盾尾间隙形成的同时进行,浆液在盾尾空隙,即"建筑空隙"形成的瞬间及时起到充填作用,使周围岩体获得及时支撑,可有效防止周围土体的坍塌,控制地表沉降。对于现场施工而言,应从控制注浆量、浆液质量、注浆压力、注浆时间及速度等方面严格把控。

①同步注浆量

同步注浆量应该根据盾构开挖直径和管片外径之间空隙的体积来定,盾构开挖空隙的体积 V 如图 5—29—63 所示,计算公式如式(5—29—9)所示:

$$V = \pi(D_c^2 - D_R^2)L/4 \tag{5-29-9}$$

式中　D_c——盾构开挖直径;

D_R——管片外径；

L——管片环宽。

考虑到浆液的扩散、结石率、地表变形控制要求等其他因素的影响，每一环的同步注浆量应控制在$(1.2\sim2)V$。

②浆液质量

为保证同步注浆浆液能起到抵抗周围土体挤压的作用，同时考虑易于注入，选用的浆液应具备以下特性：

(A)略低于或相当于周围土体的容重；

(B)有一定的抗剪强度和压缩系数，浆液稳定后其C、Φ值高于周围土体的相应指标；

(C)静态下有一定自立性和强度，经扰动后有一定的流动性，可泵送性好，不堵塞管路，能均匀地充满各种间隙；

(D)体积收缩率小，压缩系数、压缩指数小；

(E)浆液不易析水；

(F)在振动荷载作用下不发生振动液化。

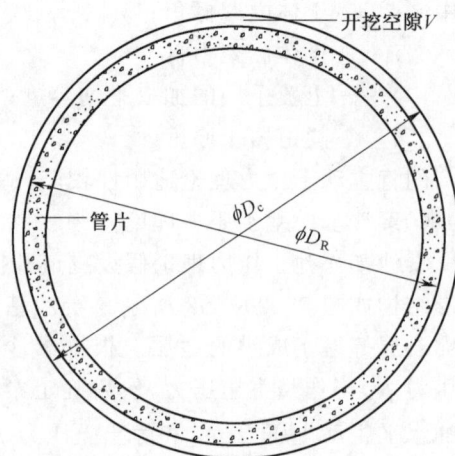

图 5—29—63　盾构开挖空隙示意图

通常使用的注浆材料有单液浆和双液浆两种类型。如表 5—29—4 所示。

表 5—29—4　注浆材料对比情况

浆液类型	单液浆		双液浆	
	砂+水泥+粉煤灰+添加剂+水		水泥砂浆+水玻璃	
	惰性浆液	硬性浆液	瞬凝型	缓凝型
优点	无水泥等凝胶物质，早期强度低，但凝固时间慢	掺和水泥，早期强度较高，初凝时间为 12~16 h	初凝时间约 15 s	初凝时间为 30~60 s
	工艺简单，易于施工控制，凝固时间可调节，浆液扩散较均匀，不易堵塞注浆管道，造价低		凝结早，利于管片稳定，可阻断地下水流	
缺点	由于地下水影响，浆液易产生分离，管片易上浮，惰性浆液易造成隧道的偏移，尤其是纠偏和曲线掘进时，对盾尾危害小，硬性浆液稳定管片作用较强，凝固较快，易发生渗漏		施工工艺较复杂，注浆管道易堵塞，须及时清理，浆液均匀性难以保证	

③注浆压力

同步注浆压力设定应考虑的因素主要有以下几点：

(A)盾尾密封耐水土压力能力。

盾尾密封耐水土压力是一定的，如果同步注浆压力高于盾尾密封的承受能力，盾尾密封会被击穿，导致盾尾密封失效，因此同步注浆压力必须低于盾尾密封耐水土压力。新出厂的盾尾密封耐水土压力为 0.5 MPa，考虑到随着盾构的推进会有部分盾尾密封刷磨损影响盾尾密封的耐水性能，因此同步注浆压力不宜高于 0.4 MPa，否则将对盾尾密封产生不利影响。

(B)土舱压力的影响。

同步注浆压力远远高于土舱压力，会导致浆液沿着盾壳与土体的空隙流窜至土舱中，然后随着土体从螺旋输送机排出土舱，造成浆液浪费，起不到有效的注浆效果。同步注浆压力过低，会导致注入土舱的土体改良剂流窜至盾尾，影响浆液质量，不能有效填充开挖空隙，造成地表变形超限，因此同步注浆压力应与土舱压力匹配。

假设盾构土舱内上土压力为 E_1，盾尾上部注浆管压力可设置在 $E_1+(0.05\sim0.1)$ MPa，盾尾下部注浆管压力可设置在 $E_1+(0.1\sim0.15)$ MPa。

(C)注浆口位置的水土压力。

同步注浆压力应略高于注浆口位置的水土压力，减小盾尾脱出后地层的变形。注浆口水土压力 p_j 计算公式如式(5—29—10)所示：

$$p_j = \gamma h_j \qquad\qquad (5-29-10)$$

式中 h_j——注浆口的覆土厚度。一般盾尾上部注浆口覆土厚度 $h_j = h + 1.5$,盾尾下部注浆口覆土厚度 $h_j = h + 4.5$,其中 h 为隧道覆土厚度。

注浆管压力应设置在 $(1.0 \sim 1.2)p_j$。

(D)管片的承压能力。

管片能够承受的最大压力是一定的,注浆压力过大会导致管片结构受影响。

(E)地表环境的影响。

对于地表变形要求严格的区域,应适当增大同步注浆压力和同步注浆量,以减小地表变形量。

④注浆时间及速度

注浆速度应使浆液充填速度与盾构掘进速度一致。如果过快,注浆压力必然上升,易造成盾尾漏浆、尾刷损坏、管片压坏及浆液内循环;如果过慢,充填效果不佳,引起沉降过大(土体自稳时间)。

⑤不同地层同步注浆压力设定

对于自稳性一般土层,开挖后难以成拱,因此注浆压力按照注浆口位置的水土压力来设定,一般设定在 $(1.0 \sim 1.2)p_j$。对于砂层(B组段)和砂卵石层(C组段),开挖后易成拱,盾构推进过程中土压力较低,因此根据土压力来设定。一般盾尾上部注浆管压力可设置在 $E_1 + (0.05 \sim 0.1)$ MPa,盾尾下部注浆管压力可设置在 $E_1 + (0.1 \sim 0.15)$ MPa(E_1 为土舱内上土压力)。

2)二次补浆

管片背后二次补强注浆是在同步注浆结束以后,通过管片的吊装孔对管片背后进行补强注浆,以提高同步注浆的效果,补充部分不充填的空隙,提高管片背后土体的密实度。二次注浆其浆液充填时间滞后于掘进一定的时间,对围岩起到加固和止水的作用。

二次补浆压力一般控制在 0.35 MPa 以下,每次补浆量以压力控制为准,补浆频率宜在管片脱出盾尾 4 环后再进行。及时进行二次补浆,是减小后期沉降的有效措施。如图 5—29—64 和图 5—29—65 所示。

图 5—29—64　现场二次补浆情况(一)

图 5—29—65　现场二次补浆情况(二)

29.4.5　管片拼装技术

盾构隧道躯体自身筒状的构造物即衬砌,属永久性构造物。通常衬砌为双层构造,外层称为一次衬砌,内层为二次衬砌。通常城市地铁盾构隧道一次衬砌与二次衬砌合并,采用钢筋混凝土或球墨铸铁材料制作的管片拼装管环,进而串接一体的方法施工,主要用于支撑来自地层的土压力、水压力,承受盾构的推进力及承受各种施工设备构成的内荷载。施工现场贮存管片如图 5—29—66 和图 5—29—67 所示,现场管片验收情况如图 5—29—68 所示,拼装完毕隧道内情况如图 5—29—69 所示。

盾构隧道的管片拼装在盾尾用举重臂完成,拼装时需对盾尾内空进行清扫,管片间不得夹杂任何异物。从隧道底部开始,先安装标准块,依次安装相邻块,最后安装封顶块,现场管片拼装情况如图 5—29—70 和图 5—29—71 所示。管环间彼此的接头通常为交错拼装,为了修正摆动和进行曲线施工采用楔形管片,也有顺接的情形。安装封顶块时径向搭接约 2/3 管片宽度,调整位置后缓慢纵向顶推。管片安装到位后,及时伸出相应位置的推进油缸顶紧管片,然后移开管片安装机。

图 5—29—66　现场储存管片

图 5—29—67　现场储存管片

图 5—29—68　现场管片验收

图 5—29—69　隧道内管片拼装完毕

图 5—29—70　现场管片拼装

图 5—29—71　现场管片拼装

　　管片每安装 1 片,先人工初步紧固连接螺栓,如图 5—29—72 所示。安装完 1 环后,用风动扳手对所有管片螺栓进行紧固,如图 5—29—73 所示。管片脱出盾尾后,重新用风动扳手进行紧固。

　　管片拼装控制标准为:①轴向允许偏差为高程偏差±20 mm,平面偏差±50 mm(正常段)及±20 mm和±80 mm(曲线段);②管片错台小于 3 mm,管片接缝开口小于 3 mm,管片拼装无贯穿裂缝,无大于0.3 mm 宽的裂缝及剥落现象;③椭圆度要求为水平直径和垂直直径允许偏差小于 50 mm。

　　目前实际施工中常遇到的管片拼装质量问题有管片破损、管片错台及管片渗漏水三种情况,影响着隧道的使用寿命。管片破损、错台、渗漏水往往是相伴产生的,可采取如下措施:

　　1)管片的出场要严格控制质量要求;

　　2)无论出现什么问题,对盾构姿态都不应"急纠",要缓慢纠偏;

　　3)按照相关的规范进行操作,包括管片的吊装和安装,以及盾构参数的控制;

图 5－29－72　螺栓紧固

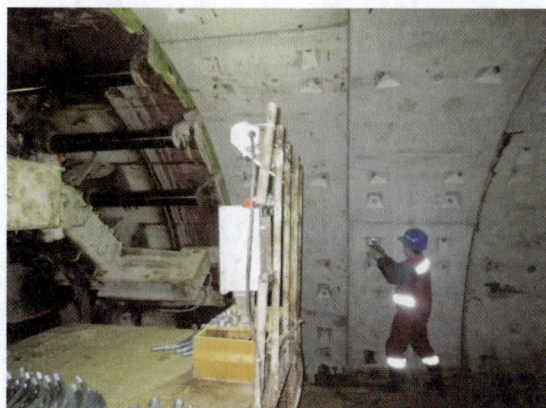
图 5－29－73　螺栓复紧

4)应采取及时有效的措施避免隧道管片上浮。

(1)管片破损

常见的管片破损按破损发生的严重程度可分为管片掉块、管片裂缝。管片破损的原因主要有:①管片本身的质量问题;②总推力过大;③注浆工艺不当;④管片环面不平整;⑤盾构姿态控制与曲线段不匹配。其中,管片掉块发生部位多为管片角部、吊装孔及螺栓附近,如图 5－29－74～图 5－29－76 所示,一般采用的补救措施为水泥浆回填,如图 5－29－77 所示。

图 5－29－74　螺栓附近管片掉块

图 5－29－75　吊装孔处管片掉块

图 5－29－76　角部管片掉块

图 5－29－77　管片破损修补

管片裂缝多为管片本身制作质量问题及管片拼装过程中操作不规范所造成,如图 5－29－78 和图 5－29－79 所示,如果此时地层中存在地下水,则可能造成管片渗漏水。

大多数的管片破损,尤其是管片掉块,都会在不同程度上伤及钢筋,并将加快钢筋的锈蚀速度。尽管对其进行了简单的修补,但修补后的"伤口"的防水性能、强度等都远不如破损前的原始状态。在盾构隧道投入使用一段时间后,最先破损的应该是这些"伤口"部位。可见,管片破损对隧道的永久结构使用寿命的影响是显而易见的。

图 5－29－78 管片裂缝(有水)

图 5－29－79 角部管片裂缝

(2)管片错台

造成管片错台的原因主要有以下几点:①管片拼装过程施工不规范;②在掘进过程中,由于盾构姿态控制控制不当,造成管片错台,特别是在线路的小曲率半径部位更容易出现这类问题;③隧道管片上浮造成管片错台。现场管片错台情况如图 5－29－80 所示,管片错台示意图如图 5－29－81 所示。

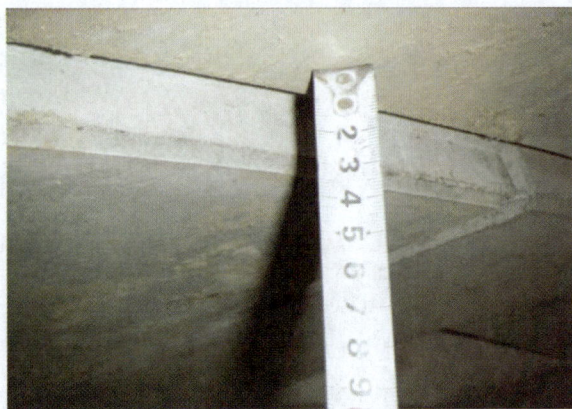

图 5－29－80 管片错台

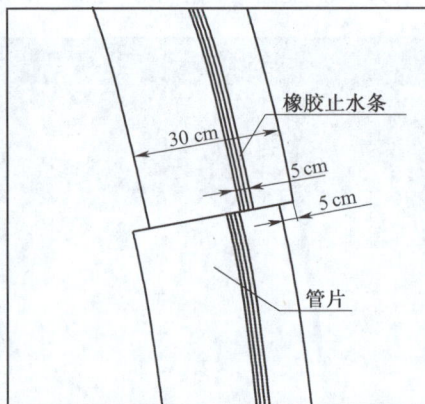

图 5－29－81 管片错台示意图

如果发生的管片错台较大可能会在不同程度上减少了隧道结构的受力厚度,使得该处成为隧道的不利受力点;同时管片错台往往会造成管片的破损,特别是在螺栓孔的部位;在管片错台的部位,密封止水带往往受到一定的破损,因此,常常发生漏水和渗水现象。

(3)管片渗漏水

造成管片渗漏水的原因很多,除了管片本身质量问题以外,管片错台、管片破损及施工原因导致的管片橡胶止水条移位等均可能造成管片渗漏水,如图 5－29－82～图 5－29－87 所示。

图 5－29－82 管片破损引起渗漏水

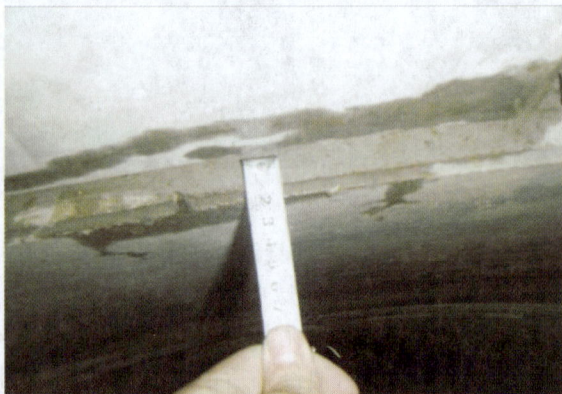

图 5－29－83 管片错台引起渗漏水

图 5－29－84　橡胶止水条移位引起渗漏水

图 5－29－85　螺栓孔处渗漏水

图 5－29－86　管片间渗漏水

图 5－29－87　管片环间渗漏水

29.5　盾构到达

盾构到达是指盾构在掘进过程中由原状土进入到达竖井端头加固土体区域,然后将盾构推进至到达竖井的围护结构处后,从竖井外侧破除井壁进入竖井内接收台架上的一系列作业过程。相较盾构始发而言,盾构到达具有更大的危险性。实际施工中应引起高度重视,其成功与否直接关系着工程的成败。

29.5.1　盾构到达流程

盾构到达是指盾构沿设计线路通过区间隧道贯通前 100 m 至盾构进入接收井、上接收架的整个施工过程。盾构到达一般遵照下列流程进行:到达端头加固、接收基座安装定位、洞门密封安装、洞门凿除、到达段掘进、盾构接收,如图 5－29－88 所示。

按施工过程,盾构到达可以分为以下三个阶段:

(1)盾构到达竖井前的掘进

盾构到达之前,要充分地进行基线测量,以确保盾构的准确就位。由于盾构必须严格按照到达洞门的设计线路轨迹进入洞门,因此一般应在盾构到达前 50～100 m 时严格进行隧道贯通测量,以便精确定位,确定盾构具体纠偏方向和各环的纠偏量,保证线形无误。

到达端头加固 → 安装接收基座 → 调整施工参数 / 安装洞门密封 / 控制掘进方向 → 到达段掘进 → 接收盾构

图 5－29－88　盾构到达施工流程图

盾构推进至洞门附近时,洞门的衬砌及其围护结构容易发生变形。对于特别容易变形的板和桩之类的围护结构,应预先进行加固,防止受到盾构推力的作用而影响整体稳定性。当盾构刀盘逐渐接近工作竖井时,应对洞门处的围护结构和衬砌的变形状态进行实时监测并及时校核盾构推进姿态,确保盾构推进线路与设计线路之间的误差在允许的范围内,特别是开挖面土压力逐渐下降时容易造成出土量控制困难而导致

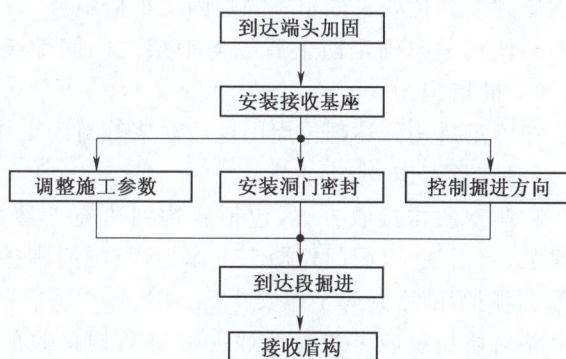

发生地层垮落或地面塌陷,故需要综合考虑盾构的位置、地层加固范围、围护结构的位移、地表面沉降量等因素,来确定掘削面的压力。

需要说明的是:对土压平衡盾构而言,盾构刀盘进入加固区后即可将上土压降至零,并逐渐减少下部土压的数值。实际操作时,应特别注意不要因为土压力值过大,将盾构到达前的部分土体推入接收井内而产生地面坍塌的灾害。

(2)盾构到达

刀具不能切削或推力上升等机械操作方面的变化,可以提醒我们盾构刀盘已经到达临时的围护结构,但为了确保安全仍建议从到达竖井的临时围护结构钻孔来测量,确定盾构的准确位置,再确定是否停止推进。盾构到达前应采取足够的措施确保到达处地层的稳定,特别是水砂压力并存情况的存在与否,然后确定是否进行盾构到达施工。

(3)临时围护结构的拆除

在拆除临时围护结构之前,首先应该在临时围护结构上开几个检查口,以确定地层状况和盾构到达的位置。围护结构的拆除与盾构始发基本类似,地层的自稳性可能随着时间的推移而有所变化,故盾构到达施工作业应该迅速进行,力求稳定端头地层。特别是在拆除了临时围护结构后将盾构向工作竖井推进的过程中,应仔细监测地层变形状况,谨慎、快速、平稳施工到位。

29.5.2　盾构到达准备工作

(1)盾构到达应考虑的重要问题

1)详细了解盾构到达端头地层条件,确定端头土体是否需要加固和怎样进行加固处理,同时确定洞门部位是否需要设置密封装置和设置什么样的密封装置。如图5-29-89所示。

当地层中水砂压力并存时,必须对到达端头土体进行加固处理,包括水中接收的盾构。

如果地层中无地下水,而且土地的自稳能力较强时,可以不对端头土体进行加固,但是盾构刀盘必须顶上围护结构后才能破除洞门围护结构,而且应该严格控制好洞门凿除的时间和顺序。

2)为了确保盾构按规定设计路线顺利到达预定位置,需要认真测定盾构位置,确认隧道内外的联络方法。

3)确认盾构慢速推进的起始位置和具体范围。

4)确认泥水盾构泥水减压的起始位置。

5)盾构推进到位时,由于推力的影响是否需要在竖井内侧井壁到达处采取相应的加固支护措施。

6)认真考虑确定防止盾壳与地层之间间隙突然涌水、涌砂的措施。

7)确定盾构到达部位周围壁后注浆等封门工作。

(2)准备工作

1)制定盾构接收方案,包括盾构到达施工参数、管片拼装、壁后注浆、洞门外端头土体加固、洞门围护结构拆除、洞门钢圈密封等工作安排。

2)对盾构接收井进行验收并做好盾构接收的准备工作。

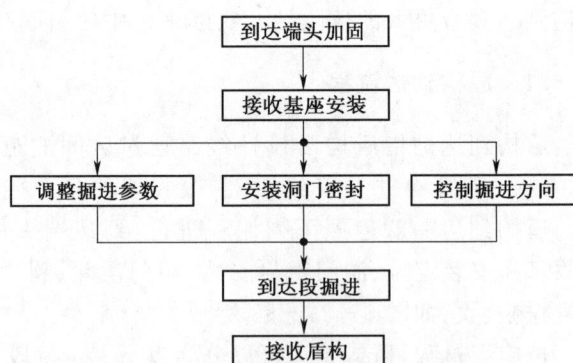
图5-29-89　盾构到达施工流程图

3)检查盾构接收井周围端头土体的加固效果,确保加固质量满足要求。

4)盾构到达前100 m、50 m时,必须对盾构隧道轴线进行测量,必要时进行调整。

5)按预定的方法与步骤,破除洞门。

6)当盾构全部进入接收井内基座上后,应及时做好管片与洞门间隙的密封,做好洞门封堵工作。

29.5.3　盾构到达施工要点

相较于盾构始发,盾构到达更关键,直接关系着工程的成败。盾构到达的施工要点主要有:

(1)盾构到达前应检查端头土体加固效果,确保加固质量满足要求。

(2)做好贯通测量,并在盾构贯通之前100 m、50 m至少2次对盾构姿态进行人工复核,确保盾构顺利贯通。

(3)合理安排到达洞门凿除施工计划,确保洞门掌子面暴露时间不会过长,并针对洞门凿除施工制定专项施工方案。

(4)盾构接收基座定位要精确,定位后应固定牢靠。

(5)增加地表沉降监测的频率,并及时反馈监测结果指导施工。盾构到站前要加强对车站结构的观察和监测,并加强与盾构施工现场的沟通,确保信息畅通。

(6)为保证进洞管片稳定,盾构贯通时需对进洞口段至少10~15环管片进行纵向拉紧作业。

(7)帘布橡胶板内衬涂抹油脂,避免刀盘刮破影响密封效果。

(8)在盾构刀盘顶进到距围护结构前的2~3环管片长度隧道施工,一定要保证注浆及时、饱满并确保注浆压力不至于破坏土体而进入接收井,必要时进行二次补浆作业。隧道贯通后必要时对洞门进行注浆封堵处理。

29.5.4 慈寿寺站~花园桥站区间盾构到达

(1)盾构到达加固区前的工作

1)吊出井端头加固

盾构到达前完成端头加固,检查加固效果满足安全要求后再下一步工作。

2)接收洞门位置复核测量

在距离隧道贯通100 m之前对盾构到达洞门进行复核测量,测量项目包括洞门中心位置偏差、洞门半径等。

3)盾构姿态调整

在进入到达段前,对盾构的位置进行准确的测量,确定实际隧道中心轴线与设计中心轴线的关系,同时对接收洞门位置进行复核测量,确定盾构的贯通姿态,制定掘进纠偏计划。

4)洞内导线点复核及人工校核盾构姿态

在盾构距贯通面150 m时进行线路复测。对洞内所有的测量控制点进行一次整体的、系统的控制测量复核,对所有控制点的坐标进行精密、准确的平差计算。

在100 m和50 m处对导向系统进行复核测量。在盾构到站前的最后一次导向系统搬站时,充分利用在贯通前150 m时线路复测的结果,用测量二等控制点的办法精确测量测站、后视点的坐标和高程(测量经纬仪和后视棱镜的坐标和高程),每一测量点的测量不少于8个测回。同时,在贯通前50 m时,进一步加强管片姿态监测与控制。

(2)洞门破除

在盾构刀盘抵达接收井围护后,人工破除或机械破除洞门围护结构。在洞门破除完毕后检查盾构贯通净空要求,确保盾构能顺利进洞。

1)洞门防水帘布的安装

接收洞门防水帘布的安装与始发时的洞门帘布安装相同。

2)扇形压板的调整与拉紧

盾构推出洞门时,在盾壳接触帘布橡胶板前,先松弛钢丝绳,待盾构进入洞门密封后,将扇形压板向内作适当调整,并将钢丝绳适当拉紧。待盾尾推出洞门,管片外弧面接触帘布橡胶板后,尽量向内调整折页压板将帘布橡胶板紧压在管片外弧面上,并拉紧钢丝绳。

3)洞门导轨安装

为保证盾构贯通后能顺利推出洞门,在洞门凿除完成后在其拱底安装导轨,如图5-29-90所示。导轨高度根据预计盾构贯通姿态与洞门圈之间的空隙确定。

4)接收基座的安装

接收基座的中心轴线应与隧道设计轴线一致,同时还需要兼顾盾构出洞姿态。接收基座的轨面标高比理论值降低了 20 mm,以便盾构顺利推上托架。为保证盾构刀盘贯通后拼装管片有足够的反力,将接收基座以盾构前进方向+5‰的坡度进行安装。

（3）盾构接收

盾构距进入 10 m 加固区范围后,由专人在洞门前进行观察指挥。盾构在该范围掘进时,遵循"低推力、低刀盘转速,减小扰动"的原则进行控制。为保证盾构顺利出洞,操作上的工序衔接至关重要,操作人员要严格按照下面的要点进行施工:

1）在加固体内掘进:根据掘进出土情况,靠近洞门的第 3 环开始可以欠压掘进,但是必须保持满仓,逐步根据掘进速度尽量减小推力。盾尾同步注浆要注意有效性,减少浆液流失量。

图 5—29—90　安装导轨

2）注浆堵水:盾构掘进至刀盘距离地下围护桩 30 cm 左右位置时停机。在盾尾后连续三环,进行整环二次注浆。

3）盾构穿出洞门:盾构尽快进入密封系统,做好盾尾同步注浆和双液注浆工作,注浆要低压进行,做好超量注浆的准备。

4）盾构推上接收托架

盾构推出洞门前,需认真检查接收托架加固情况、盾构刀盘底部与接收托架高差等情况。确认无误后可将盾构推上接收托架。盾构推进过程中必须密切关注接收托架以及接收托架加固与支撑的情况,一旦出现变形等异常情况,应及时停止推进并进行处理。

为保证盾构能完全推上接收托架,需要在油缸后拼装临时管片提供推进反力。为便于人员及材料运输从洞门通过,要求将盾尾推离洞门至少 1.0 m。推进时根据总推力、托架受力等情况,在接收托架导轨上涂抹黄油以减小摩擦阻力。

（4）盾构井下平移

由于慈寿寺站接收端头场地实际情况,需把右线盾构机的较重部分（刀盘、前体、中体、盾尾）在井下平移至于左线吊出。为平移盾构,在井下铺设了 30 mm 钢板,平移的方法是盾构连同基座在钢板表面滑行,钢板采用分块铺设,分块与底板预埋件焊接,所铺设的钢板处于同一水平面,误差在±5 mm 内。在铺设钢板之前,需要将井底的集水坑进行清理回填。为方便平移,将接收基座分为 4 段。

29.6　盾构穿越重大风险工程

6 号线一期全线 7 个盾构区间共 1 个特级、29 个一级、50 个二级、14 个三级风险工程,盾构连续、平衡通过了各级环境风险工程,穿越期间技术及管理基本到位,安全可控。本线路 01 标十～青区间特级风险工程——盾构下穿京包铁路及箱涵。

29.6.1　风险工程概况

左、右线盾构下穿京包铁路及箱涵里程范围为 K20＋966～K21＋031（约 65m）,双线隧道直接下穿京包铁路（共有 5 道铁路）。左线隧道从箱涵下方穿过,隧道顶距离箱涵底 11.2m;右线隧道从箱涵南侧通过,结构外皮距箱涵为 8.1 m（箱涵为矩形框架结构,外包尺寸为 43.15 m×7.8 m,采用混凝土预制顶进施工;箱涵的南北两侧局部设置护坡桩,桩长约 14 m,桩上设置了 29 m 长的锚索）,如图 5—29—91 所示。

双线隧道在此区段上覆土层（从上到下）主要为杂填土（局部）、粉质黏土（局部）、粉土、粉质黏土、砂土、粉质黏土、砂土、圆砾卵石,隧道埋深为 14.06～20.09 m,隧道穿越土层（从上到下）主要为圆砾卵石、粉质黏土、粉土,上层滞水距隧道顶板约 7 m,潜水水位距隧道顶板约 3.6 m,层间潜水距隧道顶板约 3.0～3.6 m,如图 5—29—92～图 5—29—94 所示。

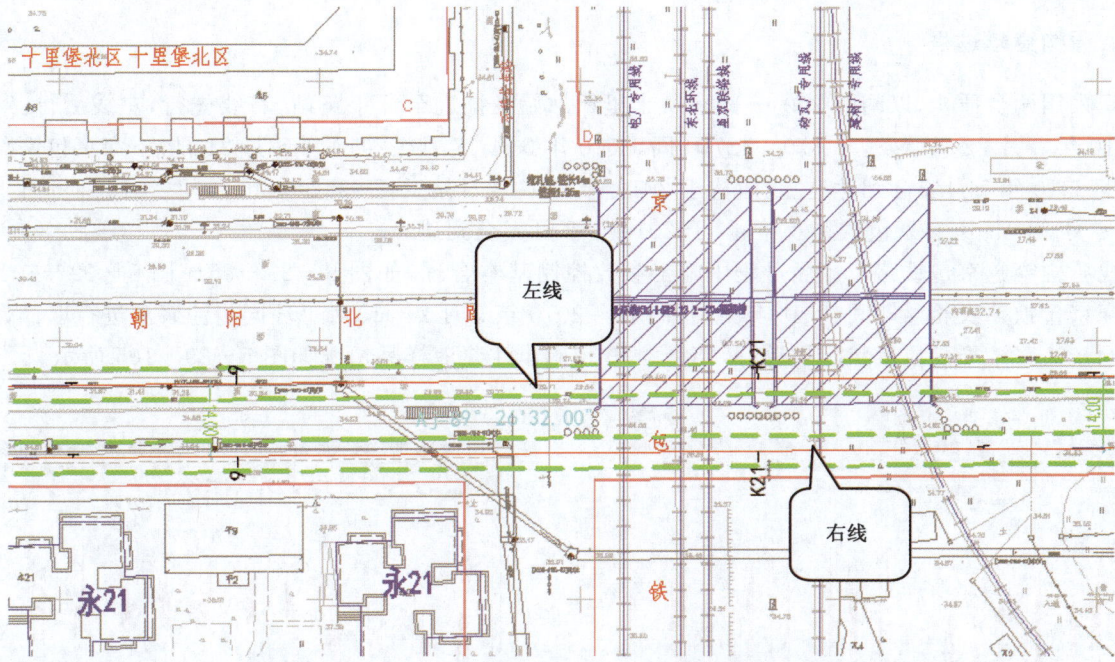

图 5—29—91 十~青区间下穿京包铁路及箱涵平面图

图 5—29—92 盾构下穿京包铁路（一）

图 5—29—93 盾构下穿京包铁路（二）

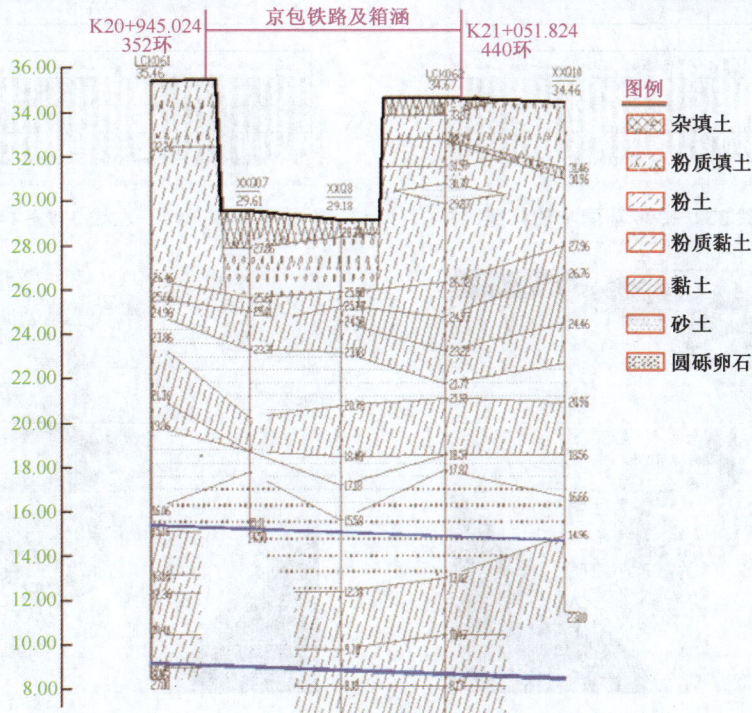

图 5—29—94 十~青区间下穿京包铁路及箱涵剖面图（单位：m）

29.6.2　盾构穿越过程

区间采用两台盾构,以间隔 200 m 距离从十里堡站始发掘进至青年路站,右线先行,左线后行。右线盾构于 2010 年 3 月 22 日始发,于 370～427 环间(2010 年 5 月 17 日～2010 年 5 月 21 日)下穿京包铁路(侧穿箱涵),于 2010 年 7 月安全到达;左线盾构于 2010 年 4 月 22 日始发,于 352～440 环间(2010 年 6 月 15 日～2010 年 6 月 24 日)下穿京包铁路及箱涵,于 2010 年 8 月安全到达。

双线盾构穿越京包铁路及箱涵过程中施工参数控制基本合理,如图 5-29-95～图 5-29-104 所示。盾构下穿京包铁路及箱涵期间(2010 年 6 月 15 日～2010 年 6 月 24 日)对每环同步注浆液进行取样,观察所得每环同步注浆液样品质量状况均较好,358～430 环同步注浆液样品情况如图 5-29-105 所示。

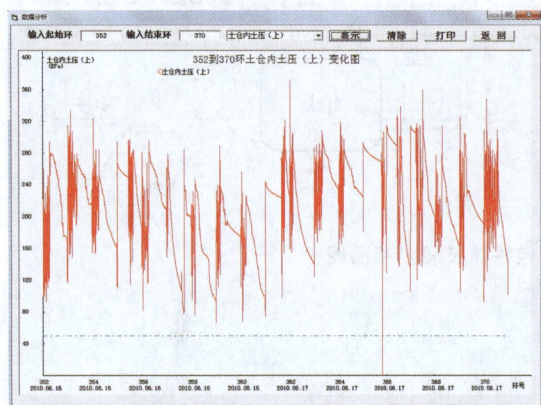

图 5-29-95　左线 352～370 环上土压情况

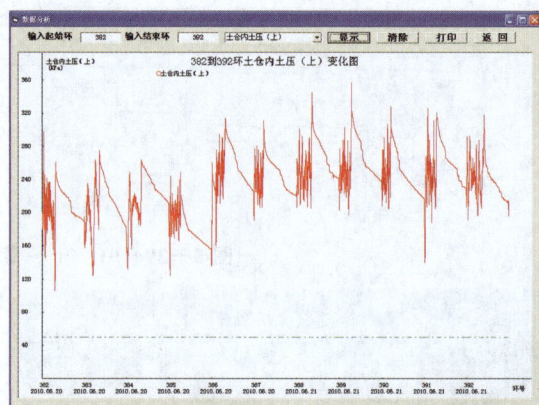

图 5-29-96　左线 382～392 环上土压情况

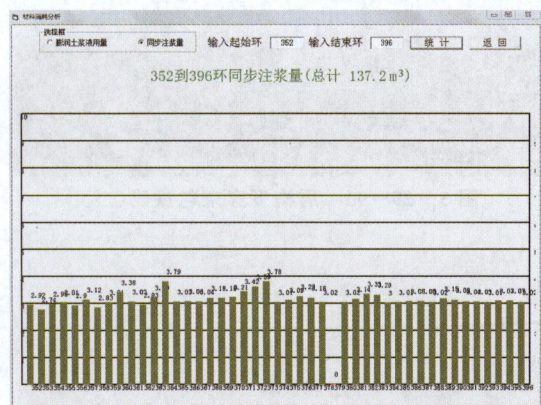

图 5-29-97　左线 352～396 环同步注浆量

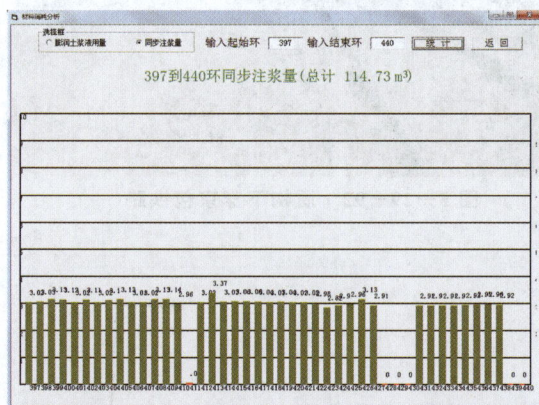

图 5-29-98　左线 397～440 环同步注浆量图

图 5-29-99　左线 400 环浆液取样图

图 5-29-100　左线 402 环浆液取样

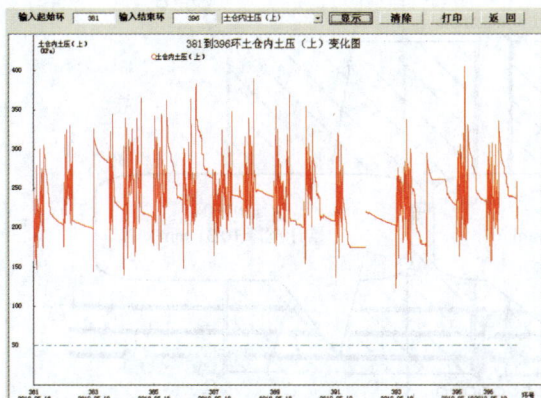

图 5—29—101 右线 381～396 环上土压情况

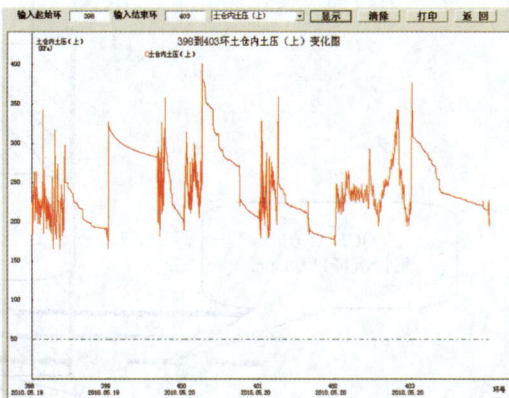

图 5—29—102 右线 398～403 环上土压情况

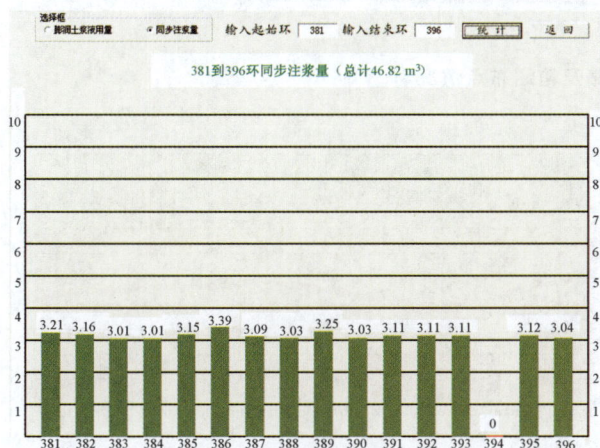

图 5—29—103 右线 381～396 环同步注浆量

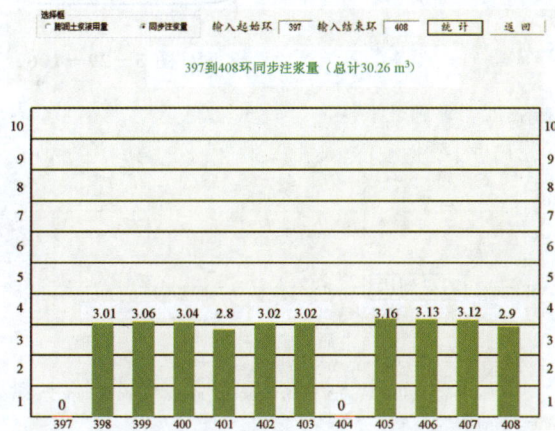

图 29—29—104 右线 397～408 环同步注浆量

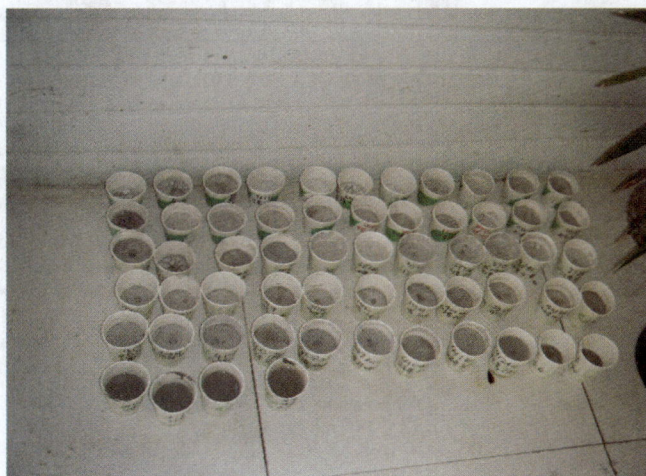

图 5—29—105 左线浆液取样(358～430 环)

29.6.3 监控量测情况

左线盾构继右线盾构穿越京包铁路及箱涵完毕后,当日箱涵测点最大累计沉降值为 5.48 mm(控制值为 5 mm,测点 QCJ－02－03)。截至 2011 年 1 月 18 日,箱涵测点最大累计沉降值为 12.66 mm(控制值为 5 mm,测点 QCJ－02－03),典型测点沉降曲线如图 5—29—106～图 5—29—110 所示。

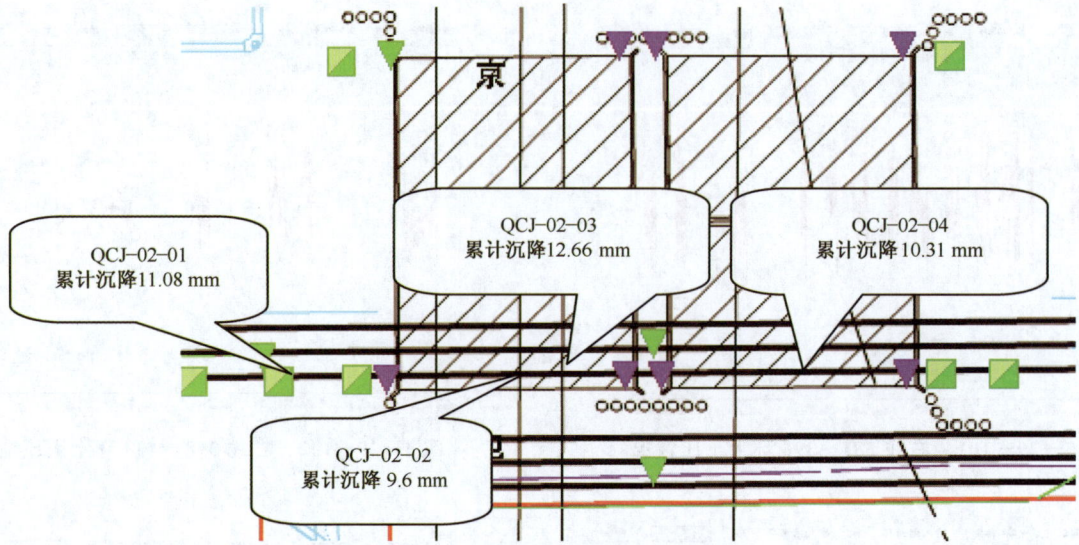

图 5-29-106　京包铁路及箱涵布点情况

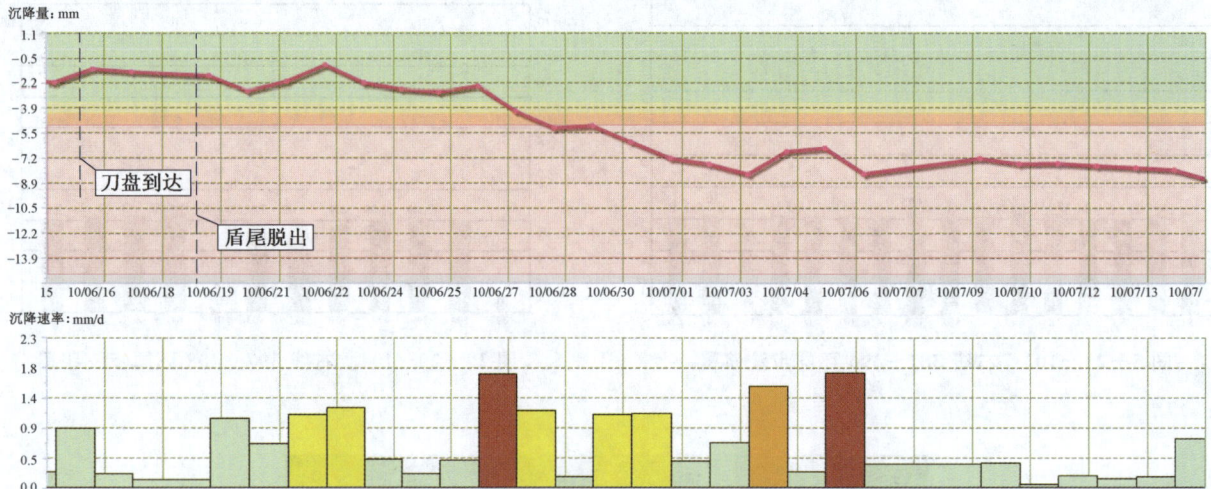

图 5-29-107　测点 QCJ-02-01 沉降曲线

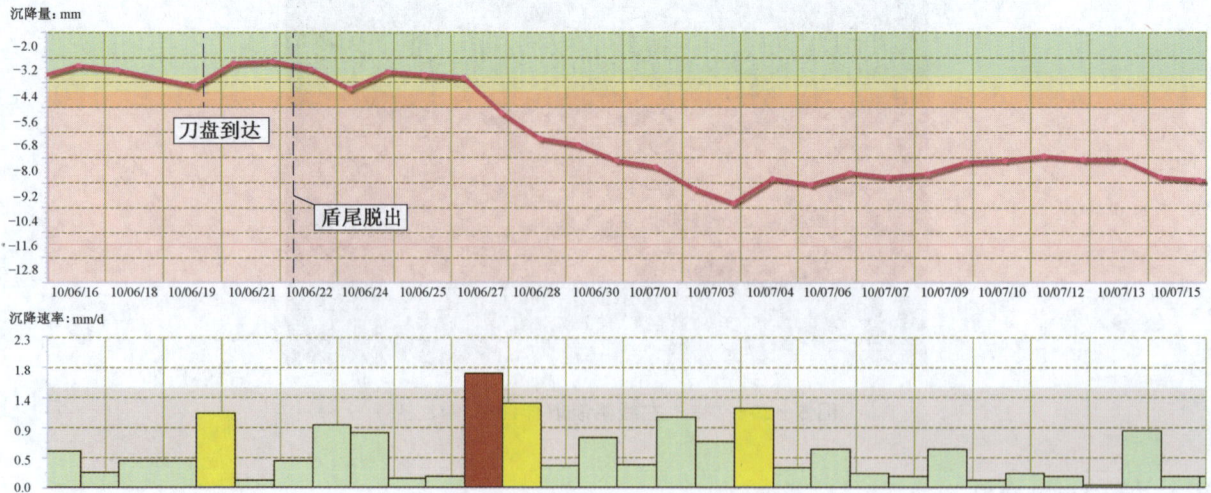

图 5-29-108　测点 QCJ-02-02 沉降曲线

通过沉降曲线可见：

1)盾构刀盘到达监测点位置前,地层开始受到其扰动,产生变形,但变形量很小,均不足 0.5 mm,分析原因可能是过往车辆的振动以及仪器测量误差所致。

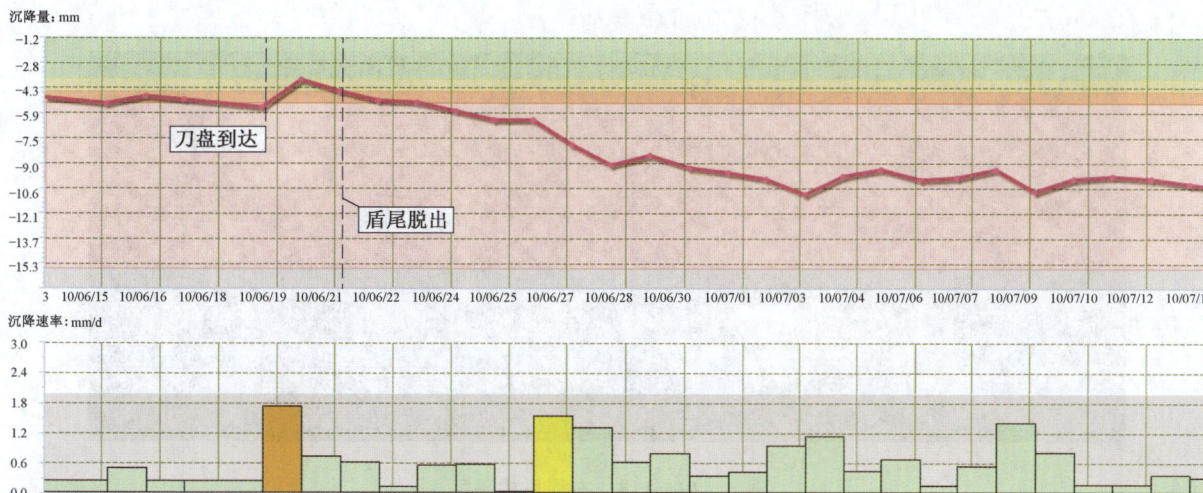

图 5－29－109　测点 QCJ－02－03 沉降曲线

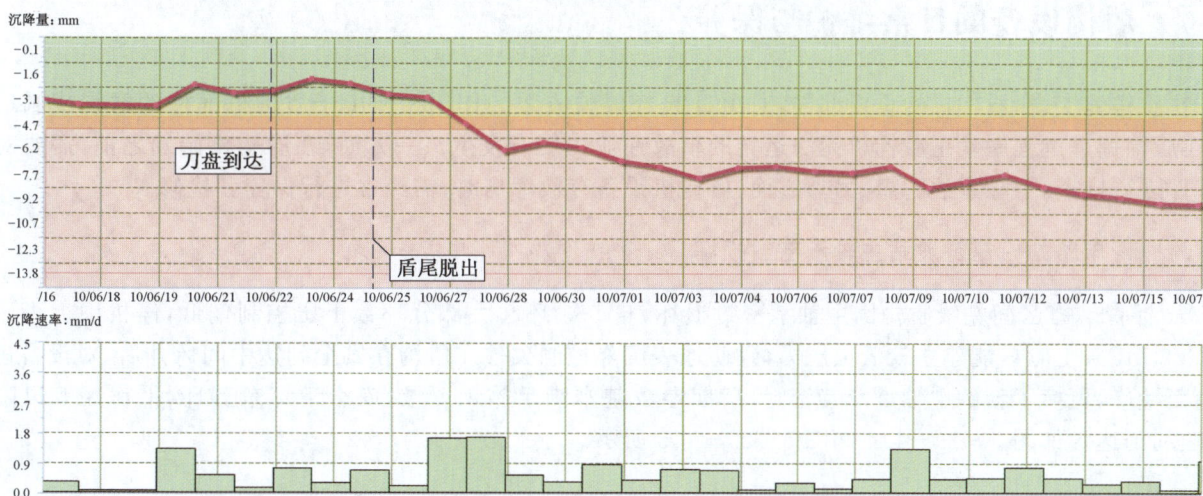

图 5－29－110　测点 QCJ－02－04 沉降曲线

2）通过测点时程变化曲线可见，盾构刀盘到达监测点及盾尾脱出监测点过程中，测点沉降相对较小，而后续沉降相对较大，可见在以粉质黏土层为主的地层，后续沉降所占总沉降的比例较大。如图 5－29－111～图 5－29－113 所示。

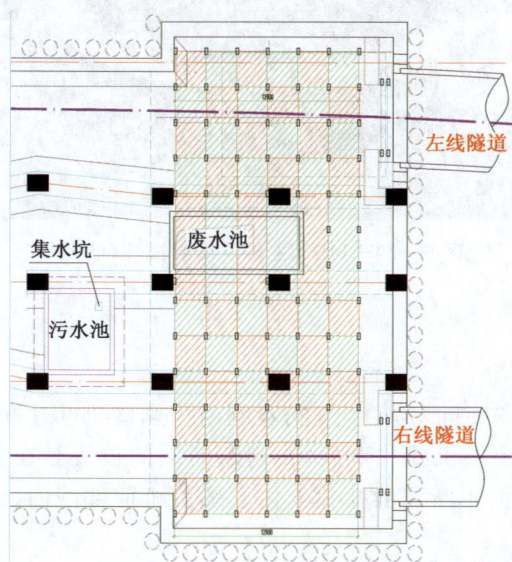

图 5－29－111　钢板铺设图

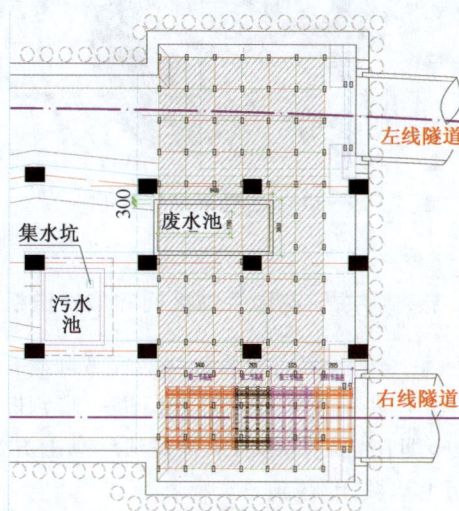

图 5－29－112　右线基座布置图

图 5－29－113　右线盾构平移

29.7　盾构设备的日常维护与保养

在盾构施工中,盾构机的重要部件,对项目起着事关成败的作用。但由于盾构机部件的磨损或制造缺陷,在盾构掘进过程中发生盾构机无法运转的事故在业内屡有发生。一方面,在盾构机始发之前,需要对盾构部件进行排查,消除事故隐患;另一方面,盾构机设备存放库房时,需经常进行保养和检修。

29.7.1　青年路站～褡裢坡站主轴承密封损坏

01 标青～褡区间左线盾构因主轴承密封损坏,自 553 环起大部分环数土压控制偏低,停机中上土压不足 0.02 MPa,土舱只能建立较低土压力,致使地表沉降控制欠佳。盾构在安全到达中间风井后,对设备进行了全面检修,更换了新的主轴承及其密封,后期参数基本满足施工要求,安全下穿东五环、平房区等风险工程,顺利到达。如图 5－29－114 和图 5－29－115 所示。

图 5－29－114　主轴承密封损坏(一)

图 5－29－115　主轴承密封损坏(二)

29.7.2　慈寿寺站～花园桥站区间螺旋输送机轴断裂

04 标慈～花区间右线盾构拼装完 694 环后开始推进,但螺旋机无法出土,初步判断为螺旋机叶片断裂。经过打开螺旋机前端护筒上的阀门进一步判断,确定发生了螺旋机叶片事故,并判断断裂的位置是在前端约 3 m 处,即在螺旋机的前插护筒法兰盘上方约 1.4 m 处。由于断裂的叶片卡住了螺旋机前部闸门,造成前部闸门无法关闭。

现场采取在地面开挖 3 眼降水井进行降水,隧道内进行拆除螺旋输送机的准备工作,一旦降水效果达到要求,进行螺旋机拆除维修。螺旋输送机的检修主要包括螺旋机的拆卸检修和螺旋机的安装两部分。螺旋机的安装是螺旋输送机拆卸的逆过程。

(1)螺旋输送机拆卸检修

1)拆卸准备

①进行螺旋机拆卸前必须对作业面附近的管线进行保护,避免由于作业施工破坏管线,并安排专人对螺旋输送机上拆除的管线及作业面附近管线进行蹲守保护。

②利用观察口清理螺旋输送机内部腔体,降低螺旋输送机自重。旋转螺旋输送机到可旋转范围的 1/3 处,避开有可能被异物卡住处,方便后续的拔出作业。

③螺旋输送机封盖准备。用 20 mm 钢板加工一个 $\phi1\,050$ mm 的法兰盖板(用途是将螺杆抽出后临时将土仓封闭),在盖板上预留一个注浆孔并安装一个球阀。利用 2 t 倒链吊起悬停于螺旋输送机开孔部位上方,随时准备封堵。将拼装机前移,拆除皮带并用电瓶车运至地面存放好,分离桥架与拼装机导轨,并后移桥架及台车,使螺旋输送机后方及附近存在足够的空间且没有障碍物,便于拆装螺旋输送机。

④在管片的连接螺栓上安装吊耳,吊耳沿着盾构轴线方向布设,将 10 t 手拉葫芦安装到吊耳上并固定好(方便拔出过程中调整倒换吊点)。

⑤采用工字钢及型钢在渣土车上制作一个钢支撑平台,其作用相当于一台可移动的小型龙门吊,用于螺旋机的拔出、移动和放倒。所用渣土车底盘制动全部拆除,保证渣土车底盘处于完全自由状态以保证整个吊装过程中整个机构始终处于垂直受力状态。

⑥在两条工字钢梁上各安装 1 个的 32 t 弓形卸扣使用 2 个 10 t 葫芦。同时在 2 个梁上分别挂 1 个 5 t 承载的滑轨小车,2 个小车各挂 1 个 5 t 葫芦,以便拆装机、液压马达。

2)螺旋机拆卸检修

①打开螺旋机前端的观察孔,若发现无水则拔出螺旋机,若存在水则继续加大降水力度,同时通过观察孔利用水泵进行隧道内降水。

②利用钢梁上的移动滑车拆除液压马达。

③利用钢支撑移动平台及管片上的手拉葫芦固定好螺旋机,拆除螺旋机后端的支撑插销及螺旋机与土仓的法兰连接,利用管片上的手拉葫芦及螺旋机自重产生的水平推力带动渣土车上的钢支撑平台慢慢后移,并使用倒换手拉葫芦的方法拔出放平,直至螺旋输送机完全拉出放平。

④螺旋机拔出后,立即关闭出土闸门,密封土仓,确保土仓压力,防止地下水(降水井降水效果不好时存留的层间潜水)渗入隧道内,造成开挖面失稳形成空洞,进而产生地面沉陷。

⑤使用移动滑车拆除减速箱,并把螺旋筒体固定在已加工好的平板车上。

⑥利用管片上的手拉葫芦及电瓶车,采用倒换手链的方法把螺旋叶片从螺旋机筒体中拉出。

⑦对已拆卸的螺旋叶片进行检修。

(2)螺旋输送机安装

螺旋输送机安装是螺旋拆卸的逆过程。首先将螺旋叶片安装到螺旋机筒体内,其次将螺旋机(为便于安装螺旋,闸门暂不安装)用管片上的手拉葫芦(对称布置)和移动平台吊起安装,采用两个手拉葫芦在螺旋输送机两侧对称位置向螺旋输送机开口内拉。

安装过程中注意事项:

1)在安装法兰面上需涂抹防水胶;

2)注意马达上齿轮安装端面防脱螺栓需要涂抹螺纹紧固胶;

3)齿轮箱加入齿轮油;

4)安装螺旋机前先从法兰盖板上的球阀观察土仓内情况,确认没有涌水涌泥后拆下盖板。如发生涌水现象,进行注入砂浆处理后再进行安装。如图 5—29—116 所示。

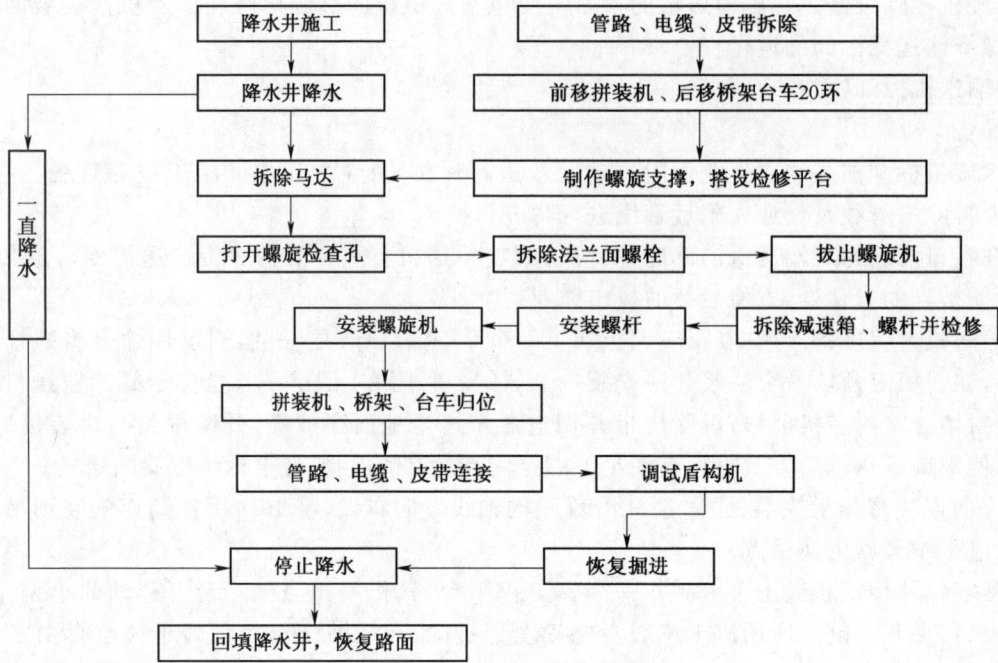

图 5－29－116　螺旋机检修流程图

第6篇 技术提升篇

第30章 调线和调坡

30.1 调线和调坡的作用

地铁线路调线调坡设计是在结构主体施工完成后,根据实测断面数据,对不满足限界及轨道要求的地段进行线路平面和纵断面调整工作。它属于整个线路设计的最后环节,旨在为铺轨设计、牵引计算、信号设计、接触网设计等提供最终可实施的线路形态。一般经过调线调坡设计后,稳定了轨面标高和平面位置之后,方可进行站台板、轨顶风道、人防门的施工。

30.2 竣工测量内容

应对测量中的控制点引入、测量精度、测点间距、不同的结构断面形式对应的断面测点位置等,进行详细的规定。对不同断面形式绘制测点图和制定针对每种类型的固定数据表格(Excel 格式)。竣工测量的成果一方面用于线路调线调坡,另一方面用于限界检查、设备安装、工程验收等。

30.3 调线调坡原因分析

6号线一期工程横跨北京中心城东西方向的轨道交通线,线路西起西四环的五路居站,东至朝阳区的草房站,地铁线路里程较长,场地类别有所变化。呼家楼桥附近是场地类别变化的分界处,调线调坡工作根据地质和线形情况分为东、西场地。东段线路顺直,但沉降量较大,基本以调整纵断面为主;西段进入城区,线路曲线增多,沉降量小一些,区间有不少为盾构区间,调整平面的任务增加。

调线过程存在主要问题及原因:

1)平面小半径、大坡度的盾构区间调线较多。

2)人防与线路调线接口问题。应重视曲线地段和距离曲线较近的人防门的安装及生产情况,人防门生产单位须等调线调坡结束后方可生产曲线地段和距离曲线较近的人防门,以避免不必要的返工和浪费。

3)轨道的钢弹簧减震地段的增加给调线带来难度。

4)沉降造成调坡。

5)地下车站端部盾构钢环位置错误造成调线调坡。

车站端部盾构钢环是盾构始发和接收点。施工中主要出现两种错误,一是平面位置错误,一是竖向位置错误。

①平面位置错误原因主要是如果该段为曲线段,由于曲线外轨超高的影响,隧道中心线与线路中心线之间有一定的偏移量。如把线路中心线作为盾构中心线,将造成错误。

启示:为了避免这种错误,线路设计人员尽量在车站范围内采用直线,区间结构设计人员施工交底时对于曲线段需特别强调。

②对于竖向位置错误,主要原因是没有考虑竖曲线改正值,地下车站坡度一般为2‰,出站后区间一般设置为动力坡,为了让动力坡起作用,变坡点尽量靠近车站,所以盾构钢环位置一般设在竖曲线上,如果没有考虑竖曲线,则造成误差。例如:按坡度代数差27‰,竖曲线半径$R=3\,000$ m,则竖曲线改正值约为0.27 m。

启示:这项工作必须引起设计和施工人员高度重视,设计人员需保证设计图纸数据正确,特别是线路专业给建筑和结构专业图纸会签时应特别注意该处的标高,另外结构设计人员在施工交底时强调钢环处的标高值。施工单位也要重视该环节,避免出错。

6)盾构区间偏差

盾构区间施工误差也存在水平和竖向误差,产生误差原因主要有:盾构推进技术、地质情况复杂、线路条件苛刻及对上部建筑物分析不清楚等。盾构施工误差易出现在复杂地质情况下,特别是小半径曲线(如半径 $R=300$ m)和 S 曲线地段,产生水平向误差较大。地质复杂和上部建筑物影响等因素:对于东部地区,沉降较严重。

另外,在建筑物下方推进时,也容易产生低头现象。

启示:尽量避免小半径曲线和 S 曲线,对于下穿建筑时,不宜采用最大坡度,例如 30‰,而应该有一定的富余量,比如采用 25‰,这样即使产生低头现象,推进坡度比设计坡度大,也有不大于限制坡度的调坡条件。

①关于车站两端竖曲线位置

《地铁设计规范》里提倡纵断面设计为节能坡,也就是出站下坡,进站上坡。车站坡度一般为 2‰,相邻一般为 25‰左右的下坡。规范规定竖曲线切点不能进入站台,且需留有一定余量,避免车站结构体上浮了,车站内轨面需要整体上移。在这种情况下,如果原竖曲线过于靠近车站,则上浮后,竖曲线切点向车站内靠拢,很可能不满足规范要求。这里简单进行分析,如果上移 0.15 m,车站两端坡度若为 25‰,则水平偏移为 6 m。所以建议设计时,竖曲线切点距离车站有效站台端预留 10 m 的距离富余量,既满足动力坡需要,又能满足可能的调线调坡需要。

②线路要素不易用到极限

设计平面和纵断面时,设计值不要和规范要求的最小值非常接近,比如夹直线长度、圆曲线长度等,留有余地,方便调线调坡。

30.4　调线调坡的流程及设计原则

(1)调线调坡的流程

调线调坡的流程如图 6-30-1 所示。

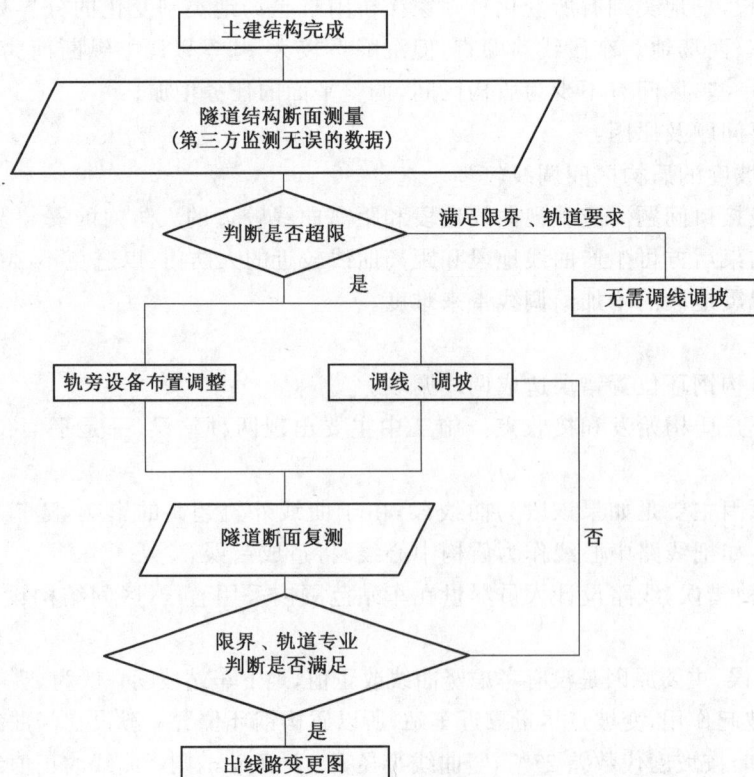

图 6-30-1　调线调坡流程图

调线调坡的操作方法：断面测量数据是调线调坡的设计依据和前提，也是直接关系是否准确反映隧道情况决定着调线调坡方案的可行性，甚至是安全性。根据断面测量数据绘制出的隧道实测中心线、隧道结构顶和结构底的拟合线可以对测量数据进行初步检测和判断，并分析隧道断面和沉降情况，并及时与施工单位和测量单位反馈数据信息。

（2）平面调整（调线设计）

为了进行平面调线设计，首先在原平面图中绘制实测盾构中心线。然后根据线路中心线和盾构中心偏移量绘制出实测的线路中心线。再绘制出左右可利用空间范围线，绘制方法是用 CAD 的 offset 命令，间距就是在前面中分析的左右可利用的空间值。绘制后，图中就有 3 条线。调线设计，就是在满足规范的情况下，进行反复调整，直到设计线路中心线始终在左右两条可利用空间范围线内，就完成了调线设计。调完后，需要限界、轨道专业人员进行再复核，若均满足规范要求，则作为最终调线调坡成果。

（3）调坡（纵断面）

根据初测数据将隧道实测结构顶和结构底高程，将其转化为坐标形式绘制在纵断面图中，以其作为调坡的依据，并根据限界和轨道专业给出的调线调坡意见和原则，线路专业对纵断面进行调整再设计。

30.5　总结与建议

线路调线调坡时，应注意以下几个问题：

1）纵断面调整时，除注意线路、限界、轨道等专业外，还需要注意排水泵站、人防门的位置尽量与实际相符。

2）区间调线调坡调整时，有时会涉及到车站，应予以重视。

3）应注意轨道的特殊要求，如特殊减振等问题。

4）应从抽查测量和统一测量两个角度复核测量成果数据的准确性。

5）调线调坡过程中，如果无法在规范用到极限前提下调整完成，则应对线路功能进行重新评估衡量，在损失一定功能的前提下完成调线调坡。

6）在工程进度紧张，无法按照正规程序执行资料报送时，可采用数据平台传送资料，后期补充完善单据的方式。

7）测量数据一般采取直线段每 10 m 一组数据，曲线段每 5 m 一组数据，注意在安装人防门的地段，两侧 200 m 范围要提供贯通测量数据才能调线调坡。

后期线路建设的几个建议：

1）建设过程应充分重视设计图纸质量及现场施工质量，应从加强设计及与施工单位的合作，加强配合过程中的服务意识，加强工作业务水平等多方面入手，切实提高各单位工作能力，减少失误，提高工程质量，减少实施误差带来的调线调坡工作。

2）在施工过程中应增加相关报警机制，发现平面和纵断面施工误差超过 50 mm（预警值）时，应立即上报建设单位和设计单位；如发现实测隧道中心线与理论隧道中心线偏差大于 100 mm 时，应立即停工并上报建设单位和设计单位。

3）工程实施时应注意动态调整的重要性，盾构始发时需进行定位，并监测附近地段的沉降情况。

第31章 各专业技术经验及思考

31.1 行车及运营组织

北京地铁6号线在运营模式、列车编组、最高运行速度、车站折返能力、车站配线等方面都具有一定的特殊性。在设计过程中,突破了一些常规的设计思路,同时根据6号线的实际情况进行调整,并与常规方法进行分析比较,最终得出结论。6号线设计总结如下:

1)从线路的功能定位、需求指标来确定快线的运营模式。作为轨道交通网中大动脉的北京地铁6号线将中心城与定福庄组团、通州组团连接起来,线路长、平均运距大,具有较强的向心功能。如果6号线也采用站站停的运营模式,将难以满足中长距离乘客出行的需求。因此,6号线有必要采用快线模式。由于北京地铁网覆盖率较低,如果采用大站模式,其运行时间比快慢车模式的快车运行时间无优势可言,同时损失了短途的局部客流,降低了地铁的覆盖水平。

2)各专业的协调配合很重要。为了提高快车的旅行速度,运营提出提高快车通过车站的速度,充分发挥100 km/h运行速度的优势。由于6号线是地下线,列车高速过站需要考虑诸多因素,例如通风系统的能力、站台安全门强度、车站内限界是否满足要求等。在经过综合论证之后,最终项目采纳了高速过站的措施。因此行车组织方案的实施,必须结合多方面的综合比较分析,而不能从一个专业单方面考虑。

3)结合实际运营情况,对备用模式的设计。按照设计,正常情况下6号线采用快慢车共轨运营模式。由于客流预测具有风险性和不确定性的特点,如果6号线只设计了一种运营模式,那么势必降低了运营的灵活性,不利于应对客流风险。在6号线的各个阶段的评审过程中,专家和运营单位都提出,6号线快慢车共轨运营模式是一种新理念,虽然在日本有成功的运营经验,但是在中国是首次。6号线受工程条件限制,只设置了两处快慢车避让线,降低了快慢车运营的灵活性,故障情况下或者列车晚点时,都容易打乱快慢车的运行计划。应对实际运营中可能出现的运营风险,在设计中,考虑了后备运营模式,即站站停运营模式。这种运营模式就是取消了快车,所有列车都采用站站停的方式运营。如果采用这种站站停运营模式,那么全线最大开行对数也将从24对/小时提升至30对/小时,而列车平均旅行速度也降低为40 km/h。同时在配线设置、列车运行进路设计、折返能力等方面也要有所调整。经过分析,在不增加既有土建工程的情况下,通过列车交路的调整、配线的合理设计,也实现了站站停运营模式,提高了6号线运营的灵活性。

4)6号线一期工程在2012年底建成交付通车试运营,考虑到客流较大、方便管理、保证安全度等原因,采用了8节编组快线运营的人工驾驶运营方式。

31.2 限界设计

限界专业在施工过程中的主要配合有:施工阶段结构施工偏差超出限界要求,为配合施工进行调线调坡处理;隧道断面竣工测量限界专业复核,指导线路专业对不满足限界要求的地段进行调线调坡;轨行区设备管线安装过程中的配合;限界车的制作与限界检查。

本工程区间盾构区间施工时,为了确保盾构区间能够顺利贯通及后期结构能够满足行车安全要求,在建设单位的组织下,限界专业配合线路专业对以上地段进行了施工过程中的调线调坡,给施工单位提供了一个调整的设计线路,最终确保了区间盾构的顺利竣工。如图6—31—1所示。

同时,在结构竣工后,限界专业在核实完施工单位或者第三方测量单位的测量数据后,给出了是否调线调坡的结论,以及需要调线调坡时的调整原则。同时对调整后的方案进行重新核实,结合调整后的测量数据,最后确认是否满足行车安全要求。

轨行区设备管线的安装一般是调坡调线完成后进行的,一般依据1 m线进行安装,由于1 m线存在一

464

图 6-31-1　调线调坡

定的误差,设备管线安装位置均存在一定偏差。对于一些小半径曲线困难地段,限界专业给出一些限界控制坐标值,以便施工单位及时核对安装是否满足要求。轨行区经常遇到增加一些设备管线的情况(如平轮检测设备、电源箱等),根据设备专业提供的设备安装需求,限界专业根据结构的实际情况,选择满足设备使用功能和行车安全的合理位置。本工程中有部分区间由于设备专业设计时出现安装位置偏差,实际施工时与别的设备专业相冲突,限界专业结合现场出现的情况,对相互影响的设备管线进行了局部调整,避免了设备的重复施工。

曲线进入站台时,站台和安全门需要局部合理加宽,缝隙过大,容易导致乘客踏空或夹在安全门与车体缝隙中。另应注意,由于安全门控制点和站台控制点的加宽值不一样,安全门如果按统一规格尺寸施工的话,会造成站台边缘与车体之间的缝隙过大,需要安全门专业设计的时候对曲线段安全门尺寸进行特殊设计。

限界检查是最终确保行车安全的最重要环节之一,限界专业全程参与限界车的制作以及对轨行区的限界检查。考虑到本工程区间最高运营速度为 100 km/h,区间限界检查框尺寸较 80 km/h 进行了加宽处理,以便确保行车安全。对在限界检查中出现的侵限问题,技术人员进行了相关分析,并指导相关专业设计及施工单位进行整改。

31.3　轨道专业

6 号线一期工程于 2012 年 6 月完成轨道铺设。在铺轨完成后,陆续发现一些相关专业与轨道不匹配的问题,通过工程实践,总结了若干经验。

(1)部分道岔护轨顶面高出基本轨距离不够 12 mm

解决方案:设计图纸增加护轨下的支撑垫块。

启示:产品制造时各部件的负公差积累容易导致道岔控制值不满足设计要求,产品设计注意对误差的控制。

(2)相关专业轨连线焊接导致部分钢轨损伤

解决方案:钢轨损伤严重的,更换钢轨;轻伤的,做好观察记录,按线路维修规则定期检测。

启示:相关专业设计轨连线数量时宜统筹考虑,减少轨连线数量。对轨连线的施工,必须采用专业化施工及可靠的施工工艺。条件许可时,尽量减少轨连线焊接,采用塞钉法施工。

(3)钢弹簧浮置板地段集水坑横向埋管过高

解决方案:钢弹簧浮置板地段集水坑横向高出水沟底的排水管凿除,重新预埋。

启示:集水坑埋管前,应核实轨道道床水沟要求,保证埋管低于排水沟底,并设置于线路最低点位置。

(4)道岔转辙机坑进水

解决方案:转辙机坑为封闭结构,道岔区线路排水坡度较小,需经常疏通排水沟。对结构侧墙漏水流入转辙机坑的,应封堵侧墙漏水;对转辙机坑内结构底板漏水的,应立即封堵。

启示:轨道施工前,应核实转辙机坑部位是否有结构侧墙或底板漏水、渗水,如有,应在铺轨前封堵。

(5)运营公司反映库内线整体道床起砂问题

解决方案:清除混凝土起砂部分,用环氧树脂漆铺设。

启示:设计中,提出对混凝土的养护和平整度要求。轨道施工时,加强混凝土抹面质量。也可以和建筑专业沟通,与车库内其余地面采取同样的做法。

31.4　通风空调

31.4.1　相关问题和解决对策

6 号线一期在设计与施工过程中出现一些问题,现将其摘录以供设计者借鉴与参考。

(1)风口与装修吊顶、土建风道的连接问题

有的车站通风空调大系统现场到货的风口尺寸比吊顶预留口、站台板下排风口留洞要大,使得现场实际安装困难。原因是给装修、土建提资尺寸过小,是按照实际风口喉部尺寸提的,没有放出风口的材料厚度及安装缝隙尺寸 10~15 mm,每个风口的翻边尺寸至少 25 mm,足以遮挡富余的缝隙。

经验总结:

1)设计人员给装修、土建提资要放出风口的材料厚度及安装缝隙尺寸;

2)审核人员认真把好最后一道关,在每个车站下达风口材料生产计划时先核实本专业给装修、土建提资的情况来调整风口实际生产尺寸;

3)与装修专业协调好,公共区吊顶施工时一定要等到货的风口先安装(或先分别安装一个各种尺寸的风口)后,再由装修来收口。

(2)站台层轨顶风管与接触网冲突

一期部分车站站台层叉线区域的轨行区风管与接触网的支架冲突。原因是北京地区新线中 6 号线首先开始用接触网,原先为接触轨,总体组的图纸会签规定中,通风空调、管线综合图纸没有要求接触网专业会签。

设计时要主动与接触网专业协调,相互调整轨行区风管与接触网的支架布置并充分考虑风管对相关专业的影响。

(3)安全疏散口处,设置于地面的加压送风机房面积过小的问题

问题:车公庄、东大桥车站的安全疏散口处,设置于地面的加压送风机房面积过小。

原因分析:设置于地面的加压送风机房涉及到建筑专业报规划征地,机房的面积应提前提供给建筑专业,避免在出地面厅建筑图时方和建筑详细配合,为时已晚,建筑专业不会为此单独报一个规划用地。最初出建筑图配合时,就明确提出加压送风机房的面积为 3 m×5 m。

解决方案:为便于接管,将轴流风机改成离心风机,并将地面厅风机房的门由 1 m 宽,调整为 1.5 m 宽。

建议:后续线路设计时,一定要在建筑专业报规划用地之前,将地面厅加压风机房的面积 3 m×5 m 提供给建筑专业。

(4)出入口长度变化对机电系统及装修专业的影响

问题:白石桥南站 4 号出入口土建变更引起机电变化,影响装修。

原因分析:受限于地面条件,出入口实施一半后,发现无法出地面,协调存在问题,出入口的长度变化后超过 60 m,需要设置机械排烟。此时公共区的桥架及管线全部敷设完成,部分已经吊顶完成。此时动照需要给出入口处的排烟风机供电,FAS 需要牵线对排烟风机和防火阀监视控制。同时排烟风机需要上 IBP。

建议:出入口长度超过 55 m,暖通在土建配合阶段就应预留排烟措施及给相关专业提预留要求。外部建筑变化之后,务必及时提资给下游专业,造成哪些专业调整及变化应有机电总体牵头梳理,避免漏项。

(5)车站公共区和出入口相连接的地方影响吊顶效果

问题:很多车站出现公共区和出入口相连接的地方影响吊顶标高。

原因分析：①土建配合阶段，出入口和公共区相连接的地方结构板没有局部上抬，或者梁上翻。

②出入口存在从公共区进入走道的风管。

③存在冷却水管从出入口接出去的情况。

解决方案：①装修降低标高。

②装修做门套进入公共区部分，约 1 m 宽度的区域标高降低。

③风管压扁，水管斜接。

建议：①土建配合阶段，出入口和公共区相连接的地方结构板应局部上抬，或者梁上翻。

②装修配合阶段，结合综合管线标高及数量和公共区装修重点配合关注此处，并在设计交底中明确此处的做法。

(6)车站设备区走廊上方的综合管线布置问题

部分车站设备区走廊上方的管线多层布置，施工困难，排烟风口的风管立管难以落到吊顶层。客观上，地铁车站设备区走廊内管线集中，空间矛盾突出，管线排布困难；主观上，建筑、暖通、管线设计专业对空间的预见性不强，空间条件紧张，对结构梁、加腋等考虑不足；还有，综合管线设计排布理想化，对支吊架和管线安装、检修的空间考虑不足，致使现场难以安装实施；也有因土建施工偏差较大，进一步压缩了管线安装空间。

碰到这样的问题基本无法圆满解决，只有将排烟风口的风管立管变窄从侧墙落到吊顶层再接风口。因此后期设计时要注意：

1)在方案阶段就需对建筑空间条件考虑充分，为管线安装留有余地。

2)主要管线专业及早介入，配合建筑规划好管线路径，及早对建筑提出反馈意见。

3)具体管线设计时需对结构梁板柱资料认真查阅，了解管线安装施工方法，对不同类型管线的安装、检修空间考虑充分。

4)设计交底时要求施工单位，设备区走廊上方有排烟风口的位置先将风管立管做好落下，占据位置，避免被其他管线遮挡。

31.4.2　经验总结及建议

地铁设计专业多，涉及面广，是一个系统工程。通风空调专业在设计过程中一定要与各专业配合与协调好，尤其是土建专业。设计配合的前期将功能房间的面积、层高及布局考虑周全，管线的预埋、孔洞的预留一定要完整与准确，尽量避免后期的提资与变更。出正式图之前要与结构专业的成品图再次核对一次，认真核对管线的预埋、孔洞的预留是否完整与准确，结构专业的成品图是否又增加了暗梁或者加腋对本专业的影响等等。本专业的任何调整与变化一定要及时提资给土建及相关的动照、FAS、BAS 等设备专业，避免专业接口不对应。风机、风阀的布置考虑好运营维护与检修的空间，与施工单位作设计交底时要提出要求，避免安装完成后风机、风阀被遮挡，给后期的运营维护带来困难。

31.5　动力与照明系统

31.5.1　主要工程经验

(1)图纸会审及设计交底

为减少设计疏漏遗误，保证设计意图能够真正落实到实际施工，在施工设计图纸完成后、正式施工开始前，组织设计单位、监理单位与施工单位就图纸中存在的疑问进行图纸会审及设计交底，汇报设计的主要思想、内容、需要施工中注意的问题，解释施工单位提出的图纸中需要解释的问题。

(2)施工配合

对土建施工预留的沟、槽、管、洞现场核实是否与设备专业图纸有出入，及时采取补救措施。

31.5.2　经验体会

(1)接口讨论

动力照明专业与其他专业的接口繁杂。作为设计的前提条件，动力照明专业在各设计阶段均需与相关系统进行接口的谈判和落实。

（2）现场协调处理

1）动力照明专业的桥架需结合实际布线及位置综合确定设置方式，施工配合的专业设计人员能够及时发现问题并结合现场情况合理协调。

2）配合施工人员应核对图纸上电气设备安装位置和形式是否与现场条件符合，如发现不符应尽快变更。

3）配合施工人员应经常主动深入现场，掌握施工进度，及早发现问题。

（3）各方交流

低压配电设备多、接口复杂，需要专业设计人员具备良好的协调及沟通能力。在设计初期，应注重与业主的沟通，充分掌握建设方的使用需求，并落实在设计方案中。

在设计联络阶段，应充分理解招标文件的需求，深入、仔细地了解产品的相关性能，确保产品能够满足使用要求，不遗漏、无隐患。

在施工设计阶段，应结合前期设计方案、按照中标产品的特性进行设计，确保用户的最终需求在图纸上落实。

31.5.3　应注意的问题

（1）风机盘管的控制问题

通风空调对风机盘管的控制方式没有和动力照明、BAS 专业进行接口协调，在施工进行过程中更改控制方式，引起动力照明专业图纸变更。

（2）变电所防火卷帘门配电问题

变电所卷帘门建筑专业未提资料要求，图纸上标注不明显（无"防火卷帘门"字样）。动力照明专业无设计经验的设计人员没有注意到，造成多站遗漏，引起变更增补。

（3）供电设备房间出口标志灯问题

电气专业相关规范没有规定设出口标志灯，北京其他线路也大多未设，但施工验收时运营要求增加，参照国内其他城市地铁一般设了出口标志灯，造成设计变更增补。这个问题在以后的设计中要重视。

（4）与公共区装修接口问题

公共区照明方案调整，引起动力照明专业变更。

（5）气瓶间配电问题

气灭专业提给动力照明专业的资料中气瓶间数量比建筑图中数量少，动力照明专业未核实和建筑图中数量的出入，误认为有的气瓶间不需要供电而未配电，造成变更增补。

（6）风机配电问题

个别风机通风专业的资料没有注明负荷等级，动力照明专业按普通风机配电，导致图纸变更。

（7）预留孔洞问题

由于自动扶梯双电源切换箱处的土建预留孔洞，是按经验采用 ATS 切换装置的配电箱尺寸要求预留的，后期根据运营要求双电源切换改为接触器搭接式，尺寸变大，原来预留的孔洞不够，此时土建设计已经出图，个别车站结构已经施工，导致个别情况下的现场扩孔。

（8）设计疏漏

1）动力照明专业设计过程中，存在一些不完善的方面，主要体现在相关系统招标未完成、商业开发需求不完善、运营需求不稳定等引起的专业设计输入资料不完善、不稳定等方面，进而引起动力照明专业施工图存在不稳定因素，如公共区清扫插座电源布置位置、办公房间配电箱设置方式、商铺配电方式及设备选择、广告照明布置及配电路径等，均需在后期对图纸进行增补或修改，引起不必要的变更或清单调整。

2）只在系统图上标示了自动扶梯检修照明回路，未在平面图上标示敷设路由，引起变更补图等重复性工作。

31.6　供电系统

地铁牵引供电系统是一个相对独立、系统性非常强的专业，受制于很多因素，是一个十分复杂的系统工程,同时牵引供电系统也会对相关专业带来相应的影响。因此,建议开展设计过程中,应对一些复杂的、潜在的不确定条件(如增加车站等)应给予一定的预留,以避免后续的供电系统发生较大变化。

31.7　通信系统

31.7.1　容易出现的问题

(1)地面亭出口处球型摄像机位置居中

地面亭出口处球型摄像机安装于出口正中间,降低了球型摄像机的可监视范围,同时影响了车站的美观。可将球型摄像机装于出口的左上方或右上方,增加有效可监视范围。

(2)扶梯口摄像机安装位置过低

个别车站存在站厅层扶梯处摄像机安装位置处于扶梯口上方,且安装位置过低,乘客容易碰头的问题。应将摄像头安装在适当的安全位置,或调整设备型号尺寸,确保乘客的人身安全。

(3)公安无线天线安装居中

设备区走廊内正中间安装了无线天线,多处被碰坏,造成了浪费,影响了使用。应将该天线靠侧墙安装,且宽面顺着走廊方向安装,以保证安全。

31.7.2　改进措施

完善施工图纸设计:在施工图设计前,积极配合相关专业,提出通信需求,配合结构专业做好孔洞、管路的预留,配合建筑专业做好设备用房及弱电间的设置,配合管线综合专业做好通信管线的径路设置等。在施工图设计过程中,对 6 号线一期中出现的设计问题进行优化,如地面亭出口处球型摄像机靠左或靠右安装、扶梯口摄像机安装高度适当提高、公安无线天线侧向临墙安装,以及适当增加蓄电池与墙之间的距离,预留检修空间。

31.8　信号系统

31.8.1　现场问题及改进措施

(1)关于车辆段/停车场、正线间行车作业区域的分界与牵引供电分区的分界不一致问题

原则上,车辆段/停车场与正线间牵引供电分区的分界点应与信号专业的行车作业区域的分界点一致,这样才能够保证电客车的行车作业在正线和车辆段/停车场均能独立、正常地进行。

由于 6 号线采用接触网供电,接触网的供电分区分界需要设置于线路直线段位置(接触网专业绝缘子的设置要求)。而信号系统依据站场道岔位置来考虑车辆段/停车场与正线的行车作业分界点,一般位于最外方道岔(靠近正线方向)岔尖外方约 60 m＋1 列车车长的距离处(即转换轨长度加保护区段长度,但至少为转换轨的长度)。

目前,北京地铁 6 号线一期的五路停车场和五里桥车辆段的出入段/场线均为曲线地段,段场与正线的行车作业区域分界与牵引供电分区分界不一致,运营单位需对相关作业进行相应的规定,否则有可能造成带电的接触网对人身的伤害。

改进措施:在设计的前期阶段需要线路专业、信号专业、接触网专业等对出入段场线的线路进行规划,使信号分界点位于直线段,以保证段/场与正线的行车作业区域分界与牵引供电分区分界一致;如果不具备条件,需要线路、信号、接触网专业协商考虑其他解决方案(如:运营单位编制相关作业规范)。

(2)上网隔离开关与区间通号电缆的冲突问题

6 号线一期工程供电采用接触网供电,接触网专业在一期工程的个别车站进站端弱电电缆侧设置有隔离开关,体量较大(平行于线路方向有 5 m 范围),对通信信号电缆的敷设有一定影响。在不侵限的条件下,通信信号电缆从隔离开关处通过,导致隔离开关的动作杆动作时对通信信号电缆进行剐蹭、摩擦,对电缆造成一定损伤。

改进措施:需要在设计配合阶段请限界或区间轨旁综合专业予以接触网隔离开关位置的统筹考虑,即将隔离开关嵌入墙体内(内嵌距离不小于 400 mm)安装,通号电缆避开开关箱的位置在其前面通过;需要土建结构专业预留出隔离开关箱的位置。

（3）道岔转辙机基坑问题

6 号线一期工程中与信号系统相关的其他专业问题主要集中在道岔转辙机基坑的问题,主要因为铺轨专业在铺轨和浇筑道床、转辙机基坑时,非一次浇筑施工,个别转辙机基坑出现道床排水沟内的水、结构渗水倒灌进转辙机基坑,造成信号转辙机基坑进水,转辙机电机泡水不能使用。

改进措施:进一步加强施工图设计阶段信号专业向轨道专业提资、会签轨道专业道床图纸,并对轨道专业进行关键问题的交待。同时轨道专业需要在施工图或相关施工文件中对信号转辙机基坑进行要求和体现,并在其专业设计交底时对信号转辙机基坑的做法进行强调——转辙机基坑需一次浇筑施工,防止现场再次出现渗水和排水沟水倒灌问题。

31.8.2　经验总结

从本工程信号系统的整个施工图设计工作和现场施工配合阶段的工作来说,施工图纸的优良设计质量、前期接口专业之间良好的沟通配合及后期施工现场问题的定期、及时跟踪等是整个工程中作为设计单位必须做好的首要工作。

（1）施工图纸质量的重要性

施工图纸是整个项目设计想法、思路的完整体现。在施工图设计前期应与集成商进行充分沟通,在充分考虑工程特殊性后认真仔细地进行图纸设计,在施工前针对施工图纸中的问题、施工中的注意事项、特殊问题等进行详细的施工交底等都是保证施工图纸质量优良的方法。

（2）前期接口专业间的充分沟通配合

应在工程的总体设计和初步设计等前期阶段对本工程可能出现的特殊工程条件进行充分考虑,并与相关接口专业进行深入配合沟通,尽可能借鉴类似工程和以前的工程经验、教训,最大可能地避免一些返工和尾工工程。

（3）施工现场问题的定期、及时跟踪

加强施工前的设计交底,向施工单位对施工注意事项、特殊问题等进行着重交底。避免一些问题在施工过程中发生。

定期、及时地对施工现场出现的问题进行了解、现场勘察等,可以掌握现场出现的问题,以及对现场施工问题进行及时有效的解决,并可以丰富和积累工程设计的经验。

31.9　火灾自动报警系统（FAS）

6 号线一期公共区装修多为格栅吊顶方式,因此 FAS 系统需要根据镂空率来采用双层探测器布置。虽在吊顶处留有检修口,但由于吊顶内各种管线较多,导致上层探测器不易维护与检修,因此在后面的设计可考虑上层采用极早期吸气式探测器来减少吊顶内部的维护频次。

6 号线换乘站较多,有与既有线路换乘,有同期开通,也有为未来线路预留接口条件。但因界面划分、设计理念等问题使得这部分内容总是不能顺利完成。因此,在图纸阶段就需要为换乘站考虑接口预留位置、防火卷帘控制原则、双方有无联动共用设备等诸多因素。由于 FAS 专业仅具备硬线互联方式,若接口较多时可考虑借助两条线综合监控系统间通信接口实现共享。

FAS 系统总线回路应根据点位的多少依照防烟分区进行划分,若主端接口设备较多时宜对报警和控制回路分回路设置,这样既减轻回路负担,又方便调试,并且有助于设备的后期管理。

31.10　FAS 系统与行车综合自动化系统

接口问题一直是地铁工程内各系统间的瓶颈。根据目前的工作经验,在初步设计和系统招标前,建议可都由北京城建设计发展集团股份有限公司牵头组织各专业详细的接口设计会议,并签署接口文件或者撰写接口会议纪要。在设计联络阶段要严肃接口会议,避免接口专业反复,影响综合监控软件功能的编制,耽误工程进度。

上游专业提资不及时、资料不稳定,易造成后序专业施工图出图进度不能完全满足现场供图需求。各专业应对各上游专业输入资料实行全程跟踪、及时更新,对收到的提资资料及时处理备用,待资料完整后立即展开施工图设计工作。对资料有变化的做到及时更新、及时修改,对已经送正式图纸的及时发出工作联系单对修改内容进行说明。

针对以上问题,应尽早确定车站形式,尽早确定各系统方案,给各专业足够的时间展开设计,避免因时间仓促造成一些不必要的错漏。并对各专业出图时间严格要求,避免因为上游专业原因压缩后序专业时间。

31.11　自动售检票系统(AFC)

AFC 自动售票机和查询机安装在站厅公共区,被装修面板包裹与站厅装修形成一个整体。由于装修面板安装后所预留的空间存在误差,导致自动售票机安装后前维修门被装修面板卡住不方便开启。80% 的车站都需要将装修面板整改后才能顺利开启自动售票机的前维修门。

改进措施:1)自动售票机外形设计美观,无需进行二次装修,建议新线建设时自动售票机直接裸露安装。

2)为避免上述问题出现,在以后工程中将采取各专业分别敷设线槽方式设计。

31.12　安检系统

为了达到轨道交通安全防范的目的,在地铁车站的公共区站厅层的进站闸机前面适当位置设置安全检查设备。由于通道式 X 射线检查设备的过包速度与进站闸机过客流速度不匹配,在上下班高峰就带来了进站客流排长队等候问题,尤其是在一些与公交枢纽相邻的地铁站,安保安检的压力更大。

由于目前的 X 射线检查设备的过包速度是一定的,设备需升级换代才能提速。因此解决此问题只能靠增加设备数量,同时还要解决电源改造问题。

下一步在车站安检设计时要多考虑安检点的预留(配套适当增设安检电源、摄像机、物防箱),以保证后期安检点变更的灵活性、适应性。安检专业还应紧密联系建筑、装修专业,随时应对车站建筑装修、AFC 系统的变化而对安检点设置位置的影响问题。

31.13　门禁系统

6 号线一期门禁系统在站厅层公共区与 AFC 系统共用 AFC 系统地槽,但因门禁与 AFC 系统施工工期差异、AFC 系统地槽规格偏小、AFC 系统自身敷设于地槽中的线缆数量较多等问题,共用地槽方案实施遇到很多困难。因此在后面的设计中,门禁系统考虑自行敷设横跨站厅层公共区桥架及相应进入票亭的管路。

31.14　车站装修

1)在部分站点,各地下车站出入口的楼扶梯下端处的截水沟的不锈钢算子有的是圆孔有的是长孔,圆孔直径大小不一致,长孔宽窄也不一致,圆孔形式对穿高跟鞋的人不安全,建议以后最好不采用。采用长孔时在此类行人密集处一定要综合考虑,既能保证漏水通畅,又可保证行人安全,可按通用标准略窄一点。在以后装修设计新线时,雨水篦子排水长孔宽建议统一为 15 mm。

2)在部分站点,大部分线路的车站公共区和非公共区内的检修井口盖板都比较重,一个人无法提起,盖板四周不锈钢边条硬度不够,很多都翘起,影响行人安全。建议以后检修盖板设计成轻型盖板,一个人一只手就可以提起来的,方便运营维护的检修、抢修。

3)在已建线路中,各车站的站厅层公共区的墙面一般都是干挂石材、瓷砖、硅酸钙板,这样墙的厚度增加,而门的门框是固定在原混凝土墙上或后砌墙上,如设备区走廊与站厅层之间的防火门安装上以后,向外开(站厅公共区)防火门开度达不到 90°,满足不了疏散能力要求。其原因一是装修面层增加厚度,另外一个原因甲级防火门的闭门器安装在门扇外侧,闭门器厚度为 60 mm。今后设计中建议考虑以下处理措施:在门框以外到站厅层之间的门口(门套)部分采取湿贴,不能采用干挂装饰面;在建筑专业出设计施工图时与各专业协调出,明示哪些部位的甲级防火门的闭门器安装在门扇外侧,哪些部位的甲级防火门闭门器安装在门扇内侧。因为在安装闭门器出的门扇外皮内要增加钢板加强门扇的质量强度,当甲级防火门一旦制作完成,闭门器的安装位置就不能再调整。

4)在部分站点,公共区精装修设计晚于建筑设计和设备设计,此时部分车站已开始安装各设备专业的管线桥架,而装修设计才刚开始设计,当精装施工进点后发生很多处吊顶与管线桥架标高矛盾的地方。有的车站在公共区结构墙上预留了很多空洞,由于墙面装修的该挂面板距墙至少有 200 mm 厚,这样消火栓、动照、洒水栓等箱体不需要在结构墙体上预留孔洞,造成返工,浪费材料影响工期。建议以后公共区装修设计在建筑专业、设备专业出施工设计图以前或同时开始进行施工图设计,各方可互提条件,密切配合,准确及时反馈资料。

5)在部分站点,个别车站后期在车站公共区内吊顶与结构空间过高,无法检查维修部分设备。以后设计中,各专业设计应根据各站的自身状况条件主动提出哪些部位吊顶内需增设检修马道,及时提供给装修设计人员资料,并在会签前认真审核图纸,核对马道位置是否符合检修要求,是否在吊顶上预留了上吊顶的检修孔。

6)在部分站点,多条线的车站公共区内吊顶上预留的设备检修口,在装修吊顶后大部分与吊顶内被检修设备对应不上,有的错位 1~2 m,有的根本就没有预留,要后开洞造成返工浪费。建议以后设备专业设计人员应认真正确的提出设备检修口的位置,并需与运营公司协调是否有新增的检修口,然后准确给装修设计人员提供资料。另外施工单位一定要准确无误地按照装修设计提供的综合天花板布置设备,有需调动位置应事先通知设计进行配合完成。检修盖板一定要与装修设计好的材料、颜色、形式及规格一致,并开合灵活、方便、牢固、安全、耐用。

7)在部分站点,在多个车站的站台两端安全门内部分,由于各专业管线较多,互相交叉,严重影响吊顶规范高度(不低于 3 m)的要求,后将原方通吊顶材料改成铝板材料,将标准灯具 150 mm 高度去掉,利用安全门上灯的照明,基本满足照度要求等等。建议以后应特别关注展厅站台两端管线集中区域的吊顶材料选用和灯具的选用。实在没办法此处也可用壁灯安装在墙上,高度达到要求,也不占用吊顶空间。

8)在部分站点,经现场验证由于石材防护未做到位,地面石材出现严重返潮现象,如图 6—31—2 所示。

图 6—31—2　地面返潮

9)在东四站,蒙古黑石材墙面由于厂家表面机理处理不统一、石材批次也不一样,造成墙面石材色差表较大,严重影响装修效果。建议施工方和监理方材料进场验收时发现色差问题应及时通知设计。通过有效的沟通和方法可将色差问题作出正确而及时的处理。色差的问题是可以通过排版来控制的,将色差严重的板材集中放在视线消隐处,不在大面积的公共区显眼处,如图 6—31—3~图 6—31—6 所示。

10)专业配合经验总结及建议。

①问题:站台安全门上方立柱、连接件及 H 型钢裸露在吊顶下方,影响装修效果。

解决方案:采用黑色氟碳喷涂做防火处理。

教训:安全门专业选择安全门样式时,务必考虑安全门与站台吊顶的衔接关系,既要保证通风要求,又要保证装修效果。

图 6-31-3　色差墙面

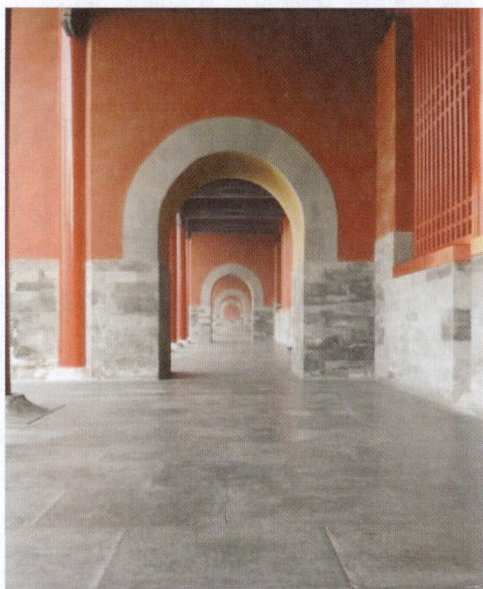

图 6-31-4　斗拱空间

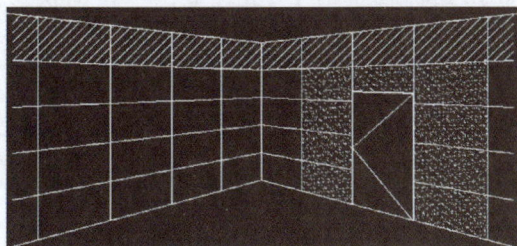

图 6-31-5　色差处理方法

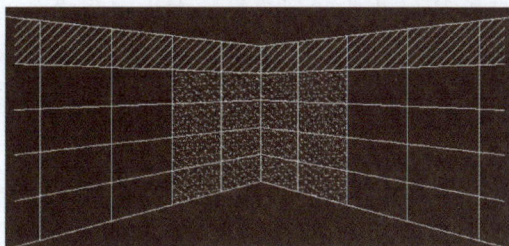

图 6-31-6　色差处理方法

②问题:公共区吊顶,机电专业由于阀门位置无法做到与图纸相符,验收阶段又新增检修口;施工单位及厂家未按图纸要求,开设检修口。

解决方案:总体组织设计、施工及运营单位现场核实各检修口位置及新增数量。

教训:出图阶段,请机电、通信等需开设检修口的专业提供正确的检修口位置及数量,并在施工阶段,请总包单位协调施工方、铝板厂家按图纸要求完成检修口的设置。

③问题:暗挖通道的拱点较低,装修厚度有要求,导致通道内靠近吊顶的墙面装修难度大。

解决方案:2.4 m 标高处采用异形铝板仿瓷砖。

④问题:施工现场楼扶梯前有截水沟,且扶梯检修盖板与截水沟的距离小于 500 mm,如放置 300 mm 标准止步快,则盲道与扶梯间距则不符合规范要求。

解决方案:针对此类现象,将扶梯前止步快移至截水沟外侧。

⑤问题:朝阳门站结构局限,在保证楼梯、扶梯的正常宽度条件下,侧墙的装修厚度仅为 100 mm。而出入口扶梯侧墙 600 mm×900 mm 的广告为嵌入式,且厚度为 120 mm,则突出装修墙面;其次因墙面瓷砖与嵌入式广告接缝处,出现碎小瓷砖,难以施工。

解决方案:针对广告突出墙面的问题,在施工现场条件允许的情况下,尽量保证广告与装修面平齐;针对碎小瓷砖的问题,调整墙面瓷砖的排布方式,解决施工难度问题,且保证墙面装修效果。

教训:广告招标的同时,请考虑与装修的结合。

⑥问题:附属墙面部分配电箱箱体厚度超出图纸提供厚度,安装完后,突出装修墙面。

解决方案:与总体组和设备专业沟通后,用不锈钢对箱体收边收口。

教训:设备专业的箱体,在出图配合阶段,请提供给结构、建筑专业精准的箱体厚度要求,提前预留孔洞,并且保证箱体招标后的最终尺寸与设计阶段提供的尺寸相符合。

⑦问题：出入口扶梯侧墙处有消火栓，此处容易与扶梯、吊顶相冲突。

解决方案：给排水专业对此消火栓特殊处理，缩短其功能高度。

教训：出入口斜坡段，建议给排水专业尽量不设置消火栓。

11）材料问题。

①问题：朝阳门站厅站台的吊顶灯具安装时，由于灯具自身及铝板开洞的误差，导致铝板孔洞尺寸小于灯具尺寸。

解决方案：灯具低于吊顶 5 mm 安装。

教训：灯具应按负公差 2～5 mm 生产，尤其是吊顶为铝板时，以避免灯具无法安装的问题。

②问题：因工期紧张，在抢工时，装修材料供应与施工进度不相协调。

教训：装修设计施工图深化时，考虑抢工情况下，要既保证装修效果，又能保证材料生产的模数化、标准化，满足施工现场要求。

31.15　地面亭设计

作为北京地铁地面附属建筑物全网概念设计单位，以及6号线全线地面附属概念设计单位，地面亭在设计上一定要具备"以人为本，为人服务"的理念，在满足使用功能的基础上来做景观设计。地铁地面附属建筑物中出入口的设计中应该在导向地徽上做更深入的设计，例如出入口上的地徽有些不应全部设置，这样既浪费了资源，也没达到效果。本线工程中，在地面亭室内装修的灯具设置上，设计考虑了后期检修的方便，在满足照度的要求下，在出入口前端设置了 3 组日光灯，在后端设置了壁灯。在保护历史古城方面，设计也在老城区采用了协调站口设计和城市织补型设计，这样既协调了古城风貌，也运用现代建筑景观手法来完成在特定环境、历史背景下的景观设计。在风亭、安全出入口景观设计上，为了更好的协调环境，要低调弱化处理。而冷却塔由于体量大，又有功能上的多方面要求，最好的设计方法是结合在其他建筑物上，如没条件也要低调弱化处理。在出入口结构形式上，作为地面亭，还是采用钢结构加混凝土板的做法最理想，这样在体量上会更轻盈。对于运营提出的平安里站、北海北路站南出入口雨棚设计过短问题，在以后未来的设计中，可以考虑再给它加一跨，拉闸门往后退一跨，这样既满足功能，也在景观设计上协调了环境风貌。对于地铁地面附属设施，最好的选择是结合设置：如设计在其他大型建筑物内，如商场、办公楼里等；如单独设置最好多结合其他附属，如安全口、风亭、无障碍电梯，这样既节约了土地资源，也能整合各个设计。如图 6—31—7 所示。

图 6—31—7　地面附属建筑风亭

31.16　交通衔接

根据 6 号线一期工程全线衔接工作的参与，从规划设计工作、设施使用情况出发，主要在以下方面存在一些难点：

1）车站出入口受工程条件影响，位置设置不尽理想。如花园桥站、车公庄西站、呼家楼站、褡裢坡站等多座地铁车站出入口占用道路资源，对原有道路交通产生较大的干扰。东大桥站出入口设置在工体东路东侧，南侧出口更是设置在交通环岛内，大量地铁客流需要一次或多次的平面过街方能换乘，衔接不便。

2）衔接设施用地协调难度大。从站前广场和自行车停车场的规划配给和设计落实情况来看，通常在施工围挡内的衔接设施用地相对容易落实，而超出施工围挡范围的设施用地得不到保障。而对于公交首末站、小汽车停车场这类大规模占地设施及提出的相关道路建设建议，更因为规划介入过晚，难以落实用地和及时实施。

3)规划与设计工作的接口,应进一步加强,以提高设计效率及质量。

虽然衔接规划工作早在线路的工程可行性研究或初步设计阶段就已经着手进行,但由于关注的重点在地铁自身的建设上,一般在地铁开通试运营前的一段时间内才正式开始介入交通衔接规划工作。由于时间紧张,规划意图完全实现难度很大,轨道交通开通初期的接驳设施不能很好的落实。

对于后期线路的交通衔接设计工作,应进一步加强以下几方面,方可有效提高设计质量和水平:

(1)规划提早介入,指导车站方案优化

地铁车站出入口是衔接设施布局的重要前提条件。交通衔接规划不仅要通过需求合理的规划设施布局来满足衔接需求和衔接的便捷性要求,同时应根据衔接需求流线分析,对地铁出入口设计方案提出优化建议。

(2)与一体化结合,落实衔接设施用地

地铁建设为城市空间资源整合带来了便利,通过一体化整合土地和交通资源,既满足地铁衔接设施功能,同时最大化发挥城市空间资源的有效作用。轨道交通车站的衔接设施可结合车站周边的织补方案、一体化开发方案予以落实,一体化方案应考虑与地铁车站的衔接、设施布局,而对于尚未出让的土地,应将衔接规划设施的相关指标纳入作为地块开发的附带条件。

(3)规划与设计形成良好接口,明确指导设计实施

不论是停车场、车站设施布局,还是因为出入口问题带来的道路交通优化设计,都是后期设计阶段工作的重点。而设计工作的开展需要规划阶段提供依据和相关要求,同时也能对规划工作的存在的问题进行反馈。为便于后期的实施,规划和设计工作需要进行良好配合,使其工作接口更为合理,尽量规避实施阶段出现问题。

31.17　结构设计

31.17.1　工法选择原则

地下工程施工方法的选择,主要应根据规划情况、工程地质及水文地质条件、周围环境、工程技术难度、工期以及工程造价等诸多因素综合权衡确定,主要有以下几个原则:

(1)能明不暗,最后选择暗挖法

在选择施工方法时,应遵循的第一个原则就是按照明挖法→盖挖顺作法→盖挖逆作法→暗挖法的先后顺序选择。虽然明挖法对环境的影响较大,但其工期短,影响的时间短,加之在规避风险、造价投资等方面的优势强,因此很多情况下应作为地铁施工的首选工法。而暗挖法虽对环境和地下管线的影响小,但其他方面不具优势,因此应尽量避免采用。

(2)要站在整个工程的高度选择施工方法

正确处理工程拆迁、工程造价、工期、环境影响以及社会效益等诸多方面的关系。地铁工程是一项浩大的综合性城市建设工程,与城市的建筑、设施、环境以及人们的生活息息相关,必将对城市的正常生活造成影响,诸如拆迁房屋、影响交通等等。

在城市的中心区修建地铁车站,不管采用明挖法还是暗挖法,工程拆迁都是不可避免的。虽然通常情况下明挖法的拆迁较暗挖法多,但设计应当综合多方面因素来选用合理的施工方法。采用明挖法的拆迁费＋工程费是否低于采用暗挖法的拆迁费＋工程费,如果明挖法的综合费用低于暗挖法的综合费用或两者相当,显然采用明挖法在经济上是比较合理的。否则,还要在其他方面进行考虑,如车站施工是否有条件促进规划实现。对于设在规划道路范围内的车站,一般应充分考虑道路规划建设以及能否通过地铁建设带动地面建设的开展。这样,本属于地面建设拆迁范围内的拆迁费用,可能变成由地铁和地面建设共同分担,既减少了地铁的拆迁费用,也减少了地面建设的费用,一举两得。这也是地铁工程建设带动沿线建设在这方面的体现,具有较好的社会效益。如果上述条件成立,那么采用明挖法或盖挖法是比较适宜的。从环境影响和工程施工安全考虑,采用明挖法由于占用的施工场地多,因此对环境的影响大于暗挖法。尤其车站位于现状道路下方,对地面交通影响较大。但是,暗挖法施工在安全方面却不能与明挖法比拟,在某些地段或者某种地质条件下,暗挖法施工难度极大,如果在车站上方或周围有建筑物,暗挖法施工引起的地面沉降较

大,其负面影响不可忽视。是否有重要制约条件,如要考虑在站址周围是否有重要的控制因素,比如重要建筑物、重要文物保护单位,是否有重要且难以拆改的地下管线或地下构筑物等,这些控制条件往往影响到站位和施工方法的确定。工程的建设周期长短也是一个不可忽视的因素,选择一种施工方法,要考虑到整个工程的筹划是否满足要求,不可忽视所选施工方法在安全性能方面的把握度、一旦出现问题处理时间是否可控、各方面的影响严重程度等。通过对上述各种因素综合、客观的考虑和分析,结合车站的综合技术经济比较,一定能够选取一种合理、恰当的施工方法。

31.17.2 结构设计需注意的一些问题

1)基础资料的收集是地铁设计工作的关键工序,能够决定一些重大设计方案,因此要保证基础资料的可靠和真实。

2)方案设计阶段,设计理念和思路要紧抓当前地铁的新观念和满足建设公司的要求,其设计方案的论证工作要充分,特别对重大设计方案的经济技术比较,尽可能做到设计方案明确、数据翔实,层层论证、推进,确保方案达到最优,功能使用最合理,结构最安全。

3)初步设计阶段是对方案设计的深化和补充,其设计深度一定要满足要求,确保初步设计能够满足下阶段的可实施性。

4)在开展施工设计阶段中,其设计工作最为繁重,而且设计时间又是比较紧张,这就需要参加设计任务的各专业负责人严格遵守地铁设计及其他相应的设计规范、规程、技术要求明确和所有设计参数,在整个地铁设计中各专业的接口要确保其准确性和及时性,力争克服因为各专业在设计过程中出现相互结合和配合不到位和延误,造成大量的返工和施工图落实有较大的问题。

5)地铁工程是一个复杂的多专业的综合性工程,需要项目负责人和各专业负责人的高度重视和高度负责,各专业的必须加强协调及时沟通,确保设计文件的质量。

①当前,在地铁设计中除按规范、规程、技术要求进行,很多设计是要参考类似地铁工程设计和施工中的成熟经验和建议,结合单位设计地铁特点,要不断进行优化设计。

②地铁设计工作任务繁重、时间紧,多数情况下需提交的报告或文件在正常工作日中是无法完成的。这一点,设计人员应客观看待,合理解决,应具有为使报告或文件保质、按时交出,而牺牲个人休息时间的精神,应杜绝胡乱应付的做法,这可能将将导致工作的不断反复,影响了设计进度及设计质量。

6)总体组每周召开一次的设计例会和不定期各种专题论证会、分析会、讨论会等都是推进设计工作进展的一种非常好和行之有效的工作方法,工点设计单位应及时将工点设计中存在的问题和建议提供给总体组,做到及时的协调和解决。

7)施工配合是设计工作的一项重要内容,设计意图能否真正实现,施工配合人员负有一定责任。他们负责对图纸进行解释,避免施工单位误解,甚至错误施工。因此,施工配合人员应积极与施工单位沟通,做到经常深入施工工地,与施工单位技术人员共同解决一些重大技术方案,确保工程的顺利进行。施工配合阶段也是对施工设计文件遗漏、小错的补充、变更阶段,施工配合人员应充分利用这个阶段对设计图纸进行再阅读,及时发现并纠正其中的不足之处。

31.17.3 结构设计体会

地铁设计是一项系统工程,牵涉众多内部和外部因素。单纯的理论或者想法看似合理,但不与具体实际情况相结合也只能是一个美丽的童话。地铁设计也是一项浩大的工程,一个人的力量再大也只是大海中的一粒小水珠,只有和其他所有工作人员一起才能实现自己的价值。

优秀的地铁设计过程应充分体现和谐社会、践行绿色北京的设计理念,既保护北京的自然环境资源,又能满足了城市轨道交通发展的需求,同时也应避免大量的管线改移,降低工程总造价,减少建设风险,取得多方共赢。

31.18 人防专业

1)和商业接合部位的设计应提前充分沟通,尤其是单框双门的设计。在条件许可的情况下,应尽量加厚人防门框墙的厚度,以保证后期人防门顺利安装,方便人防门的开启关闭操作。此外,单框双门处的装修也是配合的重点,尤其是对于侧墙的设计,一方面要满足人防活动启闭的要求,另一方面也要满足平时使用美观、耐用的要求。

2)出入口及换乘通道人防段处设置伪装门,在通道装修设计之初人防专业要给装修专业提出详细的配合条件,并从装修处专业了解人防段装修设计方案,以避免到施工时发生两个专业配合不到位的情况,例如出现信号箱检修门未预留、吊顶影响人防伪装门折叠的情况。

3)由于上刚性接触网授电地铁与三轨授电地铁区间人防设防的不同,即上刚性接触网要从区间人防段通过,而三轨过区间人防段可以断开,在人防设备设计时要充分考虑人防设备操作与接触网的干涉问题,还要注意解决接触网的密闭问题。

4)区间人防门的安装与铺轨之间的协调:区间人防门正常安装流程为人防设计按照限界和轨道提供条件进行人防门设计;工厂提前加工防护设备,以备用;土建洞通后贯通测量、调线调坡;人防门安装;轨道施工。

31.19　车辆段及综合基地

31.19.1　低压配电

(1)主要经验

1)在设备投产前由设计单位提供订货图给生产厂家,厂家根据设计提供的订货图制定排产图,排产图再交由设计审核,确保生产设备在数量、规格上的准确性。

2)室内动力照明配电设计时应注意电缆入户后进入配电箱的路径和电缆转弯问题。电缆入户位置和数量在室内设计时要结合室外电缆敷设路由统筹考虑,电缆入户后的路由应在室内设计图上反映。

3)动力照明专业应当参与通风空调、给排水、FAS、BAS、电扶梯等专业的设计联络,对相关专业的供电和控制要求,设计联络纪要内要描述详尽、准确。

(2)建议

1)设计应预留足够的用电容量,以备后期有新增用电负荷。

2)相关用电设备专业的设计联络会动照专业要参加,并将接口内容写入联络会纪要。

3)需要明确成套设备的图纸的出图方式。

4)工艺设备进场较机电施工晚,工艺设备的接线端子的位置,在工艺设备设计联络后需要工艺设备专业具体提出。

31.19.2　通风与空调

北京地处于寒冷地区,需配置采暖措施。车辆段采用的是段内集中供热,热源由段内设置的锅炉房提供。采暖系统的设计过程中有以下几点需注意:

1)在锅炉房的设计中,其配套用房应设计齐全,为后期的火炉运行及维护提供方便。

2)供暖系统中检修阀门不能少,为后期设备及管道维护提供方便。管道安装高度要考虑对其他专业设施的影响。如图6-31-8所示。

3)暖气片及管道的设计应考虑所在位置对其他专业设施的影响。如图6-31-9和图6-31-10所示。

图6-31-8　管道安装高度过低,影响美观及安全

31.19.3　室外给排水与消防

1)车辆段里设置有公共食堂及厨房。厨房的给水、排水水量大,排水中还带有油脂等污染物,如有必

要,厨房的排水进入段内排水管网前需单独设置水处理设备。厨房的主操作间、洗消间、粗加工间需要设置排水沟,故需在土建配合阶段向土建专业设计提及需设置排水沟的需求。如图 6—31—11 所示。

图 6—31—9　暖气安装位置有平台,造成安装完成后不美观

图 6—31—10　暖气片进水管被平台干扰,
会造成管道集气堵塞

2)给水及消防系统机房的设置需考虑设备的占地要求及检修要求,机房面积不可过小,避免检修难的问题。五里桥车辆段室内消火栓及水喷淋系统的的消防泵房面积过小,泵房内设备及管道的布置过于紧凑。如图 6—31—12 所示。

图 6—31—11　主操作间的排水地沟

图 6—31—12　消防泵房

3)北京地处于寒冷地区,近年来我国的天气气候复杂多变,加之检修库、运用库、调机库等库房不是节能建筑。库房在使用过程中不具有保温功效,需对库房内的给水设备及管道做好防冻措施。如图 6—31—13 所示。

图 6—31—13　未考虑防冻措施而被冻坏的水泵及管道

31.19.4　室内给排水与消防

容易出现的问题及对策：

1）给水泵房原储水构筑物为室外钢筋混凝土水池，后改为室内水箱（食品级）

主要原因：北京市卫生部门验收要求。

建议：地铁项目强审单位及验收单位多为建筑给排水专业人员，对防止水质污染要求较高，对设备布置均以建筑给排水规范审查设计，在今后设计中应考虑此项因素。

2）设计中给排水构筑物埋深较深

主要原因：采用加大埋深的方法满足冰冻深度要求。

建议：北方地区给排水工程设计应考虑冰冻影响，很多给排水构筑物同建筑合建，在今后设计中应优化相关设计。

3）给排水专业设计多次反复

主要原因：由于地铁项目在最终施工设计前，主体专业受各方影响较多，方案变化次数多，本专业跟随相应变化修改。

建议：在各阶段主体专业最终方案落实前，本专业在总投资变化不大的前提下，可减少出图设计。

4）综合管线设计周期紧张

主要原因：由于工期等原因，要求在各专业施工设计前完成综合管线设计或先开展综合管线施工。

建议：应沟通综合管线设计重要性和设计流程，应在主体专业稳定后，各专业出第一版施工后才能开始设计，完成后并指导各专业出最终版施工图。

5）给排水市政接口问题

主要原因：地铁项目设计周期长，在设计前期给排水设计方案确定时，市政部门无法提供远期明确的市政配套条件。

建议：应明确市政项目外部接口，设计院应根据实际要求在各阶段正式向建设方提出市政接口要求，并要求答复。

31.19.5　车辆段室外综合管线

结合本工程车辆段室外综合管线的整个设计及施工过程中发现的问题，建议在以后的设计过程中关注以下几个方面的问题：

（1）室外管线设计需密切关注的几个设计时序

为减少管线设计的差错和遗漏，需对综合管线相关的设计过程进行控制，在各专业施工图设计前期需密切关注以下几个设计时序：

1）在土建施工图设计过程中，需充分考虑风、水、电，以及系统专业的预埋管线、预留孔洞要求。

2）风、水、电需在设计初期对土建专业提出预埋预留要求，同时对 FAS/BAS/ACS 以及综合监控专业提出设备监控要求。

3）FAS/BAS/ACS 系统、综合监控系统、通信、信号、AFC 系统在设计初期对土建专业提出预埋预留要求，其中 FAS/BAS/ACS 系统、综合监控系统需满足对风、水、电设备的监控要求。

土建与风、水、电以及系统专业互提资料（预埋管线及预留孔洞）的过程，直接影响到室内外管线衔接的准确性。为避免因室内外管线衔接而引起的室外管线布置方案调整，室外管线综合专业需对以上专业间的互提资料过程进行跟踪和校核。

（2）充分把握总平面布置特征

在进行车辆段室外管线设计时，应充分把握总平面布局特征。需考虑段内场坪、道路以及室内外高差对各种管线敷设的影响，采取合理的路径及敷设方式以满足管线施工的可行性。

（3）明确车辆段内燃料供应方式及接入方案

在室外管线设计初期，应提前和当地业主沟通落实段内燃料供应方式，若采用管道煤气供给方式，则需要及时和当地的燃气公司进行对接，落实煤气管道的接入条件，并在段内综合管线设计中预留煤气管道敷设空间。

(4)施工标段划分和施工顺序

设计方应在施工招标前应和业主进行充分沟通,从而划分合理的施工标段。其中,道路、室外管线、站场排水沟、接触网立柱(若为接触网供电)应放在同一施工标段中,并适宜放在±00标高以上的施工标段中,这样可满足以下几点要求:

1)避免±00标高以下标段施工完后,±00标高以上的施工标段进行室外管线施工时对道路的重复开挖。

2)在施工过程中便于统一考虑站场排水沟和接触网立柱(若为接触网供电)的位置关系,减少冲突。

3)避免室内外管线因分属两个标段产生的施工界面划分问题而导致内外衔接错漏。

第32章 技术创新及发展

32.1 行车及运营组织

(1) 既有线路运营特征分析

北京地铁近半个世纪的发展,地铁网络已初具规模。截至2012年年底,北京地铁6号线设计之初,北京地铁共有16条运营线路(15条地铁线路、1条机场线)、262座运营车站、37座换乘站、线路总长为442 km。既有线路的运营特征见表6-32-1。

表6-32-1 北京地铁既有线路(全线贯通)运营特征表

线别	线路长度(km)	车型	车站数量(个)	平均站距(km)	最高行车速度(km/h)	平均旅行速度(km/h)
M1	31.1	鼓形车	23	1.413	80	33
M2	23.0	鼓形车	19	1.277	80	33
M4	28.2	BⅠ	24	1.226	80	35
M5	27.6	BⅠ	23	1.254	80	35
M10	57.1	BⅠ	45	1.298	80	35
M13	40.9	鼓形车	16	2.726	80	50
八通线	19.0	鼓形车	13	1.583	80	33
奥运支线	4.0	BⅠ	3	1.32	80	35
机场线	28.1	直线电机	4	9.366	110	上行79.1 下行65.5

从表中可以看出,除了13号线和机场专用线以外,北京地铁运营线路存在以下共同的特点:

1)站点多,平均站间距小。平均站间距都在1.2～1.58 km之间。

2)列车最高运行速度为80 km/h。列车频繁停站,加上最高运行速度受站间距短的限制,平均旅行速度也较低。旅行速度在33～35 km/h之间。

3)旅行时间长。运营线路全程旅行时间在42 min以上。从八通线运营情况看,从新城至市区乘坐轨道交通的时间将近1 h,服务水平较低。13号线虽然站间距大,但是全程旅行时间也要50 min。

居民出行最关心的是旅途中要花费的时间。以北京的西郊建设为例,由于有了北京的地铁1号线,从市中心到石景山仅用30 min就可到达。

目前北京地铁的运营模式都是采用站站停的普通模式。北京地铁6号线的线路长度超过40 km,如果6号线也采用这种站站停的运营模式,将难以满足中长距离乘客出行的需求。

4)舒适度低。北京地铁多条线路非常拥挤,尤其在早高峰时间段的中心城区的线路区段,车厢拥挤度几乎达到了满载,而运营单位更是采取了在某些车站限流的措施,来缓解沿途车站的拥挤程度。

针对北京地铁的运营现状,有必要提高北京地铁6号线的旅行速度和舒适度,缩短市中心区和市郊新城之间的旅行时间,提高地铁的服务水平,进一步发挥地铁安全、快捷、舒适、准时的优势,体现"以人为本"的服务宗旨。

(2)快慢车共轨运营模式创新

1)快线功能指标

6号线全线旅行时间控制在1.025 h,中长途乘客的出行时间控制在40 min内。

2)运营模式分析

国外有快线的城市,例如纽约、巴黎和东京,快线特征各不相同,没有一个绝对的指标来定义快线,但他们都有如下共同特点：

①相对于普通地铁，快线的站间距大、速度快。

②为主要出行点之间提供快速的服务。

③快线主要是通过减少停靠站和提高运行速度来实现。

北京地铁 6 号线穿越城市中心区，受工程条件的限制，实施快慢分离的 4 轨模式相当困难。因此，结合 6 号线的线路特点，可选快线模式有两种——大站快车运营模式和快慢车共轨运营模式。大站快车模式减少了设站数量，损失了部分客流，而快慢车模式不需要减站，快车满足乘客快速进出城的需求，慢车满足短途乘客需求，弥补了快车损失的客流。快慢车模式更适合与 6 号线的客流出行需求，能够更好地为通州新城服务。因此 6 号线采用快慢车共轨运营模式。

快慢车共轨运营模式通过采取快车在上下车客流量小的车站（图中浅色字）不停车和提高过站速度，来提高快车的旅行速度，缩短快车的运行时间。而慢车则采用站站停车的模式。快慢车共轨运行，由于快车的运行速度比慢车快，快、慢车的避让站为常营站和新华大街站，如图 6-32-1 所示。

图 6-32-1　北京地铁 6 号线线路示意图

表 6-32-2　快慢车共轨运营方案快车运行指标表

	快　　线			慢　　线		
	全线	东小营～隆福寺	五路～平安里	全线	东小营～隆福寺	五路～平安里
线路长度(km)	41	29.8	6.5	41	29.8	6.5
车站数量(个)	17	12	6	26	18	6
平均站间距(km)	2.56	2.71	1.3	1.64	1.76	1.3
旅行时间	49'07"	32'17"	9'18"	59'07"	42'17"	9'18"
比慢线缩短时间(min)	10	10	0	—	—	—
旅行速度(km/h)	47	50	38	38	38	38

（3）提高快车旅行速度的手段

1）采用 100 km/h 最高运行速度

北京地铁 6 号线站间距达到 1.64 km，为了进一步提高旅行速度，实现快线运营，将最高运行速度由 80 km/h 提高到 100 km/h（进站限速为 55 km/h）。通过对 6 号线全线限速区间的统计，限速区间有 4 个，限速在 67～76 km/h。

经过列车牵引计算，列车在区间运行的最高速度统计如表 6-32-3 所示。

表 6-32-3　区间运行的最高速度统计表

区间最高运行速度 (km/h)		区间个数	占全线区间比例
55 km/h 限速进站	100	10	45%
	95～90	8	36%
	90 以下	7	19%

列车运行速度在 90 km/h 以上的区间占全线的 81%,其中达到 100 km/h 的区间占全线的 45%。因此,采用 100 km/h 的最高运行速度是合适的。

下面将最高运行速度 80 km/h 和 100 km/h 的运营指标进行比较,如表 6-32-4 所示。

表 6-32-4　6 号线不同运行速度运行指标比较表

最高运行速度 (km/h)	旅行时间 (min)	节省时间 (min)	旅行速度 (km/h)		隆福寺~东小营 旅行时间 (min)	五路~阜成门 (旅行时间) (min)
			计算值	取值		
80	59.2	—	41.6	37	41.5	10
100	56	3.2	44.0	40	38.6	9.5

最高运行速度提高至 100 km/h,旅行速度取值比最高运行速度 80 km/h 提高 3 km/h,达到 40 km/h,比北京地铁既有线路的旅行速度(33~35 km/h)提高 5~7 km/h。全线旅行时间控制在 1.025 h,中长途乘客的出行时间控制在 40 min 内,基本实现了快线的目标。

2)提高快车通过车站速度

根据城市轨道交通工程项目建设标准的要求,列车进入站台端的运行速度不宜大于 55 km/h。由于 6 号线最高运行速度为 100 km/h,列车自然惰行进站时,列车头到达站台端的瞬时速度为 60~64 km/h。要使列车头到达站台端的瞬时速度低于 55 km/h,列车必须提前制动,速度降至 55 km/h,再惰行、制动进站。因此区间运行时间比自然惰行、制动的区间运行时间增加 6~10 s。这就延长了区间运行时间,没有充分发挥 100 km/h 速度应有的效益。设计提出对快车采取 80 km/h、70 km/h、55 km/h 三种不同的过站速度方案进行比较,计算结果如表 6-32-5 所示。

表 6-32-5　不同过站速度运行时间比较表

指标 方案		全线旅行时间	与方案 1 的时间差	旅行速度 (km/h)
方案 1	快车 55 km/h 过站	53′04″	—	45.0
	慢车(进站限速 55 km/h)	63′29″	—	37.0
方案 2	快车 70 km/h 过站	49′17″	−3′47″	47
	慢车(进站不限速)	59′17″	−4′12″	38
方案 3	快车 80 km/h 过站	49′07″	−3′57″	47
	慢车(进站不限速)	59′07″	−4′22″	38

从表 6-32-5 中看出,快车以 80 km/h 过站时,全线旅行速度与 70 km/h 过站相同,比 55 km/h 过站提高 2 km/h。可见,快车以 80 km/h 速度过站时,不但可以大大缩短旅行时间,还可以减少慢车避让快车的等候时间,提高服务水平。

慢车不限速进站的全线旅行速度比限速(55 km/h)进站提高 1 km/h。

经过对不同过站速度的计算比较,在最高运行速度达到 100 km/h 的情况下,提高列车的过站速度(大于 55 km/h),可以有效地提高列车的旅行时间和旅行速度,还可以降低能耗。因此在保证安全的前提下,又不增加任何土建费用,6 号线提出将快车过站速度提高到 80 km/h,进站停车时不限速,从而充分有效的发挥 100 km/h 的速度优势,提高了快车的旅行速度。

(4)提高车站折返能力措施

五路居站是 6 号线一期工程线路的起点站。系统最大通过能力要求满足 30 对/h,最小行车间隔为 2 min。由于五路居站首站条件限制及满足五路停车场出入线纵断面要求,采用一岛两侧,站前设置交叉渡线。列车通过站前交叉渡线折返。为了提高五路居站的折返能力,在对地铁车站配线采用常规 9 号道岔折返能力计算分析之后,最大折返能力为 29 对/h,不满足 30 对/h 的通过能力。

要满足系统 30 对/h 的通过能力要求,必须突破常规的设计思路。经过对五路居站折返全过程的分析之后,找到了限制能力的控制点,发现列车侧向通过道岔的进出站速度是提高折返能力的关键。因此设计提出五路居站前采用 12 号曲尖轨道岔,列车通过道岔最高速度为 50 km/h,比 9 号道岔侧向过岔速度提高 15 km/h。结合信号系统的要求,经过牵引计算分析,得出五路居站最大通过能力为 32.9 对/h,比采用 9 号道岔折返能力提高了 4.9 对/h,满足了系统最大通过能力要求。这是北京地铁线路中第一座采用 12 号交叉渡线的车站。由于 6 号线是第一条列车编组为 8 节、列车长度达到 160 m 的线路,因此设计理念和思路与一般地铁线路不同。北京后续新建线路将采用 A 型车,编组采用 8 节,列车长度达到 180 m。因此,6 号线五路居站工程实例具有一定的借鉴作用,为大编组线路终点站折返提供参考依据。

32.2　车辆技术

车辆设计借鉴了国际、国内同类产品的多项优秀设计理念和先进技术,通过对北京地铁多年积淀的地铁文化的融汇认知,并结合终端用户的运用需求,采用了多项自主创新技术,使得车辆产品在很多方面具备行业先进水平,进而确保列车具备优异的技术性能。

(1)采用 100 km/h 的 B2 型不锈钢车

车辆在国内首次采用的 8 节编组 B2 型不锈钢地铁电动客车,载客能力相对 6 节编组 B2 型不锈钢地铁电动客车运力提高 33%,列车定员达 1 960 人。

(2)采用模块化、轻量化设计

车辆设计吸收国外先进经验,并自主创新实现车体模块化和轻量化设计。B2 型车辆车体钢结构自重从单车 7.2 t 减至 6.6 t,动车整车整备质量从 35 t 减轻至 34 t 以下,节能效果显著。

(3)采用 DC 1 500 V 接触网受流

B2 型不锈钢地铁电动客车在北京首次采用 DC 1 500 V 受电弓、接触网受流方式,使检修维护人员在地面日常检修、运营应急处理和乘客紧急疏散时,安全性相对提高。同时相对 DC 750 V 受流器、接触轨受电方式,主回路同样功率情况下,由于电压提高,电流减小,损耗降低,电气线路截面积相对减小,节约了高压部分铜材料使用量。

(4)车辆设备布置采用同侧布置提高检修效率

车辆设备布置在国内首次采用全列同功能设备同侧布置方案。在检修维护时,维修人员在检测或对同功能设备进行操作和检查时,只需在车辆同一侧进行单程操作即能完成,明显提高了检修效率。

(5)合理的动拖比配置

车辆最高运行速度为 100 km/h,牵引系统运用 VVVF 矢量控制技术,采用 1C4M 的最经济动力输出配置为列车提供 0~40 km/h 接近 1.0 m/s² 的优秀加速性能。

(6)采用人性化设计

在全面采用人机工程设计,优化司机操作功能分区,减轻司机、维护人员操作强度的基础上,对乘客提示系统和乘坐舒适性进行了优化:

1)结合站台设计特点,客室门区增加了灯光式车门开启侧预告提示装置,在离开站台后,该装置在门区下方大面积区域以弱光方式自动闪亮,提示乘客前方到站将开启本侧车门,避免了以往虽在门区设置了指示灯,但指示灯多且因尺寸限制灯及相关提示文字小,不宜被乘客注意,在人多时站错车门方向的问题。如图 6—32—2 所示。

图 6—32—2　灯光式车门开启侧预告提示装置

2)优化客室座椅边挡风板设计,使挡风板既安全牢固,又便于更换,起到隔离座椅区和门边站立区的作用,避免坐、站乘客间接触的尴尬,又提供了门边站立区乘客半坐靠的功能,实现了人性化设计。如图 6—32—3 所示。

（7）安全可靠的牵引、制动性能，优秀的节能控制技术

首次采用 6 动 2 拖 8 节编组的大动拖比配置车辆，将牵引加速性能和高速电制动能力大幅提升，减小了在高速区车辆动能大的阶段空气制动闸片的投入时间，使更多的能量得以反馈吸收，既节约了能源又减小了闸片的磨损带来的成本增加和维护工作量。

（8）新材料、新工艺、新技术的全面应用

车辆采用全流线型工业设计，司机室前端美观、大方、时尚、明快；车内装饰充分考虑人性化因素，选用多种新材料、新工艺、新技术，采用环保、阻燃、降噪、低碳的多项创新技术产品，确保客室内健康、舒适的乘车体验；采用优化的空调出风系统提供均匀的制冷及送风效果。

（9）高效、丰富的多媒体信息整合及放送

功能强大的多媒体信息系统通过对车站站台和车载信息的良好整合，借助广播控制系统和乘客紧急报警系统为司机之间、司乘之间提供便利、及时、高效的信息沟通渠道；通过 PIS（乘客信息系统）无线通道将车站的实时站乘信息及时传送到客室视频放送系统中，服务于乘客。

（10）安全、精准的安防系统

通过遍布全列车的摄像系统，实时监控车厢内的任何异常。司机通过监控装置可以实时切换到重点关注的车厢内，并能实时记录；事后仍可随意调取任一时间点的视频信息，进行分析。如图 6-32-4 所示。

图 6-32-3　客室座椅边挡风板设计

图 6-32-4　安全、精准的安防系统

（11）性能优异的转向架设计

充分优化设计的新型地铁转向架产品为车辆提供高度可靠的性能裕度，并具备良好的安全性、平稳性、维修性。

32.3　限界专业

（1）设计难点

本标主要完成了北京地铁 6 号线一期工程正线、出入线、联络线以及车辆段库内库外轨行区的限界设计任务。设计难点主要有区间最高运营速度为 100 km/h 的限界设计标准、正线道岔采用 9 号和 12 号两种、北京地区第一条接触网供电制式工程。

本工程为北京第一条区间最高运营速度为 100 km/h 的地铁线路，对于限界专业来说是一个创新（传统地铁区间最高运营速度为 80 km/h）。受最高运营速度的影响，区间车辆的车辆限界和设备限界都相应的增大了，对于现有的建筑限界标准是否适用于本工程，是限界专业设计遇到的一个主要难题。参考国内外相关地铁工程的设计经验，对于区间最高运营速度不超过 100 km/h 的工程，不用考虑空气动力学的影响（即隧道断面阻塞比），按照现有的建筑限界设计标准就可以满足行车安全要求。主要的设计方案有两种：一种为在 80 km/h 的车辆限界和设备限界的基础上，考虑一定数值的加宽值（速度值提高引起的车辆限界和设备限界加宽量），再按照相关的限界标准进行限界设计；另外一种为在 80 km/h 的车辆限界和设备限界的基础上，设备限界和设置之间的安全间隙在满足规范最小要求的前提下加大一定数值（速度值提高引起的车

辆限界和设备限界加宽量）。本工程限界设计采用第二种方法。

本工程为了满足运营需求（折返能力要求），在五路居站站前设置了 12 号道岔交叉渡线，较传统的 9 号道岔，道岔结构长度加长了，侧股的导曲线半径变大了。有效站台的端部、盾构起点距离岔心的距离都有适当的加大，车站的规模加大，转辙机的安装位置适当调整。

本工程采用接触网供电制式，在北京尚属首例。建筑限界设计的控制因素增加了接触网安装及电气绝缘间隙的要求，本工程中盾构隧道的建筑限界较为紧张，特别是特殊减振地段。由于盾构隧道的建筑限界规范中已明确，故设计时在平衡了接触网专业和轨道专业的各自要求后，基本满足了各专业的设计要求。故在结构设计中，要求结构专业设计以及施工单位对盾构隧道的施工误差进行严格把控。

限界专业与区间管线综合专业设计进行了有机结合，主要体现在道岔区、停车线地段、车辆段岔线咽喉区等地段。本工程限界专业和管线专业均由限界专业人员设计，故在车站建筑、结构，区间结构设计时，在考虑满足区间管线路径的前提下，尽量压缩限界控制要求，给结构专业带来了极大的方便，也减小了结构施工中的一些风险，间接的为工程节约了造价。这种专业结合的优势，在工程实施中得到了充分的体现，区间管线设备安装基本没有出现"冲突"，同时在以往工程中车站轨行区临时打孔的情况基本没有出现，且在限界检查中基本没有出现由于设计不到位引起大面积的侵限情况。

限界专业工作重点还包括最小线间距的制定、区间疏散平台限界制定、区间各种道岔区限界加宽量的确定、区间转辙机安装处建筑限界的制定，以及缓和曲线进入车站时，站台限界加宽量的确定和安全门限界加宽量的制定等。同时，还有车辆段内各种作业平台限界及车顶接触网防护网限界的制定。

在冷热滑工作中，限界专业参与指导了北京地铁 6 号线一期工程的冷、热滑限界检查工作以及限界门框架的制定指导、验收工作等。

（2）技术创新

1）结合以往工程设计经验，曲线或者缓和曲线进入有效站台范围内的情况，站台需要进行加宽，加宽值受曲线要素的影响略有变化，技术人员总结了一个具有包容性的站台加宽示意图，在初步设计和施工设计阶段均提供给建筑设计人员参考。在后续的配合中该类问题引起的车站站台不满足限界要求的情况很少出现，限界设计时只要根据本工程的特点对加宽值进行修正即可。如图 6—32—5 所示。

图 6—32—5　限界设计

2）对于隧道竣工后提供的断面测量的数据，传统的方法是按每 5 m 或者 10 m 一个断面进行控制点的测量，并绘制成相应的断面图。每个区间的断面数据基本都有成百上千，限界专业核实时需要耗费大量的人力与时间。本工程由于工期特别紧张，一般要求接受测量数据后一天内给出核实意见，可见按传统的方法很难满足现在的需要。在结合沈阳地铁 2 号线及其他工程的经验，对区间断面测量要求进行了更新调整，采用测量隧道中心线的方法，虽然此方法有 20 mm 左右的精度偏差。实际采用时，根据测量数据，对核实测量数据与设计值偏差较大的地段进行加密测量，在一定程度上弥补了该方法的不足，基本能够满足现在地铁设计的要求。该方法也同时在北京地铁 9 号线、10 号线二期、14 号线,以及南京地铁 3 号线等线路中得以应用,北京地铁 9 号线、10 号线二期、14 号线南段均已通车,该方法得到了工程验证。此方法的应用,给设计人员带来了极大的便利,节约了时间,对断面侵限情况更加直观,对线路专业调线调坡更具有指导作用。

两种方法的原理及比较具体如下:

①传统限界检测方法。

贯通测量时,测量单位按照限界要求,测量隧道断面的几个控制点的横距,如图 6-32-6 所示。图中 O_1 为圆形隧道断面的实测圆心,O_2 为隧道中心线与轨面的交点,即圆心 O_1 在设计轨面上的投影点,O_3、O_4 为隧道中心线与隧道断面的交点,a_1、a_2 为轨面与隧道断面的交点,b_1 和 b_2 为隧道断面上距离轨面 3 600 mm 的两点。

限界依据传统的测量数据,将车辆套在理论的断面上,判定控制点的实际间隙与理论间隙的差异,从而判定是否超限。此方法由于测量数据直线段 10 m 一个,曲线段 5 m 一个,并且每个断面上的测点至少有 8 个,测量单位需要花费大量人力财力。测量数据到达设计单位后,限界专业也需要花费很大人力去逐个隧道断面测量数据进行判定。此方法耗时长、工作量大,并且判定出侵入限界时,因为没有和线路发生直接关系,也无法告知线路专业准确的调线量。线路专业调线后,往往还得反复进行数据复测,才能知晓调线后净空是否满足限界要求。

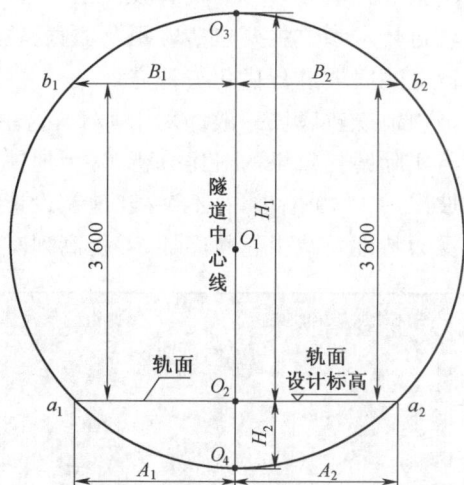

图 6-32-6　传统限界检测(单位:mm)

②创新的限界贯通测量数据及限界检测方法。

创新的贯通测量数据限界净空检查方法理论依据如下:

以圆形隧道为例。圆形隧道,从工程经验来看,基本不会出现压扁等情况,为此,可以把施工完成后的隧道仍然看成是一个圆。平面方向就可以依据圆形隧道圆心的坐标来定位,从而和线路发生关系。从和线路的偏移离散量即可一目了然知晓隧道水平方向是否超限以及超限量。高度方向通过隧道顶板、底板的高程和设计轨面高程比较,即可知晓实际轨面至隧道顶板、底板的净空,从而和理论限界净空数值比较,很容易知晓隧道是下沉还是上浮以及上浮量。

需要的现场测量内容如下:

(A)O_2 点的坐标,并用 Excel 表格提供;

(B)隧道顶 O_3 点距轨面的高度 H_1,并用 Excel 表格提供;

(C)隧道底 O_4 点距轨面的高度 H_2,并用 Excel 表格提供。

限界专业依据隧道中心的坐标(O_2 点的坐标),并绘制成相应的 CAD 平面图,亦即隧道中心线图,和理论线路中心发生关系,对于曲线段,考虑隧道中心相对线路中心的偏移量,就可以很容易判断出隧道中心是否侵入限界以及侵入限界的量值。通过实测隧道中心线可以反推出隧道打偏地段的线路应该相对实测隧道中心线的调线范围。

32.4　轨道与减振技术

本工程轨道系统的技术特点及创新点主要有:

1)轨道主要技术参数——轨底坡进行优化,在北京地铁首次采用 1/30 轨底坡;

2)创新道岔主要部件——在北京地铁车辆段 50 kg/m 钢轨 7 号道岔中首次使用预应力岔枕;

3)提出全面、明确的钢弹簧浮置板技术要求体系,并进行了北京地铁第一次钢弹簧浮置板公开招标;

4)在北京地铁轨道系统中首次提出整体道床混凝土耐久性设计要求;

5)在北京地铁轨道整体道床中首次采用大量侧沟,在道床中心设计宽 1 m 左右的行走平台,便于紧急疏散;

6)明确了热处理钢轨使用范围——本工程在半径 600 m 以下曲线采用热处理钢轨,提高钢轨使用寿命;

7)北京地铁首次采用 60 kg/m 钢轨 12 号减振道岔,既满足了运营折返要求,又满足了环保振动保护要求。

①主要技术参数——轨底坡优化。

轨道技术参数主要包括轨距及加宽、轨底坡、曲线超高、轨道结构高度、轨枕铺设间距等,本项目设计中主要针对轨底坡进行优化与补充。

国内地铁轨底坡一般都采用 1/40,这主要是沿用了国铁的设计,本项目前期通过对不同轨底坡的理论匹配与实际磨耗效果的对比分析,认为地铁行车速度、车辆荷载特征及轨道结构条件等均有别于国铁,地铁轨底坡采用 1/40 偏小,在不突破《地铁设计规范》的前提下,本线轨底坡采用较大的 1/30,以尽量改善轨道结构受力特性及减少轮轨磨耗,并提高列车运行平顺性。

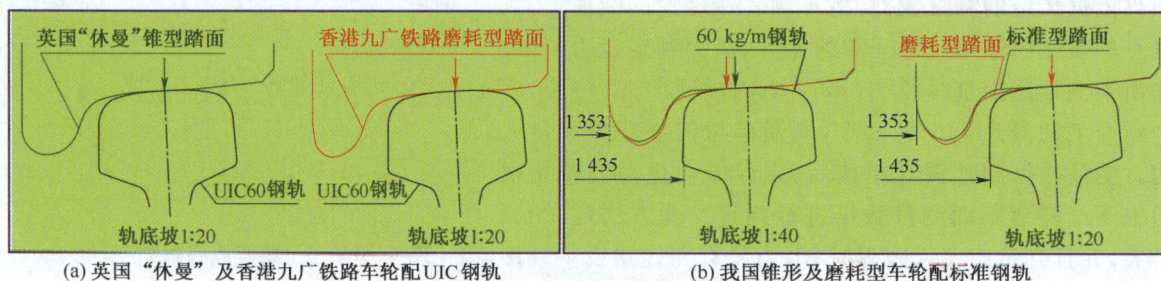

(a) 英国"休曼"及香港九广铁路车轮配 UIC 钢轨　(b) 我国锥形及磨耗型车轮配标准钢轨

图 6—32—7　国内外车轮的静态匹配关系示意图(单位:mm)

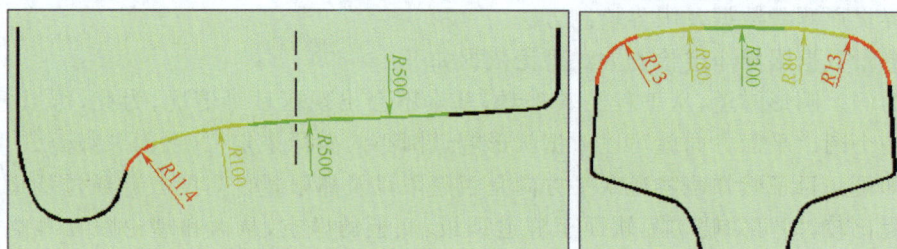

图 6—32—8　车轮踏面及标准钢轨的弧面详图(单位:mm)

图 6—32—7 为部分国内外车轮踏面与 60 kg/m 钢轨的理论匹配关系,可看出当轨底坡为 1/20 时,轮轨接触点基本位于车轮及轨顶踏面的中心,即图 6—32—8 中钢轨顶面中心 $R=300$ mm(绿色区域)弧面及轮踏面 $R=500$ mm(绿色区域)附近;轨底坡为 1/40 时,轮轨接触点则偏向钢轨内侧 $R=80$ mm(黄色区域),动态情况下更有向钢轨内侧 $R=13$ mm(红色区域)弧面及轮踏面 $R=100$ mm(黄色区域)靠近的趋势。

根据资料《钢轨的材质性能及相关工艺》中得到的货车工况下钢轨承受的剪应力最大值(表 6—32—6),当轮轨接触面在轨顶面 $R=300$ mm 弧面接触时,接触面的剪切应力较小,钢轨不至于发生剪切屈服。但若钢轨硬度较高,运行列车的轴重不大,在 1/40 轨底坡的情况下,轮轨接触面位于轨顶面 $R=80$ mm 甚至 $R=13$ mm 弧面上,则可能导致钢轨发生剪切屈服现象,从而钢轨产生剥离掉块的可能性更大,对于车轮踏面也存在同样的趋势。

可见,当轨底坡设为 1/20 时,轮轨接触点的位置使轮轨的受力较"温柔",可使轮轨关系更匹配,提高列车运行平稳性,减少轮轨磨耗。

表 6—32—6　不同轮轨接触面产生的最大接触应力和剪应力

接触面半径 (mm)	300		80		13	
应力类别	接触应力	剪应力	接触应力	剪应力	接触应力	剪应力
应力最大值 (MPa)	1 280	396	2 098	650	4 770	1 480

对于本线而言,由于正线均采用短枕式整体道床,即通过短轨枕的倾斜得到轨底坡,故很容易实施 1/30 轨底坡。采用 1/30 轨底坡后,现场钢轨顶部的磨耗"光带"将基本位于轨顶中心。

②创新道岔主要部件——预应力混凝土岔枕首次使用。

此前地铁碎石道床地段道岔均采用木岔枕,木岔枕在强度、稳定性及耐久性等方面,均逊于预应力混凝土岔枕。为此确定着手研制地铁专用的预应力混凝土岔枕。

一般预应力混凝土轨枕在不同的部位有不同的截面,但国铁预应力混凝土岔枕均为等截面设计,即一组道岔的所有预应力混凝土岔枕及每根岔枕不同部位的截面均一致,这种设计一方面是考虑岔枕的受力需要,另一方面是为了方便制造。

国铁预应力混凝土岔枕有两种标准截面,如图 6－32－9 所示。随着国铁几次大的提速行动,第一种截面(上宽 240 mm)已逐渐淘汰,目前主要采用的是第二种(上宽 260 mm)。

地铁专用岔枕截面宜尽量接近国铁岔枕,以降低制造成本。但地铁使用条件与国铁的区别较大,如国铁轴重达到 25 t,运行速度达到 160 km/h 以上,而地铁轴重仅 14 t,运行速度也不过 80 km/h,故地铁岔枕直接采用国铁岔枕截面偏大。此外,还需考虑轨道结构高度方面的匹配性,所以经各因素综合考虑后将地铁专用预应力混凝土岔枕的高度确定为 185 mm。

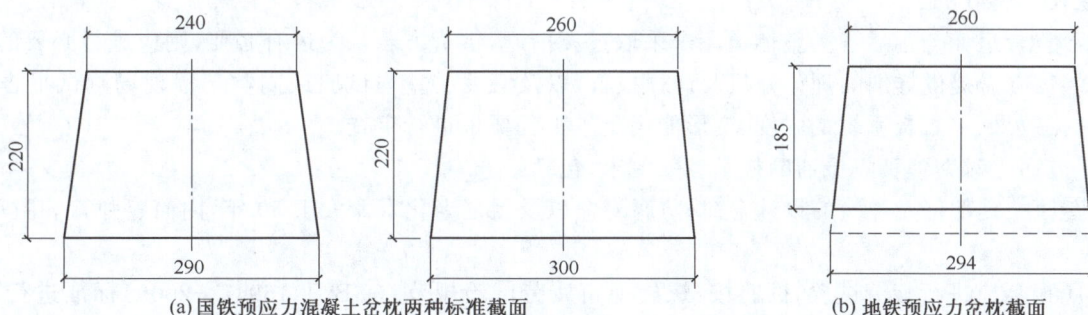

(a) 国铁预应力混凝土岔枕两种标准截面　　　　　　　　　　(b) 地铁预应力岔枕截面

图 6－32－9　预应力混凝土岔枕截面设计(单位:mm)

预应力混凝土岔枕的荷载按包容性的轴重 16 t、速度 100 km/h 加以考虑,可确保岔枕的安全可靠性。

图 6－32－10　地铁专用预应力混凝土岔枕的铺设效果

图 6－32－10 为地铁专用预应力混凝土岔枕经生产、试验后现场实际铺设的情况,总体情况十分良好,达到了预期的目的。预应力混凝土岔枕在国内地铁属于较为先进的技术。

③提出全面、明确的钢弹簧浮置板技术要求体系,并进行了北京地铁第一次钢弹簧浮置板公开招标。

钢弹簧浮置板在国内地铁的首次引进并进行成功应用的是 2002 年底开通的北京地铁 13 号线工程。在其后的几年,钢弹簧浮置板以无与伦比的减振性能和较高的安全可靠性,在国内地铁中得到大量的推广。

由于钢弹簧浮置板成套技术为德国隔而固公司的专利,国内以往工程的应用过程中基本上依赖于供货厂家的合同承诺及技术诚信,尚无对该项技术提出相关的技术标准、参数要求、验收规定等方面的标准来,理论上对工程建设而言存在一定的风险。

近年来,继 13 号线首次引进该技术后,持续对钢弹簧浮置板进行深入研究,掌握了这项技术的系统技术参数、结构设计及施工和验收技术要求。在本项目设计中,首次提出了全面的钢弹簧浮置板技术要求体系,这是一大进步。经过本项目竣工总结完善后后,可作为其他工程钢弹簧浮置板技术要求编制的模板。

技术要求体系主要包括工程概况、供货范围、技术要求等三个方面:

(A)工程概况

主要涉及与钢弹簧浮置板供货相关的线路条件、敷设方式、下部结构类型、车辆类型、设计速度、授流方式、轨旁设备情况、钢轨类型、扣件类型、轨道技术参数等方面。

(B)供货范围

以列表的方式提出钢弹簧浮置板设置的详细地段、坡度、曲线半径、曲线超高、轨道结构高度、下部结构类型等。

此外,钢弹簧浮置板所涉及的零部件、备品、工具、质量证明书、质量保证书、使用及养护维修说明书、二次设计出图、安装调试配合等方面的要求也在供货范围中加以明确。

(C)技术要求

一方面是钢弹簧浮置板的减振效果及安全性和稳定性方面要求,包括:

(a)在浮置板的使用寿命期内,在要求隔振地段的振动敏感建筑物处,由列车通过时传到圆形隧道壁的振级比普通整体道床减少 20 dB 以上,同时还应满足环境评估及文物保护等方面提出的减振要求。

(b)浮置板道床钢轨的动态轨距扩张量不大于 4 mm,动态下沉量不大于 4 mm。

(c)确保轨道的强度和稳定性,浮置板系统的减振效果在 50 年内衰减小于 5%,隔振器的关键部件使用寿命应该在 50 年以上。

(d)浮置板道床与前后各类整体道床未采取过渡措施,供货方若认为还有必要,则应进行必要的补充。

(e)供货方需提供详细的理论分析及计算报告,以及必要的室内试验或同类工程现场测试报告,由采购方对其减振效果、浮置板系统的强度、变形能满足本工程要求进行审查。

另一方面是对钢弹簧隔振器的技术参数要求,包括:

(a)套筒关键部件及弹簧的设计寿命、防腐寿命以及阻尼老化寿命大于 50 年,内筒、弹簧和阻尼均应方便更换。

(b)隔振器应进行疲劳试验,试验按《螺旋弹簧疲劳试验规范》(GB/T 16947—2009)标准进行。经 300 万次循环载荷作用后,内、外弹簧和弹簧套筒应无断裂和任何裂纹,疲劳试验前后弹簧竖向静刚度变化小于 3%。

(c)隔振器的承载能力应满足本工程的车辆运行荷载及浮置板道床载荷的要求。

(d)隔振器在垂向、水平、纵向 3 个方向均应具有足够的承载能力,以承受制动力、离心力、振动惯性力、纵横坡度、热胀冷缩力等水平力。同时还应具有较好的弹性,其水平刚度为垂向刚度的 75% 以上。

④北京轨道系统首次提出混凝土耐久性设计要求。

整体道床混凝土结构满足《混凝土结构耐久性设计规范》(GB/T 50476—2008)的要求,6 号线轨道整体道床混凝土结构设计使用年限不低于 50 年,环境类别按Ⅰ－B考虑,更好地满足相关设计要求。

这也是北京地铁轨道系统整体道床首次采用耐久性设计。

⑤道床中间通道——便于疏散。

以往北京地铁采用接触轨供电,地下线一直采用中心排水沟形式。中心沟,即将道床排水沟设于道床中心,水沟排水顺畅,道床混凝土与隧道管片不易开裂,有利于轨枕与道床之间的联结。道床顶面横向排水坡与轨枕坡度一致,方便铺轨基标的设置。

本项目供电方式经多次比较论证后,采用接触网供电,使水沟设置更加灵活。随着人们对地铁安全的日益关注,当地铁紧急情况下采用端门或侧门疏散模式时,需利用轨道中心作为应急疏散通道。双侧沟即将排水沟设于道床外侧,道床中心可形成一个宽 1 m 左右的行走平台,宽度较规范要求的最小值 0.55 m 增加近 40%,方便养护维修人员的行走及紧急情况下的旅客疏散。

本项目设计采用双侧沟,是北京地铁首次在轨道结构地段采用双侧水沟,方便在线路两股钢轨之间形成一个连续通道,利于紧急情况下的旅客疏散。

⑥首次明确了热处理钢轨使用范围——提高钢轨使用寿命。

北京地铁 6 号线是北京地铁线网中的骨干线路之一,是与地铁 1 号线平行的一条东西大动脉。目前 1 号线客流爆满,预计 6 号线客流量巨大。

虽然地铁列车的轴重与客专列车轴重基本相当甚至略小,但地铁系统最突出的特点之一是线路小半径曲线较多(正线最小曲线半径可达 300 m),侧磨超限是目前小半径曲线地段换轨的主要原因。因客运专线曲线半径一般在 5 000 m 以上,故不能全线按客运专线标准选择低强度等级(880 MPa)、低硬度(260~300 HB)的钢轨,需针对小半径曲线钢轨侧磨较快的问题采取措施。

U75V 钢轨硬度、强度等级虽比 U71Mn 略大,但国铁的实践表明其在曲线地段的耐磨性与 U71Mn 相比并无明显优势,主要是其化学成分经历了一个调整过程。1998 年前生产使用的 U75V 钢轨在曲线地段铺设的使用其寿命比 U71Mn 轨提高约 50%,虽耐磨性不如热处理钢轨,但钢轨平直度较好、质量稳定。此外,当时的热处理钢轨生产能力有限,且热处理工艺不完善导致热处理钢轨质量不够理想(如采用喷雾冷却导致硬化层硬度均匀性较差、质量不稳定等)。因此 U75V 钢轨在国铁中得以推广使用,但随后发现其存在一些缺陷,如硬度提高后导致其韧塑性降低,对裂纹萌生的缺口敏感性增加,可焊性差,且在钢轨预弯矫直、锯轨、卸轨作业及上道使用中易发生脆断,危及行车安全。为此,攀钢于 1998 年调整了 U75V 钢轨的化学成分,如碳、硅、钒等含量的降低等,提高了钢轨的韧塑性,脆断现象有所减少,焊接性能也得到改善,但耐磨性能比调整前有明显较低,从各路局的反馈看,其在小半径曲线上的耐磨性能与 U71Mn 相比已无明显优势。

此外,通过地铁线路的调研也表明,目前包括铺设 U75V 钢轨在内的小半径曲线(半径 400 m 以下)地段钢轨侧磨速率较快。如正线上铺设 U75V 的一些 R300 m 曲线 5 年左右即换轨,出入线地段甚至有 2 年即换轨的情况出现(正线侧磨重伤标准为 15 mm)。因此,无论铺设 U71Mn 还是 U75V 钢轨的线路,有必要借鉴国铁经验,在小半径曲线地段采用热处理钢轨(硬度在 330 HB 以上)以延缓钢轨侧磨,尤其是对于线网中年通过总重较大的主干线。综上研究,本项目设计中在半径 600 m 以下曲线采用了热处理钢轨。

⑦采用 12 号道岔,提高了折返能力。

6 号线一期工程五路居站~草房站,运营里程为 29.9 km。因 6 号线预计客流量大,高峰小时最大客流断面达 4.5 万人,预留初期开行 30 对列车,最小行车间隔为 2 min 的方案。

一期终点草房站的列车追踪到达间隔为 129 s,通过能力为 28 对/h。线路最大客流断面位于起点至青年路站。因此需开行大小交路,大交路为五路居站~草房站;小交路为五路居站~青年路站,运营长度 21.4 km,如图 6-32-11 所示。

五路居站为大小交路折返点,折返能力要求高,也是本线运营的控制点。在设计时对采用 12 号道岔、9 号道岔方案进行比选,计算结果表明:采用 9 号道岔的最大折返能力仅为 29 对/h,采用 12 号道岔时最大折返能力为 33 对/h,提高 13.8%。

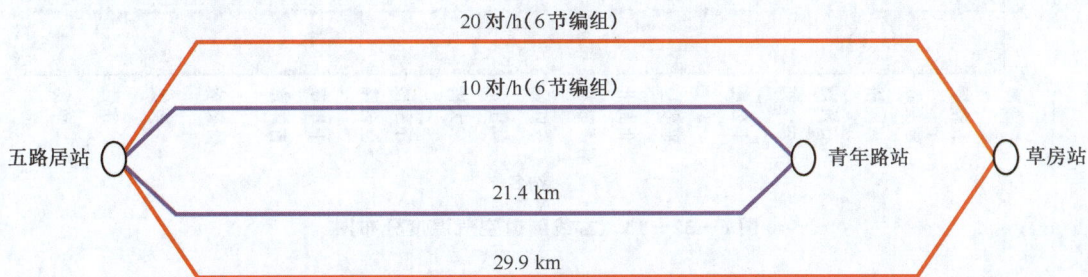

图 6-32-11　五路居站~草房站运营

最终采用的 12 号道岔具体参数为 60 kg/m 钢轨 12 号单开道岔(图号:专线 9737),全长为 37 800 mm($a=16\ 592$ mm,$b=21\ 208$ mm),导曲线半径为 350 m,道岔直向容许通过速度为 120 km/h,侧向容许通过速度为 50 km/h。道岔采用 60AT 弹性可弯曲线尖轨、固定型高锰钢辙叉及可调式护轨,一般部位采用弹性分开式 DTⅥ2 型扣件,转辙器及护轨部位采用弹片扣压钢轨,尖轨设 2 个牵引点,道床结构为短枕式减振垫浮置板整体道床。

32.5　通风空调系统

通风空调设计中分别采用了消除隧道内余热技术、空调冷机过渡季节运行技术及区间活塞风技术等,具有先进、节能等方面的创新技术。

北京地铁 6 号线是北京地区第一个采用 8 节编组的集成闭式系统的大型地铁线路,新问题较多,给各专业的设计人员带来一定的挑战与机遇。通风空调设计中分别采用了消除隧道内余热技术、空调冷机过渡季节运行技术及区间活塞风技术等,具有技术先进、节能等设计特点,下面分别加以介绍。

32.5.1　消除隧道内余热新技术

由于北京地铁 6 号线一期是由 6 节编组改为 8 节编组的线路,全线的土建车站已经按照 6 节编组的土建平面规划报规,也就是说车站的土建截面积已经确定。车辆编组 6 改 8 后,给通风空调专业及土建专业带来如下问题:

1)由于列车发热量的增加,致使车站冷水机组的容量增加和空调风量的增加,以致主风机及大型表冷器的容量均须增加。

2)由于空调风量的增加致使车站的主体截面积及风道截面积相应增加,车站主体截面需要向上扩 0.65 m,或者向两侧各扩 0.8 m(共 1.6 m),同时风道要加宽 2 m。

为了妥善消除由于 6 节编组改为 8 节编组后所增加的隧道余热,通风空调专业提出在地铁车站各区间隧道入口处或在各区间隧道内设置空气处理装置的四种方案。经过全面技术经济分析比较,确定采用空调隧道柜机来进行余热处理的技术方案,如图 6-32-12 所示。经模拟计算,该方案的远期全线区间各点温度分布值均符合规范及设计要求,如图 6-32-13 和图 6-32-14 所示。

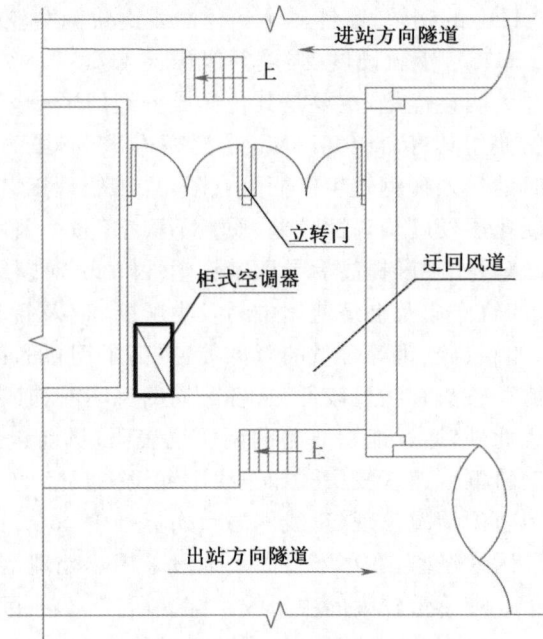

图 6-32-12　迂回风道内柜式空调

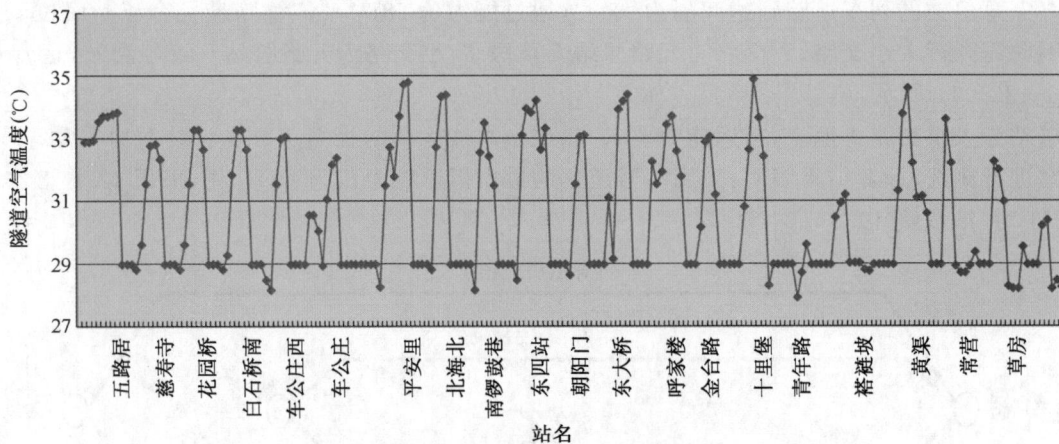

图 6-32-13　右线隧道空气温度分布图

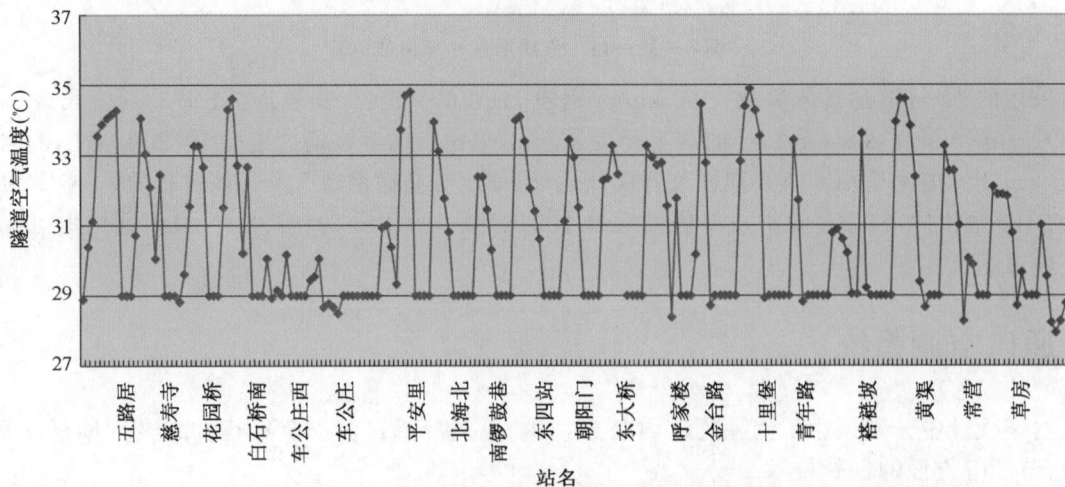

图 6-32-14　左线隧道空气温度分布图

492

1）技术特点

该方案的采用使得车站主体结构截面积不变、风道尺寸不变,节省了大量的土建投资(约 1 920 万元/站)。

该方案的采用避免了土建修改设计所产生的重新报规而相应延长设计周期,以及对各地铁车站市政周边环境及地下构筑物、地下管线的反复协调等风险。

该方案的采用使得车站空调大表冷器尺寸不变,车站大系统空调通风设备基本不变,节省了大量的设备及材料投资(约 98 万元/站)。

该方案科学合理,实用性强,具有节省投资、运行节能及设备操作维护简单等优点。

2）技术难点

6 号线消除隧道内余热技术在国内外轨道交通领域尚属首次,在技术和工程实施方面在国内外均没有可借鉴的经验,在工程设计中存在较大技术难度。为此,北京地铁建设管理公司组织了专家评审,专家们一致认为该设计方案较好地解决了高安全门集成闭式系统中大编组列车在隧道内的余热消除问题,能有效控制远期隧道温升,解决了地铁设计中的一大难题,为北京地区其他线的设计开辟了新的思路。

32.5.2　空调冷机过渡季节运行新技术

北京地区过渡季节室外温度较低,地铁车站内的一些设备用房还要求排出余热。就在北京地区空调季节的初期,由于早晨与中午的温差较大,也时常会出现早间室外温度较低而致使空调冷水机组无法运行的情况。所以,如何根据空调冷水机组本身的运行原理来改造空调冷却水系统的工艺布置,实现北京地区过渡季节室外温度较低条件下空调冷水机组能够正常运行,是北京地铁 6 号线通风空调专业亟待解决的问题。

北京地铁 6 号线工程各车站的空调冷水机组均在冷却水泵进水口处设置了电动三通调节阀,如图 6－32－15 所示,用以在室外气温较低时调节冷凝器冷却水的进水温度,实现北京地区过渡季节室外温度较低条件下空调冷水机组能够安全、高效稳定的运行。

1）技术特点

该方案的采用,使得 6 号线在北京地区过渡季节室外温度较低条件下空调冷水机组能够安全、高效稳定的运行。该方案实用性强,具有节省投资、运行节能及操作维护简单等优点。

2）技术难点

6 号线空调冷机过渡季节运行技术在国内外轨道交通领域尚属首次,在技术和工程实施方面没有可借鉴的经验,在工程设计中存在较大技术难度,在 6 号线空调水系统设计的实践中都得到了合理的解决。

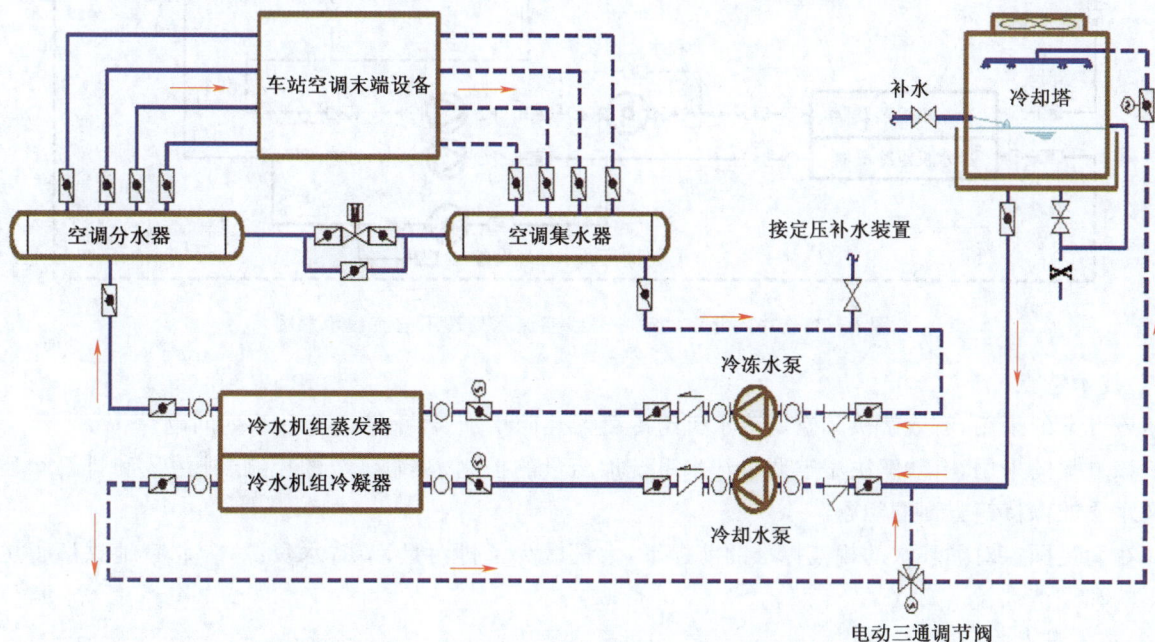

图 6－32－15　北京地铁 6 号线空调冷却水系统示意图

32.5.3　区间活塞风新技术

已经建成的北京地铁几条新线等工程大部分采用集成闭式系统,在北京地区该系统具备诸多其他系统无法比拟的优点外,尚存在区间的新风量稍有欠缺的问题。6号线的环控制式也是采用集成闭式系统,为了解决区间的新风量稍有欠缺的问题,6号线一期工程在褡裢坡站、黄渠站、青褡中间风井分别设置有活塞风井。其中褡裢坡站东端上、下行线各设有一处活塞风井,黄渠站东端上、下行线各设一处活塞风井,青褡中间风井上下行线各设一处活塞风井。这些活塞风井在过渡季节使用,不仅大大改善了区间隧道内乘客的空气品质,而且充分利用了室外空气冷却区间隧道,以节省运行能耗。

32.6　给排水系统

给排水与消防设计中分别采用了较高技术含量的空调冷却水处理技术、车站污水提升技术,在对衬塑钢管的连接处理技术方面具有先进、节能等方面的技术创新。

32.6.1　空调冷却水处理新技术

已经建成的北京地铁几条新线等工程经过一段时间运行后,空调冷却水循环系统不同程度地出现了空调冷水机组冷凝器热阻增加、器壁结垢等一些问题,运营单位分别采取了人工加药等补救措施,虽然在一定程度上能够缓解以上问题,但是在加药量的控制、浓缩倍数的控制、排污量和排污水质的控制以及水质的保持等方面均尚未彻底解决,而且人工操作也较为繁琐。

针对以上问题,在理论研究的基础上,结合工程实际进行分析,找出问题的原因,列出几种水处理的解决方法。通过不同的处理方式进行技术性和经济可行性比较,决定采用旁流过滤辅以加药的冷却循环水处理方案,如图6−32−16所示,并应用到北京地铁6号线的空调水处理设计之中。

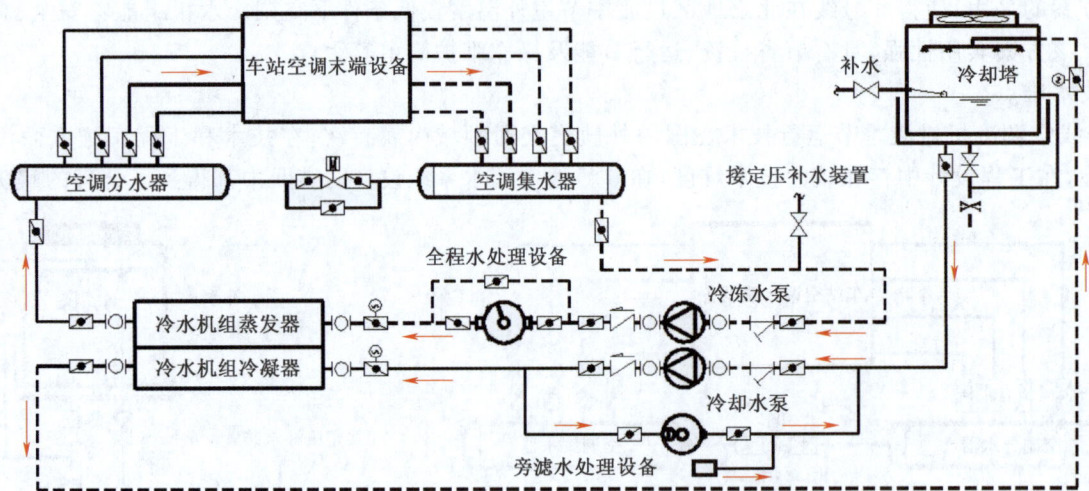

图6−32−16　北京地铁6号线空调水处理工艺流程示意图

(1)技术特点

1)该方案的采用,有效解决了空调冷水机组冷凝器热阻增加、器壁结垢等一系列问题。

2)该方案的采用,有效解决了空调冷却水系统加药量的控制、浓缩倍数的控制、排污量和排污水质的控制以及水质的保持等方面的问题。

3)在满足国家对循环水的规范标准的前提下,大量减少了排污量,节省水资源,为北京地铁赢得更好的社会影响和经济效益。

(2)技术难点

6号线空调冷却水处理技术在国内轨道交通领域尚属首次,在技术和工程实施方面没有可借鉴的经验,在工程设计中存在较大技术难度,在6号线空调水系统设计的实践中都得到了合理的解决。2009年4月14

日，由北京轨道交通建设管理有限公司、北京城建设计研究总院及中铁第四勘察设计院参加了"6 号线空调冷却水系统处理装置设计方案比选会"，讨论并通过了该方案。

32.6.2　车站污水提升新技术

地铁站内卫生间污水排放所造成的异味外溢、蚊蝇细菌滋生等问题是一直困扰地铁管理部门的一大难题，其原因主要是由于地铁地下车站中卫生间的标高低于城市污水管网标高，污水不能像高架车站或地面车站一样，靠重力自流排出车站。以前普遍的做法是在卫生间的同层或下一层修建污水泵房，在污水泵房内设集水池，收集污水，通过污水泵排污。由于地铁内通风条件较差，泵房内异味会散到周边房间过道或地铁通道以及公共区内，影响车站的卫生条件及舒适度。

采用密闭罐式车站污水提升技术方案合理地解决了以上问题。

（1）技术特点

该方案有效避免异味外溢和蚊蝇细菌滋生，方便了污水提升装置的施工安装和日常设备维护与检修。取消了污水池，节省了相应的土建费用，腾出了相应地下空间，便于站台板下的综合管线布置与维修。

（2）技术难点

6 号线密闭罐式车站污水提升技术在国内轨道交通领域已有成功的先例，在技术和工程实施方面有可借鉴的经验。

32.6.3　衬塑钢管的连接处理

北京地铁已经建成的几条新线中，运行一段时间后有的线路所采用的衬塑钢管发生了脱胶现象，给运营安全带了隐患。为了杜绝以上问题，6 号线设计在衬塑钢管的法兰连接处设置了带止口短接的法兰垫片，如图 6－32－17 所示。这样处理后，即使衬塑钢管发生了脱胶现象也不会对管路系统带来危害，有效消除运营安全的隐患。

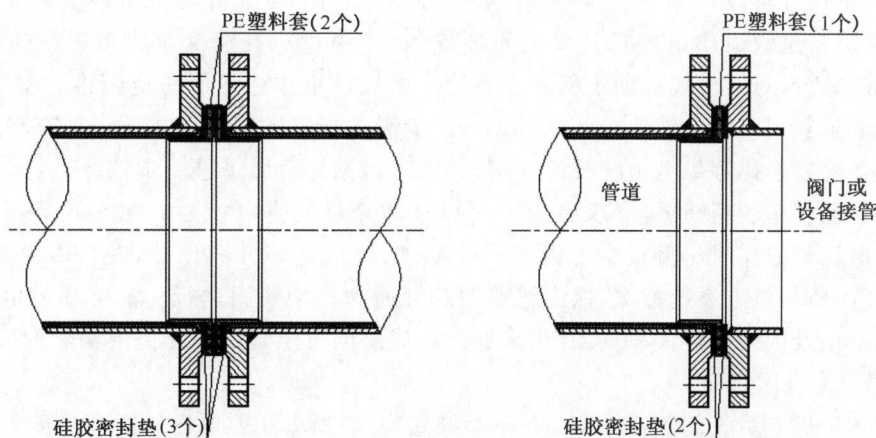

图 6－32－17　衬塑管与管道法兰、阀门或设备法兰连接示意图

32.7　动力照明系统

32.7.1　主要技术特点

1）小系统风机采用智能低压控制，减少了系统之间的接口。

2）消防负荷和非消防负荷从变电所开始严格分开。

3）环控电控室设两段消防负荷母线，一段非消防负荷母线。两端消防负荷母线分别由变电所引来两路电源，经过切换后供给火灾室仍需要运行的风机和与其对应的风阀。采用两段消防母线增加了供电的可靠性，同时降低了负荷过大电源电缆敷设的难度。

4）双电源切换采用接触器搭接方式，便于运营维护，降低运营成本。

32.7.2　主要技术难点

1)环控柜生产厂家首次生产智能低压柜,没有技术储备和经验。

2)6 号线一期换乘站多,车站结构复杂,通风空调设备分散,给配电设计带来困难。

3)6 号线一期车站长,用电负荷大,低压供电半径大,电缆敷设空间有限,管线协调困难。

4)双电源切换装置切换采用接触器搭接方式,配电箱尺寸大,前期按 ATS 切换装置预留的土建孔洞尺寸不够。

32.7.3　技术创新

本设计采用的智能低压配电系统在北京地铁只有同期开始设计的亦庄线、8 号线、10 号线二期 3 条线采用,之前尚没有先例。

32.8　供电系统

32.8.1　技术难点

(1)采用大编组车辆带来的新技术

北京市轨道交通先期开通或与 6 号线一期工程同期建设线路,采用了 6 节编组 B 型车(以下简称 6B)、80 km/h 或更小车型车辆,为适应快速增长的客流需求,本工程车辆改用 8 节编组 B 型车,6M2T,最高运行速度为 100 km/h 的大编组、高运行速度车辆。

采用新的车型,尤其是最高运行速度不同的车型,其相应的列车牵引特性、供电特性、列车阻力特性等车辆基础特性参数差异很显著。已掌握的北京市在线运营 6B、80 km/h 等车辆相关资料无法沿用。另外,由于在供电系统方案设计阶段,车辆还未开展招标,实际的 8B、100 km/h 车辆特性资料无法从车辆生产厂获取。而车辆特性资料是牵引供电模拟计算的重要输入,牵引供电计算又是供电系统方案制定的重要基础,车辆特性资料的缺少,对 6 号线一期工程供电系统方案设计工作造成了一定困难。鉴于此客观情况,为保证工程进度,采取了利用广州地铁 3 号线 120 km/h 车辆进行等效归算的措施,确定牵引所布点方案、开闭所设置方案、设备容量选择等供电系统设计方案,并在车辆招标后做了进一步核算。

大编组、高运行速度车辆负荷重,要求更为安全可靠和充足的供电能力。在无同等规模线路类比的情况下,坚持保证供电质量的同时尽量减少工程投资的原则,经反复多方案比选,并经专家充分论证,合理配置牵引变电所和开闭所等供电系统方案,保证线路顺利开通和长期稳固运行。本工程供电系统设计方案的成功实施,可为北京市及国内同类大车辆编组、高速运行线路的供电系统设计提供实际的应用参考。

(2)长大区间带来技术难点

对于 DC 1 500 V 供电系统的 6B、80 km/h 车型线路,牵引所牵引供电区间距离一般为 3 km 左右,而本工程采用 8B、100 km/h 大编组、高运行速度车辆,牵引供电距离应控制在 2.5 km 以内。

本工程青年路站~褡裢坡站区间长达 3.96 km,已明显超过可靠供电距离。实际经牵引供电模拟计算,青年路站、褡裢坡站设置牵引变电所,在出现两者任一牵引所解列情况下,无法满足接触网最低电压高于 1 000 V、钢轨最高电位低于 120 V 供电质量要求。为确保供电安全,采取了在车站之间设置区间牵引所措施,并与中间风井合建,提高了供电技术性能的同时节省了土建投资。同时对于其他个别钢轨电位偏高而无法通过增设牵引所的区间,采取了钢轨并联电缆措施,为解决钢轨电位偏高问题提供了一新的解决途径。

32.8.2　技术创新

(1)采用了 DC 1 500 V 架空接触网

地铁 6 号线是北京第一条采用 8 节编组、最高运行速度为 100 km/h 的"大编组高运行密度"的骨干地铁线路,对牵引供电系统安全可靠性能要求更高。为了满足 6 号线的牵引供电需求,中铁电气化勘测设计研究院有限公司在开展设计时进行了有针对性的重点研究,采取了相应的技术方案。

1）采用 DC 1 500 V 供电制式

地铁 6 号线在北京首次采用了 DC 1 500 V 供电制式。北京以往的地铁线路供电均采用 750 V 供电制式。1 500 V 供电制式与 750 V 供电制式相比，具有如下技术优势：

①牵引变电所间距大、数量少的优势，有利于牵引变电所的最优化布置。

②采用 1 500 V 供电制式，具有牵引网损耗小的优势，可以更好地节能减排。

③有利于变电所内直流开关设备选型和继电保护设置。

2）采用架空接触网

架空接触网和第三轨技术均是城市轨道交通接触网的成熟技术，在我国均有多年的成功应用经验，但架空接触网在北京地铁的应用却是首次。地铁 6 号线 100 km/h 的最高运行速度对受流质量要求更高。采用架空接触网后，由于不存在断口，受电弓能与接触线连续接触，保证了受流的连续性。

架空接触网安装在隧道顶部，与第三轨技术安装在钢轨附近相比其运营安全可靠性高，紧急故障情况下旅客疏散触电概率低。

架空接触网在日常检修时除一些特定的检修内容外，接触网可不用停电，减少了运营检修时的停电作业内容，因此也提高了运营维护的便利性。

对于北京地铁 6 号线牵引供电系统，通过采用 1 500 V 供电制式起到了节能减排的目的，通过采用架空接触网起到了既满足快速受流的要求同时提高了运营及检修的安全可靠性。1 500 V 架空接触网在地铁 6 号线的首次采用是北京地铁牵引供电技术的一大突破。

（2）采用了节能方案

供电系统负荷包括列车牵引负荷和动力照明负荷，其中牵引负荷所占比重较大，该部分的节能效果也较为显著，本工程节能研究的重点为列车再生制动能量的吸收。

1）列车再生能量吸收的意义

轨道交通作为一种大运量、高密度的交通工具在城市公共交通中扮演着越来越重要的角色，其列车运行具有站间运行距离短、运行速度较高、起动及制动频繁等特点。目前轨道交通普遍采用的 VVVF 动车组列车，其制动一般为电制动（即再生制动、电阻制动）和空气制动两级制动，运行中以再生制动和电阻制动为主，空气制动为辅。在列车运行速度较高时，使用再生制动和电阻制动，当列车减速到一定速度再生制动不起作用时，使用空气制动。一般城市轨道交通制动能量可达到牵引能量的 20%～40% 以上，部分再生制动的能量可以被线路上相邻车辆和本车辅助用电吸收，如不能被吸收则转换为车载电阻消耗或空气制动机械消耗。

传统的列车电阻制动做法是将制动电阻装设在车辆底部，当再生电阻不再起作用时采用空气制动。传统的列车电阻制动产生的大量热量散发在地铁隧道内，在大运量、高密度的运行条件下，使地铁洞体的温升加剧，提高了对通风系统的要求。

因此上述列车制动方式存在的弊端主要体现在以下两点：一是部分再生制动能量不能被相邻车辆吸收，白白通过车辆上制动电阻发热消耗或空气制动消耗，浪费了大量电能；二是上述制动方式发散热量在隧道内，既增加了隧道温度，又增加了环控设备用电量。

列车制动时再生电能大部分可以被本车辅助用电和线路上相邻的其他用电车辆吸收，但如果相邻车辆处在用电较少或不用电状况，再生电能不能全部被吸收，则该车由再生制动转换为电阻制动或机械制动，这样制动能量就转换为热能或其他能量消耗掉，从节约能量、环保、降低隧道温度角度考虑不合理。如果在变电所设置再生电能利用装置则可吸收这部分能量。

2）节能方案及效果

本工程在牵引变电所内设置了电阻消耗型再生制动电能利用装置。该类型装置为 6 号线一期工程建设过程中技术较为成熟可靠的产品，由制动控制柜和制动电阻柜构成，采用斩波器和吸收电阻配合。当车辆再生电制动且制动能量不能被其他车辆或用电设备消耗时，再生电能消耗设备消耗该部分的能量，根据吸收功率的大小及线网电压的变化状况自动调节斩波器的导通比，从而改变吸收功率，维持线网电压恒定。

本工程牵引变电所内设置电阻消耗型再生制动电能利用装置主要节能效果体现在：替代列车制动电阻，减轻车体重量，减少牵引动力电能消耗及阻力磨耗；降低列车电制动在隧道中产生的温升；减少隧道环控设备的投入。

32.9　通信系统

(1)专用传输系统采用大容量、高效率设备组建自愈环网

专用传输系统作为地铁、控制系统信息传输的基础网络,是地铁通信系统中最重要、最基础的网络。

专用传输系统为专用通信各子系统及信号、自动售检票 AFC、办公自动化 OA、综合监控系统 ISCS、乘客信息系统 PIS 等专业提供可靠的、冗余的、可重构的、灵活的信道。

系统采用 MSTP(内嵌 RPR)设备组网,组建 2 个 10 Gb/s 的二纤复用段双向保护环,2 个环在小营控制中心及五里桥车辆段备用控制中心两两相交。

专用传输系统采用 10 G 传输设备组网,系统的有效带宽较以往线路传输系统有了很大提高,为其他系统传输带宽共享提供了条件,整合了系统资源,节省投资。

同时,专用传输系统采用二纤复用段双向保护环,为系统提供了网络层面的故障自愈保护,进而保证了传输网络的安全稳定可靠运行。减少了因为传输网络故障导致的运营安全事故,体现运营安全的设计理念。

(2)公务及专用电话采用双中心、双星型网络结构

公务电话系统是为地铁工作人员与地铁内部及外部进行公务联络的通信子系统。

专用电话系统是调度员和车站、车辆段、停车场值班员指挥列车运行和下达调度命令的重要通信工具,是为列车运营、电力供应、日常维修、防灾救援、票务管理提供指挥手段的专用通信系统。

在地铁专用电话系统出现重大故障时,公务电话系统可以作为专用电话通信的应急通信手段。

公务及专用电话均采用双中心、双星型组网,在控制中心及备用控制中心设置主交换机,在各个车站、车辆段及停车场设置小交换机。小交换机通过双路由中继分别和控制中心、备用控制中心主交换机相连。

公、专电话采用双中心、双星型组网,任何一条中继链路中断,网络可以自动迂回到另一中继链路,提高了系统可靠性,可有效避免因为交换机网络链路故障导致的运营调度不畅问题,提高运营的安全性。

(3)采用网络化的观念构建专用无线网,并做到了资源共享

专用无线通信系统是为了保证地铁安全、高密度、高效运营而建设的话音、数据无线通信系统。它为地铁运营的固定用户(控制中心、车辆段/停车场调度员、车站值班员等)和移动用户(列车司机、防灾人员、维修人员)之间的语音和数据信息交换提供可靠的通信手段,对行车安全、提高运输效率和管理水平、改善服务质量提供了重要保证。同时,在地铁运营出现异常情况和有线通信出现故障时,亦能迅速提供防灾救援和事故处理等指挥所需的通信手段。

6 号线专用无线系统在 9 号线基础上扩容,和 9 号线共享无线集群交换机。采用小区制组网,在每个车站及车辆段、停车场设置集群基站。

6 号线专用无线系统的建设,充分考虑了轨道交通网络化的需求,并结合北京地铁建设的整体情况,做到了资源整合共享,利用无线集群系统特有功能,以尽量少的系统设备为尽量多的轨道交通线路服务。

(4)视频监视专用和公安合网建设并全覆盖

视频监控系统是城市轨道交通维护和保证运输安全的重要手段。它为控制中心的调度员、各车站值班员、列车司机等提供有关列车运行、防灾救灾、旅客疏导以及社会治安等方面的视觉信息。可使调度室、值班室人员及时观察列车进出站情况和全站客流动态及相关设备室设备运行情况,以达到有效组织指挥客运工作。它是提高地铁运营能力,保障客运安全和列车正常运行的强有力工具。

专用视频监控采用本地模拟、远程数字的方式。车站本地监视通过车站的模拟矩阵进行切换及控制。同时,所有摄像图像经过编码器压缩编码(采用 MPEG - 2 格式),经以太网交换机送入传输网络供控制中心调用、解码及显示。

专用视频监控和公安视频监控采用共用一套传输平台组网建设,只在车站、派出所及公交总队为公安单独设置视频现实终端。

6 号线采用了专用视频和公安视频合网建设方案,利用一套设备即实现了以往其他线路两套设备才能实现的功能,提高了设备资源的共享利用率,节省了投资,并大量减少了公安的运维工作量。由于设备的减

少,节省了电能的耗费,真正体现了绿色地铁、节能环保的概念。

同时,在 6 号线一开通即实现了视频监控系统对车站的全覆盖,为运营调度及公安监控提供了更加全面的视频图像信息。由于视频图像在地铁的全覆盖,提高了地铁车站的治安安全性,真正体现了地铁为人服务的人文精神,同时保证了地铁运营的安全性,体现了安全地铁的运营理念。

(5)采用数字功放广播系统,体现了地铁节能概念

采用了数字功放设备,动态范围更大,提高了语音信号的高保真性能,提供更好的广播音质;同时,由于数字功放的效率更高,有效地降低了电源能耗,耗仅为以往模拟功放的 60%～70%,体现了节能、减排的设计思想。

(6)采用 LED 背光源的 LCD 屏,体现了地铁节能概念

6 号线乘客信息系统在站厅采用了 LED 背光源的 LCD 屏,与普通液晶电视(采用 CCFL 背光源)相比,具有画面更优质、LCD 面板更薄、背光源使用寿命更长、能耗更低等特点,体现了节能、减排的设计思想。

32.10 信号系统

32.10.1 引入全新的运营管理模式

北京地铁是目前国内地铁运营历史最悠久的地铁线路。北京地铁的运营指挥体制已经形成一定模式。伴随着北京地铁跨越式的发展,新时期的北京地铁运营出现了与以往 50 年地铁运营的显著差异。

首先,北京地铁线路真正实现了网络化,线路运营里程大幅提高;其次,北京地铁运营模式复杂程度明显提高,出现了一些新的运营模式,主要表现在客车运行速度显著提高、列车追踪间隔明显缩短、出现地下线路的长大区间、出现大站越行运行模式;第三,北京地铁设备系统种类、数量、自动化程度均显著提高,地铁正常、异常的运行时,大量客车及设备均需控制,同时客车及设备的控制均实现了集中化。

北京地铁运营的变化迫切需要北京地铁调度指挥体制的发展。行车综合自动化系统为北京地铁调度指挥体制的发展提供了一个更为合理的技术平台。由于 TIAS 系统相对传统综合监控系统获得的地铁内各系统的信息更加丰富,因此在 TIAS 系统这一技术平台上可实现地铁调度指挥预案的预存储,可实现地铁调度指挥指令的统一发布。TIAS 系统这一技术平台可减少调度指挥的中间环节,提高调度指挥的自动化程度。建设 TIAS 系统适应了北京地铁调度指挥体制发展的趋势。

32.10.2 优化降级运行模式

为了提高系统的可用性,为保证当系统发生局部故障、车载设备降级等情况下列车运行的安全和线路运营的不中断,以及为救援列车、工程车等非车载装备车以及非运营时段调车、运送物品、维修等作业的行车提供一定的设备安全保障,信号系统采用降级运行模式——点式模式运行。

本工程信号系统对降级运行模式进行了优化,主要是采用了"CC - CI 直连"技术,通过无线方式,车载 CC 设备与联锁设备之间直接接口,实现了以下功能:

1)可实现点式下完全 ATP 防护的折返;

2)可实现对所有点式模式信号机状态的监视,达到闯红灯防护;

3)当信号机为允许态时,不需要移动列车完成点式初始化;

4)可显示点式模式下对特殊区域(如紧急关闭激活时的站台区)的防护等。

在工程实施过程中采用这种优化的降级模式方案,增强了降级模式下的信号系统功能,提高了部分系统故障情况下的运营效率。

32.10.3 采用行车综合自动化系统(TIAS)新技术

在目前地铁建设中存在着大量设备系统。目前,北京地铁新线建设中各设备系统的信息被整合成两个部分。大部分设备系统的信息,包括供电系统、机电系统、通信系统(含传输、时钟、通信集中告警、CCTV、广播、乘客信息向导系统)、自动售检票系统,以及地铁客流状态信息被传统综合监控系统整合。信号系统设备信息及列车运行状态信息被传统列车自动监控系统(ATS)整合。传统综合监控系统与传统列车自动监

控系统之间通过互联方式传送简单的列车进出站的触发信息。

北京地铁 6 号线工程采用的以行车指挥为核心的行车综合自动化(TIAS)系统的建设使得两大信息群整合为一体,实现了在统一技术平台上地铁内部各个设备系统的信息、客流信息与列车运行信息的完全整合。地铁内列车运行信息、供电信息、火灾信息、客流信息、环境信息(温度、湿度)及设备状态信息等地铁内各种信息均由一个技术平台进行监视与控制,实现各个设备系统的信息资源共享,为各个设备系统间的自动联动提供了基础。

32.10.4　提高人性化程度

北京地铁 6 号线工程采用以行车指挥为核心的行车综合自动化系统,在传统综合监控系统的基础上集成了 ATS 系统,整合了各设备系统的信息,实现了信息的共享。在统一的技术平台基础上,行车综合自动化系统将传统的设置在正线车站的车站控制室内的综合监控专业的值班员/值班长工作站与信号专业等车站现地工作站/显示工作站、将设置在控制中心行调、环调、电调、维调等工作站进行了界面整合,整合为 2 台 3 屏工作站。如图 6－32－18 所示

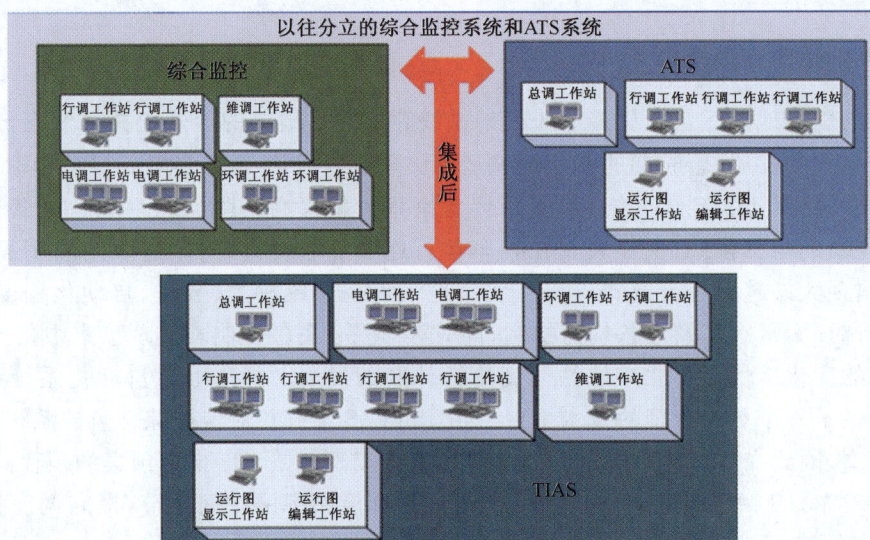

图 6－32－18　综合监控与 ATS 系统深度集成示意图

整合后的工作站可以用不同的用户权限激活不同的专业界面,工作站都是基于统一技术平台,界面进行了优化整合,以某种用户权限登陆后,可以实现对信号、机电、电力等相关专业设备状态的监视和监控,可以查看统一报警级别定义下的各相关专业的报警,便于调度员对相关信息的查看,这种界面整合更充分体现了本工程中人性化的应用。

32.10.5　无线通信系统采用的车—地通信技术

北京地铁 6 号线一期工程信号系统中无线通信系统采用以裂缝波导管为传输媒介的车—地通信技术。

系统通过沿线路在轨旁敷设的裂缝波导管及附件、轨旁无线设备(TRE)、耦合单元等和在列车底部安装的波导管车载天线,构成完整的车—地双向通信结构。

裂缝波导管采用断面为矩形的挤压铝型材,每段裂缝波导管长度为 12 m,衰耗为 2 db/100 m,IP 等级为IP67。一段裂缝波导管由最内层的上顶面开有多个规则排列缝隙的挤压断面及顶面覆盖的 TEDLAR 涂膜和聚酯保护盖构成。两段裂缝波导管的连接处使用双槽法兰盘连接。在裂缝波导管端头处需要配置耦合器,用于波导管与同轴电缆之间的连接。如图 6－32－19～图 6－32－21 所示。

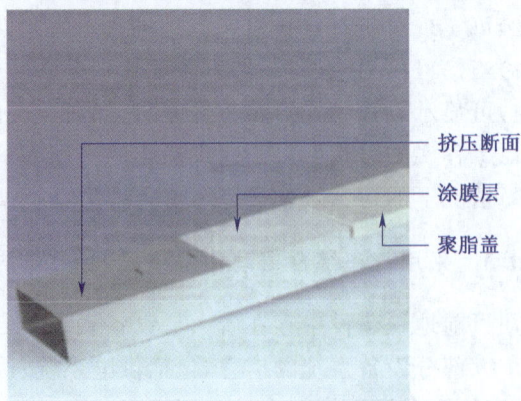

图 6－32－19　裂缝波导管

图 6-32-20　接头处的双槽法兰盘

图 6-32-21　端头耦合器

裂缝波导管相比漏缆和无线电台方式,在地铁中应用的优势体现在:

1)其传输距离更长,最大可达 1 600 m;

2)由于其传输距离长,因此漫游切换很少;

3)场强覆盖特性均匀;

4)衰减特性缓和;

5)免维护,无需清洁,耐尘土、油污,甚至雪层等对传输性能无任何影响;

6)抗干扰性强,适用于地下隧道、地面及高架线路等各种地铁线路形式。

采用以裂缝波导管为传输媒介的无线车—地通信技术已在北京地铁 6 号线、9 号线、房山线、2 号线、昌平线、14 号线等工程中成功并稳定地应用。

32.11　火灾自动报警系统

本工程针对北京轨道交通火灾自动报警系统实施现状,采用车站级 FAS 与 ISCS 互联,而非深度集成。FAS 与 ISCS 分别设置工作站,并实现直接通信。FAS 利用通信系统提供逻辑独立、冗余传输通道的全线组成独立的 FAS 专用骨干网。该网络采用隔站联接,保证了网络各节点间的光纤路由距离基本相等,使得在整个路由中各节点的信号传输衰减几乎相同,使站间的网络相对稳定。

车站采用环形总线连接的设计方式,保证总线回路内任一点发生故障不影响整条报警线路的正常运行。

车站火灾联动模式分专业联动,可以在火灾情况下根据现场的情况,分别进行通风、消防泵等火灾模式的控制。

FAS 系统在停车场、车站等高大空间采用新产品新技术——设置吸气式极早期烟雾火灾探测器,使用效果良好,一定程度上解决了使用传统探测器和红外对射检修难和误报率高的问题,并在地铁环境中使用新型火灾探测技术,起到了较好的示范作用。

32.12　环境与设备监控系统

BAS 系统监控了车站和区间内几乎全部的机电设备,并实现了对智能低压、远传水表等系统的接入与监控,实现了对车站内环境的智能调节和节能控制等功能,在火灾等灾害模式下能够快速响应和联动各系统设备完成救灾动作。

车站主控制器以上全部由综合监控系统集成,降低系统造价,同时减少了对车控室、设备室空间上的需求,并且界面风格更加统一,方便运营维护人员操作。

32.13 行车综合自动化系统

北京地铁6号线工程采用的以行车指挥为核心的行车综合自动化系统(TIAS)的建设使得ISCS系统与ATS系统两大信息群整合为一体，实现了在统一技术平台上地铁内部各个设备系统的信息、客流信息与列车运行信息的完全整合。地铁内列车运行信息、供电信息、火灾信息、客流信息、环境信息(温度、湿度)及设备状态信息等地铁内各种信息均由一个技术平台进行监视与控制，实现各个设备系统的信息资源共享，为各个设备系统间的自动联动提供了基础。

该系统在传统综合监控系统的基础上集成了ATS系统，整合了各设备系统的信息，实现了信息的共享。在统一的技术平台基础上，行车综合自动化系统将传统的设置在正线车站的车站控制室内的综合监控专业的值班员/值班长工作站与信号专业等车站现地工作站/显示工作站、将设置在控制中心行调、环调、电调、维调等工作站进行了界面整合，整合为2台三屏工作站。

整合后的工作站可以用不同的用户权限激活不同的专业界面，工作站都是基于统一技术平台，界面进行了优化整合，以某种用户权限登陆后，可以实现对信号、机电、电力等相关专业设备状态的监视和监控，可以查看统一报警级别定义下的各相关专业的报警，便于调度员对相关信息的查看，这种界面整合更充分体现了本工程中人性化的应用。

本工程综合监控系统的设计方案和建设实施，结合了北京地铁6号线工程特点，吸取国内外该系统建设的经验，采用先进的设计理念和系统方案，做出了很多技术创新，具体如下：

综合监控系统不仅将PSCADA、BAS、PSD、CCTV、PA、PIS等系统集成，还将列车自动监控系统(ATS)集成进来，并将AFC、门禁系统、FAS、CLK、RC、OA通信集中告警等系统互联。系统集成度高，监控点量大，接入系统复杂、系统联动丰富、系统整体技术水平先进。

多系统的集成互联，实现了接口间的信息共享，实现了大量系统间的联动功能，例如：通过ISCS可以转发FAS火警信息、PSCADA轨道带电信息给信号系统。在紧急情况下(如火灾、阻塞等)ISCS可以下发联动命令实现BAS、PA、PIS、CCTV等系统的自动联动，并可通过系统提示提醒站务人员通过IBP盘进行FAS消防设备、安全门、门禁、自动售检票闸机、信号列车的紧急控制。

32.14 AFC系统

随着城市轨道交通的大规模建设，轨道交通正在向网络化发展，换乘站的数量也越来越多。6号线车站更是形式复杂，换乘种类多种多样：有"T"形、"L"形、十字换乘，有共用部分站厅换乘，还有通道换乘等形式。本专业从初步设计到施工图设计阶段多次与运营公司共同对换乘站进行研究，以车站周边环境和朝夕客流变化因素为基础，布置AFC、票亭、安检设备，调整设备数量及闸机进出站方向，最终实现资源共享、节省投资，更有效服务于乘客及运营，提高轨道交通的服务水平。

6号线与既有2号线在朝阳门站、车公庄站换乘，为实现两线无障碍换乘需对2号线朝阳门站、车公庄站进行改造。为了保证6号线的正常开通，朝阳门站改造工程分两阶段实施：第一阶段为改移调试北站厅AFC终端设备，在6号线开通前完成；第二阶段为拆除南站厅AFC终端设备，在6号线开通运营后完成。车公庄站改造：需将车公庄站北换乘厅设备返厂改造重新配对后移设到新建地面厅内。虽然新建地面厅空间局促，但还是尽量做到了在有限的空间满足乘客和运营需求。上述节点均为本专业的设计难点及重点。

32.15 安检系统

通过这几年来的设备使用情况，对设备的性能使用要求的逐步提高。比如台式液体检查仪，增加了对酒精浓度75%(易购且易燃)要求的指标，同时对提高检查速度有了一定的进展。另按照公安要求，增加了对通道式X光机存储的要求，从当初的5万幅(北京地标要求)增加到现在为50万幅的存储，为解决纠纷及查疑提供了相当的存储平台。

在安检点的设置上,设计着重打造安检点设置位置的合理性。安检点并不是越多越好,安检点越多,投入的人力、物力越多,就会给运营带来相当大的经济负担。在设计过程中,技术人员很注重安检点设置的合理性。即结合建筑图纸、结合 AFC 闸机的进站方向及客流方向,将安检点设置在最为合理引导客流顺利进站的位置。

32.16　门禁系统

各车站级门禁系统,通过通信系统提供的 100 M 传输通道与中央服务器联网,建立基于 IP 网络的双向数据通道。车站门禁系统管理工作站和门禁控制器通过车站交换机接入全线骨干网与中央服务器进行数据交换。中央服务器将分散的各车站级数据库整合在一起,形成一个完全的总体数据库。采用总线式组网,通讯传输距离远,在不加中继的情况下有效通讯距离为 1 200 m 左右。车站门禁系统自带配电盘,分不同区域分别对门禁设备进行配电。车站门禁锁采用单独回路供电,其他设备(门禁控制器、就地控制器和读卡器等)采用一个回路供电,以保证在 IBP 盘对门锁电源进行切断时,不对就地控制器造成损坏。系统容量已充分考虑了二期工程门禁系统的容量,为二期门禁系统接入预留条件。

32.17　导向系统

导向专业吸收国内外先进经验及技术,在本线采用新造型、新技术、新材料。普通发光牌体均采用节能灯照明,严格控制光源数量和密度,使每个光源达到最高照明效率。在人流复杂地区的导向牌体,采用 LED 形式。LED 采用最先进技术,高密度点位排布使屏幕更清晰,信息量更大。

32.18　安全门系统

(1)采用下部支撑与顶部吊柱相结合的安装方案

北京地铁 6 号线车辆采用 8 节编组、大站快线运行,黄渠站、草房站列车 80 km/h 过站。安全门承受的活塞风压为 ±900 Pa,是目前地铁运营线路安全门承受载荷的 1.5～2.0 倍。采用上部吊柱和下部支撑相结合安装方案,上部吊柱与门立柱贯通设计,减少门立柱截面尺寸,提高了安全门门体整体承载能力。

(2)传动装置

采用皮带传动,重载齿形同步带依据正向啮合驱动原理实现两门扇运动同步、稳定。其特点是:转动装置能够调节皮带张紧力和避免皮带打滑,满足运行 12 个月检查调节一次张紧力的要求;结构简单、运行平稳、故障率低,确保了两扇活动门的同步性和稳定性;效率高,可以达到 90% 以上;低噪声,合成阻尼效应可以达到减振效果;安装、维修、调节方便;使用寿命长,皮带的使用寿命大于 8 年;采用封闭式轴承,环境适应能力强,能够防止外部异物进入轴承。

32.19　建筑设计

32.19.1　车站建筑特色与创新

1)本线车站全部为地下站,线位穿越区域特殊,标准站少,特殊站多。

2)线路东西向布置,与 2、4、5、8、9、10 号线 6 条线路换乘,换乘站多,换乘方式多。

3)6 号线为 8B 车辆编组,站台长、运量大、客流多,注重站内人文环境的塑造和人性化设施。

4)车站内部乘客使用乘降区标准化布局,加强人性化服务设施,重视周全的客服服务,强调人文轨道交通设计理念。

5)车站内部装修突出文化氛围,根据站位周边文化环境采取不同的装修风格,彰显轨道交通文化与地域文化的结合与呼应。

6)全线地面附属建筑在全线简约、大气的建筑风格基础上,注重景观处理,结合周围用地条件与环境,附属建筑因地制宜处理。

7)全线车站均考虑站前广场与景观处理,在站前广场设置与其他交通方式接驳的同时,注重广场的景观处理与小环境的人文塑造。

32.19.2　地铁 6 号线特色创新车站简介

(1)北京第一座上下叠落同站台换乘车站:南锣鼓巷站

此种站型比较典型的是香港地铁中环站和深圳地铁老街站等车站,由于北京地铁线网采用方格网型布局,实现机会较少,但在 6、8 号线换乘设计中出现了难得的实现时机。本站 6 号线自西向南转弯,而 8 号线则自北向东延伸,在转弯部位设置了换乘车站。

为避开车站两端文物的制约,采用了 6 号线和 8 号线的上下行线自身重叠穿越的设计,压缩了线路走廊宽度,同时在车站形成了垂直重叠站台的同站台换乘的条件,形成了同站台通道平行换乘这一独特站型。此类车站在北京地铁线网中首次出现,是结合环境条件尽量改善换乘设计的典范。如图 6-32-22 所示。

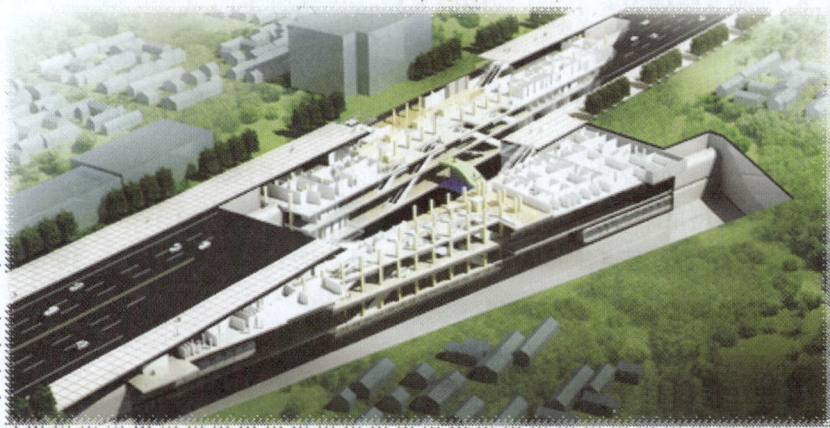

图 6-32-22　南锣鼓巷换乘示意图

(2)北京第一座突破 30 m 埋深的车站:东四站

6 号线东四站位于 5 号线车站西侧,受 5 号线线路上方市政管线密集、线路无法穿越的条件限制,6 号线穿行于 5 线路下方,造成车站埋深达到 34 m,成为北京地铁在施车站埋深之最。车站进入承压水水头 5 m 以上,预测日降水量达 4 万 m^3。

在设计中,将盾构井、施工竖井进行分别设置优化,尽量采用简单设计断面,降低施工风险和难度。如图 6-32-23 所示。

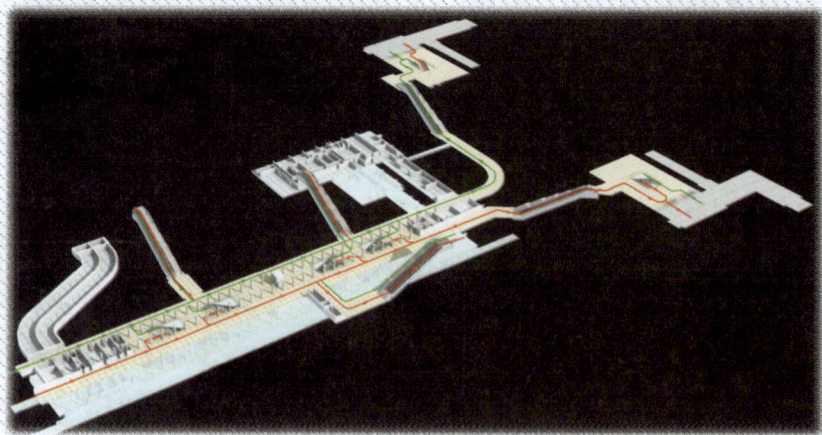

图 6-32-23　东四站换乘示意图

(3)北京第一座车站与商业开发完美结合的一体化车站:常营站

常营站根据自身双岛四线、快慢线越行、车站规模大、配线上部商业空间具有一定规模的特点,结合站位周边的龙湖、万象新天、北辰等大型商业环境,充分考虑车站与周边商业的一体化规划与设计。

由于本站设越行线,车站长度受轨道控制,车站内有富余空间。设计通过综合分析和反复比较,并充分利用站台层设置设备管理用房,将站厅层设备管理用房尽量集中,以留出完整空间与车站公共区毗邻设置地铁客服空间,达到空间的综合利用和物业开发效益的最大化。如图6—32—24和图6—32—25所示。

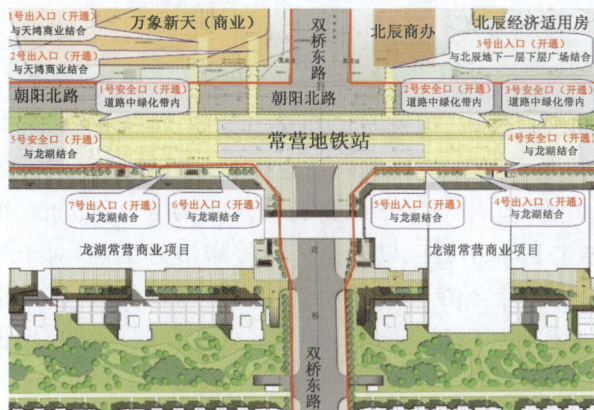

图6—32—24 常营站一体化总平面图

图6—32—25 常营站商业一体化效果图

(4)注重内城文化区站前广场的人文景观环境塑造:内城车站地面建筑与景观

在平安大街、地安门大街等主要旅游景点线上,6号线主要布置了平安里站、北海北站、南锣鼓巷站等,车站的出入口建筑方案和站前广场的人文景观塑造尤为重要。在尊重京城文化与旅游环境的基础上,表达轨道交通的特点,突出新型交通的标识性是6号线研究的重点和对外展示轨道交通建筑设计理念的窗口。如图6—32—26～图6—32—29所示。

图6—32—26 平安里站出入口现状效果

图6—32—27 北海北站出入口现状效果

图6—32—28 南锣鼓巷站站前文化广场效果

图6—32—29 北海北站站前景观广场效果

(5)标准化设计:8节B型车编组的标准站设计

6号线一期工程是北京第一条B型车大编组运行的线路,仅有上世纪90年代建设的复八线车站形式可以参考,但因设计规范、理念变化无法类比。本工程针对大编组车站消防疏散、公共区布置、标准站长度、站内外建筑布局组织了标准车站研究,制定了6号线一期以及同类型车站的标准长度及标准布置形式,统一了全线的整体布置风格,对优化整体设计水平、提高乘客舒适度、减少建筑浪费、优化客流流线、节约工程造价等方面具有较大的成效。该成果已经成为 7、14、16 号线等后期其他大编组线路车站设计的重要参考。

32.20 交通衔接

(1)区域差异化设施供给

6 号线一期工程为城区东西向贯穿性骨干线,针对不同区域线网、用地布局和交通条件,关注重点不同,需要考虑区域差异化的衔接设施供给。步行方式,对于客流量大的车站站前广场规模和步行系统空间适当扩大;自行车方式,在核心区自行车停车场规模为 350～550 车位,中心区车站自行车规模为 650～1 000 车位不等,外围区为 1 000～1 350 车位不等;公交方式,在核心区和中心区以调整公交停靠站为主,而对于外围区,重点是提高公交线网覆盖,增加公交首末站;出租车,原则上不在二环里设置候客区,四环以外车站结合用地和道路交通条件设置出租候客区;小汽车方式,原则上四环以里不设停车场,K+R 方式可结合出租停靠站,即停即走。

(2)衔接设施便捷化布局

根据规划对各种交通方式衔接设施的布局要求:大部分车站公交平均换乘距离控制在 50～100 m 的适宜范围,个别车站的公交停靠站受道路条件和站位置影响,衔接距离仍然较远;自行车停车场距离轨道交通出入口的距离都控制在 50 m 的适宜范围以内;出租车候客区和临时停靠站都位于车站出入口周边,换乘衔接距离控制在 50 m 左右;小汽车停车场与轨道交通之间的换乘衔接距离控制在 200 m 的合理范围内。总体来说,规划成果较大地提高了地面交通方式与轨道交通间的换乘效率和舒适性。如表 6-32-7 所示。

表 6-32-7 各种方式衔接换乘距离统计

车站	平均步行换乘距离 (m)			
	公交设施	自行车停车场	出租车候客区	小汽车停车场
海淀五路居站	106	10	53	—
慈寿寺站	96	50	36	—
花园桥站	142	20	49	—
白石桥南站	67	20	38	—
车公庄西站	106	13	44	—
车公庄站	74	28	—	—
平安里站	53	5	—	—
北海北站	99	20	—	—
南锣鼓巷站	27	10	—	—
东四站	150	10	—	—
朝阳门站	85	20	—	—
东大桥站	150	21	33	—
呼家楼站	136	13	—	—
金台路站	88	8	49	—
十里堡站	107	12	50	—
青年路站	140	8	44	—
褡裢坡站	102	23	55	160
黄渠站	122	20	48	—
常营站	114	26	43	—
草房站	110	25	51	—

（3）环境友好协调性设计

结合车站周边环境特点,对衔接设施进行精细化设计,提供环境优美、景观协调舒适宜人的接驳空间。尤其在 6 号线途径的旧城风貌保护区域,将接驳设施纳入到了车站织补方案中统筹考虑,设计方案充分考虑到旧城风貌特点。南锣鼓巷站、北海北站的交通接驳具有旧城地域特色,结合织补方案,充分利用空间把出入口室外广场作为织补规划的完善和补充,提供京味十足的室外广场景观。如图 6－32－30 和图 6－32－31 所示。

图 6－32－30　平安里站自行车停车场效果图

图 6－32－31　北海北站 2 号出入口休闲广场方案效果图

32.21　结构设计

32.21.1　全线结构设计特点

（1）线路全在城市主干道下方,环境条件复杂

北京地铁 6 号线一期工程西起西四环与玲珑路交叉路口东侧的海淀五路居站,东至朝阳区的草房站,线路在玲珑路、车公庄大街、平安里西大街、地安门西大街、地安门东大街、北河沿大街、东四西大街、朝阳门内大街、朝阳门外大街、朝阳北路下方敷设,以上道路全为城市主干道,地面交通繁忙,车流量极大。沿线周围建筑密集、高层建筑多、老旧建筑多、古建筑多,且众多建筑与车站结构距离很近。车站上方管线极多,涉及给水、污水、燃气、电力、热力、雨水、电信等各种地下管线。因此对车站结构设计和施工提出了严格限制和要求。

（2）车站结构施工工法多

全线车站施工工法有明挖法、盖挖法、矿山法及暗挖 PBA 法,有明挖暗挖结合车站、明挖盖挖结合车站及明挖暗挖盖挖结合车站等多种类型。

对于北京的地铁结构施工方法,暗挖工法是一大特点。其中洞桩法是目前普遍采用的优秀暗挖工法。洞桩法结合了盖挖法和暗挖法的优势,在大部分的土体开挖之前就已经形成了主受力的空间框架体系,大部分土体是在顶盖的保护下进行开挖,施工对地层扰动小,对复杂的周边环境具有良好的适应性,能够较好地控制地层变形和对周边既有建(构)筑物的影响,且自身结构施工过程中安全性较高,具有十分广阔的发展前景,目前已成为北京地铁暗挖车站修建的主流工法,该工法在6号线一期、7号线得到了广泛应用。如6号线一期工程19座车站中涉及采用洞桩(柱)法施工的就有10座,约占总车站数量的53%。洞桩法在6号线一期工程中得到了较大的发展。建造设计理念、构造设计、计算方法、施工措施、现场处理、安全保障等关键技术均达到了前所未有的水平。

(3)车站埋深大、施工降水难度大

明挖车站底板最大埋深达31 m,暗挖车站底板最大埋深达34 m,全线车站最深位置达37 m,部分车站进入承压水地层,从目前技术水平及地层条件来看,难以做到堵水施工,降水难度极大。

(4)工程技术标准要求高

对周边构筑物、地下管线的变形控制要求严格,需保证施工期间地下所有管线的正常使用。

(5)车站下穿市政桥梁、与既有线实现换乘结构设计及实施难度大

花园桥站跨路口设置,暗挖大断面垂直侧穿花园桥桥桩,其中初支结构距离花园桥桥桩净距仅为0.08 m,对桥桩保护难度极大。

车公庄站、平安里站、东四站、朝阳门站、呼家楼站等均与既有车站实现换乘,涉及到换乘通道下穿既有线、换乘通道监控既有线、破除既有结构、既有结构改造等,结构设计及工程实施难度极大。

(6)部分车站结构形式为北京首次设计

受场地条件限制,南锣鼓巷站采用叠摞站台车站,为北京首次设计,创下了工程先例。此站结构形式造成其两端区间部分区段为叠摞隧道,给区间施工也带来了相当大的难度。

(7)部分车站暗挖出入口通道及换乘通道斜坡段爬坡开挖,施工风险极大

受场地条件及施工工作面的限制并为满足施工工期要求,部分车站暗挖出入口通道及换乘通道斜坡段必须爬坡开挖,设计及施工难度极大。

32.21.2　技术创新分析

6号线一期工程车站结构工程施工工法灵活多变,对各种技术综合运用并进行突破和大胆创新。

1)全线共有7个特级、387个一级、298个二级及94个三级环境风险工程。通过对全部环境风险工程识别、分级实现科学化和规范化管理、风险保护专项设计及现场有效的控制和跟踪等手段,均安全通过,并积累了丰富的工程经验。

2)全线有8个站采用了暗挖PBA工法,实践证明该工法有效地控制了地面沉降,保护了地下管线,保证了市政桥梁及周围建筑物的安全使用。在设计过程中对暗挖PBA工法进行了深入研究,对导洞大小、导洞设置、开挖步序、工序转换、施工过程中结构稳定分析、横通道开洞门措施、横通道内扣拱方案、初支格栅节点设计等提出了一系列创新点。

3)在全线暗挖车站推广采用长大管棚超前支护,在复杂环境及工程地质条件下,对防止暗挖塌方、控制地面沉降、保护环境风险工程等起到良好效果,保证了暗挖工程的安全成功建设。

4)首次提出并成功大规模实现了地铁暗挖出入口通道斜坡段大角度(爬坡角度大于26°)爬坡开挖,形成完整的设计理论及施工方法,既保证了施工安全及施工工期,又解决了施工场地不足问题。

5)在环境条件复杂、松散软弱且地下水极其丰富的地层中,采用暗挖PBA逆作法成功修建了北京最深车站(车站主体结构底板埋深达33.5 m,盾构井底板深达37 m)。

6)在北京松散软弱地层中采用盾构法首次成功实现了叠摞隧道,成功下穿了众多建筑物,并形成了完整的设计理论和施工方法,为今后类似工程积累了丰富的工程经验。

7)在北京首次采用叠摞式站台车站,实现了与8号线同台换乘。

8)在北京首次成功在暗挖通道内接收盾构机。

9)采用分幅盖挖逆作法,成功实现了大跨度的单柱双跨地铁,单跨宽度为14.2 m,形成完整的设计理论

和施工方法。

10）基坑支护结构桩全采用三级钢筋，支护结构减小了近 20％的钢筋用量，取得了较好的经济效益。

32.21.3　洞桩法暗挖技术的全面推广及提升

暗挖法除具有拆迁占地少、不扰民、不污染城市环境等优点外，还有灵活方便、投入少、干扰小等特点，是目前较先进的工法之一。在北京地区暗挖法修建的地铁车站中，采用的施工方法主要包括中洞法、侧洞法和洞桩（柱）法三大类。在此三类暗挖车站施工方法中，洞桩（柱）法特点较突出，其结合了盖挖法和暗挖法的优势。在大部分的土体开挖之前就已经形成了主受力的空间框架体系，大部分土体是在顶盖的保护下进行开挖，施工对地层扰动小，对复杂的周边环境具有良好的适应性，能够较好地控制地层变形和对周边既有建（构）筑物的影响，且自身结构施工过程中安全性较高，具有十分广阔的发展前景。目前此法已成为北京地铁暗挖车站修建的主流工法，如 6 号线一期工程 19 座车站中涉及采用洞桩（柱）法施工的就有 8 座，约占总车站数量的 42％，7 号线 20 座车站中涉及采用洞桩（柱）法施工的有 9 座，占总数量的 45％。如表 6—32—8 所示。

表 6—32—8　6 号线一期工程采用洞桩法车站列表

车站名称	站中心里程	施工方法	结构形式	支护形式（mm）	埋深（m）	备注
花园桥站	K3+217.276	明挖顺作	地下三层三跨矩形框架结构（西段）	Φ1 000@1 500 灌注桩	25.27	
		洞桩法暗挖	地下二层两跨结构（中间及东段）	Φ800@1 200 灌注桩	25.10	
车公庄西站	K6+048.585	洞桩法暗挖	地下两层三跨拱顶直墙框架结构	Φ1 000@150 灌注桩	25.15	与 M12 换乘
车公庄站	K6+936.061	洞桩法暗挖	地下两层单拱结构	Φ1 000@150 灌注桩	23.8	与 M2 换乘
北海北站	K9+701.691	洞桩法暗挖	地下两层双跨拱顶直墙框架结构	Φ1 000@140 灌注桩	23.9	
东四站	K12+988.245	洞桩法暗挖	地下两层三跨拱顶直墙框架结构	Φ1 000@1 500 灌注桩	32.1	与 M8、M5 换乘
朝阳门站	K14+387.814	洞桩法暗挖	地下两层三跨拱顶直墙框架结构	Φ1 000 灌注桩	29.0	与 M2 换乘
东大桥站	K16+056.577	洞桩法暗挖	地下两层三跨拱顶直墙框架结构（西段）	Φ1 000@150 灌注桩	22.0	
		柱洞法暗挖	地下单层三跨拱顶直墙框架结构（东段）			
金台路站	K18+353.477	明挖	地下两层三跨矩形框架结构（西段）	Φ800@140 钻孔灌注桩	17.2	与 M14 换乘
		洞桩法暗挖	地下两层三跨连拱结构（中段）	Φ1 000@150 灌注桩		
		明挖	地下两层三跨矩形框架结构（西段）	Φ800@140 钻孔灌注桩		

洞桩（柱）法目前在地铁修建过程中已得到广泛应用，6 号线一期工程中，针对洞桩法的设计及施工综合技术开展了全面系统的研究。对关键部位的受力机理和结构与地层相互作用规律进一步明确，对导洞断面尺寸、初期支护等参数进行统一标准化，通过现场试验及理论分析对现有洞桩法设计和施工技术进行系统的总结和提升，为工法的设计施工标准化作业奠定基础。

本线对洞桩法设计施工综合技术的研究提升主要如下：

（1）施工横通道开挖车站主体方式

洞桩法车站施工的工作面可采用明挖基坑或暗挖施工横通道，由于在路中实施明挖基坑对交通和管线影响很大，所以自施工横通道开挖车站主体的方式比较普遍。目前采用较多的横通道形式为贯通式和分离式等，上述进洞方式各有利弊。采用贯通式施工通道开挖车站主体结构，车站出土进料方便，但通道开挖量较大；采用分离式施工通道开挖车站主体结构，通道开挖量小，但是开挖车站站厅及站台层土体时出土进料困难，降低施工效率。综合研究认为，在结合具体环境具体分析后，应对各种进洞方式灵活掌握，并推荐采用一种新型的进洞方式：组合式施工通道开挖车站主体方式，即将施工通道贯通至洞桩法车站边桩内边缘，而后做中间封端，上下两层通道分别向前开挖。该方法可将两种方式进行组合，扬长避短，在破主体结构马头门的部位仍然采用的是分离通道的形式，当开挖站厅及站台层土体需要出土进料时，可将中间封端破除，利用贯通施工通道作业,不影响施工效率。

（2）施工导洞设计要点研究

洞桩法在传统浅埋暗挖工法的基础上吸收了盖挖逆作法的特点,结构形式灵活多变,相应地施工导洞形式也有多种。目前应用比较普遍的是将各导洞分离设置的 8 导洞洞桩法。对于三跨地铁车站而言,若边跨跨度较小或者由于受力计算需要,可将边导洞合并,形成上下 4 导洞的形式;若中跨跨度较小或者由于受力计算需要,也可将中导洞合并,形成上下 6 导洞的形式。

对于导洞分离的车站,导洞一般采用拱顶直墙形式,采用台阶法开挖施工。对于导洞合并的车站,施工导洞的形状应根据框架结构边跨或者中跨的形式和跨度确定。如果车站受到覆土厚度或因地下障碍物的限制时,上导洞可以做成平顶的形式,相应地车站结构做成多层多跨矩形框架结构。

对于导洞合并的车站,上导洞的拱部应与边跨或中跨结构的拱部相拟合,下导洞的底部应与边跨或中跨结构的底部相拟合,导洞高度应满足洞内施工作业的要求。施工导洞开挖面较大,应根据地层条件、埋深、断面大小及地面沉降要求确定其施工方法,一般宜采用中隔壁法或双侧壁导坑法。

（3）施工导洞尺寸研究

施工导洞大小的确定是多种因素综合考虑的结果,应根据洞桩法车站的结构形式、施工方法和周边环境具体分析。在满足施工条件的前提下,应尽量减小导洞的尺寸,以减少工程废弃量及对周边环境的影响。

对于中导洞或边导洞合并的车站,施工导洞应根据柱距、二衬构件尺寸、施工空间等确定,尺寸一般较大。

对于导洞分离的车站,导洞尺寸相对较小,一般采用拱顶直墙形式。下面以目前应用最为普遍的 8 导洞洞桩法车站为例,分析各个施工导洞净空尺寸的确定原则。若需要在上层导洞内进行机械成孔作业,需根据成孔工艺及施工机具的要求确定导洞净空尺寸。

（4）施工导洞开挖顺序研究

以 8 导洞洞桩法车站为例,分析不同的施工导洞开挖顺序对周围环境和结构本身的影响。从车站横向上说,有"先边后中"和"先中后边"之分;从车站竖向上说,有"先上后下"和"先下后上"之分。对于需要降水施工的车站,因为将水位降至下导洞底以下需要时间较长,一般在水位降低至上导洞底之后就进行上导洞的开挖。

本研究对各种不同情况下的导洞开挖顺序进行系统研究,结合数值模拟结果及现场监测数据,对导洞开挖顺序进行了技术总结及推荐。

（5）扣拱设计关键技术研究

初支扣拱是洞桩法车站施工的关键步序,拱部初期支护的形成过程及受力转换较为复杂,施工风险及引起的地层扰动也比较大,因此对初支扣拱要进行精细设计。为了保证初支扣拱阶段的结构整体承载性和稳定性,其设计要点如下:

1）在边导洞内的扣拱初支,需在格栅钢架下方架设模板,浇筑扣拱初支混凝土并将其上部的空间用素混凝土回填,待混凝土达到设计强度后方可开挖边跨拱部土体及连接内外初支,形成边跨初期支护体系。

2）为保证初支体系的完整性,在拱部二衬浇筑之前,不要凿除主体结构内部的施工导洞初支,也不要拆除边导洞内扣拱初支下方的模板支撑构件。

3）若边跨或中跨拱部开挖跨度较大,需要设置临时中隔壁,应注意中隔壁的稳定性,中隔壁最好与小导洞初支有可靠、稳定的连接。

4）初支扣拱为直接支承在桩顶冠梁和中部顶纵梁上的大跨简支承载构件,应核算其承载能力是否满足要求,必要时应采取可靠的措施进行受力转换。

5）边桩顶冠梁不仅要支承边跨扣拱初支的荷载,而且要支承边跨二衬扣拱的作用,应将其设计为有利于拱脚推力的传递的结构形式,且其平面尺寸应足够大,满足拱脚处局部承载力的要求。

6）在导洞内初支与边跨扣拱初支的对接点处,应保证扣拱初支内外格栅钢架的连续性,严禁将拱部初支直接搁在小导洞外的初支结构上而不与内部钢架发生连接。

（6）钢管混凝土柱设计关键技术研究

洞桩法车站的中间立柱由于承载较大且受施工工艺的限制,一般采用钢管混凝土柱。设计中应结合各工法实际施工过程和受力特点,满足施工和使用期间各阶段的强度、刚度及稳定性要求。6 号线一期工程中,对钢管柱与顶底纵梁、钢管柱与中纵梁的连接进行了细致研究。要点如下:

1)钢管柱与顶底纵梁的连接形式

钢管柱上柱脚与顶纵梁的连接、下柱脚与底纵梁或条形基础的连接宜采用端承式形式,柱与结构之间的约束作用应为铰接。设计时应验算顶梁与立柱连接处的局部受压强度,必要时加大柱脚尺寸或用钢筋网对局部受压区进行加固。

2)钢管柱与中纵梁的连接形式

钢管柱与中纵梁的连接节点设计应满足梁端的剪力传递和弯矩传递要求。洞桩法车站中主要有双梁绕柱、环梁绕柱、单梁包柱等做法,考虑到洞桩法结构的受力特性及中纵梁尺寸和配筋较地面结构大的特点,建议优先采用双梁绕柱的结构形式。此形式不仅构造简单、受力明确、施工质量易于控制,而且不损伤钢管柱焊接件的完整性,较适用于地下工程。当由于车站内建筑布局的原因导致中纵梁宽不能过大时,可采用单梁包柱的节点形式,但在施工时要保证节点区的混凝土浇筑质量。环梁绕柱由于其梁柱连接的灵活性,在洞桩法车站中也得到了一定的应用。

3)钢管混凝土柱内配筋设计

为了提高钢管混凝土柱与永久结构纵梁的连接刚度,端承式柱脚宜在钢管混凝土内配置短向钢筋笼,分别锚入钢管混凝土及纵梁结构内,锚管长度不宜小于 $35d$,应按配有竖向钢筋笼的钢管混凝土进行局部受力承载力计算。

由于作业空间的限制,钢管柱的吊装需分段进行,钢管的接长一般采用带孔的法兰盘和螺栓连接。考虑到钢管柱需分段接长,且作业环境较差,为提高中间立柱的承载安全性,建议钢管柱内混凝土设置适当的通常构造钢筋,钢筋数量可取柱脚与纵梁结构连接钢筋的 1/2。

(7)洞桩法地铁车站结构计算方法研究

洞桩法地铁车站结构为超静定结构,一般都首先根据类似工程的设计经验,采用工程类比法初步拟定结构的尺寸。洞桩法车站的理论分析计算目的可以大致分为两类:地层结构模型与荷载结构模型。

荷载结构模型的概念清晰、计算过程明确,是目前最常用的、也是《地铁设计规范》推荐的地铁结构内力计算模型。地层结构模型虽然在概念和理论上比荷载结构模型更合理、更灵活,但由于围岩应力释放和地层结构相互作用很难准确有效地模拟且计算过程相对复杂,目前常用作比选施工方案、分析开挖环境影响等工作的一种辅助工具。

在目前洞桩法地铁车站的荷载结构模型计算方法中,由于空间计算的复杂性,通常将其简化为平面杆系有限元进行计算。然而,目前洞桩法地铁车站设计采用的计算方法,或不考虑施工过程、采用结构完成后一次加载的计算方法,或虽然考虑了施工过程和荷载变化的影响,却忽略了结构受力继承性的分析,它们都与结构实际的受力状态相距甚远,而且合适的设计指标不一定是在结构施工完成后才会达到,而往往是在施工过程中的某一阶段达到的,即洞桩法地铁车站的设计与施工过程是相关的。因此在洞桩法地铁车站设计中采用的计算方法,要求既能考虑结构受力的继承性,又能计算结构在建造期和使用期等各阶段的受力状态,进而确定合理的设计指标。

(8)桩、柱下条形基础设计及计算方法研究

边桩和中柱下基础可采用桩基础或条形基础的形式。条形基础在下导洞内施作,可避免桩基础在小导洞内施工所带来的一系列问题,因此目前采用较多。

条基有两种设置方式:一种是条形基础作为底板结构的一部分,底板结构封闭前,条基独立承担施工过程的荷载作用,待底板结构封闭后,兼做永久结构的底纵梁及部分底板施工;第二种是设置在底板结构以下,与底板结构完全脱离,条基仅在施工过程发挥其承载力的作用。

对于条基与底板结合设置形式,底板结构不能一次性施作,存在较多的施工缝,影响结构的整体性和防水性;对于条基脱离底板设置形式,工程废弃量大,且钢管柱与底纵梁的连接难以处理。结合上述两种方式的特点,目前采用较多的条基设置形式为:桩下条基与底板脱离,柱下条基与底板结合。

6 号线一期工程大事记

2005～2007 年,进行规划方案的前期研究

2007～2008 年,进行可行性研究工作,并结合 6 号线特点,同步研究了车辆选型、运营模式、供电制式、文物保护等多项专题,与轨道交通专家及文物部门进行了多次沟通与协调

2007 年 5 月,北京市提出北京轨道交通建设要实现"保四争六"的建设目标,地铁 6 号线建设启动

2007 年 6 月,完成《北京地铁 6 号线工程规划方案》

2007 年 11 月,完成了设计招投标,总体设计方案通过规划委员会组织的预评审

2008 年 4 月,完成先期开工段初步设计并通过评审

2008 年 5 月,完成《地铁 6 号线牵引供电制式的研究》

2008 年 6 月,完成《地铁 6 号线车辆制式专题研究》

2008 年 8 月,完成《地铁 6 号线运营模式专题研究》

2009 年 7 月,全线正式实质性开工

2012 年 2 月,地铁 6 号线新型列车亮相

2012 年 4 月,全线实现洞通

2012 年 6 月,全线实现短轨通

2012 年 5 月,东段投入动车调试

2012 年 7 月,全线实现轨通

2012 年 9 月,全线动车调试

2012 年 11 月,全线空载按图试运行

2012 年 12 月 30 日 14:00,开始全线试运营

参考文献

[1] 王梦恕.中国隧道及地下工程修建技术[M].北京:人民交通出版社,2010.

[2] 王梦恕.地下工程浅埋暗挖技术通论[M].合肥:安徽教育出版社,2005.

[3] 夏明耀,曾进伦.地下工程设计施工手册[M].2版.北京:中国建筑工业出版社,2001.

[4] 孙建航,侯学渊.基坑工程手册[M].北京:中国建筑工业出版社,1997.

[5] 潘秀明,雷崇红.北京地铁砂卵石砾岩地层综合工程技术[M].北京:人民交通出版社,2012.

[6] 陈刚,李长栓,朱嘉广,等.北京地下空间规划[M].北京:清华大学出版社,2010.

[7] 崔玖江.隧道与地下工程修建技术[M].北京:科学出版社,2005.

[8] 殷宗泽编著.土工原理与计算[M].北京:中国水利水电出版社,2007.

[9] 李广信,张丙印,于玉贞.土力学[M].2版.北京:清华大学出版社,2013.

[10] 张永谋主编.工程地质与土力学[M].成都:西南交通大学出版社,2011.

[11] 高大钊,袁聚云.土质学与土力学[M].北京:人民交通出版社,2001.

[12] 张民庆,彭峰.地下工程注浆技术[M].北京:地质出版社,2008.

[13] 杨平主编,卢廷浩主审.土力学[M].北京:机械工业出版社,2013.

[14] 赵成刚,白冰等编著.土力学原理[M].北京:北京交通大学出版社,清华大学出版社,2009.

[15] 孔恒.城市地下工程浅埋暗挖地层预加固理论与实践[M].北京:中国建筑工业出版社,2009.

[16] 刘建国 等.富水复杂地质浅埋暗挖隧道修建技术[M].北京:人民交通出版社,2012.

[17] 刘勇,朱永全.地下空间[M].北京:机械工业出版社,2010.

[18] 宋克志,孔恒.城市地下工程邻近施工关键技术与应用[M].北京:人民交通出版社,2013.

[19] 高峰、梁波.城市地铁与轻轨工程[M].北京:人民交通出版社,2012.

[20] 朱合华,等著.城市地下空间新技术应用工程示范精选[M].北京:中国建筑工业出版社,2011.

[21] 中国市政工程协会.2011中国城市地下空间开发高峰论坛文集[M].武汉:武汉理工大学出版社,2011.

[22] 周晓军.地下工程监测和检测理论与技术[M].合肥:科学出版社,2014.

[23] 张顶立.城市地下工程建设安全风险及其控制[M].北京:化学工业出版社,2012.

[24] 卜良桃,曾裕林.城市地下工程施工技术与工程实例[M].北京:中国环境出版社,2013.

[25] 战启芳,杨石柱主编.地铁车站施工[M].北京:人民交通出版社,2011.

[26] 王运周,曲劲松,王道远.隧道及地下工程技术[M].北京:人民交通出版社,2014.

[27] 周晓军,周佳媚.城市地下铁道与轻轨交通[M].成都:西南交通大学出版社,2008.

[28] 曹净,张庆.地下空间工程施工技术[M].北京:中国水利水电出版社,2014.

[29] 彭立敏,安永林,施成华.近接建筑物条件下隧道施工安全与风险管理的理论与实践[M].北京:科学出版社,2010.

[30] 苏斌、苏艺主编.地铁穿越桥梁结构影响与关键控制技术[M].北京:清华大学出版社,2015.

[31] 乐贵平,贺少辉,罗福荣.北京地铁盾构隧道技术[M].北京:人民交通出版社,2012.

[32] 陶龙光,刘波,侯公羽.城市地下工程[M].2版.北京:科学出版社,2011.

[33] 程骁,潘国庆.盾构施工技术[M].上海:上海科学技术文献出版社,1990.

[34] 刘建航,侯学渊.盾构法隧道[M].北京:中国铁道出版社,1991.

[35] 施仲衡.地下铁道设计与施工[M].西安:陕西科学技术出版社,1997.

[36] 周文波.盾构法隧道施工技术及应用[M].北京:中国建筑工业出版社,2004.

[37] 日本土工学会.隧道标准规范(盾构篇)及解说[M].朱伟,译.北京:中国建筑工业出版社,2001.

[38] 何川.第五届中日盾构隧道技术交流论文集[M].成都:西南交通大学出版社,2009.

[39] 朱伟.盾构标准规范(盾构篇)及解说[M].北京:中国建筑工业出版社,2001.

[40] 苏斌,苏艺,江玉生.北京典型地层盾构适应性对比与施工关键技术[M].北京:人民交通出版社,2013.

[41] 国斌.北京地铁区间隧道马头门工程综合施工技术[J].隧道建设,2012,32(2):201－204.

[42] 董小龙.青年大街站PBA工法大跨扣拱关键技术[J].山西建筑,2009,35(6):156－158.

[43] 曾海冰.洞桩法(PBA)暗挖多跨地铁车站扣拱施工[J].隧道建设,2010,30(4):456－460.

[44] 王海彦,宓荣三,周法军.PBA工法在北京地铁10号线中的应用[J].路基工程,2009,145(4):195—196.

[45] 瞿万波,刘新荣,黄瑞金,刘明忠.浅埋大跨洞桩隧道变形监测与控制分析[J].土木建筑与环境工程,2009,31(1):38—43.

[46] 王余良,许景昭.地铁车站PBA工法施工技术及沉降分析[J].施工技术,2009,38(增):57—60.

[47] 郭永军.地铁暗挖车站"PBA"洞桩法施工技术[J].应用技术,2006,16(2):291—292.

[48] 张志勇.地铁车站PBA工法导洞近接施工影响与分析[J].现代隧道技术,2010,47(4):94—100.

[49] 王军舰.隧道管棚超前支护技术研究[D].西安:西安科技大学,2011.

[50] 夏华宗.微型钢管桩超前支护复合土钉墙模型试验研究与力学分析[D].北京:中国地质大学,2007.

[51] 王鹏飞.浅埋暗挖隧道注浆超前支护模拟研究[D].西安:西安科技大学,2012.

[52] 焦守林.浅埋大跨度隧道施工超前支护效应研究[D].山东:山东科技大学,2011.

[53] 白伟,陈中.地铁区间渡线段隧道施工技术[J].隧道建设,2006,26(2):45—52.

[54] 李兆平,刘军,李名淦.采用矿山法构筑区间盾构隧道渡线段的方案探讨[J].岩土力学,2007,28(6):1156—1160.

[55] 马天文.南京地铁南京站～东井亭区间线段隧道施工技术[J].现代隧道技术,2003,40(2):25—27.

[56] 陈西霞.北京地铁王府井——东单区间隧道工程折返线及渡线段施工方案的研究与实施[J].建筑施工,1999,21(2):27—30.

[57] 代永双.区间隧道停车线渡线段施工技术[J].山西建筑,2011,37(17):98—100.

[58] 杨武子.北京地铁四号线白学区间双渡线段施工关键技术研究[D].北京:北京交通大学,2005.

[59] 黎新亮.浅埋暗挖隧道地层变位随机介质理论分析及控制技术研究[D].北京:北京交通大学,2008.

[60] 孙成.地铁9号无缝道岔及渡线受力变形与振动特性研究[D].北京:北京交通大学,2011.

[61] 李名淦.结合盾构法地铁区间隧道修建单渡线的施工方案研究[D].北京:北京交通大学,2005.

[62] 张世杰.无砟轨道桥上无缝道岔交叉渡线纵向力研究[D].成都:西南交通大学,2008.

[63] 张文彦.城市地铁渡线区变截面群洞隧道施工技术的优化研究[D].合肥:合肥工业大学,2009.

[64] 刘润招.城市轨道交通双渡线折返站折返能力优化研究[D].北京:北京交通大学,2010.

[65] 李红岩.变截面与软流塑地层地铁渡线隧道施工技术研究[D].长沙:中南大学,2007.

[66] 李力.粉细砂地层注浆管棚作用机理及在暗挖隧道施工中的应用[D].北京:北京交通大学,2006.

[67] 方建瑞.边坡稳定三维有限元直接搜索法及其在隧道施工中的应用[D].上海:同济大学,2007.

[68] 郭子红.地下立交近接隧道稳定性的理论分析与模拟研究[D].重庆:重庆大学,2010.

[69] 程青云.砂性粉土地层内地铁区间隧道施工过程地层变形规律与稳定性研究[D].杭州:浙江工业大学,2012.

[70] 王涛.南京地铁软流塑地层区间隧道施工技术研究[D].天津:天津大学,2005.

[71] 张少兵.黄土地铁区间隧道施工地层变形规律监测及工程应用研究[D].西安:长安大学,2010.

[72] 周卫.大跨度车站进入区间隧道多洞地段隧道施工力学行为研究[D].湘潭:湖南科技大学,2012.

[73] 林枫.软土地铁区间隧道结构抗爆承载能力的研究[D].上海:同济大学,2007.

[74] 张新亮.大断面隧道CD法施工围岩应力行为研究[D].成都:西南交通大学,2008.

[75] 林枫.软土地铁区间隧道结构抗爆承载能力的研究[D].上海:同济大学,2007.

[76] 姚海波.大断面隧道浅埋暗挖法下穿既有地铁构筑物施工技术研究[D].北京:北京交通大学,2005.

[77] 杨广武.地下工程穿越既有地铁线路变形控制标准和技术研究[D].北京:北京交通大学,2010.

[78] 张晓丽.浅埋暗挖法下穿既有地铁构筑物关键技术研究与实践[D].北京:北京交通大学,2007.

[79] 王子甲.双线暗涵近距离下穿既有地铁车站的影响及变形控制研究[D].北京:北京交通大学,2009.

[80] 徐小君.城市地铁隧道浅埋暗挖施工对上覆既有结构影响的研究[D].北京:北京交通大学,2005.

[81] 王磊.浅埋暗挖双孔并行隧道近接施工数值模拟及控制技术[D].北京:北京工业大学,2008.

[82] 朱衍峰.地铁新线车站穿越既有线车站的施工力学分析[D].成都:西南交通大学,2007.

[83] 吴立.新建地铁车站近距离下穿既有地铁车站影响研究[D].北京:北京交通大学,2008.

[84] 牛大伟.地铁施工穿越既有线监控量测与施工方案优化[D].北京:北京工业大学,2009.

[85] 武海光.穿越既有铁路的软弱围岩双线隧道施工技术[D].成都:西南交通大学,2003.

[86] 王彦臻,黄达,李峰.城市地铁穿越既有线路的变形控制技术及效果[J].都市快轨交通,2009,22(3):46—49.

[87] 郭永军.地铁暗挖车站扣拱施工技术[J].科技情报开发与经济,2006,16(1):294—295.

[88] 黄瑞金.地铁浅埋暗挖洞桩法车站扣拱施工技术[J].地下空间与工程学报,2007,3(2):268—276.

[89] 欧阳艳,丁广炜.管棚在PBA工法扣拱施工中的应用[J].漯河职业技术学院学报,2011,10(5):56—57.

[90] 黄美群.一次扣拱暗挖逆作法修建地铁车站新技术[J].都市快轨交,2009,22(6):66—71.